Frommer's®
Buenos Aires

Tradução da 2ª Edição

por Michael Luongo

Opinião dos críticos sobre Frommer's:

"Verdadeiramente fácil de usar. Muito portátil e completo".
—Booklist

"Detalhado, exato e fácil de ler. Informação para todos os bolsos".
—Glamour Magazine

"A informação sobre hotéis é praticamente enciclopédica".
—Des Moines Sunday Register

"Os Guias Frommer's têm o dom de passar uma impressão verdadeira sobre um lugar".
—Knight Ridder Newspapers

Frommer's Buenos Aires - Guia Completo de Viagem © 2009 Starlin Alta Con. Com. LTDA.

Do original Frommer's Buenos Aires
Authorized translation from English language edition, entitled Frommer's Buenos Aires, by Michel Luongo, published by Wiley Publishing, Inc. Copyright © 2007 by Wiley Publishing, Inc.. Portuguese language edition published by Editora Alta Books, Copyright © 2009 by Editora Alta Books.

Todos os direitos reservados e protegidos pela Lei 5988 de 14/12/73. Nenhuma parte deste livro, sem autorização prévia por escrito da editora, poderá ser reproduzida ou transmitida sejam quais forem os meios empregados: eletrônico, mecânico, fotográfico, gravação ou quaisquer outros. Todo o esforço foi feito para fornecer a mais completa e adequada informação, contudo a editora e o(s) autor(es) não assumem responsabilidade pelos resultados e usos da informação fornecida. Recomendamos aos leitores testar a informação, bem como tomar todos os cuidados necessários (como o backup), antes da efetiva utilização. Este livro não contém CD-ROM, disquete ou qualquer outra mídia.

Erratas e atualizações: sempre nos esforçamos para entregar a você, leitor, um livro livre de erros técnicos ou de conteúdo; porém, nem sempre isso é conseguido, seja por motivo de alteração de software, interpretação ou mesmo quando alguns deslizes constam na versão original de alguns livros que traduzimos. Sendo assim, criamos em nosso site, www.altabooks.com.br, a seção Erratas, onde relataremos, com a devida correção, qualquer erro encontrado em nossos livros.

Avisos e Renúncia de Direitos: este livro é vendido como está, sem garantia de qualquer tipo, seja expressa ou implícita.

Marcas Registradas: todos os termos mencionados e reconhecidos como Marca Registrada e/ou comercial são de responsabilidade de seus proprietários. A Editora informa não estar associada a nenhum produto e/ou fornecedor apresentado no livro. No decorrer da obra, imagens, nomes de produtos e fabricantes podem ter sido utilizados, e desde já a Editora informa que o uso é apenas ilustrativo e/ou educativo, não visando lucro, favorecimento ou desmerecimento do produto/fabricante.

Produção Editorial: Starlin Alta Con. Com. LTDA.
Coordenação Editorial: Marcelo Utrine
Coordenador Administrativo e Contratação: Anderson Câmara
Tradução: Bruna Leite
Revisão Gramatical: Karina Gerke
Diagramação: Gilvagner Coutinho Novaes
Revisão Técnica: Viviane Fortes
Colaborou na Revisão: Paulo Roberto Cesaro
Fechamento: Equipe Alta Books

Impresso no Brasil

O código de propriedade intelectual de 1º de Julho de 1992 proíbe expressamente o uso coletivo sem autorização dos detentores do direito autoral da obra, bem como a cópia ilegal do original. Esta prática generalizada nos estabelecimentos de ensino, provoca uma brutal baixa nas vendas dos livros a ponto de impossibilitar os autores de criarem novas obras.

3ª reimpressão revisada, 2011

ALTA BOOKS
EDITORA

Rua Viúva Claudio, 291 - Bairro Industrial do Jacaré
Rio de Janeiro - RJ CEP 20970-031
Tel: 21 3278-8069 Fax: 21 3277-1253
www.altabooks.com.br
altabooks@altabooks.com.br

Sumário

Lista de Mapas v

O quê Há de Novo em Buenos Aires 1

1 O Melhor de Buenos Aires — 3

1 As Melhores Experiências do Frommer's em Buenos Aires 4
2 As Melhores Opções de Hoteis 8
3 As Melhores Opções para Jantar 9

2 Planejando Sua Viagem a Buenos Aires — 11

1 Informação ao Visitante 11
2 Requisitos de Entrada e Alfândegas 12
3 Dinheiro & Custos 15
4 Quando Ir 17
5 Seguro Viagem 18
6 Saúde e Segurança 20
7 Guias Especializados 21
8 Planejando Sua Viagem On-line 26
Frommers.com: o Guia de Viagem Completo 27
9 Mantenha-se Conectado 28
Pacote de Dicas On-line para Viajantes 29
10 Como Chegar 29
11 Pacotes para Viajantes Independentes e Passeios Guiados nos Pontos de Interesse Geral 33
12 Dicas em Acomodações 36
13 Livros Recomendados 37

3 Itinerário Recomendado de Buenos Aires — 39

Dia 1: Relaxando e se Acomodando 39
Dia 2: Microcentro e San Telmo 39
Dia 3: Um dia em Recoleta 42

4 Conhecendo Buenos Aires — 43

1 Orientação 43
Resumo dos Bairros 49
2 Andando pela Cidade 54
Fatos Rápidos: Buenos Aires 57

5 Onde Ficar — 62

1 Puerto Madero 64
2 Microcentro 65
3 Monserrat 76
4 San Telmo 78
5 Recoleta 80
6 Barrio Norte 85
7 Congreso 86
8 Tribunales 89
9 Palermo Viejo 90
10 Abasto 93
11 Aluguéis de Apartamentos em Buenos Aires 93

6 Onde Jantar — 95

1 Restaurante por Culinária........... 99
2 Região da Praça de Maio.......... 102
3 Puerto Madero....................... 102
4 Microcentro............................ 106
5 Monserrat............................... 112
6 San Telmo.............................. 113
7 Recoleta................................. 116
8 Barrio Norte........................... 120
9 Congreso............................... 120
10 Palermo............................... 122
11 Abasto e Once..................... 133
12 La Boca............................... 136
13 Belgrano.............................. 137

7 Explorando Buenos Aires — 139

1 Os Pontos Turísticos Mais Famosos de Buenos Aires....................... 140
   Homens de Uniforme, a Troca da Guarda............................. 146
   As Mães: Unidas pela Dor.......... 151
2 Museus.................................. 159
3 Bairros que Valem a Pena Visitar.. 163
   Evita Perón: Mulher, Esposa, Ícone............................ 166
4 O Complexo de Jardins em Palermo e Zoológico................................. 168
5 Construções Religiosas que Valem a pena Visitar 173
6 Destaques Arquitetônicos..................... 174
   Especialmente para Crianças.................. 175
7 Circuitos Organizados e Guiados.......... 175
8 Escola Argentina de Espanhol Borges ... 178
9 Esportes... 179

8 Passeio pela Cidade — 181

EXCURSÃO A PÉ 1........................... 181
EXCURSÃO A PÉ 2........................... 185
EXCURSÃO A PÉ 3........................... 188
EXCURSÃO A PÉ 4............................ 191
EXCURSÃO A PÉ 5............................ 196

9 Compras — 199

1 O Local das Compras................. 199
2 Mercados ao Ar Livre................ 201
3 Principais Shoppings e Lojas de Departamentos........................... 204
4 Outros Centros de Compras Exclusivos.. 206
5 Compras de A a Z............................. 206

10 Buenos Aires ao Anoitecer — 221

1 Artes Cênicas........................... 222
2 Casas Noturnas........................ 226
3 O Ambiente do Bar................... 226
4 Lugares de Espetáculo de Tango............................... 231
5 Milongas (Salões de Tango e Dancterias)................................ 233
   Tango: Aulas de Dança de Sedução e Desespero........................... 234
6 Clubes de Dança, Resto-Bars e Salões de Tango Gays e Lésbicas 239
   Buenos Aires: Capital do Turismo Gay da América Latina 241
7 Filme 242
8 Cassinos, Galerias e locais de Bingos.... 242

11 Viagens Fora da Cidade de Buenos Aires — 243

1 Mar del Plata..........243
2 Tigre e o Delta..........250
3 Colonia del Sacramento, Uruguai..........253
4 San Antonio de Areco e Estâncias dos Pampas..........255

Índice Remissivo — 263

Índice Remissivo..........263
Acomodações..........269
Restaurantes..........270

Lista de Mapas

Argentina   13

Itinerário Recomendado de Buenos Aires   40

Buenos Aires de relance   45

Onde Ficar na área central de Buenos Aires   66

Onde Jantar no Centro de Buenos Aires   104

Onde Ficar & Jantar em Palermo   124

Abasto e Once   134

La Boca   137

Belgrano   138

Explorando Buenos Aires   142

Atrações de Palermo, Compras e Vida Noturna   170

Excursão a Pé 1: Histórica Calle Florida   183

Excursão a Pé 2: Plaza San Martin & Retiro   187

Excursão a Pé 3: Plaza Lavalle e a Área de Tribunales   190

Excursão a Pé 4: Avenida de Mayo até Congreso   193

Excursão a Pé 5: Avenida Alvear   198

Fazendo Compras em Buenos Aires   202

Fazendo Compras na Calle Florida   207

Fazendo Compras na Calle Defensa   209

Buenos Aires ao Anoitecer   224

Mar del Plata   246

Tigre & Delta   252

Para Ines Segarra, da Secretaria de Turismo da Argentina em Nova York, por sua ajuda, recomendações e amizade por todos esses anos. E a Débora Pucheta e ao seu bebê, Catalina, que embarcam em uma nova vida na Argentina.

Agradecimentos

Muitíssimo obrigado ao meu editor, Jamie Ehrilich, e a minha Editora Maureen Clark do guia Argentina, a Kathleen Warnock, por me apresentá-los, e a Melinda Quintero, por apoiar escritores no ramo. Obrigado a Inês, Débora e Vicky por sua ajuda infinita e ao Alejandro, Verônica, e a todos da Secretaria de Turismo e Consulado Geral da Argentina em Nova York, e ao Eduardo em Miami. Para Luciana Beiler e Carlos Enrique Mayer, e a todos da Secretaria Geral de Turismo, e ao Rubén, Jorge Giberti, e a todos no posto de Turismo da Cidade de Buenos Aires e a Claudia Kuzmicz de Província de BA. Obrigado a Gabriel Miremont, Pablo Vazquez, Liliana e a todos do Museo Evita, Dora Rodriguez em San Vicente, e a Marta Granja, Carlos Francavilla, e Alberto pela ajuda em Recoleta. A Cristina Alvarez, Miguel Cuberos, Maria Jose e Juan Gandublia, e Raul Zaffaroni pelo seu suporte ao meu trabalho, e a Cristina Fernandez de Kirchner por reforçar o glamour de Argentina quando nos conhecemos. A Juanita e as Mães(Madres). A Betty, que é como uma grande irmã; e ao Juan Cruz, Pablito, e Alejandro. Ao Luiz e Lawrence, que são como grandes irmãos, e ao Marcos pelas recomendações com o passar dos anos. Ao Mario por sua amizade. Ao Alberto, Carolina, e Catarina de Jean Jaures, 1140, e ao Facundo, Santiago, e a todos de Callao, 1234. Ao Miguel Angel, Mariano, Gabriel, Beba, Christian, e a todos da base militar em Las Cañitas pelas explicações cerimoniais. Milciades Pena pela informação de La Boca. A Soledad e Gabriel pelo Four Seasons, Cecília de Alvear, Kim de Marriott, e Laura e Virginia do Sheraton por todas as suas recomendações. Muitíssimo obrigado ao Ricardo, Claudia, e a todos da Aerolíneas. Para Carlos de Anchorena. Obrigado a Caryn por introduzir-me ao Tango, e Eduardo, Nora, Suzanna, Michele, Marithe, e Laura por continuar, e por Marina Palmer também. Para Luciana Arias e Ricardo Peculo por ajudar no Funeral de Perón, e Jorge Arias pelo mundo especial da Moda Tango. Para Helen Halldorsdottit e os novos amigos de Bien Pulenta. Para Carlos Melia e Alfredo Ferreyra, e a Marta Pasquali, Monika Varela, e Tâmara Levinson pelos seus conhecimentos especiais. Ao Carlos, Malcolm, e o Williams Lea e Pat no Custom, por entender o meu cronograma de viagem. Carla e Julian de Dedios. Steve Blackman, Ignácio Kliche, e David Goldfein por fazer Punta incrível. A Patrícia pela recomendação gastronômica. A Clarisa por minhas perguntas repetitivas. A Virginia William e como nossas viagens loucas nos trouxeram juntos do Afeganistão a Argentina. Para Daniel Helft e a todos do escritório e Bonnie Tucker do Herald Buenos Aires pelas recomendações. Ao Pedro Bevilacqua dos Arquivos Nacionais, e ao Felix e Jorge Biondo de El General e Dr. Hipólito Barrerino por mais informações de Juan e Evita. A Maxi e Juan dos campos de pólo. Para Augustin, Miguel, Mariana, Roxanna, e Edgardo de La Marshall, e Marcelo e César do CHA. Ao George Carrancho de American por tolerar minhas alterações de voos, e a Sandra, Javier e a todos de Borello Travel, e a Ingrid Breyer por ser o meu eterno apoio. Obrigado também ao Richard Burnett, no Canadá, por repassar aquele e-mail que me falou a respeito do primeiro livro de Buenos Aires, e a todos os meus editores nesses anos, a quem tenho escrito nesta cidade maravilhosa. Com certeza, sinto falta de muitos que tornaram a vivência na Argentina especial, mas, por favor, saibam que todos vocês são amados e apreciados.

Michael Luongo

Sobre o Autor

Poucos escritores tiveram diversas experiências como **Michael Luongo** durante muitos anos escrevendo sobre Argentina. Durante o reenterro de Juan Perón 2006, ele por acaso percorreu com o caixão as ruas de Buenos Aires, e uma vez tocou no último frasco de perfume de Evita usado antes de ela morrer. E além de Frommers, Michael tem escrito sobre Argentina para *The Nova York Times, Bloomerg News, The Chicago Tribune, The Nova York Post, Frommer's Budget Travel, National Geographic Traveler, Town and Country Travel, The Advocate, Out Traveler,* e muitas outras publicações. Ele tem visitado mais de 80 países e sete continentes (e viveu em 3 deles). Argentina é um dos seus lugares favoritos. Você pode participar em seus artigos sobre viagens e aventuras fotográficas no www.michaelluongo.com e www.misterbuenosaires.com.

Nota Adicional

Gostaríamos de dizer que informações sobre viagens é algo que muda a qualquer momento – especialmente os preços. Portanto, sugerimos que você entre em contato com os lugares para confirmação ao planejar sua viagem. Os autores, os editores e a editora não podem ser responsabilizados pelas experiências dos leitores enquanto viajam. Sua segurança é importante para nós, por isso te encorajamos a ficar alerta e tomar cuidado com tudo ao seu redor. Mantenha sempre em segurança câmeras, bolsas e carteiras, todos são alvos favoritos de ladrões e batedores de carteira.

Outros Ótimos Guias para Sua Viagem:

Frommer's Argentina

Frommer's Barcelona

Frommer's Chile

Frommer's Nova York

Frommer's Londres

Frommer's Paris

Frommer's Portugal

Frommer's Roma

Frommer's Walt Disney World & Orlando

Frommer's Ícones, Abreviações e Classificações por Estrela

Cada hotel, restaurante e atrações listados neste guia foram organizados por qualidade, valor, serviço, conforto e características especiais usando um **sistema de classificação por estrela**. Em guias de país, estado e região, nós também classificamos cidades e regiões para ajudá-lo a restringir suas escolhas e planejar-se de acordo. Hotéis e restaurantes são classificados em uma escala de zero (recomendado) a três estrelas (excepcional). Atrações, lojas, casas noturnas e regiões são classificadas de acordo com a seguinte escala: nenhuma estrela (recomendado), uma estrela (muito recomendado), duas estrelas (altamente recomendado) e três estrelas (visita obrigatória).

Além do sistema de classificação por estrela, nós também usamos **oito ícones** que apontam para ótimos negócios, conhecidamente aconselhados e experiências únicas, que separam os viajantes dos turistas. No livro, procure por:

Achados Descobertas especiais – aqueles lugares que somente os habitantes locais conhecem.

Fatos Interessantes Fatos engraçados – detalhes que dão mais informação aos visitantes e fazem a viagem mais divertida.

Crianças Melhores escolhas para crianças e aconselhados para toda a família.

Momentos Momentos especiais – aquelas experiências que ficaram guardadas na memória

Superestimado Lugares e experiências que não valem nem o tempo, nem o dinheiro.

Dicas Ótimas maneiras de economizar tempo e dinheiro

Econômico Ótimos preços – onde encontrar o melhor negócio.

As seguintes **abreviações** são usadas para cartões de crédito:
AE   American Express   DISC   Discover   V   Visa
DC   Diners Club   MC   MasterCard

O que Há de Novo em Buenos Aires

What's New, Buenos Aires? É o nome de uma das músicas mais famosas sobre cidade exuberante. Com tantos turistas correndo para a capital Argentina, você vai encontrar serviços, negócios e muitas coisas interessantes acontecendo por lá, mesmo que seja a sua primeira viagem.

PLANEJANDO SUA VIAGEM. Você tem mais opções de voos partindo da América do Norte a Buenos Aires. Desde a nossa ultima edição, a **Continental Airlines** iniciou voos em seu centro de operações comerciais em Newark, New Jersey, dentro da região Metropolitana, em Nova York, e em sua sede em Houston, Texas. Contate-nos (✆ **800/333-0280**) ou www.continental.com. **Aerolíneas Argentinas** recuperou seus voos saindo de JKF a Buenos Aires, incrementando seus horários em Miami (✆ **800/333-0276** nos EUA., 0810/222-86527 em Buenos Aires, ou 1800/22-22-15 na Austrália; www.aerolineas.com.ar). No Brasil, você encontra voos diretos para a Argentina, saindo do Rio de Janeiro, pela **Gol** (✆ **0800 281 0466**) www.voegol.com.br e TAM (✆ **4002-5700**) www.tam.com.br.

ACOMODAÇÕES. Com tantos turistas seguindo para Buenos Aires, os hotéis não conseguem crescer rapidamente. Um dos mais luxuosos, aberto recentemente, é o novo **Park Hyatt Buenos Aires** (Av. Alvear 1661; ✆ **11/5171-1234**). Este é o segundo arquétipo de hotel em Buenos Aires, e o jardim, que se conecta com o antigo e os modernos edifícios, é considerado um dos melhores da cidade. Veja pág.81 para mais detalhes.

Vários hotéis-butiques abriram em Palermo Viejo, onde tudo que era antigo tornou-se moderno. Esses hotéis chiques localizam-se nestas áreas tão populares da cidade, locais onde se encontram os jovens abastados. Home em Palermo (Honduras 5860; ✆**11/4778-1008**) cria uma atmosfera calorosa fora de casa. As filhas gêmeas de Bush se hospedaram aqui durante seu período de férias na capital Argentina. Ao lado, **Soho All Suítes**, excelente e sofisticado, é o local onde festas são realizadas. (Honduras 4762; ✆ **11/ 4832-3000**). Em Barrio Norte, perto de Recoleta, o **Art Hotel** (Azcuenaga 1268; ✆ **11/4821-4744**) oferece uma atmosfera agradável num hotel antigo e reformado, que preservou muito da arquitetura original. Veja o capítulo 5 para mais detalhes.

Após receber pedidos de leitores desta edição, na seção **"Onde Ficar"** estão as listas de alugueis de apartamentos. Não é todo mundo que quer ficar num hotel, independente de ser por poucos ou muitos dias. Apartamentos nos dão a sensação de sermos moradores do local. Preços e localizações são diversificados, mas esta é uma ótima escolha quando estiver em Buenos Aires, e é uma ótima opção, também, para grandes grupos de amigos. Veja pág.94.

JANTAR. Mais uma vez, **Palermo Viejo** entra em cena. Esse badalado bairro contém os locais mais excitantes para jantar da cidade. Expandimos essa seção do guia em relação a última edição. Procure por luxo, com ambiente arejado e agradável, **La Baita** (✆ **11/4832-7234**; www.labaita-restaurante.com.ar), com seus dois andares super movimentados. **Meridiano 58** (✆ **11/4833-3443**) oferece ambiente argentino descontraído, com uma mistura zen de velas e cascatas. **El Diamante** (✆ **11/ 4831-5735**), o novíssimo restaurante do famoso chef Fernando Trocca, está aberto desde a última edição. É definitivamente imperdível com uma combinação da culinária espanhola e da América do Sul.

Dentro de San Telmo, dê uma passada na brasserie **Pentaque** (© 11/4342-7930; www.brasseriepentaque.com). Você sentirá que foi levado para o sul da França. Veja capitulo 6 para mais detalhes.

ROTEIRO TURÍSTICO A parte antiga está passando por uma grande "cirurgia plástica". Vários edifícios históricos, em Buenos Aires, foram construídos por volta de 1910, o ano centenário da Independência da Argentina da Espanha. Com o bicentenário em 2010, a cidade foi renovada com grande rapidez. Dependendo da época de sua visita, verá uma nova **Casa Rosada, Plaza de Mayo, Teatro Colón, Tribunales** e até mesmo novo pavimento e lojas restauradas de frente, em cima e embaixo da **Avenida 9 de Julho e Avenida de Mayo**. Pode ser que tenha alguns transtornos durante a sua viagem ao andar em volta dos andaimes, mas a obra valerá a pena, quando a cidade brilhar novamente com o dinheiro oriundo do turismo. Planos para a construção de um novo trem turístico, saindo de Puerto Madero até La Boca, estão em andamento, significando a melhora no acesso à zona portuária para turistas e residentes. O ponto turístico mais recente da Grande Buenos Aires é o **Mausoléu de Juan Perón** (© 22/2548-2260; www.ic.gba.gov.ar/patrimonio/museos/17oct/index.html) em San Vicente, aproximadamente uma hora do centro da cidade. Foi inaugurado num desfile caótico em 17 de Outubro de 2006.

COMPRAS. Quando a famosa loja britânica de importados Harrod's (British Import) fechou há alguns anos, Buenos Aires ficou sem loja de importados. Agora uma outra loja, a **Falabella**, do Chile, abriu suas portas na Argentina. Procure por suas duas lojas na Calle Florida (Rua Florida), a rua principal de compras da cidade (© 11/5950-5000; www.falabella.com). Palermo Viejo está se tornando vítima de seu próprio sucesso: este bairro badalado está sendo castigado agora por uma cadeia de lojas. De qualquer forma, você ainda pode encontrar mercadorias de couro exclusivas e criativas no **Pasíon Argentina** (© 11/4773-1157 e 11/4777-7550; www.pasionargentina.com.ar). Sua moda em couro é composta de tecidos originais feitos pela tribo Wichi, da região Chaco, no sentido oeste da Argentina. A loja mais exuberante situada em toda a Buenos Aires é o novo **Tango Moda**, inaugurada em 2006, em cima do Palácio Barolo, na Avenida de Mayo. Compre e observe o pôr do sol no 16° andar deste edifício, já considerado como o mais alto da América Latina (© 11/4381-4049; www.tangomoda.com) Veja capítulo 9 para mais detalhes.

A NOITE. Associe a crise do peso com o fluxo de turistas e terá o renascimento do tango. Há apenas alguns anos, pensaram que esta dança nativa poderia morrer. Agora é óbvio que não acontecerá tão cedo. Novos shows de tango abriram desde a minha última edição, como o mais criativo **Complejo Tango**, com uma aula de tango divertida antes do show. (© 11/4941-1119) ou 11/4308-3242; www.complejotango.com.ar). **Bocatango** leva-o ao bairro associado com os velhos dias do tango, **La Boca**, a pequena Itália de Buenos Aires, copia um cenário que recorda o apogeu de seus imigrantes. (© 11/4302-0808; www.bocatango.com.ar). Uma vez em Buenos Aires, aprenderá também a diferença entre um tango show, direcionado a turistas, e uma *milonga*, onde moradores dançam com seu próprio estilo provocante. Uma das mais recentes e melhores *milongas* é **Bien Pulenta**. É administrada por uma bela loira da Islândia, conhecida pelos fanáticos do Tango em toda a Buenos Aires pelo nome de "La Vikinga", mas seu nome verdadeiro é Helen. Você chamará este evento de mágico! É somente apresentado aos sábados. (© 11/4383-6229 e 15/5865-8279). Veja capítulo 10 para mais detalhes.

1

O melhor de Buenos Aires

A tragédia de um país veio a ser uma oportunidade para os turistas, e entre os dois, a economia de Buenos Aires tem melhorado imensamente a glamourosa capital da Argentina. Até a crise do peso, em Dezembro de 2001, Buenos Aires foi consicerada a cidade mais cara da América Latina, senão uma das do mundo, com preços para alguns hotéis e restaurantes competindo com os de Nova York e Paris. Muitos dos turistas sul-americanos evitaram esta sofisticada e bela cidade, ficando nas capitais mais baratas dos países vizinhos. Mas, agora, o peso equiparado ao dólar americano, caiu para um terço do seu valor antigo e se estabilizou. Turistas do mundo inteiro vão em massa para esta cidade, frequentemente chamada de Paris da América Latina. Tenho que admitir que, desde a edição de 2005 deste guia, preços, em termos de hotelaria, têm subido consideravelmente. Aqui o enorme número de turistas lhe dirá que ainda é relativamente uma cidade barata. O turismo tornou-se o terceiro componente mais importante da economia da Argentina, e Buenos Aires recebe a maior parte dos visitantes.

Apesar da crise do peso em 2001, a beleza de Buenos Aires ainda está aqui e sempre estará. Agora, com o pendente Bicentenário, em 2010, a cidade está ativamente renovando e reformando a riqueza de sua arquitetura, muitas datadas aproximadamente de um século atrás. É imperdível um passeio pelos bairros de Recoleta ou de Palermo, com seus prédios repletos de fachadas, com mármores neoclássicos e avenidas largas e arborizadas, ou pela histórica Avenida de Mayo, que foi construída para competir com os Champs Elysées, em Paris. Imigrantes Europeus, em Buenos Aires, principalmente da Espanha e Itália, trouxeram consigo costumes cordiais da cultura Mediterrânea, onde amigos, família e um bate papo são as coisas mais importantes na vida. Distrair-se durante uma longa refeição noturna era uma tradição, e habitantes sempre lotavam cafeterias, restaurantes e bares até o amanhecer. A crise do peso atingiu os argentinos tão fortemente que manter esse estilo de vida e viver esses bons momentos ficou inatingível por um bom período.

Mas não pense que a nova Buenos Aires seja uma estrutura deprimente pela sua condição anterior. Ao contrário! Quando você for a Buenos Aires, encontrará uma cidade se recuperando rapidamente de seus problemas anteriores, com cafés antigos e restaurantes não só lotados de fregueses, mas também competindo com novas lojas que abrem num ritmo acelerado por toda a cidade.

A crise também teve um efeito fora do comum sobre os habitantes do país. Argentinos, como um todo, estão tornando-se mais introspectivos, observando a si mesmos e tentando encontrar as razões pelas quais seu país meteu-se em apuros. Ironicamente, isto tem levado a um incrível sucesso das coisas portenhas e a palavra Buenos Aires (Bons Ares) é usada por habitantes para descrever a cultura da cidade e a si mesmos. Incapazes de importar comida cara do exterior, restaurantes de Buenos Aires estão cozinhando com produtos locais, como o gado dos Pampas, ingredientes orgânicos e temperos produzidos na Argentina. O que tem desenvolvido uma série espetacular de nouvelle culinária francesa na Argentina de incrível qualidade e originalidade. Chefes não conseguem acompanhar o rápico crescimento de restaurantes em Buenos Aires, particularmente na badalada região de Palermo Viejo, no lado norte da cidade.

Esta autoconfiança e orgulho dos argentinos não são apenas limitados aos seus restaurantes. A mesma coisa tem acontecido com a moda no país. No vai e vem, de 1990, quando o peso equiparou-se com o dólar americano, argentinos completaram o seu guarda-roupa com marcas europeias e faziam viagens de compras de roupas nos shoppings de Miami. Agora, nem mesmo a classe média consegue ter recursos para isso. Ao contrário, como a necessidade é a mãe da invenção, jovens estilistas argentinos estão abrindo suas próprias lojas e butiques no bairro Palermo Soho, colocando outros argentinos para costurar, vender e modelar seus desenhos. Particularmente as mulheres encontrarão com preços inacreditáveis uma moda fantástica e totalmente exclusiva em Buenos Aires; que não será encontrada em qualquer outro lugar no mundo. Se está procurando por artigos de couro, não procure mais. A maior variedade e qualidade no mundo estão à venda por toda a cidade.

A coisa mais importante dos portenhos, o tango, tem visto também um crescimento repentino. Até então, com a crise do peso, os argentinos estavam preocupados achando que a dança iria desaparecer, quando os jovens passaram a curtir Hip-Hop americano e Techno europeu. Com a crise do peso, a autorreflexão ajudou a reforçar a qualidade e o padrão da arte: novas variedades de shows para turistas foram preparados; significa que agora você pode ver uma forma diferente de tango a cada noite. E, o mais importante para os habitantes, o tradicional estilo de milongas (salões de tangos) de 1930, resistiu ao tempo e tem se estendido por toda a cidade. Estas atrações não são apenas de típicos dançarinos de tango, mas também de jovens argentinos, que redescobriram a dança favorita de seus avós, e de jovens imigrantes, que estão fazendo de Buenos Aires a nova cidade mais popular do mundo, assim como Praga, no final da Guerra Fria.

A cidade também é a casa de uma incomparável variedade de teatros e outros locais tradicionais, com uma grande variedade de museus, muitos com belas estruturas neoclássicas na larga e arborizada Avenida Libertador, que é tão requintada como os tesouros que estes museus mantêm por dentro.

Tudo isso significa que não há momento melhor do que este para visitar Buenos Aires, uma cidade rica em agitação cultural, tudo a preços mais baixos do que jamais se ouviu falar. Com a melhora dos preços, isto com certeza vai mudar. Então, vá logo para lá!

1 As Melhores Experiências do Frommer's em Buenos Aires

- **Os Melhores Shows de Tango para Turistas:** Tango, uma bela dança que fala da triste história de seus pobres imigrantes do inicio do século 20. Essa é a explicação fundamental na experiência de Buenos Aires. Para um autêntico vislumbre histórico, veja o show de tango **El Querandí**, Peru, 302 (✆ **11/4345-0331**), que traça as raízes da dança nos salões de bairros pobres, quando apenas os homens dançavam, revelando a sensualidade de suas pernas. Veja pág. 232. **Señor Tango**, Vyetes 1653. (✆ **11/4303-0212**), acrescenta o glamour de Hollywood e passos de dança tipo Fosse. Com cavalos andando no palco, é o show mais popular da cidade. Veja pág.233. Você vivenciará uma agradável experiência na **Esquina Carlos Gardel**, Carlos Gardel, 3200 (✆ **11/4876-6363**), no bairro Abasto, onde Carlos Gardel, o cantor romântico da cidade mais famosa do Tango, viveu e trabalhou. Nesse show, uma sinfonia clássica é acompanhada com instrumentos mais tradicionais. Veja pág.233.

- **O Melhor Salão de Tango para os Profissionais ou para Aqueles que Desejam Assistir os Profissionais:** Se você é um dançarino de Tango experiente, ou deseja pelo menos assistir as pessoas que são, siga para uma *milonga* (Salão de Tango). **El Nino Bien**, Humberto I no. 1462 (✆ **11/ 4483-2588**). Assistir os fregueses dançando num enorme salão de dança Belle Époque (Bela Época), embaixo de ventiladores de teto, é como voltar no tempo. Os melhores dançarinos vêm aqui para se apresentarem. Você encontrará instrutores procurando se misturar com alunos tímidos de potencial e que ficam no canto assistindo. Veja pág.237. **Salón Canning**, Scalabrini Ortiz 1331 (© **11/ 4832-6753**), em Palermo Hollywood, tem o que muitos dançarinos chamam de o melhor piso de tango em toda a Buenos Aires: resistente, liso, assoalho de parquete com superfície perfeita para esta dança. O espaço limitado, entretanto, não é grande o suficiente para o desafio do tango. Veja pág.238.

- **As Melhores Caminhadas de Arquitetura**: Buenos Aires possui belas arquiteturas em abundância, especialmente após seu projeto de reconstrução ambicioso e autoconsciente; antes da celebração centenária da Argentina em 1910, e de sua independência da Espanha. O plano foi colocado em ação no ano de 1880, e por volta do século XX, todos os bairros haviam sido reformados. O movimento de Belas Artes Francesas estava mundialmente no seu topo naquela época, significando que a maior parte da cidade se parece com Paris mais do que com qualquer cidade da América Latina. **Avenida de Mayo**, a rota oficial de cortejo da cidade conecta o Palácio da Presidência (Casa Rosada) com o edifício do Congresso Nacional, o maior e mais bem conservado (veja pág.191, para um passeio a pé, nesta área). O grande edifício de esquina **Diagonal Norte**, também conhecido como **Avenida Sáenz Pena**, é todo coberto com fantásticas cúpulas neoclássicas, com início na Rua Plaza de Mayo até chegar ao Obelisco, monumento arquitetônico de Buenos Aires, na Avenida 9 de Julho, a avenida mais larga do mundo. Não deixe de visitar os bairros de San Telmo e Monserrat, com suas varandas estreitas construídas no fim do século 19 e início do século 20. A maior parte está em decomposição, aguardando renovação, quando a economia melhorar.

- **Os Melhores Parques para Caminhar:** Os Parques de Palermo começam na Avenida Libertador e são dos mais bonitos do mundo. Você passaria mais do que um dia aqui, caminhando por entre as árvores e monumentos que fazem parte desta cidade, e ainda não seria o suficiente. Dentro dos parques, há inúmeros jardins tais como: Jardim Rosa e o Jardim Japonês; e também museus, tais como: **Museus de Arte Latino Americano de Buenos Aires (MALBA)**, Avenida Figueroa Alcorta, 3415 (© **11/4808-6500**; pág.163), e o **Museu Nacional de Belas Artes,** Avenida Del Libertador, 1473 (© **11/4803-0802**; pág.162). A primavera, na Argentina, no final de setembro e início de outubro, está no seu clima favorável. As árvores de Jaracancá ficam belas com suas flores violetas radiantes. Nos meses de verão, moradores que não podem fugir da cidade vão correr, tomar banho de sol e relaxar durante o dia nesta área. Veja capitulo 7.

- **O Melhor Lugar para Observar os Pássaros:** A Prova de que a natureza é mais forte do que qualquer artifício da humanidade está a uma caminhada dos edifícios mais altos de Buenos Aires, na Reserva Ecológica (ao longo da Costanera, perto de Puerto Madera; © **11/4893-1588**). Nos anos de 1960 e 1970, demoliram edifícios e os restos de construções foram jogados no Rio de La Plata (Rio Prata). A natureza encarregou-se de cobrir todos os resíduos, formando gramas, pequenas plantas e criando um ninho para as miríades de pássaros. Tome cuidado se decidir viajar por conta própria, pois é considerada área de risco, ou peça orientações ao seu agente de viagens sobre passeios na Reserva Ecológica. Veja pág.158.

- **A Melhor e a mais Dolorosa Experiência Política:** A história política da Argentina é uma série de altos e baixos, algumas mais trágicas do que as outras. Talvez a pior tenha ocorrido entre 1976 e 1982, quando o governo militar empenhou-se em destruir os que eram considerados inimigos políticos, que governavam o país. Durante este tempo, mais de 30.000 mil pessoas, a maioria estudantes de faculdade, foram secretamente assassinadas e seus corpos nunca foram encontrados, dando a isso o nome de *los desaparecidos* ("os desaparecidos"). A **Associação das Mães de Maio** é uma organização que visa justiça pelo assassinato de seus filhos. São realizadas marchas na Praça de Maio, todas as quintas-feiras, às 15h30, com discursos e distribuição de panfletos. Eles também supervisionam uma universidade com uma loja e uma biblioteca, com inúmeros títulos a respeito deste período doloroso. Veja pág.149.

- **As Melhores Experiências de Evita:** Visitar a Praça de Maio (Plaza de Mayo), a sede política da Argentina, e olhar para a fachada da **Casa Rosada (Palácio da Presidência**; pág.141). No lado norte da varanda, com suas três portas no estilo francês, foi onde Evita dedicou-se aos seus adoráveis fãs; muitos vão visitá-la no **Cemitério da Recoleta** (pág.151), onde foi enterrada num túmulo pertencente à rica família de seu pai. Para entender o porquê; muitos Argentinos levaram mais de 50 anos para aceitar esta mulher tão polêmica; visite o **Museu Evita**, Calle Lafunir, 2988 (✆ **11/4807-9333**), em Palermo, onde a história da vida dessa mulher é contada por meio de objetos pessoais. Veja pág.161.

- **Os Melhores Museu**s. O **MALBA** (Museu de Arte Latino Americano de Buenos Aires), Avenida Figueroa Alcorta 3415 (✆ **11/ 4808-6500**), com salas interessantes, tem uma vasta coleção de Arte Moderna. O edifício por si só já é uma forma de arte sem igual, e nada é mais impressionante do que a escultura gigante de um homem fazendo flexão, pendurado em cima do compartimento da escada rolante no saguão central. Veja pág.163. O **Museu Nacional das Belas Artes**, Avenida Del Libertador, 1473 (✆ **11/4803-0802**), que anteriormente era um antigo posto de bombas d'água, agora possui salas com coleções de arte impressionantes, incluindo muitas pinturas de Picasso. Veja pág.162.

- **Os Melhores Bairros Étnicos:** Com uma população composta por mais da metade de pessoas com peles claras e também com descendentes de espanhóis e italianos, Buenos Aires, superficialmente, não aparenta ser uma cidade etnicamente diversificada, apesar de seu universo cosmopolita. Mas, vá rumo ao bairro **Once** (Onze), perto da Calle Tucumán, em particular, lá encontrará a comunidade judaica ainda em expansão. Você encontrará vários restaurantes judaicos, lojas e outros comércios supervisionados e pertencentes à comunidade. Veja pág.53. Vá rumo ao **Belgrano**, ao lado norte da cidade, sendo conhecido como o Bairro Chinês. Muitas pessoas em Buenos Aires não sabem nada a respeito desta comunidade, uma região próspera e movimentada com restaurantes, lojas e outros comércios. Se estiver na cidade para a celebração do Ano Novo Chinês, o desfile do Dragão é um evento diferente que vale à pena conferir. Veja pág.54

- **Os Melhores Mercados ao Ar Livre:** Não existe nenhuma feira como a **Feira de Antiguidades de San Telmo**, que acontece todos os domingos no Plaza Dorrego, a antiga sede colonial do bairro de San Telmo. Você encontrará aqui pequenas antiguidades e comerciantes de objetos antigos com alguns suvenires baratíssimos, artesanato local e muitos shows de tango ao ar livre, tão bons quanto aqueles para os quais pagaria

U$50.00 (£26.50) para ver no palco. A **Feira de Plaza Francia**, em frente ao cemitério Recoleta, é outra feira imperdível, com artesanato, música ao vivo e uma bela vista para o gramado. Veja págs. 201 e 204.

- **As Melhores Experiências no Shopping:** Não faltam butiques de designers na Rua Alvear, com a mesma qualidade e **alto estilo** que você encontra por toda a Europa e América do Norte, a preços consideravelmente baixos, adequados à economia argentina. Há lojas de **Couro** em abundância na Rua Florida, perto de Galerías Pacífico, e você até pode comprar artigos feitos sob medida enquanto está aqui. Pela qualidade das roupas e artigos para casa, minha loja favorita é **Tienda Puro Diseño Argentino**, Avenida Peuyrredón, 2501 (© **11/5777-6104**; pág. 215). Para **butiques** pequenas, especializadas em roupas sensuais que as mulheres argentinas adoram vestir, e passear pelas ruas de pedras, vá a **Palermo Soho** e **Palermo Hollywood** - veja capítulo 9.

- **Os Melhores Pontos Panorâmicos dos Altos Edifícios:** Pode parecer até estranho, mas o **Palácio Barolo**, Avenida de Maio, 1370 (© **11/4383-1065**), criado pelo arquiteto que levou a obra de Dante sobre o Inferno muito ao pé da letra, está finalmente aberto ao público para visitas. Anteriormente era aberto apenas para trabalhadores de área administrativa, agora qualquer pessoa interessada pode visitar o interior do edifício. Sua torre, que já foi o edifício mais alto da América do Sul, proporciona uma vista maravilhosa para cima e para baixo da Avenida de Maio, como também da cidade inteira, (veja pág. 150). A **torre Monumental**, Avenida Libertador, 49 (© **11/4311-0186**), mais conhecida pelo seu nome antigo, a Torre do Relógio Britânico, tem uma vista fantástica para o Rio de la Plata para cima e para baixo da Avenida Libertador. E daí se a torre representa um país com o qual a Argentina tem tido algumas controvérsias com o passar dos anos? É a vista que conta agora. Veja pág. 188.

- **Os Melhores Museus Excêntricos:** Duas necessidades diárias modernas – impostos e banheiros – são homenageadas em dois museus diferentes em Buenos Aires. O **Museu do Imposto**, Hipólito Yrigoyen, 370, em Defensa (© **11/4347-2396**), contém objetos históricos relacionados ao dinheiro, moedas e impostos de toda a história da Argentina. É um dos três museus deste tipo em todo o mundo. Veja pág. 159. O **Museu Del Patrimônio**, Avenida Córdoba, 1750, entrada do museu na Riobamba, 750 (© **11/6319-1882**), no edifício Águas Argentinas, é realmente sobre sistema de distribuição de água, mas lá há o que certamente deve ser a maior coleção de banheiros no mundo. Crianças se divertirão muito aqui. (Veja pág. 162).

- **Os Melhores Museus para Crianças:** Seu nome é **Museo de Los Niños** (**Museu das Crianças**), Avenida Corrientes, 3247 (© 11/ 4861-2325), e certamente este é um bom lugar para trazer suas crianças. Repleto de exposições, demonstrando várias profissões apresentadas de forma divertida, você vai sentir vontade de ter tido um lugar assim na sua infância. Veja pág. 159. No **Museu Participativo de Ciências**, é proibido tocar no acervo das exposições. Este lugar (dentro do Centro Cultura de Recoleta; © 11/ 4807-3260) é repleto de ciências e outras peças de exposições, que são divertidas. As crianças nem saberão que é educativo também! Veja pág. 160.

- **Os Melhores Lugares para Observar o Povo:** Calle Florida (Rua Florida), é só para pedestres. Não é uma rua com lojas refinadas para fazer compras, como talvez tenha sido uma geração atrás; mas todos os portenhos encontram seu caminho aqui, especialmente, na hora do almoço. Noite e dia, músicos, dançarinos de tango, homens que pisam em vidro quebrado, comediantes, e outros gostam de entreter a multidão nesta imensa rua. À noite, a **Avenida Santa Fé** também oferece uma variedade de lojas inusitadas para pessoas que entram e saem rapida-

mente; grupos ficam nas calçadas dos Cafés só para observar os outros passarem. Veja págs. 168 e 200, respectivamente.
• **As Melhores Ruas de Badalação Noturna:** Se você quiser comer no *parrilla* (Churrascaria Argentina), experimente um pouco da cozinha nouvelle francesa, beba um pouco, ou dance um pouco em Las Camitas; **Calle Báez** é o melhor lugar para ir. Esta rua badalada em Palermo tem ótimos restaurantes como **Novecento**, Báez 199 (✆ **11/ 4778-1900**), **El Estanciero**, 202 Báez (✆ **11/4899-0951**), e muitas outras opções. Mais tarde, curtir a noite com bebidas no popular **Soul Café**, 352 Báez (✆ **11/4776-3905**). Esta é uma das ruas mais badaladas na noite de Buenos Aires.

2 As Melhores Opções de Hoteis

• **Seleções dos Hotéis mais Luxuosos:** Os dois hotéis aqui citados não fazem parte apenas do topo de minha lista de hotéis favoritos, mas se encontram no topo da lista de muitas revistas de viagens. O **Alvear Palace Hotel**, Avenida Alvear, 1891 (✆ **11/4808-2100**), é uma mistura de mármore dourado esculpido e mobília francesa. É uma ótima experiência num hotel clássico em Buenos Aires, inclusive com serviços de mordomo. Veja pág.81. O **Four Seasons Hotel**, Posadas 1086-88 (✆ **800/819-5053 nos EUA e no Canadá**), oferece um luxo não excessivo (elegância não ostentosa) e uma chance de se isolar e ser paparicado num jardim tranquilo e privado do hotel. Veja pág.82.

• **Os Melhores Hotéis Históricos:** O **Marriot Plaza Hotel**, Calle Florida, 1005 (✆ **888/236-2427** nos EUA, é um dos hotéis mais antigos e ainda em funcionamento em Buenos Aires, e sua localização no Plaza San Martín, não pode ser ignorada. Veja pág.65. O **Hotel Castelar** (✆ 11/4383-5000) situa-se na Avenida de Mayo, que já foi considerada a rua mais glamourosa da cidade. Este hotel, adornado com bronzes e mármores italianos, foi uma vez a escolha favorita de Lorca e de outros escritores espanhóis, nos anos de 1930, quando Buenos Aires era a capital intelectual e literária do mundo Espanhol. Veja pág.77.

• **Os Melhores Hotéis para Ver e ser Visto:** O **Faena**, Martha Salotti, 445 (✆ **11/4010-9000**), localizado no bairro de Puerto Madera, é a alternativa do mundo da moda para os que querem ver e serem vistos. O hotel foi construído com muitos bares no saguão e uma piscina em frente ao hotel, para que todo mundo saiba quem está hospedado. Veja pág.64. Próximo a Recoleta, o novo **Park Hyatt – Buenos Aires**, Avenida Alvear, 1661 (✆ **11/5171-1234**), incorporado do velho Palácio Duhau, tem o melhor jardim da cidade. É aqui aonde aquelas senhoras vêm para almoçar e serem vistas, e pessoas de negócios tomam decisões ao ar fresco, bebendo um café ou até uma bebida.

• **Os Melhores Hotéis-Butiques:** Com o crescimento do turismo, hotéis-butiques tornaram-se as mais cobiçadas em Buenos Aires. Estas são algumas dentre as melhores e as mais novas. **Home** em Palermo Viejo, Honduras, 5860 (✆ **11/4778-1008**), causa aquela sensação de se sentir em casa. É acolhedora e popular. Aqui também ficaram hospedadas as filhas gêmeas de Bush durante seu infame período de férias na Argentina. Veja pág.91. O Soho All Suítes é excelente e sofisticado, sendo o lugar onde algumas festas de desfiles de moda são realizadas, (Honduras 4762; ✆ **11/4832-3000**) Veja pág.92. O **Art Hotel**, no Bairro Norte (Azcuenaga, 1268; ✆ **11/4821-4744**). Oferece uma atmosfera agradável num antigo hotel renovado, que preservou muito da arquitetura original do edifício. Veja pág.85.

- **O Melhor Hotel Econômico:** Pertencente à rede Francesa de hotéis, **Hotel Íbis**, Hipólito Yrigoyen, 1592 (✆ **11/5300-5555**), vence nessa categoria facilmente. Embora esses hotéis sejam os mesmos em todo o mundo, o serviço eficiente e a localização com vista para o Congreso ajudam na escolha dessa excelente acomodação. Todos os quartos possuem a mesma decoração; mas com os preços acessíveis, você pode facilmente ignorar isso. Veja pág. 88.

- **As Melhores Academias de Hotel:** O **Marriott Plaza Hotel**, Calle Florida, 1005 (✆ **888/236-2427** nos EUA), tem uma enorme academia, com equipamentos mais do que o suficiente para ter certeza de que não há espera. Veja pág. 65. A Academia no **Pan Americano**, Carlos Pellegrini, 551 (✆ **800/227-6963** nos EUA), é inacreditável! Sentar em uma "caixa de vidro" de três andares, na cobertura do edifício, traz a sensação de que está flutuando sobre a Avenida 9 de Julho, na piscina e, especialmente nas esteiras. Veja pág. 68

- **As Melhores Piscinas de Hotel:** No hemisfério Sul, nos meses de verão, de Dezembro a Março, qualquer piscina será um convite bem vindo em Buenos Aires, mas duas delas realmente se destacam. O **Pan Americano**, Carlos Pellegrini, 551 (✆ **800/227/6963** nos EUA), tem piscina interna e externa, e a sua localização na cobertura do hotel dá a impressão de estar nadando em cima da cidade, bem na Avenida 9 de Julho. Veja pág. 68. O **Four Seasons**, Posadas, 1086-1088 (✆ **800/819-5053** nos EUA e Canadá), é o único hotel com jardim e piscina em toda a Recoleta. Relaxando na beira da piscina no complexo de um jardim murado, dá aquela sensação de estar num resort, mesmo estando no coração da cidade. Veja pág. 82.

- **O Melhor Hotel Empresarial:** Com sua localização afastada do barulho da cidade, em Puerto Madera, e possuindo um dos maiores centro de convenções em toda a Buenos Aires, o **Hilton Buenos Aires**, Avenida Macacha Güemes, 351 (✆ **800/445-8667** nos EUA), é uma ótima opção empresarial. Seu centro de negócios completo, com serviços de tradução, é o maior em toda a cidade. Veja pág. 65.

3 As Melhores Opções para Jantar

- **Melhor** *Parrilla* **(churrasco).** Você provavelmente já ouviu a respeito deste lugar bem antes de vir a Buenos Aires, e **Cabaña Las Lilas**, Alicia Moreau de Justo, 516 (✆ **11/ 4313-1336**), merece todos os prestígios de sua reputação. Caro com certeza, cobrando aproximadamente US$ 40 (£ 21.20) por uma refeição completa, mas vale a pena; os cortes de carne são macios e quase derretem em sua boca. Apesar do preço, o ambiente é descontraído. Venha de tênis e bermudas, se quiser. Veja pág. 102.

- **As Melhores Experiências nos Cafés.** **Café Tortoni**, Avenida de Mayo, 825 (✆ **11/ 4342-4328**), talvez não tenha o melhor serviço da cidade, mas a beleza e a história inacreditável deste café compensa tudo. Esta foi e ainda continua sendo a escolha intelectual da Argentina, e até mesmo a cultura que os turistas procuram não sobrecarrega o local. Veja pág. 111. Sente-se lá fora em **La Biela**, Avenida Quintana, 596 (✆ **11/4804-0449**), na glamourosa Recoleta, com vista para o mundialmente famoso Cemitério Recoleta. Tem-se, também, vista da Iglesia Pilar para a maravilhosa sombra das árvores gomíferas nas calçadas. O melhor de Buenos Aires! Veja pág. 119.

- **O Autêntico e Melhor Jantar de Buenos Aires:** Buenos Aires é repleto de lugares requintados, mas a aposta certa é onde os portenhos têm jantado há décadas. Há presuntos pendurados nas vigas e os bifes são tão grossos quanto a multidão no restaurante Espanhol **Plaza Astúrias**, Avenida de Mayo, 1199 (✆ **11/4382-7334**). Os funcionários são tão ocupados que você pode até se machucar, a caminho do banheiro, com toda a correria deles. Veja pág.121. Por mais de 40 anos, amantes do peixe têm se reunido no **Dora**, Leandro N. Alem, 1016 (✆ **11/4311-2891**): é despretensioso, mas com grande qualidade. É um local caríssimo em Paseo Colón, mas que vale cada centavo. Veja pág.106.

- **Os Melhores Frutos do Mar:** A Argentina possui um litoral enorme, mas tem sido sempre a relva, e não o surfe, que deu aos seus chefes a inspiração culinária. Há dois lugares que desafiam este estilo, incluindo os dois acima. **Dora**, Leandro N. Alem, 1016 (✆ **11/4311-2891**), um local simples para frutos do mar, onde empresários e outros frequentadores têm estado por 40 anos. Veja pág.106. O outro, **Olsen**, em Palermo Viejo, Gorriti, 5870 (✆ **11/4776-7677**), proporciona uma variedade interessante de frutos do mar no estilo escandinavo, com sabores que são muito diferentes de qualquer cardápio, em qualquer outro lugar de Buenos Aires. Veja pág.128.

- **O Melhor Bar de Charuto:** A cultura argentina talvez não seja tão machista quanto à reputação deles. Mulheres se candidatam à presidência e há poderosas primeiras damas. Mas o símbolo máximo da dominação masculina persiste aqui no **Oak Bar**, em Park Hyatt – Buenos Aires, Avenida Alvear, 1661 (✆ **11/5171-1234**). A sala faz parte da autêntica Mansão Palácio Duhau, e a decoração vem do antigo castelo francês. Com a nova proibição sobre fumar, expressa no cardápio de qualquer lugar, em Buenos Aires este é um dos lugares que existe para executivos que querem fazer negócios fumando. Veja pág.82.

- **Melhor Restaurante Italiano:** Com mais da metade de descendentes de imigrantes italianos em Buenos Aires, é difícil de errar ao encontrar uma boa comida italiana nesta cidade: muitas *parrillas* (churrascarias) oferecem uma excelente variedade de massas, normalmente feitas no próprio local. A melhor experiência num restaurante italiano convencional na cidade é o **Piegari**, Posadas, 1042 (✆ **11/4328-4104**), na região la Recova, Recoleta, perto do Hotel Four Seasons. Sua seleção de comida, concentrada na cozinha do norte da Itália, é maravilhosa e eles possuem uma impressionante variedade de risotos. Veja pág.117.

- **Melhor Restaurante Francês: La Bourgogne**, Avenida Alvear, 1891 (✆ **11/4805-3857**), é com facilidade considerado o melhor restaurante francês, em Buenos Aires, e já recebeu vários prêmios de melhor restaurante. Sim, muito formal e muito caro, mas o que mais se espera deste lugar? Veja pág.117.

- **Melhor Restaurante para Crianças:** Garbis, Scalabrini Ortiz, Cerviño (✆ **11/4511-6600**), é uma rede de restaurantes da Armênia. Uma amiga imigrante inglesa adora chamá-lo de: "castelo saltitante", lugar onde ela costuma levar suas crianças. É um dos melhores em Palermo Soho e adultos podem comer em paz, enquanto as crianças se divertem no playground interno. Veja pág.131.

- **Restaurantes de melhor custo:** Pouco conhecido, dirigido por uma família, **Juana M**, Carlos Pellegrini, 1535 (✆ **11/4326-0462**), é uma pequena parrilla bem no final da Avenida 9 de Julho, no distrito da Recoleta, e ganha por excelência, com certeza. Há uma excelente variedade de carnes, e um infinito buffet de saladas e muitas refeições com bebidas que não atingem US$ 5 (£ 2.65). Veja pág.119. Se você está em Puerto Madera, vá direto ao **La Bisteca**, Avenida Alicia Moreau de Justo, 1890 (✆**11/ 4514-4999**),uma rede de restaurantes que oferece cardápio com comida à vontade, com todos os tipos de carne de boa qualidade, juntamente com um generoso buffet de saladas. É um lugar enorme, e a forma de como os assentos são arrumados dá aquela sensação aconchegante. Os preços são imbatíveis. Veja pág.103.

Planejando Sua Viagem a Buenos Aires

2

Antecipar um pouco o planejamento pode fazer a diferença entre uma boa viagem e uma grande viagem. O que você precisa saber antes de ir? Quando deve ir? Qual é a melhor maneira de chegar lá? Quanto deve gastar? Que precauções de segurança e de saúde são recomendadas? Todos os conceitos básicos são descritos neste capítulo – quando, por que e como viajar para Buenos Aires.

1 Informação ao Visitante

NO BRASIL, o consulado geral da Argentina fica na Praia do Botafogo, 228 - Sobreloja 201 - Rio de Janeiro/RJ (✆ **021/2553-1646**; fax 021/2552-4191). O horário de antendimento é de segundas às sextas, das 10:00 às 13:00h e 13:30 às 15:30h. Para endereços de outros consulados no Brasil, consulte http://www.consulados.com.br/argentina.

NOS EUA: O Posto de Turismo Oficial da Argentina com postos na 12 W. 56th St., Nova York, NY 100019 (✆ **212/603-0443**; fax 212/315-5545), e 2655 Le Jeune Rd., Penthouse Suíte F, Coral Gables, FL 33134 (✆ **305/442-1366**; fax 305/441-7029). Para mais detalhes, consulte a página do Ministério de Turismo da Argentina na internet (veja "Links de sites da web", no final da página).

NO CANADÁ: Informações básicas de turismo podem ser obtidas por meio do Consulado Geral da Argentina, 2000 Peel St., Suíte 600, Montreal, Quebec H3A 2W5 (✆ **514/842-6582**; fax 514/842-5797; www.consargenmtl.com). Para mais detalhes, consulte a página na internet do Ministério de Turismo da Argentina (veja "Links de sites da web", no final da página).

EM BUENOS AIRES: O escritório central da Secretaria de Turismo da Cidade, Calle Balcare, 360, em Monserrat (11/4313-0187), é responsável por toda a informação dada ao visitante, mas não é aberto para o público geral. A cidade possui diversos quiosques espalhados por toda a parte em vários bairros, com informações de hotéis, mapas, restaurantes e atrações. Para endereços e horários de funcionamento dos quiosques, veja "Quiosques Turísticos da Cidade de Buenos Aires", na pág. 44. Além disso, associações particulares têm seu próprio centro turístico fornecendo diversas informações, tais como a da Calle Florida Associação Comercial, num quiosque quase no final da Calle Florida, cruzando Plaza San Martín.

O endereço da Embaixada do Brasil em Buenos Aires é Calle Cerrito, 1350, C1010A-AF (✆ **5411/4515-2400**). O endereço do Consulado do Brasil em Buenos Aires é Carlos Pellegrini 1363 - 5ºandar, C1011AAA (✆ **5411/4515 6500**).

A **Secretaria de Turismo da Cidade de Buenos Aires** administra uma linha de emergência para informações (11/4313-0187), das 07h30min às 18h00, de segunda a sábado; e domingos, das 11h00 às 18h00.

Passeios gratuitos pela cidade também são fornecidos (saiba mais pelo telefone ✆ **11/4114-5791**, de segunda a sexta das 10h00 às 16h00). A maioria dos passeios são em espanhol, mas há também em inglês.

LINKS DE SITES DA WEB

- **www.consulados.com.br** Informações atualizadas da embaixada Argentina no Brasil

- **www.turismo.gov.ar** Este site do Ministério de Turismo tem informações sobre toda a Argentina, incluindo um tour virtual das regiões turísticas do país, dicas de compras, links dos pontos turísticos da cidade e fatos gerais.
- **www.buenosaires.gov.ar** Um site completo do governo, criado pela cidade de Buenos Aires, com alguns links de turismo e notícias sobre a cidade.
- **www.bue.gov.ar** Um site de turismo criado pela cidade de Buenos Aires, com detalhes dos bairros e um calendário de eventos em inglês e outros idiomas. O site tem muitas informações detalhadas e úteis, mas pode ser muito entediante trabalhar com suas janelas e pop-ups. Seja paciente.
- **www.palermoviejo.com** Descubra o que está se passando nos bairros mais populares da cidade, repletos de restaurantes e lojas modernas. Palermo Viejo é dividido entre Palermo Hollywood e Palermo Soho.
- **www.gopalermo.com.ar** Este é outro site excelente e fiel ao rápido crescimento da cidade. Cheio de restaurantes e dicas de compras.
- **www.welcomeargentina.com** Ótimas informações da Argentina e amplos detalhes de coisas para fazer em Buenos Aires. Inclui ideias de passeios com guias, listas de hotéis e informação atualizada de restaurantes e outros lugares.
- **www.subte.com.ar** Este site explica em detalhes o funcionamento do sistema metroviário de Buenos Aires e permite localizar hotéis e outros pontos de interesse em relação a paradas do metrô. Inclui mapas que se pode baixar e uma função interativa que permite entender tempo de viagem e destinos.

Você também pode enviar e-mails com dúvidas e pedidos sobre informações para secturusa@turismo.gov.ar

2 Requisitos de Entrada e Alfândegas

REQUISITOS DE ENTRADA

Brasileiros não necessitam de visto para entrar na Argentina. E para quem ainda tem o visto temporário ou de turista para ingressar na Argentina, já pode tornar definitiva a sua validade. Para regularizar o visto como definitivo, é preciso apresentar o pedido no Departamento de Estrangeiros da Secretaria Nacional de Justiça do Ministério da Justiça do Brasil ou à Direção Nacional de Migrações do Ministério do Interior da Argentina. Os documentos solicitados são: passaporte ou identidade; certidão negativa de antecedentes criminais; comprovante de ingresso no território e comprovante de pagamento das taxas de imigração.

PASSAPORTE

Reserve bastante tempo antes de sua viagem para tirar o passaporte. O processo geralmente leva 3 semanas, mas pode levar mais durante períodos movimentados (em especial a primavera). E lembre-se que se precisar de um passaporte às pressas, pagará uma taxa processual mais alta.

Para residentes no Brasil: Se você ainda não tem um passaporte, acesse o site da **Polícia Federal**, www.dpf.gov.br ou ligue para 0800-9782336 para obter informações sobre como tirar o passaporte brasileiro. Dúvidas sobre o preenchimento de solicitação ou sobre o serviço de expedição de passaporte (e-mail: css.serpro@serpro.gov.br); ou se tiver dúvidas sobre outros assuntos (e-mail: dcs@dpf.gov.br).

NO BRASIL o endereço da embaixada da Argentina no brasil é SHIS QL 02, CONJ. 01, CASA 19 Brasilia (© **61/3364-7600**; fax: 3364-7666). Para mais informações, acesse http://www.brasil.embajada-argentina.gov.ar. O endereço da Embaixada do Brasil em Buenos Aires é Calle Cerrito, 1350, C1010AAF (© **5411/4515-2400).**

NO CANADÁ Contate a Embaixada da República Argentina, Suíte 910, Royal Bank Center, 90 Sparks St., Ottawa, Ontário K1P 5B4 (© **613/236-2351**; fax 613/235-2659).

NA NOVA ZELÂNDIA Contate a Embaixada da República Argentina, Prime Finance Tower, Level 14, 142 Lambton, Quay, P.O. Box 5430, Wellington (© **04/472-8330**; fax 04/472-8331; enzel@arg.org.nz).

Argentina

ALFÂNDEGAS
O QUE VOCÊ PODE LEVAR PARA ARGENTINA

Viajantes entrando na Argentina podem trazer seus objetos de uso pessoal – incluindo roupas, joias, e equipamentos profissionais tais como: câmeras e computador – sem pagar imposto. Além disso, podem trazer consigo 21 litros de álcool, 400 unidades de cigarros e 50 unidades de charutos isentos de imposto.

Você pode trazer até 500 dólares em bens para uso pessoal, mas trazendo ou não bens, deve entregar um formulário declarando se comprou ou não acima dos 500 dólares. Valores acima de 500 dólares devem ser declarados. A alfândega cobrará 50% sobre o valor que ultrapassar a cota. Caso o fiscal federal encontre bens não declarados, o sonegador terá que pagar 100% de multa no período de até 90 dias à Receita Federal, senão os produtos ficarão retidos.

É obrigatório declarar a compra de celular no exterior, caso contrário a operadora telefônica não habilita o equipamento. Brasileiros também podem comprar até 500 dólares nas lojas "Duty Free" no Brasil, este valor não interfere na cota de compra no exterior.

O QUE VOCÊ PODE LEVAR PARA CASA

Para **cidadãos brasileiros** retornando ao seu país e com ausência mínima de 48 horas podem trazer a cada 30 dias, $500 dólares em mercadorias com isenção de impostos. Será cobrada uma taxa fixa de imposto em compras no valor de $1.000 dólares. Para gastos acima disso será aplicado uma taxa com encargos tributários. Aos presentes enviados pelo correio, o limite de isenção de imposto é de $200 dólares. Certifique-se de estar com seus recibos ou compras em mãos para despachar o processo de declaração.
Aviso: Se você deve imposto, terá de pagar quando chegar, em dinheiro, cheque pessoal, cheque de viagem e ordem de pagamento do governo, ordem de pagamento, em alguns estabelecimentos, Visa ou Mastercard.

Para evitar ter que pagar impostos sobre mercadorias de objetos pessoais estrangeiros que lhe pertençam, antes de sua viagem, traga com você uma nota fiscal, apólice de seguro, avaliação de joias ou comprovantes de compra. Ou você pode cadastrar objetos que podem ser facilmente identificados por um número de série ou marca anexado ao produto – como, por exemplo: laptops, câmeras, e toca CDs – com a Alfândega antes de embarcar. Leve as mercadorias ao posto da Alfândega ou registre na Alfândega do aeroporto de partida. Você receberá, sem custo, um Certificado de Registro, que permite a isenção do imposto no prazo de validade do produto.

Com algumas exceções, não pode trazer com você frutas e vegetais. Para detalhes do que pode trazer da Argentina, baixe o panfleto online "Saiba Antes de Você Ir", no www.cbp.gov. (Clique em "Viagem", e depois clique em "Saiba Antes de Você Ir Brochura online"), ou contate o U.S Customs & Border Protection (CBP) Alfândega dos Estado Unidos e Proteção a Fronteira 1300 Pennsylvania Ave. NW, Washington, DC 20229 (& 877/287-8667) e solicite um panfleto.

Para um resumo claro das normas Canadenses, solicite o folheto "Eu Declaro", emitido pelo Canadá Border Services Agency (Agência de Serviços a Fronteira do Canadá), e 800/461-9999 no Canadá ou 204/983-3500; www.cbsa-asfc.gc.ca). O Canadá autoriza seus cidadãos C$750 de isenção. Você é autorizado a trazer um maço de cigarros, uma caixa de tabaco, 40 onças imperial de Licor, e 50 charutos. Além disso, é autorizado a enviar presentes ao Canadá avaliados por menos de C$60 ao dia, desde que não haja álcool ou tabaco (escreva no pacote "Presente Espontâneo menos de $60"). Todos os objetos de valores devem ser declarados na forma Y-38, antes de sua partida do Canadá, incluindo a sequência de números dos objetos de valores que você possui, tais como: câmeras caras de marca estrangeira. Aviso: a isenção de

DINHEIRO & MOEDA   15

C$750 pode ser usada somente uma vez ao ano e só depois de uma ausência de 7 dias.

A concessão na isenção de imposto da Austrália é A$400 ou, para aqueles com menos de 18 anos, A$200. Cidadãos podem trazer 250 maços de cigarros ou 250 gramas de cigarros soltos, e 1.125 mililitros de álcool. Se você está retornando com objetos pessoais que lhe pertençam, tais como câmeras estrangeiras, você deve preencher um formulário B263. Uma brochura de grande auxílio, disponível nos Consulados Australianos ou Estâncias Aduaneiras, é "Saiba Antes de ir". Para mais informações, ligue para o Serviço Alfandegário Australiano no & 1300/363-263, ou visite o site www.customs.gov.au.

A concessão na isenção de imposto da Nova Zelândia é NZ$700. Cidadãos com idade superior a 17 podem trazer 200 cigarros, 50 charutos ou 250 gramas de tabaco (ou uma combinação de todos os itens que não exceda o peso de 250 gramas); mais 4.5 litros de vinho e cerveja, ou 1,125 litros de licor. A Nova Zelândia não possui restrições de importação e exportação. Preencha um certificado de exportação listando todos os objetos de valores que está levando para fora do país desta forma, você pode trazê-los de volta sem pagar imposto. Muitas questões são respondidas num panfleto gratuito disponível nos Consulados e Estâncias Aduaneiras da Nova Zelândia: Guia Alfandegários da Nova Zelândia para Viajantes, Aviso no. 4. Para mais informações, contate a Alfândega da Nova Zelândia, A Alfândega, 17-21 Whitmore St., Box 2218, Wellington (& 04/473-6099 ou 0800/428-786; www.customs.govt.nz).

3 Dinheiro & Custos

Dinheiro & Moeda

A moeda oficial da Argentina é o **peso**, constituída de 100 **centavos**. Dinheiro é denominado em notas de 2, 5, 10, 20, 50 e 100 pesos; e moedas de 1, 2 e 5 pesos, e 1, 5, 10, 25 e 50 centavos. Quando este livro foi para a impressão, a taxa de câmbio era de aproximadamente 3 pesos, comparados com o dólar americano, e pouco menos de 6 pesos da libra esterlina.

Preços caíram completamente com a desvalorização do peso em 2001 e a Argentina ainda continua sendo a cidade mais barata para visitantes estrangeiros. Muitos preços estão pela metade do que eram antes da crise econômica, especialmente para jantares em restaurantes. Hotéis são culpados pelas taxas instáveis e desenfreadas. Aliás, em muitos casos, hotéis não são tão baratos como antes. Muitos hotéis de 4 e 5 estrelas retornaram a seus preços pré-desvalorização, quanto ao número de hotéis de qualidade que não conseguiram manter a demanda, assim que a Argentina tornou-se o destino de viagem dentre os mais populares do mundo.

Cada vez mais europeus (maioria da Europa Ocidental) vão em massa à Argentina. Hotéis estão aumentando seus preços desde que descobriram que o euro está em alta. Preços tendem a ser mais acessíveis fora de Buenos Aires.

TROCANDO DINHEIRO

É uma ótima ideia trocar um pouco de dinheiro – o suficiente para cobrir despesas extras de aeroporto e transporte até seu hotel – antes de sair de casa (não espere que a taxa de câmbio esteja ideal). Assim pode evitar as filas nos caixas eletrônicos de aeroportos. Você pode trocar dinheiro no escritório da American Express ou Thomas Cook em sua região, ou em seu próprio banco. Se estiver longe de um banco com serviços de taxa de câmbio, o American Express oferece aos viajantes cheques e moeda estrangeira, mas cobram uma taxa de emissão de US$ 15 (£ 7.95), e custos adicionais de envio, acesse www.americanexpress.com ou ✆ 800/807-6233. No Brasil, a troca pode ser realizada no **Bradesco** e **Banco do Brasil**, ou aeroportos.

Dólares americanos não são aceitos em todos os lugares em Buenos Aires como era antes e logo após a crise do peso, em dezembro de 2001. Você pode, ou seja, ainda pode usá-los para pagar alguns hotéis de classe executiva e nos restaurantes e empresas que atendem aos turistas. Tais lugares informam diariamente suas próprias taxas de câmbio no guichê. Aliás, alguns caixas eletrônicos, em Buenos Aires oferecem dólares americanos e também pesos. Mas para a maioria de suas compras precisará de pesos. Você pode converter sua moeda nos hotéis, casas de câmbio, alguns bancos e nos aeroportos. Trocar cheques de viagem da American Express para pesos em Buenos Aires: **American Express**, Arenales 707 (℗ **11/4130-3135**). Às vezes, é difícil trocar cheques de viagem da American Express fora do centro de Buenos Aires. Planeje com antecedência para ter a quantidade suficiente de dinheiro de peso para seus passeios de um dia.

CAIXAS ELETRÔNICOS

A maneira mais fácil e melhor de conseguir dinheiro longe de casa é no caixa eletrônico. O **Cirrus** (℗ **800/424-7787**; www.Mastercard.com) e **PLUS** (℗ **800/843-7587**; www.visa.com) são redes que se estendem por todo o globo. Olhe atrás de seu cartão de banco para ver de qual rede você faz parte; então, ligue ou verifique online a localização de caixas eletrônicos em seu destino. Certifique-se de memorizar a sua senha antes de sair de casa, e descubra o seu limite de saque diário antes de seu embarque. Mantenha em mente que muitos bancos cobram uma taxa toda vez que o cartão é usado num caixa eletrônico de outra rede bancária, e a taxa pode ser muito alta para transações internacionais (acima de $5. £2.65 ou mais) do que transações nacionais. Além disso, o banco em que você saca dinheiro pode cobrar sua própria taxa. Pergunte ao seu banco sobre taxas de saques internacionais.

Caixas eletrônicos são de fácil acesso em Buenos Aires, mas não conte com eles fora da capital. Também, mesmo que seu banco autorize uma quantidade máxima de saque diário, geralmente na faixa de US$500 (£265), limites de caixas eletrônicos locais podem ser inferior a U$100 (£53). Então, planeje com antecedência se precisa de grandes quantidades de dinheiro, ou teste várias máquinas antes de uma emergência. É uma ótima ideia avisar seu banco que você vai usar seu cartão eletrônico fora do país; dessa forma, o seu cartão não será bloqueado no ato da compra, com o objetivo de protegê-lo contra transações fraudulentas.

CARTÕES DE CRÉDITOS

Cartões de crédito são outra forma segura de carregar dinheiro. Fornecem também um registro conveniente de todos seus gastos e, geralmente, oferecem taxas de câmbio relativamente boas. Você pode fazer saques de emergência de seu cartão de crédito em bancos ou caixa eletrônicos, mas as taxas de saques de emergência de cartões de crédito são altíssimas e uma fonte muito cara de se obter dinheiro. Tenha em mente que pagará juros a partir do momento que fizer o saque, mesmo que pague suas contas em dia. Também, observe que muitos bancos agora tributam taxas de 1% a 3% "por transação", em **todas** as despesas que você contrair fora do país (mesmo se estiver usando a moeda local ou sua moeda nativa).

CHEQUES DE VIAGEM

Cheques de viagem (Traveler´s Checks) estão um pouco ultrapassados a partir do dia em que os caixas eletrônicos se tornaram dinheiro acessível a qualquer hora. Cheques de viagem são usados para ser apenas uma fonte alternativa do viajante com grandes quantidades de dinheiro. São considerados seguros como moeda corrente e podem ser substituídos, se forem roubados ou perdidos. Dentro dos Pampas e áreas rurais da província de Buenos Aires, cheques de viagem são bem vindos em muitos estabelecimentos.

Você pode comprar cheques de viagem na maioria dos bancos. São oferecidos em notas americanas de $20, $50, $100, $500 e, às vezes, até de $1.000. Geralmente, você tem que pagar por uma taxa de serviço que varia entre 1% a 4%.

Os cheques de viagens mais populares são oferecidos pela **American Express** (✆ **800/807-6133** ou 800/221-7282 para membros – o segundo número aceita ligações a cobrar, oferece vários serviços em vários idiomas e isenta membros do Amex Gold e Platinum de uma taxa de 1%); **Visa** (✆ **800/732-1322**) – membros AAA podem obter cheques Visa com uma taxa de $9.95 (para cheques acima de $1.500) em vários escritórios da AAA ou ligando no (✆ **866/339-3378**; e **Mastercard** (✆ **800/223-9920**).

Certifique-se de guardar um registro dos números de série dos cheques de viagem separados de seus cheques; caso sejam roubados ou extraviados, você terá os números e receberá o reembolso sem burocracia.

American Express, **Thomas Cook**, **Visa** e **Mastercard** oferecem **cheques de viagem com moeda estrangeira**; úteis, se você estiver viajando a um país ou a qualquer país da União Europeia. São aceitos em estabelecimentos onde cheques em dólar não são aceitos.

Outra opção é o novo cartão pré-pago de cheques de viagem, cartões recarregáveis que funcionam como cartões de débito, mas não são ligados a sua conta corrente. A **American Express Cartão Cheques de Viagem**, por exemplo, exige um depósito mínimo, com um saldo máximo estabelecido, e uma tarifa única de $14.95. Você pode sacar dinheiro do caixa eletrônico (por uma tarifa de $2.50 por transação, mas não inclui tarifas bancárias), e os fundos podem ser comprados em dólares, euros ou libras. Se você perder seu cartão, seu fundo disponível será reembolsado dentro de 24 horas.

4 Quando ir

As estações na Argentina são o oposto dos países no Hemisfério Norte. Buenos Aires é perfeita no outono (março-maio) e na primavera (setembro-novembro). Os meses de outubro e novembro em Buenos Aires, são perfeitos para uma visita quando as árvores de Jacarandá começam a florir. Visitantes em dezembro ainda podem encontrar um clima agradável na cidade. O que você não vai achar em dezembro, apesar de serem predominantemente católicos, são decorações exageradas de Natal e cerimônias. Janeiro e fevereiro podem ser terrivelmente quentes, com temperaturas úmidas acima de 38°C. A maior parte da cidade fica abandonada nessa época pelos residentes, que vão em massa para as praias em Mar del Plata ou Uruguai. Janeiro é a época em que muitos turistas visitam Buenos Aires, resultando em hotéis super lotados. Muitos restaurantes e locais têm horários restritos durante esse período. Muitos deles chegam a fechar entre 1 e 15 de janeiro. Você deve ligar antecipadamente para ter certeza se o local estará aberto. Apesar de que não encontrar neve no inverno (junho – agosto) em Buenos Aires, o tempo pode estar nublado, frio e chuvoso, lembrando Londres.

CLIMA Exceto uma área com clima tropical curto no norte da Argentina, o país repousa na zona de temperatura caracterizada por frio e tempo seco no sul, e no centro com ar úmido e mais quente. Assim sendo, janeiro e fevereiro são mais quentes – com temperatura variando entre 35°C e 40°C – enquanto que no inverno, de junho a outubro, são os meses mais frios.

FERIADOS. Feriados públicos são 1 de janeiro (Ano Novo), sexta-feira Santa, 1 de maio (Dia do Trabalho), 25 de Maio (Primeiro Governo Argentino), 10 de Junho (Dia da Soberania Nacional), 20 de Junho (Dia da Bandeira), 9 de Julho (Dia da Independência), 17 de Agosto (Aniversário da Morte de San Martín), 12 de Outubro (Día de la Raza – Dia da Corrida), 8 de Dezembro (Dia da Concepção Imaculada), e 25 de Dezembro (Natal). Muitos estabelecimentos e restaurantes permanecem abertos durante todos os feriados, exceto Natal e Ano-Novo.

FESTIVAIS E EVENTOS ESPECIAIS São poucos os feriados e festivais que valem a pena programar numa viagem. O melhor lugar para obter informação sobre estes eventos é por meio de um posto de turismo Argentino (veja "Informação ao Visitante", mencionado anteriormente neste capítulo). O Posto Turístico de Buenos Aires fornece também informações sobre todos os eventos em seu site www.bue.gov.ar, ou pelo telefone ✆ **11/4313-0187**.

A versão do Carnaval de Buenos Aires, ou "Mardi Gras", é chamada de **Fiesta de las Murgas**; embora não seja tão colorido como o do Rio de Janeiro, é celebrado todo final de semana em fevereiro. Vários bairros têm bandas de competições fantasiadas, danças e música alta. Visite www.solomurgas.com para mais informações.

Ano-Novo Chinês é celebrado geralmente no primeiro domingo do mês em fevereiro, dependendo da data efetiva do feriado. O Bairro Chinês (Chinatown), em Belgrano, é pequeno, mas o desfile da santificação do dragão é um evento popular e divertido. Crianças e adultos com certeza irão curtir muito.

A **Feria del Libro** (Feira do Livro) é realizada no final de abril até o início de maio. É um dos maiores festivais de livros do mundo. Visite www.el-libro.com.ar para datas e horários do evento.

Amantes de teatro deveriam visitar o **Festival Internacional de Buenos Aires**, um evento de duas semanas de programas de teatro internacional, normalmente realizado em setembro. Visite www.festivaldeteatroba.com.ar, ou ligue para ✆ **11/4374-2829** para mais informações.

O **Festival de Tango Mundial** é celebrado do início até a metade de outubro, com vários eventos. Muitos deles concentrados no bairro do tango de San Telmo. Veja www.worldtangofestival.com.ar para mais informações e datas exatas.

O maior evento mundial de pólo, o **Campeonato Argentino de Pólo**, é realizado no campo de pólo em Palermo, perto do bairro de Las Cañitas, no final de novembro e início de dezembro, atraindo a sociedade rica do mundo todo, que se mistura com a realeza britânica. Ligue para Associação de Pólo Argentina para mais detalhes (✆ 11/4343-0972).

A **Parada Nacional do Orgulho Gay** é realizada em novembro, e a data pode ser trocada no último instante, entre o primeiro e o terceiro sábado do mês; então, verifique com a Comunidade Homossexual da Argentina, no site www.cha.org.ar, para informações atualizadas.

Embora a Argentina tenha pouco no que se diz respeito à cerimônia Natalícia, a **Missa do Galo, na véspera do Natal** (**Noche Buena**), acontece na Catedral Metropolitana e é um bonito espetáculo, normalmente realizada às 22h00, em 24 de dezembro. Na Argentina, 24 de dezembro é um dia muito mais importante do que 25 de dezembro e o jantar em família é realizado na véspera do Natal, em vez de ser no dia de Natal.

5 Seguro Viagem

Verifique as apólices de seu seguro viagem e a cobertura de cartões de crédito antes de você comprar o seguro viagem. Você já pode estar protegido por perda de bagagem, bilhetes cancelados, ou despesas médicas.

O custo do seguro viagem varia muito, dependendo do destino, do custo e da duração de sua viagem, de sua idade e de sua saúde, e do tipo de viagem que está fazendo, mas espere pagar dentre 5% e 8% do preço total das férias. **SEGURO CANCELAMENTO DE VIAGEM** ajudará a recuperar seu dinheiro caso tenha que cancelar sua viagem ou partir mais cedo, ou se seu agente de viagens falir. O cancelamento de viagem tradicionalmente cobre eventos como doenças, desastres naturais e o país de destino ser considerado inseguro para viagens pelas autoridades responsáveis. Você pode obter orçamentos de várias seguradoras por meio de **InsureMyTrip.com** (✆ **800/487-4722**). Digite o custo de sua viagem e as datas, sua idade, e outras informações, para obter valores de várias empresas. Verifique as apólices dos seguros que você já tem antes de comprar um seguro de viagem para ver se cobrem cancelamento de viagens, perda de bagagens, despesas médicas ou seguros de veículos alugados. É provável que você já tenha cobertura total ou parcial. Mas verifique e peça um pacote completo ao seu agente de viagens. Seguros para viagens de aventura ou que incluam esportes radicais custarão mais que uma cobertura para um passeio pela Europa. Algumas seguradoras oferecem pacotes para férias diferenciadas, tais como para esquiar ou para mochileiros. Atividades mais perigosas podem estar excluídas das apólices de seguro básicas. Para mais informações consulte seu agente de viagem ou procure no próprio aeroporto um stand de atendimento.

As últimas novidades em seguros de cancelamento de viagem são a **cobertura estendida de furacão** e a cobertura de cancelamento por **"qualquer razão"** – que custa mais, mas cobre cancelamento de qualquer natureza. Você não terá retorno de 100% de sua viagem pré-paga, mas terá o reembolso de uma parte substancial. **Travel-Safe** (© 888/885-7233; www.travelsafe.com) oferece ambos os tipos de cobertura.

Para mais detalhes entre em contato com uma das seguradoras recomendadas: **Access America** (© 866/807-3982; www.accessamerica.com), **Travel Guard International** (© 800/826-4919; www.travelguard.com), **Travel Insured International** (© 800/243-3174; www.travelinsured.com), e **Travelex Insurance Services** (© 888/457-4602; www.travelex-insurance.com).

CONVÊNIO MÉDICO. Brasileiros devem consultar seu agente de viagens ou procurar no próprio aeroporto um stand de atendimento para obter mais informações sobre o seguro de saúde. Para viagens ao exterior, a maioria dos planos de saúde dos EUA não fornece cobertura, e aqueles que fornecem exigem que você pague imediatamente pelos serviços.

Se precisar de seguro médico adicional, experimente a **MEDEX Assistance** (410/453-6300; www.medexassist.com) ou **Travel Assistance International** (© 800/821-2828; www.travelassistance.com; para informações gerais sobre serviços, ligue para **Worldwide Assistance Services, Inc.**, da própria companhia, no © 800/777-8710).

SEGURO PERDA DE BAGAGEM Em voos domésticos, bagagem inspecionada e com cobertura acima de $2.500 por passageiro com bilhete. Em voos internacionais, incluindo parte de viagens internacionais do EUA, a cobertura de bagagem é limitada a aproximadamente U$$9.07 por kilo, em torno de $635 por bagagem inspecionada. Se você planeja checar objetos de mais valor do que o termo padrão de responsabilidade, verifique se seus objetos de valor estão protegidos na sua apólice de proprietário; adquira seguro bagagem como parte de seu pacote de seguro de viagem ou compre um produto da Travel Guard, chamado "Bag Trak" (rastreio de bagagem).

Não compre seguro no aeroporto, pois costuma ser muito caro. Tenha ciência de que levar objetos pessoais ou objetos insubstituíveis em sua bagagem de mão, como muitos objetos de valor (incluindo livros, dinheiro, e eletrônicos), não dá direito à cobertura nas apólices das companhias aéreas.

Se sua bagagem estiver perdida, preencha imediatamente um formulário de indenização da bagagem perdida no aeroporto, detalhando tudo que havia na bagagem. Para muitas companhias aéreas, você deve comunicar o atraso, o estrago ou o extravio de bagagem dentro de 4 horas a partir da chegada. As companhias aéreas são obrigadas a entregar bagagens, uma vez encontradas, diretamente em sua casa ou destino, sem qualquer custo.

6 Saúde e Segurança

PERMANECENDO SAUDAVÉL

A Argentina não exige vacinação para entrar no país, exceto para passageiros vindos de países onde a cólera e febre amarela são endêmicas.

Algumas pessoas que têm alergias podem ser afetadas pela poluição em Buenos Aires devido ao aglomerado Microcentro, onde carros e ônibus permanecem atolados no trânsito congestionado, arrotando poluição. As belas flores da primavera trazem também com elas o pólen, até pessoas que normalmente não são afetadas pelas plantas, e por aquelas espécies de plantas que vêm da Europa e América do Norte, sofrem por causa disso. É uma ótima ideia se precaver e trazer em sua bagagem um descongestionante, um antialérgico ou remédio para asma.

Acidentes de carro são as principais causas de ferimentos entre viajantes. Ande e dirija defensivamente. Não espere que ônibus e táxis decidam parar quando você estiver atravessando a rua. Sempre use cinto de segurança, que agora passou a ser lei em Buenos Aires, até mesmo nos táxis.

Muitos visitantes acham que a água e a comida argentina geralmente são leves no estômago. Água e gelo são considerados seguros para beber em Buenos Aires. Você deve ter cuidado com o bife Argentino. Uma vez que mal passado, pode causar problemas digestivos. Peça-o sempre bem passado (*bien cocido*). Evite também lanches de rua e bebidas servidas fora das latas nos festivais por toda a cidade. Vegetarianos devem estar atentos que, com tanta sobra de gordura da vaca como um derivado da indústria bovina, a banha acaba sendo usada como ingrediente principal no cozimento e em muitos produtos panificados. Leia os rótulos e pergunte.

Ruas e calçadas de Buenos Aires podem ser repugnantes e anti-higiênicas. Enquanto há uma lei do pooper-scooper (onde os donos dos cachorros removem as fezes de seus bichinhos com uma pá), donos de cachorros parecem contentar-se em deixar seus animais de estimação descarregar suas fezes no meio da calçada. Até nos melhores bairros é um obstáculo na direção em que você está pisando, e é uma ótima ideia observar por onde pisa. Lave suas mãos completamente após tocar nos seus sapatos, mesmo se você achar que não pisou em nada.

REMÉDIOS E PRESCRIÇÕES Esteja ciente que muitos remédios exigem uma prescrição médica no entanto, outros não. Então, se você perder ou se seu remédio acabar, talvez não seja necessário marcar uma consulta médica para adquirir seu remédio. O mesmo se aplica se ficar doente e não tem certeza do que precisa. Muitas farmácias no Microcentro têm equipe bilíngue. Nem todos os remédios na Argentina são baratos.

TURISMO DA CIRURGIA PLÁSTICA Por causa da taxa de câmbio, a Argentina está misteriosamente se tornando um lugar de turismo para cirurgia plástica. Se estiver planejando ficar aqui por um bom tempo, e vem considerando uma cirurgia, Buenos Aires talvez seja o local perfeito. Sondando as mulheres andando nas calçadas, verá a popularidade do tratamento facial e cirurgias para o aumento dos seios. Buenos Aires alcança Los Angeles neste assunto. Para se ter uma ideia, é tão comum aqui que costuma sair até de graça para quem tem convênio médico particular.

SOL AUSTRAL O sol de verão é quente e forte em Buenos Aires. É melhor que traga um protetor solar, e caso não tenha, estão à venda em farmácias e lojas por toda a cidade. Não há praias dentro da divisa da cidade, mas muitas pessoas vão se bronzear nos parques de Palermo e Recoleta, ou na Reserva Ecológica.

MALÁRIA E ENFERMIDADES TROPICAIS Malária não é uma preocupação em Buenos Aires, embora, os meses úmidos de verão de janeiro e fevereiro tragam alguns enxames de mosquitos, especialmente perto do Rio de la Plata (Rio Prata) e em parques.

Traga repelente. Para se vacinar ou receber orientações de várias doenças, se você estiver viajando de Buenos Aires para a selva por um longo período, contate Vacunar, uma rede de clínicas especializadas em vacinações (www.vacunar.com.ar). Lembre-se de que muitas doses requerem um período de tempo antes de tornarem-se efetivas. Eles também lhe explicarão de país a país o que é exigido, se você estiver viajando para outras partes da América do Sul.

O QUE FAZER SE VOCE FICAR DOENTE LONGE DE CASA

Qualquer consulado estrangeiro pode fornecer uma lista de médicos locais que falam inglês. Se ficar doente, não hesite em pedir à recepção do hotel para recomendar um médico local. Você também pode tentar o pronto socorro num hospital local. Muitos hospitais também possuem consultórios sem hora marcada para casos de emergência, onde não há risco de morte. Talvez não seja atendido de imediato, mas não pagará um preço exorbitante por uma visita ao pronto socorro.

Se você sofre de alguma doença crônica, consulte seu médico antes de viajar. Para problemas de saúde, como epilepsia, diabetes, ou problemas cardíacos, use uma **MedicAlert identification tag (Etiqueta de Identificação de Alerta Médico** ✆ **888/633-4298**; www.medicalert.org), que alertará médicos imediatamente sobre sua doença e lhes dará acesso aos seus registros por meio do MedicAlert, com uma linha de emergência de 24 horas.

Empacote **remédios controlados** em sua bagagem de mão e mantenha-os nos frascos originais, com rótulos da farmácia – senão serão recusados na segurança do aeroporto. Também traga cópias de suas receitas médicas. Não se esqueça de um par extra de lentes de contato ou óculos de grau. Carregue o nome genérico de remédios controlados, caso o farmacêutico local desconheça o nome do remédio.

Os centros médicos e funcionários do setor em Buenos Aires e outras áreas urbanas na Argentina são muito profissionais. A Argentina tem um sistema de medicina socializado, onde serviços básicos são de graça. Clínicas particulares não são caras pelos padrões ocidentais. Para um hospital onde falam inglês, ligue **Clínica Suisso Argentino** (✆ **11/4304-1081**). O **Hospital Britânico** (✆ **11/4309-6600**) também tem médicos que falam inglês. Em muitos casos, seu **plano de saúde atual** fornecerá toda a cobertura de que você precisa, mas ligue para ter certeza. Não deixe de carregar seu documento de identidade em sua carteira. Você deve também pedir ao seu médico recibos e atestados médicos, que talvez você precise para reembolso.

7 Guias Especializados

VIAJANTES PORTADORES DE NECESSIDADES ESPECIAIS

Buenos Aires não é um destino muito favorável aos viajantes portadores de necessidades especiais. Hotéis de quatro ou cinco estrelas em Buenos Aires mantêm poucos quartos designados para esses clientes – verifique com o hotel com antecedência e faça perguntas específicas. Alguns alegam ser equipados para pessoas com deficiências, mas ainda têm duas ou três escadas que levam até os vãos de seus elevadores, tornando o acesso à cadeirantes impossível. Redes americanas de hotéis tendem a ser melhores na questão de acessibilidade. Hotéis com reformas recentes terão um quarto para pessoas com necessidades especiais e barras de apoio nos banheiros. As ruas estreitas e lotadas do Microcentro mal dão para acomodar duas pessoas andando juntas, menos ainda uma cadeira de rodas, e rampas de acesso à calçada não existem em nenhuma área. Felizmente, há várias organizações que podem ajudar.

Muitas agências de viagens oferecem itinerários e passeios personalizados para viajantes especiais. **Flying Wheel Travel** (✆ **507/451-5005**; www.flyingwheeltravel.com) oferece passeios guiados e cruzeiros que enfatizam esportes e tours privados em minivans com elevadores. **Access-Able Travel Source** (✆ **303/232-2979**; www.access-able.com) oferece informação com amplo acesso e assistência para viajantes especiais ao redor do mundo. **Accessible Journeys** (✆ **800/846-4325** ou 610/521-0339; www.disabilitytravel.com) fornecem serviços específicos para pessoas com dificuldade de locomoção e viajantes em cadeiras de rodas.

Entre as organizações que oferecem assistência aos viajantes especiais **MossRehab** (www.mossresourcenet.org), que fornece uma livraria online acessível de recursos ao viajante; **SATH** (Sociedade para Viagem Acessível e Hospitalidade; ✆ **212/447-7284**; www.sath.org; taxas de anuidade: US$ 45/ £23.85 adultos, US$ 30/£ 15.90 idosos e estudantes), oferece uma diversidade de recursos de viagem para todos os tipos de deficiências e recomendações orientadas sobre destinos, guias de acesso, agentes de viagens, agências de turismo, aluguéis de veículos e serviços de acompanhantes; e a **American Foundation for the Blind** (Fundação Americana para o Cego – AFB; ✆ 800/232-5463; www.afb.org), oferece recurso de orientação para o cego ou deficiente visual que inclui informações de como viajar com cachorros-guias.

Também verifique a revista trimestral *Emerging Horizons* (US$14.95 por ano, US$19.95/£ 11 fora dos Estado Unidos.; www.emerginghorizons.com), e a revista *Open World*, publicado por SATH (veja acima; assinatura: US$13 por ano, US$21/£ 11 fora dos Estados Unidos).

VIAGEM PARA A TERCEIRA IDADE

Argentinos tratam idosos com grande respeito, tornando-lhes a viagem agradável. O termo argentino para um idoso ou aposentado é *jubilado*. Descontos estão sempre disponíveis. Peça quando estiver reservando um quarto de hotel e antes de fazer pedido de uma refeição em um restaurante.

Há descontos também nos teatros e museus, até entrada franca. **Aerolíneas Argentinas** (✆ **800/333-0276** nos EUA; www.aerolíneas.com.ar) oferece 10% desconto em tarifas de Buenos Aires para Miami ou Nova York para passageiros de 62 anos ou mais. Tarifas de acompanhante também têm descontos.

Membros da **AARP** (antigamente conhecida como a Associação Americana de Aposentados), 601 E St. NW, Washington, DC 20049 (✆ **888/687-2277**; www.aarp.org) dá descontos em hotéis, tarifas aéreas e aluguéis de carros. A AARP oferece aos membros uma gama de benefícios, incluindo a *AARP: The Magazine* e boletim informativo mensais. Pessoas com mais de 50 anos podem associar-se.

The Alliance for Retired Americans (A Aliança Americana de Aposentados, 8403 Colesville Rd., Suíte 1200, Silver Spring, MD 20910 ✆ 301/578/8422; www.retiredamericans.org), oferece boletim informativo seis vezes ao ano e descontos em hotéis e aluguéis de carros; a taxa de anuidade é de US$ 13 por pessoa ou casal. *Aviso:* Membros do antigo Conselho Nacional de Cidadãos Idosos recebem afiliação automática.

Muitas agências e organizações de confiança têm como objetivo o mercado de 50+. **Elder Hostel (Albergues para idosos** - ✆ **877/426-8056**; www.elderhostel.org) promovem programas de estudo para aqueles com mais de 55 anos de idade (e um conjuge ou acompanhante de qualquer idade) nos EUA e em mais de 80 países em todo o mundo. Muitos cursos duram de 5 a 7 dias nos EUA. (2-4 semanas no exterior), e muitos incluem tarifas áreas, acomodações nos dormitórios de Universidades ou hotéis medianos, refeições e instrução. **Elder Treks** (✆ **800/741-7956**; www.eldertreks.com) oferece passeios a grupos pequenos para lugares ainda não explorados ou viagens para lugares de aventura, restrita a viajantes de 50 e acima. **INTRAV** (✆ **800/456/8100**; www.intrav.com) é uma agência de turismo sofisticada que atende as exigências do viajante adulto, não necessariamente idosos, com viagens em todo o mundo, que incluem, passeios guiados por safáris, expedições polares, aventuras de jato particular e cruzeiros de barcos pequenos sobre rios e selvas.

Publicações recomendadas, oferecendo dicas de viagens e descontos para a terceira idade, incluem: a revista trimestral *Travel 50 & Beyond* (www.travel50andbeyond.

com); **Travel Unlimited** (Viagens Ilimitadas): Uncommon **Adventures for the Mature Traveler** (**Aventuras Extraordinárias para o Viajante Adulto – Avalon**); **101 Tips for Mature Travelers** (101 Dicas para os Viajantes Adultos), disponível no Grand Circle Travel (℅ 800/221-2610 ou 617/350-7500; www.gct.com); e **Ofertas Inacreditáveis e Grandes Aventuras que com Certeza Você Não Pode Desfrutar a Menos que Você Tenha Mais de 50** (Mc. Graw-Hill), por Joan Rattner Heilman.

VIAJANTES GAYS E LÉSBICAS

A Argentina ainda permanece muito tradicional. A sociedade católica é bastante conservadora sobre a homossexualidade. Buenos Aires, porém, é mais liberal com relação a essa regra. Em particular, os bairros de Barrio Norte e San Telmo são receptivos aos gays e lésbicas, e gays e lésbicas fazem parte da estrutura da vida na cidade. Viajantes gays e lésbicas encontrarão várias danceterias, restaurantes e até salões de tango direcionados a eles. Buenos Aires vem se tornando a principal Meca do turismo para gays desde a crise do peso, quase ultrapassando o Rio de Janeiro em popularidade para este mercado. Mapas para gays agora são impressos pelo Posto de Turismo de Buenos Aires para distribuição, com informações básicas de viagem. Muitas recepções de hotéis fornecem facilmente estas informações, reconhecendo a importância do mercado emergente. O site local www.gayinbuenosaires.com.ar fornece mais detalhes sobre os locais de interesse.

Em 2003, Buenos Aires sancionou uma Lei para União Civil de casais de gays e lésbicas – a primeira cidade principal da America Latina que fez isso. Embora exista visibilidade e esforços sejam realizados, a maior parte dos muitos gays e lésbicas continuam bastante fechados. A violência é, às vezes, direcionada a transexuais, até mesmo pela polícia.

Esteja ciente de algumas regras em uma cidade onde o contato íntimo é normal. Mulheres andam de mãos dadas nas ruas, homens se beijam ao se cumprimentarem. Entretanto, quando dois homens estão de mãos dadas, isso significa que eles são gays. É muito raro ver homens de mãos dadas, mas Buenos Aires está começando a ver surpreendente expressividade homossexual, especialmente à noite, em Barrio Norte, perto de Santa Fe.

The International Gay and Lesbian Travel Association (Associação Internacional de Viagem para Gays e Lésbicas - IGLTA; ℅ 800/448-8550 ou 954/776-2626; www.iglta.org) é uma associação de classe para os gays e lésbicas da indústria turística, e oferece um diretório online de gays e lésbicas e empresas de viagens. Vá para o site deles e clique em "Membros". Em fevereiro de 2005, IGLTA patrocinou uma conferência internacional de viagens para gays em Buenos Aires, com o reconhecimento oficial do governo Argentino.

A **Comunidade Homossexual da Argentina (CHA**; ℅ 11/4361-6382; www.cha.org.ar) é o grupo principal de direitos aos gays e lésbicas argentinos. São os principais patrocinadores da lei de União Civil, que estão tentando expandir no país inteiro. São responsáveis também pela Marcha Anual do Orgulho Gay, conhecida como Marcha del Orgullo Gay, em novembro.

Muitas agências oferecem passeios e itinerários de viagem especificamente para viajantes gays e lésbicas. **Above and Beyond Tours** (℅ 800/397-2681; www.abovebeyondtours.com) é a operadora exclusiva para gays e lésbicas para United Airlines. **Now Voyager** (℅ 800/255-6951; www.nowvoyager.com) é uma agência de viagem bem conhecida, localizada em San Francisco sendo o proprietário gay. **Olivia Cruises & Resorts** (℅ 800/631-6277; www.olivia.com) oferece fretamentos completo em resorts e navios para férias de lésbicas, e oferece também a grupos pequenos de gays e lésbicas experiências inesquecíveis.

Pride Travel (℅ 11/5218-6556; www.pride-travel.com) é uma empresa estabelecida na Argentina com especialização em viagens dentro de Buenos Aires, e outros passeios em toda parte da America do Sul. Administra também uma publicação local de guia para gays **La Ronda. Bue-Gay Travel** (℅ 11/4184-8290; www.buegay.com.ar). Lidam com turismo gay de classe alta dentro de Buenos Aires e outras partes da Argentina. **Viajeras Travel** (℅ 11/4328-1857; www.viajeras.net) é uma empresa de viagens administrada por uma mulher especialista em viagens para visitantes lésbicas em Buenos Aires. O ambiente gay feminino é mais difícil de entrar do que o masculino; então, esta é uma fonte útil.

Daniel Porce Producciones (Produções) é uma empresa de um proprietário gay. Também fornece descontos para Howard Johnson e outros hotéis em Buenos Aires e outras cidades, reservando pelo seu site www.dpproducciones.com.ar (✆ **15/5817-3041**).

Propriedade de um imigrante Holandês, a **Família Real** oferece serviços de Viagens e encontros sociais com jantar para gays (✆ **11/4383-1026**; www.theroyalfamily.com.ar).

Os sites afiliados de gays na web de **PlanetOut.com, Gay.com Viagens e seu antecessor Out and About** (✆ **800/929-2268**; www.planetout.com; www.gay.com; www.outandabout.com) têm proporcionado cobertura aos viajantes gays e lésbicas com objetivo, na hora certa, confiança de proprietários gays e alojamentos com ambiente para gays, jantar, roteiro turístico nos principais pontos da cidade, vida noturna e estabelecimentos de compras em cada destino mundial. A empresa mantém escritório em Buenos Aires para sua divisão do idioma espanhol, para que possam ter uma quantidade grande de informação produzida localmente sobre gays em Buenos Aires e Argentina. **Out Traveler** (✆ **800/792-2760**; www.outtraveler.com) é uma revista gay de viagens publicada pela corporação PlanetOut. Eles mantém um arquivo de artigos anteriores sobre locais para gays ao redor do mundo, incluindo muitos em Buenos Aires e Argentina. **Spartacus Guia Internacional de Gays** (Bruno Gmüder Verlag; www.spartacusworld.com/gayguide) e **Odysseus** (Odysseus Enterprises Ltd.) são ótimos guias anuais da língua inglesa focalizados para homens gays, mas com pouca informação para lésbicas.

Você pode adquirir um em uma das livrarias para gays e lésbicas, ou fazer um pedido na livraria **Giovanni's Room**, 1145 Pine St., Philadelphia, PA 19107 (✆ **215/923-2960**; www.giovannisroom.com). Dentro de Buenos Aires, a revista gay mensal **Império** está disponível praticamente em todo o centro nos quiosques de jornais, ou procure por **Otra Guia**, ocasionalmente vendido em quiosques e disponível de graça em locais direcionados. Ambos incluem mapas e guias gays de Buenos Aires e outras cidades da Argentina.

MULHERES VIAJANTES

Apesar da eleição de Cristina Kischner para presidência, e muitas proprietárias e administradoras de indústrias alimentícias e turísticas, a Argentina permanece no coração um país machista. Há uma barreira profissional para as mulheres em muitas empresas, e a beleza feminina é altamente idealizada acima de outros aspectos. Homens são extremamente galanteadores, e olhares maliciosos são comuns e raramente discretos, devendo talvez à forte influência italiana no país. Homens embriagados em danceterias podem ser totalmente desagradáveis. Se você procura evitar atenção indesejada, não se vista inadequadamente (como muitas portenhas fazem). Mulheres devem ser cautelosas quando andarem sozinhas à noite e devem pegar um táxi (pág. 56).

Em ocasião rara e improvável de assalto ou ataque sexual, contate a polícia imediatamente. Mais ajuda pode ser recebida no **Centro de Estúdios Cultura y Mujer** (**CECYM**), Guatemala 4294 (✆ **11/4865-9102**; www.cecym.org.ar). O centro é especializado em abuso sexual contra mulheres, mas nem todos os funcionários falam inglês. O grupo também conduz programas de arte, debates e outros eventos relacionados ao movimento feminista em toda Argentina.

Mulheres solteiras, ou mulheres com parceiros que se recusam a dançar e que queiram aproveitar as apresentações de tango, podem contatar **Tanguera Tours** (www.tangueratours.com), que oferece circuitos de tango especializados para grupos de mulheres. A apresentação do tango, em geral, com suas regras rígidas, combinando lealdade e devoção, é uma opção certa para mulheres solteiras experimentarem suas habilidades na dança. Nada mais do que uma dança é esperada de uma mulher que aceita convites na pista de dança. Apesar das raízes do tango de bordel, o comportamento impróprio entre homens é olhado com desdém nos padrões do tango atual. **Opera Bay** (pág.226), em Puerto Madero, fornece um ambiente sóbrio e ótimo para mulheres maduras.

Verifique o site premiado **Journeywoman** (www.journeywoman.com), que traz uma rede de informação de viagens de mulheres, onde você pode inscrever-se para receber boletins informativos em seu e-mail sobre etiqueta e como se vestir com segurança; ou o guia de viagem *Safety and Security for Women Who Travel* (Segurança e Proteção para Mulheres que Viajam, por Sheila Swan e Peter Laufer - Traveler's Tales, Inc.), oferecendo dicas comuns para viagens seguras.

VIAJANTES JUDEUS

Buenos Aires é um dos maiores centros judeus do mundo, com uma população estimada de aproximadamente 250.000 judeus. O foco histórico da comunidade são os bairros **Once** (Onze) e **Abasto**. Desenvolveram-se, dessa forma, no início do século 20, e após a imigração de judeus Ashkenazi da Europa Oriental, fugindo de massacres, e judeus Sefaradi que emigraram após o término do Império Otomano, no final da Primeira Guerra Mundial. Enquanto as comunidades têm geralmente se espalhado nos subúrbios, a área ainda é a casa de restaurantes judaicos, empresas judaicas e várias sinagogas. Na praça de alimentação, no **Abasto Shopping Center,** existe o único Kosher Mcdonald com comida judaica (pág.134) fora de Israel. Com gerações subsequentes, assimilação e casamento consanguíneo, é significativo que poucos judeus em Buenos Aires mantenham tradições, exceto nos feriados.

Em 1992, houve um ataque a bomba na Embaixada Israelita de Buenos Aires, matando 29 pessoas e, em 1994, um ataque no grupo da Comunidade Judaica **Asociacíon Mutual Israelita Argentina (AMIA)**, matou 85 pessoas. Todavia, apesar daqueles ataques terem sido projetados por pessoas de fora, muitos judeus argentinos sentem-se discriminados. Argentinos de todas as religiões responderam ao ataque pela grandiosa vigília à luz de velas . Visite o site da AMIA, no www.amia.org.ar, para mais informações.

Uma empresa que lidera passeios judaicos de Buenos Aires é **Travel Jewish** (© **49/307-9231** nos EUA; www.traveljewish.com; info@traveljewish.com), uma empresa da proprietária Débora Miller, uma Americana que viveu em Buenos Aires. Travel Jewish pode planejar sua viagem, incluindo voos e hotéis, do início ao fim, uma vez que você está em Buenos Aires pode aproveitar um passeio simples de um dia voltado aos judeus. O guia turístico autônomo Gabriel Blacher já tem feito passeios judaicos por muitos anos. Ele pode ser localizado no **15-5240-4915** ou pelo e-mail gblacher@hotmail.com.

CRIANÇAS E ADOLESCENTES

Argentinos amam e papáricam seus filhos de todas as maneiras possíveis. Crianças de Buenos Aires são treinadas desde cedo a ficar acordadas até tarde nesta cidade que nunca dorme. Não se surpreenda se passar por um playground e estiver lotado de crianças, com seus pais, nas balanças, às 2 horas da manhã, quando estiver seguindo seu caminho de volta para o hotel. Há redes de restaurantes, tais como **Garbis** (pág.131), que possuem playgrounds internos e vários museus foram criados apenas para crianças, tais como o **Museo de los Niños** (pág.159), no Abasto Shopping Center e o **Museo Participativo de Ciências** (pág.160), no Centro Cultural Recoleta. Adolescentes vão amar a concentração de cinemas, vídeo games e locais baratos para comer na rua, só para pedestres **Calle Lavalle** (**Rua Lavalle** pág.163). Esteja ciente de que bebida é só para maiores de 18 anos. Menores não supervisionados que aparentam ser mais velhos são os que possuem acesso fácil ao álcool.

Seus filhos talvez vejam outras crianças pedindo esmolas na rua em grandes cidades por todo o país e ajudando seus *cartoneros* (pais moradores de rua) procurando papéis descartados para vender para recicladores como um meio de sobrevivência. A crise do peso tem decretado uma carga pesada em muitas crianças argentinas, criando uma classe jovem de mendigos e moradores de rua. Isso pode ser uma boa ideia para explicar ao seu filho as injustiças dentro da Argentina e no resto da America Latina, se ele comentar sobre isso. Na teoria, sua visita a Argentina melhorará a economia e os problemas dessas crianças que moram nas ruas. Talvez seja tentador dar dinheiro àquelas crianças tristes, mas um lanche nutritivo embrulhado ou materiais escolares fará muito bem a elas. Viagens a Buenos Aires organizadas pela **Airline Ambassadors** (pág. 35), uma empresa turística sem fins lucrativos, que permite ao turista férias e trabalho voluntário ao mesmo tempo, talvez seja ideal para ajudar as crianças a entender a pobreza na Argentina de uma forma positiva.

ESTUDANTES VIAJANTES

Descontos ao Estudante são muito comuns na Argentina, mas se tiver um documento de identificação apropriado. **STA Travel** (© **800/781-4040** nos EUA.; 020/7361-6144 no Reino Unido.; ou 1300/360-960 na Austrália; www.statravel.com) é especializada em tarifas aéreas acessíveis, ônibus e passes ferroviários, acomodações, seguros, circuitos e pacotes para viajantes jovens e estudantes, e emite o **International Student Identity Card (ISIC - Cartão de Identificação Estudantil Internacional)**. Esta é a prova maior de que você é um estudante. Também lhe dá imensos descontos em viagens, circuitos e atrações; vem com uma linha de emergência 24 horas e um sistema global de mensagens, com descontos em ligações internacionais. Disponível para alunos de período integral e acima de 12 anos, custa US$ 21 (£ 11), para acessar o site do ISIC no Brasil, visite a página http://www.carteiradoestudante.com.br/.

Buenos Aires é uma cidade muito divertida para estudantes de faculdade. A idade para beber na Argentina é 18 anos, mas menores de idade bebendo é comum, embora não seja como os jovens encontrados na América do Norte. Há lugares para beber e socializar-se em toda a Buenos Aires. Os bares ao redor de Plaza Serrano (veja capítulo 10), em Palermo Soho, oferecem chopes baratos e jarras de sangria. Frequentemente é servido com lanches baratos e música ao vivo. Divertir-se não afetará o bolso do estudante.

8 Planejando Sua Viagem Online

NAVEGANDO NA NET POR TARIFAS AÉREAS

No **Brasil,** você pode acessar o site da **CVC**, www.cvc.com.br ou www.submarinoviagens.com.br. As "três maiores" agências de viagens online são: **Expedia.com**, **Travelocity.com**, e **Orbitz.com**, com a maior venda de bilhetes pela Internet. (Viajantes canadenses deveriam tentar **Expedia.ca** e **Travelocity.ca**; residentes do Reino Unido podem ir a **Expedia.co.uk** e **Opodo.co.uk**) Com ofertas promocionais das companhias aéreas e oferecendo os mesmos voos com tarifas diferenciadas por cada uma delas, é importante que você pechinche. Expedia e Travelocity enviam **e-mails de notificação,** quando uma tarifa área cai de preço para o seu destino favorito. O menor site de viagens, **Side-Step** (www.sidestep.com) tem recebido críticas positivas dos escritores dos Guias Frommer's. Localiza 140 sites de uma vez, fazendo toda a pesquisa para você e o redireciona para o site da empresa escolhida, quando chega o momento de comprar o seu bilhete.

Lembre também de verificar sites de **companhias áreas**. Até com as principais companhias áreas você pode economizar algum dinheiro no seu bilhete, comprando diretamente com eles e evitando a taxa por transação da agência de viagem. Mas você só vai receber esses descontos, se reservar seu **bilhete online**: muitas companhias aéreas agora oferecem tarifas só para compras online aos quais muitos dos agentes de viagem não têm acesso. Para os sites de companhias aéreas que voam para o local de seu destino, veja "Chegando lá", ainda neste capítulo.

Ótimas **ofertas de última hora** estão disponíveis por meio dos serviços de e-mails gratuitos, semanalmente fornecidos diretamente das companhias áreas. Muitas dessas ofertas são anunciadas na terça-feira ou quarta-feira e devem ser compradas online. Muitas são válidas só para viagens naquela semana, mas algumas (tais como Southwest) podem ser reservadas semanas ou meses com antecedência. Registre-se

Frommer's.com: o Guia de Viagem Completo

Para um excelente conteúdo sobre planejamento de viagens, recomendamos **Frommer's.com** (www.Frommer's.com), eleito o melhor site de viagens pela PC Magazine. Somos um pouquinho tendenciosos, com certeza, mas garantimos que você vai achar dicas de viagens, críticas, brindes de viagens mensais, livraria e reservas online com recursos indispensáveis. Entre os atributos especiais está nossa seção popular de **Destinos**, onde você recebe dicas de peritos em viagens, recomendações de hotéis e locais para jantar e lugares recomendados para visitar, com mais de 3.500 destinos em todo o planeta, o **boletim informativo de Frommer's.com**, com as ofertas mais recentes, viagens populares e segredos de como economizar dinheiro; nossa área da **Comunidade** apresenta **Quadro Mensagens**, onde os leitores do Frommer's enviam suas perguntas e dividem recomendações (às vezes, até nossos escritores aparecem para responder perguntas); e o nosso **Centro de Imagens**, onde você pode enviar fotos e dividir dicas sobre viagens. Quando a sua pesquisa estiver pronta, o **Sistema de Reservas Online** (www.Frommer's.com/book_a_trip) leva você aos parceiros de confiança preferenciais para reservar sua viagem a preços acessíveis.

---

para receber alertas semanais no seu e-mail dos sites de companhias aéreas ou verificar os megasites que compilam diversas listas completas de ofertas de última hora, tais como: **SmarterTravel.com**. Para viagens de última hora, **site59.com** e **lastminutetravel.com**, nos EUA, e **lastminute.com**, na Europa, muitas vezes com melhores ofertas de pacotes com aéreo e hotel do que os principais sites. Um site que lista vários sites de ofertas e companhias áreas em todo o mundo é **www.itravel.net.com**.

Se você está querendo desistir da pressão sobre detalhes do seu voo, use o que chamamos de serviço de tarifas aéreas "**totalmente reduzidas**", tais como **Priceline** (www.priceline.com; www.priceline.com.uk para Europeus) ou seu concorrente menor, **Hotwire** (www.hotwire.com) Ambos oferecem preços extremamente baixos em trocas de viagens numa "companhia aérea misteriosa", numa hora misteriosa do dia, com muitas mudanças misteriosas de rotas de voos. O mistério das companhias aéreas é de todas as grandes empresas, bem conhecidas empresas aéreas – e a possibilidade de ser enviado de Filadélfia para Chicago via Tampa é remota, pois os computadores de rotas das companhias aéreas melhoraram muito. Mas suas chances de conseguir um voo entre as 06h00 da manhã e 23h00 são altíssimas. Hotwire diz os preços de seu voo antes de você comprar. Os preços de Priceline são melhores do que Hotwire, mas se você estiver disponível para brincar o jogo "estipule seu preço". Se você não entende desse jogo, a turma útil do **BiddingForTravel** (www.biddingfortravel.com) faz um excelente trabalho em desmistificar as estratégias e preços da Priceline. Priceline e Hotwire são boas para voos dentro dos EUA e Europa. Mas para voos em outras partes do mundo, outras empresas quase sempre derrubam seus preços. *Aviso:* em 2004, Priceline acrescentou serviços de tarifas não reduzidas em suas listas de voos. Agora você tem a opção de escolher voos fixos, horários e companhias áreas, com uma lista de ofertas, ou optar por fazer um lance (leilão) para obter uma tarifa totalmente reduzida como antes.

Para mais informações sobre tarifas aéreas e dicas de especialistas em viagens e recomendações, pegue uma cópia do ***Frommer's Fly Safe, Fly Smart*** (Frommer's Viaje Seguro e Viaje Tranqüilo – Wiley Publishing, Inc).

Navegando por Albergues

Além destes sites de reservas online Travelocity, Expedia, Orbitz, Priceline e Hotwire, você pode reservar hotéis por meio do Hotels.com; Quikbooks (www.quikbook.com); e Travelaxe (www.travelaxe.net).

HotelChatter.com é uma revista eletrônica diária oferecendo cobertura competente e críticas de hotéis mundiais. Visite os sites

Tripadvisor.com ou **HotelShark.com**, para críticas independentes de consumidores sobre hotéis e resorts.

É uma ótima ideia guardar o número de confirmação e imprimir qualquer transação de reservas online.

NAVEGANDO POR LOCADORAS DE CARROS

Para reservas de carros online, as melhores ofertas são normalmente encontradas nos sites das empresas que alugam carros na internet, embora todas as principais agências de turismo ofereçam também serviços de aluguel de carro. Priceline e Hotwire trabalham bem com serviços de aluguel de carro; o único "mistério" é qual das principais empresas de aluguel você adquire. Para muitos viajantes, a diferença entre Hertz, Avis, e Budget é irrisório.

9 Mantenha-se Conectado

ACESSO A INTERNET FORA DE CASA

Viajantes possuem inúmeras maneiras de checar seus e-mails e acessar a internet na estrada. Claro que, usar seu próprio laptop – ou até mesmo um PDA, ou organizador eletrônico com um modem proporciona a maior flexibilidade. Mesmo se você não possui um computador, pode ainda acessar seu e-mail, e até o computador do seu escritório, nos cybercafés.

SEM O SEU PRÓPRIO COMPUTADOR

Para encontrar cybercafés no seu local de destino verifique **www.cybercaptive.com** e **www.cubercafe.com**.

A maior parte dos grandes aeroportos tem **Internet kiosks** que fornece o acesso básico à internet com uma taxa cobrada por minuto e que é mais cara do que o cybercafé.

COM O SEU PRÓPRIO COMPUTADOR

Mais e mais hotéis, resorts, aeroportos, cafés e varejistas estão adquirindo o sistema Wi-Fi (internet sem fio), virando hostpots que oferecem acesso a Wi-Fi com banda larga ou cobram uma pequena taxa por uso. Muitos laptops vendidos hoje já vêm com sistema Wi-Fi embutido. Para encontrar locais públicos de acesso a Wi-Fi no seu local de destino, verifique o site **www.jiwire.com**; seu pesquisador de locais de Wi-Fi instalados é o maior diretório de locais públicos de internet sem fio.

Para acesso com linha discada, muitos hotéis empresariais em todo o mundo oferece portabilidade de dados para modems de laptop, e milhares de hotéis na Europa agora oferecem acesso à internet banda larga de graça.

Onde quer que vá, traga um **kit de conexão** da voltagem certa e adaptadores telefônicos, um fio de telefone extra e um cabo de rede para internet extra – ou procure saber se o seu hotel fornece isso aos hóspedes.

COM O SEU PRÓPRIO COMPUTADOR

Ligações do Brasil para a Buenos Aires: 00 + 21 + 54 + 11 + Telefone de Destino.

Para ligar para o Brasil da Argentina: 00 + 55 + cidade de destino + telefone ou utilize o plano BrasilDireto. Com ele, você liga a cobrar e o pagamento é feito no Brasil, em Reais. E você ainda pode escolher em qual idioma deseja ser atendido. Sua ligação pode ser feita automaticamente, com cartão telefônico ou com o auxílio de um operador da Embratel. Para mais informações acesse o site www.embratel.com.br.

É relativamente simples fazer chamadas locais e de longa distância e chamadas internacionais a partir de telefones públicos, que aceitam moedas e cartões telefônicos (tarjetas telefônicas). A maioria das cabines de telefone mostra os códigos dos países e cidades, e contém instruções em Inglês e Espanhol.

USANDO UM CELULAR FORA DOS BRASIL E ESTADOS UNIDOS

As letras **GSM** (Sistema Global para Comunicações Móveis) representam o grande diferencial e os recursos da tecnologia sem fio e da rede contínua que facilita o uso do telefone celular transnacional em toda a Europa e dezenas de outros países. No Brasil, todas as operadoras prestam este serviço e usam este sistema quase universal; no Canadá, Microsell e alguns clientes da Rogers são GSM, e todos Europeus e a maioria dos Australianos usam GSM. Telefones GSM funcionam com um cartão plástico remo-

Pacote de Dicas Online para Viajantes

Viajantes veteranos normalmente carregam alguns itens essenciais para tornar sua viagem mais fácil. A seguir uma seleção de ferramentas úteis para guardar e usar.

- **Refeição no Avião** (www.airlinemeals.net)
- **Assentos no Avião** (www.seatguru.com e www.airlinequality.com)
- **Línguas Estrangeiras para Viajantes** (www.travlang.com)
- **Mapas** (www.mapquest.com)
- **Navegador de Metrô** (www.subwaynavigator.com)
- **Hora e Data** (www.timeanddate.com)
- **Alertas de Viagens** (http://travel.state.gov, www.fco.gov.uk/travel, www.voyage.gc.ca, ou www.dfat.gov.au/consular/advice)
- **Conversor Moeda Universal** (www.xe.com/ucc)
- **Localizador de Caixas Eletrônicos Visa** (www.visa.com), **Mastercard** (www.mastercard.com)
- **Tempo** (www.intellicast.com e www.weather.com)

vível SIM, codificado com o número de seu celular e informação de sua conta. Se seu celular está dentro do sistema GSM, e você tem um telefone com capacidade de frequência mundial, tais como muitos modelos da Sony Ericcson, Motorola, ou Samsung, pode fazer e receber ligações em áreas de todo o globo. Apenas ligue para sua operadora celular e pergunte por "roaming internacional" para ser ativado em sua conta. Infelizmente, os custos por minuto podem ser caros – variando de $1 a $1.50 na Europa Ocidental e acima de $5 em alguns lugares como a Rússia e Indonésia.

Para muitos, alugar um telefone é uma ótima ideia. Se puder alugar um telefone de algum número de empresas no exterior, incluindo quiosques nos aeroportos e em agências que alugam carros, sugiro que alugue antes de embarcar. Norte-americanos podem alugar um antes de sair do país no **InTouch EUA** (✆ 800/872-7626; www.intouchglobal.com) ou **RoadPost** (✆ 888/290-1606 ou 905/272-5665; www.roadpost.com). InTouch (em contato) irá sem custo algum informar a você se seu telefone existente funcionará no exterior. Simplesmente ligue (✆ 703/222-7161 entre 09h00 e 16h00, ou visite o site **http:///intouchglobal.com/travel.htm**).

10 Como Chegar

De Avião

O principal aeroporto internacional da Argentina é o **Ezeiza Ministro Pistarini** (EZE; ✆ 11/4480-9538), localizado a 42 km na região oeste de Buenos Aires. Na hora de maior movimento, leva pelo menos 45 minutos à 1 hora de viagem entre o aeroporto e a cidade. Será cobrada uma taxa de partida de aproximadamente US$24 (£13) ao deixar o país, pagável em peso, dólares, ou no cartão de crédito Visa. Para voos de Buenos Aires a Montevidéu (no Uruguai), a taxa de partida é de US$5 (£2.85). Passageiros em trânsito e crianças menores de 2 anos estão isentos desta taxa. Mas todos os visitantes são avisados de verificar a taxa de partida com sua Companhia área ou agência de viagem, pois o valor muda constantemente.

Agentes de viagem podem economizar muito do seu tempo e dinheiro procurando a melhor tarifa aérea para sua rota e arranjando seus passes férreos e aluguel de carros. Agora, a maioria dos agentes de viagem não cobra nada por seus serviços – eles são pagos por comissões das companhias aéreas e outras agências que fazem reservas para você.

Porém, um número de linhas aéreas começou a cortar as comissões, e crescentemente, agentes estão achando que devem cobrar de você uma taxa para poder fechar o pacote (ou então, agentes sem escrúpulos oferecerão a você as opções que os rendem as mais gordas comissões). Pesquise e faça questionamentos difíceis.

Se decidir usar um agente de viagem, assegure-se de que o agente é membro da Associação Brasileira dos Agentes de Viagens (ABAV). ABAV Nacional: Avenida São Luis, 165 - 1º andar Cj. 1B - Centro/SP. ABAV-Rio: Rua Senador Dantas, 76 - Sobreloja - Centro/RJ (www.abavrio.com.br). Demais cidades consulte o site oficial da ABAV – www.abav.com.br, para mais informações.

Abaixo estão as grandes companhias aéreas que voam para Argentina da América do Norte, Europa, e Austrália. a companhia aérea nacional da Argentina é **Aerolíneas Argentinas** (℡ **800/333-0276** nos EUA, 0810/22286527 em Buenos Aires, ou 1800/22-22-15 na Austrália; www.aerolineas.com.ar). A Companhia aérea usa Nova York e Miami como seu centro de operações de voos comerciais. Eles não voam diariamente, mas a Companhia aérea nacional do país, Aerolíneas Argentinas, é a representação do encanto e cultura da Argentina.

Outras operadoras: no Brasil **Gol** (℡ **0800 281 0466**) www.voegol.com.br, **Pluna** (℡ **0xx11/3711-9158**) www.pluna.aero e **TAM** (℡ **4002-5700**) www.tam.com.br. **American Airlines** (℡ **800/433-7300** nos EUA ou 11/4318-1111 em Buenos Aires; www.americanair.com); **United Airlines** (℡ **800/241-6522** nos EUA ou 0810/777-8648 em Buenos Aires; www.ual.com); **Air Canadá** (℡ **888/247-2262** no Canadá ou 11/4327-3640 em Buenos Aires; www.aircanada.ca); **British Airways** (℡ **0845/773-3377** no Reino Unido ou 11/4320-6600 em Buenos Aires; www.britishairways.com); e **Ibéria** (℡ **0845/601-32584** no Reino Unido ou 11/4131-1000 em Buenos Aires; www.iberia.com). **LAN Airlines**, atualmente conhecida como LanChile (℡ **866/435-9526** nos EUA. e Canadá ou 11/4378-2222 em Buenos Aires; www.lan.com) fornece também conexões de Nova York e Los Angeles a Buenos Aires via Santiago, e diretamente entre Miami e Buenos Aires. **Continental Airlines** tem iniciado voos de sua base de operações em Newark e de sua sede central em Houston. Contate Continental no ℡ **800/525/0280** ou www.continental.com **Qantas Airlines** de Austrália (℡ 13-13-13 na Austrália ou 11/4514-4730 em Buenos Aires), agora com serviço de Sydney a Santiago, com serviços compartilhados de Buenos Aires com LanChile.

Para linhas aéreas domésticas e voos ao Uruguai use o Aeroparque Jorge Newbery (℡ **11/4514-1515**), localizado apenas 15 minutos do centro da cidade.

A maneira mais fácil de viajar grandes distâncias na Argentina é por via aérea. **Aerolíneas Argentinas** (veja acima) conecta muitas cidades e destinos turísticos, incluindo Córdoba, Jujuy, Iguaçu, Salta e os resorts na praia. Seu concorrente, **Southern Winds** (℡ **0810/777-7979**; www.sw.com.ar), serve aproximadamente as mesmas rotas. Pelos padrões americanos, voos domésticos dentro da Argentina são caros. Tecnicamente, cidadãos e turistas recebem tarifas aéreas diferentes dentro da Argentina. Mas, quando reservam nos sites das companhias aéreas ou até com agências de viagens, turistas, às vezes, podem receber a mesma taxa dos argentinos.

Se você planeja viajar muito na Argentina, considere comprar o **Passe de Visita Argentino**, emitido pela Aerolíneas Argentinas. Você deve comprar o passe no seu país de origem – não pode ser comprado quando você estiver na Argentina. Esse passe oferece descontos em viagens domésticas em conjunção com seu bilhete internacional da Aerolíneas Argentinas. Passes podem ser comprados em forma de cupons unitários para voos dentro da Argentina. Cada segmento varia de preço de US$ 27 a US$294 (£ 14-£156), dependendo do destino, não incluindo taxas e tarifas adicionais. Um pouquinho mais caro, mas ainda com tarifas reduzidas, variando de US$38 a US$382 (£ 20- £ 202), estão disponíveis, se você viajar para Argentina via outras companhias aéreas também. Bilhetes podem ser trocados até a data, mas não pelo destino, e não são reembolsáveis. Para mais informações contate o escritório da Aerolíneas no seu país de origem ou **visite www.aerolineas.com**.

Dicas Conexões de Voos nos Estados Unidos

Esteja ciente de que a Argentina não exige um visto de seu país de origem, continuando com as exigências nos vistos dos Estados Unidos e restrições ao conectar passageiros do exterior; e tem tornado conexões via Canadá ou outros países mais fáceis para muitos viajantes não Americanos. Viajantes estrangeiros usando conexões dos Estados Unidos deveriam contatar a Embaixada dos Estados Unidos em seu país para ficar a par das restrições, que estão constantemente mudando, e incluir o tempo da aplicação do visto no planejamento de viagem. Isto talvez exija um novo passaporte.

CHEGANDO À CIDADE DO AEROPORTO

Uma vez no aeroporto, táxis e remises (são uma espécie de táxi sem taxímetro) custam US$15 a US$20 (£ 8 a £11) até o centro da cidade. Pegue apenas transportes oficiais e não aceite serviços de transportes de pessoas particulares. **Manuel Tienda León (© 11/4314-3636**) é a empresa de transporte mais segura, oferecendo ônibus e remises ida e volta do aeroporto. A tarifa de ônibus custa aproximadamente US$6 (£3.10). Use o sistema hub duplo no terminal do centro da cidade, em Plaza San Martín, que conecta você ao ônibus de pequeno porte ao seu destino final. Isto pode levar 1 hora e meia para conexões.

VIAJE POR MENOS: DICAS PARA ADQUIRIR A MELHOR TARIFA AÉREA

Passageiros compartilhando o mesmo avião dificilmente pagam a mesma tarifa. Viajantes que compram bilhetes em última hora trocam seu itinerário de um momento para o outro, ou voam só ida e ficam enrolados pagando uma taxa mais alta. Aqui estão algumas formas de manter o custo do bilhete aéreo lá embaixo.

- Passageiros que reservam seu bilhete **bem antes da data** de viagem, que **podem ficar sábado à noite**, ou que podem **voar no meio da semana** ou **viajar nos horários de menor tráfego aéreo**, podem pagar uma porcentagem da tarifa total. Se o seu horário é flexível, pergunte se pode adquirir uma tarifa mais barata se trocar seus planos de voo.

- Você também pode economizar em tarifas aéreas por ficar de olho em jornais locais com **tarifas promocionais** ou **guerra das tarifas aéreas**, quando as companhias aéreas abaixam os preços em suas principais rotas. Dificilmente encontrará alguma promoção durante a alta temporada, de dezembro a fevereiro, mas se puder viajar nos meses de baixa temporada, pechinche.

- Pesquise na **Internet** por tarifas aéreas baratas (veja "Planejando sua Viagem Online," neste capítulo).

- Tente reservar **um bilhete no seu país de origem**. Por exemplo, se você estiver planejando só voo de ida de Johanesburgo para Bombai, uma agência de viagem baseada no Sul da África terá as tarifas áreas mais baratas. Para viagens com vários destinos, reserve no país de primeira parada; por exemplo, reserve saindo de Nova York até Londres- Amsterdam- Roma- Nova York nos EUA.

- Afilie-se a um **Frequent-Flier Clubs** (clubes de viajantes frequentes). Acumule milhas suficientes e você será premiado com voos de graça e com padrão de elite. É de graça, e você recebe a melhor opção para assentos, um retorno rápido no atendimento telefônico e serviço imediato, se sua bagagem for roubada, seu voo for cancelado ou atrasar-se, ou se quiser trocar seu assento. Você não precisa viajar para acumular milhas no programa Frequent Flier – **cartões de créditos com programa de milhagens** acumulam milhas por usá-los nas compras em geral.

- Para mais dicas sobre viagens aéreas, incluindo um resumo dos principais cartões de crédito com programa de milhagem, consulte o Frommer's Fly Safe, Fly Smart (Wiley Publishing, Inc.).

VOOS LONGOS: COMO SENTIR-SE COMFORTAVEL.

Voos longos podem ser difíceis; local abafado e assentos apertados fazem você se sentir como se estivesse dentro de uma caixa pequena. Mas com planejamento adiantado, você pode transformar o seu voo, que pode ser desagradável, numa experiência quase suportável.

- Sua escolha de companhia aérea e aeronave afetará definitivamente o local para colocar os seus pés. Encontre mais detalhes no **www.seatguru.com**, com detalhes amplos sobre cada assento em seis principais companhias aéreas nos EUA. Para companhias aéreas internacionais, pesquise a empresa Skytrax, que possui uma lista com lançamentos de assentos regulares em **www.airlinequality.com**.
- Assentos com saída de emergência e assentos de anteparo, tipicamente possuem um espaço maior para seus pés. Assentos de saída de emergência são retidos e designados no dia do voo (para assegurar que o assento seja usado por alguém em boa forma física). Vale à pena ir para o check in mais cedo para pegar um desses assentos. Muitos passageiros acham que o assento de anteparo (a fila em direção da parede na frente da cabine) oferece mais espaços para os pés, mas tenha em mente que assentos de anteparos estão onde as companhias aéreas normalmente colocam os carrinhos de bebê, talvez você pegue um assento ao lado de um.
- Para ter dois assentos só para você numa fileira de três assentos: tente o assento no corredor na parte do centro, sentido fundo da aeronave. Se você estiver viajando acompanhado, reserve um assento no corredor e um assento perto da janela. Assentos no meio são reservados por último então são boas as chances de ficar com três assentos só para você. Se por acaso acontecer que um terceiro passageiro tenha sido designado para o assento do meio, ele ou ela provavelmente ficará mais feliz de trocar por um assento perto da janela ou corredor.
- Para dormir, evite as últimas fileiras de qualquer parte ou uma fileira na frente da saída de emergência. Estes assentos não reclinam. Evite assentos perto da área do banheiro e os nos fundos da aeronave – podem ser muito estreitos. Reserve um assento perto da janela para que possa descansar sua cabeça e evitar ser empurrado no corredor.
- Levante, dê uma voltinha, e estique as pernas a cada 60 a 90 minutos para manter a circulação sanguínea. Isso ajuda a **evitar trombose venosa profunda**, ou "síndrome da classe econômica", uma condição potencialmente fatal que pode ser causada por se manter sentado por várias horas num local apertado. Outras medidas preventivas incluem beber bastante água e evitar o álcool.
- Se você estiver viajando com crianças, não se esqueça de trazer brinquedos, livros, chupetas e chicletes para ajudar aliviar a pressão no ouvido durante a decolagem e o pouso da aeronave.

DE ÔNIBUS

A **Estacíon Terminal de Ómnibus**, (Estação Rodoviária) Avenida Ramos Mejía 1680 (✆ **11/4310-0700**), localizada perto da Estação Retiro, serve todos os ônibus de longa distância. Você tem que usar esta estação quando for para outras partes da Argentina, ou por outras empresas de ônibus de outros países. Devido ao custo alto do transporte aéreo para muitos sul-americanos, o continente é servido por diversas empresas, oferecendo serviços de ônibus com luxo e conforto para outras capitais, até viagens noturnas também. Ideal para estudantes e viajantes com bolso apertado.

Entre as principais companhias de ônibus que operam em Buenos Aires estão **La Veloz del Norte** (✆ **11/4315-2482**), servindo destinos para o Noroeste, incluindo Salta e Jujuy; **Singer** (✆ **11/4315-2563**), servindo Puerto Iguaçu, como também destinos brasileiros; e **T.A Chevalier** (✆ **11/4313-3297**), servindo pontos de parada por todo o país.

A **Estacíon Terminal de Ómnibus**, às vezes, referida como a Estação Rodoviária Retiro, é dispersa, gigantesca e confusa. Leva 15 minutos para chegar de uma ponta a outra, levando em conta as rampas, multidões e escadarias que você tem que passar. Rotas e locais das plataformas raramente são encontradas no quadro de avisos. Apesar da desordem total, não é tão confuso assim. Um sistema em código de cores usado nas bilheterias explica, em geral, que o destino de cada país é servido por cada linha de ônibus. Linha vermelha, por exemplo, indica o centro do país, incluindo a província de Buenos Aires, azul escuro o sul, laranja o norte, verde o nordeste, azul claro a central Costa Atlântica, e cinza os destinos internacionais. Mas no balcão de vendas, muitas empresas de ônibus indicam os nomes das cidades em suas listas de destinos aos quais não prestam mais serviços. Talvez você tenha que enfrentar uma fila para perguntar. Muitas empresas têm mais de um nome, acrescentando ao visual bagunçado das bilheterias. Para sua orientação, acesse www.tebasa.com.ar, o site do terminal, enquanto planeja sua viagem. Clique na província para onde vai viajar e vai surgir uma lista de empresas de ônibus e números de telefones. Bilhetes de ônibus podem ser adquiridos na maioria das agências de viagens. Pode até custar um pouquinho mais, mas você pode evitar muita confusão.

DE CARRO

Em Buenos Aires viaje de subte (metrô), remise (carros licenciados com motorista particular), ou rádiotáxi (radiotáxi expedidor, oposto dos táxis de rua) é mais fácil e mais seguro do que dirigir. O tráfego no horário de pico é caótico e o estacionamento é complicado. Se você alugou um carro, estacione em seu hotel ou em uma garagem perto e deixe lá. Muitos dos custos diários de estacionamento não excedem a US$4 ou US$ 5 (£2.10 - £2.65). Muitos hotéis recentemente reformados construíram estacionamentos para seus hóspedes e outros usam garagens próximas ao hotel.

Muitas locadoras internacionais de carro operam na Argentina, com escritórios nos aeroportos e no centro das cidades. Aqui estão as principais com sede em Buenos Aires: **Hertz**, Paraguay 1122 (✆ **0800/701 7300** nos Brasil, ou 11/4816-8001 em Buenos Aires); **Avis**, Cerrito 1527 (✆ **011/4063-7200** nos Brasil, ou 11/4300-8201 em Buenos Aires); Dólar, Marcelo T. de Alvear 523 (✆ **800/800-6000** nos EUA., ou 11/4315-8800 em Buenos Aires); e **Thrifty**, Avenida Leandro N. Alem 699 (✆ **800/847-4389** nos EUA., ou 11/4315-0777 em Buenos Aires). O aluguel de carro é caro na Argentina, com tarifas começando a partir de US$ 50 a US$ 60 (£27 - £32) por dia, para um carro compacto com milhas ilimitadas (pergunte se há promoções, especialmente nos preços da semana). Verifique se na sua apólice de seguro de carro atual (ou cartão de crédito) existe a cobertura para aluguéis de carro.

11 Pacotes para Viajantes Independentes e Passeios Guiados nos Pontos de Interesse Geral

Hoje em dia, muitas pessoas planejam suas viagens por meio da internet e e-mail, sendo fácil de esquecer que um computador nunca pode substituir o conhecimento que um bom agente de viagem pode ter de uma determinada região e suas ofertas. Talvez queira ficar num hotel especial para uma noite romântica ou lua de mel. A história do tango em Buenos Aires é uma grande atração, mas como você pode saber a diferença de um show para o outro, ou qual *milonga* (salão de tango) seria a melhor para um iniciante? Você talvez tenha tempo para passeios fora da cidade, mas as Cataratas do Iguaçu são melhores, ou você deveria tentar uma ida à praia? E as crianças? Que hotéis vão fazê-los mais felizes, e como mantê-los entretidos, enquanto você aproveita as compras e a vida noturna?

Eu dou resposta à maioria das perguntas com dicas especiais em todo este livro, mas nada pode substituir o toque humano. Se você tem um agente de viagens especial que conhece há anos, peça orientações. Veja também as seções para viajantes gays e lésbicas, mulheres viajantes, viajantes portadores de necessidades especiais e viagens para a terceira idade.

OPERADORES RECOMENDADOS COM BASE NOS EUA E BRASIL As seguintes empresas de turismo oferecem circuitos sólidos e bem organizados, com categorias de preços variados, e são apoiados por anos de experiência. Todas podem providenciar circuitos por Buenos Aires, redondezas e outras partes da Argentina e América do Sul. O grupo de caridade Airline Ambassadors (Linhas Aéreas Ambassadors) está listado aqui por causa de sua abordagem excepcional no setor de viagens, mas acabou de incluir Buenos Aires no seu programa de itinerário.

- **Portal CVC**, www.cvc.com.br (✆ **11/2191-8911**) para pacotes internacionais. Além de comprar sua passagem, você terá auxílio de toda a documentação necessária, dicas, reservas e roteiros ecológicos. Acesse também os sites decolar.com e Submarino, www.submarinoviagens.com.br

- **Analie Tours**, 10271 SW 72nd St., Suíte 104-B, Miami, FL 33173 (✆ **800/811-6027**; www.analietours.com), uma empresa de turismo com base em Miami, especializada em Argentina e outras partes da America do Sul há muitos anos. A empresa é a favorita da Revista *Frommer's Budget Travel*, muitas vezes mencionada em suas páginas de queima total de ofertas. Ofertas oferecidas recentemente: Buenos Aires – Rio, pacote combinado com aéreo incluso de Nova York por U$$950 (£504) por pessoa.

- **Borello Travel & Tours**, 7 Park, Ave., Suite 21, Nova York, NY 10016 (✆ **800/405-307**2 ou 212/686-4911; www.borellotravel.com; info@borellotravel.com), uma empresa de viagens com base em Nova York, especializada em viagens de alta classe para América do Sul. A proprietária, Sandra Borello, tem administrado a sua empresa por quase 20 anos e é nativa de Buenos Aires. Preços variam, dependendo da estação, opções e hotel, mas 1 pacote de uma semana para Buenos Aires pode custar aproximadamente US$ 1.500 (£795) por pessoa. Oferecendo excelente serviço personalizado ao cliente, possuem também um escritório em Buenos Aires, que pode ser contactado no ✆ 11/5031-1988.

- **Travel Dynamics Internacional**, 132 East 70th Street, Nova York, NY 10021 (✆ **800/257-5767**; 212/517-0076; www.traveldynamicsinternacional.com) é uma operadora de cruzeiro de luxo, especializada em programas de enriquecimento educacional, a bordo de navios de pequeno porte. TDI viagens inclui passeios guiados por especialistas e palestras a bordo por ilustres acadêmicos e convidados. Atendem ao viajante com interesse intelectual em história, cultura e natureza. Operando por quase 40 anos, esta empresa oferece viagens com destinos na América do Sul e Antártica. Suas viagens para Antártica normalmente começam com pernoite em Buenos Aires e com preços a partir de US$ 7.995 (£4, 240) por um programa de 14 dias (preços sujeitos a alterações).

- **Limitless Argentina**, 135 Willow, St., 907, Brooklin, NY 11201 (✆ **202/536-5812**; www.limitlessargetina.com; info@limitlessargentina.com), é uma pequena empresa de viagem dedicada ao autêntico design de viagens personalizadas para o viajante exigente. A fundadora Vanessa Guibert Heitner retornou para casa, em Buenos Aires, após a faculdade, e ganhou seu Ph.D nos Estados Unidos para liderar as operações da empresa na Argentina. Oferecem itinerários com belas

PACOTES PARA VIAJANTES INDEPENDENTES E PASSEIOS GUIADOS... 35

artes, cultura regional e história, comida, vinho, atividades ao ar livre e compras. O trabalho dela com famílias, lua de mel, viajantes individuais e pequenos grupos têm dado o destaque de elite de viagens especializadas da Argentina 2006, da revista Condé Nast's Traveler. Um pacote de luxo personalizado, com aventura de 10 dias, varia de US$ 4.000 a US$ 8.000 (£2,120 - £4,420) por pessoa.

- **Airline Ambassadors Internacional**, 1625 W. Crosby Rd., Suíte 132, Carrollton, TX 75006 (✆ **972/323-2772**; www.airlineambassadors.com), uma organização sem fins lucrativos, com base no Texas, resultado da aliança de companhias aéreas, com funcionários e voluntários de todo o mundo que se empenham em missões periódicas de caridade em todo o mundo. E viajantes que se hospedam em hotéis convencionais e visitam pontos turísticos todos os dias, mas também dedicam seu tempo para ajudar as pessoas necessitadas em seu destino. O grupo, que começou em 1996, iniciou operações na Argentina. Voluntários contribuem com sopas e visitas em casas de pessoas deficientes mentais nos subúrbios de Buenos Aires. Uma experiência de aprendizado ideal para crianças verem como crianças necessitadas vivem, enquanto convivem com eles de uma forma segura e positiva.

OPERADORAS RECOMENDADAS COM BASE EM BUENOS AIRES Mesmo que você tenha planejado tudo antes de sair de casa, uma vez que está em Buenos Aires, sempre haverá mudanças de última hora. Talvez encontre outros lugares que gostaria de ver. As empresas seguintes são todas excelentes e possuem funcionários que falam inglês. Todas fornecem viagens para outras cidades na Argentina fora de Buenos Aires, como também América do Sul.

- **Say Hueque Tourism, Viamonte** 749, Escritório 601, 1053 Buenos Aires (✆ **11/5199-2517**, - 2518 – 2519 e – 2520; www.sayhueque.com), é uma empresa pequena, altamente recomendada, com serviço cordial, bem-informado e atenção personalizada à necessidade do cliente. A empresa começou atendendo aos jovens e aventureiros de baixa renda, mas passou a lidar com clientes da alta sociedade. Vários passeios incluem "Literatura de Buenos Aires", "Ciclismo em Buenos Aires", e "Tango em Buenos Aires", entre outros. Também oferecem passeios de aventura dentro dos arredores de Buenos Aires, tais como: o Tigre Delta. Fora de Buenos Aires, é especialista em Patagônias e Iguaçu, procurando lugares especiais e fora do comum para seus clientes. Esta é uma das minhas operadoras prediletas em Buenos Aires.

- **Euro Tur**, Viamonte 486, 1053 Buenos Aires (✆ **11/4312-6077**; www.eurotur.com), uma das maiores e antigas empresas de viagens na Argentina especializada em viagens dentro de Buenos Aires. Podem organizar passeios básicos na cidade e viagens de todos os tipos em toda Argentina e América do Sul.

- **Lês Amis**, Maipú 1270, 1005 Buenos Aires (✆ **11/4314-0500**; www.lesamis.com.ar), é outra grande empresa de viagem argentina, com filiais por toda Buenos Aires e Argentina. Podem organizar viagens enquanto você está na cidade de Buenos Aires e para muitas outras partes da América do Sul.

- **Dinner at Home-Home Hosted Dinners Tours** (Circuitos de Jantar em Casa de Anfitrião), Avenida Las Heras, 4A, 1127 Buenos Aires (✆ **11/4801-3182**, 11/4803-4960 ou 15-6051-9328; edygoedhart@yahoo.com.ar). Edward Goedhart é o proprietário desta empresa interessante que oferece circuitos com jantares nas casas de residentes de Buenos Aires. As refeições podem ser acomodadas para diabéticos, vegetarianos, Kosher (comida judaica), idosos, estilistas, grupos de gays e muitos outros. Circuitos devem ser reservados por meio de seu agente de viagens, mas ligue para Edward, para mais informações, ou visite o site dele na internet. Também oferece outros tipos de serviços por meio de sua empresa, como viagens para Córdoba, no oeste da Argentina.

- **Liz Caskey Circuitos de Culinária e Vinhos**, (✆ **56-2/632-2015**; www.lizcaskey.com; info@lizcaskey.com). Na verdade, esta empresa está situada em Santiago, próximo ao Chile, mas bem conhecida por seus circuitos gastronômicos dentro de ambos os países. Usando a cultura gastronômica de Buenos Aires como um guia, você será levado à comida e ao evento de vinhos nos bairros pitorescos da cidade. Fundado pela imigrante Americana Liz Caskey, uma Chefe e Sommelier (especialista em vinhos), oferece circuitos de culinária meio período ou período integral em Buenos Aires, além de circuitos de vinhos em Mendonza, uma região do vinho.

GUIAS TURÍSTICOS PARTICULARES
É fácil contratar guias por meio de seu hotel ou qualquer agência de viagem em Buenos Aires. Talvez você queira contatar **AGUITBA** (**Associação de Guias de Turismo de Buenos Aires**), Carlos Pellegrini 833, 6º andar C, Buenos Aires (✆ **11/4322-2557**; www.aguitba@sion.com), uma sociedade profissional de guias de turismo que tentam promover licenciamento e legislação credencial para assegurar a qualidade dos guias. Seus escritórios são abertos de segunda a sexta-feira, das 13h00 às 18h00.

Guias particulares que recomendo, com base em Buenos Aires, são **Marta Pasquali** (15-4421-2486; marpas@uolsinectis.com.ar) e **Monica Varela** (✆ **15-4407-0268**; monyliv@hotmail.com). Ambas têm conduzido circuitos por vários anos em Buenos Aires. Elas oferecem circuitos especializados de alta qualidade e sempre trabalham com corporações. Recomendo-as pelos seus conhecimentos especializados da cidade, que vão além do que muitos outros guias turísticos sabem.

Outro guia turístico excelente é o **Francisco Martoccis**, que trabalha com circuitos especializados particulares ou com pequenos grupos. Ele conhece a cidade muito bem e já vem trabalhando com vários circuitos por muitos anos (✆ **011/4803-0950**; franmarto@hotmail.com).

12 Dicas em Acomodações

O **preço integral** é a tarifa máxima que um hotel pode cobrar por um quarto. Alguém dificilmente paga esse preço, exceto na alta temporada ou feriados. Para baixar o custo de seu quarto:

- **Pergunte por tarifas especiais e outros descontos**. Talvez esteja qualificado para receber um desses descontos: estudante, militar, empresa, idoso, viajantes frequente, sindicato, etc.
- **Ligue direto**. Quando reservar um quarto em uma rede de hotel, você pode conseguir um descontão, se ligar para a recepção do hotel, em vez do número direto da própria rede.
- **Reserve online**. Muitos hotéis oferecem descontos só pela internet ou ofertas de quartos a Priceline, Hotwire, ou Expedia, com tarifas bem abaixo das que você pode obter no próprio hotel.
- **Lembre da lei da oferta e procura**. Você pode economizar muito em quartos de hotéis, por viajar na baixa temporada ou na estação intermediária, quando tarifas tipicamente caem, até nas propriedades de luxo.
- **Consulte descontos em grupos ou longa estadia**. Se você vir como parte de um grande grupo, deve negociar a um preço acessível. Da mesma forma, se estiver planejando uma longa estadia (de pelo menos 5 dias), talvez esteja qualificado a um desconto. Como uma regra geral, você ganha 1 noite de graça após uma estadia de 7.

- **Evite acréscimos excessivos e custos ocultos**. Muitos hotéis adotaram a prática desagradável de cobrar os seus "extras" do hóspede com acréscimos não muito claros. Quando reservar um quarto, pergunte o que está incluso na tarifa e quais são os extras. Evite fazer ligações nos telefones do hotel, pois são caríssimas. E não caia na tentação de usar o frigobar, pois muitos hotéis cobram caro por água, refrigerante e salgadinhos. Finalmente, pergunte sobre impostos locais e taxas de serviço, que podem aumentar o custo de um quarto para 15% ou mais.
- **Reserve uma kitinete**. Um quarto com uma kitinete lhe permite comprar comida e preparar suas próprias refeições. Ótimo para quem precisa economizar, especialmente para famílias grandes com longas estadias.
- **Não deixe de se inscrever nos programas de rede de hotéis "frequent-stay"** (estadia frequente) que estão elevando a excelência ultimamente para ganhar a lealdade de hóspedes frequentes. Hóspedes frequentes agora podem acumular pontos ou créditos para ganhar noites em hotéis, milhas aéreas, itens de cortesia no quarto, produtos, ingresso para eventos e concertos, descontos em lojas de artigos esportivos – e até crédito voltado para ações no hotel participante, no caso do grupo de hotéis Jameson Inn Hotel. Bônus não são concedidos apenas por muitas redes de hotéis e motéis (Hilton HHonors, Marriott Rewards, Whyndham), mas também por pousadas particulares e B&Bs (Hotel Bed & Breakfast, que oferece quarto com preços acessíveis com café da manhã). Muitas redes de hotéis afiliam-se com outras redes de hotéis, locadoras de carros, companhias aéreas e empresas de cartões de crédito para oferecer aos consumidores o incentivo de fazer mais negócios.

13 Livros Recomendados

Há uma variedade enorme de livros escritos sobre Buenos Aires, vários por argentinos e por estrangeiros fascinados pela cidade.

Ficções Selecionadas (Penguin Books, 1999), as pequenas histórias traduzidas de Jorge Luís Borges, são uma grande forma de começar a aprender sobre a cidade. Borges é a figura literária mais importante da Argentina. Ele está imortalizado por estátuas por toda Buenos Aires e existe uma rua com seu nome em Palermo. Muitas de suas histórias retratam os anos tumultuosos de 1920 e 1930, descrevendo um submundo sombrio de criminosos, conhecidos como compadritos, batalhas por mulheres e territórios, e traições de homens que ele julgava serem amigos. As histórias são uma essência de tangos literários, lidando com os mesmos assuntos que as canções famosas, mas em prosa. Borges pode ser entediante para chegar ao final, mas esclarecerá o submundo interessante de um país durante seus anos dourados de cultura e crescimento econômico.

Santa Evita (Vintage,1996), por Tomas Eloy Martinez, é um livro altamente polêmico, liberado na mesma época do filme de Madonna. Uma bela mistura de ficção e fatos, fala da experiência do corpo embalsamado de Evita e como percorreu o mundo. Também joga luz nos comandantes militares que, com medo da Igreja Católica, recusaram-se em destruir seu corpo, mas continuaram a matar seus seguidores - ao mesmo tempo com um temor bizarro e desejo sexual pelo seu corpo morto.

Um registro mais biográfico é ***Evita: The Real Life of Eva Perón*** (A Vida Real de Eva Perón - W.W. Norton & Company, 1996), por Nicholas Fraser e Marysa Navarro. Enquanto lá há muitas verdades sobre Evita, este trabalho permanece fiel aos registros mais reconhecidos de sua vida que aparecem em outros livros de história e biografias. Existe uma admiração óbvia por trás do trabalho dela, e o livro descarta a ideia de que a jovem Evita tenha tido relações sexuais com homens poderosos.

The Story of the Night – A História da Noite (Henry Holt, 1997), por Colm Toibin, autor irlandês. É um romance cujo principal personagem é Richard Garay, um argentino com mãe inglesa. Proporciona uma perspectiva maravilhosa sobre a guerra das Ilhas Malvinas e como era ser um inimigo político durante aquela época. Garay, mais tarde, passa a trabalhar para o governo dos Estados Unidos como tradutor e principalmente como espião. Ele relata aos membros do governo americano o que se passou após a guerra, o começo da ascensão ao poder do Presidente Ménem e a privatização de muitas indústrias argentinas, como também os pensamentos de uma classe rica dominante de um país em transição. Toda esta trama política serve como cenário para que o personagem revele ser homossexual e portador do vírus da AIDS.

Imagining Argentina – Fantasiando Argentina (por Lawrence Thornton – Bantam Books, 1988), aconteceu durante a Guerra Suja da Argentina, de 1976 a 1982, sob a ditadura militar que veio ao poder após o segundo regime presidencial de Juan Perón. Durante esta época, talvez 30.000 argentinos acusados de conspirar contra o governo foram torturados e mortos. O principal personagem retorna para casa um dia para descobrir que sua esposa foi mantida como prisioneira pelo governo. Ele nunca a encontra, mas desenvolve um poder sobrenatural para ver outros, cujos familiares têm sido sequestrados e determinar o que tem acontecido com eles. Este é um romance que detalha o empenho em torturar as vítimas. Mesmo sendo difícil de ingerir, esclarece um período em que a Argentina está tentando superar. Foi feito um filme sobre o romance, em 2003, estrelado por Antônio Banderas e Emma Thompson.

O turismo está mudando alguns dos charmes de Buenos Aires, incluindo bares nos seus bairros históricos. Para dar uma olhada dentro do rápido desaparecimento deste mundo, adquira este livro de fotos chamado ***Bares de Buenos Aires***, por Constanza Mirre, fotógrafa nativa de Buenos Aires (Ediciones Larivière, 2000). A maioria das fotografias, datadas de meados de 1990, retrata a visão de bairros de classe operária, homens idosos se socializando e a forma de vida portenha que sobrevive há quase 100 anos.

Um dos meus livros favoritos sobre Buenos Aires é o ***Memoir Kiss & Tango*** (Memórias de Beijo e Tango) por Marina Palmer (William Morrow, 2005). Marina, Diretora de Marketing, em Nova York, entediada, decidiu visitar um parente em Buenos Aires. Após visitar uma milonga, ela decidiu que era o que ela queria para sua vida. Claro que, pais e chefes tem opiniões diferentes, adicionando o drama e o estresse que a sua decisão causou. Muito de seu estresse era causado pelos homens que ela conhecia em milongas. Leia o livro e compare com suas próprias fantasias de se apaixonar completamente por um latino atraente e sensual. Há rumores de que será feito um filme a respeito do livro, então, fique atento.

Itinerário Recomendado de Buenos Aires

3

Quando uma cidade é tão maravilhosa como Buenos Aires, não importa quanto tempo você fique por lá, nunca é o suficiente. Neste itinerário, vou levá-lo a Buenos Aires por 3 dias. As melhores paisagens de muitos bairros de Buenos Aires são ressaltadas aqui: do Microcentro, Recoleta e San Telmo. Você terá excelentes refeições, fará ótimas compras e ficará sem fôlego ao apreciar os lugares mais bonitos. Enquanto não temos mais nada planejado, não esqueça que Buenos Aires é uma cidade que nunca dorme.

Dia ❶: Relaxando e se Acomodando

É mais do que provável que você tenha chegado pela manhã após um voo noturno. Se vai se hospedar no **Marriott Plaza Hotel** ✶✶ (pág.65) use a ducha da academia para renovar o espírito enquanto providenciam o seu quarto. Peça ao hotel para fazer uma reserva no **Cabaña las Lilas** ✶✶✶ (pág.102) para um jantar especial. Após o jantar siga para a Calle Florida, passeando pelas lojas nas **Galerías Pacifico** ✶ (pág.205) e coma um lanche no **Il Gran Caffe** (pág.111). Vá para a **Plaza de Mayo** (pág.145) e dê uma olhada nos edifícios históricos como **Cabildo** (pág.140), Prefeitura original de Buenos Aires, a **Catedral Metropolitana** (pág.145), e a **Casa Rosada** (pág.141), com a famosa sacada de Evita. Retorne ao hotel para uma soneca antes de voltar para o **Cabaña las Lilas** (pág.102) para jantar. Certamente você adorou a vista de **Puerto Madero** (pág.167) de sua mesa. Aproveite e dê uma voltinha no cais.

Dia ❷: Microcentro e San Telmo

Tome café da manhã no hotel e espere no saguão pelo seu guia turístico da **Borello Travel & Tours** (pág.34), **Say Hueque Tours** (pág.35), ou seu guia turístico autônomo (pág.36). Eles o ajudarão a explorar o centro histórico de Buenos Aires, como a **Plaza de Mayo** (pág.145), uma volta maravilhosa ao século passado na **Avenida de Mayo** (pág.47), e **Congreso** (pág.53), explicando como a arquitetura, história e a glória perdida de uma poderosa Argentina estão refletidas nas ruas de Buenos Aires. Para chegar lá, pegue a **Linha A do Metrô** e trens feitos de madeira do fim do século passado, na estação da Avenida de Mayo. Tome um café com uma medialuna (croissant) no **Café Tortoni** ✶✶✶ (pág.111) um dos cafés mais antigos e cênicos da cidade, e procure escutar as conversas dos nativos sobre as últimas notícias de Buenos Aires. Volte para a Plaza de Mayo e vá sentido sul, usando **Calle Defensa**, em direção à romântica e histórica **San Telmo**. Pare em uma das muitas lojas de antiguidades como **Galeria El Solar de French** (pág.208). Dê uma volta na Plaza Dorrego e absorva a atmosfera em uma das praças da cidade mais originais em estilo colonial. Se este dia for domingo, melhor ainda, pois o local fica lotado com a **Feira San Telmo**, com apresentações de tango ao vivo. Volte para o hotel e tome uma ducha. Você jantará no **Señor Tango** (pág.233) e assistirá ao show, uma grande forma de terminar a noite em Buenos Aires.

Itinerário Recomendado de Buenos Aires

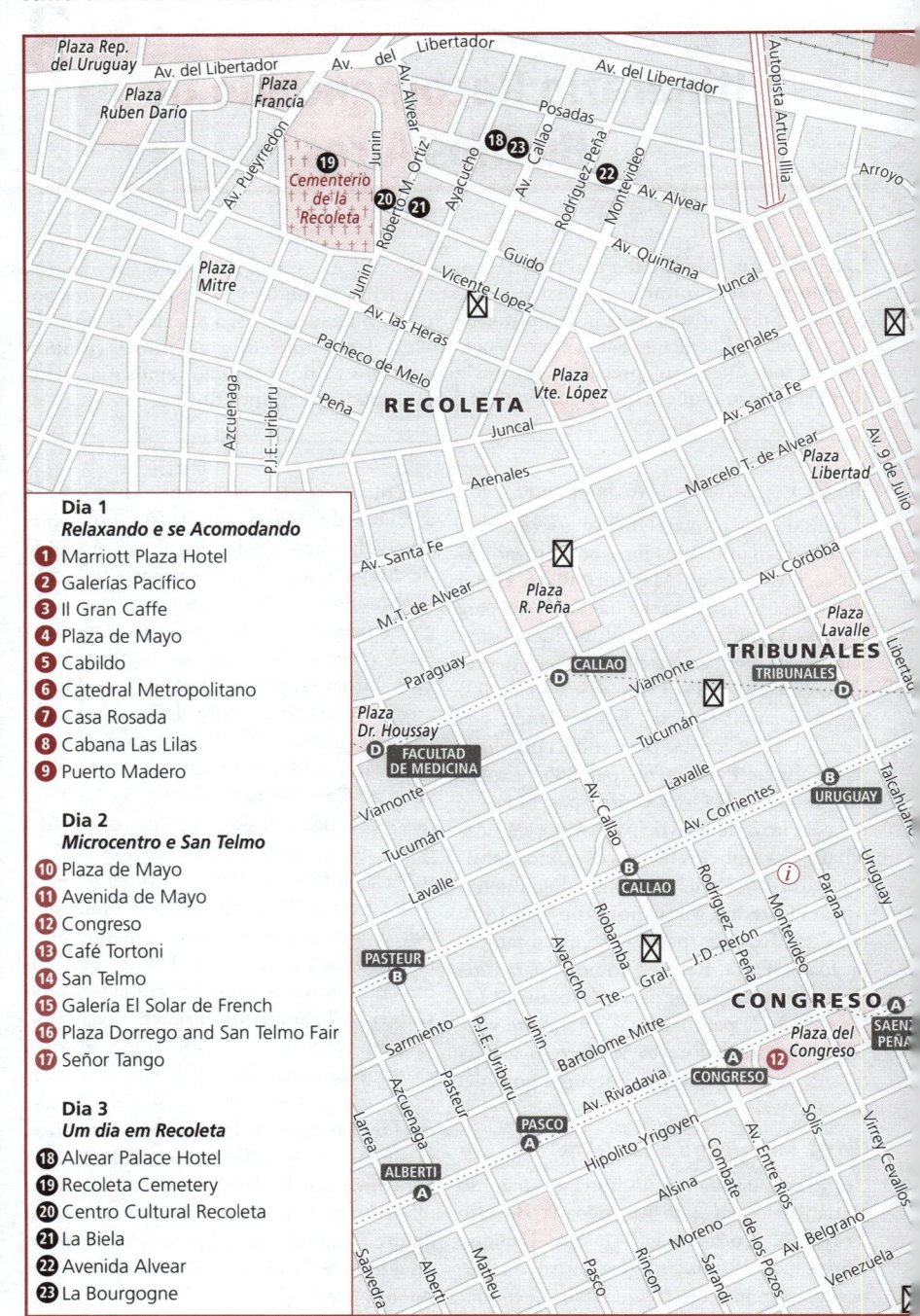

Dia 1
Relaxando e se Acomodando
1. Marriott Plaza Hotel
2. Galerías Pacífico
3. Il Gran Caffe
4. Plaza de Mayo
5. Cabildo
6. Catedral Metropolitano
7. Casa Rosada
8. Cabana Las Lilas
9. Puerto Madero

Dia 2
Microcentro e San Telmo
10. Plaza de Mayo
11. Avenida de Mayo
12. Congreso
13. Café Tortoni
14. San Telmo
15. Galería El Solar de French
16. Plaza Dorrego and San Telmo Fair
17. Señor Tango

Dia 3
Um dia em Recoleta
18. Alvear Palace Hotel
19. Recoleta Cemetery
20. Centro Cultural Recoleta
21. La Biela
22. Avenida Alvear
23. La Bourgogne

Mapa

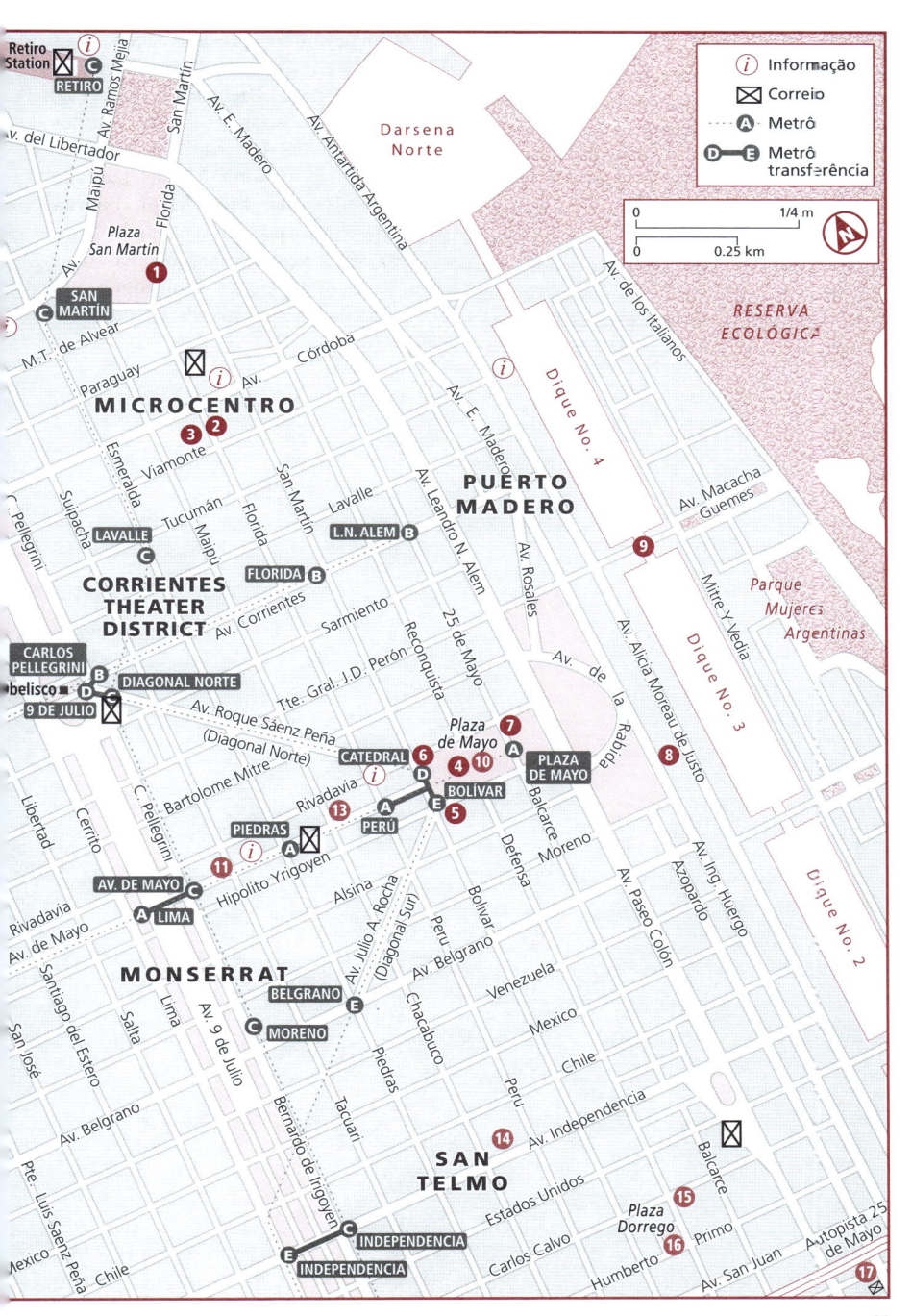

Legenda:
- ⓘ Informação
- ✉ Correio
- Ⓐ Metrô
- Ⓓ—Ⓔ Metrô transferência

Escala: 0 — 1/4 m / 0 — 0.25 km

Localidades e pontos

- Retiro Station — RETIRO Ⓒ
- Plaza San Martín ❶ — SAN MARTÍN Ⓒ
- **MICROCENTRO** ❸ ❷
- LAVALLE Ⓒ
- L.N. ALEM Ⓑ
- FLORIDA Ⓑ
- **CORRIENTES THEATER DISTRICT**
- **PUERTO MADERO** ❾
- CARLOS PELLEGRINI Ⓑ
- DIAGONAL NORTE Ⓒ
- 9 DE JULIO Ⓓ
- Obelisco
- CATEDRAL ❻ Ⓓ
- Plaza de Mayo ❼
- BOLÍVAR ❹ ❿ Ⓔ
- PLAZA DE MAYO Ⓐ
- ❽
- PERÚ ❺ Ⓐ
- PIEDRAS ❸ Ⓐ
- AV. DE MAYO Ⓒ
- LIMA Ⓐ
- ⓫
- **MONSERRAT**
- BELGRANO Ⓔ
- MORENO Ⓒ
- Parque Mujeres Argentinas
- **RESERVA ECOLÓGICA**
- Darsena Norte
- Dique No. 4 / Dique No. 3 / Dique No. 2
- **SAN TELMO** ⓮
- Plaza Dorrego ⓯
- ⓰
- INDEPENDENCIA Ⓒ
- INDEPENDENCIA Ⓔ
- ⓱

Ruas (seleção)

Av. del Libertador, Av. Ramos Mejía, San Martín, Maipú, Av. E. Madero, Av. Antártida Argentina, M.T. de Alvear, Paraguay, Córdoba, Av. de los Italianos, Esmeralda, Viamonte, Tucumán, Lavalle, Av. Leandro N. Alem, Av. Macacha Guemes, Suipacha, C. Pellegrini, Florida, Sarmiento, Av. Corrientes, Reconquista, 25 de Mayo, Av. Rosales, Mitre y Vedia, Av. Alicia Moreau de Justo, Tte. Gral. J.D. Perón, Av. Roque Sáenz Peña (Diagonal Norte), Bartolomé Mitre, Rivadavia, Av. de la Rábida, Balcarce, Av. Ing. Huerio, Azopardo, Av. Paseo Colón, Hipólito Yrigoyen, Alsina, Av. Julio A. Rocha (Diagonal Sur), Perú, Bolívar, Defensa, Moreno, Av. de Mayo, Libertad, Cerrito, Av. 9 de Julio, Lima, Salta, Santiago del Estero, San José, Bernardo de Irigoyen, Venezuela, Chacabuco, México, Chile, Piedras, Tacuarí, Av. Belgrano, Pte. Luis Sáenz Peña, México, Av. Independencia, Estados Unidos, Carlos Calvo, Humberto Primo, Av. San Juan, Autopista 25 de Mayo.

41

Dia ❸: Um dia em Recoleta

Durma mais e aprecie o café da manhã em seu hotel. Peça ao hotel para fazer reservas para o jantar no **La Bourgogne** ★★★ (pág.117), um restaurante francês refinado no **Alvear Palace Hotel** ★★★ (pág.81). Então, siga para o **Cemitério Recoleta** ★★★ (pág.151), no bairro Recoleta. Preste homenagem à sepultura de Evita, o túmulo mais famoso entre todos no cemitério. Não deixe de passear e ver outros túmulos, que são uma obra de arte. Na esquina do cemitério, siga para o **Centro Cultural Recoleta** ★ (pág.178) e verifique a mais nova exibição de arte. Se trouxe suas crianças, não se esqueça de visitar as seções de crianças com suas exibições interativas de ciências. Mais tarde, siga a caminho da **Plaza Francia** e tome um café no **La Biela** ★★★ (pág.119), um dos mais famosos cafés da cidade. Após este momento de descanso, é hora de ir às compras na **Avenida Alvear**, parando em lojas, tais como **Polo Ralph Lauren** (pág.213), construída numa grande mansão. Se você já vem comprando por várias horas, vá ao jantar no **La Bourgogne**, um final maravilhoso para sua última noite em Buenos Aires.

Conhecendo Buenos Aires

A maioria das atrações turísticas, em Buenos Aires, está localizada numa área relativamente compacta próximo ao coração colonial da antiga cidade, a Praça de Maio, estabelecida em 1580. Daquele ponto, a cidade se espalha em antigas redes urbanas irregulares, originalmente inspiradas no sistema colonial espanhol. Estendendo-se no sentido leste até o Rio da Prata, está o bairro Puerto Madero, um distrito portuário renovado, agora repleto de restaurantes, danceterias e muitos dos hotéis mais novos da cidade. O Microcentro, ou distrito empresarial principal, situa-se no setor noroeste desta área e é onde estão localizados muitos hotéis e outros serviços relacionados ao turismo, por exemplo, agências de viagens. Diretamente da região Sul da Praça de Maio, está Monserrat, repleto de edifícios do governo e igrejas históricas. Sentido sul está o bairro encantador San Telmo, um dos distritos mais antigos de Buenos Aires. Neste bairro, encontram-se imperdíveis atrações com suas diversas lojas de antiguidades, restaurantes antigos, bares locais e casas de tango. Logo adiante, está La Boca, a Pequena Itália histórica da cidade, que inclui El Caminito, uma zona histórica para pedestres voltada a turistas. Ao norte do centro da cidade, estão a bela área de Recoleta, casa de Evita após seu descanso final, e os hotéis mais caros e de alto padrão da cidade. No bairro de Palermo encontram-se um dos mais importantes museus, parques e outros locais. Como não há estações de metrô por perto, é melhor pegar um táxi para ir à maior parte de Recoleta e Palermo. Uma regra a seguir é que não importa onde quer que você vá, visto que as avenidas e ruas são longas, sempre pergunte por uma travessa como referência para cada endereço, as quais forneço em todas as listas neste livro.

1 Orientação

INFORMAÇÃO AO VISITANTE

CENTROS TURÍSTICOS. O posto central da **Secretaria de Turismo da Cidade**, responsável por toda a informação ao visitante em Buenos Aires, está localizada na Calle Balcarce 360, em Monserrat (✆ **11/4313-0187**; www.bue-gov.ar), mas este posto não é aberto ao público geral. Ao contrário, você vai achar vários quiosques com informações sobre mapas e hotéis, restaurantes e atrações espalhados por vários bairros. Estes são: Recoleta, San Telmo, Abasto, Puerto Madero e outros locais no centro da cidade. Muitos estão abertos de segunda a sexta feira, das 10h00 às 17h00, e finais de semana, e alguns abrem e fecham mais tarde (veja "Quiosques Turísticos da Cidade de Buenos Aires", para horários exatos de cada local). Além disso, associações particulares possuem seus próprios centros turísticos fornecendo uma variedade de informações, assim como a Associação Empresarial, na Calle Florida, no Shopping Center, nas Galerías Pacífico, e onde está o calçadão de compras, na Calle Florida, e que termina no Plaza San Martín.

CAPÍTULO 4 · CONHECENDO BUENOS AIRES

> **Dicas** Quiosques Turísticos da Cidade de Buenos Aires
>
> A cidade de Buenos Aires decidiu levar informações às pessoas. Fechou o seu antigo posto central de informações turísticas e abriu diversos quiosques turísticos por toda a cidade. Além daqueles que se encontram no aeroporto, aqui está uma lista dos quiosques localizados no centro da cidade, incluindo endereços e horários de funcionamento.
> - **Microcentro – Calle Florida**: Calle Florida 100, na Diagonal Norte. Aberto de segunda a sexta-feira das 09h00 às 18h00; sábado, domingo e feriados, das 10h00 às 15h00.
> - **San Telmo**: Defensa 1250, em San Juan. Aberto de segunda a sexta-feira, das 11h00 às 17h00; sábado e domingo, das 11h00 às 19h00.
> - **Puerto Madero**: Alicia Moreau de Justo 200, em Dique 4 (Cais 4). Aberto de segunda a sexta-feira, das 11h00 às 18h00, sábado e domingo das 11h00 às 19h00.
> - **Retiro**: Estação de Ônibus Retiro, Janela 83. Aberto de segunda a sábado, das 07h30min às 13h00.
> - **Recoleta**: Av. Quintana, 596 em Ortiz. Aberto de segunda a sexta-feira, das 10h00min às 18h30; sábado e domingo das 10h00 às 19h00.
> - **Abasto**: Abasto Shopping Center, piso principal. Aberto diariamente, das 11h00 às 21h00.

INFORMAÇÕES POR TELEFONE O Posto Turístico da Cidade de Buenos Aires administra também uma linha direta de informações (✆ **11/4313-0187**), com uma equipe das 07h30min às 18h00, de segunda a sábado, e domingo, das 11h00 às 18h00. A cidade fornece também passeios gratuitos. A maioria dos passeios são em espanhol e poucos são conduzidos em inglês. Para saber mais informações sobre estes passeios, ligue ✆ **11/4114-5791** (segunda a sexta-feira, das 10h00 às 16h00). Se você vier a Buenos Aires e for vítima de fraude de uma empresa de turismo ou golpe de algum taxista, o posto de turismo tem um número específico para que você denuncie. O programa é chamado de **Buenos Aires Té Protegé, Buenos Aires Protege Você**, e a chamada é gratuita ✆ 0800/999-2838.

PUBLICAÇÕES As seguintes publicações são as que recomendo adquirir, assim que chegar a Buenos Aires. Contém informação útil para turistas e sites da web que você pode visitar, antes de chegar a Buenos Aires. O *Buenos Aires Herald* (www.buenosairesherald.com) é um jornal diário em inglês, e uma das publicações mais antigas do continente. Este jornal contém informações sobre tudo o que acontece na Argentina e no mundo. E mais, há listas de eventos de interesse particular aos que falam inglês. Você vai achar o *Herald* nas bancas de jornal em qualquer lugar por 1,70 pesos – menos do que 1 dólar por dia. O jornal vende rapidinho, então, tente comprá-lo bem cedo. Um novo jornal gratuito, publicado quinzenalmente para imigrante, chamado *Argentimes* (www.theargentimes.com), também entrou em cena em 2006. Com a maior ênfase nas artes e também com reflexões de imigrantes e o porquê de terem acabaram em Buenos Aires. *The Travellers Guru* (www.travellersguru.com) é, em inglês, distribuído a cada três semanas gratuitamente em toda a Buenos Aires, com dicas sobre a cidade, Patagônia e outras aéreas da Argentina. Sua desvantagem é que descreve os melhores lugares, mas nem sempre dá o endereço ou informação para contato – mas pelo menos contém dicas que você pode perguntar no seu hotel. *Ciudad Abierta* (www.buenosaires.gov.ar) é um jornal semanal gratuito, publicado pelo governo da cidade, dizendo o que acontece culturalmente em toda Buenos Aires, mas é apenas em espanhol. Ciudad Abierta também é um canal a cabo, que destaca a cultura e os pontos turísticos de toda a cidade. Geralmente é no canal 73, no sistema de

Buenos Aires de Relance

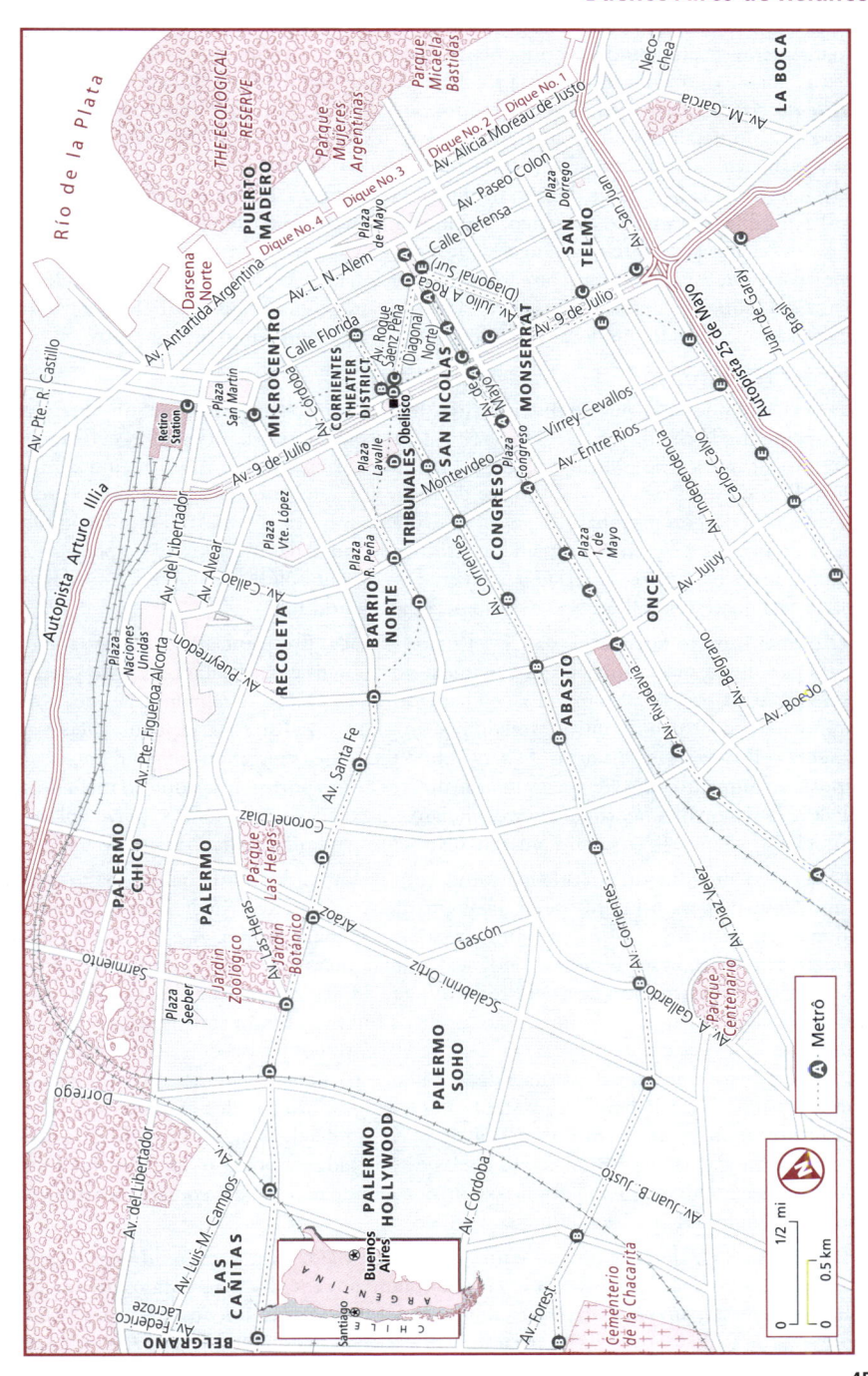

tv a cabo dos hotéis. *Llegas a Buenos Aires* (www.llegasabuenosaires.com) é outro jornal que contém informação sobre cultura, artes, tango e outras listas de eventos, publicado semanalmente e distribuído gratuitamente nos postos de informações turísticas, bares, museus, lojas e outros locais por toda a cidade. À venda também nas bancas de jornal está o *Buenos Aires Metropolis* (www.bametropolis.com), uma revista mensal sobre estilos de vida e com detalhes sobre restaurantes novos, lojas e o que for requintado em Buenos Aires. Não é voltada para turistas, mas lhe dará ótimas informações sobre o que há de bom gosto e novo na cidade antes dos estrangeiros invadirem. *El Tangauta* (www.eltangauta.com) é a bíblia do amante do tango. Publicado mensalmente, repleto de propaganda e listas dos lugares para aprender tango, dançar tango e comprar acessórios para o tango. A maior parte em espanhol, mas com anúncios selecionados, e poucos artigos em inglês. O novo *La Milonga* é similar, mas voltado para o turista, com artigos em inglês e espanhol. Ambos são encontrados em locais turísticos e locais de tango sem o menor custo.

LAYOUT DA CIDADE

Para você entender o layout de Buenos Aires, tem que adquirir conhecimento sobre o desenvolvimento da cidade em relação ao seu sistema com suporte ao Rio da Prata (Rio de la Plata). O gigantesco rio prateado parece mais com um mar. Buenos Aires iniciou com seu centro histórico, a Praça de Maio (Plaza de Mayo), que foi projetada em 1580 e cercada por diversos edifícios nacionais do governo. Durante a época colonial, a Praça ficou quase à beira do rio, o crescimento da cidade arrastou-se ao longo das margens do rio por séculos. Projetos de encher o rio com terra e pedras criaram terreno sólido. Isso significa que, agora, a praça fica quase um quilômetro de distância da beira do rio.

O primeiro porto ficava atrás da Casa Rosada (Palácio Presidencial). O aterro sanitário com o passar dos anos impulsionou a margem do rio mais e mais adiante. Outro porto se desenvolveu na região sul o que hoje é chamado de La Boca, literalmente "a boca", que originou seu nome de um porto formado por uma curva no Rio Riachuelo, o afluente que alimenta o Rio da Prata. As áreas de San Telmo e La Boca cresceram tremendamente em resposta ao aumento do tráfego e imigração através destes portos, iniciados no meio do século 19. O desenvolvimento de Puerto Madero e a expansão do autêntico porto colonial, no início do século 20, trocaram o desenvolvimento para o norte da Praça de Maio.

O desenvolvimento junto à orla marítima, com o tempo, despertou nas pessoas o desejo de mudar mais para o interior, e as áreas próximas ao desenvolvimento do novo porto enfraqueceu cidadãos ricos e seu dinheiro para áreas mais antigas. A epidemia da febre amarela, em 1877, exacerbou esta tendência, para aqueles que tinham dinheiro, fugindo de uma área e construindo casas em todo o lugar. Hoje, as antigas áreas do sul de Buenos Aires, locais históricos de imigração, onde os fugitivos foram substituídos por novos imigrantes e pobres em geral, permanecem geralmente pobres ou de classe média baixa. La Boca, que foi um dia a pequena cidade italiana, particularmente exemplifica isso por homenagear as raízes italianas em restaurantes e expor a história dos gângsteres. A maioria dos novos imigrantes vem do interior do país. Em geral, as áreas do norte da cidade, especialmente Palermo e Recoleta, são cheias de abastados. Enquanto esses bairros foram colonizados bem no início do período colonial, a grande maioria das construções que você pode ver hoje foram criadas no início do século 20.

Buenos Aires espalhou-se do seu centro, a Praça de Maio, num traçado urbano irregular, as ruas originais estabelecidas pelos espanhóis foram aumentadas mais para o interior. Por volta do século 20, um plano foi posto em prática para reconstruir Buenos Aires com inspiração em Paris. Tudo fez parte da preparação para a celebração do centenário da Argentina, em

1910. Por criar avenidas largas, arborizadas e diagonais, o projeto deu a perspectiva de ordem e grandeza a uma cidade que estava crescendo rapidamente através da imigração em massa da riqueza da indústria e da exportação de matéria prima. Estes projetos transformaram a cidade em algo que poderia competir com qualquer capital da Europa.

PRINCIPAIS RUAS E AVENIDAS Duas avenidas definem Buenos Aires. A primeira é **Avenida de Maio**, uma avenida enorme e arborizada (que alguns comparam com os "Champs Elysées", em Paris; outros, com a "Gran Via", de Madrid). Aberta no dia 9 de Julho (Dia da Independência), de 1894, percorre de leste ao oeste, com início na Praça de Mayo, em direção à Praça Congresso (Plaza Congreso), unindo as sedes Executivas e Legislativas do governo. Esta é uma rota histórica e o caminho que os manifestantes normalmente percorrem quando têm algo a dizer. Ao longo da avenida, ficam alguns dos edifícios mais belos da cidade, que representam o auge do movimento arquitetônico da expressão Beaux Arts, na Argentina.

A Avenida de Maio cruza com a **Avenida 9 de Julho**, a avenida mais larga do mundo, que corta Buenos Aires pela metade, percorrendo do norte ao sul, começando perto de La Boca no final da região sul, terminando nos bairros de Recoleta e Retiro, no final da região norte na Avenida Libertador. Levou décadas para completar esta avenida, que foi aberta em 9 de Julho de 1937, embora tenham continuado trabalhando nesta avenida até os anos de 1960. Na direção norte, a avenida termina na embaixada francesa. O projeto original era derrubar a embaixada e continuar no sentido norte, mas a França recusou, e o edifício torna agradável o final da avenida. Infelizmente, muitos outros edifícios quase idênticos a embaixada foram demolidos para criar a Avenida 9 de Julho. Pode-se imaginar a imensa herança arquitetônica que foi perdida em Buenos Aires, no desejo quase insano de proclamar o "título" da avenida mais larga do mundo.

Completando a reconstrução da área estão duas ruas vindo da Praça de Maio em direções diagonais. Estas ruas criaram novas vistas da área. Primeira é **Diagonal Norte**, também chamada Avenida Roque Sáenz Pena, que cruza a Avenida 9 de Julho no Obelisco, um monumento inaugurado em 1936 para comemorar o 400º aniversário da edificação original mal sucedida da cidade por Pedro de Mendoza. Este é um dos trechos mais belos da cidade, parecendo exagerado como Paris, com cada esquina marcada por seus edifícios enormes em estilo neoclássico e cobertos por uma cúpula requintada. A outra é **Diagonal Sur**, também chamada de Avenida Julho A. Roca. Infelizmente, não tem muito glamour comparado com o Diagonal Norte. Exceto alguns edifícios do governo bem no início de sua rota, perto da Praça de Maio, é um trecho um tanto quanto frustrante, que relembra aos turistas que, com o tempo, a riqueza e o poder que pareceu o destino evidente da Argentina caiu em declínio.

LOCALIZAR UM ENDEREÇO Os endereços e a numeração dos quarteirões em Buenos Aires seguem um padrão lógico. Os números dos edifícios geralmente pulam para a próxima unidade, 100 para cada bloco, com ruas de números baixos leste-oeste iniciando nas extremidades da rua bem perto do Rio da Prata. Este padrão se rompeu, ou seja, em Palermo Viejo, onde poucos quarteirões são numerados, às vezes, em unidades de 50 em vez de 100. Placas de rua, onde existem, geralmente indicam o quarteirão a que você chegou. Ruas de sul-norte são um pouco complicadas. Olhando no mapa, você pensaria que a Avenida de Maio deveria ser a rota final, em vez de Avenida Rivadavia, desde que foi criada antes da Avenida de Maio e sempre serviu como divisão da linha entre o norte e sul da cidade, desde a época colonial. Ruas numeradas, em qualquer lado da Rivadavia, iniciam no número 1 e assim por diante. Não importa que soe fácil pra você, localizar endereços torna-se bem difícil, pois a cidade se estica fora do centro e muitas das ruas começam a curvar e se dividir. Há dúzias de quarteirões ao lado de muitas dessas ruas. É essencial não perder de vista as travessas quando pegar ou der informações. Eu geralmente incluo isso nas listagens.

ENCONTRANDO SEU RUMO Se puder guardar a informação acima, você está a meio caminho andado. O Rio da Prata situa-se na região leste da cidade, na direção do litoral. Mapas geralmente orientam com o rio em cima, em vez do padrão norte ao sul, que talvez você tenha que se acostumar; então, não esqueça disso. Muitos turistas se perdem achando que o início do mapa fica na direção norte e andam na direção errada.

Assim como a Avenida 9 de Julho serve como divisão entre muitas partes da cidade, e separou o Microcentro de outros bairros, use-a como uma forma de se localizar. Uma vez nesta avenida, use o Obelisco como ponto de referência. Outro edifício que se sobressaiu na Avenida 9 de Julho é o Edifício Saúde Pública, perto do ponto final até San Telmo (este edifício antecede a expansão da avenida, mas foi considerado muito grande para ser derrubado, e então a rua foi simplesmente ampliada), e a bela e neoclássica Embaixada Francesa, representando o final norte da avenida. O mais confuso sobre a Avenida 9 de Julho é que os edifícios em sua direção pegam seus endereços das avenidas paralelas. Dessa forma, edifícios com endereços de Calles Carlos Pellegrini, Cerrito, Bernardo de Yrigoyen, e Lima todas estão, na verdade, na Avenida 9 de Julho, que talvez não apareça logo de cara no endereço num cartão de negócios ou num anúncio.

Em geral, as cinco linhas de metrô foram construídas embaixo das avenidas e calles (ruas) mais importantes. Por exemplo, a linha A, a mais antiga do metrô, percorre leste a oeste embaixo da Avenida de Mayo. A linha C percorre embaixo da Avenida 9 de Julho, conectando as duas estações de trem mais importantes: Constitucíon, na região sul, com Retiro, na região norte. Sobrando três linhas que percorrem a rota leste-oeste, espalhando-se bem no início dessas estações no centro da cidade. A linha E começa na Praça de Mayo e percorre a Diagonal Sur até Avenida San Juan, nada de interessante ao turista nesta parte da cidade. A linha B percorre Corrientes, contornando a margem sul de Palermo Viejo. Mais afastada para o norte está à linha D, que começa na Praça de Mayo sob a Diagonal Norte e percorre Avenida Santa Fé através do Barrio Norte, na beira de Recoleta, através de Palermo e Belgrano. Se todas essa estações confundem você, as linhas B, C, e D encontram-se embaixo do Obelisco, na estação Obelisco, perto do cruzamento de Rua Corrientes e Diagonal Norte. Siga aqui e você pode acessar quase qualquer ponto da cidade servido pelo metrô. Esta é a maior estação da cidade e a mais confusa. É chamada de Obelisco ou Diagonal Norte, dependendo da linha, mas é a mesma estação. Basicamente, parece com a estação em Nova York – Times Square, embora menos bagunçada.

MAPAS Peça na recepção de seu hotel por uma cópia do *Golden Map* (Mapa Dourado) e *Quick Guide Buenos Aires* (Guia Rápido Buenos Aires) para ajudá-lo a andar pela cidade. Antes de sair de casa, você pode adquirir ótimos mapas com antecedência por meio desta empresa com base em Buenos Aires, **De Dios**, que tem mapas de rua laminados (www.dediosonline.com). Alguns de seus mapas são por tópicos especiais, tais como: tangos, shoppings e/ou jantar. Muitos bairros em Buenos Aires agora possuem seus próprios mapas individuais, elaborados com o que os bairros oferecem. Eventualmente, cada estabelecimento em Palermo Viejo possui uma cópia de cada série de mapas baseado em compras, gastronomia, e vida noturna nesta parte mais badalada da cidade. San Telmo oferece mapas similares, mas com menos detalhes e elegância. Para a maior parte destes mapas, você tem que ir ao bairro determinado. Não hesite em pedir em qualquer quiosque turístico por mapas específicos, pois não costumam deixar no balcão, por falta de espaço. Outros mapas específicos de Buenos Aires incluem *Tango Map* (Mapa de Tango), *Gay Map* (Mapa para Gays), e *Jewish Map* (Mapa Judeu), e *Nighlife Map* (Mapa da Vida Noturna), entre muitos outros que estão disponíveis nos quiosques turísticos e também em vários estabelecimentos na cidade. Existem mapas gratuitos do metrô, disponíveis no balcão da bilheteria, mas normalmente não costuma sobrar nenhum. Afortunadamente, muitos outros mapas também possuem uma pequena versão do mapa do metrô com o resto da informação, ou colocam nas paradas do metrô na rua. Quase todas as estações do metrô possuem mapas enormes iluminados logo na entrada da rua, os mapas são revestidos em cima de um mapa das ruas; então, você pode distinguir se está na direção certa. Se perder isso de vista, infelizmente em muitos casos, você não vai ver nenhum outro mapa colocado dentro das estações, até que já tenha passado pela porta giratória e seguido para os trens. Você pode imprimir uma cópia do mapa do metrô com antecedência ao visitar o site www.subte.com.ar (site do governo para o sistema do metrô).

RESUMO DOS BAIRROS

Buenos Aires é uma metrópole enorme, com aproximadamente 12 milhões de habitantes na cidade e seus subúrbios. A maioria das atrações encontra-se numa área compacta, perto do centro no núcleo da cidade histórica, perto da Praça de Mayo. Abaixo listei todos os bairros turísticos, incluindo cada limite dos bairros gerais. Lembre-se de que até em Buenos Aires, algumas pessoas e mapas chamam as mesmas áreas por nomes diferentes, então, guarde estas descrições como um guia básico. Em antecipação às celebrações do centenário em 2010, muitos edifícios icônicos e bairros estão passando por um processo intenso de renovações. Isso terá um impacto ao acesso e na aparência dos edifícios, especialmente se eles estiverem atrás dos andaimes. Para o seu benefício e da cidade, por um bom período de tempo.

Área Praça de Mayo Não é um distrito como o coração político e histórico da cidade, traçado por Don Juan de Garay, em 1580, durante a segunda edificação da cidade. A Praça é cercada pela cidade e edifícios nacionais do governo e a **Catedral Metropolitana** que data até o final da era colonial. A principal característica da Praça é a **Casa Rosada** (**Palácio Presidencial**), casa da famosa sacada de Evita. Ainda permanece o principal ponto para manifestações políticas e também serve como abrigo para mendigos e piqueteros (manifestantes) que acampam aqui à noite. A manifestação política que ocorre aqui é o **Madres de la Plaza de Mayo** (**Mães da Praça de Maio**). Os manifestantes constituem-se de mães e avós daqueles que desapareceram durante a ditadura de 1976 a 1982 e ficou conhecida como Guerra Suja. Esta manifestação acontece todas as quintas-feiras, começando às 15h30min, e é um evento imperdível que ajuda a entender o país (veja pagina 151, para mais informações). Além das alterações drásticas da Catedral, que foi remodelada em 1836, o Cabildo (Antiga prefeitura) permanece ainda o único edifício colonial na praça. Isso também tem sido afastado severamente de suas dimensões originais, desde quando a Avenida de Mayo e Diagonal Sur foram criadas.

Puerto Madero Esta área localiza-se no leste atrás da Praça de Maio. Uma vez um porto dilapidado, a área agora está repleta de restaurantes em armazéns renovados. Novas construções trouxeram escritórios, residências de alto padrão e hotéis luxuosos. Este distrito pode ser um pouco frio durante o dia por causa dos espaços enormes e das novas construções. Talvez queira vir no pôr do sol, quando a água no porto realça um vermelho brilhante e revela a silhueta dos edifícios na cidade. Talvez esse seja o único bairro do mundo onde todas as suas ruas possuem nomes femininos. Um de seus principais destaques é a **Ponte da Mulher**, criada por Santiago Calatrava. Outra característica única de Puerto Madero é sua **Reserva Ecológica**. Uma área aberta criada pelas forças da natureza revoltando-se contra os abusos da raça humana. Escombros de construção jogados no rio com o tempo viraram morada das plantas silvestres e pássaros. Não há acesso do metrô a este bairro.

Microcentro Sem dúvida, você terá tempo suficiente nesta parte de Buenos Aires. A parte do centro da cidade mais movimentada. O Microcentro é a casa de muitos hotéis, bancos, prestadoras de serviço e tudo que faz essa cidade funcionar. Outra característica importante é o calçadão da **Calle Florida**, que começa na Avenida de Mayo até a Praça San Martin. É lotada por pessoas fazendo compras e executivos. À noite, calçadas mostram artistas de rua que encantam turistas e moradores. O shopping center mais importante neste distrito é o **Galerias Pacífico,** no cruzamento da Rua Córdoba (Calle Córdoba). **Praça San Martín,** em sua fronteira norte, oferece uma pausa tranquila nesta área muito concentrada. Em sua margem encontra-se a **Estação Retiro**, uma dentre os pontos de entrada mais importantes destas províncias em Buenos Aires.

Monserrat Às vezes, de acordo com muitas pessoas, este bairro faz parte de San Telmo, mas é de fato um distrito próprio, embora compartilhem uma história semelhante e fique ao lado de San Telmo. Tecnicamente, San Telmo faz parte de Monserrat, e não o contrário. Situado entre San Telmo e a Praça de Maio, Monserrat é a sede das poucas igrejas antigas da cidade. Muitos edifícios do governo foram construídos aqui. Alguns desses edifícios são belas arquiteturas da antiga arte de Beaux; e outros construídos em meados do século 20, exemplificam a arquitetura fascista da América do Sul, com suas paredes sólidas e lisas, de mármore polido escuro e granito e portas pesadas de bronze egípcio, que nunca parecem se abrir. Muitas sedes de sindicatos estão localizadas aqui para que possam falar com oficiais do governo facilmente. Movimentadas durante o dia, algumas partes de Monserrat são desoladas e perigosas à noite. Para alguns portenhos (residentes de Buenos Aires), Monserrat se estende até a histórica **Avenida de Maio,** sentido Congresso. Outros chamam esta parte da cidade **San Cristóbal**.

San Telmo Se você pensa em tango, romance, e certa tristeza implícita e inexplicável surge, quando você pensa em Buenos Aires, então está pensando em San Telmo. Este é o bairro mais antigo da cidade, foi a sede de milionários até a epidemia da febre amarela em 1877 e, por isso, muitos mudaram para áreas em expansão no norte do centro da cidade. O núcleo de San Telmo é a Praça Dorrego (**Plaza Dorrego**), a segunda praça mais antiga da cidade (após a Praça de Maio). Poucos dos edifícios em suas margens ainda com datas da época colonial. Existe uma grandiosidade em declínio aqui, e viajantes que foram a Habana Vieja, em Cuba, vão sentir um déjà vu. Este é o meu bairro favorito, e gosto mais ainda durante o pôr do sol, ao crepúsculo, quando os edifícios ficam dourados e o topo ornamental transforma-se em um contorno contra o céu.

O entretenimento em San Telmo é constituído por bares com temas de tango. Além disso, há restaurantes e cafés que estão em funcionamento por quase 150 anos. A Rua Defensa (**Calle Defensa**), cercada por lojas de antiguidades, percorre de norte a sul e é a rua principal. Leva esse nome devido à rota por onde o exército argentino colonial costumava defender-se da invasão britânica, no início de 1800. Se você tem só um dia para visitar este bairro, vá domingo, quando

RESUMO DOS BAIRROS 51

a Feira de Antiguidades em San Telmo (pág.206) estiver em completo vai e vem e com dançarinos de tango. O evento geralmente é realizado das 11h00 às 17h00, e tornou-se muito popular. Muitos portenhos acham que o bairro é perigoso baseado em crimes ocasionados nos anos de 1990, mas a restauração crescente tem mudado esta área. Mesmo assim, tome cuidado à noite. Não importa onde esteja. Foi nesse bairro que as filhas gêmeas de Bush foram assaltadas, mas não houve nenhum comentário oficial a respeito disso por parte governo americano.

La Boca Historicamente, La Boca é a pequena Itália de Buenos Aires, o lugar principal de entrada dos italianos no fim do século 19, começo do século 20. Literalmente, *La Boca* significa "A Boca", tirando seu nome do porto natural formado por um contorno no Rio Riachuelo, um afluente que alimenta o Rio da Prata. Muitos dos imigrantes se instalaram aqui e, negligentemente, construíram pensões com metal laminado, chamado *conventillos*, e foram pintadas com qualquer cor de tinta que sobrou do cais, criando uma variedade de cores em cada edifício. O ponto central de La Boca é o **El Caminito**. Uma estrada para turistas no calçadão com quadros e estátuas explicando a história do bairro, cercado por lojas vendendo camisetas e suvenires. Edifícios nesta rua são pintados em negrito e cores brilhantes, como um lembrete do passado dessa área. La Boca não é o meu bairro favorito, pois é necessário um esforço para chamar a atenção do turista neste ponto, onde não há nada autêntico para oferecer. Muitos ficarão chocados com essa declaração, mas se você não tem muito tempo, não acho que seria má ideia ignorar este bairro ou dar pouca atenção em sua visita. Porém talvez possa mudar de ideia no futuro. O governo local de Buenos Aires embarcou num plano sério de restauração nesta área para trazer um trem para turistas, novos calçadões, e mais áreas verdes na região. Os projetos que tenho visto são bonitos e foram implementados em 2008.

Recoleta O nome deste bairro vem de uma palavra antiga em espanhol significando "Para Lembrar". Sua história data do final da era colonial, e o estabelecimento de um convento onde agora se encontra o Cemitério Recoleta, local do descanso final de Evita. Uma vez à margem de Buenos Aires, Recoleta é agora um dos bairros mais exclusivos, com lojas e residências. Edifícios de mármore remanescentes de Paris e ruas com arbustos, constituem a principal característica desse bairro. O Cemitério Recoleta e a adjacente Iglesia del Pilar são as principais atrações dessa área. Na **Avenida Alvear**, o hotel coroado e mais famoso da cidade, o **Alvear Palace**, é formado por salas de exposições luxuosas (algumas estão nos edifícios que uma vez foram as casas de pessoas muito ricas) pelos mais esplêndidos arquitetos. Vale a pena uma visita à loja Pólo Ralph Lauren. Não há acesso ao metrô para este bairro.

Barrio Norte Este bairro fica ao lado de Recoleta e muitos consideram Barrio Norte parte de Recoleta. Embora, ambos sejam similares, Barrio Norte é mais movimentada e mais comercial, com lojas primariamente voltadas para clientes da classe média e média alta. Sua principal característica é a Avenida Santa Fé (servida pela linha D do metrô), onde a maioria dessas lojas está localizada. Esta área historicamente também foi reduto de gays e empresas prestadoras de serviços, mas isto mudou com o passar do tempo e lugares assim se espalham pela cidade, especialmente por San Telmo.

Palermo Você talvez pense que a metade de Buenos Aires está em Palermo, uma vez que é um termo bastante genérico para uma grande fatia da região Norte de Buenos Aires. A área abrange um sistema de Parque e residências caras. **Palermo Chico**, que está dentro da própria Palermo, e **Palermo Viejo**, que mais adiante é dividida por **Palermo Soho** e **Palermo Hollywood**, e Las Cañitas, que fica apenas ao lado do campo de pólo mais famoso da cidade.

Palermo é um bairro de parques cheios de magnólias, pinhos, palmeiras e salgueiros, onde famílias fazem piqueniques nos finais de semana e casais passeiam ao pôr do sol. Talvez você chegue a pensar nesta área como parte de Palermo Nuevo quando comparado com Palermo Viejo, descrito a seguir. Projetada pelo arquiteto francês Charles Thays, os parques de Palermo tiram a inspiração de Hyde Park, em Londres, e Bois de Boulogne, em Paris. O **Jardim Botânico** e o **Jardim Zoológico** ficam perto de Praça Itália (**Plaza Itália**). Passarelas de pedra marcam seus caminhos, e a flora de toda a América do Sul, preenche o jardim com mais de 8.000 espécies de plantas representando o mundo inteiro. Ao lado, o zoológico da cidade exibe uma diversidade de animais impressionantes. A arquitetura eclética e simples serve de abrigo para os animais, alguns construídos como templos exóticos. É permitido caminhar livremente com os pavões e outros animais e alimentá-los com comida apropriada à venda nos quiosques, um lugar perfeito para entreter as crianças.

Palermo Chico é parte de Palermo. Um bairro exclusivo com mansões requintadas (com preços que não foram afetados pela crise do peso), perto da Avenida Alcorta. Com exceções das belas residências e alguns prédios de embaixada, este pequeno grupo de ruas, localizado atrás do museu **MALBA**, é de pouco interesse ao turista. E mais, não há acesso de metrô para este bairro.

Palermo Viejo já foi um bairro abandonado, cheio de armazéns, fábricas e pequenas casas estilo stucco (estuque) em deterioração, onde poucos quiseram morar como 15 anos atrás. Tem sido transformado no destino mais badalado de toda a cidade. Uma vez que você anda pela área e começa a absorver os encantos deste lugar com ruas de paralelepípedo, árvores de carvalho com uma enorme proteção, e edifícios de um ou dois andares dando um vista clara ao céu aberto num dia ensolarado – você, então, perguntará a si mesmo: por que esse bairro foi esquecido por tantos anos? Palermo Viejo é dividido entre **Palermo Soho,** no sul, e **Palermo Hollywood,** no norte, com estradas de ferro e a Avenida Juan B. Justo servindo como linha de divisão. O centro de Palermo Hollywood é **Plazaleto Jorge Cortazar**, mais conhecida por seu nome informal, **Plaza Serrano**, um parque oval no cruzamento da Calle Serrano e Calle Honduras. Jovens se encontram aqui à noite, num canto improvisado, e sessões de violão, às vezes, são abastecidas por bebidas de uma miríade de bares animados e restaurantes que cercam a praça. O bairro foi nomeado Palermo Hollywood por causa de muitos estúdios cinematográficos que foram inicialmente atraídos pelos aluguéis baratos e estacionamentos acessíveis. Palermo Soho é bem conhecida por butiques de designers locais, com poucos restaurantes. O termo Palermo Soho tem feito muitos lucros em poucos anos, com residentes em Palermo Hollywood agora falando que fazem parte de Palermo Soho, até mesmo se tiverem do outro lado da linha. No fim, todos são termos de corretores de imóveis. As duas áreas foram historicamente tomadas por imigrantes do Oriente Médio que aqui se estabeleceram, e esta presença ainda é visível no comércio, restaurantes e centros comunitários que ainda permanecem por lá.

Las Cañitas antigamente era o bairro favorito das forças militares, durante o período da ditadura, em 1976 a 1982. Por causa desta presença militar, a área permaneceu altamente segura e entre a mais segura de todos os bairros no centro de Buenos Aires. Base de treinamento militar, hospital, escola, e várias pensões familiares ainda permanecem e cercam o bairro, criando um senso de segurança nas ruas como se fosse numa ilha. Hoje, é bem conhecida entre pessoas da alta sociedade, que vão a este lugar para dançar, beber e serem vistas nestes lugares badalados, que anteriormente eram casas na Rua Baéz. Mas com a chegada de Palermo Viejo na cena da moda, Las Cañitas está se tornando menos popular. O campo de pólo onde os Campeonatos Internacionais são realizados neste bairro é tecnicamente parte das bases militares. A presença do campo de pólo torna o bairro um grande lugar para bares e restaurantes para entusiastas que querem encontrar estrelas do pólo jantando pela cidade, celebrando suas vitórias na temporada.

Congreso No fim da Avenida de Maio, na direção oeste, há os edifícios grandiosos de Congreso com vista para Plaza Congreso. Tem sido uma área importante de roteiros turísticos por muitos anos, o bairro inteiro parece ter sido afetado por isso. As coisas estão começando a mudar, muitos hotéis chegaram nesta área, mas não são tão conhecidos como os outros hotéis sofisticados da cidade. Uma característica importante deste bairro com traços da fama da antiga área é o Café del Molino, na esquina do lado norte de Rivadaria e Callao. Uma obra da Arte Moderna (Arte Nouveau) foi o local de reuniões informais de políticos e poderosos até fechar as suas portas em 1990. Caminhando sentido norte, perto de Callao, você vai se deparar com prédios de mármores deteriorados e edifícios de estuque neoclássico que tem senso quase imperial e relembram os dias de glória de Buenos Aires e o desejo de crescer como uma potência global.

Teatro de Distrito Corrientes O Obelisco no cruzamento de Corrientes e Avenida 9 de Julho é a principal atração desta parte da cidade, mas esta estrutura de pedra branca não o manterá entretido por muito tempo. O bairro que o cerca com certeza chamará a sua atenção. Corrientes foi expandida nos anos de 1930, dos dois lados da Avenida 9 de Julho, e possui em sua extensão os teatros e cinemas mais importantes da cidade. O famoso Teatro Colón fica localizado a um bloco de distância de Corrientes. O bairro inteiro age como se Buenos Aires fosse a resposta para a Broadway de Nova York. Cartazes e nomes famosos em luzes brilhantes estão por toda parte dessa rua. Você deve escolher uma atração, mas todas são apresentadas apenas em espanhol. O agito do local é somente à noite, mas alguns teatros merecem uma visita durante o dia. Particularmente, o Teatro San Martín, que sempre tem exibições. Em qualquer lado de Corrientes, ruas próximas possuem pequenas casas de produções e há muitos sebos especializados em livros raros em língua espanhola. Idealistas esperançosos ainda continuam vindo do interior para esta área procurando por fama, assim como Evita fez um dia (o primeiro apartamento dela foi neste distrito). Porém, como na Broadway, de Nova York, por cada lâmpada nos toldos, há um coração partido de quem não conseguiu alcançar os seus sonhos.

Abasto De relance, este bairro de classe média não parece ter muitos atrativos, mas por estar totalmente envolvido na história de Buenos Aires e ser o local onde o cantor romântico de tango Carlos Gardel nasceu e viveu a sua vida adulta, tem o seu charme. Vestígios deste período incluem o **Shopping Center Abasto,** na Rua Corrientes, que foi um dia um mercado livre, onde Gardel cantou aos comerciantes quando era criança e tornou-se famoso. A casa de show de tango **Esquina Carlos Gardel** foi construída em cima de um bar que ele frequentava, e sua casa na Rua Jean Jaures agora é um museu.

Once O nome deste bairro é a abreviação de **Once de Septiembre** (Onze de Setembro) e seu nome foi tirado de uma estação de trem que é um tributo à morte de Domingo Faustino Sarmiento, Presidente da Argentina de 1868 a 1874. Once fica ao lado de Abasto (veja acima) e tem uma história e uma atmosfera semelhante. É historicamente um bairro judaico muito importante. Rua Tucumán (Calle Tucumán), em particular ainda mantém lojas de comerciantes judeus e restaurantes kosher. Embora a comunidade judaica não seja tão grande quanto antes, e muitos judeus tenham se mudado para os subúrbios, a importância desta comunidade em Buenos Aires, após a Primeira Guerra Mundial, é evidenciada pela variedade de Edifícios em Arte Decó que comerciantes judeus construíram aqui. É um estilo não muito comum em outras partes da cidade e é a melhor evidência física restante do impacto econômico da comunidade no crescimento de Buenos Aires.

Tribunales Uma das principais atrações deste bairro é o **Supremo Tribunal da Argentina**, de onde a área foi nomeada. Este grandioso edifício com vista para a **Praça Lavalle** está sob restauração. O tribunal não é geralmente aberto ao público. Para turistas, a atração mais importante deste bairro é o que está no outro lado da praça, **Teatro Colón**, o supremo centro cultural, também no meio de uma séria reestruturação. Outros edifícios importantes, com vista para a praça, incluem a **Escola Roca**, o estilo imperial espanhol do **Teatro Cervantes**, e a sinagoga Templo Liberdade, que contém o **Museu Histórico Judaico**.

Belgrano é um bairro próspero no norte da cidade, além de Palermo, cheio de residências e apartamentos modernos, com garagens subterrâneas e residentes que se escondem atrás das portas controladas por porteiros. Sua principal atração são suas barrancas, uma série de morros no centro do bairro e uma enorme zona portuária, que é uma extensão daqueles em Palermo. A pequenina Chinatown, de Buenos Aires, fica perto do cruzamento da Arribeños e Mendoza, perto da estação de trem Belgrano. O desfile do Ano Novo Lunar dos chineses acontece aqui em um domingo, no início de fevereiro.

2 Andando pela Cidade

A melhor maneira de andar em Buenos Aires é pelo metrô – chamado de *subte* – o mais barato e rápido meio de viajar de bairro a bairro. Ônibus são úteis também em Buenos Aires, mas não são muito usados pelos turistas. A vantagem de se perder num ônibus é que terá a oportunidade de ver outras partes da cidade, que talvez possam ajuda-lo a se orientar, obviamente não visíveis do metrô.

Além dos mapas neste livro, você pode adquirir mapas do metrô e das linhas de ônibus nos postos de turismo e na maioria dos hotéis (peça pelo *Guia Rápido de Buenos Aires*). Todas as estações do metrô também disponibilizam mapas.

Você vai achar que Buenos Aires é uma ótima cidade para caminhar. A beleza das ruas de Buenos Aires irá levá-lo cada vez mais longe, até que se dê conta de quantas horas se passaram desde que começou o passeio. Inclusas também informações sobre táxi e carro abaixo.

DE METRÔ Cinco linhas de *subte* conectam áreas comercial, turística e residencial na cidade, de segunda a sábado, das 05h00 até 23h00, e domingos e feriados, das 08h00 às 22h00. O último trem em qualquer outra estação pode ser mais cedo, os horários são mais para orientação do que um compromisso. A tarifa plana são 70 centavos (0,23/12p). Você pode comprar um passe de metrô por 7 pesos (US$2.30/£1.30), válidos por 10 viagens. Visto que os passes são relativamente baratos, desmagnetizam facilmente e não funcionam com a umidade intensa do verão; como método de prevenção, compre cartões a mais. Procure na capa deste guia por um mapa do metrô. O metrô é o meio de transporte mais barato e o mais rápido de viajar em Buenos Aires. As estações ficam lotadas durante o horário de pico e insuportavelmente abafadas no verão. Os novos trens foram projetados sem ar condicionado. Quando a estação de metrô estiver fechada à noite, é melhor que pegue um táxi para o seu hotel.

Não se esqueça de andar na linha A, pelo menos durante a sua estadia em Buenos Aires. A linha A foi a primeira a ser construída, percorrendo toda a Avenida de Maio, e ainda usa o frágil, porém seguro trem antigo de madeira. A Estação Peru, em particular, preserva a maioria de sua ornamentação da volta do século 20, incluindo anúncios que ridicularizam o estilo antigo daquele período.

Nenhum bairro de Recoleta e Puerto Madero possui acesso ao metrô, mas todo o acesso a Puerto Madero pode ser feito via L.N; além da parada de metrô, na linha B (uma caminhada de 5 a 20 minutos, dependendo para qual doca você esta indo). A linha D percorre o Barrio Norte, que é divisa de Recoleta, e dependendo para onde você está indo, será uma caminhada de 5 a 10 minutos. Visite www.subte.com.ar para mais informações. O site interativo dá os horários estimados e informações de alterações entre estações.

Desde a crise do peso, greves ilegais no metrô têm sido comuns, todavia, os funcionários são muito educados, sempre informam os passageiros com antecedência por meio de avisos nas janelas das bilheterias sobre a hora em que a greve vai começar ou avisam os passageiros, antes de passarem pelas portas giratórias. E nunca deixam trens parados nos túneis, no meio do caminho, durante a greve.

DE ÔNIBUS Há 140 linhas de ônibus operando em Buenos Aires 24 horas por dia. A tarifa mínima são 80 centavos (0,25/13p), mas este preço sobe dependendo da distância percorrida. Pague a sua tarifa no ônibus na máquina de bilhete eletrônico, que aceita apenas moedas, mas te devolve o troco. Muitos motoristas de ônibus podem fornecer informação sobre tarifa e a parada em que você deve descer, dependendo para onde esta indo. O Guia T é um guia de ônibus muito abrangente, dividindo a cidade em várias áreas urbanas, o que é um problema para os turistas, ou seja, em vez de um mapa da cidade, cada bairro possui sua própria página, tornando impossível para muitos estrangeiros entender Você adquire o guia em livrarias, bancas de jornal ou no metrô, por meio de vendedores ambulantes. Linhas de ônibus circulam nas principais avenidas. Procure pelos números das rotas nos postes, que lista os principais locais e bairros onde o ônibus vai passar. Uma ótima ideia é anotar as praças principais, cruzamentos e outros pontos de referência que estão perto de seu hotel para ajudá-lo a não se perder. Até hotéis em ruas calmas normalmente ficam perto de uma parada de ônibus. É muito fácil se perder nos ônibus da cidade. Eu não recomendo usá-los como meio de transporte principal enquanto estiver em Buenos Aires.

A PÉ Você andará muito nesta cidade que foi feita para caminhar. A maior parte do centro é pequena e com fácil acesso para caminhada. Você pode ir de um bairro para outro de táxi, ônibus ou usar o metrô. Parques e praças por toda cidade proporcionam lugares maravilhosos para descansar. Relaxe e observe os portenhos. Baseada no projeto colonial espanhol, Buenos Aires é uma rede urbana irregular que se espalha da Praça de Maio. Quer dizer que talvez você se perca, mas não muito.

DE TÁXI As ruas de Buenos Aires estão fervendo de táxis e as tarifas são baratas, com um taxímetro e bandeirada inicial de 2,16 pesos, aumentando 0,24 centavos a cada 200 metros ou por minuto. *Remises* e rádio táxi são bem mais seguros do que táxis de rua (Veja "Andando de Táxi", na pág.56). A maioria do que o turista precisa ver na cidade é acessível por uma corrida de táxi de US$ 2 a US$4 (£1,05 - £ 2,10). Rádio táxis são encontrados na rua e podem ser identificados pelas luminárias de plástico no teto. Táxis não licenciados e rodados por membros da infame máfia de táxi de Buenos Aires, não tem essas tais luminárias. Eu particularmente não tive muitos problemas, mas é sempre melhor ser cauteloso e pegar somente os licenciados. Se você é um turista e isso ficar claro para o motorista, sua viagem levará mais tempo do que devia

> **Dicas — Andando de Táxi**
>
> Não quero soar repetitivo, mas gostaria de recomendar-lhe que, se você precisar de um táxi, use apenas um remise ou rádio táxi que tenha sido chamado com antecedência. Se pegar um na rua, apenas pegue os com luminárias no teto, indicando que são rádio táxis. Embora tenham tentado pôr um fim, o número de assaltos por motoristas de táxi de rua cresceu desde que a crise econômica começou. Remises custam apenas um pouco mais do que os rádio táxis. A maioria dos hotéis possui contrato com empresas de remises e ficará grato em poder ajudar-lhe. Chame um táxi em restaurantes, museus, e assim por diante (veja "De Táxi", acima, para números de telefone). Sempre informe o valor de sua cédula, quando pagar o motorista, pois às vezes esses motoristas trapaceiam as pessoas dizendo que deram notas falsas ou notas miúdas.

e custará bem mais também. Fique esperto e tenha uma noção de onde está indo. Lembre-se do sistema de rua de sentido único. Isso pode ajudá-lo a lidar com motoristas mal intencionados.

Dificilmente uma lei reforça que um taxista só pode parar se o assento do passageiro estiver em direção da calçada. Se você for ignorado pelos taxistas com luminoso vermelho escrito *libre* (disponível), atravesse por outro lado da rua e peça novamente para parar. A diferença das cidades europeias é que motoristas de táxis passam por um treinamento amplo para conhecer a rota deles. Em Buenos Aires não há nenhum treinamento similar.

Muitos motoristas de táxi são das províncias e simplesmente não conhecem as suas rotas da forma que deveriam. Quando for para um ponto turístico pouco visitado, ou aquele nas longas avenidas, observe as travessas quando disser ao motorista aonde ir. Solicite um táxi por telefone (estes motoristas são mais seguros e experientes), ligue para Táxi Premium (© 11/4374/6666), que é usado pelo Four Seasons Hotel, ou Rádio Táxi Blue (© 11/4777-8888), contratado pelo Hotel Palace Alvear.

DE CARRO Dirigir em Buenos Aires faz você entender o porquê de tantos psiquiatras na cidade. Com certeza vai deixá-lo maluco! Não há necessidade de ter um carro em Buenos Aires, já que o transporte público é barato e seguro. Será muito melhor contratar uma remise ou rádio táxi com a ajuda de seu hotel ou agente de viagem. Não é recomendado, mas se tem que dirigir, alugue um carro com as locadoras internacionais em ambos os aeroportos. A maioria dos hotéis também pode providenciar um carro de aluguel.

A maioria dos motoristas em Buenos Aires dificilmente segue as regras do trânsito. Uma regra que parece ser respeitada é não fazer a curva no sinal vermelho (mais uma característica que torna Buenos Aires a versão argentina de Nova York). A lei argentina exige também o uso do cinto de segurança. Carteira de motorista emitida por outros países são válidas na grande Buenos Aires, mas você precisa de uma carta de motorista da Argentina ou internacional para dirigir em outras parte do país. Combustível é caro, aproximadamente US$ 1 (50p) por litro (US$4/£ 2.10 galão). Um carro que usa óleo combustível (o nome indica um híbrido combustível de gasolina e óleo) é a opção mais barata em termos de combustível. Aproximadamente 15% mais barata do que a gasolina regular com chumbo. Muitos carros na Argentina operam também com gás natural. Quando reabastecer carros desta categoria, todos os passageiros devem sair do carro para se proteger contra vazamentos ou explosões.

O **Automóvil Club Argentino** (**ACA**), Avenida del Libertador 1850 (11/4802-6061), possui acordo com clubes internacionais de carro. O ACA oferece diversos serviços, incluindo assistência na beira da estrada, mapas de rodovia, hotel, informação sobre acampamento e descontos em várias atividades turísticas.

NOTAS RÁPIDAS: BUENOS AIRES

LOCADORAS DE CARRO Muitas empresas internacionais de locação de carro operam na Argentina, com escritórios nos aeroportos e no centro da cidade. Aqui estão os principais escritórios em Buenos Aires para as seguintes agências: **Hertz**, Paraguay, 1122 (✆ **0800/701 7300** nos Brasil ou 11/4816-8001 em Buenos Aires); **Avis**, Cerrito 1527 (✆ **011/4063-7200** nos EUA ou 11/4300-8201 em Buenos Aires); **Dollar**, Marcelo T. de Alvear 523 (✆ **800/800-6000** nos EUA ou 11/4315-8800 em Buenos Aires); e **Thrifty**, Avenida Leandro N. Alem 699 (✆ **800/847-4389** nos EUA ou 11/4315-0777 em Buenos Aires). Locação de carro é cara na Argentina, com tarifas padrão começando aproximadamente em US$ 90 (£48) por dia, por um carro popular com quilometragem ilimitada (pergunte por promoções especiais, especialmente com tarifas semanais). Verifique na sua apólice de seguro de carro ou cartão de crédito se cobrem seguros para aluguel de carro, caso contrário, comprar seguro deve custar a você mais ou menos uns US$ 15 (£ 7.95) por dia.

FATOS RÁPIDOS: BUENOS AIRES

American Express O edifício enorme da American Express está localizado perto da Praça San Martin, Arenales 707 (✆ **11/4312-1661**). A agência de viagem está aberta de segunda a sexta-feira, das 09h00 às 18h00. O banco é aberto de segunda a sexta-feira, das 09h00 às 17h00. Além de serviços aos clientes, o banco oferece taxa de câmbio, ordem de pagamento, desconto de cheque e reembolsos.

Código de Área O código de área da cidade de Buenos Aires, conhecido localmente como característica, é o **011**. Descarte o Zero quando ligar do exterior com o código **54** do país argentino. O número 15 em frente a um número telefônico indica um número de celular. Terá que acrescentar o numero **011** quando ligar interurbano de Buenos Aires, mas dentro da Argentina. Veja também "Telefone", a seguir.

Expediente Bancos estão aberto nos dias úteis das 10h00 às 15h00. Horário de compras nos dias úteis, das 09h00 às 20h00 e sábados, das 09h00 às 13h00. Shopping Centers estão abertos todos os dias, das 10h00 às 22h00. Algumas lojas administradas por famílias fecham para almoço, embora isso seja raro, especialmente no Microcentro.

Clima Veja "Quando Ir" no capitulo 2.

Moeda Veja "Dinheiro e Despesas", no capítulo 2. Embora dólares sejam frequentemente aceitos nos principais hotéis e empresas voltadas aos turistas, você precisará de pesos argentinos para transações simples. Cartões de crédito são usados em todo lugar, embora alguns comércios cobrem uma pequena taxa adicional pela conveniência. É fácil trocar dinheiro no aeroporto, no seu hotel, ou numa casa de câmbio independente, em vez de um banco argentino. Cheques de viagem podem ser difíceis de trocar. **American Express** (veja abaixo) oferece as melhores tarifas nos seus cheques de viagem e sem cobrança de comissão. Caixas Eletrônicos são abundantes em Buenos Aires, mas deve usá-los apenas em locais seguros e bem iluminados. Em alguns Caixas Eletrônicos você pode sacar pesos ou dólares. Mesmo se seu banco tem um limite alto para saques diários, muitos Caixas Eletrônicos argentinos não dão mais do que 500 pesos num momento, aproximadamente US$160 (£ 84). Você pode enviar uma remessa para **Western Union**, Av. Córdoba 917 (✆ **0800/800-3030**).

Documentos Veja "Requisitos de Entrada e Alfândega", no capitulo 2.

Regras de trânsito Nas cidades, argentinos dirigem muito rápido e nem sempre obedecem aos semáforos e placas. Cintos de segurança são obrigatórios, mas poucos argentinos usam. Quando dirigir fora da cidade, lembre-se de que *autopista* significa rodovia, e *paso* significa passagem entre montanhas. Não dirija em áreas rurais à noite, pois o gado, às vezes, ultrapassa a rodovia para se aquecer e é quase impossível de enxergar. Veja "Andando pela Cidade" para mais informações de como andar pela cidade de carro.

Farmácia Pergunte no seu hotel onde está a farmácia mais próxima. Elas estão espalhadas por toda parte nos centros das cidades, e há sempre pelo menos uma aberta 24 horas. Em Buenos Aires, a rede **Farmacity** fica aberta 24 horas, e com localidades em Lavalle 919 (✆ **11/4821-3000**) e Av. Santa Fé 2830 (✆ **11/4821-0235**). Farmacity também faz entregas em hotéis.

Eletricidade Se está em seus planos trazer um secador de cabelo, ferro de passar, ou qualquer outro aparelho menor, embale um transformador e conversor, pois a voltagem elétrica na Argentina é de 220volts. Observe que a maioria dos laptops funcionam em 110 e 220 volts. E há dois tipos de tomadas na Argentina: uma de duas pontas redondas no padrão europeu, e outra, com ponta reta, inclinada, no padrão australiano. Alguns hotéis possuem ambas tomadas nos quartos. É necessário ter os dois adaptadores, pois você não sabe se haverá imprevistos. Esses adaptadores são baratos e podem ser encontrados por toda a parte em Buenos Aires. Hotéis de luxo mantém adaptadores disponíveis, como também plugues padrão americano nos postos de trabalho e recepção.

Embaixada **Embaixada do Brasil**, Cerrito 1350 (C1010ABB) (✆114515-2400), **Embaiada Americana**, Av. Colômbia 4300 (✆ **11/4774-5333**); **Embaixada Australiana**, Villanueva 1400 (✆ **11/4777-6580**); **Embaixada Canadense**, Tagle 2828 (✆ **11/4805-3032**); **Embaixada Nova Zelândia**, Carlos Pellegrini 1427, 5 andar (✆ 11/4328-0747); **Embaixada Reino Unido**, Luis Agote 2412 (11/4803-6021);

Emergências Os números de emergência a seguir são válidos em toda a Argentina e gratuitos. Para Ambulância, ligue 107; em caso de Incêndio, ligue 100; para Assistência Policial, ligue 101. Para um hospital que falem inglês, ligue Clinica Suisso Argentino (✆ **11/4304-1081**). Postos policiais para Turistas (✆ **11/4346-5770**) estão localizados na Av. Corrientes 436. Eles têm um número nacional gratuito (✆ **0800/999-0500**).

Informação Veja "Informação ao Visitante", no capítulo 2

Acesso a Internet Cybercafés surgirão de repente a cada esquina em Buenos Aires e são encontrados em outras cidades também. Você não ficará sem acesso à internet enquanto estiver na Argentina. O acesso não é muito caro, em média US$ 1/ 50p. e com boas conexões. O acesso à internet está disponível em muitos telecentros e locutórios, centrais telefônicas que possuem várias cabines telefônicas de vidro e um controlador de duração da chamada, onde você paga só no final da ligação. Acesso à internet banda larga nos quartos dos hotéis está se tornando um padrão na maioria deles, mas traga um cabo DSL com você caso não tenha nenhum. Muitos hotéis de luxo e até mesmo hotéis econômicos agora possuem acesso à internet por rede WI-FI, dentro dos saguões e em outras áreas públicas.

Idioma Você encontrará funcionários que falam inglês em lojas, restaurantes e hotéis em Buenos Aires. Nem sempre é uma regra em locais que não são freqüentados por turistas ou em hotéis econômicos e restaurantes. Os argentinos falam espanhol, que localmente não é chamado de español como em outros países, mas é, ao contrario, referido como castelhano. O espanhol argentino difere de outros países com a sua pronunciação do ll e y não com um y, mas como j. A palavra vós substitui o informal tu (ambos significam "você", em inglês), mas argentinos com muita alegria entendem, se você não usar o vós quando falar em espanhol. Ficam contentes só de você tentar.

Lavanderia Quase todos os hotéis possuem serviços de lavanderia e lavagem a seco. Este serviço pode ser muito caro em hotéis de luxo, como uns US$10 (£ 5.30) por cada peça de roupa. Lavanderias self-service são raras nas cidades, mas o sistema lava e dobra são comuns e são chamados de *lavanderías*. Um cesta de roupa lavada, secada, e dobrada normalmente custa US$ 2 a US$ 3 (£ 1.05 - £ 1.60). Lavanderias de lavagem a seco são chamadas de *tintorerías*. A lavagem de um terno custa US$ 3 – US$ 4 (£ 1.60 - £ 2.10).

Correio Você não precisa andar mais do que poucos quarteirões em Buenos Aires para achar um correio, aberto durante a semana, das 10h00 às 20h00 e sábado, das 10h00 às 13h00. O correio central (*correo central*) está na Av. Sarmiento 151 (© **11/4311-5040**). Além disso, os correios trabalham com alguns pontos de telefonia que oferecem serviços postais limitados. Tarifa de correio aéreo para uma carta de 20 gramas ou menos da Argentina para América do Norte, Europa e outros paises são 4 pesos, ou aproximadamente US$ 1.35 (80p). O preço das cartas tende a ser alto após isso – por exemplo, uma carta de 30 gramas custa US$ 3 (£ 1.60). Tarifas de encomenda postal não são muito caras, paga-se menos de US$ 15 (£ 7.95) por um pacote pesando 1 kilograma. O correio leva, em média, de 7 a 10 dias para entregar a correspondência nos EUA ou Europa. **OCA** é uma empresa privada de serviços postais, com tarifas de entrega postal mais caras do que as do correio central estatal.

Mapas Mapas de rua podem ser comprados nos escritórios do **Automóvil Club Argentino**, Av. del Libertador 1850, em Buenos Aires (© **11/4802-6061** ou 11/4802-7071). Ótimos mapas laminados da cidade de Buenos Aires, com vários temas, como o tango e restaurantes, estão disponíveis na empresa Argentina **De Dios** (© **11/4816-3514**; www.dediosonline.com). Mapas gratuitos estão disponíveis nos hotéis, postos de turismo, restaurantes e lojas por toda Buenos Aires. Dentro de Palermo Viejo, muitos locais têm mapas gratuitos de diversos assuntos sobre compras, sites da web e restaurantes especificamente para aquela área. Dentro de cada seção deste livro, se há mapas especializados por bairro ou tema, menciono-os.

Segurança Assaltos têm aumentado significativamente em Buenos Aires, como resultado da crise econômica da Argentina. Viajantes devem ficar atentos contra batedores de carteiras e ladrões de bolsa nas ruas, nos metrôs, ônibus e trens. Turistas devem cuidar para não ficar chamando a atenção, andar em grupos ou, quando possível, sempre acompanhados. Evitar participar de manifestações de rua, greves e outros eventos políticos apesar de a grande maioria desses eventos serem seguros e tranquilos. Você deve chamar um radiotáxi (veja "Andando de Táxi", na pág.56). Algumas áreas da cidade são consideradas perigosas e as comento em detalhes neste guia. São as área de Monserrat, especialmente à noite, e La Boca. Partes de San Telmo foram consideradas historicamente perigosas, mas em geral não são mais, mas você deve sempre se precaver. Cautela ao usar a estação de trem Constitución ou quando estiver neste bairro. Porém, não trazei turisticamente, com exceção em termos de um passeio a La Plata (se você insiste em chegar lá de trem, veja p. 54). Numa emergência, ligue © **100** para assistência policial (veja "Mulheres Viajantes", na pág.24, para mais informação sobre mulheres viajando na Argentina). Com o aumento do turismo, Buenos Aires tem se envolvido num programa para contratar policiais com o intuito de assegurar segurança aos turistas. Se, por acaso, em um acidente você não conseguir encontrar um policial, vá para um hotel, restaurante ou loja e peça para alguém chamar a polícia. Se for num passeio e sentir que está sendo vítima de fraude de qualquer empresa servindo turistas, ou se está sendo vítima de um golpe de um taxista, o posto de turismo tem um número especial para denúncias. O programa é chamado de **Buenos Aires Te Protégé**, **Buenos Aires Te Protege**, e podem ser contatados no 0800/999-2838.

Fumante Até a aprovação de uma lei anti-fumo, em novembro de 2006, fumar era uma rotina da sociedade argentina. Enquanto poucas leis na Argentina são seguidas, esta tem tido sucesso inédito. Jantar fora sempre foi comum em Buenos Aires, isto tem prolongado popularidade com os fumantes (revertendo o quadro dos não-fumantes, que antes encontravam refúgio fora do restaurante). Alguns restaurantes possuem áreas reservadas para fumantes e não fumantes. Mesmo assim, verá pessoas acendendo seus cigarros em bares e danceterias, de vez em quando, mas nada comparado com o que era antes.

CAPÍTULO 4 · CONHECENDO BUENOS AIRES

Impostos Imposto sobre Valor Agregado (VAT), que é abreviada localmente como IVA, são 21%. Você pode recuperar este 21% no aeroporto, se comprou algum produto totalizando mais de 70 pesos (por pedido) das lojas patrocinadoras de compras sem imposto. Formulários estão disponíveis no aeroporto. Não se esqueça de pedir quando estiver fazendo compras, ou procure pelo aviso SEM IMPOSTO na janela da loja. Muitas lojas voltadas para os turistas dão orientações, com todo o prazer, a todos os procedimentos e fornecem recibos que você terá que apresentar na alfândega quando estiver indo embora do país.

Táxis Veja "Andando pela Cidade", anteriormente neste capítulo.

Telefone O código do país para Argentina é **54**. O código de área da cidade de Buenos Aires, conhecido localmente como característica, é **011**. Ligações para o Brasil, disque ℂ **0800/999-5500,** informando ao operador o nome ou o código DDD da cidade brasileira com que deseja falar e o número do telefone. Você será atendido em Português.

Descarte o Zero quando ligar do exterior com código **54**. Você deve usar o **011** quando ligar dentro da Argentina, mas fora da cidade de Buenos Aires. O **15** em frente de um número local indica celular. Ligando do exterior é complicado. Você nem usa o número 15. Em vez de você digitar o código de país **54**, depois 9, que indica à operadora que você quer ligar para um celular, e o 11 para Buenos Aires e, então, os 8 dígitos do número de celular em Buenos Aires. Quando fizer chamadas domésticas de longa distância, na Argentina, coloque 0 antes do código de área. Para chamadas internacionais, acrescente 00 antes do código de área da cidade. Chamadas para EUA, e Canadá devem ser iniciadas com 001, depois o código de área da cidade e, em seguida, os 7 dígitos do número do telefone.

Observe que, em 2000, Buenos Aires mudou de 7 para 8 dígitos, com a maioria dos números começando com 4. Muitas pessoas, ainda passam para amigos telefones com 7 dígitos, e algumas empresas colocam seus números em suas janelas. Se alguém lhe der um telefone com 7 dígitos, pergunte se o 4, ou outro número, deve ser colocado em frente para fazer sua ligação. E com todos esses faxes e outros sistemas de comunicação em expansão, muitos números agora começam com 5 ou 6, aumentando mais a confusão nesses números de telefone nas províncias, que podem ser tanto de 6 até 8 dígitos.

Chamadas com discagem direta para América do Norte e Europa estão disponíveis na maioria dos telefones. Chamadas internacionais, bem como as chamadas domésticas são caras na Argentina, especialmente nos hotéis (tarifas caem das 22h00 às 08h00). Portadores dos cartões de crédito da AT&T podem ter acesso ao **USA Direct** da Argentina através do telefone ℂ **0800/555-4288,** no norte da Argentina, ou ℂ **0800/222-1288,** no sul. Serviços similares são oferecidos pela **MCI** ℂ **800/555-1002** e **Sprint** (ℂ **0800/555-1003,** no norte da Argentina, ou ℂ **0800/222-1003,** no sul.

A menos que esteja ligando de seu hotel, a maneira mais fácil de fazer chamadas em Buenos Aires é ir para um locutório ou telecentro (centrais telefônicas), encontrados em quase todo quarteirão da cidade. Cabines telefônicas permitem-lhe fazer quantas ligações quiser, chamando diretamente, e pague à atendente no final da ligação. Um controlador de chamadas diz o quanto deve pagar. Muitas centrais telefônicas possuem também aparelhos de fax e computadores com internet banda larga. Chamadas para os EUA ou Canadá geralmente custam aproximadamente um peso, ou menos, por minuto.

Há poucos telefones públicos operados com moedas, em Buenos Aires, mas a maioria só funciona com cartão telefônico, disponíveis nos quiosques, que são operadoras das empresas de comunicações. Estes cartões, que acessam um sistema de discagem direta são extremamente baratos, mais do que um locutorio, às vezes, custando menos do que 10¢ (5p) por minuto para ligações na América do Norte ou Europa. Observe que nem sempre a distância tem algo a ver com tarifas telefônicas. Chamadas para outras partes da América do Sul e até nas províncias dentro da Argentina podem custar de 2 a 6 vezes mais do que ligações para América do Norte ou Europa! Chamadas locais, como todas as outras, são cobradas por minuto. Conexões usando cartões telefônicos podem ser tênues, com estática ou se desconectarem facilmente, quando são conectados através de vários sistemas telefônicos.

NOTAS RÁPIDAS: BUENOS AIRES   61

Digite ✆ **110** para informações, ✆ **000** para operadora internacional. Para ligar de Buenos Aires para outro número na Argentina, disque o código de área primeiro e, depois, o número local. O mesmo processo vale para números de celulares. Esteja ciente de que números de telefone nas províncias podem ter poucos dígitos ou muito mais do que 8 dígitos, então, peça ajuda quando um número lhe soar estranho.

Aviso: se ligar para algum celular na Argentina, também será cobrado e poderá custar mais do que uma ligação feita num telefone residencial. Certifique-se de que o cartão telefônico tenha unidades suficientes, quando ligar para um celular, ou use um locutor o.

Tempo A Argentina não adota o sistema de economia de energia, então, o país está 1 hora adiantado do horário padrão oriental nos Estados Unidos, durante o verão no Hemisfério Norte, e 2 horas adiantado, no inverno do Hemisfério Norte. Muito raro um evento com grande quantidade de pessoas começar na hora, então, espere por algumas "falhas técnicas" no horário, e abra uma exceção. Se estiver atrasado para uma consulta, alguém será atendido em seu lugar e você terá que esperar. Aviões geralmente estão no horário, mas trens e ônibus normalmente podem atrasar um pouco. Não recomendo que vá para a estação atrasado com isso em mente. A Argentina usa o sistema de horário militar (o relógio 24 horas).

Gorjeta Uma taxa de 10% é cobrada nos cafés e restaurantes, 15% em locais com serviços de primeira linha e requintados. No mínimo US$1 (50p) ao carregador de malas e porteiros, 5% ao cabeleireiro, e os trocados para os motoristas de táxi por arredondar para o mais próximo peso ou 50 centavos acima do cobrado. Deixe aproximadamente US$1 (50p) por dia para camareiras nos hotéis, mais em hotéis de alta classe. Barman não esperam por gorjetas, mas quando eles recebem, ficam muito felizes.

Água A água que vem da torneira é segura para beber em Buenos Aires. Não é do gosto de todos, no entanto, a água engarrafada é mais barata.

5

Onde Ficar

Você adora Buenos Aires e outros também. O turismo internacional tem aumentado 20% a cada ano, isso quer dizer que os hotéis estão sempre lotados na alta temporada – então, reserve com antecedência. Os hotéis de preços baixos que tornaram Buenos Aires famosa estão cada vez mais difíceis de encontrar. Com o grande aumento de turistas, a disponibilidade de quartos de hotéis tornou-se uma conveniência escassa, e hotéis estão aumentando suas tarifas como conseqüência disso. Na realidade, muitos preços de hotéis estão sob a pré-crise do peso. Preços baixos podem ser raros, especialmente em hotéis quatro estrelas de locais pouco visitados, e em hotéis locais em vez dos das redes internacionais de hotéis. É claro que cada viajante sabe que nunca se aceita a primeira oferta que se encontra. Sempre pergunte se há uma tarifa mais acessível, ou se seu cartão AAA, carteira de estudante ou outros descontos talvez possam ser aplicados.

Hotéis em Buenos Aires apresentam uma variedade de categorias: dos mais simples aos mais novos e os cinco estrelas mais luxuosos. Como o turismo continua a prosperar, com novos hotéis sendo construídos rapidamente, enquanto antigos hotéis estão sendo renovados, ou comprados, por empresas internacionais com o intuito de lucrar na quantidade de turistas em Buenos Aires. Como hotéis aqui sempre estão lotados na alta temporada, você deve reservar com antecedência, mesmo que seja apenas para uma ou duas noites. Então, se você não estiver satisfeito, sempre pode procurar ou mudar suas acomodações uma vez que esteja no hotel.

Logo após a crise do peso, em 2001, muitos quartos de hotéis, por toda Argentina, repentinamente abaixaram a um terço de seu valor original, fator que atraiu milhares de turistas. Com o aumento do turismo, hotéis agora estão aumentando suas tarifas na mesma proporção. Adicionalmente, muitos hotéis de negócios (assim como os de 5 estrelas) nunca abaixaram suas tarifas originais, uma vez que sua clientela era composta principalmente por executivos com conta-empresa.

Sites de hotéis (fornecido em cada listagem do hotel) frequentemente oferecem tarifas especiais ou pacotes. Vale à pena pesquisar online antes de fazer reservas. E não importa o valor da tarifa integral, muitos proprietários se dispõem a abaixar o preço, especialmente quando temem que o quarto fique vazio.

Muitos hotéis de quatro e cinco estrelas em Buenos Aires oferecem, dentro dos quartos, cofres, serviço de quarto 24 horas, TV a cabo, telefones com discagem direta com correio de voz, acesso moderno ou Wi-Fi nos quartos e muitos outros benefícios. A competição entre os hotéis desta categoria pode ser intensa, e sempre renovam e acrescentam comodidades para aumentar o valor. Muitos, especialmente os cinco estrelas, possuem também excelentes academias, piscinas, spas, que pode ser um fator importante, dependendo de seus interesses. Mesmo se estiver economizando dinheiro, recomendo esbanjar 1 ou 2 noites em sua viagem se encontrar um hotel 5 estrelas do qual você goste.

Para economizar dinheiro, precisará se ajustar. Nem todos os hotéis 3 ou 4 estrelas possuem todas as comodidades mencionadas acima (mas ar condicionado e até acesso Wi-Fi no saguão do hotel tornou-se quase um padrão em todos os hotéis em Buenos Aires, independente da categoria). Quando lidar com hotéis baratos, a sua melhor opção é perguntar se pode ver o quarto disponível ou alguns deles. Isto o ajudará a escolher o quarto da forma em que deseja. Muitos hotéis atualmente renovados possuem variações internas, com quartos enormes e quartos pequenos, às vezes, oferecidos exatamente com o mesmo preço.

Hotéis locais, especialmente se forem dirigidos por uma família, oferecem um certo charme que raramente se encontra em hotéis de quatro ou cinco estrelas. Mantenha em mente que, enquanto muitas pessoas na indústria de turismo em Buenos Aires falam inglês, poucas pessoas falam em hotéis de categorias simples ou hotéis dirigidos por familiares. Se no quarto não houver secador de cabelo, ferro de passar roupa nem cafeteira, estes tipos de utensílios podem estar disponíveis, sob solicitação, na recepção do hotel. O mesmo aplica-se para cofres, que talvez não estejam no quarto, mas na recepção do hotel. Sempre solicite um recibo quando tentar guardar objetos de valores na recepção do hotel, ou pelo menos procure pela pessoa que os guardou, e se as chaves de acesso estão disponíveis apenas durante certos horários do dia ou 24 horas.

Finalmente, albergues são quartos com vários beliches e normalmente frequentados por jovens, por pessoas que precisam economizar e por aventureiros. Porém os quartos privativos têm um banheiro privado para uma pessoa ou grupos. Procure se informar, antes de decidir se um albergue é para você. Todos os albergues listados neste capítulo fornecem roupas de cama e toalhas, com acesso 24 horas.

Para escolher um local, uma questão importante é decidir o que é melhor para você e o que espera de sua viagem em Buenos Aires. Neste capítulo, tentei lhe dar uma ideia de hotéis, locais e preços. Tenho, também, dado descrições diretas de cada bairro onde listei os hotéis.

Para uma pesquisa mais detalhada, contudo, veja "O Resumo dos Bairros", no capítulo 4.

Preços listados são tarifas normais na alta temporada e inclui 21% de taxa de imposto cobrado nos quartos de hotéis. Há sempre descontos nos finais de semana e baixa temporada. Pacotes online e promoções podem ser encontrados em vários sites de hotéis. Muitos hotéis cobram mais ou menos US$4 por noite pelo estacionamento com manobrista. Você deve evitar deixar seu carro estacionado na rua. Poucos hotéis têm um balcão com roteiros turísticos, mas todos os concièrge e recepção de hotel podem organizar passeios, dar recomendações, e alugar carros, bicicletas e outras coisas de que talvez precise na sua viagem.

A seguir, estão as tarifas exatas de hotéis. Coloco-as dentro da categoria geral de preços por bairros. **Muito Caro**: refere-se aos hotéis que custam US$300 (£159) ou mais por noite. Lembre-se de que alguns hotéis nessa categoria não oferecem café da manhã de graça, o que pode aumentar ainda mais os seus custos. **Caro**: hotéis custam na faixa geral de US$ 175 a US$299 (£93-£159) por noite. **Moderado**: hotéis custam na faixa de US$50 a US$174 (£27-£92) por noite. A maioria dos hotéis listados neste capítulo estão nesta faixa. Observe que a faixa desta categoria de preço subiu ainda mais desde a última edição devido ao tremendo aumento de preços, em Buenos Aires, no ano passado. **Econômico**: hotéis de US$49 (£26) por noite ou menos, e inclui albergues, que podem custar menos do que US$8 (£4.20) por pessoa em uma cama. Qualidade e ofertas variam consideravelmente nesta categoria de preço. Todos os preços são tarifas normais na alta temporada para quarto duplo, mas o preço real pode ser mais alto, ou mais baixo, dependendo de uma variedade de circunstâncias. Acrescentei também uma seção de serviços para estadias longas em aluguéis de apartamentos. Preços variam de empresa, local e período de estadia, mas, em geral, mais barato do que ficar num hotel.

1 Puerto Madero

Puerto Madero é a casa dos hotéis mais modernos e mais caros em Buenos Aires. Mas fica fora da parte turística. Terá que usar táxi como meio de transporte. Puerto Madero fica afastado da cidade e, por isso, há uma sensação de isolamento, que pode ser algo positivo para pessoas que viajam a negócios ou aqueles que gostam daquela sensação de estar num lugar calmo e caírem no sono após um dia longo. Hospedando-se aqui, coloco-o perto de restaurantes do distrito histórico da doca de Puerto Madero, Quero dizer que há muitos lugares para jantar. Finalmente, a vista do pôr do sol dos quartos de hotel em Puerto Madero é uma paisagem magnífica. A água no porto transforma-se em vermelho ardente e o horizonte da cidade é magicamente delineada, acrescentando toque de romance a uma área que a cada dia parece desolada e sem atrativos.

Não há acesso ao metrô neste bairro. Para a localização dos hotéis listados nesta seção, veja o mapa "Onde Ficar na área central de Buenos Aires", na pág.66.

MUITO CARO

Faena Hotel e Universe ✦✦✦ O Faena foi inaugurado ao som de trombetas entre fashionistas, em outubro de 2004. Foi admirado por revistas de viagens internacionais retratando página por página as características do belo proprietário e designer, que deu o seu nome a esse hotel. Será que o glamour e os cochichos vão perdurar? Ou é só fingimento? Só o tempo dirá. O Faena foi projetado quase como um resort dentro dos confins de uma cidade. O hotel foi construído em um silo de cereais de tijolos vermelhos, de estilo inglês, antes conhecido como El Porteño, ao longo de Puerto Madero. Embora seja um projeto de Philippe Starck, o Faena é diferente dos ambientes áridos e todo em branco a que Starck é normalmente associado. Porém, os espaços públicos aqui seriam bem descritos como a decomposição no estilo da era Eduardiana e retratam a riqueza de um país, sem perder a elegância, com uma camada de metal e pintura descamada. Modernos tetos, ornamentados e moldados com gesso, tornam a aparência antiga, com armários antigos, estilo da Rainha Anne. Quando possível, elementos originais deste edifício de grão são mantidos. Os quartos são uma mistura de clássico e moderno do meio século, com mobílias brancas no estilo imperial, cercado por objetos modernos, com espelhos que recordam o antigo México. Branco e vermelho são as cores padrão em todos os quartos enormes com cortinas de veludo pesadas e eletronicamente controladas. Há um home theater em cada quarto. Banheiros são enormes, completamente espelhados, e as banheiras são grandes também. Hóspedes podem escolher diferentes marcas de produtos para banho, de acordo com suas preferências, que podem escolher quando estiverem fazendo a reserva. Alguns quartos têm vista panorâmica da cidade e do porto, outros, com vista da Reserva Ecológica e do Rio da Prata. Se você quiser trabalhar no seu quarto, terá uma mesa com internet banda larga e Wi-Fi. O spa é espaçoso e autêntico, usando os formatos redondos dos silos, causando um grande efeito. Há saunas em estilo turco e uma sauna especial de pedra, no estilo Inca, num formato iglu. A variedade de serviços especiais são muitas e há muitas salas de tratamento. Você encontrará também uma academia imensa com equipamentos de última geração. Em vez de um real conciérge, uma pessoa chamada de "Gerente Experiente" cuida de você o tempo todo, enquanto estiver hospedado aqui. Traslados aeroporto-hotel-aeroporto gratuitos são fornecidos para cada hóspede. Uma piscina externa fica bem na entrada do hotel para dar aquela sensação de que os hóspedes estão em sua própria casa. O hotel também possui uma seção residencial com propriedades à venda, com variações em tamanho e preço, e 20 delas estão para alugar sem horário marcado. Diversos restaurantes, bares e áreas de entretenimento estão no saguão e em todo lugar. O "Universo" no nome do hotel refere-se a estes elementos divididos e abertos aos hóspedes, residentes, e ao público em geral, com uma filosofia de unir a todos e trocar ideias e experiências.

Martha Salotti 445, na Av. Juana Manso 1107 Buenos Aires. © **11/4010-9000** Fax 11/4010-9001. www.faenahotelanduniverse.com. 83 quartos, incluindo 14 suítes, 20 apartamentos de vários tamanhos, espaço e preço disponíveis. . Diárias: US$ 480 (£254) duplo; e suíte US$700 (£371). Tarifas inclusas café-da-manha continental. Cc.: AE, MC, V. Estacionamento US$12 (£6.39). Sem estações do metrô por perto. **Comodidades**: 3 restaurantes; 3 bares; piscina externa aquecida; ampla academia; spa com tratamentos extensivos; ampla sauna com componentes essenciais; centro de negócios com serviços de secretária; serviço de quarto 24 horas, serviços de lavanderia e lavagem a seco. *No quarto*: A/C, TV home theater, Internet banda larga e Wi-Fi, mini-bar, secador de cabelo, cofre grande, tratamentos de banho personalizados.

Hilton Buenos Aires 🟊🟊 O Hilton foi inaugurado no meio de 2000 como o primeiro hotel principal e com um centro de convenção em Puerto Madero. Fica perto dos melhores restaurantes em Buenos Aires e pode ir a pé; uma excelente escolha para gourmandes de bife e frutos do mar. Um hotel contemporâneo extraordinário com um bloco prateado polido erguido por pilastras, caracterizando um átrio de 7 andares, com mais de 400 quartos de hóspedes bem equipados e também residências particulares. Quarto de hóspedes espaçosos oferecem linhas telefônicas múltiplas, armários para trocar de roupa e banheiros com chuveiros e banheiras separadas. Para aqueles que se hospedam no andar executivo, recebem um café da manhã complementar e com acesso privado a um concièrge. Próximo ao saguão, o restaurante El Faro, serve culinária californiana especializada em frutos do mar. O hotel possui o maior centro de convenção da cidade.

Av. Macacha Güemes, Malecon Pierina Dealessi. 1106 Buenos Aires © **11/4891-0000** Fax 11/4891-0001 www.buenos.hilton.com 418 quartos. Diárias: Duplo US$ 360 (£191); suíte US$530 (£281). Cc.: AE, DC, MC, V. Estacionamento US$8 (£4.20). Sem estações próximas do metrô. **Comodidades**: Restaurante, bar, piscina; academia moderna com piscina externa aberta, com espreguiçadeira e serviços de bebidas e lanches leves; concièrge, centro de negócios com serviços de secretária; serviços de quarto 24 horas; babá, serviços de lavanderia e lavagem a seco. *No quarto*: TV, internet banda larga, mini-bar, secador de cabelo e cofre.

2 Microcentro

Os melhores hotéis e mais práticos são encontrados na Recoleta e Microcentro. O Microcentro é um lugar ideal para ficar, se quiser ficar perto dos shoppings de Buenos Aires e todas a linhas de metrô que se encontram nesta região. Amantes de teatro apreciarão esta região com muitos locais de apresentação, incluindo o Teatro Colón, que fica perto dos hotéis. O Microcentro oferece fácil acesso à maior parte das agências de viagens locais que parecem aglomerar-se nesta área podendo ser útil em caso de mudanças de última hora ou acrescentar viagens de um dia fora da cidade no seu itinerário. Internet de baixo custo e centros telefônicos estão por toda parte. Se chegar a Buenos Aires sem reservas, vá para esta área com uma grande quantidade de hotéis. Não terá que andar muito para encontrar o que precisa.

Para a localização dos hotéis listados nesta seção, veja o mapa "Onde Ficar na área central de Buenos Aires", na pág.66.

MUITO CARO
Marriott Plaza Hotel 🟊🟊🟊 O histórico Plaza foi a grande dama de Buenos Aires na maior parte do século 20, e a gerência do Marriott tem mantido muito de seu esplendor original (o hotel ainda pertence aos descendentes dos primeiros proprietários de 1909.) O saguão é aconchegante, decorado com mármore italiano, cristal e tapetes persas, sendo muito frequentado por políticos argentinos, diplomatas estrangeiros e executivos. Os funcionários experientes oferecem serviços de qualidade e o concièrge cuida de tudo, desde serviços para executivos, até passeios nos pontos turísticos. Todos os quartos são espaçosos e bem arranjados. Em agosto de 2006, o hotel gastou aproximadamente US$100,000

Onde Ficar na área central de Buenos Aires

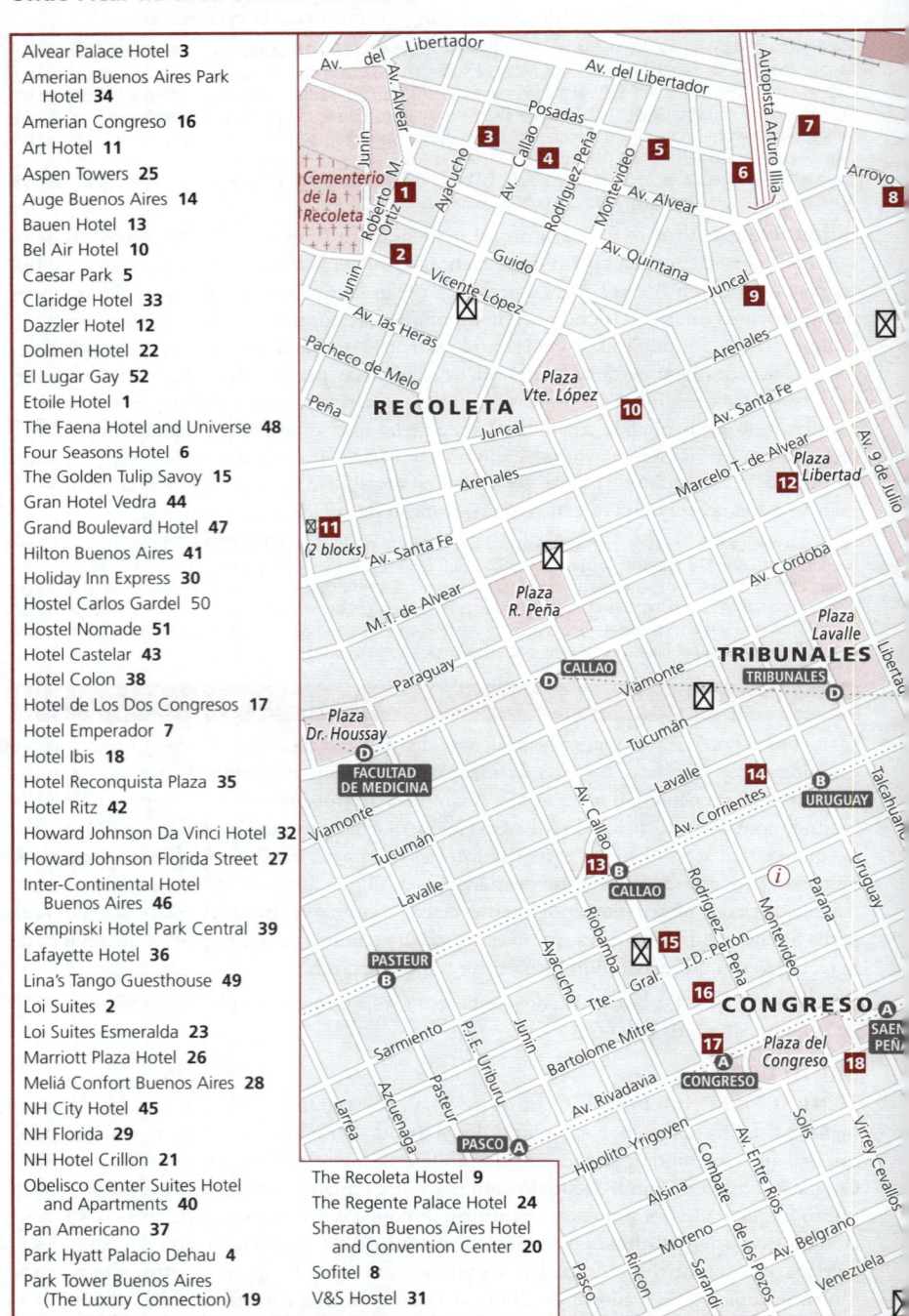

- Alvear Palace Hotel **3**
- Amerian Buenos Aires Park Hotel **34**
- Amerian Congreso **16**
- Art Hotel **11**
- Aspen Towers **25**
- Auge Buenos Aires **14**
- Bauen Hotel **13**
- Bel Air Hotel **10**
- Caesar Park **5**
- Claridge Hotel **33**
- Dazzler Hotel **12**
- Dolmen Hotel **22**
- El Lugar Gay **52**
- Etoile Hotel **1**
- The Faena Hotel and Universe **48**
- Four Seasons Hotel **6**
- The Golden Tulip Savoy **15**
- Gran Hotel Vedra **44**
- Grand Boulevard Hotel **47**
- Hilton Buenos Aires **41**
- Holiday Inn Express **30**
- Hostel Carlos Gardel **50**
- Hostel Nomade **51**
- Hotel Castelar **43**
- Hotel Colon **38**
- Hotel de Los Dos Congresos **17**
- Hotel Emperador **7**
- Hotel Ibis **18**
- Hotel Reconquista Plaza **35**
- Hotel Ritz **42**
- Howard Johnson Da Vinci Hotel **32**
- Howard Johnson Florida Street **27**
- Inter-Continental Hotel Buenos Aires **46**
- Kempinski Hotel Park Central **39**
- Lafayette Hotel **36**
- Lina's Tango Guesthouse **49**
- Loi Suites **2**
- Loi Suites Esmeralda **23**
- Marriott Plaza Hotel **26**
- Meliá Confort Buenos Aires **28**
- NH City Hotel **45**
- NH Florida **29**
- NH Hotel Crillon **21**
- Obelisco Center Suites Hotel and Apartments **40**
- Pan Americano **37**
- Park Hyatt Palacio Dehau **4**
- Park Tower Buenos Aires (The Luxury Connection) **19**
- The Recoleta Hostel **9**
- The Regente Palace Hotel **24**
- Sheraton Buenos Aires Hotel and Convention Center **20**
- Sofitel **8**
- V&S Hostel **31**

Map

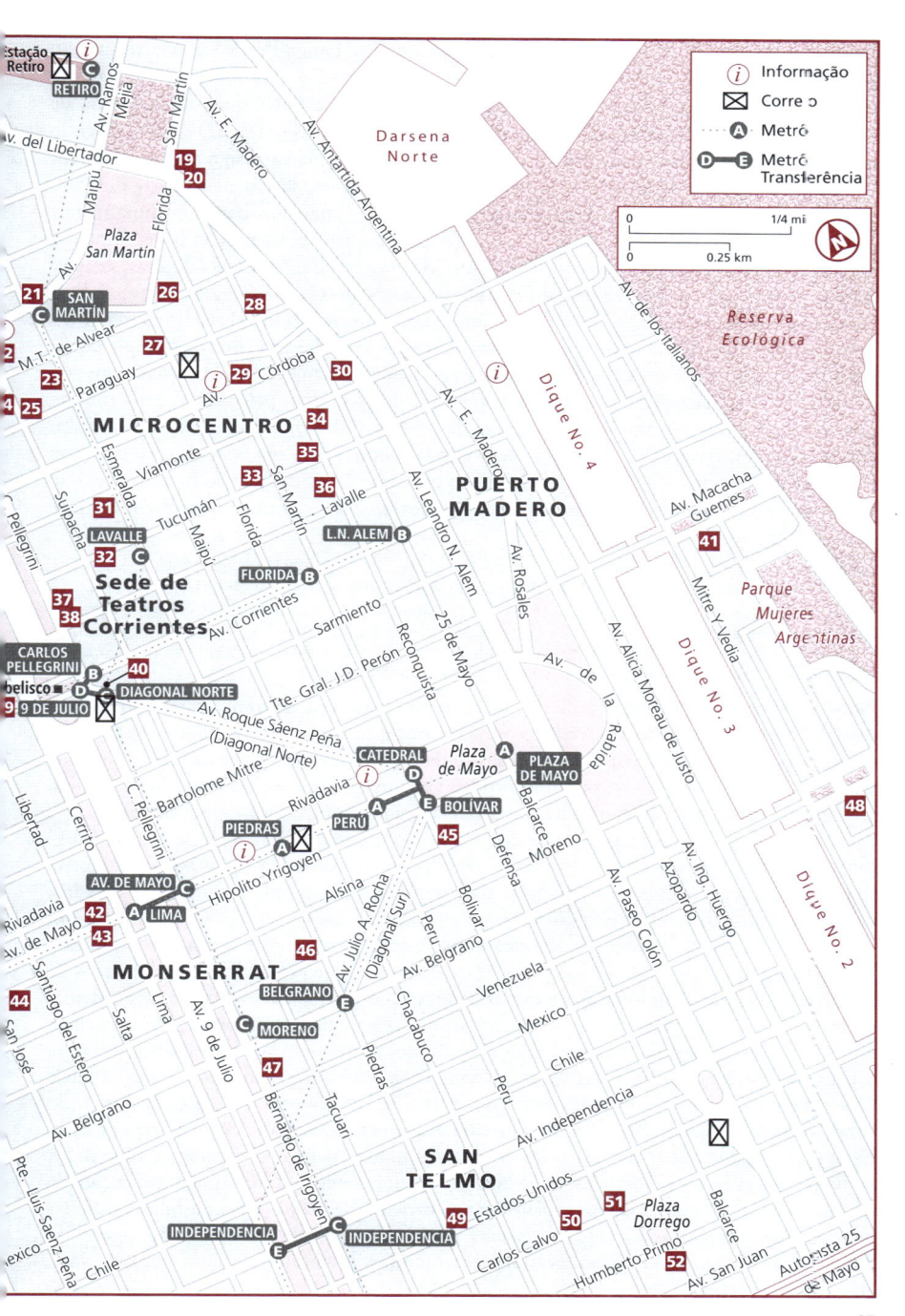

Darsena Norte

Legend:
- (i) Informação
- ✉ Correio
- Ⓐ Metrô
- Ⓓ—Ⓔ Metrô Transferência

Scale: 0 — 1/4 mi / 0 — 0.25 km

Estação Retiro — RETIRO Ⓒ

Av. Ramos Mejía
Av. del Libertador
San Martín
Av. E. Madero
Florida
Av. Antártida Argentina

19, 20

Plaza San Martín

21 — SAN MARTÍN Ⓒ
26, 28
Maipú
M.T. de Alvear
27
23 — Paraguay
25
29 Córdoba
30
Av. E. Madero

MICROCENTRO
34
Esmeralda
Viamonte
33, 35
Tucumán
San Martín
36 Lavalle
Maipú
Florida
31
Suipacha
LAVALLE Ⓒ
32
FLORIDA Ⓑ
L.N. ALEM Ⓑ
Av. Leandro N. Alem

PUERTO MADERO
Av. Rosales
Av. Macacha Güemes
41
Mitre y Vedia

Reserva Ecológica

Dique No. 4
Dique No. 3
Dique No. 2

Parque Mujeres Argentinas

Sede de Teatros Corrientes
37, 38
Av. Corrientes
Sarmiento
Reconquista
25 de Mayo
Tte. Gral. J.D. Perón
Av. de la Rábida
Av. Alicia Moreau de Justo

CARLOS PELLEGRINI Ⓑ
Obelisco Ⓓ
9 DE JULIO
40 — DIAGONAL NORTE
Av. Roque Sáenz Peña (Diagonal Norte)
Bartolomé Mitre
Rivadavia
CATEDRAL Ⓓ
Plaza de Mayo Ⓐ
PLAZA DE MAYO
Balcarce
48

C. Pellegrini
PIEDRAS
PERÚ Ⓐ Ⓔ BOLÍVAR
45
Defensa
Moreno
Av. Paseo Colón
Av. Ing. Huerго
Azopardo

Libertad
Cerrito
Rivadavia
Av. de Mayo
AV. DE MAYO Ⓒ
42 — LIMA Ⓐ
43
Hipólito Yrigoyen
Alsina
Av. Julio A. Rocha (Diagonal Sur)
Bolívar
Perú

MONSERRAT
44
Santiago del Estero
Salta
Lima
Av. 9 de Julio
46
BELGRANO Ⓔ
MORENO Ⓒ
Av. Belgrano
Chacabuco
Venezuela
México
Chile
Perú

San José
47
Piedras
Tacuarí
Bernardo de Irigoyen
Av. Independencia

SAN TELMO
Pte. Luis Sáenz Peña
México
Chile
INDEPENDENCIA Ⓒ
INDEPENDENCIA Ⓔ
49 Estados Unidos
Carlos Calvo
50
51 Plaza Dorrego
Humberto Primo
Balcarce
52
Av. San Juan
Autopista 25 de Mayo

67

(£53,000) acrescentando roupas de cama luxuosas e com o lançamento de colchões de veludo, lençóis brancos macios de 300 fios do melhor algodão egípcio, mais travesseiros e cobertores feitos de penas. Vinte seis quartos, com vista para a Praça San Martín, fazem você sonhar com aquelas lindas paisagens de árvores, com suas folhas servindo de sombra na primavera e verão. Esta paisagem torna-se mágica em outubro, quando as árvores de jacarandá, com suas flores lilás, ficam majestosas. O **Plaza Grill** (pág.107) continua sendo o lugar favorito para um almoço de negócios e oferece cardápio variado a preços razoáveis. O **Plaza Bar** (pág.228) está entre os mais famosos da cidade, sendo eleito entre outros o melhor do mundo, em 2005, pela revista Forbes. Não é mais um bar para fumantes de charuto por causa da lei que proíbe fumar cigarro. A enorme academia do hotel, uma das melhores na cidade, contém uma piscina aquecida enorme, danças especializadas, salas de aeróbica e um saco de boxe, algo raro nas academias de hotéis. Num gesto único, os hóspedes que chegarem ao hotel e seu quarto ainda não estiver disponível, são direcionados a uma área especial na academia, onde podem descansar e tomar um banho. A importância deste serviço não pode ser deixada de lado quando chegar bem cedo ao hotel após um voo demorado. O saguão do hotel possui acesso gratuito Wi-Fi, mas pelo acesso à internet no quarto chega a ser cobrado aproximadamente US$16 (£8.40) ao dia, reduzindo o valor com a compra de dias adicionais. A parte externa do hotel, com sua fachada histórica, está em processo de renovação. A complexidade do processo significa que não há uma previsão para o término desta obra. O hotel oferece passeios históricos gratuitos em Buenos Aires, mas com lugares limitados.

Calle Florida 1005, Santa Fe, com vista para Plaza San Martín. 1005 Buenos Aires Ⓒ **11/4318-3000** Fax. 11/4318-3008. www.marriott.com. 325 quartos. Diárias: Duplo US$300 (£159); suíte US$400 (£212). Tarifas inclusas: buffet café da manhã. Cc.: AE, DC, MC, V. Estacionamento com manobrista US$16 (£8.40). Metrô: San Martín. **Comodidades:** 2 restaurantes; excelente academia com piscina externa; sauna; concierge; centro de negócios; salão; serviços de quarto; serviços de massagem; serviços de lavanderia e lavagem a seco. *No quarto:* A/C, TV, acesso discado a internet, minibar, cafeteira, secador de cabelo, cofre.

Pan Americano ✹✹✹ O Pan Americano é um hotel enorme, de frente para o Obelisco e Teatro Colón e oferece acesso fácil aos pontos turísticos, bem como também a todas as linhas do metrô que fazem parte desta área da cidade. Não faz mais parte da rede americana Crowne Plaza. Os preços abaixaram muito para alguns quartos, uma tendência bem vinda em Buenos Aires, quando muitas tarifas estão subindo. A qualidade e o serviço permanecem como antes. Os quartos da Torre Sul são de bom tamanho, mas os quartos da Torre Norte são bem maiores e bem decorados. Pela pequena diferença em preço, vale à pena reservar estes quartos. A decoração varia. Alguns quartos são completamente encarpetados, enquanto outros oferecem elegantes pisos de madeira. Banheiros são grandes também, com banheiras de hidromassagem e chuveiros, balcão de mármore e pisos. Máquinas a vapor para passar roupa são um padrão nos quartos da Torre Norte. Todos os quartos de ambas as torres possuem mesas com cadeiras extras e com armários espaçosos. A academia do hotel, spa e sauna talvez sejam os mais fascinantes na cidade e devem ser experimentados, nem que seja só pela paisagem. Estão localizados no terceiro andar, semelhante a uma caixa de vidro, em cima da Torre Norte. Nadar nessa piscina aquecida, que é tanto interna e externa, e se exercitar nos equipamentos do local dá aquela sensação de estar flutuando sobre a Avenida 9 de Julho. O restaurante da academia, **Kasuga**, transforma-se em sushi bar à noite. Dois outros restaurantes estão localizados no saguão gracioso e inspirador com afrescos gregos e madeira escura e decoração em mármore. **Luciérnaga**, onde café da manhã é servido, mas seu layout repleto de tapeçaria de Rei James com mobílias estofadas oferece uma sensação aconchegante; e serve também como o principal bar no saguão do hotel. **Tomo I** tem uma decoração moderna e ambos oferecem culinária internacional, argentina e italiana.

Carlos Pellegrini 551, Corrientes. 1009 Buenos Aires 11/4348-5115. Fax ℂ **11/4348-5250**. www.panamericano.us.com 386 quartos. Diárias: Duplo US$163 (£86); suíte US$ 300 (£159). Tarifas inclusas: um suntuoso buffet café da manhã. Cc.: AE, DC, MC, V. Estacionamento com manobrista gratuito. Metrô: Lavalle, Diagonal Norte. **Comodidades**: 3 restaurantes; academia enorme com piscina interna e externa; spa; sauna; conciérge; centro de negócios, salão, serviços de quarto; serviços de massagem; babá; serviços de lavanderia e lavagem a seco. *No quarto*: A/C, TV, acesso discado à internet, frigobar, cafeteira, secador de cabelo e cofre.

Park Tower (St. Regis) Buenos Aires ★★★ O nome Park Tower será alterado para St. Regis em 2007 haverá renovações pelo edifício para modificar o que já é uma propriedade luxuosa. O Park Tower está conectado com o Sheraton e os dois dividem as mesmas instalações. O hotel une a elegância tradicional com a sofisticação tecnológica e oferece serviços impecáveis, incluindo mordomos para cada quarto. Os quartos privados apresentam mármores importados de qualidade, roupas de cama italiana, mobílias luxuosas e esplêndidas obras de arte, assim como a área pública do hotel também. No saguão há janelas do chão até o teto, vasos de palmeiras, e telas japonesas dão aquela sensação de estar na beira do Pacífico, em vez da América do Sul. Esta área tranquila tem um contraste imediato do saguão agitado do Sheraton. Os quartos são de bom gosto e equipados com uma TV de 29 polegadas a cores, aparelho de som com toca CDS e celulares. Um programa especial "In Touch" inclui um dispositivo em forma de Palm que permite ter um concierge num piscar de olhos, a qualquer momento que precisar. Os quartos possuem vistas panorâmicas maravilhosas da cidade e do rio. O hotel tem 4 restaurantes que são divididos com o Sheraton, incluindo o **Crystal Garden**, que serve culinária internacional refinada; **El Aljibe:** culinária argentina, bife direto da brasa; **Cardinale** oferece culinária italiana; e **Café Express**, uma loja de fast food e confeitaria aberta recentemente no saguão do hotel. A sala de estar oferece música ao som de piano, bar de charuto, chá, aperitivos e licores especiais. Todas as áreas públicas têm acesso Wi-Fi e centro de negócios. Um spa exclusivo, que não é dividido com o Sheraton, também recebeu novos equipamentos para a academia, em 2006.

Av. Leandro N. Alem 1193, Della Paolera 1104 Buenos Aires ℂ **11/4318-9100** Fax 11/4318-9150 www.luxurycollection.com/parktower. 181 quartos. Diárias: Duplo US$350 (£186). Cc.: AE, DC, MC, V. Metrô: Retiro. **Comodidades**: 4 restaurantes; lanchonete; piano bar; 2 piscinas; golfe; 2 quadras de tênis; academia; saunas a vapor e sem vapor; conciérge; centro de negócios com serviços de secretária; serviços de quarto; massoterapia; serviços de lavanderia; lavagem a seco. *No quarto*: A/C, TV/ VCR, acesso discado à internet, minibar, secador de cabelo, cofre.

Sofitel ★★★ O Sofitel foi inaugurado no final de 2002, o primeiro na Argentina. Este hotel Francês, de primeira classe, que fica perto do Plaza Sant Martín, junta-se dois edifícios de 7 andares a uma torre neoclássica de 20 andares, com data de 1929, com um átrio no saguão de vidro. O saguão parece com um quiosque enorme com seis árvores fícus, lustres enormes de bronze e ferro, um relógio de arte contemporânea, e Botticino e o mármore negro San Gabriel cobrem o espaço. Perto do saguão encontrará o esplêndido restaurante Francês, **Le Sud** (pág.107), e **Buenos Aires Café,** estilo do início do século 20. A biblioteca confortável com sua magnífica lareira e em madeira escura oferece aos hóspedes um local agradável para ler fora de seus quartos. Estes quartos variam de tamanho, com uma mistura moderna da decoração francesa com estilos tradicionais da Arte Déco. Solicite um dos quartos "deluxe" ou suítes, se estiver procurando por mais espaço. Banheiros com mármores lindos, têm chuveiros e banheiras separadas. Quartos acima do 8° andar possuem as melhores vistas panorâmicas, e a suíte do 17° andar, L'Appartement, cobre o andar inteiro. Muitos dos funcionários falam espanhol, inglês e francês.

Arroyo 841/849 Juncal. 1007 Buenos Aires. 11/4909-1454. Fax ℂ **11/4909-1452**. www.sofitel.com. 114 quartos. Diárias: Duplo US$300 (£159); suíte US$450 (£239). AE, DC, MC, V. Estacionamento. **Comodidades**: Restaurante, café; bar; piscina interna; academia; conciérge; centro de negócios; serviço de quarto; serviços de lavanderia. *No quarto*: A/C, TV, acesso discado a internet, minibar, secador de cabelo, cofre.

CARO

Claridge Hotel ✈ O Claridge é testemunha viva da ligação forte entre Argentina e Inglaterra no passado. O grande terraço, com suas colunas jônica imponente, imita o terraço de uma apartamento de Londres, e o saguão foi renovado em 2002 num estilo clássico com mármores coloridos. Quartos de hóspedes são espaçosos, decorados com bom gosto e equipados com todo o lazer esperado de um hotel 5 estrelas. O interior do restaurante é revestido com painéis de madeira e decorações de caça. É ponto de referência da cidade e oferece bons preços, culinária internacional cuidadosamente preparada por menos de US$8 (£4.20) e um buffet de café da manhã incluso nas diárias. Porque, às vezes, recebe convenções, o Claridge fica muito requisitado. Os preços neste hotel podem baixar muito com as promoções através do site, na web, na categoria moderado.

Tucumán 535, San Martín. 1049 Buenos Aires. ℂ **11/4314-7700**. Fax 11/4314-8022. www.claridge.com.ar. 165 quartos. Diárias: Duplo US$170 (£90); suíte US$355 (£188). Preços inclusos: buffet café da manhã. Cc: AE, DC, MC, V. Estacionamento. Metrô: Florida. **Comodidades**: Restaurante; bar; Academia com piscina aquecida interna e externa; sauna; concierge; centro de negócios, serviços de quarto; massoterapia; serviços de lavanderia e lavagem a seco. *No quarto*: A/C, TV, minibar, cofre.

Sheraton Buenos Aires Hotel e Centro de Convenção ✈ Situado no coração de negócios, shoppings e distritos de teatro, no outro lado da Estação Retiro, o Sheraton é um local ideal para turistas e empresários. Os quartos são grandes e todos receberam novas camas, em 2005 e 2006, sob o programa Sheraton Suíte Sleeper. Os quartos são decorados com pisos de madeira nobre e decorações de vermelho escuro, com banheiros grandes. O saguão é muito movimentado, servindo como a central de muitas atividades. Um novo jogo interativo e centro de negócios, numa combinação de área, foi instalada também em 2006, chamada de Link@sheraton. Há várias lojas no saguão, incluindo uma filial da joalheria H.Stern. O hotel contém quatro restaurantes, que são divididos com o Park Tower, incluindo **Crystal Garden**, especialidade culinária internacional, num átrio de uma sala de jantar, com vista para Leandro N. Alem; **El Aljibe**, culinária argentina, bife direto da brasa; **Cardinale**, culinária italiana; e **Café Express**, um restaurante fast food e confeitaria inaugurada recentemente no saguão do hotel. Sua piscina "Netuno" e academia estão entre as melhores da cidade. A piscina inteira e o spa estão localizados num jardim, dando senso de estar num resort, em vez de no centro da cidade. Uma das piscinas contém também água pressurizada para estimular seus exercícios físicos durante a natação.

Av. San Martín 1225 na Leandro N. Alem. 1104 Buenos Aires. ℂ **11/4318-9000** Fax. 11/4318-9353. www.sheraton.com. 742 quartos. Diárias: Duplo US$210 (£111); suíte US$320 (£170). AE, DC, MC, V. Metrô: Retiro. **Comodidades**: 3 restaurantes; lanchonete; piano bar; 2 piscinas; campo de golfe; 2 quadras de tênis; academia; saunas a vapor e sem vapor; concierge; mesa de atividades; locadora de carros; centro de negócios, galeria comercial; salão de cabeleireiro; serviço de quarto; massoterapia; babá; serviços de lavanderia e lavagem a seco. *No quarto*: A/C, TV, Internet banda larga, minibar, secador de cabelo, cofre.

MODERADO

Amerian Buenos Aires Park Hotel ✈✈ *Achados* Um dos melhores hotéis quatro estrelas da cidade, o moderno Amerian é uma ótima escolha tanto para turistas como para empresários. Os preços aqui subiram de forma significativa recentemente; então, o hotel não é mais barato como era antigamente. A entrada do saguão parece mais com Califórnia do que Argentina, e os funcionários altamente qualificados oferecem serviços personalizados. Quartos à prova de som são elegantemente decorados com madeira, mármore e granito, e todos quartos contêm camas confortáveis, cadeiras e mesas de trabalho. Este hotel argentino fica apenas algumas quadras da Calle Florida, Praça San Martín e o Teatro Colón.

Reconquista 699, na Viamonte. 1003 Buenos Aires. ℂ **11/4317-5100**. Fax 11/4317-5101. www.amerian.com. 152 quartos. Diárias: Duplo US$140 (£74); suíte US$220 (£116). Tarifas incluso: buffet café da manhã. Cc:

AE, DC, MC, V. Estacionamento de US$14 (£2.10). Metrô: Florida. **Comodidades**: Restaurantes e pub; sala de ginástica; sauna; concièrge; centro de negócios; serviços de quarto; serviços de lavanderia e lavagem a seco. *No quarto*: A/C, TV, Internet banda larga, minibar.

Aspen Towers ✦✦ O Aspen Tower é um dos hotéis mais modernos e mais refinados da cidade. É um edifício de 13 andares, contemporâneo em design, com pisos de mármore escuro e esverdeado e a entrada do saguão completamente iluminado. O átrio envidraçado do edifício dá ao passeio de elevador uma vista maravilhosa da cidade e em alguns dos quartos também. Há um restaurante luxuoso e uma piscina convidativa na cobertura do hotel. Quarto de hóspedes são decorados em estilo clássico, com móveis padrão imperial e roupas de cama de cores claras. Todos os quartos possuem banheiros em mármore com banheiras de hidromassagem – algo difícil de encontrar em qualquer parte da cidade a esse preço. O hotel é popular entre brasileiros, chilenos e americanos e fica perto das atrações do centro da cidade, com acesso fácil para caminhadas.

Paraguay 857, Suipacha. 1057 Buenos Aires 11/4313-1919 Fax. © **11/4313-2662**. www.aspentowers.com. ar. 105 quartos. Diárias: Duplo US$125 – US$175 (£66-£93). Tarifas incluso: buffet café da manhã. Cc: AE, DC, MC, V. Metrô: San Martín. **Comodidades**: Restaurante; café; piscina na cobertura do hotel; sala de ginástica; sauna; concièrge; centro de negócios; serviços de quarto, serviços de lavanderia e lavagem a seco. *No quarto*: A/C, TV, Wi-Fi, minibar.

Dolmen Hotel ✦ Hotel quatro estrelas localizado no centro de Microcentro, a uma quadra da Praça San Martín. O hotel é conhecido por duas coisas que normalmente não se encontra nesta categoria: um ambiente tranquilo e piscina interna aquecida. Os quartos não são tão espaçosos e nem tão agradáveis, decorados com flores, madeiras claras, escrivaninhas, penteadeiras e um painel de controle sobre a cama para todas as lâmpadas e mecanismo de ar condicionado. Banheiros possuem balcão e são bem estocados com produtos de banho. Infelizmente, não terá boa vista panorâmica na maioria dos quartos, pois o hotel é cercado por prédios da mesma altura. Alguns apartamentos foram adaptados para pessoas com necessidades especiais. Suítes oferecem mais espaço e custam um pouquinho a mais do que os quartos standard, mas vale à pena reservar um. A piscina e academia ficam na cobertura do hotel e proporcionam as melhores vistas panorâmicas deste espaço envidraçado. O hotel oferece estacionamento gratuito num prédio ao lado e acesso à internet gratuito no seu centro de negócios e em todos os quartos também. Há internet Wi-Fi nas áreas públicas. O bar, no saguão, fica bem atrás do concièrge, oferecendo tranquilidade num ambiente decorado com mármore e bronze.

Suipacha 1079, Santa Fe. 1003 Buenos Aires. © **11/4315-7117** Fax. 11/4315-6666. www.hoteldolmen.com. ar. 146 quartos; incluindo 22 suítes. Diárias: Apto. Duplo US$157 (£83); suítes US$193 (£102). Tarifas inclusas: buffet café da manhã. Cc: AE, MC, V. Estacionamento gratuito. Metrô: San Martín. **Comodidades**: Restaurante; bar; piscina interna aquecida; academia; sauna; concièrge; centro de negócios; serviços de quarto 24 horas; serviços de lavanderia e lavagem a seco. *No quarto*: A/C, TV, Acesso a Internet, minibar, secador de cabelo, cofre.

Holiday Inn Express Puerto Madero ✦ Este hotel é apreciado pelos seus hóspedes por sua ótima localização, em Puerto Madero, e seus restaurantes e vida noturna. Embora o hotel não disponha de serviços de quarto, concièrge, ou mensageiro, o hotel é amistoso, moderno e barato. Quartos de hóspedes oferecem camas grandes e firmes, uma mesa grande, TV de 27 polegadas a cabo. A metade dos quartos possuem vistas para o rio. Café e chás são servidos 24 horas, e o buffet de café da manhã é excelente. Animais de estimação são permitidos. A academia localiza-se na cobertura do prédio, com uma vista panorâmica excelente da cidade. Passcards (cartão magnético) permitem acesso 24 horas à academia.

Av. Leandro N. Alem 770 Viamonte 1057 Buenos Aires. 11/4311-5200 Fax © **11/4311-5757**. www.holidayinn.com. 116 quartos. Diárias: Duplo US$160 (£85); US$215 (£114) suíte. Tarifas incluso: buffet café da manha. Crianças menores de 18 anos não pagam no mesmo quarto com os pais. Cc: AE, DC, MC, V. Estacionamento gratuito. Metrô: L.N. Alem. **Comodidades**: Delicatessen; academia na cobertura do hotel com acesso 24 horas; hidromassagem; sauna; centro de negócios; serviços de quarto limitado. *No quarto*: A/C, TV, Internet banda larga e Wi-Fi.

Hotel Colón Este hotel está no coração da cidade, na Avenida 9 de Julho com vista para o Obelisco, oferecendo aos hóspedes acesso a todas as linhas de metrô. Quartos de esquina são mais espaçosos e muitas das suítes grandes têm varandas. A decoração varia totalmente e renovações estão em andamento nesta propriedade, que foi inaugurada em 1984 num edifício antigo. Seus quartos centrais são casuais: alguns com interior moderno muito conservado, outros são tradicionais. O tom creme, padrão por toda parte, dá uma emissão de luz em alguns quartos. Janelas antirruído para não haver barulho nesta região tão movimentada, mas não se preocupe: se você dormir demais, todos os quartos possuem um despertador. Banheiros são muito grandes e algumas suítes disponibilizam jacuzzis. O restaurante oferece culinária internacional e um vista panorâmica envolvente do Obelisco. Salva vidas inspecionam a piscina de médio porte aquecida na cobertura do hotel, localizada atrás do edifício, sem vista panorâmica. Centro de negócios pequeno oferece acesso à internet a US$1.35 (80p) por meia hora.

Carlos Pellegrini 507, Corrientes. 1009 Buenos Aires. © **11/4320-3500** fax. 11/4320-3507. www.colonhotel.com.ar. 173 quartos; incluindo 35 suítes. Diárias: duplo US$150 (£80); suíte de US$216 (£114). Preços inclusos: buffet café da manhã. Cc: AE, DC, MC, V. Estacionamento por US$4 (£2.10). Metrô: Carlos Pellegrini ou Avenida 9 de Julho. **Comodidades**: Restaurante; bar, piscina aquecida porte médio; academia; concièrge; centro de negócios, serviços de quarto 24 horas; serviços de lavanderia e lavagem a seco. No quarto: A/C, TV, minibar, secador de cabelo, cofre.

Hotel Reconquista Plaza ★ Perto da movimentada Rua Flórida, este hotel tem ótima localização e comodidades modernas e completas. O décor é de cor dourada, com acabamentos de madeira escura, e todos os quartos têm janelas enormes arredondadas com vista para a rua. São chamadas de suítes, o que na realidade não são, mas sim quartos grandes que usam um guarda-roupa como divisória. Um sofá-cama fornece uma cama a mais. Algumas suítes têm varandas enormes com vista para o Microcentro. As varandas são maravilhosas, mas o hotel infelizmente não dispõe cadeiras e mesas para desfrutá-las. Todos os quartos dispõem de chuveiros e banheiras, mas as banheiras são pequenas nos quartos standard. Banheiros de suítes são equipados com banheiras de hidromassagem. Janelas antirruído previnem barulho, um item de extrema importância nesta área. Funcionários são extremamente cordiais e prestativos. Acesso disponível à internet banda larga em todos os quartos por aproximadamente US$3 (£1.60) ao dia, e escrivaninhas servem como área de trabalho. Pelo custo, este hotel é uma ótima opção para empresários que não precisam de serviços completos e querem uma localização perfeita. Cofres nos quartos são grandes, com espaço suficiente para guardar um laptop. O hotel disponibiliza piscina e sauna pequenas e o acesso à piscina pode ser arranjado, pois não há piscina disponível no local. Amantes de gatos que viajam com seus animais de estimação estão com sorte, mas donos de cachorros terão que deixar seus caninos em casa.

Reconquista 602, Tucumán. 1003- Buenos Aires © **11/4311-4600**. Fax 11/4311-3302. www.reconquistaplaza.com.ar. 60 quartos, incluindo 9 suítes. Diárias: Duplo US$150 (£80); e suítes US$185 (£98). Tarifas inclusas: buffet café da manhã. Cc: AE, MC, V. Estacionamento por US$4 (£2.10). Metrô: Florida. **Comodidades**: Restaurante, bar, pequena academia; sauna; concierge; centro de negócios; serviços de quarto 24 horas; serviços de lavanderia. *No quarto*: A/C, TV, Internet banda larga, minibar, cafeteira, secador de cabelo, cofre grande.

Howard Johnson Da Vinci Hotel ★★ Bem localizado no Microcentro, os quartos deste Howard Johnson são maiores do que o normal e decorados em cores douradas e amarelas. Cofres são ótimos para laptop. Todos os quartos têm acesso à internet (Wi-Fi) sem custo algum e com escrivaninhas e televisão. No saguão do restaurante tem um centro de negócios pequeno com acesso gratuito a dois computadores. Na cobertura do hotel, você encontrará uma pequena piscina interna aquecida e sauna, com vista maravilhosa da cidade. Tarifas são um pouco salgadas pela categoria deste hotel e o hotel usa o sistema de valores em dois níveis: um para estrangeiros e um para residentes. O hotel se anuncia como provável ao público gay e estes clientes podem receber a tarifa da Argentina através da empresa de promoções **Daniel Porce Producciones**, www.dpproducciones.com.ar (✆ **15/5817-3041**).

Tucumán 857, entre Suipacha e Esmeralda. 1005- Buenos Aires. ✆ **11/5031-8002**. www.davincihotel.com.ar e www.hojoar.com. 55 quartos. Diárias: Apto. Duplo US$169 (£90). Tarifas inclusas: buffet café da manhã. Cc: AE, DC, MC, V. Metrô: Lavalle. **Comodidades**: Restaurante; bar; piscina interna; academia; sauna; centro de conferência; serviços de negócios; serviços de quarto 24 horas com cardápio de lanches e bebidas; serviços de lavanderia e lavagem a seco. *No quarto*: A/C, TV/ Wi-Fi, minibar, cafeteira, secador de cabelo, cofre grande.

Howard Johnson Florida Street ★★ *Econômico* Este hotel comprou esta propriedade de Courtyard Marriott. Uma opção excelente para viajantes que não precisam de muito luxo. Com ótima localização na Rua Florida perto da Praça San Martín, têm acesso através de uma galeria comercial e restaurante no piso térreo do hotel. Quarto de hóspedes são equipados com sofás-cama (além da cama!), mesas grandes e penteadeiras com banheiros bem equipados. Quartos são acima do tamanho padrão nesta categoria. Em cada quarto há dois telefones: ligações locais e internet são de graça – uma raridade em Buenos Aires. Há um restaurante pequeno arejado e bar no saguão, entre outros restaurantes, na galeria abaixo. Há quatro salões pequenos com preço acessível disponíveis para negócios e eventos sociais, ao lado do saguão. Não há piscina ou academia nas dependências, mas com uso gratuito em uma instalação próxima. Wi-Fi gratuito no saguão.

Calle Florida 944, Alvear. 1005 – Buenos Aires. 11/4891-9200. Fax ✆ **11/4891-9208**. www.hojoar.com. 77 quartos. Diárias: Apto. Duplo US$160 (£85). Tarifas inclusas: buffet café da manhã. Cc: AE, DC, MC, V. Metrô: San Martín. Animais aceitos com uma taxa de (US$35/£19) e planejado com antecedência. **Comodidades**: Restaurante; bar; instalação próxima à piscina e academia; centro de conferência; centro de negócios; serviços de quarto 24 horas com cardápio de bebidas e lanches; serviços de lavanderia e lavagem a seco. *No quarto*: A/C, TV, Internet banda larga, minibar, cafeteira, secador de cabelo, ferro de passar, cofre grande.

Lafayette Hotel ★ *Crianças* O hotel Lafayette é um hotel de bom preço por ser de categoria média e popular entre viajantes brasileiros e europeus. Os quartos são espaçosos (alguns tão grandes, que dá para acomodar a família inteira), excessivamente limpos e bem cuidados. Cada quarto possui uma escrivaninha e acesso Wi-Fi. Sala de reuniões e centro de negócios com acesso à Internet 24 horas. Banheiros são desproporcionais, alguns são grandes e outros nem dá para se mover direito, de tão pequenos que são. Os quartos em direção à rua são ótimos para pessoas que gostam de observar o vai e vem das pessoas no Microcentro, mas pode-se esperar um pouco de barulho. Os quartos que ficam no fundo do hotel são mais sossegados, mas não oferecem nenhuma vista panorâmica. A localização é ideal para os shoppings do Microcentro, na Lavalle e Rua Florida, e ficam apenas a algumas quadras do metrô. O buffet café da manhã é farto e variado, com omeletes feitas sob pedido. O hotel foi construído em duas partes com dois elevadores; se você estiver com amigos ou familiares, solicite quartos na mesma divisão do hotel.

Reconquista 546, Viamonte. 1003- Buenos Aires. ✆ **11/4393-9081**, Fax 11/4322-1611. www.lafayettehotel.com.ar. 82 quartos, incluindo 6 suítes. Diárias: Apto. Duplo US$85 (£45); suíte US$100 (£53). Tarifas inclusas: Buffet café da manhã. Cc: AE, DC, MC, V. Metrô: Florida. **Comodidades**: Restaurante; bar; concierge; centro de negócios, serviços de quarto limitado; serviços de lavanderia e lavagem a seco. *No quarto*: A/C, TV, Wi-Fi, Internet, minibar, secador de cabelo, cofre.

Meliá Buenos Aires Boutique Hotel ★★ Caminhada de fácil acesso à Praça San Martin e Rua Flórida, o Meliá está entre os melhores hotéis de quatro estrelas da cidade. Quartos de hóspedes são espaçosos, decorados em tons de terra, com belas poltronas, janelas antirruído e banheiros de mármore. Escrivaninhas grandes, duas linhas telefônicas e celulares disponíveis tornam este hotel uma ótima escolha para empresários viajantes. Alguns quartos são adaptados para pessoas com necessidades especiais, mas você deve ligar confirmando os detalhes. Os funcionários são prestativos e oferecem ótimos serviços. O Meliá tem um restaurante espanhol e bar.

Reconquista 945, Paraguay. 1003- Buenos Aires. © **11/4891-3800** Fax 11/4891-3834. www.solmelia.com. 125 quartos. Diárias: Apto. Duplo US$145 (£77); suíte US$190 (£101). Tarifas inclusas: buffet café da manhã. Cc: AE, DC, MC, V. Estacionamento por US$4 (£2.10). Metrô: San Martín. **Comodidades**: Restaurante; bar; sala de ginástica; concierge; centro de negócios; serviços de quarto 24 horas; serviços de babá; serviços de lavanderia e lavagem a seco. *No quarto*: A/C, TV, Dataport (acesso discado à internet), minibar, cafeteira, secador de cabelo, cofre.

NH Flórida Hotel quatro estrelas simples e bem localizado, menos de uma quadra das Galerias Pacífico. Foi inaugurado em cima do antigo apart-hotel, e o edifício original foi completamente destruído e construído novamente. Paisagens não são o foco no NH Flórida, com prédios da mesma altura ao redor dele, mas os quartos são maiores do que a maioria nesta categoria de preço. Quase todos os quartos têm piso de madeira e tapetes adicionam uma elegância simples ao décor moderno. Todos os quartos têm acesso à Internet banda larga gratuita e uma boa área de trabalho. Suítes são maiores, com portas grandes para murar a área do hóspede da sala de estar. Na época em que estava escrevendo este guia, o hotel tinha planos de acrescentar quartos novos no primeiro andar. O hotel oferece bons serviços, mas a sua principal desvantagem, quando comparado com outras acomodações nesta categoria, é a falta de piscina e academia. Mas, por uma taxa de US$3 por dia, os clientes podem ter acesso às instalações próximas. Com 11 quartos adaptados para pessoas com necessidades especiais e localizado no Microcentro, este hotel é o mais acessível que conheço em Buenos Aires, mas recomendo ligar antes de fazer a reserva, para confirmar detalhes sobre as acomodações para pessoas com necessidades especiais.

San Martín 839, Córdoba. 1004 Buenos Aires. © **11/4321-9850**. Fax 11/4321-9875. www.nh-hotels.com. 148 quartos, incluindo 20 suítes. Diárias: Apto. Duplo US$155 (£82); Suíte US$200 (£106). Tarifas inclusas: buffet café da manhã. Cc: AE, DC, MC, V. Estacionamento c/ manobrista por US$4 (£2.10). Metrô: San Martín. **Comodidades**: Restaurante; bar; acesso à piscina e academia próxima (cobrada uma taxa); concierge; centro de negócios; serviços de quarto limitado; serviços de babá; serviços de lavanderia e lavagem a seco. *No quarto*: A/C, TV, Internet banda larga, minibar, secador de cabelo, cofre.

NH Hotel Crillon ✛ Este hotel de estilo Francês de 50 anos fica próximo à Praça San Martín, perto das melhores lojas e atrações turísticas da cidade. Após o término de sua renovação, em 2002, o Crillon ficou mais confortável, com quarto de hóspedes readaptados, móveis mais bonitos e melhores roupas de cama. Possui centro de negócios, academia, sauna, quadra para racquetball e squash (um jogo praticado em quadra fechada, cujo nome refere-se à bola oca, preta, usada no jogo).O hotel é popular entre empresários brasileiros e europeus e oferece comodidades de alta tecnologia tais como: acesso à internet Wi-Fi e celular. O hotel recentemente aliou-se à Empresa NH, uma cadeia de hotel espanhola, com várias propriedades em Buenos Aires. Quartos de luxo com vistas panorâmicas de Santa Fé e Esmeralda; as suítes com jacuzzis têm vista panorâmica da Praça San Martín. Fique longe dos quartos que não oferecem vista panorâmica. Os funcionários do hotel são extremamente atenciosos.

Av. Santa Fe 796, Praça San Martín 1059 Buenos Aires. © **11/4310-2000** Fax. 11/4310-2020. www.nh-hotels.com. 96 quartos. Diárias: Apto. Duplo US$120 (£64); Suíte US$150 (£80). Tarifas inclusas: buffet café da manhã. Cc: AE, DC, MC, V. Metrô: San Martín. **Comodidades**: Restaurante, bar, quadras de raquete; quadra de squash; academia; sauna; concierge; centro de negócios; serviços de quarto; serviços de babá; serviços de lavanderia e lavagem a seco. *No quarto*: A/C, TV, Wi-Fi, minibar, secador de cabelo, cofre.

Obelisco Centro Suítes Hotel e Apartamentos Como seu nome indica a localização deste hotel argentino coloca-o bem no centro da cidade, perto do Obelisco. Mas, a propriedade não tem uma vista panorâmica e poucos quartos oferecem vista deste monumento. O hotel fica em duas partes, um antigo prédio de apartamentos e a nova seção do hotel. Ambas são acessadas pela mesma entrada. Grande ênfase à segurança, o hotel tem vários procedimentos de proteção contra incêndio. Os quartos são grandes e um décor claro e florido. Balcões do banheiro são bem espaçosos e as banheiras são bem fundas. Banheiras de hidromassagem estão disponíveis nas suítes com varandas e vista panorâmica do Obelisco. O hotel fica próximo das principais linhas de metrô e teatros, o local e os quartos que ficam de frente pra rua podem ser barulhentos. Acesso à Internet de banda larga gratuito no centro de negócios aberto 24 horas. Academia, sauna, spa e piscina estão disponíveis, sem custo, numa instalação compartilhada a um bloco do hotel. Pequenas kitchenetes e dormitórios de vários tamanhos. Todos com decoração simples e com ambiente agradável e acolhedor.

Av. Roque Sáenz Peña 991(Diagonal Norte e Av. 9 de Julho). 1035 Buenos Aires. ℂ **11/4326-0909** Fax. 11/4326-0269. www.obeliscohotel.com.ar. 50 quartos, 51 apartamentos. Diárias: Apto. Duplo US$121 (£64); Kitchenettes US$210 (£111). Tarifas inclusas: buffet café da manhã. Cc: AE, DC, MC, V. Estacionamento US$4 (£2.10). Metrô: Carlos Pellegrini ou Diagonal Norte. **Comodidades**: Restaurante; bar; acesso à piscina; academia; spa e sauna em instalação próxima; concièrge; centro de conferência; serviços de quarto limitado; serviços de lavanderia e lavagem a seco. *No quarto*: A/C, TV, Cozinha (em aptos), minibar, secador de cabelo, cofre.

Regente Palace Hotel Ao entrar neste hotel de quatro estrelas é como voltar no tempo da era disco, com seu estilo bronze dos anos de 1970 e tijolos arredondados em tom neutro. As janelas de navios nos corredores do edifício fazem você pensar que está no chamado Love Boat ("Barco do Amor", um seriado da televisão Americana, em 1977). Ótimo local, moderno, mas com aspectos do passado. Até mesmo os móveis parecem antigos, todos os tapetes dos quartos foram trocados no final de 2004. Quartos são de tamanho proporcional e todos têm escrivaninhas e penteadeiras. Suítes foram renovadas em tons prateados e algumas delas com jacuzzis. O que distingue este hotel dos outros é a quantidade de luz brilhante que entra pela janela, cobrindo a parede inteira, formando uma imagem do lado de fora. As janelas são antirruído. Hóspedes podem usar o centro de negócios no saguão do hotel com acesso gratuíto à internet. A academia fica no porão e há espaço para eventos que acomodam 400 pessoas em três salas. A área do restaurante onde o café da manhã é servido, fica num mezanino com detalhes em bronze, num piso sobre a área do saguão. Uma cascata nesta área proporciona uma atmosfera agradável. Você encontrará aqui algumas lojas e agências de viagens. Da forma como as escadas foram projetadas e onde ficam os elevadores, este não é um local adaptado para pessoas com necessidades especiais.

Suipacha 964, Córdoba. 1008 Buenos Aires. ℂ 11/4328-6800. Fax 11/4328-7460. www.regente.com. 137 quartos, incluindo 28 suítes. Diárias: Apto. Duplo US$140 (£74); suíte US$180 (£95). Tarifas inclusas: buffet café da manhã. Cc: AE, MC, V. Estacionamento gratuito. Metrô: Lavalle. **Comodidades**: Restaurante; bar; mini academia; concièrge; centro de negócios; galeria comercial; serviços de quarto 24 horas; serviços de lavanderia e lavagem a seco. *No quarto*: A/C, TV, minibar, secador de cabelo, cofre grande.

BARATO

V&S Albergue ✯✯ *Achados* Propriedade privada, mas faz parte de uma rede de hotéis argentinos, V&S Albergue fornece serviço excepcional, num local privilegiado, no Microcentro. O albergue fica dentro de um belíssimo prédio de apartamentos do século 20. Os quartos baratos são realçados por retoques de gesso moldado, entradas com portas curvadas, ornamentos de vidro e varandas. Cinco dormitórios privados com boxes de chuveiro nos banheiros estão disponíveis também. Cozinha equipada disponível. Uma biblioteca com ambiente sossegado, sala de estar com TV e uma varanda podem ser usados pelos hóspedes para se socializar. Vários computadores estão disponíveis com acesso à internet. É um local de bom preço e com ar-condicionado em todos os quartos.

Viamonte 887, Maipu. 1053- Buenos Aires. ℂ **11/4322-0994** Fax 11/4327-5131. www.hostelclub.com ou www.argentinahostels.com. 60 camas, incluindo 10 em 5 dormitórios com banheiro. Diárias: US$9 (£4.80) por cama; quarto privado por US$45 (£23). Tarifas inclusas: buffet café da manhã. Não aceita cartões de crédito. Metrô: Lavalle. **Comodidades**: Concièrge; Internet; cozinha comunitária; armários individuais com fechaduras. *No quarto*: A/C, secador de cabelo.

3 Monserrat

O bairro de Monserrat fica ao lado de San Telmo e de fácil acesso ao metrô. Há vários hotéis de quatro e cinco estrelas aqui, então, ficar em Monserrat pode ser uma opção para aquelas pessoas que querem o romance de San Telmo, mas um local próximo às linhas de metrô e shoppings no Microcentro. Monserrat é destacada pelos antigos edifícios do início do século XX que são parecidos com os de San Telmo, como os edifícios do governo da época fascista do meio século, onde fica a Praça de Maio. Enquanto San Telmo está no processo de urbanização, algumas partes de Monserrat podem ser desoladas e perigosas à noite. Tenha cautela perto de seu hotel e evite ruas isoladas.

Para a localização dos hotéis listados nesta seção, veja o mapa "Onde Ficar na área Central de Buenos Aires", pág.66.

CARO
InterContinental O InterContinental foi inaugurado em 1994, e apesar de sua modernidade, este hotel de torre luxuosa foi construído em uma das zonas mais antigas da cidade Monserrat, e decorado no estilo Argentino dos anos de 1930. O saguão de mármore é colorido, nos tons bege e damasco, com detalhes forte de metal negro e latão e com uma bela mobília de madeira esculpida e antiguidades cravadas com ágatas e outras pedras preciosas. O pequeno **Café de las luces,** no saguão, oferece apresentações de tango à noite. O InterContinental é também o único hotel de cinco estrelas de fácil acesso a pé ao bairro de San Telmo. O **Restaurante y Bar Mediterrâneo** (pág.113) com especialidade na culinária mediterrânea, num pátio ao ar livre, embaixo de uma treliça de vidro. Dê uma passada no Brasco & Duane, bar de vinhos, para degustar uma seleção exclusiva de safras argentinas. Os quartos de hóspedes mantêm o estilo de 1930, com elegantes obras de carpintaria escura, camas confortáveis no tamanho king, cabeceiras de mármore, escrivaninhas grandes e fotografias preto e branco de Buenos Aires. Banheiros em mármore, com chuveiros e banheiras separadas, oferecem muita comodidade.

Moreno 809, Piedras. 1091 Buenos Aires. © **11/4340-7100**. Fax 11/4340-7119. www.buenos-aires.interconti.com. 312 quartos. Diárias: Apto. Duplo US$400 (£212). Cc: AE, DC, MC, V. Estacionamento US$10 (£5.30). Metrô: Moreno. **Comodidades**: Restaurante; bar de vinho; bar-lobby; piscina interna; academia; sauna; concièrge; centro de negócios; serviços de quarto; serviços de massagem; lavanderia e lavagem a seco; andares para executivos, terraço. *No quarto*: A/C, TV, acesso discado à internet, minibar, secador de cabelo, cofre.

MODERADO
Grand Boulevard Hotel Econômico *Econômico* O Grand Boulevard é um local parecido com o InterContinental a preço muito mais em conta. Oferece uma variedade de serviços para viajantes empresários ou para aqueles que estão de férias. Janelas com vidros reforçados de fabricação alemã bloqueiam o barulho da Avenida 9 de Julho e, ao mesmo tempo, proporciona vista da rua e do rio nos andares mais altos. O restaurante-bar fica aberto 24 horas e serve culinária internacional e um cardápio de alimentos leves, detalhando o valor nutritivo e calorias aos viajantes que se preocupam com a saúde. Todos os quartos têm escrivaninhas e penteadeiras em vários tamanhos, e um painel na cabeceira da cama que controla as luzes. Camas *queen size* argentinas são um pouquinho maiores do que as camas no padrão americano, e mais confortáveis, mas não muito firmes, e todos os quartos têm armários embutidos. Internet banda larga gratuita em todos os quartos, assim como também 24 horas no centro de negócios. Alguns dos quartos possuem Wi-Fi e internet a cabo. Fácil acesso ao metrô e com a autopista (rodovia) por perto, este é o hotel da cidade mais próximo ao aeroporto. Alguns dos quartos aqui têm acesso limitado às pessoas com necessidades especiais. Um salão de reuniões pequeno e envidraçado, localizado na cobertura do edifício, proporciona uma bela vista da cidade.

MONSERRAT 77

Bernardo de Irogoyen 432, Belgrano. 1072 - Buenos Aires. © **11/5222-9000** Fax 11/5222-9000 ramal 2141. www.grandboulevardhotel.com. 85 quartos. Diárias: Apto. Duplo US$110 (£58); Suítes US$195 (£103). Cc: AE, DC, MC, V. Estacionamento gratuito. Metrô: Moreno. **Comodidades**: Restaurante; bar; academia com personal trainer; sauna; concièrge; centro de negócios; serviços de quarto 24 horas; massagem, babá; serviços de lavanderia e lavagem a seco. *No quarto*: A/C, TV, Internet banda larga ou Wi-Fi (dependendo do quarto) minibar, secador de cabelo, cofre.

Hotel Castelar ★★ *Momentos*
Aberto em 1929, o Hotel Castelar é considerado uma referência histórica de Buenos Aires, assim como foi, um dia, um local importante para os escritores espanhóis, durantes os anos dourados da Argentina, como um centro da intelectualidade dos anos de 1930. Tornou-se famoso e associado ao autor dramático espanhol Frederico García Lorca, que viveu aqui por muitos meses, em 1934. Uma placa na entrada celebra sua estadia. O quarto em que ele viveu foi preservado também com um estilo meio cafona. O saguão guarda muito do latão, mármore e base de gesso forte de sua entrada. E esses detalhes se estendem na sala de jantar, quando foi uma confiteria (café) que foi culturalmente importante, como o Café Tortoni (pág.111) mais adiante, na Avenida de Maio. Mário Palanti, o excêntrico arquiteto próximo ao Palácio Barolo (pág.150), projetou o Castelar. Os anos dourados da Avenida de Maio acabaram há muito tempo, mas o hotel deixa você desfrutar pelo menos o charme que ainda resta. O spa do hotel Castelar, no porão, é gratuito para todos os hóspedes (áreas separadas para homens e mulheres), com taxas adicionais para vários serviços. Enorme, cheio de mármore branco Carrara e construído em estilo turco, vale à pena pagar a entrada de aproximadamente US$8 (£4.25) só para conhecer o local, mesmo que você não esteja hospedado neste hotel. Renovações em todos os apartamentos foram finalizadas no inicio de 2005. Todos contam agora com padrões de cores modernas, colchões novos e móveis confortáveis. Os tons em madeira antiga, vidros pontilhados e pisos azulejados nos banheiros têm sido mantidos. Os quartos não são muito espaçosos, mas o arranjo, uma pequena sala de espera com o dormitório de um lado e o banheiro do outro lado, dá a sensação de privacidade aos espaços, mesmo quando dividido por um casal. Suítes são parecidas, mas com uma sala de estar. Não há quartos adaptados para pessoas com necessidades especiais, mas alguns apartamentos possuem um espaço maior e alguns com barras de ferro de apoio no banheiro. O acesso a internet é gratuito nos quartos, e Internet Wi-Fi no saguão do hotel.

Av. de Mayo, Lima e Av. 9 de Julho. 1152 - Buenos Aires © **11/4383-5000**. Fax 11/4383-8388. www.castelarhotel.com.ar. 151 quartos, incluindo 70 suítes. Diárias em Apto. Duplo US$89 (£47); e suítes US$123 (£65). Tarifas inclusas: buffet café da manhã. Cc: AE, DC, MC, V. Estacionamento US$3 (£1.60). Metrô: Lima. **Comodidades**: Restaurante; bar; academia; spa; centro de negócios; serviços de quarto limitados; serviços de lavanderia e lavagem a seco. *No quarto*: A/C, TV, minibar.

NH City Hotel ★★
A cadeia hoteleira espanhola NH inaugurou sua propriedade em junho de 2001 no antigo City Hotel, uma obra prima de Arte Decó, que foi uma vez um dos hotéis grandiosos de Buenos Aires. Numa cidade com poucos edifícios neste estilo, sua parte externa em forma de pirâmides desproporcionais relembra os edifícios associados com a Era do Jazz mais em Nova York do que Argentina. O saguão foi meticulosamente renovado com uma combinação de Arte Decó e arquitetura gótica popular naquela época, com tons bege e mobílias em tom marrom, ressaltando as madeiras polidas, teto de vidro colorido e pisos de mármore em tom de mel. Muitos dos quartos estão na cor escura, com uma combinação masculina de materiais em cor vermelha e preto. Outros já são mais claros, com paredes brancas e com ressaltos na cor marrom avermelhado. Todos os banheiros são espaçosos e iluminados, com grandes superfícies e uma excelente variedade de produtos para banho. Um novo edifício foi acrescentado ao hotel em 2006. Os cofres são extremamente grandes, com espaço suficiente para um laptop. Recuando para a cobertura, sua piscina externa aquecida é uma maravilha. Atendentes certificam-se de que você esteja confortável enquanto absorve a

paisagem fantástica do rio, num dia claro, assim como da Praça de Maio e cúpulas dos edifícios na Diagonal Norte. Há uma academia pequena completa com um spa, sauna e jacuzzi neste andar. Você pode receber uma massagem aqui ou marcar um horário para receber uma massagem no seu quarto. De todos os hotéis no centro político, este é o melhor, pois a vista panorâmica de muitos quartos sempre deixa a desejar, e também muitos quartos no fundo do hotel não têm nenhuma vista panorâmica devido à construção, no momento, de um edifício ao lado. Você tem escolha de internet banda larga ou Wi-Fi em alguns quartos e o centro de negócios também tem acesso à internet gratuita 24 horas. Há dois restaurantes no edifício. Um com ambiente descontraído, enquanto o outro, chamado Clue é grande, com toques do minimalismo dos anos de 1930. Suas regras formais de proibem os clientes de jantar em shorts.

Bolívar 160, Alsina. 1066 Buenos Aires. ⓒ 11/4121-6464 Fax 11/4121-6450. www.nh-hotels.com. 370 quartos, incluindo 38 suítes. Diárias: Apto. Duplo US$140 (£74); e suíte de US$ 194 (£103). Incluso um farto buffet café da manhã. Cc: AE, DC, MC, V. Estacionamento US$5 (£2.65). Metrô: Bolívar ou Praça de Maio. **Comodidades**: 2 restaurantes; bar; piscina; academia; spa; sauna; Jacuzzi; concièrge, centro de negócios, centro de conferência; serviços de quarto 24 horas; babá; serviços de lavanderia e lavagem a seco; andar para executivos. *No quarto*: TV, Internet banda larga ou Wi-Fi, minibar, secador de cabelo, cofre grande.

ECONÔMICO
Hotel Ritz Este é um dos meus hotéis econômicos favoritos em Buenos Aires, devido ao seu preço, à equipe cordial e a sua localização junto ao cruzamento da Avenidas 9 de Julho e Avenida de Maio. Originalmente o edifício foi inaugurado por volta do último século como um escritório médico, sendo convertido em um hotel nos anos 1920. Isso resultou em formas desproporcionais dentro do hotel, com banheiros ao lado dos quartos ou quartos pequenos e ou grandes demais, mas tudo isso acrescenta qualidade. Dos 38 quartos, 30 são grandes o suficiente para duplo ou triplos, e 24 quartos possuem varandas de frente para a rua. Mas isso significa que alguns quartos podem ser barulhentos. É uma ótima opção para quem busca um lugar de qualidade e barato. Os tetos são muito altos e alguns quartos ainda mantêm obras de gesso elaboradas, portas francesas e bronze. Os banheiros são oito ou oitenta e alguns com chuveiro possuem problemas na pressão da água. Estão planejando em instalar ar condicionado por volta de 2007, o que pode ter impacto nas tarifas. Por enquanto, os ventiladores de teto resolvem o problema. Acesso gratuito à Internet Wi-Fi onde é servido o café-da-manhã e em uma sala de reunião pequena acessível, onde cabem aproximadamente 60 pessoas. As empregadas aqui são como mães protetoras na sua estadia em Buenos Aires. Há um elevador e a forma como o hotel foi elaborado, não é adequada para aqueles com necessidades especiais. A maioria dos clientes são executivos argentinos ou europeus. Não há cofres no quarto, mas você pode deixar seus itens de valor na recepção do hotel, e o concièrge pode organizar viagens de um dia fora da cidade e passeios turísticos de sua preferência.

Av. de Mayo 1111, com Av. 9 de Julho 1085- Buenos Aires. ⓒ 11/4383-9001. www.ritzbuenosaires.com. 38 quartos. Diárias: Apto. Duplo US$40 (£21). Tarifas inclusas: buffet café da manhã. Cc: AE, DC, MC, V. Estacionamento fora do local US$3 (£1.60). Metrô: Lima. **Comodidades**: Sala para café da manhã (com Wi-Fi); concièrge; sala de reuniões; serviços de quarto limitados; serviços de lavanderia e lavagem a seco. *No quarto*: TV a cabo, ventiladores de teto.

4 San Telmo

Acho San Telmo um tanto quanto romântico e o mais autêntico de todos os bairros turísticos em Buenos Aires. San Telmo está se urbanizando rapidamente, não é tão perigosa como foi no passado, mas mesmo assim você precisa ter cuidado aqui à noite mais do que em outras partes da cidade; lembrando que foi aqui onde as filhas gêmeas Bush foram supostamente assaltadas. A maioria dos hotéis são albergues, B&Bs (Bed and Breakfast), ou hotéis-butique. Se consegue viver sem alguns luxos, focalizando mais em absorver o extremo sabor portenho da área, recomendo que fique por aqui. A área é acessada por estações da linha do metrô C percorrendo a Avenida 9 de Julho. Isso pode ser uma longa caminhada de algumas acomodações de San Telmo.

Para a localização dos hotéis listados nesta seção, veja o mapa "Onde Ficar na área Central de Buenos Aires", pág.66.

Barato

El Lugar Gay Este é o primeiro hotel exclusivo para gays, mas só é aberto para homens. Localizado dentro de um edifício histórico do século passado, menos de uma quadra da Praça Dorrego, o coração de San Telmo. O ambiente é familiar, os móveis são sofisticados, da época industrial, em harmonia com o século passado. Nestor e Juan, casal gay e proprietários deste edifício, têm funcionários amáveis, mas muitos deles não falam inglês. Solicite os quartos que ficam nos fundos, com bela vista da igreja de San Telmo do outro lado do edifício. Os quartos são pequenos e com poucos móveis, e alguns banheiros são divididos com os quartos ao lado, e outros quartos têm uma Jacuzzi. Não fornecem shampoo ou secadores de cabelo no banheiro, o que é estranho para um hotel que serve os homens gays. Quartos não tem telefones, mas alguns têm mesas de trabalho e escrivaninhas. Cofres pequenos, TVs e ar condicionado completam os quartos. O acesso à internet 24 horas é gratuito. Várias escadas estreitas levam até o saguão do hotel e os quartos podem ser um problema para pessoas com necessidades especiais. O hotel tornou-se de fato o centro da comunidade gay, com seu café e aulas de tango domingo à noite às 19 horas, ensinadas pelo grupo de tango gay La Marshall. É aberto ao público, mesmo que você não esteja hospedado aqui; você pode visitar o hotel quando estiver na cidade.
Defensa 1120, Humberto I. 1102- Buenos Aires © **11/4300-4747**. 7 quartos duplos uns com banheiros comunitários por US$35 a US$50. Tarifas inclusas: buffet café da manhã. Não aceitam cartão de crédito. Metrô: Independência. **Comodidades**: Restaurante; bar; centro de negócios, Internet. *No quarto*: A/C, TV a cabo, cofre pequeno.

Hotel Carlos Gardel Se você não consegue obter o suficiente de Gardel nos salões de tango, então se hospede aqui, onde uma parede vermelha cheia de fotos é a primeira coisa que lhe dá boas vindas. Este albergue foi construído dentro de uma antiga casa e tem sido severamente destruído, restando alguns elementos de charme, tais como escadas de mármores, parede de candelabros e janelas de vidro coloridas ainda permanecem. O local é muito moderno e foi inaugurado em março de 2004. Dois quartos com banheiro privado estão disponíveis neste local, mas com a diária de US$35 (£19) são caros, considerando a falta de comodidades, além do banheiro. Funcionários são amáveis e uma sala de TV grande perto da área do concièrge permite bater papo. Cozinha comunitária e um asado (churrasqueira) no terraço da cobertura fornecem muitos espaços para interagir e dividir estórias de suas aventuras em Buenos Aires. Toalhas e lençóis são fornecidos aos hóspedes, mas de todos os albergues, este parece ter o menor número de ara todos. Internet disponível no local.
Carlos Calvo 579, Peru 1102 Buenos Aires © **11/4307-2606**. www.hostelcarlosgardel.com.ar. 45 camas incluindo 10 em 2 quartos privados com banheiros. Diárias de US$8 (£4.20) por cama; US$35 por quarto. Tarifas inclusas: buffet café da manhã. Não aceitam cartão de crédito. Metrô: Independência. **Comodidades**: bebidas self-service; conciérge; sala de TV; Internet gratuita; cozinha comunitária. *No quarto*: armários com fechaduras.

Hostel Nômade Pintado todo de verde do lado de dentro e de fora, o Albergue Nômade é limpo, simples e se situa numa encantadora e pequena casa a poucas quadras da Praça Dorrego. Há vários quartos com beliches espalhadas e três dos quartos podem ser alugados para uso privado, mas nenhum possui banheiro. Uma sala de TV completa com uma mesa de sinuca e bebida onde você se serve cria um ambiente para todos voltarem e compartilhar estórias sobre suas aventuras na cidade. A maioria dos clientes neste local são jovens europeus, principalmente alemães. Como na maioria dos albergues, parece não haver banheiros suficientes para todas as camas neste lugar, mas se você sabe como é viver em um albergue, não terá problemas. Uma escadaria estreita, no centro da casa, irá conduzi-lo até o terraço enorme na cobertura e completa com um *asado* (churrasqueira). Toalhas e lençóis são fornecidos aos hóspedes.

Carlos Calvo 430, Defensa. 1102- Buenos Aires ℂ **11/4300-7641**. www.hostelnomade.com. 31 camas, incluindo 12 em 3 quartos privados. Diárias a partir de US$7 (£3.70) por cama; US$17 (£9) quartos privados. Preços incluem café da manhã continental. Não aceitam cartões de crédito. Sem estacionamento. Metrô: Independência. **Comodidades**: Máquina de bebida self-service; concièrge; sala de TV; Internet gratuita; cozinha comunitária. *No quarto*: Armários com fechaduras.

Lina's Tango Guesthouse ★★★ *Achados* Se você realmente quiser se expor ao mundo do tango, este é o lugar para ficar. A proprietária Lina Acuña, que originalmente veio da Colômbia, abriu esse lugar sensacional em 1997. Ela é dançarina de tango e queria criar um lugar onde a comunidade do tango mundial pudesse se juntar, aproveitar a companhia de todos e compartilhar a verdadeira história do tango em Buenos Aires. Com uma mulher sendo proprietária do local, é uma ótima ideia para mulheres que viajam sozinhas, e Lina frequentemente viaja com os hóspedes em passeios a milongas de San Telmo e outros bairros, repassando seus conhecimentos sobre o local. Lina vive na casa e seu exterior, de 1960, oculta o fato de que o edifício foi construído por volta do século passado. Os quartos ficam nos fundos do jardim, com portas originais e outros elementos que ainda permanecem. Ela pintou outras partes da casa com tinta colorida de má qualidade que relembra La Boca, vinhas e árvores acrescentam a autêntica atmosfera portenha. Hóspedes e amigos de Lina se reúnem aqui para conversar, de forma espontânea sobre as técnicas de dança de cada um e fazendo grelhados nos feriados e finais de semana. Dois dos sete quartos de hóspedes dividem os banheiros. Os quartos são de tamanhos diferentes, mas são apropriados para compartilhar. O café da manhã está incluso e há uma cozinha pequena para os hóspedes prepararem suas refeições. Há uma máquina de lavar roupas suadas de uma noite de tango. Lina se sente muito orgulhosa das prateleiras que ela criou em todos os quartos para os seus hóspedes com sapatos de tango. A TV é dividida entre os hóspedes numa sala de estar e pode ser barulhenta, com pessoas falando e dançando no quintal. Mas se você ama o tango, este é o lugar ideal para ficar.

Estados Unidos 780, Piedras. 1011- Buenos Aires ℂ **11/4361-6817**. www.tangoguesthouse.com.ar. 8 quartos, 5 com banheiros privados. Diárias entre US$30- US$60 (£16-32). Tarifas inclusas: buffet café da manhã. Não aceitam cartões de crédito. Metrô: Independência. **Comodidades**: buffet café da manhã; lavanderia self-service, passeios de tango; cozinha self-service. *No quarto*: Internet (Wi-Fi).

5 Recoleta

Os melhores e mais confortáveis hotéis são encontrados no bairro Recoleta e Microcentro. Recoleta é mais teatral e não tão barulhenta como o Microcentro, mas se você ficar aqui, provavelmente gastará muito dinheiro com táxis; a área não é acessível por nenhuma linha do Metrô (subte), exceto em áreas que ficam ao lado do Barrio Norte. Mesmo que os táxis não custem muito em Buenos Aires, usá-los muitas vezes ao dia pode sair caro. Claro que se você tiver condições de ficar em Recoleta, então o custo extra de táxi talvez não seja um problema pra você! Transporte público à parte, Recoleta é excessivamente bela e, ficando aqui, você é colocado perto do Cemitério Recoleta e do túmulo de Evita e também dos parques e museus perto de Palermo, que são acessados por táxi, não importando de qual parte da cidade você vem.

Não há paradas de metrô neste bairro. Para a localização dos hotéis nesta seção, veja o mapa "Onde Ficar na área Central de Buenos Aires", pág.66.

MUITO CARO

Alvear Palace Hotel ✶✶✶ Localizado no centro da alta sociedade no bairro de Recoleta, o Alvear Palace é o hotel mais luxuoso em Buenos Aires e um dos melhores hotéis no mundo. É o único hotel de propriedade privada em Buenos Aires. Uma decoração clássica dourada repleta de mármore e bronze, o Alvear combina móveis de estilo Império e Louis XV com decorações refinadas de arte francesa. A lista de hóspedes famosos tem incluído Antonio Banderas, Donatella Versace, o Imperador do Japão, e Robert Duvall, entre outros. Quartos de hóspedes recentemente renovados combinam confortos luxuosos, tais como: lustres, roupas de cama de algodão egípcio e cortinas de seda, com comodidades modernas. Todos os banheiros foram renovados com mármore, artigos para higiene Hermes (Paris), e telas de TV adicionadas às banheiras (algumas são Jacuzzis). Todos os quartos vêm com serviços de mordomo pessoal, celulares que podem ser ativados de imediato, arranjos de flores e cestas de frutas, e entrega de jornais diários. O hotel, formal, fornece serviço pontual e profissional, e a excelente equipe concièrge vai ao extremo para realizar os pedidos de seus hóspedes. Se é o seu sonho ficar nesse hotel em Buenos Aires, às vezes, o website oferece descontos; quando à ocupação, está em baixa. O Alvear Palace é a casa de um dos melhores restaurante na América do Sul (**La Bourgogne**, pág.117) e oferece também um excelente brunch, mas caro, uma combinação de café da manhã e almoço servido aos domingos e chá, à tarde, no **L'orangerie**. Cardápio kosher (Judaico) e jantar disponível também no Alvear. O Alvear inaugurou recentemente o spa **La Prairie** com 800 m2. Um dos maiores e mais luxuosos spas em toda a Buenos Aires, com tratamentos linfáticos, hidroterapia e outras especialidades. Em 2008 e 2009, o Alvear ampliará seu nome ao construir dois hotéis de luxo – um em Puerto Madero e um no Microcentro.

Av. Alvear 1891, Ayacucho. 1129 - Buenos Aires. ✆ **11/4808-2100**. Fax. 11/4804-0034. www.alvearpalace. com. 210 quartos, incluindo 85 quartos "palácios" e 125 suítes. Diárias: Apto. Duplo US$450 (£239); suítes US$520 (£276). Tarifas inclusas: buffet café da manhã luxuoso. Cc: AE, DC, MC, V. **Comodidades**: 2 restaurantes; bar; academia; spa; concièrge; centro de negócios requintado; galeria comercial; serviços de quarto; massagem; serviços de lavanderia e lavagem a seco; serviços de mordomo particular. **No quarto**: A/C. TV, acesso discado à internet, minibar, secador de cabelo, cofre.

Buenos Aires Park Hyatt ✶✶✶ Esta é a segunda reencarnação de Buenos Aires Park Hyatt, originalmente localizada no que é agora o Four Seasons, a apenas uma quadra do hotel. Após muitos atrasos na construção, este hotel foi inaugurado em julho de 2006. De fato, valeu à pena esperar. Muita concentração foi colocada na decoração dos quartos por todo o Palácio Duhau (uma das mansões mais importantes na Avenida Alvear) e a torre principal fica de frente à Rua Posadas. Os dois edifícios estão ligados por meio de um jardim, com uma varanda, e por uma galeria de arte subterrânea, num túnel iluminado e arejado. Mesmo assim, não há verdadeiros saguões como existem em alguns dos hotéis 5 estrelas, como o do Alvear Palace ou Four Seasons. De fato, há dois saguões: um, na torre nova; o outro, na torre negra no Palácio, acessada por uma linda escadaria que fica em frente ao edifício. Os quartos laterais e áreas de espera são magníficos. É uma propriedade da poderosa família Duhau, que administrou o Ministério da Agricultura. Fica mais evidente o que foi feito do salão de bailes com suas paredes de calcários esculpidos e pisos de mármores coloridos. No todo, há um forte uso dos elementos modernos dentro de um cenário clássico. Os quartos laterais fora do saguão incluem o Piano Nobile, uma sala em estilo de Versalhes pintada de cinza claro, com tons prateados ao longo de sua elaborada modelagem clássica. Este local serve como restaurante, e você pode vir para uma refeição ou tomar uma bebida. Outro restaurante é o Oak Bar, masculino e gótico, com uma seleção refinada de licores. Apesar da nova lei de proibição do fumo, este é um dos poucos locais em Buenos Aires com um sistema de filtração adequada que permite o fumo em qualquer parte no local. As paredes são em painéis que originalmente adornaram um palácio medieval da Normandia e que foi comprado pela família Duhau. Nos fundos do palácio, ainda permanece um terraço original, um lugar agradável para tomar uma bebida ou para reuniões e olhar os jardins com piscinas em forma de cascata coberta de lírios. O jardim inteiro é sombreado por esta árvore de 120 anos que vem da antiga propriedade. Os quartos na mansão são clássicos e modernos, assim como as áreas públicas. Puxadores de bronze nas portas francesas, molduras de madeira e uma mistura de móveis estilo Louis XV e contemporâneos decoram os quartos. No interior da torre há uma atmosfera levemente masculina e moderna, usando várias tonalidades de cores, entre elas, o marrom, carvão, cinza prateado, incluindo cortinas de seda chantug importadas da França, que abrem e fecham ao apertar de um botão. Os quartos são espaçosos e as suítes vêm com banheiros a mais para serem usados durante reuniões. Alguns dos quartos na torre têm vista panorâmica do Rio da Prata de tirar o fôlego. Banheiros em ambos os prédios são enormes, com banheira e chuveiro. De fato, para cada quarto de hóspede, 30% a 40% do espaço pertence ao banheiro. O restaurante **Piano Nobile** é administrado por Maximo Lopes May, considerado entre os melhores chefes jovens de Buenos Aires. Outros restaurantes incluem **Gioia**, com especialidade em culinária italiana e aberto para café da manhã, almoço e jantar, e o restaurante internacional **Duhau,** com toques franceses, aberto para lanche e jantar. Lustres de vidro padrão Murano decoram o local. No interior do local, conectando os edifícios subterrâneos, vai se deparar com um bar de queijo e vinho, com aproximadamente 45 queijos artesanais produzidos na Argentina e vinho para realçar a seleção. Esta área conduz ao corredor atual, um verdadeiro museu. As peças são trocadas a cada 40 dias e todas são colocadas à venda. No meio do corredor está uma área para preparação de flores. O spa **Ahin** leva o nome Indiano Mapuche que significa "bem vindo a cerimônia dos hóspedes de honra". Spa e Academia são enormes oferecendo uma variedade de tratamentos, com preços a partir de US$80 a quase US$270 dólares (£42- £143). Salas de tratamentos são spas por si mesmo, sem a necessidade de sair para tomar banho. E há uma sala onde casais ou amigos podem receber tratamentos juntos. Há uma piscina aquecida enorme na academia. O centro de negócios oferece serviços completos. Oferece serviços de tradução e de secretária. Computadores e aparelhos de fax podem ser alugados e levados para os quartos. Acesso à internet disponível em todos os quartos, com o valor de US$12 (£6.35) ao dia. Ipods completamente carregados estão disponíveis no concièrge sob pedido. Wi-Fi disponível em toda área pública do hotel. Café da manhã não está incluso nas tarifas e custa em torno de US$20 (£11) por dia.

Av. Alvear 1661, Montevideo. 1014 Buenos Aires. ℂ **11/5171-1234**. Fax 11/5171-1235. www.buenosaires.park.hyatt.com. 165 quartos, incluindo 23 Aptos. Mansão, 23 suítes em ambas as torres. Diárias: Apto. Duplo US$ 500 (£265); Suíte US$700 (£371); e suítes selecionadas a partir de US$ 2, 200 (£1, 166). Cc: AE, DC, MC, V. Estacionamento US$17 (£8.60). **Comodidades**: 3 restaurantes; bar-lobby; piscina interna aquecida; academia; sauna; concièrge; salão de cabeleireiro; centro de negócios com vários idiomas; Wi-Fi em áreas públicas; serviços de quarto; massagem; serviços de babá; serviços de lavanderia e lavagem a seco. *No quarto*: A/C, TV/VCR, Internet banda larga e Wi-Fi, minibar, secador de cabelo, cofre.

Four Seasons Hotel ✷✷✷ Em 2002, O Four Seasons tomou o comando do Park Hyatt, que já foi uma das propriedades mais luxuosas da cidade. Este hotel histórico consiste em duas partes: a torre de 12 andares acomoda a maior parte dos quartos de hóspedes, e o La Mansíon, estilo francês, de 1916, que tem 7 suítes elegantes e muitas salas de eventos. Um jardim estilo francês e uma piscina separam os dois edifícios. Uma academia bem equipada oferece tratamentos em spa, incluindo massagem e limpeza de pele com vinho. O spa foi renovado na metade de 2004, e renovações foram terminadas em todos os quartos do hotel para transformá-lo no estilo de Hyatt para o estilo do Four Seasons. O spa foi nomeado **Pachamama** em tributo à deusa nativa, e entre as exclusividades do spa há tratamentos feitos com vinho e outros ingredientes argentinos. O restaurante do hotel, **Le Mistral** (pág.118) serve excelente culinária mediterrânea num ambiente descontraído. Quartos de hóspedes espaçosos oferecem comodidades típicas como: armários para se vestir, bares com pia e sem pia, aparelho de som e celulares. Banheiros de mármore grandes com banheiras a jato e chuveiros separados. Pessoas que se hospedarem no andar da biblioteca, conhecida como área executiva, são privilegiadas com exclusivo check in e check out; comodidades adicionais no quarto incluem uma impressora, aparelho de fax, vinho argentino, café da manhã complementar e coquetéis noturnos. Localizado no 7º andar da torre, a exclusiva biblioteca oferece aos hóspedes quartos preferenciais e suítes oferecem uma sala de estar com um bar para relaxar e conduzir reuniões de negócios. Uma seleção internacional de jornais e revistas é fornecida nesta área com acesso à Internet e bebidas não alcoólicas e café estão disponíveis. A biblioteca é aberta das 08h00 às 21h00. A equipe prestativa vai ajudá-lo a organizar passeios de dia, em Buenos Aires, assim como também acesso aos cursos de golfe, tênis, remo e passeios a cavalo. Crianças recebem leite com bolachas antes de dormir. Apesar de um novo concorrente ter sido aberto bem perto, com o nome de Buenos Aires Park Hyatt, o Four Seasons continua na competição e a ganhar inúmeros prêmios de excelência do Conde Nast Traveler, Travel & Leisure, entre outras revistas sobre críticas dos hotéis da America Latina.

Posadas 1086/88, Av. 9 de Julho. 1011 Buenos Aires. ℂ **11/4321-1200** Fax 11/4321-1201. www.fourseasons. com. 165 apartamentos, incluindo 49 suítes (7 suítes em La Mansíon). Diárias: Apto. Duplo US$380 (£201); suíte US$ 570 (£306); suíte mansão de US$3.500 (£1,855). Tarifas inclusas: café da manhã. Cc: AE, DC, MC, V. Estacionamento US$12 (£6.25). **Comodidades**: Restaurante; sala de estar com bar; piscina aquecida externa; academia; sauna; concièrge; centro de negócios multilíngüe; serviços de quarto; massagem; babá; serviços de lavanderia e lavagem a seco; quartos de classe executiva. No quarto: A/C, TV/VCR, acesso à Internet discada, minibar, secador de cabelo, cofre.

CARO

Caesar Park ⭐ Este hotel clássico fica do outro lado da Rua Pátio Bullrich, o shopping Center mais exclusivo da cidade. Os quartos de hóspedes variam em tamanho e comodidades, mas todos são decorados com móveis de primeira qualidade e roupas de cama refinadas, banheiros em mármore com banheiras e chuveiros separados e uma estante com TV e aparelho de som. Nos quartos grandes, os hóspedes são presenteados com cestas de frutas na primeira noite de estadia. A coleção de arte no saguão e no mezanino são para vender, e algumas lojas de butiques ficam no piso térreo. Acesso à Internet disponível nos quartos com um custo adicional de US$20 (£11) por dia.

Posadas 1232/46, Montevideo. 1014 - Buenos Aires. ℂ **11/4819-1100** Fax. 11/4819-1121. www.caesar-park. com. 170 apartamentos. Diárias: Duplo US$400 (£212); suítes US$480 (£254). Tarifas inclusas: buffet café da manhã. Cc: AE, DC, MC, V. Estacionamento gratuito. **Comodidades**: Restaurante; 2 bares; piscina interna; academia; sauna; concièrge; centro de negócios; serviços de quarto; serviços de lavanderia e lavagem a seco. No quarto: A/C, TV, acesso à internet discada, minibar, secador de cabelo, cofre.

Hotel Emperador ⭐⭐ Localizado na Avenida Libertador, este hotel é de um proprietário espanhol e com uma filial em Madrid. Aberto em 2001, a poucas quadras do Shopping Center Pátio Bullrich, em um área que alguns chamam de Retiro, porque fica perto da estação de trem, outros dizem que fica perto de Recoleta. O tema aqui é imperial, com uma escultura de Júlio Cesar com vista para a mesa do concièrge. O saguão evoca uma sensação de Velho Mundo. Atrás do restaurante principal, o saguão abre para um grande terraço e mesas ao ar livre. A sala de estar com bar possui um estilo de caça francês, um lugar para senhoras almoçarem e executivos se reunirem para reuniões informais. Quartos são muito espaçosos, preservando o tema imperial. Tapetes na cor azul royal com modelos de coroas de flores, móveis elegantes envernizados com acessórios de bronze e forro de veludo dourado esperam pelo visitante. As suítes com suas paredes, múltiplas portas e entradas, e com várias pias são ideais para se fazer negócios sem a invasão de privacidade nos dormitórios. Todos os banheiros são demasiados grandes, com mármore nas cores creme e verde, e são bem estocados com produtos excelentes. Banheiros de Suíte são bem maiores, com uma banheira e box de chuveiros separados. Cada quarto vem com uma mesa enorme, acesso Wi-Fi e internet banda larga, que custa US$12 (£6.35) por dia. As enormes e majestosas suítes nupciais no andar de cima têm cozinha. Há 3 quartos para portadores de necessidades especiais. A academia é pequena, muito limpa e bem iluminada, com uma sauna a vapor e uma sem vapor, na parte lateral, com áreas separadas para homens e mulheres. E com uma piscina interna aquecida, tamanho médio, com colunas modernas espaçadas dando a impressão de uma banheira romana.

Av. del Libertador 420, Suípacha. 1001 Buenos Aires. ⓒ **11/4131-4000**. Fax 11/4131-3900. www.hotel-emperador.com.ar. 265 apartamentos, incluindo 36 suítes. Diárias: Apto. Duplo US$194 (£103); suíte US$300 (£159); suíte nupcial US$1,000 (£530). Tarifas não incluem buffet café da manhã e custa US$24 (£13) adicional. Cc: AE, DC, MC, V. Estacionamento US$4 (£2.10). Metrô: Retiro. **Comodidades**: Restaurante; bar; piscina interna aquecida; academia pequena; sauna a vapor e sem vapor; concièrge; centro de negócios; serviços de quarto 24 horas; massagem; babá; serviços de lavanderia e lavagem a seco; terraço com jardim. *No quarto*: A/C, TV, Internet banda larga e Wi-Fi – US$12/£6.35 por dia, minibar, cafeteira, secador de cabelo, cofre.

Loi Suítes ★★ Parte de uma pequena cadeia hoteleira, o Loi Suítes Recoleta é um hotel contemporâneo com quartos espaçosos e serviço personalizado. Um jardim cheio de Palmeiras e uma piscina coberta unem-se ao saguão, com várias tonalidades de branco. O café da manhã e o chá da tarde são servidos no "jardim inverno". Embora a gerência use o termo suítes especialmente para descrever apartamentos com microondas, pias e refrigeradores pequenos, na realidade, o hotel oferece muitas suítes tradicionais, além de seus apartamentos tipo estúdio. No passado, o hotel costumava chamar de all-suites (apartamentos com sala de estar e ou cozinha), o que não era exatamente a verdade. Quartos têm sido propriamente reprojetados como estúdios e suítes para dar uma ideia melhor da estrutura do quarto atual. Loi Suítes localiza-se bem na esquina dos restaurantes e bares chiques de Recoleta, e a equipe do hotel proporcionará informações sobre passeios na cidade. No quarto Internet é de graça, e com tocador de CDs.

Vicente López 1955, Ayacucho. 1128- Buenos Aires. ⓒ **5777-8950** Fax. 11/5777-8999. www.loisuites.com.ar. 112 apartamentos. Diárias em apto. Duplo US$300 (£159); suíte US$450 (£239). Tarifas inclusas: buffet café da manhã. Cc: AE, DC, MC, V. Estacionamento US$4 (£2.10). **Comodidades**: Restaurante, piscina interna, academia; sauna; centro de negócios; serviços de quarto limitado; serviços de lavanderia e lavagem a seco. *No quarto*: A/C, TV, Internet banda larga, minibar, refrigerador, secador de cabelo, cofre.

MODERADO
Bel Air Hotel Aberto no final de 2000, o aconchegante Bel Air tem a atmosfera de um hotel-butique, mas não é mais barato como antigamente. Embora o saguão e a parte exterior do edifício sejam mais extravagantes do que os quartos, hóspedes podem ficar na expectativa de uma acomodação confortável e tranquila. Quartos superiores são maiores do que quartos standard e um pouco mais caros, enquanto suítes têm áreas de descanso. Certos quartos contêm apenas chuveiros (sem banheiras). Perto do saguão, o restaurante Bis-a-Bis possui mesas perto das janelas, ótimo lugar para pessoas observarem a moderna Rua Arenales.

Arenales 1462, Paraná. 1061- Buenos Aires. 11/4021-4000. Fax 11/4816-0016. www.hotelbelair.com.ar. 76 apartamentos. Diárias: Apto. Duplo US$150 (£80); suíte US$180 (£95). Tarifas inclusas: buffet café da manhã. Cc: AE, DC, MC, V(Visa). Sem Estacionamento. Metrô: Callao. Comodidades: Restaurante; bar; academia; centro de negócios; serviços de quarto limitado; serviços de lavanderia e lavagem a seco. No quarto: A/C, TV Internet, mínibar, cofre.

Etoile Hotel ✯ *Econômico* Localizado no coração de Recoleta, a alguns passos de restaurantes e cafés deste bairro chique, o hotel Etoile, de 14 andares, é um hotel antigo no estilo turco. Não é tão luxuoso como os hotéis cinco estrelas da cidade, mas não é tão caro também – tornando-o uma ótima opção em Recoleta. Decorado em creme e dourado, os quartos de hóspedes são razoavelmente grandes – embora não sejam realmente "suítes", como o hotel os descreve. Quartos executivos têm sala de estar separada, banheiros com piso de azulejos grandes e com banheiras de hidromassagem e varandas. Quartos com direção sul oferecem varandas que têm vista para a Praça Francia e o Cemitério Recoleta.

Roberto M. Ortiz 1835, Guido com vista para o Cemitério Recoleta, 1113 Buenos Aires. ✆ **11/4805-2526**. Fax. 11/4805-3613. www.etoile.com.ar. 96 apartamentos. Diárias: apto. Duplo US$110 (£58); suíte US$150 (£85). Tarifas inclusas: buffet café da manhã. Cc: AE, DC, MC, V. Estacionamento gratuito. **Comodidades**: Restaurante; piscina interna; academia cobertura do hotel; concièrge, serviços de negócios executivos; serviços de quarto; serviços de lavanderia e lavagem a seco. *No quarto*: A/C, TV, minibar, secador.

ECONÔMICO

The Recoleta Hostel ✯ *Achados* Esta é uma escolha ótima e barata para os jovens que querem ficar perto de tudo e num bairro bonito, mas que não tem condições de pagar os preços de um bairro como este. As acomodações são simples, com 22 beliches nos quartos para 8 a 12 pessoas cada. Há dois quartos duplos com banheiros privados que também podem ser alugados, mas que têm beliches também, então, os casais que desejam aconchegar-se terão que lidar com certos arranjos. Os quartos são simples, sem tapetes no chão e sem decorações, mas há camas e uma mesa de madeira pequena nos quartos privados. O décor é um retrospecto de um convento bem preservado do início da história de Recoleta. As áreas públicas têm tetos altos, há uma cozinha comunitária, uma sala de TV, serviços de lavanderia, armários com fechaduras e um terraço ao ar livre. Traga o laptop também, pois o albergue tem acesso Wi-Fi.

Libertad 1216, Juncal. 1012- Buenos Aires. ✆ **11/4812-4419**. Fax 11/4815-6622. www.trhostel.com.ar. 75 vagas, incluindo 4 em 2 dormitórios com banheiros privado. Diárias a partir de US$8 (£4.20) por cama; US$ 18 (£10) por quarto privado. Tarifas inclusas: buffet café da manhã. Não aceitam cartões de crédito. Metrô Lavalle. **Comodidades**: Concièrge, centro de Internet, Wi-Fi; cozinha comunitária, terraço ao ar livre; armários com fechaduras. *No quarto*: Wi-Fi em quartos selecionados, secador.

6 Barrio Norte

Barrio Norte fica ao lado de Recoleta, embora algumas pessoas, especialmente corretores de imóveis, dizerem que fazem parte dela. A área é claramente mais movimentada e mais comercial, com atmosfera mais de classe média do que a classe alta de Recoleta. Sua avenida principal é a movimentada Santa Fé, lotada de lojas, restaurantes e cafés. Isto pode tornar sua estadia no Barrio Norte mais barulhenta do que em Recoleta, mas ainda é menos do que o Microcentro. É pelo fácil acesso de metrô.

Para a localização dos hotéis listados nesta seção, veja o mapa "Onde Ficar na área Central de Buenos Aires", na pág.66

MODERADO

Art Hotel ✯ Este foi um dos primeiros hotéis-butique abertos em Buenos Aires, em 2004, durante o auge do turismo. Fica dentro do que era um albergue econômico, e os proprietários fizeram um bom trabalho em manter a riqueza histórica da propriedade. Você encontrará tetos altos, portas de madeira detalhadas e até mesmo "Viva Perón" desenhado nos vidros do elevador de 100 anos. Alguns do quartos são pequenos, mas todos têm detalhes interessantes de pisos de concreto polido, com azulejos ornamentais embutidos, lençóis confortáveis em tons neutros e decorações de vime nas mobílias. Todos os quartos têm acesso Wi-Fi. Os banheiros são pequenos e todos com chuveiro. O saguão é um local bonito, com sofás de couro e obra de arte, e as áreas públicas em cada andar são muito espaçosas. Espelhos dos edifícios adjacentes refletem nas áreas públicas, dando grande sensação de espaço. O solário na cobertura tem grandes vistas também, e há dois quartos de hóspedes localizados nesta mesma área. Há quartos para pessoas com necessidades especiais, mas escadas por toda a parte tornam a vida de qualquer pessoa com necessidade especial difícil. Não há academia ou piscina. O hotel se descreve como se estivesse localizado em Recoleta, mas ele realmente está localizado em Barrio Norte.

Azccuenaga 1268 entre Beruti e Arenales. 1155 Buenos Aires © **11/4821-4744** Fax. 11/4821-6248. www.arthotel.com.ar. 36 apartamentos. Diárias: Apto. Duplo US$65- US$125 (£34-£66). Tarifas inclusas: buffet café da manhã. Cc: AE, MC, V. Metrô: Puerreydon. **Comodidades**: Concièrge; centro de negócios; serviços de quarto 24 horas; babá, serviços de lavanderia e lavagem a seco. *No quarto*: A/C, TV, Wi-Fi, Minibar, secador de cabelo, ferro de passar, cofre.

ECONÔMICO
Hotel Bauen Não estou recomendando este hotel por causa do atendimento, a conservação dos quartos, entre outras coisas, que normalmente impressionam as pessoas quando se hospedam em um hotel. Uma das razões para ficar neste hotel é que ele proporciona ele uma versão de um dos resultados da crise pós-peso na Argentina: O desenvolvimento dos trabalhadores em "Cooperativas" quando os empregados passaram a ter controle de uma empresa falida para manter seus empregos. O Bauen, um hotel da época da discoteca, nunca fez muito dinheiro e a crise do peso o aniquilou. Os trabalhadores tomaram a decisão de mantê-lo aberto. Praticamente tudo é datado desde a sua inauguração no final de 1970: os avisos no saguão, as curvas da recepção do hotel, mobílias fórmica cor abacate, abajures, luzes brilhosas no formato de globo, televisões antigas, e o *pièce de la resistance*, e a pista de dança no subsolo onde você imagina ver John Travolta dançando. Os andares acima têm vista panorâmica fantástica da cidade. A equipe do hotel é prestativa e simpática. Alguns quartos são conjugados, o que pode ser ideal para grupos de famílias e amigos.

Av. Callao 360, Corrientes. 1022 Buenos Aires. © **11/4372-1932**. Fax 11/4372-3883. www.baeunhotel.com.ar. 160 apartamentos, incluindo 18 suítes. Quarto individual, diárias: US$55; Duplo US$60 (£32); Suíte US$80 (£42). Tarifas inclusas: buffet café da manhã. Cc: AE, MC, V. Metrô: Callao. **Comodidades**: Restaurante; bar; discoteca; academia; sauna; concièrge; centro de negócios; sala de conferência; serviços de quarto; serviços de lavanderia; teatro. *No quarto*: A/C, TV a cabo; Internet; cozinha (algumas suítes); minibar (algumas suítes).

7 Congreso

Congreso é um bairro histórico que cerca o edifício Congreso, no sentido oeste, no final da Avenida de Mayo. Além do Congreso, o bairro contém outros edifícios magníficos e imponentes, alguns quase imperiais em escala e design. Há muito para se ver nesta área, mas à noite, o lugar parece um pouco desolado e sinistro, especialmente na Praça Congreso, que serve como um ponto de encontro para mendigos. Apesar da aparência, a área é relativamente segura à noite com a intensa presença de policiais. Com o aumento do turismo, em Buenos Aires, mais hotéis e outras atividades estão começando a vir para este bairro.

Para a localização dos hotéis listados nesta seção, vejo o mapa "Onde Ficar na área Central de Buenos Aires", na pág.66.

MODERADO
Amerian Congreso Este hotel oferece uma combinação de quartos standard (que não são muito grandes) e apartamentos, e faz parte da cadeia hoteleira argentina Amerian.

Após a renovação da antiga estrutura de escritórios, foi aberto em 2003, oferecendo todos os serviços normais de um hotel. O décor é simples e nenhum dos quartos oferece vista panorâmica devido ao hotel estar localizado no centro comercial e cercado por edifícios da mesma altura. Apesar de estar localizado numa zona comercial, ainda é muito tranquilo. Uma piscina sem aquecimento na cobertura do hotel é uma ótima escolha e uma sauna nas dependências do hotel também. Na maioria dos quartos há cozinhas ou microondas, tornando o hotel ideal para longas estadias. A principal desvantagem é que não há acesso à internet nos quartos e o centro de negócios é pequeno, significa que, talvez, você tenha que usar os locutorios (postos telefônicos). Escadas na ala do elevador dificultam o acesso às pessoas portadoras de necessidades especiais. Como o hotel é novo e recentemente foi reformado, a rede de hotéis continua aperfeiçoando o local pouco a pouco, e você poderá encontrar comodidades extras no futuro próximo. Por exemplo, enquanto estava escrevendo este guia, o hotel planejava colocar acesso à internet nos quartos até o final do ano de 2007. Acesso à internet gratuita no centro de negócios e, no saguão, acesso Wi-Fi gratuito. O hotel é bem econômico em termos de tamanho, preço e comodidades, apesar de suas imperfeições.

Bartolomé Mitre 1744, Callao. 1037- Buenos Aires. ✆ **11/5032-5200**. www.amerian.com. 89 quartos incluindo 8 apartamentos. Diárias: Apto. Duplo ou Apartamento de US$98 (£52). Tarifas inclusas: buffet café da manhã. Cc: AE, DC, MC, V. Estacionamento US$4 (£2.10). Metrô: Congreso. **Comodidades**: Restaurante; piscina na cobertura; sauna; concièrge; centro de negócios com Internet gratuita; Wi-Fi em áreas públicas; serviços de quarto limitado; massagem; serviços de lavanderia e lavagem a seco. *No quarto*: A/C, TV, cozinhas completas (maior parte do quartos), frigobar, secador de cabelo, cofre grande, microondas (maior parte dos quartos).

O Golden Tulip Savoy Desde que a bela plebéia argentina Máxima casou-se com o príncipe William, da Coroa Holandesa, em 2002, os nativos dos Países Baixos têm se concentrado na Argentina. O proprietário holandês do Golden Tulip abriu no desvanecimento, mas o histórico hotel Savoy é uma tentativa de investidores holandeses capturar negócios, e a maioria dos clientes do hotel são da Europa. O hotel original foi aberto em 1910 e construído num estilo eclético, com grandes elementos da Art Nouveau. Foi apenas uma pequena parte da glamourosa reconstrução da Avenida Callao, resultando na inauguração ao lado do Congreso. O hotel tornou-se parte da cadeia hoteleira Golden Tulip, em 2000, e a empresa tem atualizado e renovado o hotel por completo, com o objetivo de manter o máximo possível da estrutura. Belíssimas molduras, unidades ornamentais de metal e vidros coloridos fazem parte da decoração original, porém, o saguão foi totalmente alterado no ano de 1960 e não há nada daquela época. Os quartos são muito grandes, ao manter a antiga nobreza e a entrada através de seu próprio vestíbulo, acrescentando mais espaço, e apresenta uma cor padrão de cinza claro e azul. Os quartos em direção da avenica têm pequenas varandas francesas, mas a metade do hotel se direciona para um pátio interior e não proporciona nenhuma vista panorâmica. Todos os quartos são à prova de som contra o barulho da rua e com acesso à Internet Wi-Fi. Banheiros de suítes incluem uma banheira de hidromassagem. Um spa pequeno oferece limpeza de pele. O restaurante do hotel **Madrigales** oferece gastronomia argentina com interessantes elementos de fusão latino-americana. Não há piscina, sauna ou academia, mas o hotel tem um contrato com um estabelecimento ao lado, se você estiver interessado nessas comodidades.

Av. Callao 181, Juan Perón. 1022 Buenos Aires. ✆ **11/4370-8000**. Fax 11/4370-8020. www.gtsavoyhotel.com. ar. 174 apartamentos, incluindo 15 suítes. Diárias apto. duplo a partir de US$145 (£77); suíte US$242 (£128). Tarifas inclusas: buffet café da manhã. Cc: AE, DC, MC, V. Estacionamento US$4 (£2.10). Metrô: Congreso. **Comodidades**: Restaurante; bar; acesso a uma piscina em uma instalação próxima, academia, e sauna; spa, concièrge; pequeno centro de negócios; sala de conferência; serviços de quarto 24 horas; serviços de lavanderia. *No quarto*: A/C, TV, Wi-Fi, secador, cofre.

BARATO

Gran Hotel Vedra *(Econômico)* Em termos de valor monetário, localização e serviço de equipe, há poucos lugares que posso recomendar mais nesta categoria do que este pequeno hotel de duas estrelas. O hotel tem duas categorias de apartamentos e são acessados por duas áreas de elevadores diferentes: a Classic, ou antiga ala, e o Superior, a ala mais nova. Apartamentos na Classic são pequenos e podem até ser meio barulhentos, mas estes quartos oferecem a melhor vista panorâmica desta área histórica. Apartamentos na ala Superior são maiores, mas alguns não têm janelas externas e ficam na direção de um conduto de ar. Apartamentos Classic contêm apenas chuveiros, enquanto os apartamentos da categoria Superior possuem chuveiro e banheira. A escolha do quarto depende do que você leva em consideração: tamanho do quarto, vista panorâmica. Quaisquer que sejam as suas preferências, deveria pedir para ver o quarto antes de fazer o check-in, especialmente como muitos estão sob renovações. Os funcionários são muito simpáticos e muitos deles falam inglês. A internet é gratuita e o acesso Wi-Fi também é grátis no saguão. O hotel oferece um check-out para hóspedes com voos noturnos por uma taxa adicional de 50%. O pequeno restaurante oferece culinária argentina simples e lanches.

Av. de Mayo 1350, San Jose. 1085- Buenos Aires. © **11/4383-0883**. www.hotelvedra.com.ar. 35 apartamentos. Diárias: Apto. Duplo US$35-US$40 (£19-£21). Tarifas inclusas: buffet café da manhã. Cc: AE, MC, V. Sem estacionamento. Metrô: Sáenz Peña. **Comodidades**: Restaurante, bar; concièrge; posto de Internet; Wi-Fi em áreas públicas; sala de conferência; serviços de quarto 24 horas; serviços de lavanderia e lavagem a seco. *No quarto*: A/C, TV, minibar, secador de cabelo, cofre.

Hotel de Los Dos Congresos *(Econômico)* Este hotel foi aberto em 1999, num edifício histórico bem do outro lado de Congreso. É um hotel de bom preço, mas é importante que veja o quarto antes de pagar por ele, pois alguns quartos são esquisitos tanto no formato como nos arranjos. Todos os quartos e o saguão possuem acesso à internet grátis. Poucos quartos são de vários níveis com camas nos sótãos. Alguns contêm banheiros enormes e outros pequenos. Dentro dos banheiros, alguns com chuveiro e outros com banheira e chuveiro. Suítes com jacuzzis. Secador de cabelo disponível na recepção do hotel. Quartos em direção ao Congreso têm vistas panorâmicas fantásticas, mas as janelas não são antirruído tornando o quarto barulhento. Considerando os protestos constantes na frente do Congreso, isso não pode ser deixado de lado, a menos que você planeje passar a noite toda fora. Não há diferencial nas tarifas de quartos com ou sem vista, então baseie sua decisão no que é mais importante: a paisagem ou a tranquilidade. Apesar de um dos problemas do hotel ser o fato de estar numa estrutura antiga, a equipe é extremamente prestativa. Muitos dos clientes saem da Europa e da América do Sul como parte de grupos turísticos, e o hotel dá boas vindas ao público gay. Nas edições anteriores da Frommer's, este hotel foi listado como uma dos que aceitavam animais de estimação, mas agora não é mais permitido. Cada quarto tem um cofre, mas muito pequeno, onde só cabe uma carteira de documentos. Itens adicionais podem ser mantidos na recepção do hotel.

Rivadaria 1777, Callao. 1033- Buenos Aires. © **11/4372-0466** ou Fax 11/4372-0317. www.hoteldoscongresos.com. 50 apartamentos, incluindo 2 suítes. Diárias: Apto. Duplo US$55-US$65 (£29-£34); suíte US$ 85 (£45). Taxas Inclusas: buffet café da manhã. Cc: AE, DC, MC, V. Metrô: Congreso. Animais não são permitidos. **Comodidades**: Restaurante, bar; concièrge; Wi-Fi no saguão; serviços de quarto 24 horas; serviços de lavanderia e lavagem a seco. *No quarto*: A/C, TV, Wi-Fi, minibar, cafeteira, secador de cabelo (sob pedido), cofre pequeno.

Hotel Íbis ★★ *(Econômico) (Crianças)* A cadeia francesa de hotéis econômicos Íbis trouxe sua acessível rede hoteleira para a capital da Argentina. Igual a todos os outros no mundo inteiro, a simpatia dos funcionários é típica. Bem localizado na Praça Congreso, próximo ao escritório das Madres de Plaza de Mayo, todos os quartos tem vista para a rua, e muitos com vistas para a praça. Os últimos andares oferecem ótima vista dos arredores da cidade e Congreso. Janelas antirruído bloqueiam o barulho deste local movimentado. Os quartos são de ótimos tamanhos para esta faixa de preço e todos eles são idênticos, com padrões de cores de damasco e menta. Todos têm cama de casal e uma cama a mais para as crianças pode ser solicitada sob custo adicional. Alguns quartos são conjugados, então, se você vem em família ou grupo de amigos, não se esqueça de solicitar essa opção. Há 3 quartos disponíveis para pessoas com necessidades especiais. Todos com TV a cabo e uma mesa de trabalho pequena. Há internet banda larga disponível no centro de negócios com acesso Wi-Fi por apenas US$1,50 (£78) por hora. Banheiros são limpos e iluminados, todos com chuveiros apenas e você vai encontrar no banheiro apenas amostras de xampu ou sabonetes. Se estiver hospedado por alguns dias, seria melhor trazer seus próprios kits de banho. A desvantagem deste hotel é que as camas não são as mais firmes da cidade e não tem minibar. Com o objetivo de cortar os gastos, não há mensageiros para ajudar com a bagagem, o que poderia ser de grande ajuda para idosos ou aqueles com necessidades especiais. Cofres e secadores de cabelo não ficam nos quartos, mas estão disponíveis na sala do concièrge, no saguão do hotel. O restaurante é argentino com cardápio simples e com um preço inacreditável de US$6 (£3.15) com preço de jantar fixo, e apenas US$1 a US$3 (£50p-£1.60) para almoço a la carte. Café da manhã não está incluso nas tarifas, mas custa apenas US$3.50 (£1.90) por pessoa. O hotel é muito popular entre turistas franceses e a maioria dos funcionários fala espanhol, inglês e francês. Você vai encontrar muitos mochileiros universitários aqui.

Hipólito Yrigoyen 1592, Ceballos. 1089 – Buenos Aires. ⊘ **11/5300-5555**. Fax 11/5300-5566. www.ibishotel.com. 147 quartos. Diárias: Apto. Duplo US$50 (£27). Cc: AE, DC, MC, V. Estacionamento US$4 (£2.10) em uma garagem próxima do hotel. Metrô: Congreso. **Comodidades**: Restaurante; bar; concièrge; centro de negócios com Internet e Wi-Fi; serviços de lavanderia; cofre. No quarto: A/C, TV, secado de cabelo (sob pedido).

8 Tribunales

Tribunales cerca a área ao redor do edifício do Supremo Tribunal e Teatro Colón, que fica ao lado da região do Teatro Corrientes. Com edifícios importantes do governo e outros, fica perto do centro comercial Microcentro, mas não é tão barulhento. Sua principal referência é a Praça Lavalle.

Para localização dos hotéis listados nessa seção, veja o mapa "Onde Ficar na área Central de Buenos Aires", na pág.66.

MODERADO

Dazzler Hotel ⚹ Este hotel simples foi construído em 1978, não é muito conhecido no mercado norte-americano, como na América do Sul (mesmo assim, todos os funcionários falam inglês). Desde a edição, este hotel duplicou seus preços, especialmente em função de sua ótima localização a poucos metros do Teatro Colón (pág.223) O hotel tem uma belíssima vista para a Praça Libertad, que fica na Avenida 9 de Julho. Os quartos de frente têm vista excelente, mas podem ser muito barulhentos e não tem janelas antirruídos. Os quartos são pequenos, mas excepcionalmente iluminados com janelas grandes. Os quartos de esquina oferecem mais espaço. Pergunte sobre quartos conjugados, se vier em grupos ou com família. Armários grandes, penteadeira e uma mesa refinam o ambiente dos quartos. Lâmpadas e ar condicionado são controlados pelo painel sobre a cama. O pequeno saguão tem vidro enfumado espelhado, com uma escada que leva até o grande e resplandecente restaurante, onde o café da manha é servido e com excelentes preços fixos para almoço e jantar, variando de US$3 a US$5 (£1.60 - £2.35).

Libertad 902, Paraguay. 1012 Buenos Aires. ⊘ **11/4816-5005**. www.dazzlerhotel.com. 88 apartamentos. Diárias: Apto. Duplo US$160 (£84). Tarifas inclusas: buffet café da manhã. Cc. AE, MC, V. Metrô: Tribunales. **Comodidades**: Restaurante; bar; academia; sauna; concierge; centro de negócios; serviços de quarto limitado; serviços de lavanderia e lavagem a seco. No quarto: A/C, TV, minibar, secador de cabelo.

Kempinski Hotel Park Central ⭐ Este é um pequeno hotel-butique localizado apenas a poucos metros do Supremo Tribunal e do Obelisco. É um hotel extremamente elegante, com móveis clássicos, tapetes asiáticos e outros itens de luxo. Os quartos refletem o mesmo estilo decorativo do saguão. Muitos quartos têm vista excelente e outros têm sacadas. Banheiras são grandes com mármores decorativos e jacuzzis. Não há academia, mas os hóspedes do hotel têm acesso à academia perto do hotel. O restaurante Tango oferece culinária argentina e internacional e os fregueses podem desfrutar de um jantar com música no piano ao vivo.

Diagonal Roque Sáens Peña 1174,Nueve de Julio, com vista para o Obelisco. 1035 Buenos Aires. & © **11/6777-0300**. Fax 11/56777-0330. www.kempinski.com. 70 quartos (68 duplos, 2 suites). De US$ 145 (£76) duplo. Preço inclui café da manhã AE, D, MC, V. Metrô: Tribunales. **Comodidades**: Restaurante; bar; acesso à academia de ginástica próxima; concierge; pequeno centro de negócios; serviço de quartos 24 horas; serviço de lavanderia; secagem seca. *No quarto*: A/C, TV, Internet, minibar, secador de cabelo.

BARATO
Auge Buenos Aires ⭐ Alejandro Guggi inaugurou esta pensão com quartos privados, em 2004, num prédio de apartamentos reformados perto do edifício do Supremo Tribunal. A ideia era tornar o local no estilo conventillo (pensão para imigrantes italianos), para que os hóspedes pudessem ter conhecimento sobre a Buenos Aires do início do século 20. Ele expandiu o tamanho de seu pequeno hotel em 2006. Os detalhes da nova parte do prédio copiam o estilo original, incluindo vidraças nas janelas, molduras nos tetos e vidros coloridos com elementos arquitetônicos por todo os quartos e áreas públicas. O padrão das cores e móveis antigos escolhidos por ele relembram um bordel, tornando o estabelecimento um pouco brega. Muitos dos quartos possuem varandas e portas francesas acrescentando uma atmosfera antiga. Os quartos podem ser alugados por um dia, semanas, ou meses com uma diferença nos preços, custando bem menos, se for alugado por mais tempo. Os banheiros de dez quartos são compartilhados e incluem pias excêntricas, feitas de baldes e madeiras. Seis quartos têm banheiros privados e são mais tranqüilos do que as principais áreas da pensão. O café da manhã está incluso e os hóspedes têm livre acesso à cozinha comunitária. Uma desvantagem é que não há ar-condicionado nos quartos, só nas áreas públicas do hotel. A gerência do hotel planeja colocar ar condicionado nos quartos futuramente. Acesso Wi-Fi disponível e gratuito em toda parte no hotel, mas o sinal de velocidade varia dependendo do quarto.

Paraná 473, Lavalle. 1017- Buenos Aires. © **11/4373-6812**, 11/4361-4535, ou 15/5055-8810. E-mail: augebuenosaires@yahoo.com.ar. 16 apartamentos, 6 com banheiros privados. Diárias em aptos. com banheiros comunitários de US$30 (£16); Apartamentos com banheiros privados de US$50 (£27). Tarifas inclusas: buffet café da manhã. Não aceitam cartões de crédito. Metrô: Tribunales. **Comodidades**: Cozinha Comunitária; Wi-Fi, serviços de lavanderia.

9 Palermo Viejo

Palermo Viejo é dividida em duas seções: Palermo Soho e Palermo Hollywood, com Juan B. Justo servindo como linha de separação. Esta é a parte mais badalada de Buenos Aires, mas ainda guarda a atmosfera de um bairro pequeno com suas casas antigas de um andar, ruas de pedra e calçadas com árvores de carvalhos. O acesso ao metrô não é muito bom nesta área. Aqui é onde ficam os hotéis mais chiques e novos da cidade. Alguns dos mencionados aqui continuam em funcionamento desde a última edição deste livro. Para os jovens e pessoas chiques, esta área pode ser um ótimo lugar para ficar. Para a localização dos hotéis listados nesta seção, veja o mapa "Onde Ficar e Jantar em Palermo", na pág.124.

MODERADO

Five Cool Rooms ✍ O nome deste hotel é um tanto enganoso. Há 16 quartos, com cinco referindo-se ao número de donos do hotel. É um pouco difícil de localizar a placa pequena de metal dizendo FIVE COOL ROOMS, levando em conta o endereço. Não tem restaurante, nem bar no hotel, mas o café da manhã é servido no terraço na cobertura e está incluso na diária. Com asado (churrasqueira) na cobertura e churrasco é feito periodicamente para os hóspedes do hotel. O saguão, chamado de sala de estar, tem sofás de couro modernos, obras de arte nas paredes e um terraço ao ar livre, com canteiros de bambu. Sobretudo por ser um hotel pequeno, é muito espaçoso. Os quartos são pequenos, mas bem iluminados, dando a impressão de serem maiores. A decoração em toda a parte do hotel enfatiza a sofisticada boemia. Há banheiros com pias em forma de bacia e jacuzzi em alguns quartos. Todos os quartos tem Wi-Fi grátis, e posto de internet, no saguão. Não tem piscina e nem academia. Tem-se quarto disponível para pessoas com necessidades especiais, e são aceitos pequenos animais de estimação sob arranjo prévio.

Honduras 4742 entre Malabia e Armênia. 1414 - Buenos Aires. ✆ **11/5235-5555**. Fax 11/4833-3600. www.fivebuenosaires.com. 126 apartamentos. Diárias: Apto Duplo US$180 (£95). Tarifas inclusas: buffet café da manhã. Cc: AE, MC, V. Estacionamento US$3 (£1.60). Metrô: Palermo, Ortiz. Animais de estimação aceitos sob arranjo prévio. **Comodidades**: Aluguel de bicicleta; programas infantis; concièrge; centro de negócios; posto de Internet; serviços de quarto 24 horas; serviços de lavanderia e lavagem a seco. *No quarto*: A/C, TV, Wi-Fi, minibar, secador de cabelo, cofre.

Garufa ✍ Regina Huber, entusiasta do tango e nascida na Alemanha, transformou sua casa em uma pensão pequena, em Palermo Viejo. Há apenas dois quartos, mas os hóspedes podem andar à vontade pela casa. O saguão, na realidade, é uma sala de estar e jantar decorado com móveis na cor pêssego e estilo colonial. O saguão o leva até o pátio interno, que é usado para prática de tango. O nome do hotel vem da palavra lunfardo, "Garufa", que se refere a um homem que passa as noites nas milongas e raramente volta pra casa. Também é uma música famosa de Titã Merello, um ícone na Argentina. Vale à pena comprar um cd dessa artista enquanto estiver visitando Buenos Aires. Regina diz que o propósito dela é fazê-lo "sentir-se em casa" e dá dicas excelentes dos lugares que valem à pena visitar em Buenos Aires. Muitos de seus hóspedes vêm da Europa e ela tem recebido excelentes criticas no TripAdvisor. Quando Regina não está em casa, ela tem uma diarista, e pode ser encontrada no celular caso o hóspede precise de ajuda. Todos os quartos têm banheiro privado e ar condicionado, com espelhos e azulejos nos pisos de concreto polido. As camas são muito firmes, excelentes para uma noite de descanso, após ter se comportado como um Garufa por toda a cidade. Quando você acorda, recebe um café da manhã estilo alemão bem reforçado. Há posto de internet e um terraço agradável na cobertura completa, com um asado para uso dos hóspedes.

Fitzroy 1925, entre Costa Rica e Nicarágua. 1414- Buenos Aires. ✆ **11/4771-6431**. www.garufabuenosaires.com. 2 apartamentos. Diária em apto. Duplo de US$70 (£37). Tarifas inclusas: café da manhã reforçado. Dinheiro e cheques de viagem apenas. Estacionamento US$4 (£2.10). Metrô: Palermo. **Comodidades**: Centro de negócios; posto de Internet; asado; serviços de lavanderia. *No quarto*: A/C, secador de cabelo.

Home ✍✍✍ Na minha opinião, este hotel-butique, entre outros, é um dos mais agradáveis em Palermo. Muito disso deve-se ao casal jovem que construiu o local. Patrícia O'shea é argentina e o seu esposo, Tom Rixon, britânico. Ela viveu sua infância a poucos metros do hotel e ele é um ex-produtor de discos, dando ao local vida e estabilidade. Os dois desejam que você se sinta em casa, assim como o hotel foi nomeado. O saguão está cheio de móveis dinamarqueses da década de 1960 e um magnífico pátio com uma piscina o leva até o restaurante e bar nos fundos, que normalmente estão lotados. Há sempre um DJ às sextas-feiras. É um ótimo lugar para beber algo, mesmo que não esteja hospedado aqui. Além disso, há quintal com grama e uma piscina externa aquecida. Quartos são altamente projetados, com madeiras claras e lençóis brancos –

dando uma impressão moderna, mas com decorações da moda dos anos de 1960. Os banheiros são grandes e algumas suítes têm jacuzzis e cozinha. Há um quarto disponível para hóspedes com necessidades especiais. Um apartamento duplex tem uma entrada particular. A maioria dos hóspedes são americanos e dentre os famosos que se hospedaram estão as filhas gêmeas de Bush. Home tem um excelente spa submerso no seu terraço, aberto ao público, com pacotes diários, custando em média US$155 (£82) com café da manhã e almoço inclusos. Tratamentos são extensivos e incluem seaweed wraps (tratamento corporal com algas marinhas). Planejam construir um terraço com bar na cobertura.

Honduras 5860, entre Carranza e Ravignani. 1414 Buenos Aires. ✆ 11/4778-1008. Fax 11/4779-1006. www.homebuenosaires.com. 21 apartamentos (14 duplos, 6 suítes, 1 apartamento). Diárias: Apto. Duplo de US$143 (£76); suítes de US$363 (£192); e apartamentos de US$330 (£175). Tarifas Inclusas: amplo buffet café da manhã. Cc: AE, MC, V. Estacionamento Gratuito. Metrô: Palermo. **Comodidades**: Restaurante; bar; piscina externa aquecida; spa; aluguel de bicicleta; concièrge; centro de negócios; serviços de quarto 24 horas; babá; serviços de lavanderia e lavagem a seco. *No quarto*: A/C, TV, Wi-Fi, Cozinha (quartos selecionados), minibar, secador de cabelo, cofre.

Soho All Suítes ✦✦✦ A palavra que veio à minha mente, quando entrei pela primeira vez neste hotel-butique, foi "chique". O saguão é limpo e moderno, com realces fortes de vermelho, preto e branco e decorações de metais. Os funcionários usam uniformes pretos e são muito prestativos. Um hotel da moda, o bar no saguão e o pátio são os pontos frequentes de festas e eventos especiais para a clientela jovem de Buenos Aires. A maioria de seus clientes são da faixa etária de 25 a 45 anos de idade. Todos os quartos possuem cozinhas com todos os itens necessários para um apartamento completo, incluindo utensílios de cozinha, microondas e até ferro de passar roupa. Os quartos são de tamanhos diferentes, alguns com dormitório extra ou terraço. Certifique-se antes de fazer a reserva. Os quartos dão a sensação de limpeza e frescor, com sofás de couro, cadeiras de bar e decoração de alta qualidade. Todos os banheiros têm banheiras e chuveiros. Há um solário na cobertura com vista maravilhosa do bairro. Planejam-se adicionar um spa, academia e piscina.

Honduras 4762, entre Malabia e Armênia. 1414 Buenos Aires. ✆ **11/4832-3000**. www.sohoallsuites.com.ar. 21apartamentos. Diárias de US$145 (£77) a US$300 (£159). Tarifas inclusas: buffet café da manhã. Cc: AE, DC, MC,V. Estacionamento US$8 (£4.20). Metrô: Palermo, Ortiz. **Comodidades**: Restaurante; bar; concièrge, centro de negócios; serviços de quarto 24 horas; serviços de lavanderia e lavagem a seco. *No quarto*: A/C, TV, Wi-Fi, Cozinha, frigobar, cafeteira, secador de cabelo, ferro de passar roupa, cofre, microondas.

ECONÔMICO

Casa Jardin ✦ A proprietária Nerina Sturgeon tinha em mente criar um "albergue para artistas" no coração de Palermo Viejo, e assim o fez. Este albergue foi construído dentro de uma casa antiga, com tetos extremamente altos. Isso serve para exibir as obras de artes dela e de outros artistas por todas as paredes. A atmosfera artística, com ênfase total nos eventos da galeria dirigidos aqui periodicamente, finaliza com festas na cobertura com um jardim no terraço com vista panorâmica da rua. Os quartos de hóspedes são acessados por portas francesas antigas e cada quarto tem poucas camas. No total, são dez camas, incluindo uma num quarto individual. Como a proprietária e gerente do hotel é uma mulher, o local é ideal para mulheres jovens se sentirem mais seguras se viajam sozinhas. A única reclamação a fazer é a proporção dos banheiros: que não há o suficiente para todos os hóspedes. Não oferece café da manhã, mas há uma lanchonete aberta 24 horas por dia no outro lado da rua. Uma cozinha comunitária está disponível. Acesso à Internet e Wi-Fi na sala de estar.

Charcas 4416, Scalabrini Ortiz. 1425 Buenos Aires. ✆ 11/4774-8783. Fax. 11/4891-9208. www.casajardinba.com.ar. 10 vagas para camas, incluindo 1 apartamento individual. Diária: US$10 (£5.30) por cama; US$15 (£7.95) apartamento individual. Não aceitam cartões de crédito. Metrô: Plaza Itália. Comodidades: Máquina de bebida self-service; concièrge; Internet grátis; Sala de TV; cozinha comunitária. No quarto: Wi-Fi, armários com fechaduras.

10 Abasto

O bairro de Abasto fica um pouco afastado do centro da cidade, perto da Corrientes, pra lá do centro de atividade teatral. Em geral é uma área da classe média e operária, movimentada, mas não distinta arquitetonicamente. Historicamente é associada ao cantor Carlos Gardel, o astro do tango mais popular nas décadas de 1920 e 1930. A área junto com o bairro próximo, Once, é uma zona histórica da comunidade judaica de Buenos Aires, embora tenham se mudado para os subúrbios. Este bairro é ancorado pelo enorme Shopping Center Abasto com atividades interessantes para famílias e crianças, por exemplo, o Museu de los Niños (Museu das crianças).

Para a localização dos hotéis listados nessa seção, veja o mapa "Onde Jantar em Abasto e Once", na pág.134.

CARO
Abasto Plaza Hotel ✯ Este hotel foi aberto em 2002 e é um pouco afastado, mas mostra como o crescimento da indústria turística em Buenos Aires tem se espalhado para outras partes da cidade, fora dos pontos turísticos já estabelecidos. Esta localização é associada com a história do tango de Buenos Aires, mesmo que não apresente nenhum valor ao turista. A uma quadra de distância do hotel fica o Shopping Center Abasto e a Esquina Carlos Gardel, ambos construídos sobre locais relacionados ao cantor romântico do tango. O hotel leva a sério o tango, com uma loja de tango sem igual em que se vendem sapatos, vestidos e outros acessórios para os turistas que gostariam de passar uma noite nas pistas da cidade. Aulas de tango gratuitas e shows fazem parte da programação às quintas-feiras, às 21h00 no saguão, e todos os dias, às 20h00, há um show gratuito no restaurante do hotel. Os quartos são de bom tamanho, com madeiras escuras e tapetes vermelho escuro, proporcionando uma atmosfera, sobretudo masculina ao décor. Devido à localização, alguns quartos não oferecem nenhuma vista panorâmica, mas as camas são firmes, garantindo uma ótima noite de descanso. Os quartos da categoria superior têm banheiras de hidromassagem. O restaurante Volver, nomeado em uma homenagem a uma canção de Gardel, é totalmente iluminado pelo sol e decorado num design sofisticado completo, com mãos de prata servindo de suporte para as prateleiras de licores atrás do bar. Uma pequena piscina aquecida na cobertura dá acesso à pequena academia. Acesso Wi-Fi disponível em toda a parte no edifício e acesso a internet 24 horas no centro de negócios. Há um quarto disponível para hóspedes com necessidades especiais. Embora este hotel não desperte muito interesse nos viajantes judeus, é o mais completo e mais próximo das comunidades judaicas de Once e Abasto.

Av. Corrientes 3190, Anchorena. 1193 – Buenos Aires. ⓒ/Fax **11/6311-6445**. www.abastoplaza.com. 126 apartamentos. Diárias: Duplo US$140 (£74); suíte US$160 (£85). Tarifas inclusas: buffet café da manhã. Cc: AE, DC, MC, V. Estacionamento US$4 (£2.10). Metrô: Carlos Gardel. **Comodidades**: Restaurante; bar; piscina aquecida externa; academia; concièrge; centro de negócios c/ acesso a internet; serviços de quarto 24 horas; serviços de lavanderia e lavagem a seco. *No quarto*: A/C, TV, Wi-Fi, mini-bar, cafeteira, secador de cabelo, ferro de passar roupa, cofre.

11 Aluguéis de Apartamentos em Buenos Aires

Nem todo mundo gosta de ficar em hotel e talvez você queira ficar num lugar onde possa ir e vir à vontade. Ou talvez queira ter mais espaço para fazer festas, enquanto está de férias em Buenos Aires. Talvez você seja uma pessoa independente e queira ter uma ideia melhor de como é a vida em Buenos Aires. Apartamentos lhe proporcionam a oportunidade de fazer tudo isso. A maioria das prestadoras de serviços para apartamentos alugados oferecem apartamentos com acesso à internet, com ótima localização por toda Buenos Aires. A maioria está localizada em edifícios residenciais de muitos andares nos bairros de Barrio Norte e Recoleta. Muitas empresas que alugam apartamentos oferecem serviços de empregada. Contate cada empresa para regulamentos, preços, pagamentos e serviços.

BA Apartamentos Empresa de serviço completo, com aluguéis de apartamentos em muitos bairros em toda a Buenos Aires. Paraguay 2035, entre Ayacucho e Junin. ☏ **11/4864-8084**. www.baapartments.com.ar

Best Rentals Buenos Aires Este serviço é gerenciado pelo albergue da juventude El Firulette, no centro da cidade de Buenos Aires. Oferece aluguéis baratos de longo prazo e de curto prazo. Preços baixíssimos comparados com outras empresas que oferecem os mesmos serviços. Apartamentos de vários tamanhos. Maipu 208, Perón. ☏ **11/5031-2215** Buenos Aires, e 646/502-8605 nos EUA e Canadá. www.bestrentalsba.com

Boedo Apartment O bairro de Boedo não tem muito o que oferecer a muitos turistas seguindo para Buenos Aires, a menos que você seja obcecado por tango. É uma empresa especializada e dedicada ao mundo do tango. ☏ **11/4943-2386**. boedoapartment@hotmail.com

Buenos Aires Apartamentos Apartamento com preço razoável localizado no Barrio Norte e alugado pela proprietária Débora Pucheta, que já morou nos Estados Unidos. Entre em contato com ela na Bahia Blanca, na Província de Buenos Aires, no ☏ **291/481-8288** ou através do e-mail: debotwister@gmail.com. www.buenosairesapt.com.ar.

ByT Argentina Empresa prestadora de serviços aluga apartamentos por toda a Buenos Aires. O website é um pouco bagunçado, mas com fotos de alguns apartamentos. Oferecem uma ótima seleção de apartamentos dentro de Palermo Viejo, uma das áreas mais requisitadas de Buenos Aires ☏ **11/4821-6057**. www.bytargentina.com.

Friendly Apartments Empresa especializada no aluguel de apartamentos, no Barrio Norte, voltada para o público gay, então, o nome Friendly – indica gay-friendly (um estabelecimento que dá boas-vindas aos gays). Facundo Yebne, o gerente desta empresa, descreve a especialidade como "aluguéis em curto prazo com serviços de hotéis". Concièrge disponível e serviços de empregadas quase todos os dias nos edifícios. A empresa também representa estrangeiros que compram apartamentos como forma de investimento. **Temporary Apartments** aparecem listados abaixo. É a mesma empresa, mas sua identidade é "não-gay".

Temporary Apartments É a outra face de Friendly Apartments. Os edifícios, ofertas e preços são os mesmos. Callao 1234, Juncal no Edifício Concord ☏ **11/4816-9032** ou 11/4811-4673 em Buenos Aires, e 619/841-0054 nos EUA e Canadá. www.temporaryapartments.com.ar

Onde Jantar

6

Buenos Aires oferece restaurantes de primeiro mundo com uma variedade de culinária Argentina e Internacional. Com o colapso do peso, um jantar de primeira em Buenos Aires tornou-se maravilhosamente barato.

Nada iguala a carne de gado argentino alimentado nos pastos dos Pampas. A carne é a principal atração dos jantares por toda a cidade, da mais simples *parrilla* (churrascaria) até os restaurantes executivos de primeira classe. Empanadas, pastéis recheados com carne moída e outros ingredientes, também são a entrada típica oferecida em quase todo o lugar.

Nesta seção, vou explicar o que se pode encontrar nos restaurantes de Buenos Aires e onde certos tipos de comida são encontrados dentro de vários bairros da cidade.

Os lugares mais sofisticados de Buenos Aires para jantar encontram-se em Palermo. Palermo Soho e Palermo Hollywood, as duas divisões deste bairro, estão cheios de locais badalados, unindo restaurante fino com uma atmosfera boêmia nas casas renovadas, que foram construídas no início do século 20. Estes restaurantes têm atraído os melhores chefes da cidade, muitos deles treinados na França e Espanha. A culinária mais requintada e interessante na cidade está disponível em alguns locais em Palermo Viejo. O livro deste ano representa uma expansão deste campo desde a última edição, que você vai desfrutar muito. Palermo Viejo e Las Cañitas, outra divisão de Palermo bem conhecida por jantares e diversão noturna, ficam perto da linha D do metrô, mas os melhores restaurantes sempre ficam longe das estações de metrô, dificultando o acesso para quem não quer caminhar. Isso e mais o horário de fechamento da linha de metrô, que ocorre às 23h, é melhor parar e pegar um táxi para ir e voltar desses restaurantes. Quando possível, informo as travessas daqueles restaurantes para ajudá-lo a guiar seu taxista.

Há excelentes restaurantes nas docas de Puerto Madero junto com uma mistura de lojas de redes e lugares casuais. O Microcentro e Recoleta oferecem muitos restaurantes de primeira linha e cafés, alguns deles já estão no mapa por muitas décadas. A vida nos cafés de Buenos Aires, onde amigos se reúnem para uma xícara de café, é agitada e um ritual sagrado para os portenhos, assim como para os parisienses. Entre locais maravilhosos para desfrutar um copo de café com leite, estão: o **La Biela** em Recoleta, na frente do Cemitério mais famoso do mundo; e **Café Tortoni**, um dos cafés mais bonitos e mais tradicionais na Avenida de Maio, perto da Praça de Maio.

Você não pode deixar de visitar estes dois locais, se realmente quiser vivenciar a vida num bistrô em Buenos Aires.

Portenhos tomam café da manhã até 10h00, almoçam entre meio dia e 16h00, e jantam tarde normalmente, após 21h00; porém, alguns restaurantes só abrem às 19 horas. Se você janta cedo, procure por restaurantes nas minhas listagens que permanecem abertos entre almoço e jantar. Sugiro que faça uma reserva, se possível. Se achar que não é necessário reservar, vá a um restaurante por volta das 20 horas quando não há quase ninguém. Assim que o relógio bater 21 horas, sem exagero, todas as mesas do restaurante estarão ocupadas e o restaurante lotado.

> **Dicas — Bares y Cafés Notables (Extraordinários)**
>
> Se quiser jantar em um ambiente que recorda os dias de glória de Buenos Aires, escolha um da lista de quase 40 bares y cafés notables, restaurantes, bistrôs, e bares históricos que estão protegidos pela lei declarando que o seu interior não pode ser alterado. Conhecida como a lei no. 35 com proteção especial concedida pela cidade de Buenos Aires, foi aprovada em 1998 e atualizada em 2002. Falo muito destes estabelecimentos especiais neste capítulo, incluindo Café Tortoni, La Biela e Bar El Federal. Naturalmente baseado na época, estes notables se agrupam nas áreas mais antigas da cidade: Monserrat, Congreso, La Boca, e San Telmo. Solicite ao posto de turismo o mapa Bares y Cafés Notables de Buenos Aires que lista todos e inclui fotografias de seus interiores. Se realmente gostar da atmosfera nestes locais excepcionais, levará lembrancinhas para casa, pois todos vendem álbum com fotografias destes lugares maravilhosos.

Cardápios de almoço Executivo (normalmente refeições de três pratos, com preços fixos) são oferecidos em muitos restaurantes ao meio-dia, mas muitos cardápios de restaurantes são a la carte. Às vezes, há um pequeno "acréscimo oculto" pelo pão e outros itens colocados na mesa. Nos restaurantes que servem massas, a massa e o molho às vezes são cobrados separadamente. Padrão de gorjetas é 10% em Buenos Aires e mais para serviços especiais. Ao pagar a conta com cartão de crédito, terá que deixar a gorjeta (propina) em dinheiro. Saiba que alguns restaurantes novos não estão aceitando cartões de créditos devido ao medo do colapso do peso. Muitos restaurantes fecham entre almoço e jantar e alguns fecham aos domingos e segunda; outros, só abrem para o jantar.

Em janeiro e fevereiro muitos restaurantes abrem com horas e serviços restritos, ou fecham para temporada de férias. Esta é a época tradicional quando os portenhos viajam para os resorts nas praias. Aconselho ligar bem antes para confirmar, pois não seria legal chegar aqui e dar de cara com o restaurante fechado.

Buenos Aires é uma cidade muito cosmopolita, e o mais surpreendente é que não há diversidade de raças, etnicamente falando, embora as influências de imigrantes do Oriente Médio e judeus que vieram a esta cidade no inicio da Primeira Guerra Mundial apareçam refletidas em algumas áreas. Restaurantes do Oriente Médio são agrupados em Palermo Viejo, perto da estação subte (metrô) Scalabrini Ortiz, e também na Rua Armênia. Listei vários deles. Devido ao fato de Once e Abasto serem bairros tradicionais de imigrantes judaicos, você encontrará muitos restaurantes Kosher (alguns tradicionais, outros recém-abertos por jovens tentando trazer de volta a culinária que relembra seus avôs) ao longo da Rua Tucumán, em particular. Muitos judeus de Buenos Aires são Sefaradi ou descendentes do Oriente Médio. Vai encontrar uma forte influência Árabe aqui.

Com uma nova definição do que significa a Argentina, nativos indígenas e influências incas também estão encontrando seu caminho em alguns restaurantes da Argentina.

Novamente, o melhor bairro com respeito aos restaurantes de cozinha experimental é encontrado em Palermo Viejo. Dois para experimentar são: a *parrilla* **Lo De Pueyrredón**, pertencente a um descendente de uma das famílias mais importantes do país; e **Bio**, um restaurante vegetariano que usa o grão inca quinoa em seus pratos deliciosos.

Como há muitos sobrenomes italianos e espanhóis, fica difícil classificar os descendentes italianos como um grupo étnico específico dentro da Argentina. Assim como a comida italiana em Buenos Aires é a essência da comida argentina, massas e outros pratos italianos são normalmente adicionados ao cardápio, com carne de gado grelhada. La Boca é a "Little Italy" (bairro italiano

Dicas   Degustação de Vinho

O que torna uma refeição em Buenos Aires tão boa é a coleção de vinho fino disponível, especialmente escolhida para complementar carne de gado, frango, peixe e outros itens do cardápio. A maioria dos vinhos argentinos vem do distrito de Mendoza, ao lado das montanhas dos Andes. Malbecs são os melhores, com cabernets, champanhe e, até mesmo, grappas (aguardente de bagaço de uva) nos cardápios mais tradicionais dos restaurantes mais caros. Se você não sabe nada sobre vinhos, para ver sentido nas seleções e sugestões oferecidas pelos garçons ou sommelier (especialista em vinhos). Talvez queira participar de algumas aulas de degustação de vinho. Aulas são oferecidas por toda a parte da cidade, mas há dois locais em especial que recomendo. Na parte chique da cidade, vá para o Hotel **Alvear Caves de Vines**, custa em média US$65 (£34) por pessoa. Minha outra escolha é o restaurante de vinho chamado **Club del Vino**, que custará em média US$12 (£6.35) por pessoa. Por estes preços você passará 1 hora com o sommelier que lhe explicará (e a um grupo de pessoas interessadas) o processo de viticultura, a colheita e como o vinho é realmente produzido. Como diamantes puros, o vinho é julgado pela cor e claridade, e você saberá o que procurar em cada taça. Outro ponto inclui discernir o sabor e o cheiro, e também como segurar uma taça de vinho sem prejudicar o teor com aquecimento de suas mãos. Após ter participado dessas aulas, você nunca mais se sentirá envergonhado quando lhe perguntarem que tipo de vinho acompanha cada prato principal.

---

de Nova York) histórica de Buenos Aires, o lugar onde imigrantes italianos se estabeleceram primeiro no final do século 19 e inicio do século 20. A atmosfera nestes restaurantes reflete este passado e desperta o interesse dos turistas, mas não é só aqui que o melhor da comida italiana é servida. É encontrada também em antigas churrascarias (parrillas) tradicionais, que vêm operando há décadas, e massas fazem parte de seus cardápios. Por todo este capítulo, a maioria destas churrascarias está nas categorias de "barato" por toda a cidade. Além disso, embora seja barato, visite o **Piegari** na região do restaurante La Recova, de Recoleta, com o melhor da culinária do Norte da Itália na cidade.

Asiáticos formam apenas uma pequena parte da população de Buenos Aires e, como um todo, não há muita influência na culinária. Mas mantém o ritmo com restaurantes internacionais. Você encontrará sushi bar e outros restaurantes com influências japonesas e chinesas por toda Buenos Aires. Por toda a cidade, encontrará a rede de restaurantes fast-food de sushi. Para autenticidade asiática, descrevo alguns restaurantes em Belgrano, num bairro pequeno e pouco conhecido: a Chinatown.

Se examinar o conteúdo destas listas e ainda não conseguir decidir o que quer comer, os três bairros a seguir são lotados de restaurantes com todos os tipos de comida, um atrás do outro, que talvez tenha algo que agrade seu paladar.

Primeiro, são os edifícios históricos na doca de Puerto Madero, lindíssimos, uma vantagem e um dos motivos de muitos dos restaurantes aqui serem baratos. Segundo, é a Calle Báez, no bairro de Palermo, na região de Las Cañitas, onde se encontram os restaurantes mais populares da cidade. Finalmente, restaurantes e bares cercam a Praça Serrano, em Palermo Hollywood, com muitas opções para os jovens e aqueles que querem um lugar bom sem gastar muito. Todos estes bairros têm muitos lugares nas redondezas para se divertir após o jantar, então, você não terá que se deslocar de um lado para o outro para aproveitar a noite.

Se você ainda não se decidiu e quer outras opiniões, entre nesse site: www.restaurant.com.ar. Lá encontrará informações em inglês e espanhol sobre restaurantes de Buenos Aires e outras grandes cidades, permitindo uma pesquisa bairro a bairro, como também por tipo de culinária.

Quando estiver em Buenos Aires, procure pelo mapa De Dios, um excelente guia de restaurantes desta empresa à venda em todas as livrarias da cidade, ou encomende com antecedência no www.dediosonline.com. Muitos restaurantes em Palermo Viejo encontram-se no mapa de restaurantes especiais de Palermo Viejo, disponível em quase todos os lugares listados neste bairro. Muitos outros bairros, como San Telmo, possuem mapas similares.

Listo preços exatos por pratos principais e grupos de restaurantes por categorias de preços. Porém, tudo isso é relativo. Por exemplo, tenho categorias Caro e Muito Caro, mas estas refeições não seriam consideradas caras, segundo os padrões americanos e europeus. E, em alguns casos, barato e moderado se coincidem ou um cardápio com um item apenas, por exemplo, a lagosta, tornando a categoria de um restaurante Barato para Muito Caro. Em resumo, dê uma olhada nos preços sugeridos que são listados em faixas, em vez de somente nas categorias. Com as taxas de câmbio atuais fica muito difícil gastar demais com comida na Argentina. Restaurantes baratos, com pratos principais custando em média menos de US$ 1 (£50p) até US$4 a US$5 (£2.10 - £2.65). Restaurantes moderados, com preços em média de US$3 a US$8 (£1.60 - £4.20). Restaurantes caros, com pratos principais de US$8 a US$13 (£4.20 - £6.90). E restaurantes muito caros custando em média US$13 a US$25 ou mais (£6.90 - £13). Lembre-se de que, em todo restaurante, normalmente o almoço é mais barato, e que talvez tenha cardápio para Turistas e/ou Executivos que oferecem uma refeição de três pratos a preços razoáveis. Gorjetas, bebidas, sobremesas e outros itens do cardápio, assim como também serviço de mesa e o custo inevitável pelo pão e manteiga, são adicionados na conta. Mantenha em mente que o inglês está se tornando mais e mais predominante em Buenos Aires; restaurantes baratos tendem a ter poucos funcionários que falam inglês.

1 Restaurante por Culinária

AMERICANO
Kosher McDonald's ☆☆ (Abasto, $ pág.133)

ARGENTINO
Barbería (La Boca, $$ pág.136)

Bar El Federal ☆☆ (San Telmo, $$ pág.114)

B'art ☆☆ (Palermo, $$$, pág.122)

Cabaña las Lilás ☆☆☆ (Puerto Madero, $$$, pág.102)

Café de la Ciudad (Microcentro, $$, pág.108)

Café Literario (Microcentro, $ pág.110)

Café Retiro ☆☆ (Microcentro, $ pág.110)

Café Tortoni ☆☆ (Microcentro, $ pág.111)

Campo Bravo ☆☆ (Palermo, $, pág.132)

Casa de Esteban de Luca ☆ (San Telmo, $, pág.116)

Clásica y Moderna ☆☆ (Barrio Norte, $$, pág.120)

Club del Vino ☆ (Palermo, $$$, pág.126)

Cluny ☆☆☆ (Palermo, $$$, pág.126)

Confitería del Botánico (Palermo, $, pág.132)

Abreviações: $$$$ = Muito Caro $$$ = Caro $$ = Moderado $ = Econômico

RESTAURANTE POR CULINÁRIA

Confitería Exedra ★★ (Microcentro, $$, pág.108)
Corsario ★ (La Boca, $, pág.136)
Dora ★★ (Microcentro, $$$, pág.106)
El Galope ★ (Once, $$, pág.135)
El General ★★★ (Monserrat, $$, pág.112)
El Obrero ★★★ (La Boca, $, pág.136)
Gardel de Buenos Aires ★ (Abasto, $, pág.133)
Gran Victoria ★ (área de Plaza de Mayo, $$, pág.102)
Inside Resto-Bar ★ (Congreso, $$, pág.120)
La Americana ★★ (Congreso, $, pág.122)
La Cabaña ★ (Recoleta, $$$$, pág.116)
La Cabrera ★★ (Palermo, $$$, pág.127)
La Chacra ★ (Microcentro, $$, pág.109)
La Coruña ★★ (San Telmo, $$, pág.115)
La Farmacia ★ (San Telmo, $$, pág.115)
Las Nazarenas ★ (Microcentro, $$, pág.109)
La Sortija (Microcentro, $, pág.112)
La Vieja Rotisería ★★ (San Telmo, $$, pág.115)
Lo De Pueyrredón ★★ (Palermo, $$$, pág.127)
Lomo ★ (Palermo, $$$, pág.128)
Meridiano 58 ★★ (Palermo, $$$, pág.128)
Pappa Deus ★ (San Telmo, $$, pág.116)
Plaza Astúrias ★★ (Congreso, $$, pág.121)
Plaza del Carmen (Congreso, $$, pág.121)
Richmond Café ★★ (Microcentro, $$, pág.110)
36 Billares ★★ (Congreso, $$, pág.121)
Utopia Bar (Palermo, $$, pág.131)

ASIÁTICO

Ásia de Cuba ★ (Puerto Madero, $$, pág.103)
Empire ★ (Microcentro, $$, pág.108)

CAFÉ/CONFEITARIA

Bar El Federal ★★ (San Telmo, $$, pág.114)
Café de la Ciudad (Microcentro, $$, pág.108)
Café de Madres de Plaza de Mayo ★★ (Congreso, $, pág.122)
Café Literario (Microcentro, $, pág.110)
Café Retiro ★★ (Microcentro, $, pág.110)
Café Tortoni ★★★ (Microcentro, $, pág.111)
Café Victoria ★ (Recoleta, $, pág.118)
Confitería del Botânico (Palermo, $, pág.132)
Confitería Exedra ★★ (Microcentro, $$, pág.108)
Gran Victoria ★ (região Praça de Maio, $$, pág.102)
Il Gran Caffe ★ (Microcentro, $, pág.111)
La Biela ★★★ (Recoleta, $, pág.119)
La Coruña ★★ (San Telmo, $$, pág.115)
La Farmacia ★ (San Telmo, $$, pág.115)
La Moncloa ★ (Congreso, $$, pág.120)
Maru Botana ★ (Recoleta, $, pág.119)

Petit Paris Café ★ (Microcentro, $, pág.112)
Plaza del Carmen (Congreso, $$, pág.121)
Richmond Café ★★ (Microcentro, $$, pág.110)

CHILENO

Los Chilenos ★ (Microcentro, $$, pág.109)

CHINÊS

Buddha BA ★ (Belgrano, $$$, pág.137)
Todos Contentos (Belgrano, $$, pág.138)
Yoko's ★ (Palermo, $$, pág.131)

FRANCÊS

Brasserie Petanque ★★ (San Telmo, $$$, pág.113)
La Bourgogne ★★★ (Recoleta, $$$, pág.117)
Le Sud ★★ (Microcentro, $$$, pág.107)
Lígure ★★ (Microcentro, $$, pág.109)
Te Mataré Ramírez ★★★ (Palermo, $$$, pág.129)

INTERNACIONAL

B'art ★★ (Palermo, $$$, pág.122)
Bar Uriarte ★★★ (Palermo, $$$, pág.123)
Casa Cruz ★★ (Palermo, $$$, pág.123)
Clark's ★ (Recoleta, $, pág.119)
Cluny ★★★ (Palermo, $$$, pág.126)
El Diamante ★★★ (Palermo, $$, pág.130)
Inside Resto-Bar ★ (Congreso, $$, pág.120)
Katrine ★★★ (Puerto Madero, $$$, pág.103)

Lola ★ (Recoleta, $$$, pág.118)
Mamá Jacinta ★★ (Once, $$, pág.135)
Maru Botana ★ (Recoleta, $, pág.119)
Meridiano 58 ★★ (Palermo, $$$, pág.128)
Novecento ★★★ (Palermo, $$, pág.131)
Pappa Deus ★ (San Telmo, $$, pág.116)
Plaza Grill ★★ (Microcentro, $$$, pág.107)
Puerto Cristal ★ (Puerto Madero, $, pág.106)
Shefa Abasto ★ (Abasto, $, pág.135)
Sullivan's Drink House (Palermo, $$$, pág.129)
Te Mataré Ramírez (Palermo, $$$, pág.129)
Utopia Bar (Palermo, $$, pág.131)

IRLANDÊS

Sullivan's Drink House (Palermo, $$$, pág.129)

ITALIANO

Barbería (La Boca, $$, pág.136)
Bar Uriarte ★★★ (Palermo, $$$, pág.123)
Broccolino ★ (Microcentro, $$, pág.107)
Casa Cruz ★★ (Palermo, $$$, pág.123)
Club del Vino ★ (Palermo, $$$, pág.126)
Corsario ★ (La Boca, $, pág.136)
El Obrero ★★★ (La Boca, $, pág.136)
Gardel de Buenos Aires ★ (Abasto, $, pág.133)
Il Gran Caffe ★ (Microcentro, $, pág.111)

La Americana ★★ (Congreso, $, pág.122)
La Baita ★★ (Palermo, $$$, pág.127)
La Farmacia ★ (San Telmo, $$, pág.115)
La Vieja Rotisería ★★ (San Telmo, $$, pág.115)
Mamá Jacinta ★★ (Once, $$, pág.135)
Piegari ★★ (Recoleta, $$$$, pág.117)
Plaza Asturias ★★ (Congreso, $$, pág.121)
Shefa Abasto ★ (Abasto, $, pág.135)
Sorrento del Puerto ★★ (Puerto Madero, $$, pág.106)

JAPONÊS

Ásia de Cuba ★ (Puerto Madero, $$, pág.103)
Morizono ★ (Microcentro, $, pág.112)
Sushi Club (Palermo, $$, pág.131)
Yoko's ★ (Palermo, $$, pág.131)

KOSHER

El Galope ★ (Once $$, pág.135)
Kosher McDonald's ★★ (Abasto, $, p.133)
Mamá Jacinta ★★ (Once, $$, p. 135)
Shefa Abasto ★★ (Abasto, $, pág.135)

LATINO

Central ★★★ (Palermo, $$$, pág.126)

MEDITERRÂNEO

Bio ★★ (Palermo, $, pág.132)
Central ★★★ (Palermo, $$$, pág.126)
De Olivas i Lustres ★★ (Palermo, $$, pág.130)
Le Mistral (Recoleta, $$, pág.118)
Le Sud ★★ (Microcentro, $$$, pág.107)
Restaurante y Bar Mediterrâneo ★★ (Monserrat, $$, pág.113)

MEXICANO

Tazz ★ (Palermo, $, pág.133)

ORIENTE MÉDIO

Don Galíndez ★ (Microcentro, $, pág.111)
El Galope ★ (Once, $$, pág.135)
Garbis ★★ (Palermo, $$, pág.131)
Mamá Jacinta ★★ (Once, $$, pág.135)
Viejo Agump ★ (Palermo, $, pág.133)

PARRILLA (CHURRASCARIA)

Campo Bravo ★★ (Palermo, $, pág.132)
Desnivel ★ (San Telmo, $$, pág.114)
Don Galíndez ★ (Microcentro, $, pág.111)
El Estanciero ★ (Palermo, $$, pág.130)
El Galope ★ (Once, $$, pág.135)
El Mirasol ★★ (Recoleta, $$, pág.118)
El Obrero ★★★ (La Boca, $, pág.136)
Juana M ★★ (Recoleta, $, pág.119)
La Bisteca ★★ (Puerto Madero, $$, pág.103)
La Brigada ★ (San Telmo, $, pág.114)
La Cabrera ★★ (Palermo, $$$, pág.127)
La Sortija (Microcentro, $, pág.112)
La Vieja Rotisería ★★ (San Telmo, $$, pág.115)
Lo De Pueyrredón ★★ (Palermo, $$$, pág.127)
Mamá Jacinta ★★ (Once, $$, pág.135)

PIZZA

Filo ★ (Microcentro, $, pág.111)

ESCANDINÁVIA

Olsen ★★ (Palermo, $$$, pág.128)

FRUTOS DO MAR

Corsario ★ (La Boca, $, pág.136)
Dora ★★ (Microcentro, $$$, pág.106)
Los Chilenos ★ (Microcentro, $$, pág.109)
Olsen ★★ (Palermo, $$$, pág.128)
Puerto Cristal ★ (Puerto Madero, $, pág.106)

ESPANHOL

B'art ★★ (Palermo, $$$, pág.122)
Palácio Español ★★ (Monserrat, $$, pág.113)

Plaza Asturias ★★ (Congreso, $$, pág.121)

TAILANDÊS

Empire ★ (Microcentro, $$, pág.108)

URUGUAIO

Medio y Medio ★ (San Telmo, $, pág.116)

VEGETARIANO

Bio ★★ (Palermo, $, pág.132)
Shefa Abasto ★ (Abasto, $, pág.135)

2 Região da Praça de Maio (Plaza de Maio)

Para a localização dos restaurantes listados nesta seção, veja o mapa "Onde Jantar no Centro de Buenos Aires", na pág.104.

MODERADO

Gran Victoria ★ ARGENTINO/CAFÉ Observe o mundo político da Argentina, enquanto come neste excelente café, com vista para a Praça de Maio. E além da grande oportunidade de observar as pessoas passando, este café fica no meio de uma das regiões históricas mais importantes do país e com vistas panorâmicas imponentes do Cabildo, Praça de Maio, Casa Rosada e da Catedral Metropolitana. Aqui você encontra a comida argentina com toque italiano e com uma grande variedade de sobremesas. Recomendo dar uma passada aqui enquanto visita a região, especialmente porque as garçonetes são super simpáticas.

Hipólito Yrigoyen 500, Diagonal Sur. © **11/4345-7703**. Pratos principais US$3-US$10 (£1.60-£5.30). Cc: AE, MC, V. Seg. a Sáb. 07h00 as 21h00. Metrô: Bolívar.

3 Puerto Madero

Nem toda parte de Puerto Madero possui paradas de metrô com fácil acesso, mas todos os restaurantes ficam, na maioria, uns 20 minutos de distância a pé da estação do metrô.

Para a localização dos restaurantes listados nesta seção, veja o mapa "Onde Jantar no Centro de Buenos Aires", na pág.104.

CARO

Cabaña las Lilas ★★★ ARGENTINO Considerada a melhor churrascaria (*parrilla*) em Buenos Aires, Cabaña las Lilas sempre está lotada. O cardápio presta homenagem à carne de gado argentino, que vem da *estancia* (fazenda) particular do restaurante. As entradas de tomates secos, mussarela, azeitonas, pimentões e o delicioso pão de alho – atiçam o apetite. Evidentemente, você está aqui para comer bife: os melhores cortes são contrafilé, carne de bezerro e fraldinha. Solicite legumes sauté, cebolas grelhadas, ou batatas fritas estilo provençal (Sudeste da França) separadamente. O serviço é rápido, mas profissional; solicite ao garçom para combinar um vinho fino argentino com sua refeição. O local para comer é enorme, com assentos do lado de fora, e apesar de ser caro, o ambiente é casual e informal. Clientes podem entrar com bermudas ou ternos. Para os vegetarianos, há um grande e ótimo buffet de saladas, para que todos fiquem satisfeitos.

Alicia Moreau de Justo, 516 - Villaflor Doca 3. ℂ **11/4313-1336**. Reserva recomendada. Pratos principais US$9 – US$14 (£4.80 - £7.20). Cc: AE, DC, V. Aberto diariamente: 12h00- 00h00. Metrô: L.N. Alem.

Katrine ✯✯✯ INTERNACIONAL Um dos restaurantes mais requisitados em Buenos Aires, Katrine (em homenagem ao proprietário e chefe Norueguês) serve uma culinária excelente. Mas para um restaurante tão único, o salão de jantar é barulhento. Você não vai se decepcionar com nenhum item do cardápio, mas gostaria de sugerir o salmão escandinavo refogado, seguido por camarão com legumes e açafrão, ou filé-mignon com fatias finas de cogumelos, cebolas e uma ótima safra de cabernet sauvignon. Todos os pratos de massas são excelentes O salão de jantar, moderno, e o terraço ficam de frente para o mar. O atendimento é impecável.

Av. Alicia Moreau de Justo, 138 - Thompson Doca 4. ℂ **11/4315-6222**. Reserva recomendada. Pratos principais US$8 – US$15 (£4.20 - £7.25). Cc: AE, DC, MC, V. Seg. a Sex. 12h00 às 15h30 e 20h00 às 00h00; Sáb. 20h00 às 00h30. Metrô: L.N. Alem.

MODERADO

Ásia de Cuba ✯ ASIÁTICO/JAPONÊS Embora não seja associado com os outros Ásia de Cuba em partes do planeta, este lugar proporciona um ambiente agradável. O interior é decorado nas cores vermelho e preto, com globos de clubes noturnos e lanternas chinesas penduradas no teto. Possui sushi bar nos fundos e uma sala para clientes VIP. Recepcionistas glamourosas guiam você à sua mesa. No horário de almoço é mais barato e mais informal do que à noite. Durante o dia, o preço do sushi custa, em média, US$3 (£1.60) por pessoa, à noite, o preço sobe para US$6 (£3.15) por pessoa. Um cardápio com 110 itens para saborear custa US$ 113 (£60). O jantar vem com todo o tipo de entretenimento exótico, com dançarinas da dança do ventre e com mulheres fazendo strip-tease penduradas no palco. Ásia de Cuba é um dos clubes noturnos mais importantes em Puerto Madero, ideal para pessoas mais velhas, pois a maioria de seus clientes estão acima dos 40 anos. A dança começa por volta da 01h30min da madrugada, de terça a sábado, e se você não quiser comer aqui, há um custo de entrada cobrado à parte, que varia em torno de US$7 a US$9 (£3.70 - £4.80), dependendo do dia. O salão de jantar fica de frente para a pista de dança. O ideal é chegar aqui bem tarde, jantar e dançar a noite inteira.

P. Dealesi 750. Guemes na Doca 3. ℂ **11/4894- 1328** ou 11/4894-1329. www.asiadecuba.com.ar. Reserva recomendada. Pratos principais US$3 – US$10 (£1.60 - £5.30). Cc: AE, MC, V. Aberto diariamente: 13h00- 05h00, normalmente aberto tarde nos finais de semana. Sem acesso ao metrô.

La Bisteca Barato ✯✯ *Econômico* Churrascaria La Bisteca, de Puerto Madero, oferece uma variedade de refeições bem baratas. Um estabelecimento onde você pode comer à vontade, chamado de *Tenedor Libre*, com almoço de três pratos por cerca de US$9 (£4.80) e o jantar varia de US$12 a US$14 (£6.35 - £7.40). Se você veio à Argentina para experimentar a carne de gado do país, não deixe de dar uma passadinha neste local. A qualidade da carne me surpreendeu, especialmente por causa do preço, e aqui você pode comer à vontade mesmo. Eu podia encher o meu prato quantas vezes quisesse. Há um bar de saladas varia-

Onde Jantar no Centro de Buenos Aires

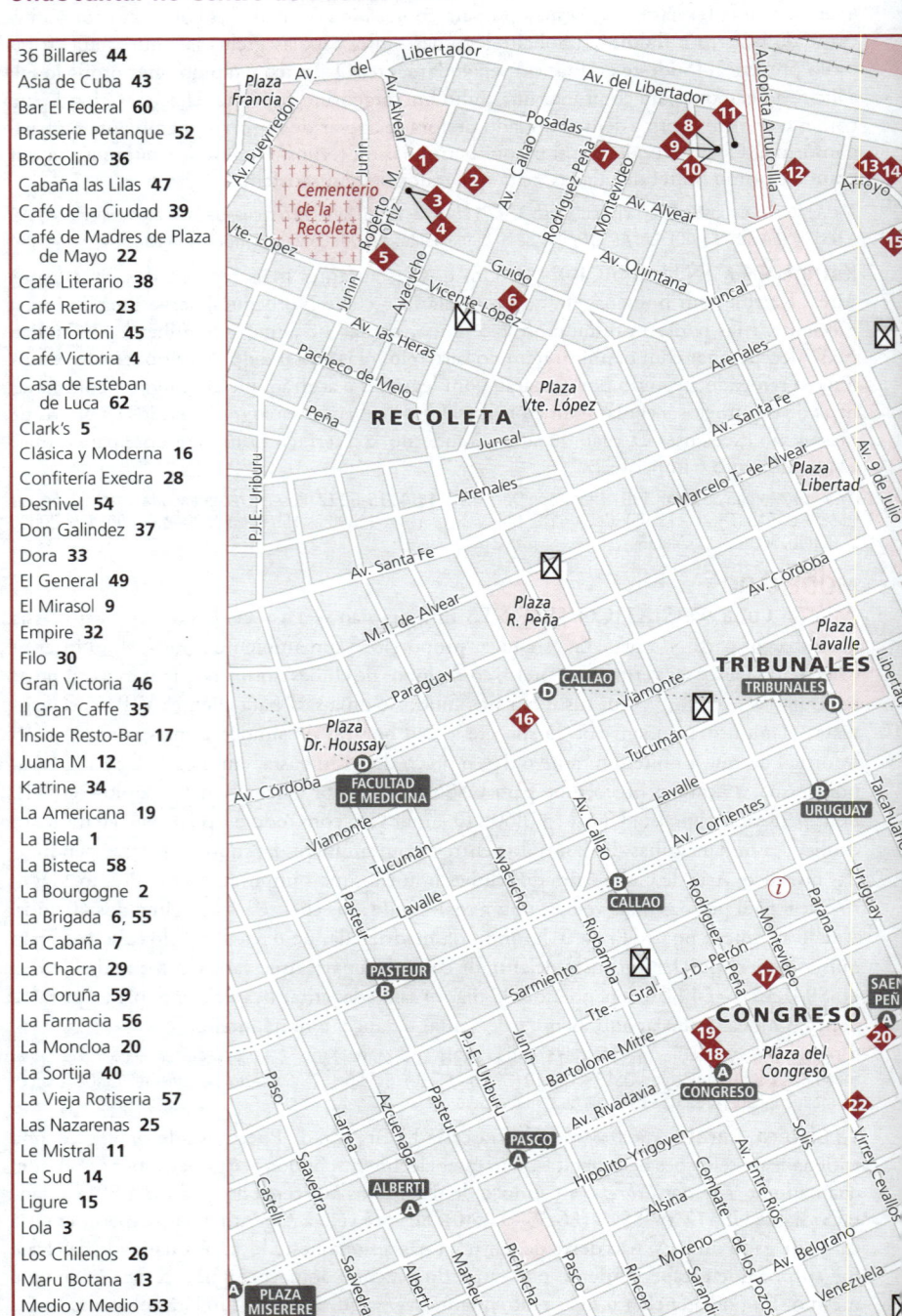

- 36 Billares **44**
- Asia de Cuba **43**
- Bar El Federal **60**
- Brasserie Petanque **52**
- Broccolino **36**
- Cabaña las Lilas **47**
- Café de la Ciudad **39**
- Café de Madres de Plaza de Mayo **22**
- Café Literario **38**
- Café Retiro **23**
- Café Tortoni **45**
- Café Victoria **4**
- Casa de Esteban de Luca **62**
- Clark's **5**
- Clásica y Moderna **16**
- Confitería Exedra **28**
- Desnivel **54**
- Don Galindez **37**
- Dora **33**
- El General **49**
- El Mirasol **9**
- Empire **32**
- Filo **30**
- Gran Victoria **46**
- Il Gran Caffe **35**
- Inside Resto-Bar **17**
- Juana M **12**
- Katrine **34**
- La Americana **19**
- La Biela **1**
- La Bisteca **58**
- La Bourgogne **2**
- La Brigada **6, 55**
- La Cabaña **7**
- La Chacra **29**
- La Coruña **59**
- La Farmacia **56**
- La Moncloa **20**
- La Sortija **40**
- La Vieja Rotiseria **57**
- Las Nazarenas **25**
- Le Mistral **11**
- Le Sud **14**
- Ligure **15**
- Lola **3**
- Los Chilenos **26**
- Maru Botana **13**
- Medio y Medio **53**

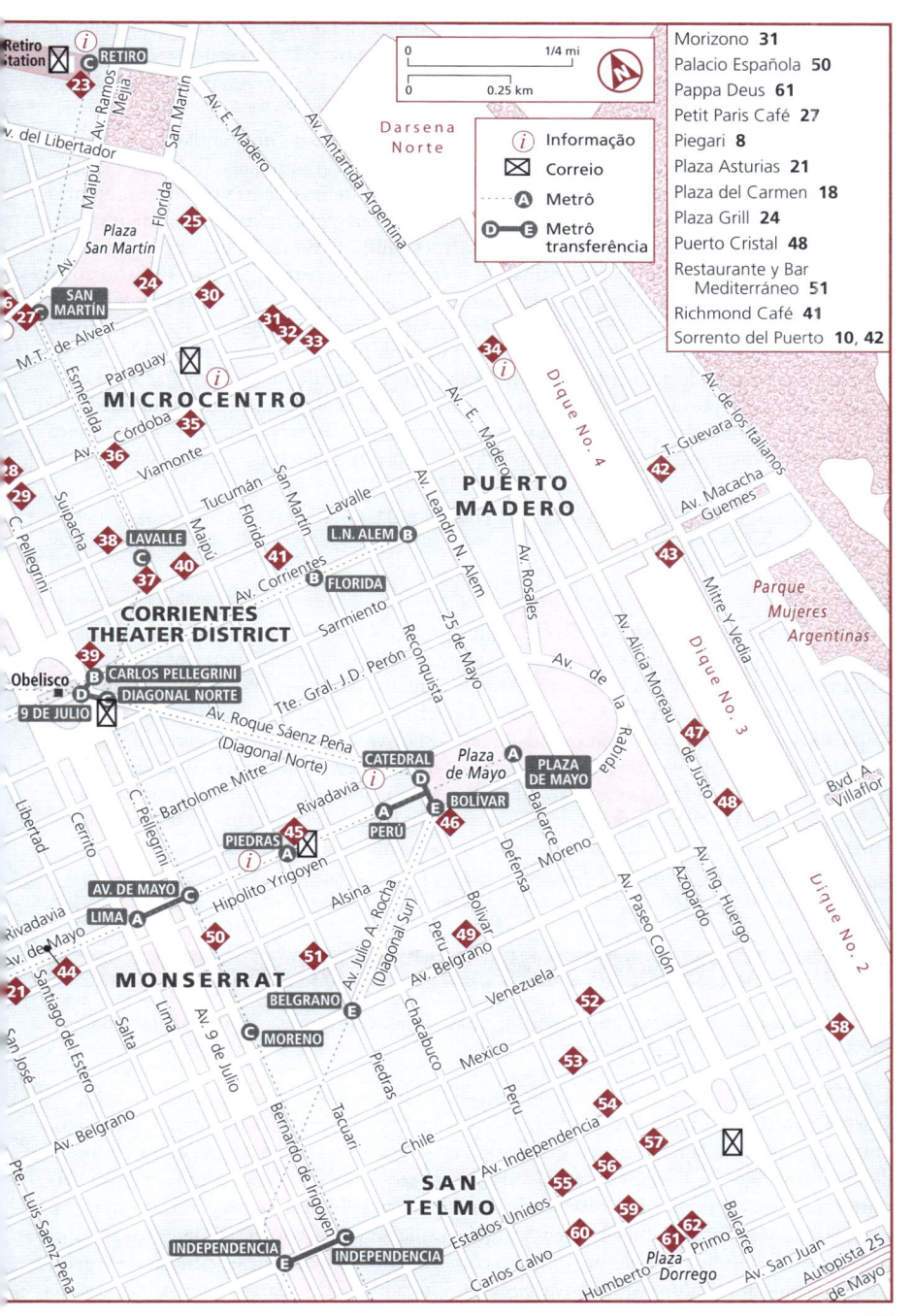

Morizono	**31**
Palacio Española	**50**
Pappa Deus	**61**
Petit Paris Café	**27**
Piegari	**8**
Plaza Asturias	**21**
Plaza del Carmen	**18**
Plaza Grill	**24**
Puerto Cristal	**48**
Restaurante y Bar Mediterráneo	**51**
Richmond Café	**41**
Sorrento del Puerto	**10**, **42**

- ⓘ Informação
- ✉ Correio
- Ⓐ Metrô
- Ⓓ–Ⓔ Metrô transferência

MICROCENTRO

PUERTO MADERO

CORRIENTES THEATER DISTRICT

Obelisco
9 DE JULIO

Plaza de Mayo
PLAZA DE MAYO

MONSERRAT

Parque Mujeres Argentinas

SAN TELMO

Plaza Dorrego

do para vegetarianos. Apesar do grande espaço do restaurante, a distribuição dos assentos e iluminação criam um ambiente aconchegante. Na hora do almoço, o local enche de executivos e, à noite, há uma mistura de casais, amigos e familiares. Esta é uma rede de restaurantes com outras filiais dentro de Buenos Aires e por toda a Argentina.

Av. Alicia Moreau de Justo, 1890 Peñaloza Doca 1. ✆ **11/4514-4999**. Pratos principais US$5 – US$7 (£2.65 - £3.70). Cc: AE, DC, MC, V. Diariamente: 12h00 às 16h00 e 20h00 a 01h00. Sem acesso ao metrô.

Sorrento del Puerto ✶✶ ITALIANO O único restaurante de dois andares em Puerto Madero com vistas panorâmicas maravilhosas do mar nos dois andares. Quando a cidade decidiu revigorar o porto, em 1995, este foi um dos primeiros dentre cinco restaurantes inaugurados naquela época (atualmente, encontram-se na região mais de 50 restaurantes). O salão de jantar moderno possui janelas enormes, iluminação moderna, mesas e booths (mesas privativas) decorados com toalhas de mesa brancas e pétalas de rosa. O pátio ao ar livre acomoda apenas 15 mesas, mas o interior do local é enorme. As pessoas vêm aqui por causa de dois motivos: excelente cardápio de massas e frutos do mar. Escolha seu prato de macarrão e um molho: fruto do mar, camarão scampi, pesto e quatro queijos. Os melhores pratos de frutos do mar incluem truta recheada com carne de caranguejo, solha com molho de Belle Marnier, polvo estilo Galiciano, paelha Valenciana e uma variedade de frutos do mar grelhados para duas pessoas. Um cardápio com três pratos (aperitivo, prato principal e sobremesa) com bebida custa US$7 (£3.70). Sorrento pode ser encontrado também em Recoleta na Posadas, 1053 (11/4326-0532).

Av. Alicia Moreau de Justo, 430 Guevara Doca 4. ✆ **11/4319-8731**. Reservas Recomendadas. Pratos principais US$ 5 – US$ 9 (£2.65 - £4.80). Cc: AE, DC, MC, V. Seg. a Sex. 12h00 às 16h00 e 20h00- 01h00; Sáb. 20h00 – 02h00. Metrô: L.N. Alem.

BARATO
Puerto Cristal ✶ INTERNACIONAL/ FRUTOS DO MAR O cardápio tem de tudo, mas peixe é o principal destaque deste restaurante, entre vários, em Puerto Madero. Local enorme com recepcionistas amáveis e garçons com atendimento impecável; os talheres e pratos são trocados constantemente entre as refeições. Um jardim envidraçado no meio do salão de jantar adiciona tranquilidade ao design chique deste restaurante industrial, e as janelas têm vista panorâmica de Puerto Madero. Preços excelentes para almoço, e a principal atração: cardápio executivo que custa, em média, US$ 6 (£3.20) e normalmente inclui uma taça de champanhe (porém, outras bebidas e aperitivos são cobrados à parte). Uma pequena taxa é cobrada, se a conta for paga com cartão de crédito.

Av. Alicia Moreau de Justo, 1082 - Villaflor Doca 3. ✆ **11/4331-3669**. www.puerto-cristal.com.ar. Pratos principais US$3 – US$5 (£1.60 - £2.65). Cc: AE, MC, V. Dom. à Sex. 06h30 à 00h00; Sáb 06h30 às 02h00. Sem acesso ao metrô.

4 Microcentro

Para a localização dos restaurantes listados nesta seção, veja o mapa "Onde Jantar no Centro de Buenos Aires", pág.104.

CARO
Dora ✶✶ ARGENTINO/FRUTOS DO MAR Este restaurante não tem nada de atrativo, tanto dentro como fora, com seu exterior quase invisível no andar térreo de um edifício de escritórios e o seu interior com madeiras. As paredes são decoradas com garrafas de vinho. Dora está aberto desde 1940 (sendo, ainda, gerenciado pela mesma família – terceira geração) e, enquanto há lugares mais chiques onde se possa comer, ninguém vem aqui pelo décor. É barulhento e desorganizado, com uma mistura eclética de pessoas da região, além dos portenhos idosos que provavelmente vêm aqui há décadas. A especialidade deste

restaurante caro é o peixe e pratos de carne, frango e massas. O "Cazuela" Dora é a especialidade principal – um ensopado de peixe, mariscos, camarões e quase tudo o que o mar tem a oferecer, colocado em uma panela. Aperitivos são caros, de US$4 a US$14 (£2.10 - £7.40), com outras opções feitas com caviar. Após seleções fortes de peixe e carne, uma variedade de frutas sazonais faz parte do cardápio. Além do peixe, Dora tem uma seleção enorme de vinho branco.

Leandro N. Alem, 1016 Paraguay. © **11/4311-2891**. Pratos principais US$8 – US$ 20 (£4.20 - £10). Cc: Visa e dólar americano. Seg. a Qui. 12h30 – 01h00; Sex. e Sáb. 12h00 às 02h00. Metrô: San Martín.

Le Sud ★★ FRANCÊS/MEDITERRÂNEO O chefe executivo Thierry Pszonka ganhou uma medalha de ouro do Comitê Nacional de Gastronomia Francesa e adquiriu experiência no La Bourgogne, antes de inaugurar este restaurante gastronômico no Hotel Sofitel. O seu estilo de cozinhar é tradicional e elegante; com temperos e azeite de oliva da Provença, cria pratos deliciosos, tais como o cozido de coelho com pimentão e tomate, polenta com queijo parmesão e alecrim, e espinafre com ravióli e limão. O salão do restaurante do Le Sud oferece a mesma sofisticação: design contemporâneo, com lustres e pisos de mármores escuros, mesas de pau-rosa brasileiro e janelas enormes com vista panorâmica da Calle Arroyo. Após o jantar, considere uma bebida na adega.

Arroyo 841/849, Suipacha no Hotel Sofitel. © **11/4131-0000**. Reservas recomendadas. Pratos principais US$10 – US$20 (£5.30 - £10). Cc: AE, DC, MC, V. Aberto diariamente: 6h30 - 11h00, 12h30 – 15h00 e 19h30 – 00h00. Metrô: San Martín.

Plaza Grill ★★ INTERNACIONAL Por quase um século, o Plaza Grill domina o cenário de almoço na cidade e ainda permanece a primeira escolha para funcionários do governo e executivos. O salão de jantar é decorado com mobília feita de madeira de carvalho escuro, uma coleção de porcelana holandesa de 90 anos pertencente aos donos, ventiladores da época do império Britânico e talheres chineses. As mesas são bem situadas, deixando espaços para conversas intimas. Peça um prato a la carte do cardápio internacional ou de churrasco (parrilla). Os cortes de carnes argentinas são perfeitos. O filé-mignon marinado, fatiado bem fininho e servido com batatas gratinadas é maravilhoso! Outra escolha interessante é a carne de veado com purê de maçã crocante, oferecido durante os meses de novembro e dezembro, na época de festividades, um tanto quanto inadequado por causa do calor de Buenos Aires. O cardápio de vinho contém vinhos de sete países, com o melhor Malbec do mundo vindo de Mendoza. O restaurante anteriormente vendia apenas vinho na garrafa, mas agora vende nas taças também. Pratos a la carte custam em média US$ 7 a US$10 (£3.70 - £5.30), com itens selecionados custando até US$20 (£10); um cardápio de almoço com preço fixo de US$25 (£13), aperitivo, prato principal e sobremesa e vinho não estão inclusos, mas não deixa de ser uma boa escolha.

Marriott Plaza Hotel, Rua Florida 1005, Santa Fe de frente para a Praça San Martín. © **11/4318-3070**. Reservas recomendadas. Pratos principais desde US$ 7 – US$10 (£3.70 - £5.30). Cc: AE, DC, MC, V. Aberto diariamente: 12h00 - 16h e 19h00 – 00h00. Metrô: San Martín.

MODERADO
Broccolino ★ ITALIANO O nome do restaurante em si não quer dizer pequeno brócolis, mas uma gíria de imigrantes italianos sobre uma das cidades enormes de Nova York e que, um dia, teve a maior população de italianos, o Brooklin. Observe as lembranças do Brooklin em todas as paredes e a linha do horizonte de Manhattan desenhado na parede – este restaurante italiano (trattoria) informal perto da Calle Florida é famoso entre os americanos, tais como Robert Duvall, entre outros menos famosos. A maioria dos garçons fala inglês e o restaurante tem um ambiente nova-iorquino. Os três salões de jantar são pequenos, decorados com toalhas de mesa xadrez; e o aroma perfeito de tomates, cebolas

e alho paira no ar. O restaurante é famoso por suas pizzas apimentadas, massas frescas e, acima de tudo, seus molhos picantes (salsas em espanhol). O restaurante serve também, por mês, dois mil quilos de lula sauté ao vinho, cebola, salsa e alho.

Esmeralda 776, Córdoba. ℂ **11/4322-7652**. Reservas recomendadas. Pratos principais US$3 – US$7 (£1.60 - £3.70). Não aceitam cartões de crédito. Aberto diariamente: 12h00 - 16h e 19h00 - 01h00. Metrô: Lavalle.

Café de la Ciudad ARGENTINO/CAFÉ É difícil de acreditar que no centro da cidade exista só um restaurante com jantar ao ar livre, de frente para o Obelisco, mas é verdade. Café de la Ciudad aberto há 40 anos fica a seis esquinas do Obelisco, na Avenida 9 de Julho. Vir aqui é como sentar para jantar em um Times Square de Buenos Aires, onde você pode ver a infinidade de anúncios publicitários eletrônicos reluzentes de empresas americanas e japonesas. Com certeza, é um pouco barulhento, e pode ser alvo de mendigos, mas estará jantando embaixo do símbolo histórico da cidade. A comida vem em porções grandes. Sanduíches, pizzas, e cardápios executivos com preços especiais são feitos com rapidez, um ótimo lugar para quem está com pressa. A estação do metrô Carlos Pellegrini ficam bem pertinho. Se estiver aqui, à noite, quando a cidade está num bom astral, especialmente se o Boca Juniors ganhou a partida, vai assistir a um show grátis, ao observar os residentes se reunirem com suas bandeiras para festejar embaixo do Obelisco, enquanto os carros e táxis passam a toda velocidade, buzinando e admirando a alegria da galera. É um local que funciona 24 horas; então, você pode dar uma passada aqui, após a noite na danceteria ou a teatros por perto, e assistir ao desfile dos Portenhos passando.

Corrientes 999, Carlos Pellegrini (Av. 9 de Julho). ℂ **11/4322-8905** ou 11/4322-6174. Pratos principais US$1.50 – US$7 (80p - £3.70). Cc: AE, DC, MC, V. Aberto diariamente: 24 horas. Metrô: Carlos Pellegrini.

Confitería Exedra 👁👁 ARGENTINO/CAFÉ "La Esquina de Buenos Aires" (a esquina de Buenos Aires) é a marca registrada deste lugar. Em uma esquina movimentada da cidade, todo tipo de pessoa parece passar por este café emocionante. É decorado com paredes de madeira clara e vidros coloridos, que relembram alguma igreja de 1970, e o teto deslumbrante tem estilo de Las Vegas. Exatamente como se estivesse numa igreja, segundo o garçom veterano, Victor, que está no restaurante há 20 anos e diz: "Nós servimos de tudo". E realmente é verdade. A clientela aqui é barulhenta com uma mistura de trajes formais e informais. Todos curtindo a companhia de todos e observando através das janelas de vidro enormes todas as pessoas andando pela Avenida 9 de Julho. Por ser um local que fica aberto até tarde da noite e cercado por clubes privé, talvez você se depare com algumas prostitutas e algumas criaturas suspeitas circulando pela área. Apesar disso, sem a menor dúvida, é um lugar que deve visitar nos fins de semana, quando estiver procurando algo para comer depois de dançar. Há uma vasta seleção de bebidas e os preços sobem um pouquinho à noite. O cardápio é uma combinação de lanches, pratos rápidos e coisas mais substanciais e interessantes, também, como frango com molho de abóbora. O cardápio do almoço executivo custa de US$5 a US$7 (£2.65 - £3.70) e o jantar é quase de graça.

Av. Córdoba 999, Carlos Pellegrini (Av. 9 de Julho). ℂ **11/4322-7807**. Pratos principais US$3 – US$5 (£1.60 - £2.65). Cc: AE, MC, V. Dom. a Qui. 07h00 - 17h00; Sex. e Sáb. 24 horas. Metrô: Lavalle.

Empire ASIÁTICO/TAILANDÊS Um restaurante interessante localizado numa parte desolada do Microcentro. Perto de tudo no Microcentro, mas numa rua muito pequena pela qual quase ninguém passa, por isso, parece afastado. Pouco iluminado com quadros de elefantes e decorações de mosaicos feitas de vidros nas colunas, você vai sentir como se estivesse numa danceteria em vez de um restaurante. Para vegetarianos procurando algo além de churrasco que é oferecido em todo o lugar, é um ótimo lugar para experimentar pratos com legumes e macarrão. E muitos vêm aqui só para tomar uma bebida e sentar no balcão enorme, com prateleiras de garrafas iluminadas. Embora o símbolo de propaganda deste lugar seja o Empire State Bulding, não tem a ver com o de Nova York. Empire é um dos restaurantes mais populares da cidade entre o público gay da região.

Três Sargentos, 427 — San Martín. ✆ **11/5411-4312** ou 11/5411-5706. empire_bar@hotmail.ccm. Pratos principais: US$6 — US$10 (£3.15 - £5.30). Cc: AE, MC, V. Seg. a Sex. 09h00 — 01h00; Sáb. 10h30 — 03h00. Metrô: San Martín.

La Chacra ⓘ ARGENTINO Duas coisas aqui vão chamar a sua atenção: a vaca recheada, implorando para você entrar e comer carne; ou a churrasqueira tradicional argentina, com espetos chamuscando fogo. Garçons profissionais com calças pretas e blazer branco dão boas-vindas, num ambiente informal, com chifres de veados e lanternas de ferro forjadas decorando as paredes do local. Pratos de carne incluem contrafilé, bisteca de boi com pimentões vermelhos; e fraldinha. Costelas assadas e leitão chamam a atenção na churrasqueira, assim como os outros espetinhos de carne também. Filés são grossos e suculentos. Peça uma boa cerveja ou um vinho argentino para acompanhar a refeição.

Av. Córdoba 941, Carlos Pellegrini (Av. 9 de Julho). ✆ **11/4322-1409**. Pratos principais US$4 — US$7 (£2.10 - £3.70). Cc: AE, DC, MC, V. Aberto diariamente: 12h00 — 01h30. Metrô: San Martín.

Las Nazarenas ⓘ ARGENTINO Este não é um restaurante. Um garçom veterano vai lhe dizer: é um asador. Mais especificamente é uma churrascaria com carne no cardápio, não uma pseudo parrilla com pratos de legumes e pratos internacionais enfeitados para os fracos de coração. Você tem duas escolhas: cortes grelhados na churrasqueira ou carne assada no espeto sobre o fogo. Presidentes argentinos e ministros estrangeiros costumam visitar este local. O restaurante de dois andares é muito bem decorado, com caixas de vinhos argentinos e plantas em abundância. O atendimento é sem pressa, proporcionando o tempo necessário para desfrutar a refeição de maneira tranquila.

Reconquista 1132, Leandro N. Alem. ✆ **11/4312-5559**. Reservas recomendadas. Pratos principais US$4 — US$6 (£2.10 - £3.15). Cc: AE, DC, MC, V. Aberto diariamente: 12h00 — 01h00. Metrô: San Martín.

Ligure ⓘ★ *Achados* FRANCÊS Espelhos pintados de frente para o salão retangular de jantar, desde 1933, têm atraído embaixadores, artistas e líderes de comércio, durante o dia, e um público romântico, à noite. Tema náutico prevalece com redes de pesca, cordão de docas, mastros decorando o salão, e volantes de capitão substituem os lustres. As porções são grandes e bem preparadas — uma combinação excêntrica de culinária Francesa. Opções para frutos do mar incluem o olho de peixe da Patagônia sauté, camarões graúdos e cogumelos, ou a truta coberta com molho de amêndoas. Se estiver com vontade de comer carne, o chateaubriand é delicioso. O bife de lomo (filé-mignon) pode ser preparado de sete maneiras diferentes (molho de pimenta com conhaque é maravilhoso, e preparado na sua mesa).

Juncal 855, Esmeralda. ✆ **11/4393-0644** ou 11/4394-8226. Reservas recomendadas. Pratos principais US$ 4 — US$6 (£2.10 - £3.15). Cc: AE, DC, MC, V. Aberto diariamente: 12h00 - 15h00 e 20h00 - 23h30. Metrô: San Martín.

Los Chilenos ⓘ CHILENO/FRUTOS DO MAR Um aroma do país Chile é o que você vai encontrar aqui, por isso, este restaurante é popular entre chilenos que vivem aqui ou a passeio. É um lugar simples com um ambiente familiar. O salão de jantar tem mesas grandes onde todos podem sentar-se. O local é decorado com pôsteres dos lugares turísticos do Chile e com bandeiras chilenas nas paredes. Peixe é um dos fortes deste restaurante e o seu prato popular é o abalone (molusco comestível) preparado com maionese.

Suipacha 1024, Santa Fe. ✆ **11/4328-3123**. Pratos principais US$1 — US$7 (50p - £3.70). Cc: AE, DC, MC, V. Seg. a Sáb. 12h00- 16h00 e 20h00 — 01h00. Metrô: San Martín.

110 CAPÍTULO 6 · ONDE JANTAR

Richmond Café ★★ ARGENTINO/CAFÉ Entre neste lugar e encontre um ritmo e ambiente da antiga Buenos Aires. O Richmond Café, um bar notável, é a única coisa que restou do antigo Richmond Hotel, um híbrido argentino-britânico que foi fundado em 1917 e servia a elite no passado. O café fica no saguão do antigo hotel, com uma área no andar superior, que foi transformada em escritórios. O cardápio é tradicional argentino, e uma confeitaria (confitería) fica na frente, servindo como um local fast-food e restaurante. Você vai achar uma mistura de portenhos de todas as classes aqui, desde trabalhadores dando uma passada rápida só para comer algo, até idosos bem vestidos, que devem lembrar o auge da mais elegante Calle Florida. O décor é de um clube de cavalheiros, totalmente amadeirado, metal e estofados de couro vermelho. Clientes podem desfrutar também o andar térreo, com bar repleto de mesas de bilhar. Para manter o seu papel como confitería, há um cardápio variado de doces e salgados de ótima qualidade. O restaurante oferece alimentos básicos, como frango, peixe e carne. O cardápio à la carte costuma ser caro, mas os cardápios executivos com três pratos e bebida são uma ótima pechincha, custando US$6 e US$10 (£3.15 - £5.20).

Calle Florida 468, Corrientes. © **11/4322-1341** ou 11/4322-1653. www.restaurant.com.ar/richmond. Pratos principais US$5 - US$8 (££2.65 - £4.20). Cc: AE, MC, V. Seg. a Sáb. 7h00 - 22h00. Metrô: Florida.

BARATO
Café Literário ARGENTINO/CAFÉ É um pequeno e tranquilo café localizado em uma área privilegiada, onde o grande literário Jorge Luis Borges nasceu. O restaurante tem uma afiliação indireta com a Fundação Internacional Jorge Luis Borges, que tem por objetivo preservar a memória e o trabalho dele. O tema literário do café são leituras e eventos de artes regulares. Uma variedade de publicações estão disponíveis nas prateleiras e estantes para que os clientes leiam enquanto comem. A ideia, de acordo com as proprietárias, é criar um local onde as pessoas pudessem vir, ler, comer e relaxar num ambiente descontraído. Oferecem sanduíches leves, lanches, sobremesas e bife argentino. O edifício moderno tem acesso ao pátio próximo do YWCA, dentro de um belíssimo edifício do século 20, construído sobre a casa onde Borges nasceu.

Tucumán 840, Suipacha. © **11/4328-0391**. Pratos principais US$2 - US$5 (£1.05 - £2.65). Não aceitamos cartões de crédito. Seg. a Sexta 08h00 - 18h00. Metrô: Lavalle.

Café Retiro ★★ (Achados) ARGENTINA/CAFÉ Este café faz parte de uma rede, o consórcio econômico financeiro Café, Café. Porém, não há nada de espetacular com a comida, mas é de alta qualidade, consistente e barata. O motivo principal de jantar aqui é curtir a elegância restaurada do café original, que fazia parte da Estação Retiro, quando foi construído em 1915. O local ficou fechado por muitos anos, mas foi restaurado em 2001 com a ajuda do programa do governo. Agora é considerado um dos bares e cafés notáveis, com interiores que são historicamente considerados importantes para a nação. O mármore foi clareado, lustres de bronze polidos e as janelas de vidros coloridos foram trocadas, permitindo que a luz de fora entre. O café é ideal se você está pegando um trem daqui para outras partes da Argentina e Províncias, como por exemplo, o Tigre, ou se você veio admirar a arquitetura de Retiro e outras estações clássicas neste complexo enorme de transportes. Também vale à pena checar se veio para ver a Torre do Relógio Britânico que fica perto da praça. Atendentes são amáveis e dão muitas dicas do que fazer em Buenos Aires. Uma galeria de arte no corredor fora do restaurante sempre tem exposições. Sexta-feira, às 19h00, os clientes podem desfrutar de um show de tango.

Ramos Mejía, 1358 - Libertador (no saguão da Estação Retiro). © **11/4516-0702**. Pratos principais US$1.50 - US$3 (80p - £1.60). Não aceitam cartões de crédito. Aberto diariamente: 06h30min às 22h00min. Metrô: Retiro.

MICROCENTRO 111

Café Tortoni ✦✦✦ *Momentos* CAFÉ/ARGENTINO Você não pode vir a Buenos Aires e não visitar esta instituição portenha. Este café histórico tem servido a artistas e intelectuais da capital de Buenos Aires desde 1858, convidados como Jorge Luis Borges, Júlio de Caro, Cátulo Castilho e José Gobello. Sua localização atual foi fundada em 1890, quando a Avenida de Maio foi criada como a principal via de uma rica e poderosa Buenos Aires surgindo no mundo. Decorado com madeira de primeira, vidros coloridos, mármore amarelado e bronzes, o local destaca mais sobre sua história por simplesmente existir do que qualquer fotografia pendurada na parede. Lugar perfeito para tomar um café ou um lanche quando estiver passeando ao longo da Avenida de Maio. Os shows de tango são apresentados duas vezes por noite numa sala pequena onde apresentadores costumam andar entre a clientela. Nesse espaço apertado onde os shows são apresentados é quase impossível de se mover. Você acabará conhecendo alguém mesmo que não queira. O que torna o Tortoni tão especial é que os habitantes e turistas compartilham o mesmo local sem problemas. Porém, não espere um bom atendimento: às vezes, para conseguir a atenção dos atendentes, você tem que ficar pulando, mesmo se eles estão a poucos metros de você. Um lugar lindo, mas o serviço e a maneira como tratam os clientes nunca foi o forte do Tortoni.
Av. de Mayo, 825 Esmeralda. ✆ **11/4342-4328**. Pratos principais US$2 – US$7 (£1.05 - £3.70). Cc: AE, DC, MC, V. Seg. a Qui. 08h00 -15h00; Dom. 08h00 - 13h00. Metrô: Av. de Mayo.

Don Galíndez ✦ *Econômico* ORIENTE MÉDIO/CHURRASCARIA Você pode observar o mundo passando neste lugar, na esquina de Lavalle e Esmeralda. Consumidores e pessoas esquisitas farão parte do espetáculo nos assentos deste restaurante dividido em duas partes – metade, uma churrascaria tradicional; e a outra, um fast-food servindo lanches, como shawarma e falafel, entre outros, com preços a partir de US$1 (50p). Os atendentes vão de um lado para o outro entre as duas partes. Especiais do dia voltados para o público na hora do almoço são chamados o "Plato del Dia"; um prato principal, pão e uma bebida custam um pouco mais de US$2 (£1,05). Serviço de comida para viagem. Mas o melhor deste lugar é sentar no balcão, observar o povo de Buenos Aires e rir com os chefes batendo papo nas churrasqueiras.
Lavalle, 798 – Esmeralda. ✆ **11/4322-6705**. Pratos principais US$1 – US$4 (50p - £2.10). Não aceitam cartões de crédito. Aberto diariamente 10h00 à 01h00. Metrô: Lavalle.

Filo ✦ *Achados* PIZZA Famoso entre os jovens profissionais, artistas e qualquer um que procura motivo para celebrar. Filo apresenta aos seus clientes pizzas de dar água na boca, massas deliciosas e coquetéis fortes. O bar sempre lotado tem música ao vivo ocasionalmente, e aulas de tango algumas noites por semana no térreo do estabelecimento.
San Martín, 975 – Alvear. ✆ **11/4311-0312**. Pratos principais US$2 – US$5 (£1.05 - £2.65). Cc: AE, MC, V. Aberto diariamente: 12h00 - 16h00 e 20h00 - 02h00. Metrô: San Martín.

Il Gran Caffe ✦ CAFÉ/ITALIANO Como o nome indica, este é um restaurante italiano de grande porte com uma seleção variada de massas folheadas, massas, pães tipo panini e também culinária argentina tradicional. Localizado em uma esquina movimentada, no outro lado da rua de Galerías Pacífico, é um dos lugares perfeitos para observar as pessoas passarem na Calle Florida. Um toldo ao lado de Córdoba proporciona assentos ao ar livre, com chuva ou com sol. Por causa da beleza da região, o restaurante cobra 15% a mais para jantar ao ar livre do que jantar dentro do restaurante. Se você não quiser pagar mais para jantar no lado de fora, a segunda opção é sentar no andar superior com uma vista perfeita da rua e da Academia Naval, um dos locais históricos mais lindos da cidade. Se veio apenas para beber, as bebidas custam em média US$3 (£1.60) cada. No cardápio de massas folheadas saborosas está especialmente a sfogliatella napolitana.

Calle Florida, 700 – Córdoba. ✆ **11/4326-5008**. Pratos principais US$3 – US$8 (£1.60 - £4.20). Cc: AE, MC, V. Aberto diariamente: 07h00 – 02h00. Metrô: Florida.

La Sortija *Econômico* ARGENTINO/CHURRASCARIA Churrascaria tradicional e pequena. As decorações são básicas, com ênfase na comida e no atendimento amistoso. O design interior de madeira em grande parte parece mais antigo do que o próprio estabelecimento inaugurado em 2000. Prateleiras cheias de garrafas de vinho e refrigerantes - um pouco desorganizadas. A maioria da clientela são portenhos da classe operária que trabalham na região. O local fica lotado por volta das 17h00, quando os clientes resolvem dar uma passadinha antes de voltar para casa. La Sortija se orgulha de sua Cocina Caseira, ou comida caseira, e serve cortes de carnes deliciosos e bem preparados, como por exemplo: bife de chorizo (filé-mignon). E sanduíches para viagem. Este restaurante é super barato. Pizzas, massas, e frango completam o cardápio.

Lavalle 663, Maipú. ✆ **11/4328-0824**. Pratos principais US$3 – US$5 (£1.60 - £2.65). Não aceitam cartões de crédito. Aberto diariamente: 08h00 à 00h00. Metrô: Lavalle

Morizono ✪ *Econômico* JAPONÊS Um restaurante e bar de sushi japonês, Morizono oferece almôndegas recheadas com porco, camarão e legumes, salmão com molho de gengibre e uma variedade de pratos de sushi e sashimi. Morizono pode ser encontrado em Palermo na Paraguay 3521 (11/4823-4250) e Lacroze, 2173 em Belgrano (11/4773-0940).

Reconquista 899, Paraguay. ✆ **11/4773-0924**. Reservas recomendadas. Pratos principais US$3 – US$6 (£1.60 - £3.05). Cc: AE, DC, MC. V. Seg. a Sex. 12h30 – 15h30 e 20h00 – 00h00; Sáb. 20h – 01h00 Metrô: San Martín.

Petit Paris Café ✪ CAFÉ Mesas de mármore com cadeiras aveludadas, lustres de cristal, e garçons com gravata borboleta dão a este restaurante um sabor europeu. Grandes janelas possuem vista de frente para a Praça San Martín e, a pé, tem-se acesso aos melhores pontos turísticos da cidade. O cardápio oferece uma seleção de sanduíches quentes e frios, doces, café e chá especiais. Fique o tempo que precisar para tomar o seu café sem pressa – ninguém lhe pedirá para sair.

Av. Santa Fe, 774 - Esmeralda. ✆ **11/4312-5885**. Pratos principais US$2 US$4 (£1.05 – £2.10). Cc: AE, DC, MC, V. Aberto diariamente: 07h00 - 14h00. Metrô: San Martín.

5 Monserrat

Para a localização dos restaurantes listados nesta seção, veja o mapa "Onde Jantar no Centro de Buenos Aires", pág.104.

MODERADO

El General ✪✪✪ *Momentos* ARGENTINO Se você já visitou a Casa Rosada e Recoleta e ainda quer saber mais sobre a história dos Perón, venha até este restaurante dedicado à memória do casal mais famoso da Argentina. Jorge Biondi e mais quatro sócios conheceram Perón pessoalmente e abriram este restaurante dois anos atrás. Os cinco donos do restaurante acreditavam que para a maioria das pessoas, os Perón eram um símbolo que já não tinha mais valor. O restaurante era visto como uma forma de educar o jovem argentino e os turistas. Obras de arte importantes e autênticas, completam o local, incluindo um retrato raro de Juan Perón, por Andres Bevilacqua, e a escultura dele, que sobreviveu à revolução por estar escondida em outra escultura diferente. Outras fotos e pôsteres entre uma mistura de originais e novos completam as paredes. Uma série de palestras sobre o casal polêmico são feitos por verdadeiros acadêmicos da Fundación El General, falando em inglês e espanhol. Divertidos são os shows de tango que começam às 21h00, aos sábados, apresentados a preços promocionais com jantar incluso. Apesar da cafonice, a comida e os serviços são excelentes e genuinamente argentinos. Experimente o Chorizo El General, uma fatia de carne suficiente para duas pessoas, servidos com pastel de papa, um prato de batata que era o favorito dos Perón. Além disso, há uma grande seleção de peixes e ótimas receitas de frango estilo provençal e português. Além dos turistas, surpreender-se-á com a quantidade de portenhos que visitam pelo mesmo motivo que aqueles demais jovens para se lembrar daquela época. Biondo chama-os de "peronistas da escola antiga", que aprenderam as tradições e histórias de seus pais. Por ser um restaurante peronista, o arranjo é um tanto quanto formal incluindo mobílias do marceneiro Britânico Chippendale.

Avenida Belgrano 561, Perú. © **11/4342-7830**. Pratos principais US$3 – US$10 (£1.60 - £5.30). Cc AE, DC, MC, V. Seg. a Sáb. 08h00- 02h00. Metrô: Moreno.

Palácio Español ✦✦ ESPANHOL Um restaurante com os salões de jantar mais lindos em Buenos Aires. Localiza-se no Club Español, um dos maiores edifícios ilustres ao longo da Avenida 9 de Julho. Há uma mistura de metal, mármore, acessórios de iluminação padrão ágata, carvalho esculpido em baixo relevo e ornamentos em gesso moldado. Intercalado dentro de tudo isso estão os quadros espanhóis de batalhas históricas e graciosas donzelas da Arte Nova, no topo das pilastras, com olhar fixo em direção ao chão. Apesar da grandeza arquitetônica do restaurante, o ambiente é totalmente descontraído e, muitas vezes, com celebrações; não se surpreenda, ao se deparar com uma mesa ao seu lado com argentinos brindando com taças de champanhe. Mesas com lindíssimos talheres de prata e garçons de smoking oferecem um atendimento formal, mas amistoso. Embora o cardápio seja uma amostra tentadora da culinária espanhola, incluindo a paella e omelete espanhol, os pratos de peixe são excelentes. Saladas especiais incluem algumas com lula. Extenso cardápio de vinho com seleção de vinhos brancos para combinar com cada prato de peixe. Serviço de mesa por US$1,50 (80p) será adicionado à conta.

Bernardo de Yrigoyen, 180 – Alsina. © **11/4334-4876**. Reservas recomendadas. Pratos principais US$5- US$12 (£2.65 - £6.35). Cc: AE, DC, MC, V. Aberto diariamente: 12h00 - 16h00 e 20h00 – 00h00, às vezes, até 1 hora da manhã, na Sexta-feira e no Sábado. Metrô: Lima.

Restaurante y Bar Mediterráneo ✦✦ MEDITERRÂNEO O restaurante e bar Mediterrâneo do Hotel InterContinental foram construídos no estilo colonial, parecendo com o famoso Café Tortoni da cidade. O bar no térreo com piso de madeira, mesas de mármore e uma vitrola tocando músicas de tango faz relembrar de Buenos Aires na década de 1930. Uma escada em espiral direciona até o restaurante chique, onde a iluminação fraca e mesas bem distribuídas criam um ambiente privativo. Ervas mediterrâneas, azeite de oliva e tomates secos fazem parte dos ingredientes diários do chefe. Pratos bem preparados incluem sopa de mariscos, merluza servida com ratatouille, frango cozido com cogumelos, feijão-fava, batatas, peito de pato com repolho em conserva, cogumelos silvestres, e maçãs sauté. Comida para viagem (pronta em minutos) está disponível para almoço.

Moreno 809, Piedras, InterContinental Hotel. © **11/4340-7200**. Reservas recomendadas. Pratos principais US$6–US$9 (£3.15–£4.74). AE, DC, MC, V. Aberto diariamente: 7h00 – 11h00 e 11h30 – 3h00. Metro: Moreno.

6 San Telmo

Para a localização dos restaurantes listados nessa seção, veja o mapa "Onde Jantar no Centro de Buenos Aires."

CARO

Brasserie Petanque ✦✦ Momentos FRANCÊS O dono suíço deste restaurante, Pascal Meyer, insiste em dizer que é uma brasserie e não um bistrô. Bem, é quase a mesma coisa. Uma brasserie é um restaurante simples e barato que serve comida francesa. Foi inaugurado, mantendo a decoração antiga. As paredes são na cor amarela clara com antigos pôsteres e outras decorações, como bandeiras da França, foram colocadas no canto com capricho.

O piso é de azulejo muito bonito. O cardápio está em francês e espanhol e oferece muitas especialidades, como bife ao molho tártaro, frango ao molho de limão, truta com amêndoas e bife ao molho Bordeaux. O Chefe Sebastian Fouillade trabalhava com Alain Ducasse. Há um cardápio especial para crianças, com porções pequenas, a partir de US$6 (£3.15).

Defensa, 596 na esquina com México. ℂ **11/4342-7930**. www.brasseriepetanque.com. Pratos principais US$8 – US$14 (£4.20 - £7.40). Cc: AE, DC, MC, V. Dom. a Sex. 12h30 – 15h30; Ter. – Dom. 20h30 – 00h00. Metrô: Independência.

MODERADO
Bar El Federal ✯✯ *Momentos* ARGENTINA/CAFÉ Este restaurante e bar fica numa esquina pouco movimentada em San Telmo, e traz a lembrança de uma bela época. Felizmente, como um outro bar notable, ficará desse jeito para sempre. A primeira coisa que impressiona aqui é a madeira esculpida e vidros ornamentais coloridos em cima da área do bar. Originalmente veio de uma antiga confeitaria e está sendo usado novamente. A clientela senta-se às mesas antigas, passando o tempo observando as ruas, batendo papo, ou com um livro e bebendo chá ou um expresso. O piso de azulejo original continua do mesmo jeito, com antigas placas, retratos e máquinas pequenas antigas decorando este local, que foi fundado em 1864. Bar El Federal está entre os lugares mais portenhos em San Telmo, um bairro que tem mais desses tipos de estabelecimentos do que qualquer outro lugar. Alguns funcionários têm estado aqui há décadas e estão muito orgulhosos. O cardápio traz itens simples, como sanduíches, bifes, lomos (alcatra) e uma seleção enorme de saladas. Doces e salgados de ótima qualidade são fornecidos para complementar o cardápio.

Esquina de Peru e Carlos Calvo. ℂ **11/4300-4313**. Pratos principais US$2-US$6 (£1.05-£3.15). Cc: AE, MC, V. Dom. a Qui. 07h00 - 02h00; Sex. e Sáb. 07h00 – 04h00. Metrô: Independência.

Desnível ✯ CHURRASCARIA Este lugar dá real sentido à frase "colher gordurosa". Tudo aqui parece ser gorduroso, chão escorregadio, corrimões, copos e pratos. Até as paredes e as obras de arte parecem gotejar de tanta gordura. Felizmente a comida é excelente o que compensa pela atmosfera terrível. Esta é uma das melhores churrascarias de San Telmo, e uma multidão de habitantes e turistas sempre em filas, à espera na porta, mantém o lugar animado. Especialmente aos domingos ou quando há um jogo na televisão, e todos vêm aqui para assistir e comer sob o volume alto da televisão pregada na parede no salão de jantar. A decoração neste restaurante de dois andares é modesta, familiar e cheia de cadeiras de madeira que não combinam, toalhas de mesa e talheres. A comida em maior parte consiste de bifes grossos, bem cozidos e bem gordurosos. Excelentes! Os preços são um pouco caros, se comparados a outras churrascarias (parrilla), mas você não vai se arrepender.

Defensa, 858 – Independência. ℂ **11/4300-9081**. Pratos principais US$5 – US$8 (£2.65 - £4.20). Não aceitam cartões de crédito. Aberto diariamente: 12h00 - 16h00 e 20h00- 01h00. Metrô: Independência.

La Brigada ✯ CHURRASCARIA A melhor *parrilla* em San Telmo é a recordação dos Pampas, repleta de lembranças de gaúchos. Toalhas de mesa brancas e música de tango complementam a atmosfera, com um salão de jantar no segundo andar, de frente para uma prateleira com vinhos de ótima qualidade. Os atendentes profissionais certificam-se de que os clientes nunca fiquem insatisfeitos. O chefe e proprietário Hugo Ehevarrieta, conhecido como el maestro parrillero, seleciona os melhores cortes de carnes cuidadosamente. As melhores opções para asado (churrasco), são preparadas com cogumelo ou molho de pimenta, carne de bezerro - gigante de 850gramas servido para dois, e as mollejas de chivito al verdero (carne de cabrito com pão doce e molho de cebolinha). O vinho merlot de Felipe Rutini combina perfeitamente com carne de bezerro e chorizo (linguiça). A minha experiência pessoal aqui é que os garçons são extremamente gentis, mas a gerência tende a ser um pouco grosseira. O que me foi dito é que a gerência reage à superlotação de turistas, que afugenta a clientela regular.

Estados Unidos, 465 – Bolívar. ℂ **11/4361-5557**. Reservas recomendadas. Pratos principais US$4 – US$8 (£2.10 - £4.20). Cc: AE, DC, MC, V. Aberto diariamente: 12h00 – 15h00 e 20h00 – 00h00. Metrô: Constitución.

La Coruña 👁️👁️ *Momentos* ARGENTINO/CAFÉ Este café e bar-restaurante antigo e super autêntico faz parte de um dos bares e cafés notáveis. Um lugar em que você consegue imaginar o seu avô comendo quando era rapaz. Frequentado por jovens e idosos é um local muito popular entre pessoas que gostam de vir aqui para assistir partidas de futebol ou bater papo enquanto pedem uma cerveja, lanches ou sanduíches. A única coisa moderna aqui parece ser a televisão. A música é tocada por um rádio de madeira que aparenta ser da década de 1950. Você também vê duas geladeiras de madeira da idade da pedra que ainda estão funcionando. Um casal de idosos são os proprietários deste local, José Moreira e Manuela Lopéz.

Bolívar, 994 – Carlos Calvo. ℂ **11/4362-7637**. Pratos principais US$2- US$4 (£1.05 - £2.10). Não aceitam cartões de crédito. Aberto diariamente: 09h00 às 22h00. Metrô: Independencia.

La Farmacia 👁️👁️ ARGENTINO/CAFÉ/ITALIANO "Comida e Arte" é a maneira em que este lugar se descreve, e há obras de arte de artistas locais de San Telmo penduradas no salão de jantar. O restaurante tem vários andares, incluindo no primeiro andar uma sala de estar decorada refletindo Arte Déco da década de 1930, pintada de vermelho, com mobílias que não combinam, e uma sala com ar condicionado para fugir do calor do verão. As janelas com vista para a rua oferecem um panorama excelente da multidão caminhando, enquanto o tráfego diminui. Alguns preferem tomar suas bebidas no terraço da cobertura do restaurante, onde não há nenhuma vista da rua, mas você terá uma experiência maravilhosa ao jantar do lado de fora. Muitos clientes vêm aqui para saborear sanduíches, massas folheadas e fiambres (pedacinhos de queijo e carne como aperitivos para acompanhar as bebidas). A maioria dos pratos principais são denominações da culinária italiana, como crepes de espinafre, medalhões de filé-mignon e nhoque. Aperitivos, vinhos, coquetéis, café e chá são as bebidas de destaque deste ponto de encontro, que é considerado também um dos restaurantes com o maior público gay neste bairro. Há uma butique de roupas no térreo, repleta de acessórios clássicos e roupas próprias para ir às danceterias de frente para o café.

Bolívar, 898 – Estados Unidos. ℂ **11/4300-6151**. www.lafarmarciarestobar.com.ar. Pratos principais US$2 – US$6 (£1.05-£3.15). Cc: AE, MC, V. Ter. a Dom. 09h00 - 15h00; aberto até mais tarde nos finais de semana dependendo da clientela. Metrô: Independencia.

La Vieja Rotisería 👁️👁️ *Econômico* ARGENTINO/ITALIANO/CHURRASCARIA As fatias de carne preparadas são tão grandes, que você espera que o cara que está assando não as deixe cair no seu pé acidentalmente para você não acabar no hospital. Seria muito ruim para ele, e ruim para você também, considerando que perderia a oportunidade de comer em uma das melhores churrascarias de San Telmo, com os melhores preços. Concordando com a regra "simples é o melhor", este lugar se concentra na qualidade da comida, e não na decoração. Toalhas de mesa de vinil que não combinam, quadros antigos sem gosto e espelhos em molduras barrocas fazem parte do visual desordenado. Mas seus olhos deveriam estar na comida. Bifes são bem grossos e bem preparados, em pratos variados de carne; o filé-mignon vem com um molho saboroso de roquefort. Massas, saladas, peixe, e frango também fazem parte do cardápio. É super lotado à noite. Faça reservas, se tiver intenção de vir após as 21 horas, para não ficar esperando do lado de fora.

Defensa, 963 – Estados Unidos. ℂ **11/4362-5660**. Reservas recomendadas. Pratos principais US$2 C US$5 (£1.05 - £2.65). Não aceitam cartões de crédito. Seg. à Qui. 12h00 - 16h30 e 19h30 – 00h30; Sex. e Sáb. 2h00 - 16h00 e 19h30 – 01h30; Dom. 11h30 – 17h30 e 19h30 – 12h30. Metrô: Independencia.

Pappa Deus ★ ARGENTINO/INTERNACIONAL Com um cardápio interessante todo o dia da semana, shows de música ao vivo, dança folclórica, jazz às sextas e sábados à noite fazem deste lugar a melhor alternativa para dançar tango ao longo da Praça Dorrego. Este restaurante mudou da esquina de seu antigo endereço. Ainda mantém um sótão para um jantar mais diferenciado e uma área para fumantes, devido à nova lei contra o tabaco, em Buenos Aires.

Humberto Primo, 499 – Defensa, perto da Praça Dorrego. ⓒ **11/4307-1751**. www.pappadeus.com.ar. Pratos principais US$5 – US$8 (£2.85 - £4.20). Não aceitam cartões de crédito. Dom. – Qui. 09h00 - 02h00; Sex. e Sáb. 09h00 - 16h00, sempre até mais tarde. Metrô: Independencia.

ECONÔMICO
Casa de Esteban de Luca ARGENTINO Esta casa histórica onde o poeta Argentino e soldado mais adorado viveu (ele escreveu o primeiro hino nacional do país, a *Marcha Patriótica*), construída em 1786, foi declarada Monumento Nacional Histórico, em 1941. Hoje é um restaurante famoso que serve massas e carnes. Venham às quintas, sextas, ou sábado à noite, após às 21h00, para um show animado de piano.

Calle Defensa, 1000 – Bethlem. ⓒ **11/4361-4338**. Pratos principais US$4 – US$6 (£2.10 - £4.20). Cc: AE, DC, MC, V. Ter. – Dom. 12h00 – 16h00 e 20h00 – 01h00. Metrô: Independencia.

Medio y Medio ★ URUGUAIO Este lugar serve chivitos uruguaios, que são sanduíches de filé-mignon. Filé-mignon tem um sentido diferente no Uruguai. Ao contrário do que é na Argentina, onde é apenas uma fatia de carne, no Uruguai, pode ser carne de boi, porco ou frango fatiado como um filé. É servido como sanduíche quente com uma fatia de presunto, queijo e um ovo e, por final, tomate e alface. Superlotado e bem movimentado, especialmente à noite, quando os clientes sentam lá fora, embaixo dos toldos com mesas pintadas de fileteado, arte italiana de filigranas bordadas que tornou parte da tradição argentina. À noite, iniciando às 22h, enquanto você saboreia a sua refeição, será entretido por cantores espanhóis folclóricos e guitarristas; cerveja fica mais barata aqui, se você pedir com uma refeição.

Chile, 316 – Defensa. ⓒ **11/4300-7007**. Pratos principais US$1.50 – US$4 (80p - £2.10). Não aceitam cartões de crédito. Seg. – Ter. 12h00 – 02h00; Qua. 12h00 – 3h00; Qui. 12h00 – 4h00; Sex. 12h00 – Dom. 08h. Metrô: Independencia.

7 Recoleta

Não há estações de metrô próximas deste bairro. Para a localização dos restaurantes listados nessa seção, veja o mapa "Onde Jantar no Centro de Buenos Aires", na pág.104

MUITO CARO
La Cabaña ★ ARGENTINO Este é a segunda encarnação de La Cabaña. Por incrível que pareça, foi construído próximo à segunda encarnação do Park Hyatt (talvez haja algo no solo nesta área de Recoleta e devam enterrar Evita novamente aqui). Um dos restaurantes mais tradicionais e autênticos de Buenos Aires, foi fundado em 1935, fechando no meio dos anos 1990 como vítima da recessão e da política econômica. Retratos nas paredes das décadas entre 1970 e 1980 relembram o auge do restaurante (meu retrato favorito é o de Sophia Loren, com uma enorme fatia de carne). O restaurante atual foi inaugurado há 3 anos. O foco aqui é a carne totalmente argentina, a decoração é bem britânica, com toalhas de mesa enxadrezadas e madeiras escuras. Decorações de qualidade inferior fazem parte das janelas coloridas com cabeça de vacas, vacas empalhadas logo na entrada do restaurante (talvez um tanto quanto esquisito do que brega), selas em cima da escada, e desenhos de gaúcho por Florêncio Molino Campo, um artista

argentino famoso. Uma das coisas mais interessantes sobre o restaurante é o computador. Nele você pode ver de onde a carne veio e até mesmo a data de quando a vaca foi morta (mais uma vez, esquisito ou cafona, dependendo do seu gosto.) A cozinha está localizada bem na entrada. Você pode ver os cozinheiros preparando sua refeição. Bifes são de ótima qualidade, mas o atendimento é superdemorado. Levou mais ou menos uma hora para o meu bife chegar à mesa. O restaurante é enorme, com mais de 170 assentos em vários andares, incluindo um terraço na cobertura. Pelo preço e o horários talvez você não veja um freguês portenho. Os atendentes entendem muito de vinhos, e há um bar excelente se estiver esperando por uma mesa nesta propriedade gerenciada por Orient Express. Além do bife, são servidas porções de frango, peixe e uma excelente variedade de saladas, para que todos fiquem satisfeitos. Seu principal concorrente é a Cabaña las Lilas, com o qual muitas pessoas o confundem, mas este é muito formal com um preço similar.

Rodríguez Peña, 1967 – entre Posadas e Alvear próximo ao Park Hyatt. ✆ 11/4814-0001. www.lacabanabuenosaires.com.ar. Pratos principais US$14 – US$35 (£7.40 - £18). Cc: AE, DC, MC, V. Diariamente 12h00 - 16h00 e 19h00 - 00h00. Sem acesso ao metrô.

Piegari ✦✦ ITALIANO Você jamais esperaria que um restaurante tão refinado como este fosse localizado embaixo de um viaduto em uma parte de Recoleta, apelidada de "la Recova". Piegari têm dois restaurantes localizados no outro lado da rua, perto um do outro: o mais formal, com foco em pratos italianos, enquanto o outro (Piegari Vitello e Dolce) é uma churrascaria. Visite o formal Piegari para uma culinária italiana que prima pela qualidade, com ênfase em massas e frutos do mar. Espaguete caseiro, seis tipos de risoto, pizza, filé de vitelo, ravióli com salmão escuro são apenas algumas das opções de dar água na boca. Porções de aperitivos enormes e um cardápio de vinhos de 8 páginas para acompanhar os pratos principais. Se decidir comer no Piegari Vitello e Dolce em vez desse, os melhores pratos são costelas assadas e perna de cabrito da Patagônia.

Posadas, 1042 na Av. 9 de Julho em La Recova, perto do Hotel Four Seasons. ✆ 11/4328-4104. Reservas recomendadas. Pratos principais US$14- US$35 (£7.40 - £18). Cc: AE, DC, MC, V. Aberto diariamente: 12h00 – 15h30 e 19h00 – 01h00. Sem acesso ao metrô.

CARO
La Bourgogne ✦✦✦ FRANCÊS O único com o selo Relais & Gourmand na Argentina. O chefe Jean Paul Bondoux serve o melhor da cozinha Francesa e Internacional na cidade. Revista Travel + Leisure premiou o La Bourgogne como o restaurante número um da América do Sul, e a Wine Spectator, classificou-o como um dos "Melhores Restaurantes no Mundo para Amantes do Vinho". Decorado em tom pastel refinado, o salão de jantar formal serve os melhores gourmets da cidade. Para começar uma refeição considere um fígado de ganso (foie gras) fatiado com mel e vinho ou talvez o suculento ravióli de escargot. Exemplos dos pratos principais cuidadosamente preparados incluem: Chateaubriand béarnaise (filé-mignon ao molho béarnaise), salmão assado, filé de vitelo e carneiro com salsa e molho de alho. Hortaliças frescas, frutas, ervas e condimentos vêm diretamente da fazenda particular de Bondoux. No andar térreo, La Cave oferece uma experiência gastronômica menos formal com cardápio excêntrico, embora a comida venha da mesma cozinha de La Bourgogne. Degustação de vinho é oferecida às quintas-feiras na adega do restaurante, chamado Cave de Vines; contate diretamente o La Bourgogne para detalhes.

Av. Alvear, 1891, Ayacucho no Alvear Palace Hotel. ✆ 11/4805-3577. www.alvearpalace.com. Reservas obrigatórias. Terno e gravata obrigatório para homem. Pratos principais US$9 – US$14 (£4.80 - £7.40). Cc: AE, DC, MC, V. Seg. a Sex. 12h00 - 15h00; Seg. a Sab. 20h – 00h00. Fechado no mês de janeiro. Sem acesso ao metrô.

CAPÍTULO 6 · ONDE JANTAR

Lola ✱ INTERNACIONAL O Lola está entre os restaurantes internacionais mais conhecidos de Buenos Aires. Foi renovado recentemente, tornando o salão de jantar em um dos mais esplendorosos e modernos da cidade. Caricaturas de personagens famosos adornam as paredes, plantas e flores dão ao salão de jantar uma atmosfera primaveril. O chefe francês oferece pratos criativos como frango fricassé com alho-poró, truta grelhada com capim limão, manteiga e abobrinha, filé-mignon recheado com queijo Gruyère e cogumelos. Ele também prepara pratos para aqueles com dieta especial.

Roberto M. Ortiz, 1805 – Guido. ℂ **11/4804-5959** ou 11/4802-3023. Reservas recomendadas. Pratos principais US$7 – US$12 (£3.70 - £6.35). Cc: AE, DC, MC, V. Aberto diariamente 12h00 - 16h00 e 19h00 - 01h00. Sem acesso ao metrô.

MODERADO
El Mirasol ✱✱ CHURRASCARIA Uma das melhores churrascarias da cidade, este restaurante serve os melhores cortes de carne argentina. Semelhante ao Piegari, El Mirasol localiza-se também em La Recova. Com o salão de jantar envidraçado cheio de plantas e treliças, dá a impressão de jantar ao ar livre. Seu garçom explicará a seleção dos cortes mais populares, entre eles o contrafilé, filé-mignon, alcatra e costelas. Uma porção gigantesca de filé-mignon pesa 1.1kg é uma iguaria, certamente feito para ser dividido. El Mirasol faz parte de uma rede que foi fundada em 1967. A melhor sobremesa é uma combinação tentadora de merengue, sorvete, chantilly, *dulce de leche*, nozes e chocolate quente. O cardápio de vinho presta homenagem ao Malbec argentino, syrah, merlot e cabernet sauvignon. Frequentado por executivos e funcionários do governo na hora do almoço, e um público mais descontraído, à noite, permanece aberto à tarde toda (uma raridade nesta cidade, onde a maioria dos restaurantes fecham entre almoço e jantar).

Posadas, 1032 na Av. 9 de Julho em La Recova, perto do hotel Four Seasons. ℂ **11/4326-7322**. www.elmirasol.com.ar. Reservas recomendadas. Pratos principais US$6- US$15 (£3.15 - £7.95). Cc: AE, DC, MC, V. Aberto diariamente: 12h00 - 02h00. Sem acesso ao metrô.

Le Mistral ✱✱ MEDITERRÂNEO Este restaurante luxuoso e informal fica dentro do Hotel Four Seasons e serve culinária mediterrânea com influência italiana e asiática, conhecido antigamente pelo nome de Galani. Completamente redecorado, presta homenagem ao material argentino, como o couro e madeiras nativas. O cardápio do almoço executivo inclui um buffet de entrada com frutos do mar, frios, queijo e saladas, seguidos de um prato principal e sobremesa. Uma opção excelente do cardápio de jantar é o Angus Nova York em tirinhas e pratos grelhados com molho béarnaise ou chimichurri (molho grosso de ervas) e para acompanhar uma opção de batatas ou hortaliças sazonais. Frango orgânico e frutos do mar fresco fazem parte do cardápio, junto com uma tremenda seleção de sobremesas. Música ao vivo, de harpa, sempre acompanha refeições, e as mesas têm luz de velas à noite. Após o jantar, desfrute de uma bebida no Le Dôme, o bar duplex próximo ao saguão, com exibição de música de piano ao vivo e shows de tango aleatórios. O brunch de domingo custa em média US$35 (£18), um dos melhores em Buenos Aires.

Posadas, 1086 na Av. 9 de Julho no Hotel Four Seasons. ℂ **11/4321-1234**. Recomendado fazer reservas com antecedência. Pratos principais US$6 – US$20 (£3.15 - £10); Brunch de Domingo US$35 (£19). Cc: AE, DC, MC, V. Aberto diariamente: 07h00 -11h00, 12h00 - 15h00, e 20h00 à 01h00. Sem acesso ao metrô.

ECONÔMICO
Café Victoria ✱ CAFÉ Perfeito para relaxar à tarde em Recoleta, o pátio ao ar livre do café é cercado de flores e por uma árvore enorme que produz sombra. Sente-se para tomar um café ou saboreie uma refeição completa. O cardápio de almoço com 3 pratos rápidos oferece salada, prato principal e sobremesa, e bebida inclusa. À tarde, chá, com massas folheadas e bolinhos, servido diariamente, das 16h00 às 19h00. O café também é popular

à noite com as serenatas ao vivo, o pátio proporciona uma vista maravilhosa do vai e vem das pessoas. Restaurante bem barato, apesar de fazer parte desta região da alta sociedade. Cemitério Recoleta e Centro cultural estão localizados nas proximidades.

Roberto M. Ortiz, 1865 – Quintana. ℂ **11/4804-0016**. Pratos principais US$3 – US$5 (£1.60 - £2.65). Cc: AE, DC, MC, V. Aberto diariamente: 07h30 às 23h30. Sem acesso ao metrô.

Clark's ⚜ INTERNACIONAL O salão de jantar é uma mistura eclética de carvalho, abajures amarelos, plantas e chifres de veado. Um teto é inclinado, abaixando em direção ao bar Inglês, com uma seleção de bebidas alcoólicas de primeiríssima qualidade; nos fundos, uma vitrine de 3 metros de altura exibe o jardim de inverno. Todas as mesas são cobertas com toalhas de mesa axadrezada nas cores verde e branco, normalmente usadas por Norte Americanos. As iguarias são filé-mignon com queijo de cabra, camarão sauté com cogumelos, e linguado com champanhe, nata e molho de camarão. Também os pratos de arroz e camarão. Um terraço grande atrai clientes no verão.

Roberto M. Ortiz, 1777 – Quintana. ℂ **11/4801-9502**. Reservas recomendadas. Pratos principais US$4 – US$8 (£2.10 – £4.20). Cc: AE, DC, MC, V. Aberto diariamente: 12h00 - 15h30 e 19h30 – 00h00. Sem acesso ao metrô.

Juana M ⚜⚜ *Econômico* CHURRASCARIA Esta churrascaria é difícil de encontrar, mas vale à pena o esforço. Propriedade particular que leva o nome de sua matriarca chique, é bem conhecida somente entre portenhos, que querem manter este lugar só para eles. Localizada no porão de um antigo orfanato, no passado, foi parte da Faculdade Católica da cidade. Este edifício neoclássico está dentre poucos salvo da demolição por conta da rodovia que foi criada perto da região de La Recova, onde a Avenida 9 de Julho cruza com a Libertador. Este espaço industrial chique é imenso e conservador, bem iluminado durante o dia, com assentos para mais de 210 pessoas. À noite, o lugar é iluminado apenas por velas. Jovens abastados inundam o local batendo papo à noite inteira. O cardápio é simples, mas de alto padrão e super barato, com um buffet de saladas ilimitado e gratuito.

Carlos Pellegrini, 1535 (porão), na Libertador, de frente para a área La Recova. ℂ **11/4326-0462**. Pratos principais US$3 – US$4 (£1.60 - £2.10). Cc: AE, MC, V. Dom. à Sex. 12h00 – 16h00; aberto diariamente, das 20h – 00h30. Sem acesso ao metrô.

La Biela ⚜⚜⚜ CAFÉ Este pequeno café foi fundado em 1850. La Biela ganhou seu destaque na década de 1950, como ponto de encontro dos pilotos campeões de corrida. Fotografias preto e branco desses corredores argentinos decoram o salão enorme do restaurante. Artistas atuais, políticos e comerciantes (assim como também turistas) todos frequentam La Biela, que serve café da manhã, almoço informal, sorvete e crêpes. O terraço ao ar livre fica embaixo de uma árvore de eucalipto no outro lado da rua da igreja Nuestra Señora del Pinar e vizinho do Cemitério Recoleta. Este lugar é classificado entre os cafés mais importantes da cidade com a melhor calçada do bairro Recoleta. Talvez você sinta como se estivesse em Paris, quando der uma passada aqui. La Biela possui o selo de bar notable.

Av. Quintana, 596 – Alvear. ℂ **11/4804-0449**. www.labiela.com. Pratos principais US$3 – US$5 (£1.60 - £2.65). Cc: V. Aberto diariamente 07h00 - 15h00. Sem acesso ao metrô.

Maru Botana ⚜ CAFÉ/ INTERNACIONAL É um restaurante agradável numa rua pequena e remota em Recoleta. Maru Botana, proprietária chefe, é uma celebridade da cozinha na TV argentina. Apesar de sua fama, o café é despretensioso e sossegado, com uma área de assentos pequena onde pode tomar um chá e saborear produtos assados ou itens leves, como saladas e sanduíches. Fica perto do Monumento da Embaixada Israelense, em memória ao atentado de 1992, é lugar excelente para ficar em silêncio e contemplar o que acabou de ver.

Suipacha, 1371 – Arroyo. ℂ **11/4326-7134**. www.marubotana.com.ar Pratos principais US$1 – US$5 (50p - £2.65). Cc: AE, MC, V. Seg. à Sex. 09h às 20h. Metrô: San Martín.

8 Barrio Norte

Para a localização dos restaurantes listados nesta seção, veja o mapa "Onde Jantar no Centro de Buenos Aires", pág.104.

MODERADO
Clásica y Moderna ✯✯ *Achados* ARGENTINO A existência desse restaurante veio com o objetivo de salvar uma livraria importante de ir à falência. A livraria foi fundada neste local em 1938, embora a empresa seja datada de 1918. Emilio Robert Diaz foi o primeiro proprietário e, agora, seus netos tomam conta do lugar. Em 1988, livros foram colocados nos fundos para dar mais espaço para as pessoas jantarem, mas ainda continua sendo uma das melhores livrarias para turistas da língua inglesa. Você vai encontrar livros de história, fotografias de Buenos Aires, assim como coleções de contos argentinos, todos traduzidos para o inglês. Com o selo de bar notable, o interior foi totalmente remodelado, dando ao lugar uma atmosfera industrial e sombria. A Decoração, em geral, foi feita com bicicletas antigas e cartazes, mas o ambiente é agradável e sossegado, onde pode conversar com os atendentes enquanto janta ou permance sentado no bar. Saladas e hambúrgueres de soja fazem parte do cardápio, mas todos vêm com batatas fritas. Coquetéis custam em média US$4 (£2.10). Eventos de todos os tipos são organizados aqui: leitura literária, peças, shows de dança e exibições de arte. Shows são apresentados de quarta a sábado, por volta das 22h; e às vezes, com 2 shows na mesma noite, o segundo começa após 00h00. Preços dos shows variam de US$5 a US$8 (£2.65 - £4.20) e não está incluso o preço do jantar.

Callao, 892 – Córdoba. ✆ **11/4812-8707** ou 11/4811-3670. www.clasicaymoderna.com. Reservas obrigatórias para shows. Pratos principais US$3 – US$10 (£1.60 - £5.30). Cc: AE, MC, V. Restaurante aberto diariamente, das 08h - 01h00; livraria Seg. a Sáb. 09h - 01h00; Dom. 17h à 01h00. Metrô: Callao.

9 Congreso

Para a localização dos restaurantes listados nesta seção, veja o mapa "Onde Jantar no Centro de Buenos Aires", pág.104.

MODERADO
Inside Resto-Bar ✯ ARGENTINO/INTERNACIONAL Muito popular entre o público gay, embora todos sejam bem vindos. As garçonetes e proprietários dão um atendimento ótimo e amistoso, aliás, os dois sócios trabalham lado a lado com seus funcionários, com Diego e Matias cozinhando. Há um décor simples em tons de vermelho e preto, iluminação melancólica e um segundo andar de mesas só abre quando o local está lotado. A comida é uma mistura de culinárias francesas e italianas e saborosamente preparadas. Local excelente para tomar uma bebida é onde muitos portenhos se reúnem para conversar. Nos finais de semana, há shows especiais de tango e strippers masculinos, após às 00h30min. Reservas aceitas e recomendadas nos finais de semana. Pergunte sobre cupons de retorno que oferecem ótimos descontos para clientes que voltam durante as noites sem movimento, durante a semana.

Bartolomé Mitre, 1571 – Montevideo. ✆ **11/4372-5439**. Pratos principais: US$5 – US$8 (£2.65 - £4.20). Não aceitam cartões de crédito. Aberto diariamente: 19h – 02h00; mais tarde nos finais de semana, dependendo da clientela. Metrô: Congreso.

La Moncloa ✯ *Econômico* CAFÉ As árvores que circundam este restaurante dão uma sensação de paz nesta parte da cidade muito movimentada perto da Praça Congreso. La Moncloa leva seu nome de um famoso palácio espanhol. O cardápio argentino é básico, com empanadas, bifes, saladas, sanduíches com croissants e um cardápio de sobremesas enorme. E há uma seleção enorme de pratos de porco, incluindo o irresistível porco ao molho de vinho branco. Contudo, para quem se preocupa com a dieta, eles têm um cardápio de baixas calorias com pratos vegetarianos. Independente do que pedir, recomendo tirar um tempinho para desfrutar deste local que parece um parque público. O café custa 1 dólar e coquetéis custam em média US$3 (£1.60). Outra iguaria é o café com sabores variados e custa US$5 (£2.65). Se você não estiver com tempo para comer algo, pare e pegue um cardápio e aproveite, pois eles entregam nos hotéis.

Av. de Mayo, 1500 – Sáenz Peña. ⓒ **11/4381-3343** ou 11/4382-7194. Pratos principais US$3 – US$9 (£1.60 - £4.80). Cc: AE, DC, MC, V. Aberto diariamente: 07h30 – 02h00. Metrô: Sáenz Peña.

Plaza Astúrias ✿✿ *Achados* ARGENTINO/ITALIANO/ESPANHOL Este lugar foi aberto há décadas na Avenida de Mayo e com muita autenticidade, lotado de portenhos que querem o lugar só para eles. Com ênfase total na comida da culinária italiana, argentina e, o mais importante, na autêntica culinária espanhola. Há tanta comida mantida em estoque, que há peças de presunto defumado literalmente penduradas nas grelhas em cima da cabeça dos clientes. Bifes são tão grandes quanto a clientela esperando para entrar neste restaurante. Entre as iguarias estão os ensopados espanhóis e molhos diversificados. Peixe aqui tem grande destaque. Fique atento: os atendentes são tão ocupados, que gritam os pedidos da cozinha e levam até a mesa de um jeito, que você pode se machucar, tentando encontrar o banheiro.

Av. de Mayo, 1199 – San José. ⓒ **11/4382-7334**. Pratos principais US$6 – US$10 (£3.15 - £5.30). Não aceitam cartões de crédito. Aberto diariamente: 12h às 03h00. Metrô: Sáenz Peña.

Plaza del Carmem ARGENTINO/CAFÉ Parte de uma rede, este lugar é limpo e com pouca decoração. A melhor parte deste café fica do lado de fora com a sua vista de esquina para Congreso. Geralmente aberto 24 horas, não importa a hora do dia, você vai encontrar clientes comendo croissants e tomando uma xícara de café. Durante os dias da semana, os assentos do lado de fora se tornam um pouco desagradáveis por causa do enorme tráfego. Mas dentro você está protegido contra barulho, dos ônibus e da fumaça dos carros. Ou espere até os finais de semanas quando a calçada é menos movimentada. Este restaurante oferece culinária argentina tradicional, além de saladas e outros itens leves em seu cardápio. Pizzas, massas e outros itens italianos completam o cardápio.

Rivadaria, 1795 – Callao. ⓒ 11/4374-8477. Pratos principais US$5 – US$8 (£2.65 - £4.20). Cc: AE, MC, V. Aberto diariamente: 24 horas. Metrô: Congreso.

36 Billares ✿✿ ARGENTINO Este restaurante tem mais de 100 anos. Foi fundado em 1894, mas foi renovado em 2005 numa versão espetacular. O restaurante, na verdade, fazia parte de uma sala de jogos e apostas (billares em espanhol para sinuca). A gerência reorganizou o estabelecimento, acrescentou um novo cardápio e entretenimento noturno variando de tango a flamenco. Foi feito para turistas, com certeza. Na realidade, os que mais frequentam aqui são os portenhos da terceira idade, que acompanham a música. Quinta-feira está dentre as melhores noites, a partir das 21h, quando os cantores de tango Gonzalo Lozada e Mirta Godoy apresentam um show maravilhoso. Portenhos, às vezes, levantam-se para cantar e ou pedir autógrafos. Dançarinos se infiltram na platéia, às vezes, puxando os clientes para dançar. É um bar histórico, porém, você vai se deparar com um interior rico e bonito, todo revestido de madeira tipo carvalho, com detalhe de marchetaria e um relógio Movado da década de 1920. No andar térreo, as sinucas e máquinas de jogos ainda permanecem no local e em bom funcionamento. O cardápio é razoavelmente barato, com ótimas opções. Experimente o Lomo de la Avenida, bife com cogumelos da Patagônia, ou qualquer prato de frango ou massas. Não há custo adicional para shows, tudo faz parte da grande experiência de comer aqui. Segunda-feira é o único dia em que não há shows.

Avenida de Mayo, 1265 entre Liberdad e Talcahuano. ℂ **11/4381-5696**. www.los36billares.com.ar. Pratos principais US$3.50 – US$10 (£1.90 - £5.30). Cc: AE, DC, MC, V. Seg. a Qui. 08h00 - 01h00; Sex. a Sáb. 08h00 - 05h00; Dom. 15h00 - 00h00. Metrô: Lima.

ECONÔMICO
Café de Madres de Plaza de Mayo ★★ *(Momentos)* CAFÉ
O nome oficial deste café é Café Literário Osvaldo Bayer, nomeado por um político intelectual argentino. Este café fica no saguão da filial e centro de ensino das Madres da Praça de Maio, bem perto da Praça Congreso. O que torna esse lugar tão especial é sua localização privilegiada e sua atmosfera de política de esquerda. É um dos poucos lugares, em Buenos Aires, onde você terá acesso fácil para falar com pessoas que tiveram seus membros familiares desaparecidos durante a ditadura militar da Argentina, ou com jovens estudantes que vêm para estudar neste edifício e continuam procurando justiça nessa causa. A livraria das Madres fica ao lado do café, e repleta de livros, revistas de causas liberais por toda a America Latina, e com uma coleção impressionante de livros sobre Che Guevara, do mundo inteiro. Nativo argentino, considerado herói para muitas mães, sua imagem adorna as paredes por todo o edifício. Restaurante totalmente renovado. Antes da renovação servia apenas lanches e sobremesas com o padrão self- service no snack bar. Serviços de garçonetes foram acrescentados, com os assentos do lado de fora, um dos efeitos colaterais à proibição do tabaco. Os preços subiram um pouco, e novos pratos de massas e massas folheadas tipo italiana foram acrescentados ao cardápio.

Hipólito Yrigoyen, 1584 – Ceballos. ℂ **11/4382-3261**. Pratos principais US$3 – US$5 (£1.60 - £2.65). Não aceitamos cartões de crédito. Seg. - Sex. 08h30 - 22h30; Sáb. 11h00 - 17h00; e, às vezes, o mesmo horário aos Domingos. Metrô: Congreso.

La Americana ★★ ARGENTINO/ITALIANO
Este lugar é chamado de "La Reina de las Empanadas" (a Rainha das Empanadas), e com toda razão! Oferece uma variedade enorme de empanadas, todas feitas com massa leve e nunca gordurosa, com as bordas um pouquinho queimadas. Sempre está lotado e barulhento, com a constante algazarra de clientes conversando com vista para a Callao. Há uma parte do restaurante para retirada de comida e uma área para comer em pé. Algumas pessoas não querem perder tempo sentadas – querem, simplesmente, devorar essas deliciosas empanadas. O lugar parece muito com um fast-food, mas não se engane. Garçons são frenéticos, correndo de mesa em mesa, enquanto os clientes mudam de ideia após a primeira mordida e pedem mais. Você tem que relembrar o que pediu se achar que está demorando demais, mas a culpa não é deles. É muito corrido mesmo, para que seres humanos normais deem conta. Iguarias italianas, como calzones e pizzas, fazem parte do cardápio. Pronta entrega nos hotéis da redondeza.

Callao, 83 – Bartolomé Mitre. ℂ **11/4371-0202**. Pratos principais US$1 – US$5 (50p - £2.65). Não aceitam cartões de crédito. Dom. – Qui. 07h00 – 02h00; Sex. - Sáb. 07h00 – 03h00. Metrô: Congreso.

10 Palermo

Para a localização dos restaurantes nesta seção, veja o mapa "Onde Ficar & Jantar em Palermo", na pág.124.

CARO
B'art ★★ *(Achados)* ARGENTINO/INTERNACIONAL/ESPANHOL
Proprietário do B'art Adrián Fuentes pode ter trabalhado na corporação Mc'Donald durante seus 20 anos nos Estados Unidos, mas nada nesse lugar indica isso. Depois do atentado terrorista em 11 de setembro, 2001, ele retornou para a Argentina, sua terra natal. Já inaugurou este restaurante e serve os melhores cortes de carnes argentinas. Muitos cortes

de carnes são preparados dentro do padrão argentino e antigas tradições espanholas. Entre diversos pratos no cardápio, encontram-se tapas, ensopados, e pinchos (uma espécie de espetinhos). Além de carnes tradicionais, chefes cozinham carne de coelho de várias formas. Massas, saladas e pratos de legumes completam o cardápio eclético. Restaurante fica dentro de um edifício de 1885 perto de Palermo, onde o famoso escritor argentino Jorge Luis Borges disse que esta área marcou um dia a orla da própria Buenos Aires. Adrián restaurou o edifício, tornando o local muito bonito, acrescentando objetos antigos, polias de tijolos como item decorativo do século 20, muito útil e serve para carregar vinhos. Ele convida também músicos para tocar periodicamente, mas alguns clientes simplesmente tocam o piano na sala de espera, enquanto aguardam por uma mesa nesse restaurante divino.

Borges, 2180 – Paraguay. ℂ **11/4777-1112**. Pratos principais: US$6- US$10 (£3.15 - £5.70). Não aceitam cartões de crédito. Seg. – Qui. 10h30 a 01h00; Sex. - Sáb. 10h30 – 02h30; Dom. 12h00 a 01h00. Metrô: Scalabrini Ortiz.

Bar Uriarte ★★★ INTERNACIONAL/ITALIANO Este restaurante veio para ficar e é considerado um dos lugares mais chiques para jantar. Há vários pratos bem criativos começando pelo ravióli feito com carne de vitelo, risoto com açafrão, bife fraldinha com azeitonas e tomilho, numa cozinha administrada por Julieta Oiolo, uma das poucas mulheres chefes em Buenos Aires. Itens básicos, como a *parrilla* (churrasco), massas caseiras e saladas complementam o cardápio para quem não é muito exigente. Há uma ênfase aqui, por ser um destino apenas para bebidas, com um bar enorme, o maior da cidade – com iluminação rosada nas paredes e sala de estar para bater papo com os amigos. O bar e sala de estar são convidativos durante o chá, entre 17h00 e 20h00, ou happy hour, das 20h00 às 22h30min. A decoração é requintada, em estilo industrial, com piso de concreto polido, arte de madeiras excêntricas nas paredes, estampas de vermelho escuro e cor de laranja e uma luz dourada por todo o ambiente. No andar superior, há uma galeria de arte, onde pode distrair-se enquanto espera por sua mesa. Todos os materiais estão à venda. Você pode até escolher uma mesa no jardim e jantar ao ar livre. Outra característica única encontrada aqui é o forno feito de barro (horno de barro) no bar, onde o pão é feito. Aqui cozinham a lenha para realçar o sabor especial dos pratos. A cozinha principal fica na frente da janela do restaurante e você pode observar os chefes preparando as refeições. Sem mais a dizer, a cozinha é imaculada. Aos sábados e domingos, oferecem cardápio com brunch especial (fusão de café da manhã com almoço).

Uriarte, 1572 – entre Honduras e Gorritti. ℂ **11/4834-6004**. www.baruriarte.com.ar. Reservas recomendadas. Pratos principais: US$8 – US$12 (£4.20 - £6.35). Cc: AE, MC, V. Aberto diariamente, a partir das 12h00 - 16h30, 17h00 – 20h00 (chá); 20h00 até 02h00; mais tarde, nos finais de semana. Metrô: Plaza Itália.

Casa Cruz ★★ *Achados* INTERNACIONAL/ITALIANO Casa Cruz é um dos restaurantes mais chiques da cidade e foi aberto em dezembro de 2004. Devido às portas de metal polido e à falta de uma placa, causa a sensação de estar entrando em uma danceteria. A decoração moderna e pouco iluminada mantém a classe. A primeira coisa que você vai ver, antes de seguir para o salão do restaurante, é um bar redondo extraordinário sempre decorado com arranjos de flores trocadas diariamente, madeiras polidas e poltronas vermelhas. O nome desse belíssimo lugar vem do proprietário Juan Santa Cruz. Este é o seu primeiro empreendimento em restaurantes e, com a atenção que tem recebido na imprensa nacional e internacional, pode-se dizer que ele é bem sucedido. O cardápio é bem variado e interessante, gerenciado por Germán Martitegui, o mesmo chefe que gerencia a cozinha no Olsen. Coelho, perca do mar, pãezinhos de presunto e outros ingredientes exóticos e excêntricos fazem parte de muitos pratos saborosos.

Uriarte, 1658 – Honduras. ℂ **11/4833-1112**. www.casa-cruz.com. Recomendado fazer reservas com antecedência. Pratos principais: US$10 – US$14 (£5.30 - £7.40). Cc: AE, MC, V. Seg. a Sáb. 08h30 – 15h00; mais tarde, nos finais de semana. Sem acesso ao metrô.

Onde Ficar & Jantar em Palermo

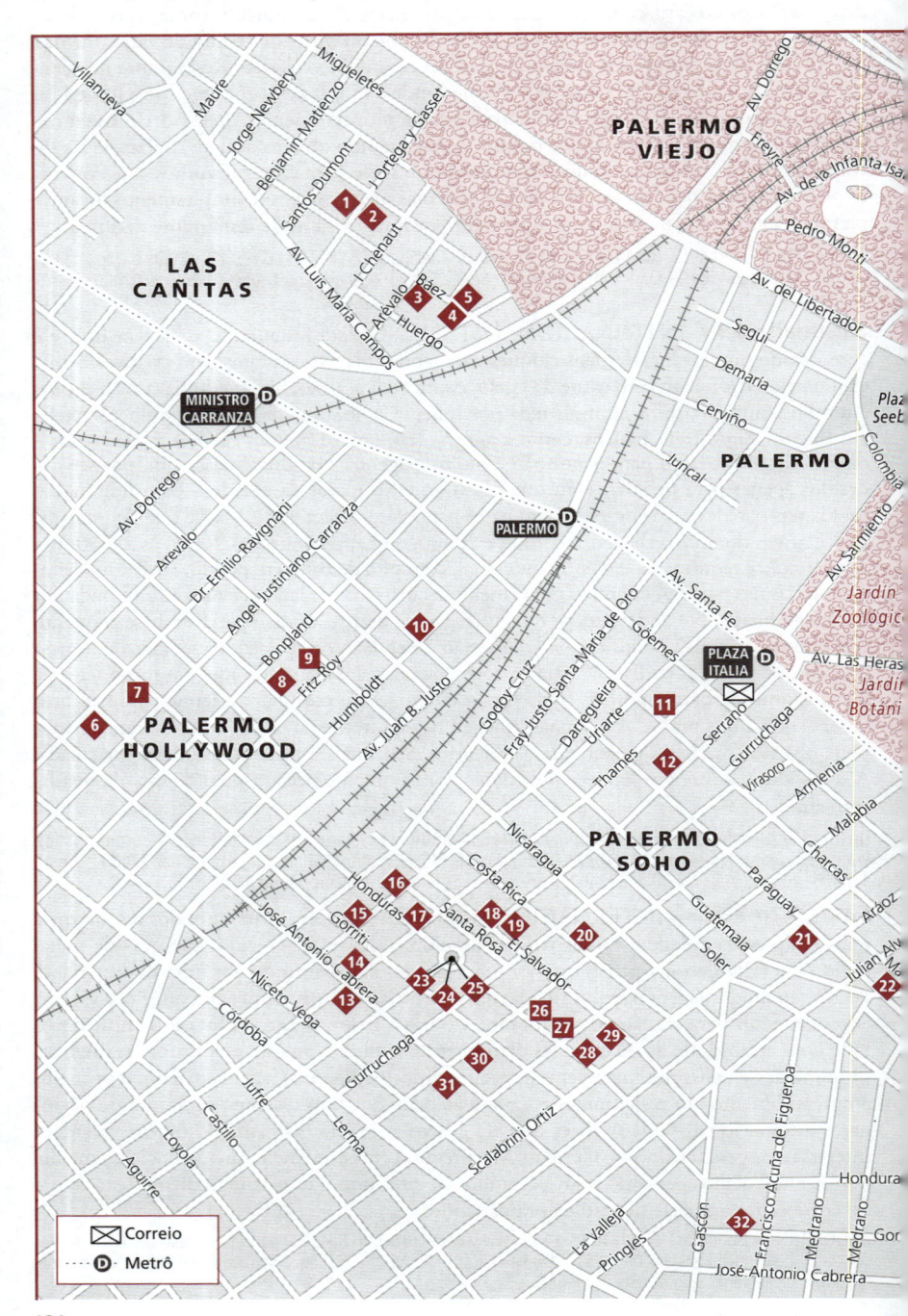

ACOMODAÇÕES ■
Casa Jardin **11**
Five Cool Rooms **26**
Garufa **9**
Home **7**
Soho All Suites **27**

RESTAURANTES ◆
B'art **12**
Bar Uriarte **15**
Bio **10**
Campo Bravo **3**
Casa Cruz **16**
Central **8**
Club del Vino **13**
Cluny **29**
Confitería del Botánico **33**
Cronico Bar **23**
De Olivas i Lustres **32**
El Diamante **28**
El Estanciero **4**
Garbis **34**
La Baita **17**
La Cabrera **14**
Lo De Pueyrredon **30**
Lomo **20**
Meridiano 58 **19**
Morizono **22**
Novecento **5**
Olsen **6**
Sullivan's Drink House **18**
Sushi Club **2**
Tazz **25**
Te Mataré Ramirez **21**
Utopia Bar **24**
Viejo Agump **31**
Yoko's **1**

CAPÍTULO 6 · ONDE JANTAR

Central ✦✦✦ *Achados* LATINO/MEDITERRÂNEO Se você tem apenas uma noite para jantar em Palermo Viejo, este é o lugar que deveria escolher. Federico Olabarrieta inaugurou esse restaurante em 2000 e gerencia o serviço e comida aqui toda noite nesse bar movimentado. A arquitetura simples, com tons frios de cinza, elementos feitos de aço e decorações de mármore branco, límpidos, contradizem com o atendimento caloroso e impecável e a comida saborosa deste lugar. Pátio pequeno nos fundos oferece jantar ao ar livre. Fica totalmente iluminado por velas quando anoitece, lotado com pessoas jovens e sofisticadas. O edifício antigamente era um ateliê da filha de Fernando Botero, artista colombiano famoso conhecido por seus retratos. Influência colombiana na comida celebra esta união. A herança de Federico Basque é clara em alguns itens no cardápio. A localização do restaurante era antes um mercadão de frutas, por conseguinte, o nome "Central". Caixas de frutas frescas e verduras no vestíbulo festejam o espaço anterior neste local. Pratos com porções fartas de comida e o cardápio com apenas oito seleções principais que são alternados a cada estação do ano. Todos são muito bons, com ingredientes complexos e distintos. Saladas são excelentes, às vezes, com folhas amargas misturadas com as verduras em cores variadas, e enriquecendo o sabor. Preços para jantar são bem caros, mas almoço é super barato por US$ 4 no cardápio de preço fixo. Se já jantou em outro lugar, dê uma passadinha aqui para desfrutar de bebidas na sala de estar com sofá de couro branco aconchegante. Happy hour é a partir das 18h30min às 20h30min de Segunda a Sexta. Extensa seleção de vinho com 25 Malbecs, 12 cabernet sauvignon, 6 merlot e vários tipos de champanhes.

Costa Rica, 5644 – Fitzroy. ⓒ **11/4776-7374** ou 11/4776-7370. Reservas recomendadas. Pratos principais US$8 – US$10 (£4.20 - £5.30). Cc: AE, MC, V. Aberto diariamente: 12h30 – 02h00 ou 03h00. Metrô: Palermo.

Club del Vino ✦ ARGENTINO/ITALIANO Localizado em Palermo Viejo, traz um toque do charme italiano. Há vários salões de jantar belíssimos neste restaurante com ambiente toscano rústico, com mesas cobertas com toalhas de mesa vermelho e bege e cadeiras. O chefe executivo Federico Heinzmann, antes de trabalhar aqui, estava no Marriott Plaza Grill. Recebeu seu treinamento por toda a Espanha, na região Basque, em particular. Como resultado, o que ele mais gosta de cozinhar é peixe, um item não muito popular no cardápio argentino. Pratos de carne são muito bem preparados, também. Evidentemente, degustação de vinho é o mais requisitado. Realizado todo dia por 1 hora na galeria do andar superior, custa US$12 (£6.35) por pessoa. Não se esqueça de dar uma passada no porão, onde há um museu pequeno com instrumentos antigos de vinificação, tal como prensas e máquinas de corticas. O local possui uma adega com mais de 350 tipos de vinhos. O sommelier pode ajudá-lo a escolher. Garrafas de vinhos variam de US$6 a US$100 (£3.20 - £53), mas a maioria varia de US$6 a US$12 (£3.15 - £6.35). Vinte por cento dos vinhos estão disponíveis em taças. Club del vino foi estabelecido em 1985 e aberto neste local em 1994. Shows de dança e música são realizados de Quarta a Domingo, das 19h às 21h; ligue antes e faça uma reserva.

Cabrera, 4737 – Thames. ⓒ **11/4833-0048**. Reservas recomendadas. Pratos principais US$8 – US$13 (£4.20 - £6.90). Cc: AE, MC, V. Aberto diariamente: 19h00 – 01h00; às vezes, até mais tarde nos finais de semana. Sem acesso ao metrô.

Cluny ✦✦✦ ARGENTINA/INTERNACIONAL Casual e sofisticado, parece mais com uma sala de estar do que com um restaurante, com cores neutras e uma explosão de cor laranja escuro para iluminar o ambiente. O sótão no andar superior é uma excelente opção para conversas particulares ou romance. Outros preferem jantar no jardim na frente do restaurante. Música de Frank Sinatra e bossa nova de 1960 adiciona-se à atmosfera calma e casual. A comida gerenciada pelo chefe Matias Zuccarino é o destaque aqui, assim como o cardápio exótico, com codorna recheada e pato com abóbora grelhada. Há muitos pratos com salmão e raviólí de cabrito. Bife, como em outros restaurantes argentinos, aqui parece ser a segunda opção, porém, é muito bem preparado com filé grelhado como principal. Cardápio de vinhos com 8 páginas oferece vinho argentino de ótima qualidade, de Catena Zapata a importados franceses, custando em média US$250 (£133) a garrafa. À tarde, oferece chá britânico, uma característica única bem associada aos antigos hotéis no centro da cidade do nos modernos e chiques de Palermo Viejo. O jantar é caro, mas o cardápio executivo custa entre US$ 5 – US$6 (£2.65 - £3.15) e é oferecido à tarde, com menos complexidade das versões das refeições noturnas.

El Salvador, 4618 – Malabia. © **11/4831-7176**. Reservas recomendadas. Pratos principais: US$8 – US$12 (£4.20 - £6.35). Cc: AE, MC, V. Seg. - Sáb. 12h30 – 15h30, 16h00 – 19h30 (hora do chá), e 20h30 – 02h00. Metrô: Plaza Itália.

La Baita ★★ ITALIANO Sem dúvida, é um dos melhores restaurantes italianos em Palermo Viejo. É muito luxuoso, mas com ambiente familiar. Tanto que o gerente Guido Bioloi sempre está com seus netos em seus braços, enquanto ele o leva à sua mesa. Massas e molhos tradicionais caseiros, frutos do mar do dia, e Saltimbocca alla Romana (escalopes feitos com sálvia) aguardam você, enquanto janta no seu interior vermelho da Pompéia. Vinho é servido direto da garrafa e em um sótão, na parte superior, com assentos embaixo da clarabóia. Este restaurante está sempre lotado, mas por um bom motivo.

Thames, 1603 – Honduras. © **11/4832-7234**. www.labaita-restaurante.com.ar. Pratos principais: JS$10 – US$15 (£5.30 - £7.95). Cc: AE, MC, V. Ter. - Sex. 12h00 -15h00; Seg. - Sex. 20h00 – 02h00; Sáb. - Dom. 12h00 – 02h00; às vezes, até mais tarde. Metrô: Plaza Itália.

La Cabrera ★★ *Achados* ARGENTINO/CHURRASCARIA Este restaurante está se tornando muito popular entre turistas em Buenos Aires, sendo merecedor disso. Carne de primeira qualidade e em porções fartas são impossíveis de terminar. Uma de suas iguarias é a Pamplona, um pão com vários tipos de carne e molhos, ou experimente costelas de porco com molho de tomate seco e pesto. Todos os tipos de carne vêm com uma porção de azeitonas, patê, molhos, pães e outros aperitivos, que, por si só, é uma refeição. O restaurante fica bem na esquina, com uma bela paisagem e assentos ao ar livre; ou você pode comer dentro do restaurante, no salão de jantar, com paredes de tijolos expostas e pôsteres antigos.

Cabrera, 5099 – Thames. © **11/4831-7002**. Pratos principais: US$8 – US$10 (£4.20 - £5.30). Cc: AE, DC, MC, V. Qua. - Dom. 12h30 – 16h00; Dom. - Qui. 20h30 – 01h00; mais tarde, nos finais de semana. Sem acesso ao metrô.

Lo De Pueyrredón ★★ARGENTINO/CHURRASCARIA Talvez você reconheça o nome deste lugar por causa de uma das principais ruas de Buenos Aires. O proprietário é Horacio Pueyrredón, descendente de uma das famílias políticas mais importantes da Argentina. O lugar parece simples, apesar da linhagem de Horacio - diz que se sente muito orgulhoso porque seu restaurante é totalmente argentino e serve o melhor da comida que seu país pode produzir. A churrascaria serve fatias bem grossas de carne em mesas rústicas. O edifício, por si só, é inacreditável, uma casa restaurada que ainda mantém seu piso de azulejos decorados, janelas de vidro coloridas dentro, com suas portas e pátio com saída. Nas paredes de tijolos estão expostos trabalhos de artistas locais, todos à venda. Saladas, empanadas e massas fazem parte do cardápio. Aqui também é servido um cozido chamado locro tradicional e forte, que leva cinco horas para preparar. É cozido em fogo baixo, com uma mistura de milho, abóbora, porco, feijão, lingüiça, chouriço e outros ingredientes. Embora seja considerado um prato de inverno, é oferecido o ano inteiro. Horacio acredita que os índios que viveram nos Pampas são Argentinos como ele também; ele oferece pratos com influência indígena, como tamales e humitas com chocle, uma forma antiga de milho. Ele sente muito orgulho de seu extenso cardápio de vinho, todos produzidos na Argentina. A variedade culinária, difícil de encontrar, eleva este restaurante para a categoria cara, mas a churrascaria começa com porções de US$4. O cardápio de três pratos custa US$25 (£13.25), está entre o mais caro nesta parte da cidade, mas vale à pena pela qualidade da carne e suas excêntricidades. Às quintas-feiras, à noite, por volta das 23h00, há um microfone e violão para os clientes. Sexta-feira e sábado, começando as 23h30, há um show de dança folclórica, com duração de 2 horas.

Armênia, 1378 – Cabrera. ℂ **11/4773-7790**. Recomendado fazer reservas com antecedência. Pratos principais: US$4 – US$25 (£2.10 - £13). Cc: AE, MC, V. Qua. - Sáb. 12h00 – 15h00 e 20h00 – 17h00; sempre até mais tarde na Sexta e no Sábado. Sem acesso ao metrô.

Lomo ✦ ARGENTINO O nome completo deste restaurante é "Lomo, a Palavra Argentina Sagrada", em referência à adoração por carne por toda a Argentina. Fica num casarão que antes era uma fábrica de queijo que faliu com a crise do peso. É um dos edifícios mais interessantes em Palermo Viejo sendo usado novamente. Apesar de as prateleiras para secar queijo não existam mais, os encaixes que foram usados para segurá-los ainda permanecem nas paredes de concreto rachado. O local iluminado por um átrio sublime e escadas que o levam ao andar superior com lareira, proporcionam um ambiente íntimo. Uma parte decorada com tecidos indígenas, recorda da época em que os índios costumavam perambular nesta terra onde, as vacas pastoreiam agora. Ironicamente, o restaurante foi inaugurado no dia 17 de Outubro, 2002, o aniversario da ascensão peronista, mas o preço alto e o comportamento um pouco pretensioso de sua equipe está bem longe da ideologia peronista. Há uma pequena loja de discos no mezanino e a clientela pode escolher a música que deseja escutar, podendo até comprar se quiser. O chefe Guilhermo González serve lomo (filé-mignon) preparado de várias maneiras, incluindo lomo ravióli e lomo com vários tipos de molhos. Diversos pratos de peixe fazem parte do cardápio, mas a principal iguaria é o javali ao molho de funcho, que leva mais de sete horas para preparar. E não deixe de provar o chá mate, que muitos nativos, especialmente mães jovens com carrinho de bebês, não deixam de consumir. É parecido com a tradição britânica do chá inglês, mas o mate (originário da América do Sul, este chá é feito com suas ervas) é servido com torradas salgadas, trazendo o requinte de uma tradição de gaúcho. Couvert de US$1 (50p) por pessoa é adicionado à sua conta.

Costa Rica, 4661 – Armênia. ℂ **11/4833-3200**. Reservas recomendadas. Pratos principais: US$6 – US$ 14 (£3.15 - £7.40). Cc: AE, MC, V. Seg. 20h30 – 02h00; Ter. - Dom. 13h00 - 02h00. Sem acesso ao metrô.

Meridiano 58 ✦✦ *Achados* ARGENTINO/INTERNACIONAL Restaurante argentino melancólico com uma aura Zen. Durante o dia, você vai notar as decorações de designs Salta Indian, sofás de couro e mesas com jogos americanos de couro. Volte à noite, quando escadaria é iluminada por velas, com o chafariz ligado, e você está em um mundo romântico. O restaurante tem três andares, o terraço é iluminado por tochas, todos inspecionados pelos garçons em seus uniformes transparentes com colarinhos estilo Nehru (vestimenta Indiana). Apesar de poucas decorações asiáticas, a comida é completamente argentina. Eles chamam de "elaborado", com vários tipos de carnes marinadas e, entre um deles, está o bife com cogumelos e ervas. Sobremesas por si só já valem à pena, especialmente o mousse de chocolate com maracujá e ou pudim de laranja com gengibre e coco. A la carte pode ser caro, mas o cardápio especial de preço fixo para almoço e jantar, de segunda a quinta-feira, custa entre US$ 8 a US$9 (£4.20 - £4.80). O nome do restaurante refere-se à localização de Buenos Aires no globo, Meridiano 58.

J.L Borges, 1689 – El Salvador. ℂ **11/4833-3443**. Pratos principais: US$7 – US$12 (£3.70 - £6.35). Cc: AE, V. Aberto diariamente: 12h00 – 16h00; 20h00 – 01h00; mais tarde, nos finais de semana. Metrô: Plaza Itália.

Olsen ✦✦ ESCANDINAVO/FRUTOS DO MAR Um pouco da Escandinávia aterrissou na Argentina. Olsen foi construído no que antes era um depósito, de dimensões elevadas, parecido com uma igreja, mezanino com poucas mesas de frente para o salão do restaurante.

No interior do restaurante encontra-se uma lareira em metal, bem no meio do restaurante, que cria uma sensação de ambiente que alia o moderno e de 1960, com madeiras claras, linhas retas e pratos decorativos com círculos nas cores marrons, laranja e preto. O restaurante é separado da rua por um muro de madeira que leva para um jardim coberto de videiras e uma escultura de metal, em forma de chafariz, próximo à parede. É um lugar muito tranquilo, com poucas mesas e cadeiras que afundam na grama, dando a sensação de uma sala de estar. Olsen é muito popular ente turistas e nativos, e todos os funcionários falam inglês. Aperitivos e entradas são muitos e para serem divididos, com uma seleção de primeira de bagels (pão judeu), panquecas, salmão defumado, arenque defumado, caviar, queijos e manteigas. A sua especialidade principal é o peixe, e há poucos pratos com carnes, tendem a ser secos, mas bem saborosos. Muitas pessoas vem aqui por causa do bar. Há uma enorme seleção de vodka. Absolut vodka domina parte deste restaurante e está disponível em doses e ou garrafa. Aos domingos, não deixe de provar o brunch, que começa às 10h.

Gorriti, 5870 - Carranza. ✆ **11/4776-7677**. restaurantolsen@netizon.com.ar. Reservas recomendadas. Pratos principais: US$7 – US$12 (£3.70 - £6.35). Cc: AE, DC, MC, V. Ter. - Qui. 12h00 - 01h00; Sex. - Sáb. 12h30 - 02h30; às vezes, aberto até mais tarde, se estiver lotado; Dom. 10h00 - 01h00. Sem acesso ao Metrô.

Sullivan's Drink House *Crianças* INTERNACIONAL/IRLANDÊS Com uma decoração tão verde quando os campos da Irlanda, e uma equipe internacional de jovens de toda parte da Europa, você vai se sentir como se tivesse na Irlanda, quando colocar os pés neste restaurante. Culinária irlandesa tradicional de carnes marinadas com ervas são os pratos de destaque no cardápio. Cordero Longueville é uma de suas iguarias baseadas na antiga receita irlandesa, usando carneiro da Patagônia. Sanduíches e refeições para crianças fazem parte do cardápio. Janelas em direção à rua proporcionam ótimas paisagens e uma sala VIP no andar superior, decorada no estilo antigo inglês, serve como bar de charutos. Um terraço na cobertura proporciona mais um local para jantar. Não importa a parte escolhida do restaurante, Sullivan tem um cardápio de uísques importados extenso e com preços a partir de US$5 (£2.65) a dose. A sorte dos irlandeses é evidente na história deste restaurante. Foi inaugurado em 20 de dezembro, 2001, dias antes da crise do peso, e mesmo assim sobreviveu à crise. Se você estiver visitando Buenos Aires no dia de São Patrício (padroeiro da Irlanda), este é o melhor lugar para visitar.

El Salvador, 4919 – Borges. ✆ **11.4832-6442**. Pratos principais: US$7 –US$12 (£3.70 - £6.35). Cc: AE, DC, MC, V. Seg. – Qui. 10h30 – 01h00; Sex. – Sáb. 10h30 – 02h30, Dom. 12h00 – 01h00. Metrô: Scalabrini Ortiz.

Te Mataré Ramirez *Achados* FRANCÊS/INTERNACIONAL Este local é o mais interessante e criativo para jantar em Buenos Aires. Seu símbolo, um garfo excitado com dentes largos para cima, dá a você a ideia de que tipo de restaurante é esse. O nome do restaurante significa literalmente "Eu vou matar você, Ramírez" Vem do lendário Ramirez, amigo do dono, que seria um Casanova, um afortunado sedutor, que acabou sendo perseguido por maridos das mulheres com quem tinha casos. Um restaurante erótico, tanto na culinária como na decoração. Há combinações afrodisíacas do alho e tomates secos misturados com ingredientes doces nas carnes marinadas e levemente fritas exaurindo um aroma forte. Ênfase nos ingredientes criam os pratos mais saborosos da cidade. Tetos são decorados com quadros de homens e mulheres totalmente peladas, usando salto alto, misturadas com querubins danadinhos. Há obras de arte penduradas nas paredes à venda também. A iluminação em vermelho e o vinho consumido nas taças de cristal antigo realçam o brilho do vermelho nas toalhas de mesa. Atores vestidos de preto apresentam espetáculos energéticos em um palco pequeno, usando bonecos que fazem muitas safadezas. É difícil classificar este lugar como romântico, mas certamente um jantar pode levar a uma troca de olhares. Jazz lento e suave e/ou bossa nova tocam enquanto você janta, criando um ambiente sedutor. Tem uma filial nos subúrbios de San Isidro, Primera Junta (11/4747-8618).

Paraguay, 4062 – Scalabrini Ortiz. ℂ **11/4831-9156**. www.tematareramizez.com. Reservas recomendadas. Pratos principais: US$6 – US$12 (£3.15 - £6.35). Cc: AE, MC, V. Dom. - Qua. 21h00 - 00h00; Qui. – Sex. 21h00 a 01h00; Sáb. 21h00 – 02h00. Metrô: Scalabrini Ortiz.

MODERADO
De Olivas i Lustres ✸✸ MEDITERRÂNEO
Este restaurante foi aberto em Palermo Viejo há vários anos. Pode-se dizer que ajudou a dar o tom nesse paraíso gastronômico no bairro que estava surgindo. A pequena sala de jantar rústica exibe antiguidades, jarras de azeitonas, garrafas de vinho e todas as mesas são decoradas com velas – uma até se parece com uma mesa de escritor. Outra mesa está cheia de conchas do mar decorativas. O cardápio tem preços razoáveis da culinária mediterrânea, com sopas leves, peixes frescos e legumes sauté. Peito de pato com limão e mel é de dar água na boca. Há várias porções de aperitivos (tapeos) também por US$9 (£4.80) cada, você e seu acompanhante podem dividir 15 pratos individualmente (uma ótima opção, se não está com pressa). Na minha opinião, o que acho de mais interessante sobre este restaurante, além da culinária mediterrânea, é o uso dos ingredientes argentinos e incas em vários pratos. Se você sempre teve vontade de comer jacaré, como os índios guaranis, que um dia perambulavam no norte do país, este é o lugar ideal. Gostaria de ressaltar que este restaurante não se encontra no endereço indicado na edição anterior. Aberto somente para jantar.

Gorriti, 3972 – Gáscon e Acuña de Figurão, El Salvador. ℂ **11/4867-3388**. Reservas recomendadas. Pratos principais: US$3 – US$5 (£1.60 - £2.65); cardápio preço fixo: US$8 (£4.20). Cc: AE. V. Seg. - Sáb. 08h30 – 01h30. Metrô: Scalabrini Ortiz.

El Diamante ✸✸✸ *Achados* INTERNACIONAL
"Quando pensamos em diamante, pensamos que é pequeno e perfeito". Fernando Trocca, proprietário e chefe do El Diamante, falou-me um pouco de seu último restaurante inaugurado em 2005. Trocca já era famoso pelo seu programa de TV de culinária na Argentina e outro restaurante dele, chamado Sucre, veio ao cenário gastronômico pra ficar. O restaurante tem apenas 60 assentos sempre ocupados e um terraço na cobertura. Trocca diz que o restaurante dá a sensação de outra parte da América Latina, mas não da Argentina. Santos Católicos nos nichos no meio de janela, com painéis de Arte Decó, dão originalidade ao ambiente. A comida é uma combinação de America Latina e Europa, com a influência de vários imigrantes. Um dos pratos principais, Peshuga de Pollo, é mistura de frango com abóbora, abobrinhas, limão e azeitonas. Outras de suas iguarias são risotos e tapas, chouriço e tapa de pera – uma combinação exclusiva, doce e saborosa. E outras combinações excêntricas nas sobremesas também, como o prato peruano de gengibre com suco e frutas ceviche.

Malabia, 1688 – entre Honduras e El Salvador. ℂ **11/4831-5735**. Pratos principais: US$6 – US$10 (£3.15 -£5.30). Cc: AE, MC, V. Seg. - Sáb. 12h00 – 02h00, 03h00 ou até mais tarde. Metrô: Plaza Itália.

El Estanciero ✸ *Achados* CHURRASCARIA
A maioria dos restaurantes, na região de Las Cañitas, em Palermo, são voltados para o glamour. Aqui, porém, nesta churrascaria o foco é a carne, que com toda certeza é a melhor do bairro. As porções são pequenas, mas os cortes são maravilhosamente saborosos, com a mistura certa de gordura para manter a maciez da carne de gado. Se você pedir o seu bife mal passado, (jugoso), pelos menos aqui eles usam o bom senso de não servir quase cru. O restaurante é de dois andares, com assentos na calçada bem na frente do recinto e um terraço coberto. A decoração gaúcha, nos dois andares, é de forma sensata, sem exagero. Nunca fica lotado, como os outros restaurantes na mesma rua, sendo uma ótima opção quando as filas estão muito grandes nos outros restaurantes.

Báez, 202 – Arguibel. ℂ **11/4899-0951**. Pratos principais: US$5 – US$10 (£2.65 - £5.30). Cc: AE, Mc, V. Aberto diariamente: 12h00 – 16h00 e 20h00 – 01h00 (02h00 nos finais de semana). Metrô: Carranza.

Garbis ★★ (Crianças) ORIENTE MÉDIO Se você está procurando por uma ótima culinária do Oriente Médio e a preços razoáveis, ou um local para entreter as crianças, Garbis é a solução. Espetinhos, falafel (prato típico de Israel), carneiro, entre outros pratos típicos do Oriente Médio, fazem parte do cardápio junto com atendimento excelente e amistoso. A decoração cafona, estilo deserto, nas paredes de azulejos e cores brilhantes, dá a impressão que você foi parar num lugar bem longe da Argentina. Um playground para crianças fica dentro do restaurante, mantendo-os entretidos enquanto você janta. Leitura de cartas de Tarô nos dias selecionados divertem os adultos. Ligue para saber o horário. Esta é uma rede de restaurantes, com franquias em Belgrano e Villa Crespo.
Scalabrini Ortiz, Cerviño. ✆ **11/4511-6600.** www.garbis.com.ar. Pratos principais: US$3 − US$8 (£1.60 - £4.20). Cc: AE, MC, V. Aberto diariamente: 11h00 − 15h00 e 19h − 23h30. Metrô: Scalabrini Ortiz.

Novecento ★★★ INTERNACIONAL Um dos restaurantes pioneiros, com franquia em Soho, no bairro de Las Cañitas, em Palermo. Portenhos abastados lotam este bistrô em estilo nova-iorquino até 23h00, brindando com taças de vinho embaixo de uma placa da Rua Canal ou optam pelo terraço sempre movimentado. Massas e risotos são de dar água na boca, mas talvez você escolha bife com molho de pimenta e ou brochette de frango. Outros pratos maravilhosos incluem filé-mignon, salmão do pacífico grelhado e penne com cogumelos silvestres. Finalize o jantar com vinho argentino. A iluminação a luz de vela torna o ambiente romântico ideal para casais. Há uma sala enorme separada do salão de jantar para acomodar a clientela durante as noites superlotadas, e que pode ser alugada para festas particulares.
Báez, 199 − Arguibel. ✆ **11/4778-1900.** Reservas recomendadas. Pratos principais: US$4 − US$7 (£2.10 - £3.70). Cc: AE, DC, MC, V. Diariamente: 12h00 − 16h00 e 20h00 − 02h00; Dom. brunch 08h00 − 12h00. Metrô: Minitro Carranza.

Sushi Club JAPONÊS Este restaurante faz parte de uma rede muito popular com várias franquias espalhadas pela cidade, mas este aqui é um dos melhores. Sua iguaria − o sushi, e outros pratos da culinária japonesa são servidos num interior moderno, parecido com um clube decorado nos tons laranja, preto e metálico. Peixe é o destaque no cardápio, e pratos de carne com tempero japonês também. Há sushi em várias formas com influência e ingredientes de outros países.
Ortega y Gasset, 1812 − Arce. ✆ **0-810/222**-SUSHI (ligação gratuita). Pratos principais: US$4 − US$8 (£2.10 - £4.20). Cc: AE, DC, MC, V. Aberto diariamente: 12h00 − 17h00 e 20h00- 03h00. Metrô: Carranza.

Utopia Bar ARGENTINO/INTERNACIONAL Bem mais aconchegante e tranquilo do que outros bares na região da Praça Serrano, é ótimo para beber e comer nesta região chique e movimentada. Paredes claras e mesas rústicas trazem a sensação de tranquilidade, mesmo que, às vezes, a música esteja alta demais nos dias de música ao vivo. A ênfase é em bebidas, e café da manhã com vários sabores de café. Alguns são preparados com uísque, para turbinar o seu dia. Pizza e sanduíches são os mais requisitados à noite. Terraço a céu aberto é o melhor lugar para se sentar, mas é muito pequeno, com poucas cadeiras, e fica difícil achar um lugar.
Serrano, 1590 − Plaza Serrano. ✆ **11/4831-8572.** Pratos principais: US$2 − US$8 (£1.05 - £4.20). Cc: AE, MC, V. Aberto diariamente: 24 horas. Metrô: Plaza Itália.

Yoko's CHINÊS/JAPONÊS Restaurante de classe alta e muito requintado, unindo influências da culinária chinesa e japonesa, com decorações estilo californiano. O ambiente é moderno e romântico, com mesas pretas laqueadas, paredes vermelhas e esculturas de metal preto, bem interessante. O atendimento é amistoso, com vários atendentes à disposição. Saboreie seus enroladinhos que são parecidos com os wraps Califórnia (enrolado como panqueca), misturando frutos do mar e queijos. Comida feita no wok e sushi completam o cardápio.

J. Ortega Y Gasset, 1813 – Calle Báez. ℂ **11/4776-0018** ou 11/4778-0036. Pratos principais US$4 – US$7 (£2.10 - £3.70). Cc: AE, DC, MC, V. Seg. - Sáb. 10h00 – 01h00; Dom. 18h00 – 01h00. Metrô: M. Carranza.

ECONÔMICO

Bio ★★ *Achados* MEDITERRÂNEO/VEGETARIANO Em uma nação onde a carne de gado é algo supremo, é quase impossível achar um restaurante orgânico vegetariano. O Bio é exceção, aberto em 2002. Sua carne é feita no local mesmo, de trigo, depois marinada para enriquecer o sabor. Todos os ingredientes usados são orgânicos, plantados e/ou produzidos apenas na Argentina. Uma ruma de queijos orgânicos encontra-se espalhada pelos balcões perto dos chefes, Gaston e Maximo, que explicam com prazer o trabalho deles. Grão quinoa é muito usado em vários pratos; alguns deles são chamados de fusão mediterrânea – asiática, embora, que a mistura de tantos ingredientes é tamanho, que qualquer coisa serve. Você tem que saborear o risoto quinoa – uma das iguarias principais. Não importa o que peça, tudo aqui é fresco e deliciosamente divino. Mesas e cadeiras são pintadas de verde primavera; nos dias quentes, algumas mesas são colocadas na calçaada. Lugar excelente para vegetarianos comprarem vários lanches e guardarem no hotel. Eles têm uma loja pequena vendendo batatas fritas orgânicas, chás, queijos e até vinho orgânico.

Humboldt, 2199 – Guatemala. ℂ **11/4774-3880**. Pratos principais: US$4 – US$6 (£ 2.10 - £3.15). Não aceitam cartões de crédito. Ter. a Dom. 12h00 – 15h30; Aberto diariamente das 08h00 as 13h00; sempre fecham mais tarde, nos finais de semana. Sem acesso ao metrô.

Campo Bravo ★★ *Econômico* ARGENTINO/CHURRASCARIA Todos que me conhecem e sabem que conheço Buenos Aires testam-me a respeito deste restaurante: se o conheço bem e o que acho. Bem, conheço muito bem e adoro! Este lugar serve como centro virtual no cenário gastronômico das Las Cañitas. Muito tranqüilo durante o dia, mas uma loucura à noite. Jantar na calçada oferece ótimas paisagens da multidão glamourosa que chega de táxi para começar a noite neste bairro fascinante. A churrascaria serve culinária argentina tradicional com fatias grossas de carne servidas em tábuas de madeira. Equipe eficiente está ao seu dispor, mas infelizmente não podem fazer nada para minimizar o tempo de espera para uma mesa no lado de fora; nos finais de semana, às vezes, demora de 40 minutos a 1 hora de espera. Não há como evitar isso, pois eles não aceitam reservas. Se você deseja visitar este lugar numa noite de sábado, faça que nem os portenhos: pegue uma taça de champagne, fique bebendo na rua e se junte às festas de velhos bem vestidos parecidos com uma fraternidade de estudantes jovens. A seleção de vinho é limitada e uísques importados fazem parte do cardápio de bebidas. Não consegue tolerar a madrugada na Argentina? Não se preocupe, eles não fecham para almoço e jantar, então, para pessoas acostumadas com os horários de jantar dos americanos ainda podem desfrutar uma ótima refeição sem precisar esperar por uma mesa.

Av. Santa Fe, República Síria. ℂ **11/4833-5415**. Pratos principais: US$2 – US$4 (£2.10 - £2.65). Cc: MC. Seg. 18h00 – 04h00; Ter. - Dom. 11h30 – 04h00; sempre mais tarde, nos finais de semana, dependendo da clientela. Metrô: Carranza.

Confitería del Botânico ARGENTINO/CAFÉ Pare aqui após visitar o Zoológico e Jardim Botânico, de onde este café recebe o nome. Fica numa esquina bem agradável na movimentada Santa Fé, os jardins e Praça Síria dão tranqüilidade. As janelas enormes dão a sensação de estar no parque. O café da manhã continental é baratinho. Você pode pedir qualquer coisa do cardápio, a qualquer hora do dia – os omeletes do cardápio de jantar fazem qualquer café da manhã farto. Especiais de almoço custam em média de US$3 a US$4 (£1.60 - £2.10). Serviço de comida para viagem torna este lugar ideal para quem quer passar o dia no parque ou zoológico.

Av. Santa Fe – Republica Síria. ℂ **11/4833-5515**. Pratos principais: US$2 – US$4 (£1.05 - £2.10). Cc: AE, MC, V. Dom. - Sex. 06h30 – 00h00; Sáb – 06h30 – 02h00. Metrô: Plaza Itália.

Tazz MEXICANO É um dos melhores locais para se sentar ao ar livre em toda a Praça Serrano (Plaza Serrano). Fica dentro de uma casa antiga, como tantos restaurantes em Palermo Viejo, mas assim que você entra, dá a impressão que entrou no salão de jantar de uma nave espacial com luzes e paredes azuis chamejantes, painéis modernos de alumínio e muitas mesas de sinuca. Os booths (mesas privativas) parecem pequenas cápsulas de emergência que podem ser liberadas, se a nave mãe for atacada. A maior parte do cardápio é composta de pratos mexicanos. Não há muitos restaurantes mexicanos em Buenos Aires. Jarras de sangria e margaridas contribuem para a diversão. Este lugar é muito popular e tem uma clientela muito jovem.

Serrano, 1556 – Plaza Serrano. 11/4833-5164. www.tazzbars.com. Pratos principais: US$2 – US$4 (£1.05 - £2.10). Não aceitam cartões de crédito. Dom. - Qui. 12h00 – 03h00; Sex. e Sáb 12h00 – 06h00. Metrô: Plaza Itália.

Viejo Agump *Achados* ORIENTE MÉDIO Localizado no coração da antiga região armênia de Buenos Aires, a proprietária Elisabeth Hounanjian oferece culinária autêntica do Oriente Médio. Ela quer que seu restaurante fique no coração da comunidade, bem localizado entre a Igreja da Armênia e o Centro Comunitário. Agump, na Armênia, significa "clube" e "local de encontro". O interior decorado de tijolos adiciona um toque de conforto ao salão de jantar, pratos básicos incluem espetinhos e baklava (doce típico oriental). Assentos na calçada são um deleite nos dias de calor. Nos finais de semana, há dança do ventre e leitura da sorte usando café. Para marcar um horário – contate a mística Roxana Banklian 15/4185-2225; roxanabanklin@arnet.com.ar.

Armênia, 1382, José Antonio Cabrera. 11/4773-5081. Pratos principais: US$2 – US$5 (£1.05 - £2.65). Não aceitamos cartões de crédito. Seg. a Sáb 08h00 a 00h00. Metrô: Scalabrini Ortiz.

11 Abasto e Once

ABASTO
Para a localização dos restaurantes listados nesta seção, veja o mapa de "Abasto & Once", na pág.134.

ECONÔMICO
Gardel de Buenos Aires ARGENTINO/ITALIANO Você não presenciará ninguém dançando tango neste local, mas o café é dedicado ao famoso cantor de tango, Carlos Gardel. Um relógio tem o seu rosto e aponta para a hora do meio dia de frente para o salão de jantar, com toalhas de mesa radiantes e ornamentos de madeira. Paredes vermelhas são decoradas com fotos de Gardel, como um iconoclasta em uma igreja russa. Um manequim de Gardel feito de papel machê sobressai de uma das paredes. Além disso, as músicas dele tocam sem parar. É um bom local para se distrair, apesar da decoração ultrapassada, a iguaria é muito boa. O cardápio oferece iguaria no padrão argentino – a carne de gado, empanadas, saladas, massas, sobremesas, sanduíches, pizzas e outras opções italianas. A especialidade da casa é a fugazzata (pizza recheada). O atendimento é rápido e amistoso, um ótimo local para um lanche. Aberto 24 horas de segunda a sábado, dê uma passada aqui após uma noite na cidade e ofereça um brinde a Gardel, não deixando de provar o cardápio de licor. Oferecem serviço de comida para viagem.

Entre Rios, 796 – Independencia. 11/4381-4170 ou 11/4381-9116. Pratos principais: US$2 – US$6 (£1.05 - £3.15). Cc: AE, MC, V. Dom. a Qui. 06h00 – 02h00; Sex. a Sáb. 24 horas. Metrô: Entre Rios.

Kosher McDonald's *Achados* AMERICANO/KOSHER Com certeza, você não decidiu visitar Buenos Aires para comer McDonald's, e de forma alguma aconselharia a um viajante a comer em um McDonald's nas férias – mas este aqui é único e exclusivo. Mantém a reputação de Buenos Aires por ser um dos melhores centros judeus do mundo. Este é o único Kosher McDonald's no mundo fora de Israel. Está sob a supervisão

Abasto e Once

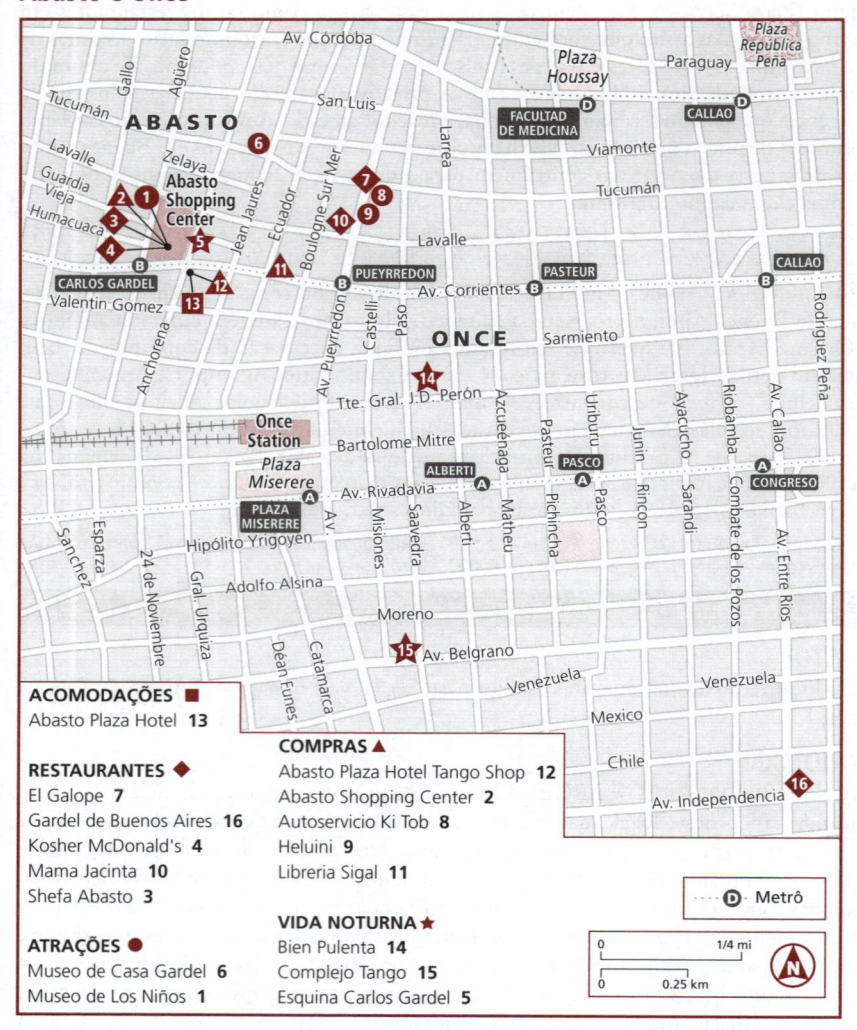

ACOMODAÇÕES ■	COMPRAS ▲
Abasto Plaza Hotel **13**	Abasto Plaza Hotel Tango Shop **12**
	Abasto Shopping Center **2**
RESTAURANTES ◆	Autoservicio Ki Tob **8**
El Galope **7**	Heluini **9**
Gardel de Buenos Aires **16**	Libreria Sigal **11**
Kosher McDonald's **4**	
Mama Jacinta **10**	**VIDA NOTURNA** ★
Shefa Abasto **3**	Bien Pulenta **14**
	Complejo Tango **15**
ATRAÇÕES ●	Esquina Carlos Gardel **5**
Museo de Casa Gardel **6**	
Museo de Los Niños **1**	

de um rabino. Iguaria típica de McDonald's – hambúrguer, batatas fritas, saladas, sanduíches de peixe, e assim por diante, mas não há laticínios de nenhum tipo. Vendem também souvenires como caneca e outros itens para recordar a sua visita. Portenhos de todas as classes frequentam este restaurante, independente de serem judeus ou não. Se você veio só para olhar e achou que não consegue comer um Big Mac sem queijo, algo fora do cardápio judaico, não se preocupe. Por estar localizado na praça de alimentação do Shopping Center Abasto, o que você tem a fazer é só atravessar pro outro lado e vai dar de cara com o McDonald's tradicional.

Abasto Shopping Center Praça de Alimentação, Av. Corrientes, 3247 – Agüero. ✆ **11/4959-3709** ou 0800/777-6236 para McDonald's Argentina – Linha direta de informações. Pratos principais: US$1 – US$3 (50p - £1.60).

ABASTO E ONCE

Não aceitam cartões de crédito. Dom. a Qui. 10h00 – 00h00; Sex. 10h00 – 02h00; Sáb 09h00 – 00h00; horários variam de acordo com as estações do ano, dependendo do pôr do sol. Metrô: Carlos Gardel.

Shefa Abasto ✆ *Achados* INTERNACIONAL/ITALIANO/KOSHER/VEGETARIANO Este restaurante fica bem ao lado do McDonald's, e é outra opção para quem está à procura da culinária Kosher em Buenos Aires. Em cardápio bem variado, oferece uma vasta quantidade de pizzas, massas, e pratos de peixe. Oferece, também, saladas e outros pratos do cardápio vegetariano – escolha saudável para todos, mesmo se você não segue crenças religiosas quanto à comida. Há pratos típicos judaicos do leste da Europa, como os knishes (quiche) muito leves, ao contrário da comida pesada nos balcões de frios em Nova York. Possuem serviço de entrega. Não hesite em apanhar um cardápio, se você está se hospedando na região.

Abasto Shopping Center Praça de Alimentação, Av. Corrientes, 3247 – Agüero. ✆ **11/4959-3708**. Pratos principais: US$1 – US$3 (50p - £1.60). Não aceitam cartões de crédito. Dom. a Qui. 10h00 – 00h00; Sex. 10h00 – 15h30; Sáb 09h00 – 00h00; horários variam de acordo com as estações do ano, dependendo do pôr do sol. Metrô: Carlos Gardel.

ONCE
Para a localização dos restaurantes listados nesta seção, veja o mapa "Abasto e Once", na pág.134.

MODERADO
El Galope ✆ ARGENTINO/KOSHER/ORIENTE MÉDIO/CHURRASCARIA Este lugar se caracteriza melhor como churrascaria argentina com decorações Oriental e Kosher. Localiza-se na área onde antigamente vivia a comunidade judaica. A churrascaria serve fatias de carne Kosher bem saborosas e suculentas. É um dos restaurantes mais populares de Buenos Aires. É simples, com painéis de madeira com um ambiente caseiro – tanto que você pode até ver os donos discutindo na sua frente. Excelentes vinhos Kosher fabricados na Argentina também fazem parte do cardápio, podendo até levar uma garrafa para casa, se preferir. Oferecem pratos típicos da cozinha Oriental, como pitas e hummus (patê feito com gergelim, grão de bico e temperos) e sobremesas de baklava. Fast food com sanduíches de pastrami e saladas. O atendimento é comedido e os garçons são bem reservados, mas a comida compensa qualquer coisa.

Tucumán, 2633 – Pueyrredón. ✆ **11/4963-6888**. Pratos principais: US$2 – US$8 (£1.05 - £4.20). Não aceitam cartões de crédito. Dom. a Sex. 12h00 – 15h00; Dom. a Qui. 20h00 – 01h00; Sáb. 21h00 a 00h00; horários variam de acordo com as estações do ano, dependendo do pôr do sol. Metrô: Pueyrredón.

Mamá Jacinta ✆✆ *Achados* INTERNACIONAL/ITALIANO/KOSHER/ORIENTE MÉDIO/CHURRASCARIA O proprietário José Misrahi inaugurou este restaurante em 1999, sendo o nome uma homenagem à sua avó Syrian Sephardic. Sua ideia principal era trazer ao público o tipo de comida que ele comeu na juventude, realçando os pratos na culinária internacional e suas influências que estão em alta na Argentina. Ele cozinha também e pratos de frango são os seus favoritos. Recomendo pratos de peixe e saladas de arroz, todos servidos em porções fartas para uma mesa cheia dividir e degustar. Linguiças italianas, francesas e japonesas grelhadas na parrilla são servidas como aperitivos. Amantes de massas podem escolher um cardápio variado, tudo caseiro. Experimente também kibbe (quibe).

Tucumán, 2580 – Pueyrredón. ✆ **11/4962-9149** ou 11/4962-7535. mamajacintakosher@hotmail.com. Pratos principais: US$2 – US$8 (£1.05 - £4.20). Não aceitam cartões de crédito. Seg. a Qui. 12h00 – 15h30 e 20h00 – 23h30; Sex. 12h00 – 15h30; Sáb. 1 hora após o pôr do sol até meia noite; Dom. 12h00 – 15h30. Metrô: Pueyrredón.

12 La Boca

Para a localização dos restaurantes listados nesta seção, veja o mapa "La Boca", na pág. 137

MODERADO

Barbería *Caríssimo* ARGENTINO/ITALIANO Uma instituição de La Boca com decoração interna muito colorida, corrimões no estilo antigo e uma equipe que se orgulha de sua descendência italiana. Totalmente voltado para os turistas, fica a alguns passos de distância da multidão de turistas de El Caminito e suas barracas de souvenires cafonas. A proprietária chama-se Nancy – um personagem local sempre em constante representação com seus trajes de tango, e paredes repletas de fotografias dela encontrando famosos. Há espetáculos de tango, folclore e até de travestis, do meio dia até 17h00, na calçada em frente do café com uma vista para o porto. A comida é caríssima, mas o preço do espetáculo está incluso na refeição. As massas são folheadas, tradicionais na região, como a sfogliatella napolitana, um pouco mole, mas a tradição histórica é servida em todos os pratos.

Pedro de Mendoza, 1959 – Caminito. © **11/4303-8256**. www.barberia.com.ar. Pratos principais: US$2 – US$7 (£1.05 - £3.70). Cc: AE, DC, MC, V. Aberto diariamente: 11h00 – 18h00; mais tarde, no verão, se estiver lotado. Sem acesso ao metrô.

ECONÔMICO

Corsario *Crianças* ARGENTINO/ITALIANO/FRUTOS DO MAR Este restaurante leva a herança do porto antigo de La Boca ao extremo, adicionando aos pratos o encanto e calor desse empreendimento familiar. O local era um museu antes repleto de artigos náuticos, preservados pela família, quando a orla marítima de La Boca começou a deteriorar. Em 1993, eles inauguraram o restaurante com uma mistura de culinária italiana, argentina e frutos do mar. Atualmente a comida sobressaiu mais do que os artigos náuticos, que continuam sendo vendidos. Dê uma volta e confira os itens à venda enquanto espera por sua refeição. Este é o tipo de lugar do qual talvez o Popeye fosse gostar de visitar, se ele existisse e morasse na região.

Av. Pedro de Mendoza, 1981 – Caminito. © **11/4301-6579**. Pratos principais: US$3 – US$5 (£1.60 - £2.65). Não aceitam cartões de crédito Aberto diariamente: 12h00 – 19h00. Sem acesso ao metrô.

El Obrero ★★★ *Crianças* ARGENTINO/ITALIANO/CHURRASCARIA Avôs não fazem parte do cardápio, mas eles vêm de graça com a refeição neste lugar. Dois velhos irmãos de Barcelona, Espanha – Marcelino e Francisco Castro, proprietários do restaurante, com trajes de garçom, observam se todos os clientes estão sendo bem atendidos. Bifes grossos, suculentos e perfeitamente preparados são a especialidade da casa. A culinária italiana, peixe e frango fazem parte do cardápio. Você pode pedir metade e ou um quarto de porções de muitos pratos, ótimo para quem está com crianças. Nas paredes, há muitos quadros do time de futebol, Boca Junior, que o fazem lembrar de que está no bairros de futebol mais importante do mundo. Este é um dos poucos lugares de que recomendo para comer de verdade, em La Boca, mas as mesas lotam às 21h00, num piscar de olhos. Não se esqueça de fazer uma reserva ou chegar bem cedo. Aviso: você precisará de um táxi para chegar aqui; e peça para o restaurante chamar um, quando você estiver indo embora. El Obrero é um dos melhores restaurantes em Buenos Aires e não deve ser deixado pra trás.

Agustín R. Caffarena, 64 – Caboto. © **11/4362-9912**. Pratos principais: US$3 – US$4 (£1.60 - £2.10). Não aceitam cartões de crédito. Seg. a Sab. 12h00 – 17h00 e 20h00 – 02h00 e até as 03h00, dependendo da clientela. Sem acesso ao metrô.

La Boca

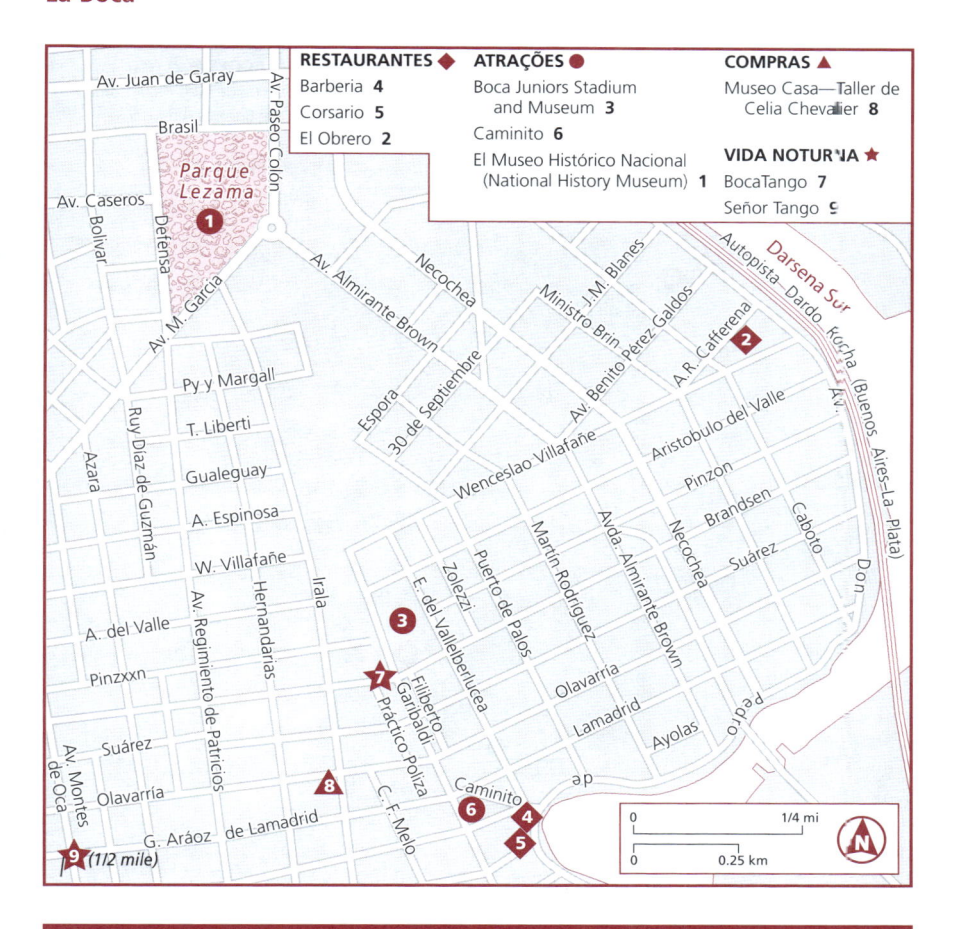

RESTAURANTES ♦
- Barberia **4**
- Corsario **5**
- El Obrero **2**

ATRAÇÕES ●
- Boca Juniors Stadium and Museum **3**
- Caminito **6**
- El Museo Histórico Nacional (National History Museum) **1**

COMPRAS ▲
- Museo Casa—Taller de Celia Chevalier **8**

VIDA NOTURNA ★
- BocaTango **7**
- Señor Tango **9**

13 Belgrano

Para a localização dos restaurantes listados nesta seção, veja o mapa "Belgrano", na pág. 138.

CARO

Buddha BA ❋ CHINÊS Casa de chá e restaurante chinês muito chique, de dois andares, no coração de Chinatown, em Belgrano. Construído dentro de uma casa com um jardim ao lado e galeria de arte que você pode conferir, se quiser. Cardápio com pratos interessantes e criativos, como o Fogo de Dragão – uma mistura de frango bem temperado, lomo (filé-mignon) temperado com caril (curry) e Buddha Tears – lula com molho de soja e caldo de galinha e legumes temperados. A atmosfera é muito convidativa, um ótimo local para comer, se você estiver explorando o bairro a fundo.

Arribeños, 2288 – Mendoza. ✆ **11/4706-2382**. www.buddha.com.ar. Pratos principais: US$6 – US$10 (£3.15 - £5.30). Cc: MC, V. Qua. a Dom. 08h30 – 23h30; Sáb e Dom. 12h30 – 03h30; serviço de chá Qua. a Dom. 16h – 19h30. Metrô: Juramento.

Belgrano

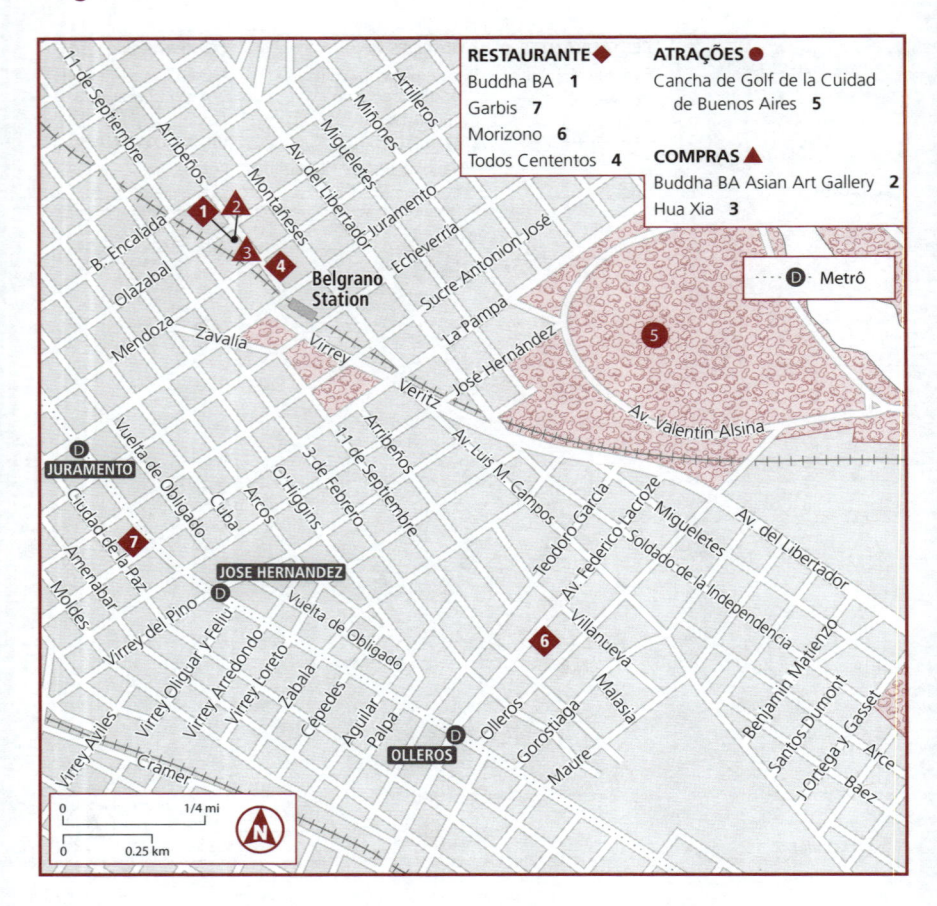

RESTAURANTE ♦
- Buddha BA **1**
- Garbis **7**
- Morizono **6**
- Todos Cententos **4**

ATRAÇÕES ●
- Cancha de Golf de la Cuidad de Buenos Aires **5**

COMPRAS ▲
- Buddha BA Asian Art Gallery **2**
- Hua Xia **3**

MODERADO

Todos Contentos CHINÊS Se você está procurando por aquela atmosfera autêntica e movimentada de Chinatown, venha a este lugar, onde vai encontrar mesas com clientes saboreando a culinária chinesa. Garçonetes com blusas de seda chinesa bordada certificam-se de que todos os clientes estejam sendo bem atendidos. Outro detalhe interessante é a seleção de pratos comuns da culinária chinesa no cardápio, além de pratos como a tripa salgada. Nos finais de semana, há promoções no cardápio na média de US$3 (£1.60) por pessoa, incluso aperitivo, como o rolinho primavera, prato de macarrão e carne, e bebida. Eu classifiquei este restaurante na categoria moderado, mas eles servem lagosta também, custando em média US$15(£7.95) por pessoa, o que tecnicamente o coloca na categoria "caro", porém, a maioria de seus pratos são bem acessíveis.

Arribeños, 2177 – Mendoza. ✆ **11/4780-3437**. Pratos principais: US$3 – US$15 (£1.60 - £7.95). Não aceitam cartões de crédito. Seg. a Sex. 11h30 – 15h30 e 19h30 – 21h30; Sáb. e Dom. 09h30 – 00h00. Metrô: Juramento.

7

Explorando Buenos Aires

A beleza de Buenos Aires é evidente no momento em que você põe os pés nas ruas. Você se encontrará obrigado a caminhar por horas para conhecer a encantadora arquitetura e o atraente ambiente quarteirão após quarteirão. O mais impressionante ponto histórico da cidade é a Plaza de Mayo e seus arredores, embora você certamente experimentará a história argentina em outros bairros, como La Boca e San Telmo também. Você não pode perder um passeio ao longo da beira do rio, em Puerto Madero ou uma tarde entre as praças e cafés da Recoleta ou Palermo. Inúmeras calçadas com cafés oferecem mesas e cadeiras para uma pausa e há um bom transporte público para levá-lo de bairro a bairro.

Sua primeira parada deve ser um dos Centros Turísticos da cidade (veja "Informações aos Visitantes", no capítulo 4) pegue um guia, mapa da cidade e algumas recomendações. Você também pode pedir no seu hotel um exemplar do *The Golden Map e QuickGuide Buenos Aires* para ajudá-lo a navegar pela cidade e localizar as grandes atrações. Diversos bairros têm seus próprios mapas especiais, por isso peça nos centros ou em comércios locais.

Buenos Aires pode ser um destino atualmente barato para os viajantes, mas ao explorá-la, é importante lembrar de que durante quase toda a primeira metade do século 20, esta foi uma das mais ricas cidades em todo o mundo. Muitas das construções descritas neste capítulo indicam a extrema riqueza que, com seguidas revoluções, crise após crise, e queda do peso, pouco do que resta está agora em ruínas. Em particular, as construções e monumentos erguidos entre a Unificação Nacional nos anos de 1880 e em 1910 para a comemoração do Centenário da Independência foram construídas também para representar a esperança argentina de se tornar uma superpotência e com desejo de competir com os Estados Unidos como o país proeminente nas Américas.

Durante sua visita, em antecipação das próximas comemorações do bicentenário em 2010, você perceberá uma agitação de renovação e reconstrução desses quase 100 anos de monumentos e construções. O Teatro Colón, a Casa Rosada, Tribunales e outras grandes construções estão entre os mais destacados atualmente sob os andaimes. Isso gera impacto nos horários de visita, obviamente. Informe-se sobre opções para visitar as construções históricas que estão passando por restauração. Além disso, a Avenida 9 de Julho, Avenida de Mayo e várias outras vias estão sendo revitalizadas com projetos paisagísticos e repavimentadas, ou seja, você precisa de um cuidado maior quando estiver caminhando.

Sob o império espanhol, Buenos Aires foi um local afastado e sem importância comparativamente a outras cidades argentinas, como Córdoba, mais significativas e culturalmente sofisticadas. Seguindo o movimento de 1880 da transferência da capital para Buenos Aires, a cidade procurou superar o seu complexo de inferioridade com grandes planos arquitetônicos. Dentro das descrições desses lugares, incluo, se possível, a filosofia por trás da impressionante beleza e dos papéis que Argentina e Buenos Aires pretendiam alcançar. Eles não são meras quinquilharias, são os restos físicos de uma oportunidade perdida para a glória no mundo. Talvez você esteja em Buenos Aires porque já ouviu falar da sua beleza ou está apenas curioso porque os preços estão muito baixos. Independentemente da razão, não importa quais áreas da cidade você vai conhecer ou quanto tempo vai ficar, certamente ficará impressionado com tudo que Buenos Aires tem para oferecer.

1 Os Pontos Turísticos Mais Famosos de Buenos Aires

A Line Subte ★★★ (Momentos) (Crianças) Essa foi a segunda linha de metrô aberta em Buenos Aires e que ainda conserva o seu trem original. A linha foi inaugurada em 1913 e é o 13º sistema de metrô mais antigo no mundo, o mais antigo da América do Sul e o quarto mais velho nas Américas como um todo (depois de Nova York, Boston e Filadélfia). Esta linha funciona sob a Avenida de Mayo que começa na Plaza de Mayo, que passa pelo Congresso, que era a original estação final, embora agora continue na Primeira Junta graças a uma recente extensão. Os trens são de madeira, antigos e sem segurança. Os painéis laterais dos carros de madeira são feitos em dobra e escorregamento em si, o que é divertido ou assustador, dependendo de como você olha para ele. A janela ainda é de madeira, com couro estendido para abrir e fechar. Campainha, agora de plástico, também é presa por tiras de couro. Ao contrário daquelas dos carros das outras quatro linhas do metrô, as portas desta linha nem sempre abrem e fecham automaticamente, fique ciente quando você estiver na estação. O sistema tem começado a inclusão de novos carros para esta linha, o que significa uma redução de um desses trens de madeira, mas a cada três novos trens que passam na estação, um será este tesouro histórico. Vale a pena esperar alguns minutos por ele.

As estações entre a Plaza de Mayo e Congresso ainda conservam a maior parte da sua ornamentação desde o início, mas o melhor de tudo é a estação Perú. Aqui, simulações do século 20 anunciam e enfeitam quiosques pintados na cor creme e vermelha lembrando muito o início do transporte subterrâneo nesse continente. A estação Congresso tem um mini-museu no interior com visor de vidro mostrando exposições relacionadas à história da construção do Congresso. Bem acabada, a velha porta giratória através desta linha permanece em uso para sair e ainda tem as velhas aberturas simbólicas, que não estão em operação. Não conheço nenhum outro lugar do mundo onde você pode experimentar em primeira mão a magia de como um metrô deve ter sido quando foi a mais elevada forma de transporte tecnológico na virada do século 20. Com um sistema de aproximadamente 100 anos, as estações da linha A também estão sendo renovadas, mas preservando a o passado.

A linha A começa na Plaza de Mayo e percorre pela Av. de Mayo até Congresso e mais à frente. www.subte.com.ar. Entrada US25 ¢ (13p).

Cabildo ★ Esse pequeno edifício branco em estilo colonial com um sino central na torre foi a primeira sede do governo municipal estabelecida pelos espanhóis. O prédio foi concluído em 1751, mas, parte dele foi demolida para criar um espaço para a Avenida de Mayo e Diagonal Sur no final dos anos de 1800 e início dos 1900. O restante do edifício foi restaurado em 1939 e vale a pena uma visita. O pequeno museu informal exibe pinturas e mobiliário da época colonial e sua base e janelas oferecem algumas das melhores vistas da Plaza de Mayo. O Cabildo é o único edifício remanescente do período colonial na Plaza de Mayo. Muitas pessoas vêm aqui só para assistir a troca da guarda a cada hora (o que acontece também, em alguns outros lugares na cidade). Na quinta-feira e sexta-feira, entre 11h às 18h, na parte de trás do pátio do Cabildo é um local para feiras de artesanato.

Bolívar 65, na Rivadavia. © **11/4334-1782**. EntradaU$ 1 (55p). Terça a sexta 12h30min-19h00min; domingo 14h00min-18h00min. Metrô: Bolívar, Catedral ou Plaza de Mayo.

OS PONTOS TURÍSTICOS MAIS FAMOSOS DE BUENOS AIRES

Café Tortoni ★★★ *Momentos* Você não pode chegar a Buenos Aires e não visitar esta importante instituição portenha. Mencionei esse café no capítulo sobre os lugares para jantar, mas correndo o risco de ser repetitivo, é muito bom visitá-lo, não importa se planeja um jantar ou não. Esse histórico café tem servido como o centro artístico e intelectual de Buenos Aires desde 1858, com convidados como Jorge Luis Borges, Julio de Caro, Cátulo Castillo e José Gobello. Maravilhosamente equipado em madeira, vidros coloridos, mármore amarelo e bronze, o local diz mais sobre sua história simplesmente existente do que qualquer uma das fotos em suas paredes. Este é o lugar perfeito para um café ou um pequeno lanche quando estiver caminhando ao longo da Avenida de Mayo. Duas vezes por noite tem espetáculo de tango em uma movimentada galeria ao lado, onde os artistas muitas vezes caminham através da multidão, vale a pena fazer uma parada. O que torna o Tortoni um tanto mais especial, é que residentes e turistas parecem viver lado a lado aqui. No entanto, não espere um grande serviço: é difícil conseguir a atenção da equipe, mesmo quando estes estão perto de você. Eu recentemente descobri que tarde da noite, quando o café está muito movimentado com visitantes, eles não deixam os turistas entrarem para uma espiada. Se isso acontecer, faça um plano de voltar durante o dia que é menos movimentado.

Av. de Mayo 825, em Piedras. ℂ **11/4342-4328.** www.cafetortoni.com.ar. Segunda a quinta 08h00min-02h00min; sex-sáb 08h00min-03h00min; domingo 08h00min-01h00min. Metrô: Av. de Mayo.

Casa de Cultura e Palacio de Gobierno ★★ Estes são dois edifícios separados, mas as excursões irão levá-lo para partes de ambos. Na rua alinhada com impressionantes estruturas destinadas a fornecer aos Cham-Elysées um retorno de seu dinheiro, estes dois edifícios são excelentes paradas que não deveriam ser desperdiçados. O Palácio do Governo, na esquina da Rivadavia e San Martín é a nova Câmara Municipal. O gabinete do prefeito de Buenos Aires é um edifício em estilo neoclássico branco de frente para a Plaza de Mayo no bloco oposto ao Cabildo, a antiga Câmara Municipal. A construção original foi entre 1891 e 1902 e o prédio foi ampliado 10 anos depois. A vizinha Casa de Cultura, um luxuoso prédio em granito cinza bronze decorado com sinuosas lanternas salientes ao longo da sua fachada virada para a Avenida de Mayo, é a antiga sede do jornal La Prensa, que teve o seu momento importante e prestigiado da Argentina. O papel foi iniciado pela família Paz, o ex-proprietário do palácio de San Martín agora ocupado pelo Círculo Militar (pág.153). A Casa de Cultura está no topo de uma estátua representando a liberdade de imprensa (que foi reprimida na Argentina sob muitos regimes). A maioria dos leitores estavam entre os ricos oligarcas e a beleza do edifício reflete isso. O salão escuro tem janelas decoradas. Gravações em vidro, esculturas em madeira escura e uma decoração pesada perfazem a maior parte daquilo que é visto aqui. A sala mais impressionante é o Salón Dorado, uma obra prima do francês neoclássico, colunas douradas, tetos pintados, um assoalho do andar decorado e um palco para apresentações. Algumas excursões levam os visitantes para esta sala e outras para todo o edifício, peça a programação dos vários eventos organizados aqui à noite, que geralmente são gratuitos. O edifício é hoje a sede do Instituto de Cultura da cidade.

Av. de Mayo 575, em San Martín, perto da Plaza de Mayo. ℂ **11/4323-9669.** Visitas guiadas grátis sábado 16h00min e 17h00min; domingo cada hora das 11h00min-16h00min Metrô: Catedral, Bolívar, ou Plaza de Mayo.

Casa Rosada e Museu Presidencial ★★★Talvez um dos edifícios mais fotografados, em Buenos Aires, a Casa Rosada é a principal presença na Plaza de Mayo. O presidente argentino não vive aqui, ao contrário do que pensam muitos turistas, mas ele trabalha aqui (ele vive no bairro em uma mansão em Los Olivos, ao norte da cidade). Em um balcão da ala norte do edifício Eva Perón discursava para multidão de fãs de trabalhadores argentinos. Esperando por alguma estrela para encantar o seu mandato, o ex-presidente Carlos

Explorando Buenos Aires

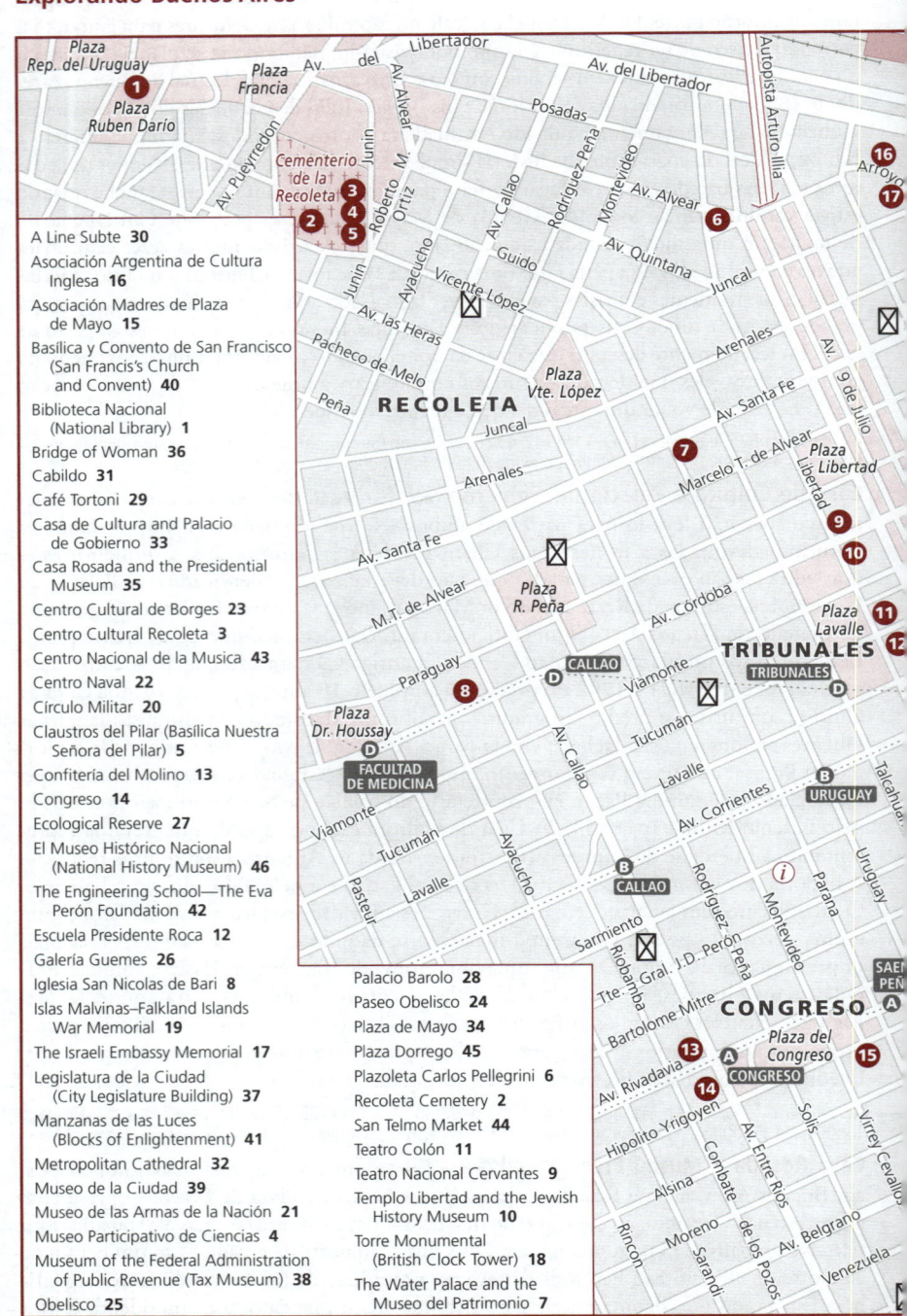

A Line Subte **30**
Asociación Argentina de Cultura Inglesa **16**
Asociación Madres de Plaza de Mayo **15**
Basílica y Convento de San Francisco (San Francis's Church and Convent) **40**
Biblioteca Nacional (National Library) **1**
Bridge of Woman **36**
Cabildo **31**
Café Tortoni **29**
Casa de Cultura and Palacio de Gobierno **33**
Casa Rosada and the Presidential Museum **35**
Centro Cultural de Borges **23**
Centro Cultural Recoleta **3**
Centro Nacional de la Musica **43**
Centro Naval **22**
Círculo Militar **20**
Claustros del Pilar (Basílica Nuestra Señora del Pilar) **5**
Confitería del Molino **13**
Congreso **14**
Ecological Reserve **27**
El Museo Histórico Nacional (National History Museum) **46**
The Engineering School—The Eva Perón Foundation **42**
Escuela Presidente Roca **12**
Galería Guemes **26**
Iglesia San Nicolas de Bari **8**
Islas Malvinas–Falkland Islands War Memorial **17**
The Israeli Embassy Memorial **17**
Legislatura de la Ciudad (City Legislature Building) **37**
Manzanas de las Luces (Blocks of Enlightenment) **41**
Metropolitan Cathedral **32**
Museo de la Ciudad **39**
Museo de las Armas de la Nación **21**
Museo Participativo de Ciencias **4**
Museum of the Federal Administration of Public Revenue (Tax Museum) **38**
Obelisco **25**
Palacio Barolo **28**
Paseo Obelisco **24**
Plaza de Mayo **34**
Plaza Dorrego **45**
Plazoleta Carlos Pellegrini **6**
Recoleta Cemetery **2**
San Telmo Market **44**
Teatro Colón **11**
Teatro Nacional Cervantes **9**
Templo Libertad and the Jewish History Museum **10**
Torre Monumental (British Clock Tower) **18**
The Water Palace and the Museo del Patrimonio **7**

142

Map of Buenos Aires Central Districts

Legend:
- (i) Informação
- ✉ Correio
- Ⓐ Metrô
- Ⓓ—Ⓔ Metrô transferência

Districts shown:
- MICROCENTRO
- CORRIENTES THEATER DISTRICT
- PUERTO MADERO
- MONSERRAT
- SAN TELMO

Key locations:
- Darsena Norte
- Plaza San Martín
- Reserva Ecológica
- Dique No. 4, Dique No. 3, Dique No. 2
- Parque Mujeres Argentinas
- Plaza de Mayo
- Plaza Dorrego

Metro stations:
- RETIRO (C)
- SAN MARTÍN (C)
- LAVALLE (C)
- L.N. ALEM (B)
- FLORIDA (B)
- CARLOS PELLEGRINI (B)
- DIAGONAL NORTE (D)
- 9 DE JULIO
- CATEDRAL (D)
- PLAZA DE MAYO (A)
- BOLÍVAR (E)
- PIEDRAS (A)
- PERÚ (A)
- AV. DE MAYO (C)
- LIMA (A)
- BELGRANO (E)
- MORENO (C)
- INDEPENDENCIA (C/E)

Streets (selected):
Av. del Libertador, Av. Ramos Mejía, San Martín, Av. E. Madero, Av. Antártida Argentina, Av. Maipú, Florida, T. de Alvear, Esmeralda, Paraguay, Av. Córdoba, Viamonte, Tucumán, Suipacha, C. Pellegrini, Lavalle, San Martín, Maipú, Av. Corrientes, Av. Leandro N. Alem, Av. Rosales, Av. de los Italianos, T. Guevara, Av. Macacha Guemes, Sarmiento, Tte. Gral. J.D. Perón, Reconquista, 25 de Mayo, Av. Alicia Moreau de Justo, Mitre y Vedia, Av. Roque Sáenz Peña (Diagonal Norte), Av. de la Rábida, Bartolome Mitre, Rivadavia, Balcarce, Hipólito Yrigoyen, Av. Julio A. Rocha (Diagonal Sur), Alsina, Moreno, Av. Paseo Colón, Ing. Huerga, Azopardo, Libertad, Cerrito, Av. de Mayo, Belgrano, Perú, Venezuela, Chacabuco, Piedras, Tacuarí, Bernardo de Irigoyen, Av. 9 de Julio, Salta, Lima, Santiago del Estero, San José, Av. Belgrano, México, Chile, Av. Independencia, Estados Unidos, Carlos Calvo, Humberto, Av. San Juan, Autopista 25 de Mayo, Primo, Pte. Luis Sáenz Peña, México

Numbered points of interest: 18, 19, 20, 21, 22, 23, 24, 25, 26, 27, 29, 30, 31, 32, 33, 34, 35, 36, 37, 38, 39, 40, 41, 42, 43, 44, 45, 46

Scale: 0 — 1/4 mi / 0 — 0.25 km

Svd. A. Villaflor

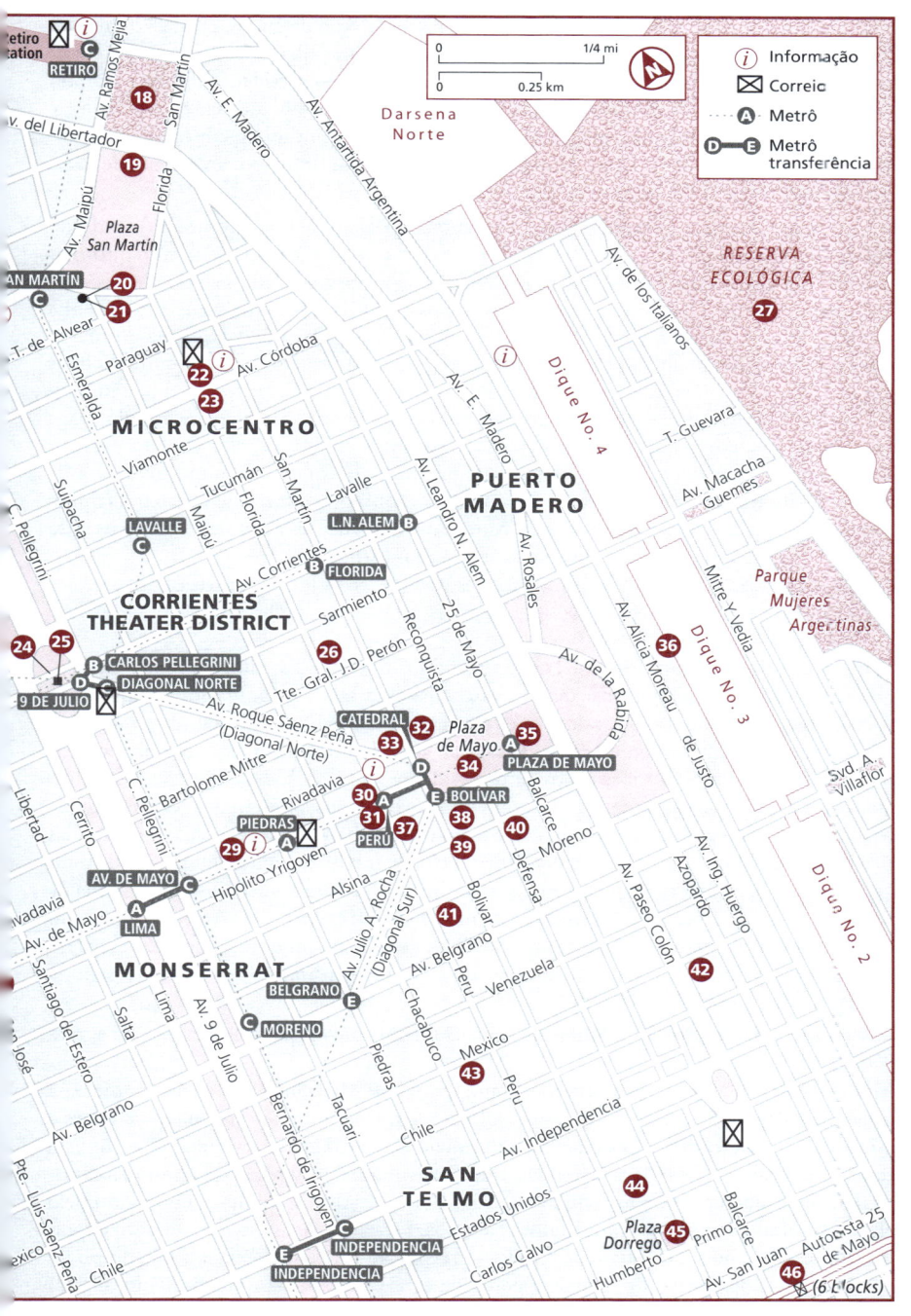

(6 blocks)

Menem permitiu que Madonna utilizasse para o filme feito em 1996, para o choque de muitos portenhos. A maior parte dos argentinos, no entanto, associa o anúncio da varanda com o ditador militar Leopoldo Galtieri da infeliz declaração de guerra em 1982 contra o Reino Unido sobre as ilhas Falkland, conhecidas aqui como Ilhas Malvinas. Duas teorias explicam o por quê, em um país supostamente machista, de o presidente trabalhar em um prédio rosa. Um é político, duas partes beligerantes, uma representada pela cor vermelha, e outra pela branca, se combinam e criam uma trégua com a pintura do edifício combinando cor e sombra. As demais teorias dizem que o prédio foi pintado com sangue de vaca, que então secou ao sol e ficou rosa.

Você pode assistir a troca da guarda em frente ao palácio de hora em hora. Ao lado do palácio, na entrada do subte (metrô), você encontrará o Museu Presidencial, com informações sobre a história do edifício e itens pertencentes a vários presidentes ao longo dos séculos. Partes do museu foram ampliadas aos subsolos de edifícios não mais existentes. Tenha certeza que ao andar do lado de fora olhe para as escavações na alfândega e área portuária, que existiam ao longo do Rio Plata ser empurrada para um projeto de aterro sanitário mais longe da costa leste. Você deve perguntar sobre os passeios pela Casa Rosada. Eles são periódicos e gratuitos, mas devem ser reservados com antecedência. Se você estiver indo, traga identificação espero que seus pertences pessoais passem pelos raios X para ajudar a garantir a segurança do presidente. O passeio te levará pelas salas decoradas, com muitos bustos de mármore dos últimos presidentes. Você não estará, contudo, autorizado a visitar a famosa sacada, não importa o quanto chore pela Argentina. Este edifício atualmente está passando por uma grande restauração, por isso procure mais informações.

Casa Rosada com vista para a Plaza de Mayo na Calle Balcarce, no cruzamento com Yrigoyen. Entrada do Museu na Yrigoyen 219. © 11/4344-3802. Entrada gratuita. Segunda a sexta das 10h00min-18h00min. Metrô: Plaza de Mayo.

Legislatura de la Ciudad (Poder Legislativo da Cidade) ⭐ Este impressionante e neoclássico edifício, mantem exposições em várias das suas salas. Pergunte sobre passeios livres, oferecidos pela guia Alejandra Javier em inglês ou espanhol, de segunda a sexta. Ela levará você a uma imponente torre sineira, que a lenda diz ser tão elevada que a cidade poderia manter um olho sobre o próximo presidente na Casa Rosada. As partes do edifício foram também construídas em torno de uma velha mansão, de frente para a Plaza de Mayo. A vista do canto da sacada desta parte do prédio chama a atenção de como famílias ricas, em um tempo, poderiam supervisionar a cidade inteira da janela da sua sala de estar antes da cidade crescer tão rapidamente. Em frente à Legislatura, você verá uma estátua de bronze de Julio A. Roca. Ele é considerado um dos maiores generais da Argentina, mas um de seus legados é o massacre de dezenas de milhares de índios em nome da pureza racial no interior da província de Buenos Aires. Devido a ele a Argentina, ao contrário da maioria dos países da América Latina, tem uma grande parte branca ao invés de mestiços.

Calle Peru e Hipólito Yrigoyen. © 11/4338-3167 ou 11/4338-3212. www.legislatura.gov.ar. Entrada gratuita segunda a sexta das 10h00min-17h00min. Metrô: Bolívar.

Manzanas de las Luces (Esquina da Iluminação) ⭐⭐ Manzana é um antigo nome para uma parte da cidade (assim como espanhol para maçã), e o nome "las Luces" se refere a esta área por ser o centro intelectual, ou "iluminado", da cidade, nos séculos 17 e 18. Esta terra foi concedida em 1616 aos jesuítas, que construíram San Ignacio - a igreja mais antiga da cidade ainda erguida na esquina das ruas Bolívar e Alsina. San Ignacio tem um belo altar esculpido em madeira com detalhes barrocos. Está atualmente sob restauração depois de anos de descuido. Foi quase destruída na revolução que levou Perón a sair do poder em 1955 com o objetivo de reduzir o poder da Igreja Católica. Também está localizado

aqui o Colégio Nacional de Buenos Aires (Escola Superior Nacional de Buenos Aires). Intelectualmente o mais conhecido da Argentina e que tem reunido muitos estudantes. O nome de "esquina da iluminação" homenageia os graduados da escola e seu trabalho em conseguir a independência da Argentina no século 19. Excursões em inglês são geralmente guiadas aos sábados e domingos às 15h00 e 16h30min e inclui vista ao "sistema de túneis subterrâneos" dos jesuítas, que liga as igrejas a locais estratégicos na cidade (entrada U$ 2 / £ 1,10). Permanecem existindo especulações quanto ao fato do túnel também ter servido para objetivos militares ou concentrado mercadorias pirateadas para a cidade quando ela foi um centro de contrabando no período colonial. A verdadeira dimensão dos túneis ainda é desconhecida e vários ditadores militares, incluindo Perón, recorreriam a eles no caso de ser necessário escapar para as proximidades da Casa Rosada, em caso de inesperados golpes. Ratearse, linguagem argentina cheia de ganchos, que significa literalmente tornar-se um traidor, viria dos túneis, pois os alunos do colégio se escondiam quando não queriam ir para a aula. Em acréscimo as visitas nos fins de semana, a Comisión Nacional de la Manzana de las Luces organiza uma variedade de atividades culturais, incluindo aulas de dança folclórica, espetáculos de teatro ao ar livre, exposições de arte e concertos de música.

Calle Perú 272, em Moreno. ⓒ **11/4342-6973** para passeios ou 11/4331-9534 para eventos culturais. Metrô: Bolívar.

Catedral Metropolitana ★★ A estrutura original da Catedral Metropolitana foi construída em 1745, depois foi dada uma nova fachada com teto esculpido que conta a história de Jacob e seu filho José e foi designada uma catedral em 1836. A aparência da catedral foi mudada de um visual tradicional da Espanha colonial para um estilo grego, nesse momento, com um frontão e colunata em frente, embora os lados, a parte de trás e cúpula externas ficam semelhantes ao original. Dentro, encontra-se um mausoléu ornamentado contendo os restos do General José de San Martín, o libertador da América do Sul considerado o "Pai da Nação" (San Martín lutou com sucesso para a liberdade da Argentina, Peru e Chile, ao lado do conhecido Simón Bolívar.) Seu corpo foi trazido para cá em 1880 para se tornar um símbolo vivo da unificação da Argentina e representa a grandeza quando Buenos Aires se tornou a capital da Argentina, no final de uma longa guerra civil. O túmulo do desconhecido soldado da independência argentina também está aqui e uma eterna chama arde em sua lembrança. Entre as capelas, no lado leste da catedral, está estátua de Jesus e os dizeres: "Santo Cristo del Gran Amor", ou o Santo Cristo do Grande Amor. Foi doado em 1978 por um jogador de futebol argentino cuja família tinha desaparecido. Ele jurou que iria doar uma estátua para a igreja se eles nunca fossem encontrados, e eles foram. A Argentina é um país fortemente católico, mas não é muito ritualístico. No entanto, a missa mais importante acontece a meia-noite nessa igreja. A chamada "Noche Buena" é realizada em 24 de dezembro, geralmente tem início às 22h00, mas ligue na catedral para ter certeza do horário.

San Martín, na Rivadavia, com vista para a Plaza de Mayo. ⓒ 11/4331-2845. Metrô: Bolívar, Catedral, ou Plaza de Mayo.

Plaza de Mayo ★★ 𝒞rianças Juan de Garay fundou o núcleo histórico de Buenos Aires, a Plaza de Maio, sob a segunda fundação da cidade, em 1580. Os proeminentes edifícios da praça foram criados em uma linha do tempo arquitetônica: o Cabildo, ou Antiga Prefeitura e a Catedral Metropolitana são vestígios do período colonial (século 18 e início do século 19), enquanto a Pirámide de Mayo (Pirâmide de Maio) e as construções nacionais e do governo local refletem os estilos do final do século 19 e início do século 20. No centro da praça, você encontrará palmeiras, fontes e bancos. E, embora muitas dessas instalações precisem de uma renovação, a praça ainda está cheia de gente local na hora do almoço,

> **Fatos Interessantes** — Homens de Uniforme, a Troca da Guarda
>
> Observar a troca da guarda em todos os locais históricos em Buenos Aires faz parte da diversão dos visitantes. Muitos turistas têm em particular o prazer de fotografar esses homens do início do século 19 e vestidos com roupas militares desfilando pela Plaza de Mayo no caminho para a sua próxima estação. Mas você sabia que há mais de um tipo de guarda? Granaderos guardamos monumentos nacionais, como o San Martín Mausoléu e da Casa Rosada. Patrícios guardam as construções próprias da cidade de Buenos Aires, tais como o Palácio Municipal e o Cabildo. Ambos vestidos em trajes históricos datados do início da época napoleônica de 1800. Os Patrícios representam o mais antigo braço das forças armadas e foram originalmente formados antes da independência do país, em resposta aos ataques britânicos em Buenos Aires. Granaderos foram formados depois da independência. Se eles não estiverem na frente de uma construção, você também pode ver a diferença entre os guardas pela calça que eles estão usando: branco para Patrícios e azul para Granaderos. O monumento das Ilhas Malvinas (Falkland Islands) na Plaza San Martín é vigiado pelos três braços das forças armadas, a marinha, aeronáutica e exército. Usando uma combinação de uniformes históricos e contemporâneos, as forças revezam e cada uma detém a honra por 2 semanas.

conversando e comendo marmita. Nos arredores o governo e escritórios são estruturas construídas em meados do século 20 e menos interessantes. No entanto, elas representam o forte estilo fascista popular na América do Sul, com suas superfícies lisas e enormes portas metálicas de estilo romano.

Plaza de Mayo fica no coração político de Buenos Aires, servindo como um fórum de protesto com muitos acampamentos por aqui durante a noite. As mães dos desaparecidos, vítimas da ditadura militar da campanha contra a esquerda, conhecida como a Guerra Suja, tem demonstrado aqui desde 1976 sua indignação. É uma manifestação que deve ser assistida para se entender a recente história da Argentina, suas marchas, seus discursos e buscar informações toda quinta-feira, às 15h30 (consulte a pág.149 para mais informações).

As manifestações em massa são muito comuns aqui e a maioria dos protestos começa em frente à **Casa Rosada** (agora separados das multidões pelas barricadas permanentes) e seguem em direção a **Avenida de Mayo** para o **Congresso**. Na maior parte das vezes, estas manifestações são pacíficas, geralmente lideradas por pessoas que sofreram as consequências econômicas da crise do peso, conhecidas como piqueteiros. No entanto, às vezes, acontecem protestos violentos, quando as manifestações estão ocorrendo, deve-se ter cuidado, saia imediatamente se as coisas ficarem fora de controle. Uma grande renovação dessa praça está prevista para 2008. Dependendo do momento de sua visita, você pode acabar visitando quando este for essencialmente um lugar de uma construção. Relatórios locais indicam que alguns dos planos propostos incluem a retirada de todos os lugares de concentração, a fim de desencorajar as pessoas de congregarem ali. Vamos esperar que esse não seja um caso de que tudo que é dito é feito!

A Plaza de Mayo começa no final leste da Av. de Mayo e está ao redor das ruas Yrigoyen, San Martín, Rivadavia e Balcarce. Metrô: Bolívar, Catedral ou Plaza de Mayo.

MONSERRAT, SAN TELMO e LA BOCA
Centro Nacional de la Música ✯ Este suntuoso prédio contrasta com a sua localização numa tranquila e quase precária esquina de San Telmo. Sua principal exposição ostenta um confuso corredor de vidro colorido dentro de um limite em ferro fundido e cúpula sustentados por quatro enormes e graciosas deusas femininas e outras figuras como anjos. A constru-

ção sedia várias palestras, exposições de arte e música, mas a construção em si é a verdadeira atração. Este foi o lugar da Biblioteca Nacional antes que ela fosse transferida para Palermo.
México 564, no Perú. ✆ **11/4300-7374**. www.cultura.gov.ar. Entrada varia dependendo de exposição; até US$ 1 (50 p). Metrô: Independencia.

Plaza Dorrego ✦✦ Originalmente o lugar do mosteiro Bethlehemite, é a segunda praça mais antiga da cidade, onde também argentinos se reúnem para reconfirmar a sua declaração de independência da Espanha. Aos domingos, das 10h00 até às 17h00, acontece o melhor **mercado de antiguidade** ✦✦✦ da cidade. Você pode comprar couro, prata, artesanato e outros produtos enquanto todos os dançarinos fazem um espetáculo na praça. A dançarina com apelido de El Indio é a estrela desta praça.
Plaza Dorrego, no cruzamento da Defensa e Humberto I. Metrô: Independencia.

San Telmo Marcado ✦✦ *Momentos* Embora este seja definitivamente um lugar para fazer compras, a construção é também merecedora de uma visita por si só. O mercado de San Telmo, aberto em 1897, é uma obra-prima não apenas por sua base em ferro forjado no interior, mas pelo ambiente que você encontra aqui. Metade do mercado é constituída por lojas de produtos locais, açougues, mercearia de frutas e legumes frescos e algumas lojas de artigos domésticos. Parece o tipo de lugar onde provavelmente sua avó passeava quando era criança. Eu recomendo que converse com o pessoal nestes locais, que parecem ter todo o tempo do mundo. A outra metade é mais de turistas, mas nunca em excesso, com várias antiguidades e lojas de roupas de qualidade. Existem várias entradas para este grande mercado e é praticamente uma quadra na distância e espremido entre várias outras construções históricas.
961 Defensa ou Bolívar 998, ambos na Carlos Calvo. Diariamente das 10h00min-20h00min, mas cada um terá o seu horário. Metrô: Independencia.

A Escola de Engenharia – Fundação de Eva Perón Esta imponente construção ocupa um quarteirão inteiro. Foi o quartel-general da Fundação de Eva Perón, uma fundação de Evita estabelecida para distribuir fundos para crianças e famílias carentes, bem como, alguns diziam, desviar fundos para uso pessoal. Hoje existe um pequeno marcador do antigo uso da construção, milagrosamente salvo pelo subsequente regime militar, que percebeu que era um local de muita importância e caro para demolir como foi o caso de outros lugares associados a Evita. Apenas uma pequena placa, fixada na coluna de um salão em 2002, explica a relação, ainda que alguém tenha vandalizado o sinal, roubando a imagem de Evita. Esta é uma grande construção clássica dos anos 1940, em estilo reservado, com colunas dóricas simples de frente para o Paseo Colón. Está decorado decorada com mármore esplêndido multicoloridos em todos os pisos e paredes em toda a estrutura. Como uma escola de engenharia, é repleta de estudantes, mas ainda mantém um calmo ambiente de ocupação acadêmica silenciosa. O gabinete do reitor foi da própria Evita. Como uma construção pública, qualquer um pode entrar, mas a escola não oferece nenhuma informação ou excursões baseada na sua utilização e desencoraja itinerantes casuais.
Paseo Colón, no México. Metrô: Independencia.

Caminito *Carissimo* Esta é a principal atração em La Boca, pequena Itália original de Buenos Aires. Uma passarela a poucos quarteirões com um colorido, coleções baratas de casas pintadas conhecidas como *conventillos* (casas construídas com falta de estabilidade onde os imigrantes viviam), está marcada com a arte exibida, explicando a história da região. Incontável número de camisetas deselegantes e lembrancinhas de vendedores e artistas criadas aqui são fornecidas em barraquinhas estritamente turísticas. Para ser honesto, eu acho essa área repulsiva e ofensiva para os visitantes. A história de La Boca é muito importante para Buenos Aires e no desenvolvimento do tango. No entanto, o que permanece aqui hoje pouco tem a ver com isso. Até o nome da rua turística "Caminito" não tem nada a ver com Buenos Aires. Vem de uma canção sobre uma flor de uma aldeia rural afastada. Para completar tudo isso, durante o verão, o cheiro forte da poluição do porto prejudica os passeios.

Não estou dizendo que você não deveria ir até lá. La Boca tem seu valor real, mas o Caminito não faz justiça. Mais interessantes são as áreas a poucos quarteirões dali onde artistas têm criado estúdios como o **Museo Casa - Taller de Celia Chevalier** (veja capítulo 9) ou uma visita ao **Estádio e Museu Boca Juniors** (veja a seguir), que dá a você uma ideia da alma argentina. É melhor falar com a população local e ficar longe dos roteiros turísticos muito batidos, e especialmente daqueles ao longo do Caminito que tentam perturbar você para comprar itens com preços elevados ou dar panfletos com instruções para péssimos restaurantes italianos. Venha para Caminito se você realmente fizer questão. No entanto, se estiver em uma curta estada em Buenos Aires, pule La Boca. Pela verdadeira autenticidade e um sabor da antiga Buenos Aires, prefira conhecer San Telmo. Em antecipação ao bicentenário da Argentina em 2010, a cidade planejou redesenhar a parte sul de Buenos Aires, que é onde La Boca está situada. De acordo com o escritório de turismo público, o plano para essa área irá trazer de volta mais autenticidade. Alguns dos desenhos que tenho visto apontam o desenvolvimento de um trem turístico originário de Puerto Madero, projetos paisagísticos para tornar a área mais atraente e reorganização do tráfego que passa dentro da região. Alguns resultados já podem ser vistos.

Caminito, na Av. Pedro de Mendoza, La Boca. Sem acesso ao metrô.

Estádio e Museo do Boca Juniors ☆ Este estádio tem vista para um desolado lote de lixo espalhado na esquina das ruas Del Valle Iberlucea e Brandsen. Mas em dia de jogo, quando todos levam a desordem para a área, é outra história. Esta é a casa do clube de futebol Boca Juniors, a equipe da lenda argentina Diego Maradona, que, tal como o seu país, passou pela glória ao brilhante colapso muito rápido. Para informações sobre jogos de fútbol, consulte a seção de esportes Buenos Aires Herald. Rico empresário Mauricio Macri, presidente do Boca Juniors Fútbol Club, abriu o **Museo de la Pasión Boquense** no estádio, parte da sua malsucedida manobra para impressionar portenhos que deveriam elegê-lo para prefeito da cidade. Este brilhante museu está cheio de prêmios, vídeos mostrando fatos importantes que aconteceram no campo e mais coisas relacionadas a este time lendário.

Brandsen 805, na Del Valle Iberlucea. © **11/4362-1100**. www.museosdeportivos.com. Entrada grátis. Terça a domingo das 10h00min-21h00min; feriados das 10h00min-19h00min. Sem acesso ao metrô.

ÁREA DE CONGRESO

Congreso ☆☆ Inaugurado em 1906, após quase nove anos de trabalho e construído num estilo greco-romano com fortes influências de Belas Artes parisienses, é a mais imponente construção em toda Buenos Aires. Um dos principais arquitetos foi Victor Meano, que esteve também envolvido na concepção do Teatro Colón (pág.223), mas ele foi assassinado antes da conclusão de qualquer construção. Congreso está construído no granito cinza argentino, com paredes acima de 1.75m de largura na sua base. À noite, a sua cúpula de cobre é acesa através das suas minúsculas janelas, criando uma emocionante visão da Avenida de Mayo da Plaza de Mayo. O Congreso também é o melhor exemplo da autoconsciência argentina levando elementos da arquitetura e reinterpretando os mais famosos do mundo. Por exemplo, lembra o Capitólio dos E.U.A, com uma cúpula central espalhada ao longo das duas alas. Além disso, o bronze enfeitando o teto chama a atenção para a casa de ópera de Garnier e do frontão central está no topo pelo Quadriga ou Triunfo carregados por quatro cavalos, toda a aparência de que lembra diretamente a Portão de Brandenburgo, em Berlim. Esta escultura foi concebida em Veneza pelo artista Victor de Pol, foi feita ao longo de quatro anos, pesa 20 toneladas e foi lançada na Alemanha.

Excursões levam visitantes pelos fantásticos quartos, que estão enfeitados com bronze, estátuas, ladrilho alemão, madeira espanhola, mármore francês e revestimento com colunas coríntias. O quarto do Congresso em forma de ferradura é maior, com o quarto do senado uma cópia quase idêntica, mas o quinto no tamanho. O poder da igreja católica também está em evidência em ambos os quartos, o arcebispo tem a sua própria sede, ao lado do presidente de cada seção do Congresso e, embora ele não tenha poder de voto, é permitido presidir em todas as sessões. O atendimento para antigos representantes e senadores, têm uma forma de proteção – eletrônica. O atendimento é feito com base na pressão exercida contra a cadeira. O passeio também leva você para a própria rosa Salón Rosado, agora chamado de Salão Eva Perón. Ela abriu este espaço após as mulheres receberem o direito de votar, de modo que as mulheres políticas poderiam sentar ao redor deles para discutir questões feministas. Após a sua morte, o corpo de Evita foi temporariamente colocado no centro da rotunda do Congresso para que os cidadãos pudessem vê-lo durante 2 semanas no período de luto em 1952.

A construção está de frente à Plaza Congresso, com seu enorme chafariz chamado Doa Congresos. Esta confecção com muitos níveis de estátuas, cavalos, leões, condores, querubins e outros enfeites tem escadas levando a um bom local para fotografar o Congresso. Infelizmente, o parque tornou-se bastante decadente ao longo dos anos. A fonte atualmente passa por uma restauração. Perto do chafariz, na esquina a sudeste do cruzamento do Callao com Rivadavia, está o **Monumento Nacional AIDS** da Argentina. É um minúsculo tronco de concreto com uma placa acrílica e uma fita vermelha.

Para mais informações sobre o Congresso, visite a Biblioteca do Congresso do outro lado da rua e peça o livro El Congreso de la Nación Argentina de Manrique Zago, que fornece ricos detalhes da construção e a sua história em inglês e espanhol. Embora visitas guiadas em inglês e espanhol estejam disponíveis, estão muitas vezes sujeitas a cancelamento, dependendo dos eventos que ocorrem no prédio. E tem mais, guias que falam inglês nem sempre estão disponíveis, apesar do calendário. A entrada é geralmente pela Rivadavia do lado do edifício, mas pode ser transferida para o portão da Yrigoyen, chegue cedo e informe aos guardas que você está lá para uma visita. Os guias turísticos não serão chamados a menos que ele saiba que as pessoas estão esperando. Essa é uma incrível construção e vale a pena o transtorno. A beleza do prédio fala por si, mesmo se não souber uma palavra em espanhol, vale a visita guiada.

Entre Ríos e Callao, na Rivadavia. ✆ **11/4370-7100** ou 11/6310-7100, ext. 3725. Visitas gratuitas com guias em inglês na seg, qua, qui, 11h00min e sexta-feira às 16h00min. Excursão em espanhol na seg, qua, qui, 11h00min e sexta-feira às 16h00min e 17h00min. Metrô: Congreso.

Asociación Madres de Plaza de Mayo ✶✶✶ *Momentos* A sua visita na Plaza de Mayo na quinta-feira à tarde, é muito recomendada para ver as mães falarem em frente a Casa Rosada sobre seus filhos desaparecidos (pág.145). Aqui, na sua sede, na Plaza Congreso, você pode aprender ainda mais sobre eles. Esse complexo inclui o gabinete do Madres, a Universidad Popular Madres de Plaza de Mayo, a Librería de las Madres, o Café Literario Osvaldo Bayer e a Biblioteca Popular Julio Huasi, entre outras instalações. Neste movimentado centro de atividade, você irá encontrar as mães, principalmente agora mulheres muito velhas, cercada por jovens que vêm para trabalhar e ter aulas na universidade de tendência decididamente esquerdista. Muitas palestras, videoconferências, exposições e artes são realizadas em todo o espaço. A livraria tem talvez o maior acervo do mundo sobre Che Guevara, um herói pessoal das mães. A grande biblioteca de referência em livros de causas liberais estão decorados com imagens dos eventos de todo o mundo no qual as pessoas têm pedido justiça aos respectivos governos. Na sexta-feira, sábado e domingo das 11h00 às 18h00, é realizado um mercado na Plaza Congreso, em frente ao edifício, que tem o objetivo de levantar fundos para as mães. Isso também é bom para as crianças, porque elas estão próximas do parque com o carrossel e outros brinquedos. A feira tem antiguidades, artesanato, comida e alguns interessantes vendedores de livros. Há também música ao vivo em algumas ocasiões.

Hipólito Yrigoyen 1584, no Ceballos. ℂ **11/4383-0377** ou 11/4383-6340. www.madres.org. Vários horários, mas geralmente é aberto de segunda a sexta das 10h00min-22h00min; sábado 10h00min-21h00min. Metrô: Congreso.

Palacio Barolo ⭐ *Achados* O está entre as mais impressionantes construções em Buenos Aires e a construção mais alta da América do Sul. Extraordinariamente decorado com uma torre central chama muita atenção entre todas as construções na Avenida de Mayo. Eclético em seu estilo, pode ser chamado de muitas coisas, entre elas, Art Nouveau, neo--gótico, neo-Romântico e uma retomada Asiática Indiana. Excursões são oferecidas ao público em geral. Miqueas Tharigen, o filho do gerente do edifício, administra as excursões em tempo parcial, em inglês e espanhol, usando o escritório do pai, preservado desde os anos 20, para seu trabalho. O design do edifício foi inspirado no Inferno de Dante. Inaugurado em 1923, é um trabalho do excêntrico arquiteto italiano Mario Palanti, que utilizou largamente materiais importados de seu país de origem. A entrada supostamente representa o inferno e os medalhões padronizados no chão simulam fogo. A galeria interior deste andar está decorada com grotescos dragões e se olharmos de perto, notará que na parte oriental são do sexo feminino, esses a oeste são do sexo masculino. Do primeiro andar ao 14º, o purgatório está representado, e do 15º ao 22º, o céu tem sua vez. O interior é muito menos interessante do que o exterior e o salão. No entanto, excursões levam ao farol do terraço, que representava Deus e a salvação. A vista é para a Avenida de Mayo, em especial para o Congresso e são inigualáveis. O prédio também foi projetado para que às 19h45min, em 9 de julho, Dia da Independência argentina, o Cruzeiro do Sul fique alinhado diretamente por cima da torre. Palanti esperava que a Itália permitisse que as cinzas de Dante fossem trazidas para cá. Ela até tinha planejado uma estátua de Dante com um recipiente para as cinzas. Apesar das cinzas de Dante nunca terem sido trazidas para cá, a estátua permaneceu no salão até 1955, quando foi roubada durante a revolução que depôs Perón. Palanti projetou uma versão semelhante deste edifício, em Montevidéu, assim como o Hotel Castelar poucos quarteirões para baixo da Avenida de Mayo. Visitas são agendadas, mas se você entrar em contato com Miqueas, ele fará outros planos, assim como passeios noturnos. Esteja ciente de que elevadores e passagens são minúsculos no edifício e os grupos com mais de 10 pessoas terão que conviver com alguns atrasos. Palacio Barolo é também o lar de uma das maneiras mais impressionantes lojas situada em Buenos Aires, **Tango Moda** (ℂ **11/4381-4049**), no 16 º andar (pág.220). A loja tem um enorme terraço com vista para o Congresso onde clientes às vezes dançam tango à medida que o sol se põe atrás deles. É uma das maravilhas de Buenos Aires.

Av. de Mayo 1370, na San José, 9 º andar escritório administrativo, secretárias 249-252. ℂ **11/4383-1065**, 11/4383-1063, ou 15/5027-9285. www.pbarolo.com.ar. Entrada US$ 3,35 (£ 1,90). Excursões segunda e quinta-feira nos horários das 14h00min-19h00min, ou conforme o combinado. Metrô: Sáenz Peña.

As Mães: Unidas pela Dor

A Madres da Plaza de Mayo foi formada em 1976, com o conceito de que até mesmo o homem pode se identificar com a dor materna ao tentar encontrar seu filho ausente. O governo militar, que chegou ao poder nesse ano, após a queda da terceira mulher de Perón, da administração começou de reorganização da sociedade estabelecida, em grande parte, esquecendo as listas de suspeitos dissidentes socialistas e fazendo essencialmente desaparecer. As estimativas variam entre 13.000 a 30.000 desaparecidos, em sua maioria jovens, que foram raptados, torturados e assassinados durante este período. Muitos dos corpos foram jogados nus no Atlântico, em vez de enterrados, para que eles nunca pudessem ser encontrados ou identificados. Os filhos dos mortos foram dados como brindes para as famílias de militares que não tinham os seus próprios. Este período de assassinar pessoas pelas suas convicções políticas foi chamado de Guerra Sucia (Guerra Suja). Ela não terminou até o governo militar da Argentina perder a Guerra da Ilhas Malvinas / Falkland Islands, em junho de 1982.

É fácil pensar na morte como estatística e nas mães como simplesmente uma curiosidade para os turistas, mas esse terrível capítulo da história argentina está longe de estar encerrado. Infelizmente, tanto os jovens argentinos que não têm recordação deste período, como os antigos argentinos envolvidos nos assassinatos tem o desejo de que as mães simplesmente desistam. Apesar de muitas das mães terem morrido, o trabalho continua.

O trabalho delas era extremamente perigoso e as próprias mães foram ameaçadas. Os primeiros encontros das Madres de Plaza de Mayo foram realizados nos sábados de Abril de 1977. No entanto, uma vez que não havia muitas pessoas ao redor da praça nos finais de semana, eles mudaram o dia da reunião para quinta-feira. Foi então que outros cidadãos começaram a ter consciência do que estava acontecendo. Percebendo que o poder das mães começou a ter influência, o governo prendeu algumas delas.

Finalmente, elas foram informadas pelo governo que poderiam fazer a passeata desde que não falassem com ninguém. Esta tradição continua até hoje com o silêncio em torno das principais passeatas em volta da Pirâmide de Mayo, chamada de "La Marcha da Resistencia". Pañuelos (lenços) são pintados em um círculo em torno da Pirâmide. Mães escrevem o nome dos seus filhos sobre os lenços e colocam em suas cabeças, na esperança que alguém saiba do paradeiro deles.

Após o regime militar cair em 1982, com a perda das Ilhas Malvinas / Falkland Islands para o Reino Unido, pouco foi feito para levar os assassinos à justiça. De fato, com o Presidente Ménem na década de 90, a imunidade foi concedida a muitos e havia poucos inquéritos. Ainda assim, as madres nunca pararam de fazer as passeatas. Com Néstor Kirchner ganhando a Presidência, em 2003, as madres encontraram uma nova esperança e as investigações foram reabertas. Ele também retirou a imunidade dos políticos que tinham torturado e assassinado opositores.

Existem diferentes escolas de pensamentos em relação às mães. Alguns dizem que elas lutam por indenizações econômicas, monumentos e museus, outros dizem que elas devem continuar com as investigações para garantir que os assassinos sejam finalmente levados a julgamento. Não importa qual a meta final de cada mãe, a luta continua para todas elas.

RECOLETA
Cemitério Recoleta ★★★ *Momentos* *Crianças* Aberto diariamente das 08h às 18h, este é o último local de descanso de muitos ricos e importantes figuras históricas da Argentina. Permitindo expor ao ar livre, visitas guiadas e gratuitas na língua inglesa são realizadas toda terça-feira e quinta-feira às 11h. Peça informações no pequeno escritório entre o portão do cemitério e a igreja com o sinal JUNIN 1790. A porta algumas vezes está fechada e trancada durante as horas de serviço, mas você ainda pode olhar pelas janelas e fazer perguntas aos funcionários. Se não puder ou quiser fazer um tour para explorar por conta própria, mapas do cemitério

> **Crianças** Os Moradores que Vivem na Recoleta
> Não são apenas os mortos que residem no Cemitério da Recoleta. Cerca de 80 gatos também andam pelos túmulos. Os gatos são gorduchos, pois um dedicado grupo de mulheres da área vai alimentar e dar atenção médica das 10h00 às 16h00. Normalmente, os gatos se escondem no caminho dos visitantes, mas, nestes horários, eles se reúnem antecipando a entrada das mulheres. É uma boa hora para trazer as crianças que de outra forma poderiam ficar entediadas com o cemitério. As mulheres são voluntárias e pagam os seus próprios serviços. Doações de comida para gatos são bem-vindas.

também estão à venda no portão por 4 pesos cada, com o lucro que vai para a associação Amigos do Cemitério da Recoleta, um grupo privado que ajuda com os custos de manutenção.

Uma vez o jardim da igreja vizinha, o cemitério foi criado em 1822 e está entre os mais antigos da cidade. Você pode passar horas aqui, passeando por uma área que cobre quase quatro quarteirões da cidade, cheia de túmulos decorados com obras de escultores nacionais e internacionais. Mais de 6.400 mausoléus compõem uma mostra de estilos arquitetônicos, incluindo templos gregos e pirâmides. O lugar mais popular é o túmulo de Eva Perón "Evita", que é sempre preenchido com flores e cartas de carinhosos fãs. Para evitar que o corpo fosse roubado, como foi muitas vezes, pelos vários governos militares instalados após a queda de graça em 1955 do marido, ela foi finalmente enterrada em um jazigo de concreto de 8m subterrâneo, em 1976. Muitos outros argentinos ricos ou famosos estão enterrados aqui, inclusive uma série de presidentes argentinos cujo nome nos túmulos é o mesmo de algumas ruas da cidade.

A maioria dos turistas vem aqui para visitar somente o túmulo Evita, mas entre os muitos, dois selecionados são dignos e não devem ser ignorados. Um é o túmulo da família Paz, que era proprietária do jornal La Prensa e da pomposa construção na Plaza San Martín agora conhecida como o Círculo Militar (pág.153). É uma enorme estrutura de pedra preta coberta com inúmeros anjos em mármore branco do final do século 20. Os anjos parecem quase voar para os céus, levantando o espírito das pessoas com as suas enormes asas. As esculturas foram todas feitas em Paris e enviadas para a Argentina. Símbolos maçons, como âncoras e formas semelhantes às pirâmides decoram esse e muitos outros túmulos da Recoleta.

Outro túmulo que eu recomendo uma visita é o de Rufina Cambaceres, uma jovem mulher que foi enterrada viva, no início dos anos de 1900. Ela talvez tivesse sofrido um coma e poucos dias depois de seu enterro, os trabalhadores ouviram gritos, vindos do túmulo. Uma vez aberto, havia arranhões no rosto dela e sobre o caixão ao tentar escapar. A mãe dela, em seguida, construiu esta obra prima da Art Nouveau, que se tornou um símbolo do cemitério. Seu caixão é uma laje de mármore Carrara, telhado com rosas no topo e ele está atrás de uma parede de vidro, como se a mãe quisesse esconder o erro cometido no enterro e ter a certeza de poder ver o caixão caso ela voltasse. Enfeitado por uma jovem garota esculpida em mármore, que vira a cabeça para aqueles que estão a observando, ela olha como se estivesse prestes a chorar e sua mão direita está na porta de seu próprio túmulo.

Calle Junín 1790, na Plaza Francesa. Escritório administrativo ao lado na Calle Junín 1760. ℂ **11/4804-7040** ou 11/7803-1594. Entrada grátis. Grátis excursões em inglês terças e quintas às 11h00min. Sem acesso ao metrô.

TRIBUNALES

Teatro Colón ✪✪✪ *Momentos* A idade de ouro de prosperidade de Buenos Aires deu à luz a esta luxuosa casa de ópera e foi uma maneira de anunciar para o mundo que a Argentina estava no mesmo plano cultural que Paris, Londres ou Nova York. A construção é o coroamento visual que alegra a Avenida 9 de Julho, embora a verdadeira entrada esteja em enfrente a Plaza Libertad no lado oposto da construção (o Teatro antecede o projeto da Av. 9 de Julho, explicando esta rara entrada). Ao longo dos anos, o teatro tem sido respeitado pela preferência de Luciano Pavarotti, Julio Bocca, Maria Callas, Plácido Domingo, Arturo Toscanini, e Igor Stravinsky.

O trabalho de construção começou em 1880 e levou quase 28 anos para ser concluído, em grande medida porque os dois primeiros arquitetos morreram durante o processo de construção. Um dos arquitetos, Víctor Meano (que também trabalhou no Congresso), foi assassinado em uma tragédia dramática. A majestosa construção finalmente foi inaugurada em 1908 e combina uma variedade de estilos europeus, do Iônico e capitais coríntias e vitrais coloridos na entrada principal até escadaria de mármore português e móveis, lustres e vasos franceses na Sala Dourada. No principal teatro, 3.000 lugares nos bancos de orquestra, cabinas, boxes e quatro elevações - um enorme candelabro trava as cúpulas do teto pintado por Raúl Soldi em 1966 durante uma restauração anterior.

A acústica do teatro é conhecida mundialmente. Além de recepcionar os artistas visitantes, o Colón tem a sua própria orquestra filarmônica, coro e companhia de balé. A temporada passada de ópera e de orquestra sinfônica foi de fevereiro a dezembro. Visitas guiadas permitem visitar os principais teatros, bastidores e ver os trajes usados pelos artistas. Oficinas de cenografia, realizam-se entre às 11h e 15h nos dias de semana e das 09h ao meio-dia aos sábados. Ligue ✆ **11/4378-7130** para obter informações sobre excursões.

O teatro está passando por uma grande reforma com término previsto para meados de 2008. Durante este período, o palco está fechado e o espetáculo da companhia de produção é realizado como alternativa, embora significativamente menos bonito. Como com as turnês, ligue antecipadamente.

Calle Libertad 621 ou Calle Toscanini 1180, com vista para a Av. 9 de Julho e Plaza Libertad. ✆ **11/4378-7100**. www.teatrocolon.org.ar. Entrada US$ 2.50 (£ 1.30). Assento por evento US$ 45 (£1.05-£23). Metrô: Tribunales.

Escuela Presidente Roca ✪ Trabalhadores dessa construção dizem que as pessoas muitas vezes se enganam com o Teatro Colón, que se localiza nas proximidades. Inaugurado em 1904 e projetado como um templo grego é fácil perceber qual a razão e é uma das mais impressionantes construções na Plaza Libertad. Embora não seja tecnicamente aberto ao público, será permitida a entrada de visitantes curiosos e educados no pátio. As áreas superiores, incluem um teatro e um centro de atividade para as crianças da escola, o teto tem um bonito afresco com decoração grega.

Libertad e Tucumán, com vista para a Plaza Libertad próximo ao Teatro Colón. Metrô: Tribunales.

ÁREA DA PLAZA SAN MARTÍN

Círculo Militar ✪✪✪ Você ficará surpreso ao ver esta grande construção de mármore com vista para a Plaza San Martín. O Círculo Militar é uma das mais belas construções em toda Buenos Aires e parece ter sido arrancado do Valley Loire da França. Foi construído como a mansão da família Paz, os proprietários do jornal La Prensa, cujo escritório original estava na Avenida de Mayo e agora é a Casa da Cultura (pág.141). A família Paz foi uma das mais ricas e mais poderosas famílias em todo o país e alguns ainda vão chamar este edifício pelos seus dois velhos nomes: Palácio Paz e Palácio Retiro. Mas agora é oficialmente chamado de

154   CAPÍTULO 7 · EXPLORANDO BUENOS AIRES

Círculo Militar, nomeado pela sociedade de oficiais militares aposentados, que comprou o edifício em 1938. Foi construído em etapas de 1902 a 1914, sob a direção do arquiteto francês Louis HM Sortais. O comissário do projeto e pertencente à família patriarca, José Clemente Paz, morreu em 1912 e nunca viu a sua conclusão. (Se você vai para o Cemitério da Recoleta (pág.151), não perca o seu túmulo, está entre os mais impressionantes). O mármore e outros materiais em todo o edifício foram importados de toda a Europa. A maioria dos quartos são uma reminiscência de Versailles, especialmente os quartos e o salão da música dourado e branco com um enfeite no piso e janelas com vista para a plaza. Outras salas estão no estilo Tudor e quartos presidenciais, onde os homens teriam escapado para conversa política são os mais raros. Muito austero e escuro, é iluminado por lustres estranhos decorados com personagens hermafroditas nus com barbas e seios, cujos rostos torcem como eles são lancetados através de suas partes íntimas. Não se sabe o por que foi decorado com o tema de um quarto planejado para políticos. Os seis elevadores são originais do edifício e para a altura total são de oito andares, embora com os seus tetos altos, há apenas quatro andares por prédio. O mais impressionante é o quarto em volta do Salão de Honra, que reúne sob um interior rotundo e tem uma varanda no segundo andar com vista para um palco. Foi uma mini-ópera privada, coberto com coloridos mármores e bronze dourado, agora usado para conferências. Eles afirmam ter visitas guiadas em inglês, mas geralmente os guias só falam espanhol.

Av. Santa Fe 750, na Maipú, com vista para a Plaza San Martín. ℭ 11/4311-1071. www.circulomilitar.org. Entrada US$ 1,35 (80p). Excursões seg-sex 11h00min, 15h00min e 16h00min e, às vezes, em inglês na quarta e quinta às 15h00min. Metrô: San Martín.

Islas Malvinas-Falkland Islands War Memorial ★★ Para muitos países de língua inglesa (que provavelmente a maioria dos leitores deste livro fazem parte), a noção de um país como a Argentina, desafiando uma grande potência mundial como a Grã-Bretanha na guerra, é quase ridículo e quando na verdade aconteceu, foi tratado como inesperado pelos meios de comunicação de lingua inglesa. Esta curta guerra durou de abril a junho de 1982 e continua sendo um assunto extremamente grave entre os argentinos. Independentemente de sua opinião pessoal sobre a declaração de guerra da Argentina à Grã-Bretanha, qualquer conversa com os habitantes locais sobre o tema deve ser tratado com muita delicadeza. A guerra veio durante um período de rápida inflação e outros problemas quando o governo militar argen-

---

Fatos Interessantes   **Depois do Nome Britânico – Islas Malvinas**

A influência britânica já foi visível em toda Buenos Aires, mas seguindo a Guerra pelas Islas Malvinas / Falkland Islands, a cidade tem feito um esforço para honrar os lugares argentinos uma vez nomeados por heróis britânicos. A pessoa mais afetada por esta briga foi George Canning, ministro britânico dos negócios estrangeiros, que reconheceu a independência argentina da Espanha. Teve uma importante via de Buenos Aires com seu nome (hoje Rua Scalabrini Ortiz), mas agora o único resquício é Salón Canning, um salão de tango nessa rua. Na estação de metrô Malabia, sob muitas camadas de tinta, você pode encontrar os antigos sinais da Estação Canning. A estátua de Canning que foi parte da Torre Monumental, anteriormente conhecida como a Torre dos Ingleses foi objeto de confusão. Uma multidão furiosa rachou esta estátua durante um aniversário da Guerra das Ilhas Malvinas / Falkland Islands. Os cidadãos britânicos não devem ficar alarmados: ainda podem visualizar a estátua na embaixada britânica, onde ela agora está bem protegida. E, além disso, os argentinos agora falam mais inglês do que antes da guerra, mantendo vivo o legado de Canning, pelo menos na língua.

tino estava sob a liderança do general Leopoldo Galtieri, ele procurava uma maneira de tirar a atenção de seu fracasso nas políticas econômicas. Argentina perdeu a guerra e sofreu com mais de 700 vítimas, estimulando a queda do governo de Galtieri. A democracia retornou à Argentina e os seis anos da Guerra Suja, em que 30.000 opositores políticos foram torturados e assassinados, finalmente terminaram. Os Estados Unidos tinham tentado equilibrar e servir como um canal diplomático entre os dois países durante a guerra, mas geralmente unilateral com a Grã-Bretanha, em violação às regras da Doutrina Monroe. O fundamento jurídico do pedido da Argentina para as Ilhas Falkland, conhecidas aqui como Las Islas Malvinas, é devido ao fato de estarem em uma porção do território da Argentina, quando ela ainda era governada pela Espanha. No entanto, como uma jovem nação após a independência, a Argentina poderia fazer pouco para impedir que a Grã-Bretanha criasse uma colônia de pesca e se estabelecesse lá. Para a maioria dos argentinos, depois de ter perdido a Guerra, não significa que eles não tenham direito às ilhas e exercícios diplomáticos continuam com a disputa permanente. O argumento é mais do que mera soberania: reservas de petróleo foram descobertas na área.

Este monumento contém um memorial como o do Vietnã, com placas com nomes dos argentinos mortos na guerra. Uma eterna chama arde numa imagem metálica das ilhas e os três principais braços do poder militar, o Exército, a Marinha e a Força Aérea, fazem a segurança do monumento em um ciclo de duas semanas. A localização do monumento, no topo de uma colina tranquila na Plaza San Martín, é uma mensagem. Ele está diante da Torre Monumental, anteriormente conhecida como a Torre do Relógio Britânico, um presente dos cidadãos britânicos que fizeram fortuna e se desenvolveram próximo ao complexo da estação ferroviária Retiro. Parecido com um xeque-mate em um jogo de xadrez, os dois lados, a Argentina e a Grã-Bretanha, colocam-se de frente um para o outro, simbolicamente representando uma disputa que não tem fim.

Av. Libertador, abaixo da Plaza San Martín, em frente à Estação Retiro. Metrô: San Martín ou Retiro.

Torre Monumental (Torre dos Ingleses) ✦ Esta torre de relógio no estilo Elizabetano chamada por alguns de Big Ben argentino foi um presente da Inglaterra para a comunidade de Buenos Aires depois da construção da estação de ferro perto do Retiro. Por volta do século 20, a Argentina tinha vastos recursos naturais como grão e gado para serem explorados, mas foi o Império britânico que teve a capacidade de investimento financeiro e tecnológico para criar Retiro e unir Buenos Aires a suas regiões distantes para que pudessem importar. Desse modo, esse sempre foi um ponto dolorido e durante anos muitos argentinos se sentiram pela Grã-Bretanha. Recentemente a torre foi renomeada para Torre Monumental, com respeito ao pós-Guerra das Islas Malvinas/Ilhas Falkland que renomeia qualquer coisa associada com a Grã-Bretanha, contudo quase todos os habitantes ainda chamam isto de Torre de Relógio Britânico (veja "Nomes Britânicos Depois–Islas Malvinas" na pág.154). O monumento sobreviveu a guerra ileso, mas alguns anos depois, durante um aniversário comemorativo, uma multidão enfurecida atacou o monumento. Eles destruíram parte da base e também tombaram uma estátua de George Canning, o primeiro diplomata britânico que reconheceu a independência do país da Espanha (ele está agora seguramente protegido na embaixada britânica.). O Memorial da Guerra das Islas Malvinas–Ilhas Falkland aos mortos (pág.154) foi colocado de propósito na rua como uma lembrança permanente da batalha da Inglaterra com a Argentina. Há pouco para ver dentro do monumento, economize para ir a um pequeno museu de fotografias. A principal atração aqui é a vista: um passeio grátis de elevador levará você ao topo com uma vista em 360° do porto, dos trens e da própria cidade de Buenos Aires. Também há um pequeno centro de informações turísticas dentro do monumento.

Av. Libertador 49, em frente a Plaza San Martín, próximo a Estação Retiro. ✆ **11/4311-0186**. www.museos. buenosaires.gov.ar. Entrada gratuita. quin–dom das 11h00min–18h00min. Metrô: Retiro.

MICROCENTRO

Obelisco O Obelisco é um dos monumentos mais característicos de Buenos Aires. Foi inaugurado em 1936 para celebrar o 400º aniversário da primeira e malsucedida, fundação da cidade por Pedro de Mendoza. (A cidade foi restabelecida depois em 1580). Localiza-se no cruzamento da Corrientes e Avenida 9 de Julho que é o coração da cidade e a centro teatral. O Obelisco é o foco entre a Plaza de Mayo e a Diagonal Norte, pretendia imitar a panorâmica encontrada em Paris ao redor da Place de la Concorde. Uma igreja foi demolida para criar o lugar e ambos os lados, Corrientes tornou saliente dentro de um círculo para acomodá-lo. Um desenho oval como um parque com uma colina suave ao longo da Avenida 9 de Julho cercando-a, ao longo com placas de bronze que representam as várias províncias argentinas. Quando argentinos têm algo para celebrar, o Obelisco é o ponto de encontro. Se a Argentina ganhar um evento internacional e você estiver na cidade pode ter certeza que centenas de pessoas se reunirão ao redor do Obelisco com bandeiras nas mãos, celebrando com buzinas de carros. Certamente, o Obelisco teria uma grande vista, mas não é uma estrutura construída como um lugar para observação. Reformas perto do local podem restringir o acesso. Como o símbolo fálico preeminente da cidade, foi enfeitado com um grande preservativo em 1 de Dezembro, Dia Internacional de luta contra a AIDS.

Av. 9 de Julho, na Corrientes. Metrô: Carlos Pellegrini, Diagonal Norte ou 9 de Julho.

Paseo Obelisco Vale a pena uma passagem rápida por este complexo de compra e passarela subterrânea. Paris, Nova York, Londres e toda principal cidade com um metrô tem complexos semelhantes. Esta área debaixo do Obelisco onde convergem três linhas de metrô parece inalterada desde os anos de 1960. As lojas não são nada especiais—várias barbearias, sapatarias e lojas vendendo roupas baratas e outras mercadorias. Com os antigos sinais ligados, instalações e mobílias originais, parecem cenários para um filme.

Entrada do metrô ao redor do Obelisco, ao longo da Av. 9 de Julho. Metrô: Carlos Pellegrini, Diagonal Norte ou 9 de Julho.

Galeria Guemes ★★ Achados Este é um edifício luxuoso, entretanto a entrada moderna na Calle Florida faria pensar o contrário. Sua entrada de trás na San Martín, porém, ainda preserva tudo da sua glória original da abertura em 1915. Esta é uma galeria de compras com uma mistura de lojas sem distinção e vários quiosques que obscurecem as visões, mas dá um repare nas paredes e decorações. A arquitetura é uma mistura de Arte Nouveau, Gótico e Neo Clássico — pesadamente enfeitado — e também foi criação do arquiteto que projetou o Café del Molino próximo ao Congresso. Certifique-se para também reparar nos enfeite bancos de elevador, que conduz aos escritórios acima. O edifício também sedia o espetáculo de tango Piazzolla (pág.233). O teatro *arte nouveau* no qual localiza estava fechado há quase 40 anos e só foi restabelecido recentemente. De todos os palácios de espetáculo de tango em Buenos Aires, este é o mais bonito.

Calle Florida 165, no Perón. Metrô: Florida.

Centro Cultural de Borges ★★ Você pode comprar tudo que quiser na Galerías Pacífico, mas se quiser cultura, aqui você encontrará. Dentro do shopping está esse centro de artes nomeado por Jorge Luis Borges, a figura literária mais importante de Argentina. Você encontrará galerias de arte, corredores de conferência com vários eventos, um cinema de arte e livraria de arte. Também há a **Escuela Argentina de Tango**, que oferece um calendário turístico de aulas (© **11/4312-4990**; www.eatango.org) e a estrela do **Balé Argentino Julio Bocca** o espaço do espetáculo e a escola de treinando cheia de jovens estrelas do balé e os espetáculos não devem ser perdidos. © **11/5555-5359**; www.juliobocca.com).

Entrada pela Galeria Pacífico ou na esquina da Viamonte e San Martín (a volta da Galeria Pacifico).

OUTROS LUGARES
Biblioteca Nacional ✦ Aberta em 1992, esta moderna e extravagante arquitetura está na terra da antiga residência presidencial onde Eva Perón morreu. O prédio foi demolido pelo novo governo para que não se tornasse um local sagrado para milhões de fãs de Evita. Com os seus subterrâneos, o 13º andar da biblioteca armazena mais de 5 milhões de volumes. Entre sua coleção, a biblioteca armazena 21 livros impressos da primeira edição, datados de 1440 a 1500. Visite a sala de leitura, que ocupa dois andares no topo do edifício, para desfrutar de uma vista inspiradora de Buenos Aires. A biblioteca também organiza eventos especiais no seu salão de exposições e auditório.

Calle Aguero 2502. ☏ **11/4807-0885**. Entrada gratuita. Fins de semanas das 09h00min às 21h00min, dias de semana do meio dia às 20h00min. Sem acesso ao metro.

Ponte da Mulher ✦✦ Procurando um local romântico para partilhar um beijo ao pôr-do-sol em Puerto Madero? Este é o lugar. A Ponte da Mulher (ou Puente de La Mujer) é ideal, vigorosa estrutura parecendo um plano de vôo que foi projetado pelo arquiteto espanhol, Santiago Calatrava, famoso pela sua inusitada abordagem de arquitetura pública. Foi inaugurado em 2001 e cruza o Dique 3, ou portão da área 3. Calatrava diz ter ouvido a música de tango enquanto projetava a ponte e planejava ser um abstrato de um casal dançarino. O nome da ponte também faz referência à nomenclatura padrão do distrito de Puerto Madero, onde todas as ruas estão nomeadas para as importantes mulheres, única grande cidade do mundo que possui um bairro com essa característica.

Entre Dique 3 e Villafor e Güemes, ligando Dealissi com Alicia Moreau de Justo; Puerto Madero. Metrô: Alem.

Plaza Serrano ✦✦ *Momentos* Este é o coração da boemia de Palermo Viejo. Durante o dia, não se passa muito aqui, mas a noite esta praça ganha vida com os jovens reunidos para beber, festejar, cantar, dançar e tocar violão. Muitas das crianças usam Rastafarians e é fácil conversar com elas. Muitas vendem joias da moda e artes. A praça está cercada de inúmeros bares e restaurantes, o que descrevemos nos capítulos 6 e 10. No sábado e domingo das 11h00 às 18h00, existe um funcionário, mas cuidado para não ficar perdido por aqui com jóias da moda e artes. O verdadeiro nome desta praça é Plazoleta Julio Cortazor, mas são poucas as pessoas que a chamam assim. A Praça fica no cruzamento da Calle Serrano e Calle Honduras, mas a Calle Serrano é também chamada de Calle Borges em alguns mapas.

Plaza Serrano, no cruzamento da Serrano/Borges e Honduras. www.palermoviejo.com. Sem acesso ao metrô.

Plazoleta Carlos Pellegrini ✦ Eu acho que essa é uma das mais belas de todas as pequenas praças de Buenos Aires, não apenas a praça em si, mas o que está ao redor dela. Esta é a mais parisiense, parecendo parte da Recoleta, devido em grande parte aos enfeites em estilo Belle Epoque por sediar a embaixada francesa. A embaixada do Brasil é outro belo edifício em uma antiga mansão que também domina a praça. É possível ver uma grande e recentemente restaurada estátua de Carlos Pellegrini localizada no centro da praça. Foi criada na França por Félix Coutan e dedicada em 1914. Uma pequena fonte e uma bancada ajudam a compor o ambiente. Perto estão vários outros casarões, incluindo o estilo Louis XIII de "La Mansion", que faz parte das Quatro Estações e do Palacio Duhau, que forma a entrada para o novo Park Hyatt. O parque é o terminal da Avenida Alvear, o mais exclusivo centro comercial de rua da cidade, perto de onde ele atinge a Avenida 9 de Julho. A coleção de edifícios intactos aqui dará a você, uma ideia da beleza que foi perdida em Buenos Aires com a abertura da Avenida 9 de Julho na década de 1960. De fato, a demolição da Embaixada da França, que foi recusada pela França, foi originalmente parte do plano. Graças a Deus, que, pelo menos, nunca aconteceu.

Plazoleta Carlos Pellegrini, Av.Avelar na Cerrito (Av. 9 de Julho). Sem acesso ao metrô.

O Memorial da Embaixada Israelense ✯ Em 1992, uma bomba destruiu a Embaixada de Israel em Buenos Aires, localizada em uma esquina aparentemente distante e pacífica da Recoleta, no cruzamento da Calles Suipacha e Arroyo. Vinte e nove pessoas perderam a vida na tragédia, bem como com o ataque de 1994 ao grupo da comunidade judaica, a Associação Mutual Israelita Argentina, que matou 85 pessoas. Os acusados são desconhecidos, mas são suspeitos de terem trabalhado com grupos no exterior. Sob o presidente Kirschner, investigações relacionadas com os bombardeios foram recentemente reabertas. O lugar é agora um local muito tranquilo para a contemplação, convertido em um parque enfeitado por 22 árvores e sete bancadas para representar as pessoas que morreram no bombardeio da embaixada. O esboço de um outrora elegante edifício, como um fantasma falando pelos mortos.

Calle Suipacha e Arroyo. www.amia.org.ar. Metrô: San Martín.

Reserva Ecológica ✯✯ A Reserva Ecológica é uma insólita e inesperada consequência da construção de toda a rodovia de Buenos Aires durante meados do século 20. Ruínas da construção dos edifícios demolidos foram rudemente despejadas no Río de la Plata. Ao longo do tempo, da areia e sedimentos começaram a surgir gramas e árvores cresceram. Pássaros habitam essa região e agora é uma área a ser preservada. Várias empresas levam pessoas em passeio ciclístico e passeios para observar a área dos pássaros. Pergunte ao seu agente de viagens sobre ou veja a nossa lista de passeio com empresas (pág.33). Por existir poucas praias em uma área de Buenos Aires, algumas pessoas vêm aqui para tomar sol e às vezes, nuas. Faça o que fizer, não vá para a água, ainda está fortemente poluída e cheia de fragmentos de construção em algumas partes. Apesar de ser uma área de preservação, está se desenvolvendo lentamente como tem acontecido com a área de Puerto Madero. E, embora os policiais tenham uma patrulha na estação, algumas pessoas desalojadas também acampam aqui, ou seja, você deve ser cauteloso.

Ao longo da Costanera perto do Puerto Madero. ℂ **11/4893**-1588. Metrô: Alem.

Quinta San Vicente e Mausoleum de Juan Perón ✯✯✯ Quinta é uma palavra argentina que significado casa de campo e esta foi compartilhada por Juan e Evita. Eles moraram aqui nos fins de semana, fugindo da rotina de seu trabalho em Buenos Aires. É a única casa em que moravam que ainda existe e está também aberta ao público, embora seja cerca de 50 km do centro de Buenos Aires, depois do Aeroporto de Ezeiza. A casa é dos anos de 1940, mas a maioria do mobiliário está lá desde o início dos anos de 1970, quando Perón retornou ao poder e dividiu esta casa com sua terceira mulher, Isabelita. O complexo é também chamado de **Museo de 17 de Octubre**, denominado em honra ao período que Perón iniciou. A casa é pequena e os complexos também contêm um museu que explica a história do peronismo, teve a curadoria de Gabriel Miremont, que também projetou o Museu Evita (pág.161). As coisas interessantes exibidas incluem uma cruz dada pela cidade de Santiago, Espanha, para Evita durante o famoso Arco-Íris de 1947. Além disso, as estátuas colossais de mármore de Juan, Evita e de um Descamisado (trabalhador), originalmente destinados a um nunca construído memorial de Evita planejado na Avenida Libertador, também estão nos jardins. As estátuas de Juan e Evita estão agora sem cabeça, danificada em 1955 na revolução que destitui Juan Perón. De acordo com especulações, as cabeças estão em algum lugar ao largo do Rio Riachuelo em direção a La Boca. Um imponente mausoléu nas dependências agora mantém a lembrança de Juan Perón, mudado para cá do Cemitério da Chacarita um caótico e violento desfile em 17 de outubro de 2006. Custa US$75 ¢ (40p) para entrar no complexo do museu, mas só está aberto aos fins de semana, porque é de difícil acesso, é melhor chegar de táxi de Buenos Aires, cerca de US$ 35 (£ 18).

No cruzamento da Avenida Lavalle e Eva Perón, perto da estrada 58 em San Vicente ℂ **222/548-2260**.www. ic.gba.gov.ar/patrimonio/museos/17oct/index.html. Sábado, domingos e feriados das 10h00min-17h30min no outono e inverno e até 19h30min na primavera e verão.

2 Museus

Museo de las Armas de la Nación ★ *Crianças* Este pequeno museu no impressionante Círculo Militar com vista para a Plaza San Martín é muito útil para a obtenção de um melhor entendimento do lado argentino da Guerra das Ilhas Malvinas. Na Argentina onde a guerra é chamada de Guerra de las Islas Malvinas, usando o nome da ilha de cadeia quando se fazia parte do Império colonial espanhol, que é a base para a disputa da Argentina com a Grã-Bretanha. Apesar de ter perdido a guerra, a Argentina ainda aclama pela reivindicação das ilhas. Eles chamam pelo nome inglês que é provavelmente a causa de um argumento ainda mais educado. O diretor do museu é Isidro Abel Vides, um veterano da guerra. Entre as atrações relacionadas com a guerra está uma mostra sobre o naufrágio do General Belgrano, onde 323 morreram. A maior perda de vidas em um único evento de guerra. Fardas da época são exibidas. As crianças vão adorar as enormes coleções de soldados de brinquedo mostrando a história do traje militar na Argentina e em outros países até a década de 40. Há também modelos de antigas fortalezas da fronteira argentina e a coleção de armas de fogo usada na Argentina e em outras partes do mundo. A maioria dessas armas foram fabricadas nos Estados Unidos, demonstrando que pela época da Guerra Civil dos E.U.A, empresas norte-americanas foram as principais fornecedoras de armas em todas as Américas. Outros itens de destaque incluem fuzis de 5 séculos, canhões, trajes samurai, espadas, e a réplica de vestes blindadas. O museu também contém uma pequena biblioteca com livros e registros militares, o que deve interessar acadêmicos em busca de informações sobre diversas ditaduras militares da Argentina e da Guerra das Ilhas Malvinas / Falkland Islands. O Círculo Militar, localizado na antiga mansão da família Paz (pág.153), é um clube social para membros aposentados das forças armadas. Aqui, há também uma privada seção do museu histórico militar, que contém mais documentos e artefatos, que não está aberto ao público em geral. No entanto, se você for a um curso ou for um militar aposentado no seu país, por vezes fazem exceções.

Av. Santa Fe 702, na Maipú com vista para a Plaza San Martín. ✆ **11/4311-1071**. www.circulomilitar.org. Entrada US$ 1 (50p). Museu e biblioteca seg-sex ao meio dia às 19h00min. Metrô: San Martín.

Museu da Administração Federal da Renda Pública *Achados* Colecionadores de moedas, contabilistas e demais interessados na história do dinheiro e taxas irão se divertir neste pequeno e único museu, um dos três do tipo no mundo. Fotografias, livros de registros fiscais e outros documentos aqui contam a história das alfândegas e outras formas de cobrança de impostos na Argentina. Uma sala também foi criada em uma recriação dos gabinetes fiscais dos anos 30, completo período de máquinas. Embora ele não tenha nada a ver com os impostos, um destaque da coleção do museu está em uma mesa usada por Manuel Belgrano, o homem que desenhou a bandeira argentina. O museu está recolocado em sua antiga localização na Avenida de Mayo no principal edifício da AFIP com vista para a Plaza de Mayo.

Hipólito Yrigoyen 370, na Defesa. ✆ **11/4347-2396**. www.afip.gov.ar. Entrada gratuita. Seg-sex das 11h00min-17h00min. Metrô: Bolivar, Plaza de Mayo.

Museo de Los Niños ★★★ *Crianças* Eu queria ter um desses quando criança. Este museu localizado no Abasto Shopping Center, é uma forma divertida para seus filhos aprenderem sobre as diferentes carreiras e também, aprender um pouco sobre Buenos Aires, visto que muitas das mostras referem-se à cidade. Em primeiro lugar, para a cidade, eles têm versões em miniatura da Casa Rosada, Congreso e o esboço da rua para demonstrar os fluxos de tráfego, por isso é uma ótima forma de orientar seus filhos sobre Buenos Aires. Várias carreiras podem ser exploradas aqui com uma miniatura de um consultório de dentista, consultório médico, estação de TV com trabalho de câmeras, posto de gasolina e de refinaria, estação de rádio de um jornal. O banco tem computadores interativos. Algumas das mostras têm um sentimento corporativo, como um McDonald's, onde as crianças podem brincar na cozinha e imitações dos postos dos Correios (um ramo do serviço de correio privado, a empresa OCA). Aqui, as crianças podem escrever os postais, os quais eles dizem serem enviados para o prefeito de Buenos Aires. Ainda mais divertido é um sanitário gigante onde as crianças aprendem o que acontece no sistema de esgoto após usar o banheiro. Crianças intelectuais também podem procurar alguma solidão na bibliotecas, e dramaturgos em desenvolvimento podem brincar de se fantasiar no palco em um pequeno teatro, repleto de trajes. Um pátio tem um pequeno espaço para crianças indisciplinadas. Não se preocupe se as crianças esgotarem você – há uma cama para os pais descansarem também. Se estiver aqui, em grupo na época de aniversário, comemore aqui. Enquanto o museu diz que crianças de 15 anos ou menos irão se divertir, penso que, crianças maiores de 12 anos, podem achar o lugar menos interessante.

Abasto Shopping Center praça de alimentação, Av. Corrientes 3247. ℂ **11/4861-2325**. AE, DC, MC, V. Entrada US$ 2,50 (£ 1,30), a família/grupo descontos disponíveis, gratuitamente para idosos e crianças menores que 3 anos. Ter-dom e feriados das 13h00min-20:00min. Metrô: Gardel.

Museo Participativo de Ciencias ✪ Ok, então você veio para o Centro Cultural da Recoleta, junto ao Cemitério da Recoleta, para ver arte e ser sofisticado. Bem, aqui é o local para trazer as crianças depois, ou deixá-las passear sozinhas. Neste museu, ao contrário de tantos outros, é proibido não tocar! Existem dois andares cheios de exibições de ciência à mostra onde as crianças podem tocar, brincar e ver o funcionamento da eletricidade, gravidade e de muitas outras coisas, tudo com muita diversão. Salas de comunicação, salas de mecânica e salas de onda e som têm diversos estandes interativos que são destinados a crianças de todas as idades. Claro, é um local barulhento, mas se você pode encontrar uma maneira de tornar a aprendizagem divertida, não é ruim.

No interior do Centro Cultural de Recoleta, junto ao Cemitério da Recoleta. ℂ **11/4807-3260** ou 11/4806-3456. www.mpc.org.ar. Entrada US$ 2 (£ 1,05). Diariamente das 15h30min-19h30min. Sem acesso ao metrô.

Museo de Casa Gardel ✪ Carlos Gardel, o ilustre cantor de tango argentino cujos retratos que você vê por toda a cidade e que é apelidado de Carlitos, comprou esta casa em 1927 para a sua mãe, com quem vivia quando não estava viajando. A casa é de 1917 e de acordo com a história do tango, uma vez serviu como um prostíbulo. Teve diversas funções após a morte de sua mãe em 1943, de uma loja de alfaiate a salão de tango, até que reabriu como um museu em sua homenagem em 24 de junho de 2003, o 68º aniversário de sua morte em um acidente de avião. Os visitantes poderão encontrar artigos pertencentes à época, musicais originais, acordos, retratos de seu parceiro, José Razzano, registros e a envolvente música do período, como algumas de suas roupas, incluindo a sua assinatura no chapéu de feltro. Sua cozinha, banheiro, sala de passar roupa permanecem quase intatas desde o momento que viveram aqui. A maioria das visitas guiadas são em espanhol, mas existem algumas em inglês. Este pequeno e distante museu é obrigatório não só para amantes do tango, mas também para compreender este homem importante na história argentina, cujo trabalho de tango tornou-se mundial. A frase favorita de Buenos Aires é os que Carlos canta melhor a cada dia, ou seja, com o passar do tempo, sua música, a coisa mais portenha de tudo, torna-se mais e mais importante para os argentinos.

Jean Jaures 735, na Tucumán. ℂ **11/4964-2071** e 11/4964-2015. www.museos.buenosaires.gov.ar. Entrada US$ 1,35 (80p). Seg., quar. e sex. das 11h00min-18h00min; sáb., dom e feriados das 10h00min-19h00min. Metrô: Carlos Gardel.

Templo Libertad e Museu Histório Judeu ✪ Este impressionante templo em estilo bizantino é a casa do CIRA (Congregación Israelita de la República de Argentina). Localizado no quarteirão do Teatro Colón, é uma das estrelas da Plaza Libertad. O pequeno edifício habitacional do templo do escritório administrativo também permanece sendo o Museu Histórico Judeu, conhecido como o Museu Kibrick, seu fundador. Você encontrará material relacionado com a comunidade judaica em Buenos Aires, com ambos os itens Sefaradis e Ashkenazi de suas pátrias originais. Menorás, panos de altar, especiarias próprias e várias peças religiosas compõem a maior parte da coleção. Exposições especiais também contam a história das colônias judaicas agrícolas em zonas rurais da Argentina.

Libertad 769, em Córdoba, com vista para a Plaza Libertad. © **11/4814-3637**. www.mpc.org.ar. Entrada US$ 1 (50p). Terça e Quinta das 15h30min-18h00min. Museu fecha totalmente em 15 de dezembro a 15 de março, mas pedidos especiais poderão ser honrados. Metrô: Tribunales.

Museo Evita ✹✹✹ É quase impossível para não argentinos compreender que levaram 50 anos de tempo da morte de Evita, a mais famosa argentina do mundo, para finalmente obter um museu. O Museu Evita abriu em 26 de julho de 2002, em uma mansão doada por ela e sede da Fundação Eva Perón, uma vez residência de mães solteiras e seus filhos.

Enquanto o museu trata justamente da sua história, é evidente para o visitante que cada mostra tem um pouco de amor por Evita. Na verdade, os membros da família estão envolvidos no museu. A sobrinha neta de Evita, Cristina Alvarez Rodríguez, é presidente do grupo histórico que adminstra o museu e ela está muitas vezes no edifício em reunião com o pessoal. Gabriel Miremont, o diretor do museu original, é um ilustre especialista na história de Evita. Ele era pessoalmente interessado em Evita como uma criança, quando foi proibido de ouvir os poemas líricos tocados por ela. Isso era ilegal de ser feito enquanto a ditadura militar liderava o país, após o colapso do segundo governo de Perón, em 1976. Desse modo todo o museu possui um estreito toque pessoal, que está para além da maioria dos museus. O Museu exibe várias fases da vida de Evita, desde a infância, a chegada em Buenos Aires para se tornar uma atriz, sua ascensão à primeira dama e a santa não oficial para milhões e, finalmente, sua morte e herança. Você será capaz de ver as roupas, notavelmente preservadas pelo governo militar que pegou o poder depois da queda de Perón em 1955. Outros artefatos de sua vida incluem seu cartão de voto, foi através do trabalho de Evita que as mulheres argentinas ganharam o direito de voto. Há também brinquedos e livros escolares adornados com a imagem dela, dados a crianças para ensinar o movimento Peronista. O artefato mais comovente de todos, porém, é uma estátua quebrada de Evita, escondida durante décadas por um agricultor no seu celeiro, apesar da ameaça de ser preso por salvá-la. Esse é um museu que visitantes não deveriam perder. Visitando a exposição você vai compreender verdadeiramente porque ela é essa figura controversa no seio da alma argentina.

Calle Lafinur 2988, no Gutierrez. © **11/4807-9433**. www.evitaperon.org. Entrada US$ 2 (£ 1,05). Ter-dom das 2-7:30 hs. Metrô: Plaza Italia.

Museo Nacional de Arte Decorativo (Museu nacional de Arte Decorativa) ✹✹ O
arquiteto francês René Sergent, que projetou algumas das mansões em Buenos Aires, também desenhou esse museu. A construção é em si um trabalho de arte e que dará uma ideia do que a incrível mansão alinhada nesta avenida, com uma vista para o extenso parque Palermo. A construção do século 18 com o design francês prevê um local clássico, que fixa, para os diversos estilos decorativos representados no interior. Esculturas deslumbrantes, pinturas e mobiliário compõem a coleção e tematizadas mostram rodar sazonalmente. O **Museo de Arte Oriental** (Museu de Arte Oriente) exibe arte, cerâmica e gravuras no primeiro andar do edifício.

Av. del Libertador 1902, na Lucena. © **11/4801-8248**. Entrada US$ 1 (50p). Seg-sexta das 14h00min-20h00min; sáb-dom das 11h00min-19h00min. Sem acesso ao metrô.

162   CAPÍTULO 7 · EXPLORANDO BUENOS AIRES

Museo Nacional de Bellas Artes (Museu Nacional de Belas Artes) ✯✯ Este edifício, que antigamente foi sondado para o fornecimento de água da cidade, transformou-se dentro de Buenos Aires no mais importante museu de arte em 1930. O museu contém a maior coleção mundial de pinturas e esculturas argentina dos séculos 19 e 20. Também abriga a arte européia datando do período pré-renascentista até aos nossos dias. As coleções incluem peças notáveis de Renoir, Monet, Rodin, Toulouse-Lautrec e Van Gogh, bem como de maneira surpreendente, uma extensa coleção de desenhos de Picasso.

Av. del Libertador 1473, na Agote. ☏ **11/4803-0802**. Entrada gratuita. Ter-dom das 12h30min-19h30min. Sem acesso ao metrô.

O Palácio da Água e o Museo del Patrimonio ✯ Crianças Muitas pessoas passam por essa alta e maciça estrutura vitoriana na Avenida Córdoba, no Barrio Norte e param maravilhadas. Este é o Palácio da Água de Buenos Aires, uma estrutura fantástica de mais de 300.000 brilhantes, tijolos de cerâmica coloridos feitos pelo Royal Doulton e enviados para Grã-Bretanha. O planejamento do interior original foi feito em diversos países, com a Bélgica como o maior contribuinte. Originalmente, o Palácio da Água foi concebido para ser um edifício humilde, construído como uma resposta à epidemia da febre amarela que atingiu San Telmo e outros bairros de Buenos Aires, em 1877. Antes da canalização, beber água potável era seguro em piscinas dentro de casas individuais, o que contribuiu para propagação da doença. Alarmada, a cidade começou a olhar para um novo local para a construção. Instalações sanitárias deveriam evitar mais um surto. Como esse era o ponto mais alto da cidade, significando da água armazenada aqui poderia usar para a gravidade para escoar em tubos de residências, este local foi escolhido para a torre de água.

No entanto, duas coisas aconteceram que mudaram os planos, criando a construção em 1887 visto aqui agora. Primeiro, Buenos Aires se tornou a capital da Argentina em 1880, e os projetistas da cidade sentiram que o edifício não deveria servir apenas para uma finalidade, mas também refletir a glória de uma nova nação que procurava o seu lugar no mundo. (Ainda assim, a Argentina não tinha a tecnologia, daí a necessidade de ajuda externa na estrutura). Além disso, com a epidemia de febre amarela, a área ao redor desse local foi rapidamente ocupada com novas mansões de ricas famílias escapavam de San Telmo. A purificação da água foi necessária não somente para construir ao redor mas também brilhar mais.

As obras de engenharia foram removidas e o edifício é agora a sede da empresa Águas Argentinas. Ele também contém um dos mais incomuns museus em toda a cidade, onde crianças vão se divertir. Explicando a história do saneamento de água na Argentina e no mundo, este museu é o lar de centenas de banheiros abrangendo as décadas. Alguns são dissecados, mostrando o funcionamento do interior deles. Outros são banheiros multifuncionais de prisões com pia e banheiros unificados juntamente com torneiras, canos de esgoto gigantes e nada a ver com água. O museu também possui uma extensa biblioteca com planos, livros e outros materiais relacionados com os sistemas hidráulicos em todo o mundo, tornando-se uma parada válida para estudantes e engenheiros.

Av. Córdova 1750, na Riobamba; entrada do museu na Riobamba 750, 1° andar. ☏ **11/6319-1882** ou 11/6319-1104. www.aguasargentinas.com.ar. Entrada US $ 1 (50p). Seg-sex das 09h00min-13h00min; visitas guiadas em espanhol segunda, quarta e sexta às 11h00min. Metrô: Facultad de Medicina.

Museo de la Ciudad Parece um grande sótão de Buenos Aires, o Museo de la Ciudad é uma coleção barata de tudo e mais alguma coisa relacionada a história dessa cidade. Construído em uma antiga farmácia, em Montserrat de 1894 no meio do tango. Bairro italiano, bicicletas ou uma coleção de boneca, este museu dá a você uma ideia da vaidade dos portenhos, de sua rotina e até dos aspectos de suas vidas, não importa quanto desorganizado o lugar esteja.

Alsina 412, na Bolívar. ℂ **11/4331-9855**. Entrada US$ 1 (50p). Seg-sex das 11h00min-19h00min; sáb-dom das 15h00min-19h00min. Metrô: Bolívar.

MALBA-Colección Costantini ✸✸✸ O arejado e radiante Museo de Arte Latino-americano de Buenos Aires (MALBA) abriga a coleção particular de arte do colecionador Eduardo Costantini. Uma das mais impressionantes coleções de arte latino-americana, palco de exposições temporárias e permanentes de artistas como Antonio Berni, Pedro Figari, Frida Kahlo, Cândido Portinari, Diego Rivera e Antonio Sigui. Muitos dos trabalhos abordam as questões sociais e exploram questões de identidade nacional. Até os bancos são peças de arte moderna. O átrio dá acesso aos vários andares sob uma enorme escultura de metal de um homem fazendo flexão na escada rolante. Além das exposições de arte, os filmes latinos são exibidos as de terça a domingo às 14h e 10h. Este magnífico museu, que abriu no final de 2001, localiza-se em Palermo Chico.

Av. Figueroa Alcorta 3415, na San Martín. ℂ **11/4808-6500**. www.malba.org.ar. Entrada US$ 1,75 (95p). Entrada gratuita quarta-feira. Qua-seg 12h00min-20h00min. Sem acesso ao metrô.

3 Bairros que Valem a Pena Visitar

LA BOCA

La Boca, às margens do Rio Riachuelo, originalmente foi desenvolvido como um centro comercial e naval. Esta foi a primeira cidade da Pequena Itália, o bairro que dá o sabor distinto que mantém hoje. La Boca é o mais famoso por dar origem ao tango nos inúmeros prostíbulos, conhecidos como quilombos, que uma vez serviu a uma grande parte desta população masculina.

O foco de La Boca é o **Caminito** (pág.147), uma passarela, assim chamada ironicamente depois de uma canção de tango sobre uma aldeia rural. A passarela está alinhada com uma bem-humorada estátua esculpida e murais explicando sua história. Ao redor do paralelepípedo da rua tem enrugadas casas de metal pintadas em cores de uma hospedagem, recordando quando os habitantes pobres se enfeitavam com o que foi deixado para a manutenção dos navios no porto. Hoje muitos artistas instalam seus estúdios nessas casas. Ao longo de Caminito, vendedores de arte e presentinhos trabalham lado a lado com os espetáculos de tango. Caminito ("Feira de Arte de Primeira") está aberto diariamente das 10h00 às 18h00. La Boca é, no entanto, uma vítima do próprio sucesso e tornou-se uma obscena armadilha turística. Embora a área seja historicamente importante, o que você vai encontrar são presentes acima do preço, lojas de camisetas e constante assédio de pessoas entregando propagandas de restaurantes medíocres. No verão, o cheiro forte do rio poluído se torna predominante. Venha para essa área, porque você tem que vir, mas se estiver com pouco tempo, não deixe a visita ocupar demais o seu dia. O que resta de autêntico na área está fora do conhecido caminho, com galerias de artes e teatros restaurados para a população local e turistas, ou o mundialmente famoso **Estádio de Boca Juniors (Estádio e Museu Boca Juniors; pág.148)**.

Seja cauteloso para não se afastar do Caminito, de qualquer forma quanto menos policiadas as áreas, menos seguras. A polícia está aqui não para proteger os habitantes locais, mas também turistas. Quando os lojistas vão para casa, os policiais fazem a ronda. Ainda assim, ao entardecer e longe do Caminito é que você terá maior interação com a vizinhança que passeia discretamente pelas ruas em frente ao canal. A maioria não chegou agora da Itália, mas do interior pobre das províncias do país. Em antecipação ao bicentenário de 2010 da Argentina, a cidade estava planejando a reforma da porção sul de Buenos Aires, onde está localizado La Boca. De acordo com o escritório de turismo do governo municipal da cidade, o plano de reabilitação deste espaço era trazer de volta mais autenticidade. Alguns dos projetos que tenho visto apontam o desenvolvimento de um trem turístico saindo de Puerto Madero, projetos paisagísticos para fazer o espaço mais atraente fisicamente, bem como ao organização do tráfego. *Prevenção*: é melhor evitar La Boca durante a noite.

SAN TELMO
Um dos bairros mais antigos da Buenos Aires, San Telmo é onde originalmente reside a elite da cidade. Mas, quando a febre amarela atacou em 1870 – agravou pela subcondição da zona norte movida pelos aristocratas. Pobres imigrantes completaram o bairro e as casas foram convertidas para habitações, chamadas conventillos. Em 1970, a cidade passou por regulamentações para restaurar alguns dos marcos arquitetônicos de San Telmo. Ainda assim, as remodelações têm sido um processo lento e o bairro mantém um delicado lado podre, espaço muito autêntico, recoderativo da velha Havana de Cuba. É um enclave boêmio, atraindo turistas e habitantes para espetáculos locais nas ruas, sete dias por semana. O colapso do peso, aumentou a oferta de antiguidades, vendidas em dinheiro. As melhores lojas e mercados em San Telmo estão na **Calle Defensa**. Depois da Plaza de Mayo, **Plaza Dorrego** é a segunda praça mais antiga da cidade. Para uma descrição da praça, veja pág.147.

San Telmo está cheio de clubes de tango; um dos mais notáveis é o **El Viejo Almacén** ★, na Independencia e Balcarce. Um exemplo de arquitetura colonial foi construído em 1798 e era um armazém geral e hospitalar antes da sua transformação em clube de tango argentino. Certifique-se de fazer o mesmo aqui à noite para um show (pág 232). Se você recomendar a um iniciante um curso de tango enquanto está em San Telmo, procure as aulas por cartazes de publicidade nas janelas dos clubes.

PALERMO
Palermo é uma caixa de surpresa para uma parte importante e bastante nebulosa do norte de Buenos Aires. **Palermo** inclui um bom parque com o seu sistema, **Palermo Chico**, **Palermo Viejo**, que é subdividido em **Palermo Soho** e **Palermo Hollywood** e **Las Cañitas**, que é para o lado do mundialmente famoso campo de polo da cidade.

BAIRROS DE PALERMO
Palermo Chico é um exclusivo bairro de mansões elegantes fora da Avenida Libertador, com preços aparentemente não afetados pela crise do peso. Exceto a beleza das casas e de alguns prédios da embaixada, este pequeno conjunto de ruas dobra por trás do museu MALBA e tem um interesse menor para o turista.

Palermo é um bairro específico com parques cheios de magnólias, pinheiros, palmeiras e salgueiros, onde famílias e casais nos fins de semana fazem piquenique ao pôr do sol. Projetado pelo arquiteto francês Charles Thays, os parques se inspiraram no Parque Hyde de Londres e Bois de Boulogne de Paris. Pegue o metrô para a Praça Italia, que o deixa ao lado do **Jardim Botânico** ★★ (© 11/4831-2951; pág.169) e **Jardim Zoológico** ★ (© 11/4806-7412; pág 169), abertos desde o amanhecer, ambos bons locais para as crianças. Flora de toda a América do Sul preenchem o jardim, com mais de 8.000 espécies vegetais de todo o mundo. Ao lado, o zoológico da cidade apresenta uma impressionante variedade de animais.

Parque Tres de Febrero ★★, um paraíso de árvores de 1.000 acres, lagos e trilhas para caminhada, começa apenas no passado a Rose Garden fora da Avenida Sarmiento. No verão, botes de remo são alugados por hora. O **Jardín Botánico**, localizado ao largo da Plaza Italia, é outro paraíso, marcado com muitas espécies de plantas sul-americanas. É famoso por sua população de gatos abandonados, cuidado por senhoras de idade do bairro, outra alegria para as crianças observar. Ali perto, o **Jardim Japonês** é rodeado por pequenos riachos e lagos (℗ **11/4804-4922**; diariamente das 10h00-18h00; entrada US$ 1 [50p], pág.172), onde as crianças podem alimentar os peixes (alimento para peces significa "comida para peixe") e observar os patos. As pequenas pontes de madeira ligam o clássico jardim japonês em torno do lago artificial. Um simples restaurante oferece chá, bolo, sanduíches e alguns pratos japoneses, como sushi e frango teriyaki. Você também encontrará notas publicadas aqui por diversos eventos asiáticos em toda a cidade.

Palermo Viejo, uma vez um decadente bairro de armazéns e fábricas sofreu para sobreviver há 15 anos, quando foi transformado em um destino da cidade muito chique. Palermo Viejo é subdividido em **Palermo Soho** ao sul e **Palermo Hollywood** (às vezes também escrito como **Palermo Holywood**) ao norte, com estrada de ferro e Avenida Juan B. Exatamente funcionando como a divisória da linha. Com a pressão imobiliária e a necessidade de estarem na moda, muitas áreas que estão tecnicamente em Palermo Hollywood estão agora dizendo que estão em Palermo Soho, considerada a mais luxuosa das duas áreas, ofuscando esta linha divisória. O centro de Palermo Hollywood é Plazaleto Jorge Cortazar, mais conhecido pelo seu nome informal, Plaza Serrano, um pequeno parque oval, no cruzamento das Calles Serrano e Honduras. Os jovens se reúnem aqui tarde da noite, em sessões improvisadas de canto e guitarra, por vezes, turbinadas pelos drinks de bares e restaurantes da moda que circundam a praça. Nos fins de semana há um festival de artesanato, mas você irá encontrar alguém vendendo jóias preciosas e artigos em couro, não importa o dia. O bairro ganhou esse nome, pois muitos estúdios cinematográficos argentinos foram inicialmente atraídos por sua renda baixa e de fácil acesso. Palermo Soho é mais conhecida pelas propriedades de butiques por designers locais, com alguns restaurantes mistos.

Las Cañitas, foi uma vez o favorecido bairro do poder militar, durante o período da ditadura de 1976 a 1982. A área continua sendo de alta segurança e defende o bairro de centro e Buenos Aires. A base militar de treinamento, hospital, escola secundária e várias unidades habitacionais familiares ainda permanecem e cercam o bairro, dando uma sensação de segurança na área das ruas. Hoje, a área é muito conhecida entre os novos ricos como o lugar ideal para jantar, tomar uma bebida, ir a festas e ser visto no moderno local de encontro construído dentro do transformado em casas antigas na Calle Báez. O campo de polo, aonde os campeonatos internacionais são realizados, também está no bairro e é tecnicamente parte das bases militares. A presença do campo de polo faz com que o bairro seja um bom local para os entusiastas assistirem as estrelas desse esporte, comemorando suas vitórias nos bares e restaurantes locais.

RECOLETA

O mais exclusivo bairro da cidade, La Recoleta tem um sentimento distinto europeu e locais são chamados de um pedaço de Paris transplantado. Aqui, avenidas alinhadas por árvores levam ao passado, à elegantes restaurantes, cafés, butiques e galerias. Grande parte da atividade se realiza ao longo da passarela Roberto M. Ortiz e em frente ao Centro Cultural e ao Cemitério da Recoleta. Este é um bairro de praças e parques, um lugar onde turistas e ricos argentinos gastam o seu tempo de lazer. Fins de semana trazem para a rua performances, exposição de arte, feiras e esportes.

Evita Perón: Mulher, Esposa, Ícone

Maria Eva Duarte de Perón, conhecida mundialmente como Evita, capturou a imaginação de milhões de argentinos por causa do seu programa econômico e social para as classes trabalhadoras. Criança ilegítima de um rico comerciante, ela nasceu em Los Toldos, na província de Buenos Aires. Aos 15 anos, ela se mudou para a capital para começar seu sonho de se tornar uma atriz. Teve êxito moderado, mas era mais conhecida pela sua impressionante beleza do que pelo seu talento. Em 1944, se encontrou com o coronel Juan Perón, uma figura importante do governo argentino durante um período da história do país. Eles se casaram em 1945 e Evita se tornou uma parte importante da campanha presidencial do marido.

Perón assumiu o cargo e ela criou a Fundação Eva Perón, que redirecionava fundos tradicionalmente controlados pela elite argentina para programas beneficiando hospitais, escolas, lares para idosos e várias organizações carentes. Além disso, ela aumentou os salários dos trabalhadores, levando ao eventual crescimento da classe média argentina. Ela conquistou o direito das mulheres à votação em 1947. Quando Evita morreu de câncer em 26 de julho de 1952, as classes trabalhadoras tentaram (sem sucesso) santificá-la. Ela está enterrada no Cemitério da Recoleta, no túmulo do pai da família. Ela é uma das poucas figuras não aristocráticas neste local de repouso da elite.

Você vai descobrir que, ainda hoje, existe uma grande divergência entre os argentinos do legado de Evita. Os membros das classes médias e baixas tendem a vê-la como uma heroína nacional, ao passo que muitos das classes superiores do país acreditam que ela roubou o dinheiro dos ricos e o usou para embelezar a sua própria popularidade. Desde o 50º aniversário da sua morte, a criação do Museu Evita (pág.161) e do regresso do partido Peronista ao poder, o papel dela na história do país, tem sido visto com menos emoção.

O **Cemitério da Recoleta** ✪✪✪ (pág.151), aberto diariamente das 08h00 às 18h00, homenagem a alguns dos valores históricos da Argentina. Climas permitindo, excursões gratuitas em inglês fazem o passeio todas as Ter-Qui às 11:00 do cemitério da Doriccolumned entrada na Calle Junín 1790. Adjacente ao cemitério, o Centro Cultural Recoleta (pág.178) mantém exibição de arte e apresentação de música e teatro e inclui o Museo Participativo de Ciências (pág.160). Ao lado, o Buenos Aires Design Recoleta (pág. 205) tem características de lojas especializadas em casa de decoração. Entre as melhores está a Tienda Puro Diseño Argentino (pág.215), que apresenta a alta qualidade de itens desenhados e fabricados só na Argentina.

PLAZA DE MAYO

Juan de Garay fundou o centro histórico de Buenos Aires, a **Plaza de Mayo** (pág.145), em 1580. A praça é o coração político da cidade, servindo como um local para protestos.

O presidente argentino vai trabalhar na **Casa Rosada** ✪✪✪ (pág.141) e era na sacada desta mansão que Eva Perón discursava para multidões de trabalhadores argentinos. Você pode observar a troca da guarda do palácio, de hora em hora. E logo atrás está o **Museu Presidencial** (pág.141) com informação sobre a história do edifício e artigos pertencentes ao presidente durante séculos.

A estrutura original da **Catedral Metropolitana** ✪✪ (pág.145) foi construída em 1745 e a construção de uma fachada a designou uma catedral. O **Cabildo** ✪ (pág.140), o assento original de governo da cidade estabelecido pelos espanhóis, foi completado em 1751 e restabelecido em 1939. A **Legislatura de la Ciudad** (**Edifício da Legislatura da Cidade**; pág. 144) exibe uma notável fachada neoclássica e sedia exibições dentro de vários de seus corredores. Pergunte por uma guia. Mais abaixo da Calle Perú estão as **Manzanas de las Luces** (**Quar-**

teirões do Esclarecimento) ✪✪ (pág.144) que serviu como o centro intelectual da cidade nos séculos 17 e 18. San Ignacio, a igreja mais velha da cidade, está na esquina das calles Bolívar e Alsina e tem um bonito altar sendo restaurado. Também está localizado aqui o Colegio Nacional de Buenos Aires (Escola Secundária Nacional de Buenos Aires), onde os melhores conhecimentos intelectuais da Argentina são colecionados e estudados (pág.145). Além das excursões aos fins de semana, a Comisión Nacional de la Manzanas de las Luces (✆ 11/4331-9534) organiza uma variedade de atividades culturais durante a semana.

A Plaza de Mayo sofreu uma renovação extensa em 2008 em antecipação do bicentenário de 2010. Durante sua visita, você pode ver algo parecido com um centro em construção no coração da cidade. As reformas da Casa Rosada já começaram, significando que estará realmente chorando pela a Argentina quando todas as suas fotos na sacada de Evita forem obscurecidos por andaimes.

PUERTO MADERO
Puerto Madero se tornou o segundo acesso principal de Buenos Aires para o comércio com a Europa quando foi construído em 1880, enquanto substituia na importância, o porto em La Boca. Em 1910, a cidade tinha já tinha superado La Boca. O Puerto Nuevo (Porto Novo) foi estabelecido ao norte para acomodar a atividade comercial e Madero foi abandonado durante quase um século. A renovação urbana economizou o porto original nos anos 90 com a construção de um passeio em frente ao rio, apartamentos e escritórios. Agitada e comercial durante o dia, a área atrai uma multidão elegante e rica durante a noite. Está alinhada com elegantes restaurantes que servem bifes argentinos e especialidades de frutos do mar frescos e há um cinema popular que exibe filmes argentinos e hollywoodianos, como também vários clubes de dança como Opera Bay e Asia de Cuba. A área inteira está se expandindo rapidamente, com residências de luxo, fazendo deste um local da moda, se um pouco isolado e artificial é um bairro para se viver. Fato interessante é que todas as ruas em Puerto Madero são nomeadas para mulheres importantes na história argentina. Procure o folheto do Centro Turístico de Buenos Aires Women of Buenos Aires para aprender mais sobre algumas delas. No pôr do sol, dê um passeio ao longo da parte oriental, moderna área renovada e observe o vislumbre da água em diamante vermelho com a cidade como cortina de fundo.

Caminhando por fora do porto, você também encontrará a Reserva Ecológica ✪✪ (pág.158). Esta área é uma raridade para uma cidade moderna e existe como exemplo de que a natureza pode se recuperar de um desastre ecológico. Nos anos de 60 e 70, edifícios demolidos e escombros foram lançados no Río de la Plata depois da construção da autopista (rodovia). Com o passar do tempo, plantas e gramas cresceram em meio à areia e sedimentos e agora pássaros usam este espaço como um local de procriação. Se você estiver interessado, pode perguntar para os agentes de viagens por excursões para observar os pássaros. No verão, aventureiros portenhos usam este local como uma praia, mas a água é poluída e você deve ter cuidado com os escombros e com os sem-teto que levantaram acampamento aqui. Apesar de área de proteção, Puerto Madero está se desenvolvendo lentamente sobre a área de conservação. A atração principal na área de Puerto Madero é a Ponte da Mulher, de Santiago Calatrava, inaugurada em 2001 (pág.157).

PLAZA SAN MARTIN e A ÁREA VIZINHA DO MICROCENTRO
Plaza San Martín ✪✪✪, um bonito parque na base da Calle Florida no bairro de Retiro, é considerado o microcentro da cidade. Em meses de verão, empresários argentinos se reúnem no parque durante o almoço soltando as gravatas e tomando sol durante algum tempo entre as árvores de jacarandá. Um monumento para o General José de San Martín domina a cena. O parque está ocupado em todas as horas e até mesmo o playground estará

cheio de crianças com os pais após à meia-noite. A Plaza San Martín foi o local escolhido pela maioria das famílias portenhas de elite no começo do século 20. O Palácio de San Martín agora usado pelo Ministério Argentino de Relações Exteriores; o Círculo Militar, a casa da família Paz, proprietários do jornal La Prensa; e o elegante Hotel Plaza confirma a grandeza anterior. A construção do moderno edifício da American Express infelizmente destruiu completamente esta clássica área.

Plaza San Martín cascatas suavemente abaixo de uma colina, na base de qual situa o **Memorial da Guerra Islas Malvinas–Ilhas Falkland** aos mortos (pág.155), uma parede circular totalmente gravada com os nomes dos quase 750 mortos na guerra e uma chama eterna, vigiadas por guardas dos vários braços do exército. O memorial no estilo Elisabetano, a **Torre de Relógio Britânica**, foi recentemente renomeada a **Torre Monumental** (pág.155), embora a maioria dos habitantes ainda use o nome velho. Era um presente britânico que foi construído perto do complexo da estação de trem Retiro. Esquisitamente permaneceu são e salvo durante a guerra, anos depois, foi atacado por uma turba que também tombou uma estátua acompanhante de George Canning, o secretário estrangeiro britânico que reconheceu a independência da Argentina da Espanha. A torre está aberta ao público e oferece uma ótima visão da cidade e do rio.

Calle Florida ✷✷✷ a principal passarela de Buenos Aires. É cheia de lojas. A parte mais ocupada, estende-se ao sul da Plaza San Martín para a Avenida Corrientes, e tem muitas butiques, restaurantes e lojas de marcas conhecidas. Estende todo o modo pela Avenida de Mayo para o sul, ficando na **Calle Perú** onde muitos bancos internacionais têm filiais de varejo. Aqui, dia e noite os artistas fazem suas apresentações desde tango a cenas de comédia. Você encontrará mercadorias com preços mais elevados na **Galerías Pacífico** (pág.205) centro da moda na Calle Florida onde cruza a Calle Viamonte. A maioria das compras de rua, porém, é no meio da estrada. Existe muitas lojas de couro. Compare os preços e pechinche antes de finalizar sua compra. Calle Florida cruza a **Calle Lavalle**, uma versão menor dela mesma, que, tem mais lojas, a maioria de menor qualidade, até mesmo algumas parrillas baratas que vale a pena visitar. Na rua também possui numerosos vídeo-games e jogos eletrônicos, é um lugar bom para adolescentes se reunirem enquanto você compara ao redor—entretanto pode ser fácil para eles entrarem em dificuldade com o tipo de frequentadores dessa área.

Avenida Corrientes ✷✷✷ é um diário vivo do desenvolvimento cultural de Buenos Aires. Até os anos 30, Avenida Corrientes estava favorecendo lendas do tango. Quando a avenida foi alargada em meados dos anos 30, fez sua primeira tentativa como a broadway argentina. Evita teve o seu primeiro apartamento aqui, assim ela podia procurar o trabalho mais facilmente depois de chegar na cidade. Hoje, Corrientes, está cheia de cinemas e teatros Arte Deco, pulsa com atividades culturais e comerciais dia e noite. Também possui muitas livrarias, que vendem as melhores edições e guias de viagem no idioma inglês e alguns livros raros. O **Obelisco**, monumento característico de Buenos Aires (pág.156), marca o cruzamento de Corrientes com **Avenida 9 de Julho**. Sempre que os locais têm algo que celebrar, é onde eles se encontram.

4 O Complexo de Jardins em Palermo e Zoológico

Mais do que um bairro com um parque, Palermo tem a sensação de um parque, onde algumas pessoas moram. Este parque é amplo, porque tem bastante espaço verde aberto em frente ao canal existente dentro da cidade, era um enorme patrimônio até o meio dos anos 1800. Embora precisasse de um longo tempo para ver todo o complexo, listei algumas atrações que devem ser vistas.

O COMPLEXO DE JARDINS EM PALERMO E ZOOLÓGICO

O parque contém o Jardim Rosa, o Planetário, o Pátio, vários museus, trilhas para caminhar e muitos monumentos. A área se expande para além de Jorge Newberry, o aeroporto doméstico, e para o bairro vizinho de Belgrano. É fácil de se perder lá dentro, você nunca precisa se preocupar, há cabines na avenida central que cortam todo o parque.

Jardim Botânico ★★ Crianças O Jardim Botânico é um verdadeiro prazer, com alguns hectares de espaço aberto e muitas árvores alinhadas nos caminhos. Uma estufa central é muitas vezes a sede de exibição de artes de jovens artistas. Plantas de todo o mundo estão aqui, inclusive muitas da Argentina e de outras partes da América do Sul. Elas estão marcadas com nomes locais e em latim, para tornar o passeio divertido para as crianças. Nem todos os caminhos estão bem preservados. se você vier sem crianças, os jardins são também um local romântico. Traga uma cesta de piquenique e aproveite alguns bons momentos. Esse é um hábito comum entre os portenhos.

Tal como o Cemitério da Recoleta, este é outro adorado refúgio dos gatos e você encontrará muitas mulheres do bairro cuidando deles. Os gatos são também mais divertidos e simpáticos aqui e gostam de ir até os visitantes. Sente-se em uma bancada e muito provavelmente você será carinhoso com eles.

Av. Las Heras, na Plaza Italia, em frente à entrada do metrô. © **11/4831-2951**. Entrada gratuita. Diariamente das 08h00min-18h00min. Metrô: Plaza Italia.

Jardim Zoológico ★★★ Crianças O zoológico de Buenos Aires apresenta uma impressionante variedade de animais, incluindo aves indígenas e macacos, tartarugas gigantes, lhamas, elefantes e um habitat de urso polar e urso pardo. A eclética e barata arquitetura dos alojamentos dos animais, alguns projetados como templos exóticos, é tão prazerosa quanto os habitantes. Um gigante lago está perto da entrada do zoológico e está repleto de flamingos rosas que ficam em bizantinas no centro do lago. Com vista para a água é uma construção que se assemelha a uma igreja russa, que contém macacos em gaiolas. Camelos estão rodeados pela arquitetura no estilo marroquino e o cercado dos cangurus está pintado com desenhos aborígenes. Os leões, os reis da selva, estão em um castelo complexo com o seu próprio canal. A construção mais impressionante, no entanto, é a Casa do Elefante. Construída para ser semelhante a um templo indiano, coberto com videira para fazer você se sentir como se estivesse em uma selva e se deparar com um santuário de elefantes. Eles têm três elefantes: dois são africanos e um asiático.

A elefanta asiática, chamada Mara, foi salva pelo zoológico depois de anos de abuso como animal de circo. Tendo sido enjaulada a força, ela sofre de uma doença emocional, ficando parada no mesmo local, sacudindo a cabeça para frente e para trás. Os outros elefantes, chamados de Pupy e Kuki, parecem que cuidam dela e tentam estimulá-la ao longo do tempo com alimentação e massagens na cabeça. É triste e ainda interessante observar o comportamento social destas magníficas e enormes criaturas. Eu recomendo, com certeza, poupar tempo para vê-los.

Veja também os ursos polares, cujo habitat vem com uma visualização da área submarina. Todos os zeladores são legais com crianças em todo o zoológico, mas especialmente aqui eles tomam o tempo, pelo menos em espanhol, para ensinar sobre os ursos. Eles também alimentam os ursos e as crianças podem observar como eles encontram alimento na água. Na parte de trás do jardim zoológico existe um anexo reproduzindo uma floresta com várias espécies de plantas, com uma cachoeira e uma ponte que vai levá-lo até o zelador. Besouros gigantes também estão expostos aqui. É quente e cheio de vapor no interior, assim como a verdadeira selva e o interior é um labirinto rodeado de plantas, de modo que mantenha os olhos nas crianças porque elas podem facilmente se perder.

Atrações de Palermo, Compras e Vida Noturna

☒ Correios
◉ Metrô

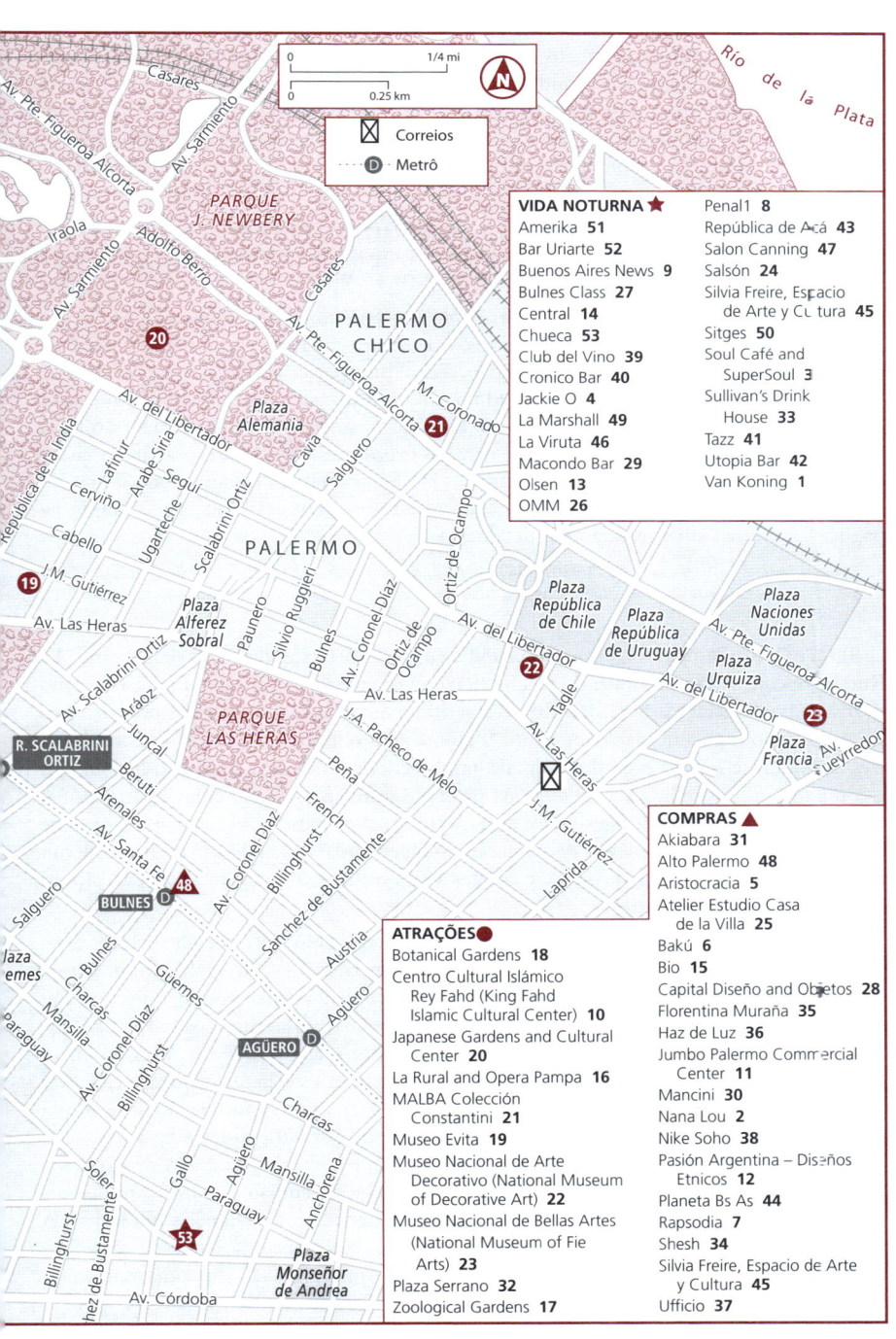

VIDA NOTURNA ★
Amerika **51**
Bar Uriarte **52**
Buenos Aires News **9**
Bulnes Class **27**
Central **14**
Chueca **53**
Club del Vino **39**
Cronico Bar **40**
Jackie O **4**
La Marshall **49**
La Viruta **46**
Macondo Bar **29**
Olsen **13**
OMM **26**
Penal1 **8**
República de Acá **43**
Salon Canning **47**
Salsón **24**
Silvia Freire, Espacio de Arte y Cultura **45**
Sitges **50**
Soul Café and SuperSoul **3**
Sullivan's Drink House **33**
Tazz **41**
Utopia Bar **42**
Van Koning **1**

ATRAÇÕES ●
Botanical Gardens **18**
Centro Cultural Islámico Rey Fahd (King Fahd Islamic Cultural Center) **10**
Japanese Gardens and Cultural Center **20**
La Rural and Opera Pampa **16**
MALBA Colección Constantini **21**
Museo Evita **19**
Museo Nacional de Arte Decorativo (National Museum of Decorative Art) **22**
Museo Nacional de Bellas Artes (National Museum of Fie Arts) **23**
Plaza Serrano **32**
Zoological Gardens **17**

COMPRAS ▲
Akiabara **31**
Alto Palermo **48**
Aristocracia **5**
Atelier Estudio Casa de la Villa **25**
Bakú **6**
Bio **15**
Capital Diseño and Objetos **28**
Florentina Muraña **35**
Haz de Luz **36**
Jumbo Palermo Commercial Center **11**
Mancini **30**
Nana Lou **2**
Nike Soho **38**
Pasión Argentina – Diseños Etnicos **12**
Planeta Bs As **44**
Rapsodia **7**
Shesh **34**
Silvia Freire, Espacio de Arte y Cultura **45**
Ufficio **37**

Pavões e alguns dos pequenos animais ficam livres e a alimentação com comida especial é permitida e o seu preço de venda é de US$ 1 a $ 2 (50p-£ 1,05) nos quiosques. Animais soltos no bando ficarão atrás de seus filhos e muitas das jaulas tem rampas especiais de alimentação que fazem os animais saudá-los. Barcos também podem ser alugados no lago na parte da frente do jardim zoológico, mas no momento da redação deste texto, eles estavam fazendo reparos. O zoológico é uma atração para qualquer um, mas especialmente para as famílias com filhos. Eu recomendo pelo menos meio dia para explorar e um dia inteiro, se tiver filhos.

Av. Las Heras, na Plaza Italia em frente à entrada do metrô. ✆ **11/4806-7412**. Entrada US$ 2 (£ 1,05), taxas adicionais para as embarcações, selva e outros extras; muitos confortos e passes para família também disponíveis para compra. V. Os horários mudam ao longo do ano, mas são geralmente ter-dom 10h00min-18h00min; Fechado às segundas exceto jan-fev. Metrô: Plaza Italia.

Jardins Japoneses e Centro Cultural ⚑ *Achados* *Crianças* Aconchegado no meio de outro jardim de Palermo é uma minúscula preciosidade aberta em 1969 em homenagem a uma visita oficial de um dos príncipes do Japão. Paisagismo especial, arquipélago rochoso e pequenas pontes vermelhas saúdam dando a sensação de estar no Japão, logo que você passa pelos portões. Carpas no lago central são uma alegria para crianças. Além do lago, fica o Centro Cultural, com seu museu e diversas exposições. As crianças podem aprender origami e muitos outros artesanatos asiáticos. Há feiras asiáticas durante todo o ano no centro do parque, por isso anotem em suas agendas enquanto visitam ou verifique na página de internet adiante para mais detalhes.

Av. Figueroa Alcorta, na Av. Casares. ✆ **11/4807-7843**. www.jardinjapones.com. Entrada US $ 1,50 (80p) para os jardins, US $ 1 (50p) para o Centro Cultural. Diariamente das 10h00min-18h00min, embora os horários das exposições e feiras variem. Metrô: Plaza Italia.

La Rural e Opera Pampa ⚑ O grandioso estádio em estilo Belle Epoque conhecido como "La Rural" foi construído na virada do século 20 com vista para a Plaza Italia. Ele serviu como motivo para o desfile da Sociedad Rural Argentina, uma associação de ricos proprietários rurais de todo o país fundada em 1866. Durante suas reuniões anuais em Buenos Aires, eles exibiriam seus mais prezados animais, juntamente com os seus trabalhadores *gauchos* e competiriam por prêmios. Por meio da promoção dos recursos agrícolas da Argentina, essa associação foi capaz de dar destaque a essa atividade econômica até o final dos anos de 1800. Sua sede em Buenos Aires permaneceu no bloco 400 da Calle Florida. Um moderno salão de exposição foi adicionado e é muitas vezes o lugar internacional de exposições, conferências e outros eventos.

Para terem uma ideia daquilo que a experiência era como no auge da sociedade, os turistas deverão reservar uma noite com a **Opera Pampa**, um evento realizado no antigo estádio. O espetáculo percorre a história muitas vezes violenta da Argentina, que começou na conquista espanhola dos índios, a Independência de 1810, Massacre dos índios da Roca na província de Buenos Aires, através da imigração européia para Buenos Aires no início do século 20. As cenas relacionadas com a história dos índios são excessivamente violentas e tristes e inclui a canção "Fuera Fuera" ("Fora, Fora"), quando os índios são obrigados a sair e um índio permanece atrás do soldado implorando para que o deixe ficar. As cenas mais dramáticas são as que se referem ao San Martín e a revolução, cheio de cavalos e simulações de canhões de combates. Partes alegres incluem reunião de *gaúchos* nas *pulperías*, bares do país, onde cantam e dançam depois de trabalhar nas estancias (fazendas). A *Zamba*, a dança nacional realizada com lenços brancos, está caracterizada nestas cenas. (O tango, a despeito de sua fama e de associação com a Argentina, não é a dança nacional.) O espetáculo é brilhantemente coreografado e emocionante. Depois, os clientes podem

CONTRUÇÕES RELIGIOSAS QUE VALEM A PENA VISITAR 173

experimentar um enorme *asado* (churrasco argentino), no refeitório do estádio. Uma noite aqui dará a você uma compreensão muito melhor da história da Argentina. Gostaria de recomendar para as crianças, pois é instrutivo, mas os pais têm que decidir sobre as cenas de violência.

Estádio La Rural exposições e Salões de Exibição, na Av. Las Heras, no cruzamento da Av. Santa Fé com vista para a Plaza Italia. Escritório de Opera Pampa e de informação está na Av. Prof. Sarmiento, na Calle Paso. ⓒ **11/4777-5555**. www.operapampa.com.ar. Sociedad Rural Argentina www.sra.org.ar. Os ingressos estão US $ 40 (£ 21) apresentação apenas, US $ 60 (£ 31) apresentação e jantar. Apresentações sex-sáb 20h00min, após o jantar. Metrô: Plaza Italia para Estádio La Rural e Puerreydon para Escritório Opera Pampa.

5 Construções Religiosas que Valem a pena Visitar

Iglesia San Nicolás de Bari ★★ (Crianças)
Esta é uma extremamente bela e imponente igreja construída em um local de comunidade italiana católica. O seu interior é uma reminiscência de uma miniatura de Saint Peter, com o seu luxuoso interior de colunas e mármore branco com coloridos assentos. O bloco que o envolve também possui um excepcional leque de edifícios de vários estilos interessantes do início do século 20, com uma beleza não usualmente vista na maior parte da Avenida Santa Fé. Vá à Casa de Teatro Art Déco, em particular.

Santa Fe 1364, no Uruguai. ⓒ **11/4813-3028**. Metrô: Callao.

Centro Cultural Islâmico Rey Fahd (Centro Cultural Islâmico Rei Fahd) ★
Com a sua vasta extensão, gramado, minaretes e palmeiras, o Centro Cultural Islâmico traz um pouco do Oriente Médio para Buenos Aires. Com vistas para a área do pólo, esta enorme estrutura, com a sua arquitetura moderna que se torna simplesmente radiante na forte luz solar, é a maior mesquita no centro islâmico e em toda América Latina. Na noite, os dois minaretes estão acesos e contrastam com os apartamentos ao redor. O projeto começou sob a influência do ex-presidente Carlos Ménem, que (embora católico no momento da sua presidência) é de ascendência síria muçulmana. A construção começou em 1998 e foi inaugurada em 2000. O centro está aberto para gratuitas visitas guiadas em espanhol e, às vezes, em inglês, terça-feira e quinta-feira ao meio-dia. Com duração de 45 minutos, você vai ver o jardim, o pátio interno, a biblioteca e outros espaços. As instituições podem fazer pedidos especiais para visitas em outros momentos. O Centro oferece aulas da língua árabe e do Alcorão e possui uma biblioteca aberta ao público diariamente das 10h00 às 17h00. Embora o Centro esteja fechado ao público nos feriados muçulmanos, visitantes muçulmanos são bem-vindos a Buenos Aires, para participar das atividades. Estima-se que a comunidade árabe e islâmica na Argentina tenha por volta de 750.000 pessoas. Muitos argentinos chamam qualquer descendente de árabe ou muçulmano de "turco", independentemente do seu país de origem, baseado no fato de que a maioria veio de locais como a Síria, Armênia e Líbano, áreas controladas pelo Império Otomano, a capital da qual está agora nos modernos dias da Turquia.

Av. Bullrich 55, na Libertador. ⓒ **11/4899-0201**. www.ccislamicoreyfahd.org. Excursões gratuitas ter-quin ao meio-dia. Metrô: Palermo.

Claustros del Pilar (Basília Nuestra Señora del Pilar) ★★
É uma imponente igreja branca colonial espanhola com vista para o Cemitério da Recoleta. Enquanto muitos visitam o interior para ver o culto, alguns tomam o tempo para descobrir o museu da arte religiosa no interior da antiga área do convento, repleta de belíssimas peças dos primeiros anos de Buenos Aires. Uma volta no tempo, o convento conserva os pavimentos originais, escadas, muros e outros componentes de 1732, ano da sua construção. Mais interessantes são as janelas com

painéis especiais, feitos de ágata, para que a luz possa entrar em função da estrutura, mas as freiras seriam escondidas. Outros destaques incluem o vestiário eclesiástico em exibição.

Junín 1904, ao lado do Cemitério da Recoleta. ℂ **11/4803-6793**. Entrada US $ 1 (50p). Ter-sáb das 10h30min-18h15min; domingo das 14h30min-18h15min. Sem acesso ao metrô.

Basílica y Convento de San Francisco (Igreja e Convento de San Francisco) ⭐ A paróquia de San Roque a qual esta igreja pertence é uma das mais antigas da cidade. Um arquiteto jesuíta projetou o edifício em 1730, mas uma reconstrução definitiva no início do século 20 acrescentou uma fachada barroca alemã, juntamente com estátuas de São Francisco de Assis, Dante e Cristóvão Colombo. Lá dentro, você encontrará uma tapeçaria do artista argentino Horacio Butler, juntamente com uma extensa biblioteca.

Calle Defensa e Alsina. ℂ **11/4331-0325**. Entrada gratuita. Várias horários. Metrô: Plaza de Mayo.

6 Destaques Arquitetônicos
OS FÃS DA ARQUITETURA DEVEM VER

Buenos Aires está repleta de destaques arquitetônicos. Tenho discutido muito as mais importantes construções ao longo deste capítulo e falarei nas caminhadas e passeios no capítulo 8. Aqui estão algumas particularidades impressionantes, algumas não estão abertas ao público.

Centro Naval ⭐⭐ Inaugurado em 1914 e projetado pelo arquiteto suíço Jacques Dunant, este edifício é uma incrível combinação de elementos do rococó italiano e da vida rural, executados em todo alto estilo de Belas Artes. O edifício é feito de concreto e está extremamente bem conservado. O escudo de bronze enfeita as portas, junto a flechas e outros símbolos de guerra, inspecionados pelo despido e bronzeado deus do mar em junto a um galeão espanhol anunciando um triunfo através de uma concha. Outros barcos de bronze formam as balaustradas nos andares superiores. O edifício não está aberto ao público, mas às vezes são permitidas as visitas ao pequeno salão. Existem também vários eventos que são realizados aqui, incluindo casamentos, por isso, se você ouviu falar de algum, encontre uma maneira de ser convidado.

Calle Florida 801, em Córdoba, cruzamento com a Galería Pacífico. Geralmente não está aberto ao público. Metrô: San Martín.

Confitería del Molino ⭐⭐ Infelizmente, não será impossível entrar nessa obra prima, além do que ela está em decadência. Do outro lado da rua da Congresso, este foi um dos mais importantes cafés da cidade, onde políticos se misturam com os cidadãos e dignitários de todo o mundo. O café fechou em 1997, e o edifício agora está apenas aberto ao público para eventos planejados para aumentar a consciência da necessidade de restauração do edifício antes que ele desapareça para sempre. Ele encontra-se mal preservado, plantas e musgo estão crescendo sobre a fachada. Principalmente a Art Nouveau, vidros coloridos e azulejo trabalhos onde foram uma vez parte da decoração aqui e sua principal característica é a sua torre imitando um moinho de vento. O arquiteto foi Francesco Gianotti, um italiano que também desenhou a **Galería Güemes** e seu teatro sediou o espetáculo de tango Piazzolla. Estes estão abertos ao público, se quiser ter uma ideia do fabuloso interior do Molino (pág.156).

Callao 10, na Rivadavia, perto de Congreso. Não está aberto ao público. Metrô: Congreso.

Teatro Nacional Cervantes ⭐⭐ Um dos mais importantes teatros do país, a arquitetura coloca aqui um espetáculo em seu todo. Construído em estilo imperial Habsburgo espanhol, tem vista para a Plaza Lavalle, a apenas 2 quarteirões do famoso Teatro Colón. O edifício foi um presente de dois atores espanhóis que abriram o teatro em 1921. Dentro

> **Crianças** Especialmente para Crianças
>
> Buenos Aires tem grandes atrações para crianças de todas as idades:
> - Museo de Los Niños (pág.159)
> - Museo Participativo de Ciencias (pág.1603)
> - Jardim Zoológico (pág.169)
> - O Palácio da Água e o Museo del Patrimonio (pág.162)
> - Museo de las Armas de la Nación (pág.159)
>
> Além dos pontos turísticos listados acima, uma série de parques infantis são de especial interesse para as crianças. Um deles, onde você vê pais e filhos passeando depois da meia-noite, está na **Plaza San Martín**. Um carrossel e balanço estão em conjunto na **Plaza Congreso**, em frente ao quartel-general das Madres de Plaza de Mayo. Você também encontrará os parques infantis no **Jardim Botânico** (pág.169). Note que o restaurante **Garbis** do Oriente Médio (pág.131) também tem um parque.

de poucos anos, ele faliu e foi adquirido pelo governo argentino. O interior está decorado com materiais da Espanha, incluindo tapeçarias de Madri e porcelanas de Valência e Tarragona. O teatro está aberto ao público para visitas e tem produções durante todo o ano, por isso quando visitar pergunte sobre os próximos espetáculos.

Libertad 815, em Córdoba, com vista para a Plaza Lavalle. ✆ **11/4816-7212**. Visitas guiadas terça-feira às 14h00min. Metrô: tribunales.

7 Circuitos Organizados e Guiados

EXCURSÕES GRATUITAS DO ESCRITÓRIO DE TURISMO DA CIDADE BUENOS AIRES

O escritório de Turismo da Cidade Buenos Aires oferece uma excelente variedade de passeios grátis. Participantes são tomados pela cidade em ônibus ou se reúnem em um ponto designado por bairro e caminham com um guia que explica os destaques. A maioria das excursões é realizada em espanhol, no entanto, algumas estão em espanhol e inglês. A possibilidade de um guia que fale inglês pode mudar no último minuto, mas eu o encorajo a participar dos passeios assim mesmo. Você pode sair se não estiver entendendo, mas é provável que alguém seja capaz de traduzir.

Peça informações sobre os passeios nos muitos **Quiosques de Informação** de Buenos Aires (listados na pág 44). Você também pode ligar para o número direto de informação (✆ **11/4313-0187**). Ele funciona das 07h30 às 18h, de segunda a sábado e domingo das 11h às 18h. Ou ligue diretamente para a organização das excursões livres (✆ **11/4114-5791**; Seg-Sex 10h-16h; peça para falar com Rubén Forace). Os passeios tem um número limitado de vagas, por isso você deve se reservá-los.

Os passeios abrangem os mais importantes bairros: Palermo, San Telmo, La Boca, Recoleta, a Plaza de Mayo, Belgrano e muitos outros, mas não são oferecidos todos os dias. Solicite no **Quiosque de Informação ao Visitante** uma revista *Free Guilded Tours*, que mostra quando eles estão programados enquanto estiver na cidade.

Eles também oferecem 4 passeios especializados gratuitos que dizem respeito às figuras históricas de Buenos Aires. Chamados de *Itinerarios Evocativos*, estes incluem Eva Perón, Carlos Gardel, Jorge Luis Borges e Federico García Lorca. Estes também serão listados na revista Free Guilded Tours, mas os passeios não são realizados todos os meses. Cada um dos Itinerários Evocativos tem o seu próprio folheto que contém a lista de locais, endereços e uma descrição de cada um dos locais que seriam visitados. Você pode, portanto, fazer esses passeios por conta própria se não forem oferecidos enquanto estiver na cidade.

Outro interessante serviço gratuito oferecido pelo Escritório de Turismo da Cidade Buenos Aires é o de Telefonia Celular Tours. Solicite uma revista, atualmente apenas em espanhol, chamada de *Audio Guía Móvil*. A revista tem instruções para cada itinerário, você liga para um número e coloca um código para ouvir discursos e outras informações (quer em inglês ou espanhol), quando estiver próximo aos locais históricos. Quando tentei esse sistema, não achei que funcionou muito bem, mas talvez você tenha mais sorte. Embora, em teoria, esse serviço de informação seja gratuito, não se esqueça de que você vai ser cobrado pelo tempo de utilização do telefone, fazendo com que o custo da utilização deste serviço seja alto. Ainda assim, o sistema completo de flexibilidade e capacidade de permitir que você ouça gravações do passado certamente, fará a diferença de qualquer outra opção de passeio lá fora.

Se pegar um passeio e sentir que tem sido vítima de falsas declarações ou fraude de qualquer natureza por parte das empresas, ou que tenha sido vítima de um golpe de táxi, o turista tem também um escritório para a solução de problemas com número especial. O programa chama-se **Buenos Aires Te Protégé, Buenos Aires Protege Você** e pode ser chamado pelo número gratuito ✆ **0800/999-283387**.

PASSEIOS DE BARCO

Buenos Aires ignora a sua localização em frente ao rio de muitas maneiras e parece não ter qualquer real conexão com a água que não seja uma visão de seus altos edifícios. Os dois passeios listados abaixo, porém, permitem que você veja a cidade por outro ângulo.

Navegando Buenos Aires, no Puerto Madero em Alicia Moreau de Justo 872, próximo a doca Fragata Sarmiento (✆ **11/4342-4849**; www.navegandobuenosaires.com), são barcos baixos que parecem estufas que deslizam sobre o porto de Puerto Madero. Eles passam debaixo das numerosas pontes baixas na área do Puerto Madero e seguem em direção a La Boca. Eles funcionam duas vezes ao dia na segunda e sexta e as viagens duram aproximadamente 1 hora e meia. Passeios de adultos custam US$5 (£2,65) e as crianças US$3 (£1,60). Só aceita dinheiro.

Buenos Aires Boats, a doca de La Boca, à base de Caminito (✆ **11/4303-1616**; www.bueboats.com), parte diariamente quatro vezes por dia do porto de La Boca perto onde Caminito atinge o porto. Viagens duram aproximadamente 1hora e meia e vão de La Boca para o Rio de la Plata. Excursões de barco custam US $5 (£2,65) para adultos, US $3,50 (£1.90) para mais velhos e crianças e grátis para crianças menores de 3 anos. Descontos de grupo estão disponíveis. Só aceita dinheiro.

Puro Remo Barcos e Caiaques (✆ **11/4313-8008**; www.puroremo.com.ar) É parte do Iate Clube de Puerto Madero e oferece várias excursões onde você faz todo o percurso remando. Excursões variam em extensão, preço e conjunto de habilidade. Só aceita dinheiro.

Além disso, La Boca também tem uma **pequena balsa** à base da agora fechada, Puente N. Avellaneda (aquela coisa de metal grande, enferrujada, que tem vista para a La Boca que tem sido declarada uma herança local da UNESCO). Estes são os barcos locais usados para cruzar o rio e ir de um lado para outro em Buenos Aires nos muitos subúrbios na Avellaneda. Custando só 50 centavos (US$1,50/80p), eles são divertidos de andar, mas eu indico a travessia e retorno direto ao invés de explorar o outro lado do rio, porque Avellaneda é considerado perigoso se você não souber onde você vai. Poucos turistas pegam este barco, assim você será bem recebido a bordo pelos habitantes que raramente reconhecem os estrangeiros. Alguns habitantes meio jocosamente chamam estes barcos de as Góndolas de La Boca, fazendo referência à herança italiana. Não toque na água! Ela é fortemente poluída, cheia de resíduos industriais e esgoto. Só aceita dinheiro.

PASSEIO DE BICICLETA

Buenos Aires Urban Biking (℡ 11/4855-5103 ou 15/5175-6388; www.urbanbiking.com) oferece quatro roteiros diferentes para andar de bicicleta ao longo de Buenos Aires: áreas do norte da cidade, áreas sulistas inclusive a Reserva Ecológica, Buenos Aires à noite e o Delta do Tigre fora da cidade. Equipamento é fornecido pela companhia e preços e a duração da viagem varia de acordo com o itinerário que pode ser de meio dia a um dia inteiro de 8 horas. Eles também funcionam em La Plata, a capital da província de Buenos Aires. Guias falam inglês, espanhol, francês e português.

Lan e Kramer Bike Tours (℡ **11/4311-5199**) conduzem grupos que geralmente se encontram e começam as viagens na Plaza San Martín. Há várias rotas de excursão, algumas das quais passam pela Reserva Ecológica ao longo do porto Puerto Madero. As taxas começam a partir de US $25 (£13) por pessoa e a última viagem de 3 a 6 horas, dependendo do itinerário.

EXCURSÕES DE ÔNIBUS

Linha de Viagens (℡ 11/5555-5373; www.travelline.com.ar) oferece mais de 20 excursões com vários temas dentro de Buenos Aires e nos bairros vizinhos. São escolhidos os participantes do hotel e excursões podem durar de 4 horas até um dia inteiro; alguns incluem comidas. Temas incluem Eva Perón, tango, Fiesta Gaucho (que visitam uma estancia, ou fazenda), Cidade pela Noite e o Delta do Tigre, entre muitos outros. Preços variam de US$10 a US$90 (£5.30–£47). American Express, Discover, MasterCard e Visa são aceitos.

EXCURSÕES TEMÁTICAS JUDIAS

Travel Jewish (℡ 949/307-9231 no E.U.A. ou 11/4106-0541 em Buenos Aires; www.traveljewish.com) pertence a Deborah Miller, uma americana que morou em Buenos Aires. Podem ser planejadas viagens do princípio ao fim, inclusive voos e hotéis, ou há excursões judias de 1 dia para desfrutar em Buenos Aires. Preços dependem da estação; uma excursão de 10 dias de Buenos Aires, Patagonia e Foz do Iguaçú custam por volta de US $2.240 (£1.187) por pessoa (baseado no dobro da ocupação). Excursões de Buenos Aires com duração de meio dia começam em US $80 (£42) por pessoa. Aceita MasterCard e Visa.

EXCURSÃO DE ESPORTE

Go Football Tours (℡ 11/4816-2681 ou 15/4405-9526; www.gofootball.com.ar) levam a jogos. Amantes de esportes gostarão de ter todo o pensamento feito por eles, de saber qual time está jogando, para conseguir ingressos e ao próprio jogo. A empresa encontra você na porta do hotel e te leva ao estádio. Visite a página na internet para verificar quais jogos te interessam. Eles também têm excursões de tênis, pólo e muitos outros esportes. São aceitos cartão Visa e dinheiro. A maioria dos eventos custa US $40 (£21), incluso ingressos e transporte.

Golf Day (℡ 11/4824-8531 e 11/4826-8531) é perfeito para executivos ocupados que não têm tempo para planejar um dia de golfe, mas querem tentar acertar alguns buracos antes de deixar Buenos Aires. Esta empresa pegará você, levará a um campo de golfe, providenciará o almoço e então te levará de volta ao hotel. Eles pedem antecedência de um dia, se possível, ao fazer uma reserva. Preços iniciam em US $60 (£31) ou mais.

EXCURSÃO DE TANGO

Há centenas de excursões, literalmente, para pessoas que se interessam por tango aqui em Buenos Aires, a cidade onde tudo começou. Para mais informação, veja "Excursões de Tango" na pág.238 no capítulo 10.

EXCURSÃO A PÉ

Veja no capítulo 8 cinco excursões que eu criei. Veja "Escritório de Excursão de Turismo da Cidade de Buenos Aires Grátis", para uma descrição de Buenos Aires e excursões disponíveis no Escritório Turístico.

Além do anterior, **Los Santos Tours** (C 11/4325-8100; turismoxbuenos aires@netafull.com.ar) tem vários itinerários a pé pelos diferentes bairros de Buenos Aires. Preço e duração variam conforme o itinerário, o passeio completo pela cidade pode durar até 7 horas. Preços variam de US $16 a US $24 (£8,45–£12) e alguns itinerários incluem um lanche ou o almoço.

IN VIP Visit BA (C 15/5063-6602; www.invisitba.4t.com) oferece excursões altamente personalizadas com opção de ir apenas caminhando enquanto outros vão de ônibus ou combinam ambas as formas. Preços variam conforme o itinerário mas podem variar de US $15 a US $25 (£7,95–£13) ou mais por pessoa, dependendo do tamanho do grupo e complexidade do itinerário.

8 Escola Argentina de Espanhol Borges

Os centros listados a seguir oferecem eventos culturais durante o dia e noite. olhe os vários itens deste capítulo, pois vários museus e centros religiosos também têm seus próprios centros culturais.

Asociación Argentina de Cultura Inglesa ★ essa facilidade multifuncional foi fundada há 77 anos por um embaixador britânico que quis promover a cultura britânica dentro da Argentina. Ele foi muito bem-sucedido em seu investimento e hoje o AACI ensina inglês a mais de 25.000 estudantes por ano, tem vários filmes, teatro, cultura, programa de arte e geralmente provê um ambiente de muitas boas-vindas para qualquer nativo da língua inglesa. Eventos podem caminhar do mais alto nível (celebrando ao Shakespeare) para o simples (exibições do programa de TV Absolutely Fabulous). Pegue as várias listas de eventos e panfletos disponíveis no próprio centro, ou procure as listas no Buenos Aires Herald, escrito em inglês.

Suipacha 1333, na Arroyo. C**11/4393-2004**. www.aaci.org.ar. Várias horários, geralmente seg–sex das 09h00min–21h00min. Metrô: San Martín.

Escola Espanhola Borges Argentina Um projeto da Fundação Internacional Jorge Luis Borges, esta escola oferece aulas do idioma combinadas com excursões.

Avenida Córdoba 2302, Primeiro andar, na Uriburu Congreso. C 11/5217-9777. www.tripnow.com.ar. Metrô: Facultad de Medicina.

Buenos Aires Escuela de Español Esta escola oferece programas de imersão, aulas para fanáticos pelo tango, espanhol para crianças, como também outros programas do idioma espanhol.

Av. Rivadavia 1559, 2C, na Montevideo, perto de Praça Congreso. C **11/4381-2076**. www.baesp.com. Metrô: Congreso.

Centro Cultural da Recoleta ★★★ *Crianças* Adjacente ao cemitério, este centro de arte tem exposições de arte permanentes e rotativas, além de apresentações teatrais e musicais. Projetado em meados do século 18 como um convento franciscano, foi transformado em um albergue em 1858, até que se tornou um centro cultural em 1979. No primeiro andar está o **Museo Participativo de Ciencias** onde é "proibido não tocar" (pág.160). Uma das melhores livrarias de cultura da cidade, Asunto Impresa, Libreria de la Imagen, fica situada no salão de entrada central e definitivamente vale a pena conferir enquanto estiver aqui. O Centro Cultural oferece muitas atrações, portanto você deve pegar o calendário completo de atividades do centro, assim você não irá perder nada enquanto estiver na cidade.

9 Esportes

Junín 1930, próximo ao Cemitério da Recoleta. ✆ **11/4807-6340.** www.centroculturalrecoleta.org. Ter–sex das 14h00min–21h00min; sáb–dom e feriados das 10h00min–21h00min. Várias horários para produções de teatro e eventos especiais. Sem acesso ao metrô.

Não há falta de eventos esportivos em Buenos Aires, desde o ilustre campeonato Internacional de Pólo onde residentes têm uma relação amigável com a realeza européia, ao evento de futebol em que as multidões são tão barulhentas quanto os jogadores. Confira os papéis para eventos e horários onde a cidade, especialmente o escrito em inglês - *Buenos Aires Herald*. Se você preferir que sua experiência seja planejada (escolha, compre o ingresso e seja escoltado até o jogo), confira as duas empresas que eu menciono anteriormente em "Passeios Esportivos", "Self-Guided & Organized Tours".

ESPECTADOR DE ESPORTES

Corridas de Cavalos Durante grande parte do século 20, a Argentina era famosa por seus puros sangues. Ela continua enviando cavalos premiados para competições em todo o mundo, embora você possa assistir alguns dos melhores aqui em Buenos Aires. No centro da cidade, você pode ver corridas no **Hipódromo Argentino de Palermo**, Av. del Libertador 4205, na Dorrego (✆ **11/4778-2839**), em Palermo, uma trilha feita em um design clássico. O Hipódromo está aberto todo o ano. A entrada é gratuita e a corrida às vezes é executada no final da tarde até meia-noite. Nos bairros, a poucos de quilômetros de Buenos Aires, está também o **Hipódromo de San Isidro**, Av. Márquez 504, no Fleming em San Isidro (✆ **11/4743-4010**). O moderno local está aberto o ano todo. A maioria das corridas começa no início da tarde até o início da noite e os preços da entrada variam US 35 ¢ (20p) para US $ 2 (£ 1,05), dependendo da área do seu assento. Confira a *Buenos Aires Herald* para mais informações.

PÓLO A Argentina tem mais vitórias em torneios internacionais de pólo que qualquer outro país e o **Campeonato Open Argentina,** realizado no final de novembro e começo de dezembro, é o evento de pólo mais importante do mundo. Há duas temporadas de pólo: de março a maio e de setembro a dezembro e as competições são realizadas no **Campo Argentino de Pólo**, Avenida del Libertador e Avenida Dorrego (✆ **11 / 4576-5600**). Os ingressos podem ser adquiridos na porta por US $ 25 (£ 13) por pessoa. Este é um dos mais importantes estádios de pólo do mundo e visitas da realeza europeia são comuns na temporada. Contate a **Asociación Argentina de Polo**, Hipólito Yrigoyen 636 (✆ **11/4331-4646** ou 11/4342-8321), para obter informações sobre escolas e eventos de pólo. La Martina Polo Ranch (✆ **11/4576-7997**) localiza-se a 60 km de Buenos Aires, perto da cidade de Vicente Casares, abriga mais de 80 cavalos de pólo, bem como uma pousada com piscina e quadra de tênis.

FUTEBOL Uma pessoa não pode discutir sobre futebol na Argentina sem fazer reverência a Diego Armando Maradona, que na Argentina é o jogador mais adorados e um dos maiores jogadores da história do esporte. Qualquer sentimento de unidade nacional acaba quando os argentinos assistem os seus clubes favoritos: River Plate, Boca Juniors, Racing Club, Independiente e San Lorenzo batalham no Domingo durante a temporada, que vai de fevereiro até novembro. Existe também a temporada de verão quando as equipes viajam. Essencialmente o futebol nunca para em Buenos Aires. A paixão pelo futebol não podia ser mais fervorosa. Tente assistir um jogo no Estádio do Boca Juniors, Brandsen 805 (**©** **11/4309-4700**), em San Telmo, seguido dos ruídos das festas da rua. O preço do ingresso começa em US $ 3 (£ 1,60) e podem ser comprados com antecedência no portão.

ATIVIDADES AO AR LIVRE

GOLFE A Argentina tem mais de 200 campos de golfe. Próximo ao centro de Buenos Aires está **Cancha de Golf de la Ciudad de Buenos Aires**, Av. Torquist 1426, na Olleros (**©** **11/4772-7261**), 10 minutos do centro da cidade e com grandes cenários e um par de 71cursos. Os preços são a partir de US $ 7 (£ 3,70) durante a semana US $ 10 (£ 5,30) nos fins de semana, com taxas adicionais para gandulas e outros serviços. **Jockey Club Argentino**, Av. Márquez 1700 (**©** **11/4743-1001**), seja em San Isidro, cerca de 30 minutos do centro da cidade. Ele oferece dois cursos (71-e 72-par). Os preços começam em US $ 40 a US $ 60 (£ 21 - £ 31) para entrada, mas com taxas extras para gandulas e outros serviços.

Passeio pela Cidade

8

Buenos Aires é uma cidade para caminhadas. Não importa onde comece, encontrará bela arquitetura e ruas alinhadas por árvores. Se você se perder, um gentil portenho vai te ajudar ao longo do caminho, bem como oferecer conselhos sobre melhores atrações. Eu descobri alguns roteiros, mas tenho certeza que você vai encontrar muitos ao longo do caminho

EXCURSÃO A PÉ 1	HISTÓRICA CALLE FLORIDA: NÃO SÓ UM DESTINO DE COMPRAS
Começa:	Esquina das calles Córdoba e Florida.
Transporte Público:	Metrô: San Martín
Termina:	Calle Florida na Diagonal Norte.
Tempo:	2 horas, não inclui refeições ou parada para compras.
Melhores Períodos:	No período do dia e da tarde, quando podemos ver melhor os edifícios e principalmente todos estão abertos.
Piores Períodos:	Pode ser feito a qualquer hora, mas depois das 20h00 poucos interiores podem ser vistos.
Nível da Caminhada:	Fácil e também acessível a cadeira de rodas, na maioria dos casos.

Passarela da Calle Florida na sua maioria tem uma reputação de uma loja até você abandonar as pessoas e observar o destino. No entanto, aqui também há soberba arquitetura e história. Eu destaco as mais belas características da rua, mas recomendo que você mantenha a cabeça erguida enquanto caminha (tentando no percurso não se chocar com alguém ou pisar em dejetos caninos). Embora muitas das construções nesta rua tenham sido modernizadas, a preservação das fachadas é frequente. A última parte desta viagem ao longo da Calle Florida leva você ao centro bancário de Buenos Aires, apelidado de "La City", em homenagem ao distrito Financeiro de Londres.

Para iniciar a excursão, comece pelo nordeste da esquina da Calle Florida, onde ela encontra com a Calle Córdoba. Você vai estar em frente da Córdoba 810, que é o:

❶ Centro Naval

Este é um dos prédios mais requintados da cidade, uma obra-prima da arquitetura de pedra talhada. Um deus do mar nu em um galeão espanhol, anunciando o triunfo por meio de uma concha, que supervisiona o canto da porta. Temas navais continuam ao longo da parte superior do balaustradas. O prédio foi inaugurado em 1914 e foi projetado pelo arquiteto suíço Jacques Dunant. Não está aberto ao público em geral, mas às vezes eles deixam circular pelo salão. Se você alguma vez for convidado para um evento aqui, vá. É um local deslumbrante.

Cruzamento da Calle Córdoba em direção ao sul e depois de atravessar a rua, na:

Achados   Mais Faça-você-mesmo Excursões

Os quiosques de Turismo da Cidade de Buenos Aires, espalhados por toda a cidade tem mapas que podem ser utilizados para excursões individuais. *The Golden Map* (pág.45), disponível em quase todos os hotéis, também tem alguns guias para passeios por diversos bairros da cidade. Um panfleto que a cidade oferece contém informações sobre um celular especial para passeios, onde os participantes digitam um código em diversos destinos e escutam explicações em inglês, espanhol e outras línguas, incluindo gravações de acontecimentos históricos em vários locais. Peça esta revista, mas saiba que o sistema de telefone nem sempre funciona. Outras excursões incluem passeios temáticos "Mulheres de Buenos Aires" ou focam em figuras históricas importantes, tais como Evita, Lorca, Borges ou Gardel, com endereços e descrições dos lugares que você vai ver. Alguns desses passeios cobrem grandes distâncias não aptas a serem vistas exclusivamente por caminhada.

❷ Galerías Pacífico

O mais famoso shopping de Buenos Aires, a Galerias Pacífico, foi inaugurada em 1891. O prédio foi projetado para relembrar a Galleria Vittorio Emanuele II, em Milão, com seus longos corredores, cúpula de vidro e vários escadões das lojas. Uma breve crise econômica após a sua abertura, no entanto, fez com que ela fosse convertida em um edifício comercial para a Empresa de Estrada de Ferro Pacífico. Em 1992, tudo voltou a ser como era antes, e o edifício foi convertido em um shopping center. Entre no prédio e veja a escada central onde todas as salas estão. Em 1945, enquanto ainda era um edifício comercial, pinturas sobre a história da humanidade foram instaladas na abóbada principal e o shopping center tem sessões diárias explicando a história da pintura.

> **FAÇA UMA PARADA**
> Se estiver faminto, faça um pit stop para se alimentar, na **praça de alimentação** da Galerias Pacífico. Experimente um fast-food *asado* (grelhado argentino) e termine sua refeição experimentando um chocolate da Patagônia, você não se arrependerá!

Quando tiver terminado as compras aqui, volte em direção da porta Calle Florida e vire à esquerda, caminhe sentido sul na Calle Florida até chegar na Lavalle, outra passarela da rua. Não há necessidade de deixar os automóveis, neste movimentado cruzamento, que é, muitas vezes, cheio de artistas de rua. (Faça uma parada aqui e veja se eles prendem a sua atenção.) Depois de atravessar Lavalle, pare no meio do quarteirão e vá ao prédio na Calle Florida 460 à sua direita, ou lado oeste. Você encontra:

❸ Sociedad Rural Argentina

Cercado pela fachada moderna, este pequeno edifício decorado em rococó francês, parece fora de lugar entre os seus vizinhos. As pessoas que trabalham no interior, sem dúvida, sentem-se do mesmo jeito, pois essa é a sede da Sociedad Rural Argentina, uma organização criada em meados dos anos de 1800 pelos oligarcas mais ricos do país. Esta alta sociedade foi importante para a criação da riqueza agrícola da Argentina. A porta para essa instituição está quase fechada, mas se você encontrá-la aberta não perca a chance de andar pelo interior do edifício. Não existem, no entanto, nenhuma visita oficial ao edifício.

Continue caminhando em direção sul na Calle Florida até chegar na Avenida Corrientes. Atravesse a rua e pare em frente ao Burger King, que foi o lugar da:

❹ História da Propriedade de Ana Díaz

Mulheres apaixonadas por história tomem nota: enquanto os homens normalmente conseguem todo o crédito de fundação das cidades, a expedição do explorador espanhol Juan de Garay de 1580, que fundou Buenos Aires, não aconteceu sem um toque de mulher. Ana Díaz, cuja casa era localizada na propriedade onde agora se situa o Burger King, veio junto com ele. A primeira vez que o espanhol tentou estabelecer a

Excursão a Pé 1: Histórica Calle Florida

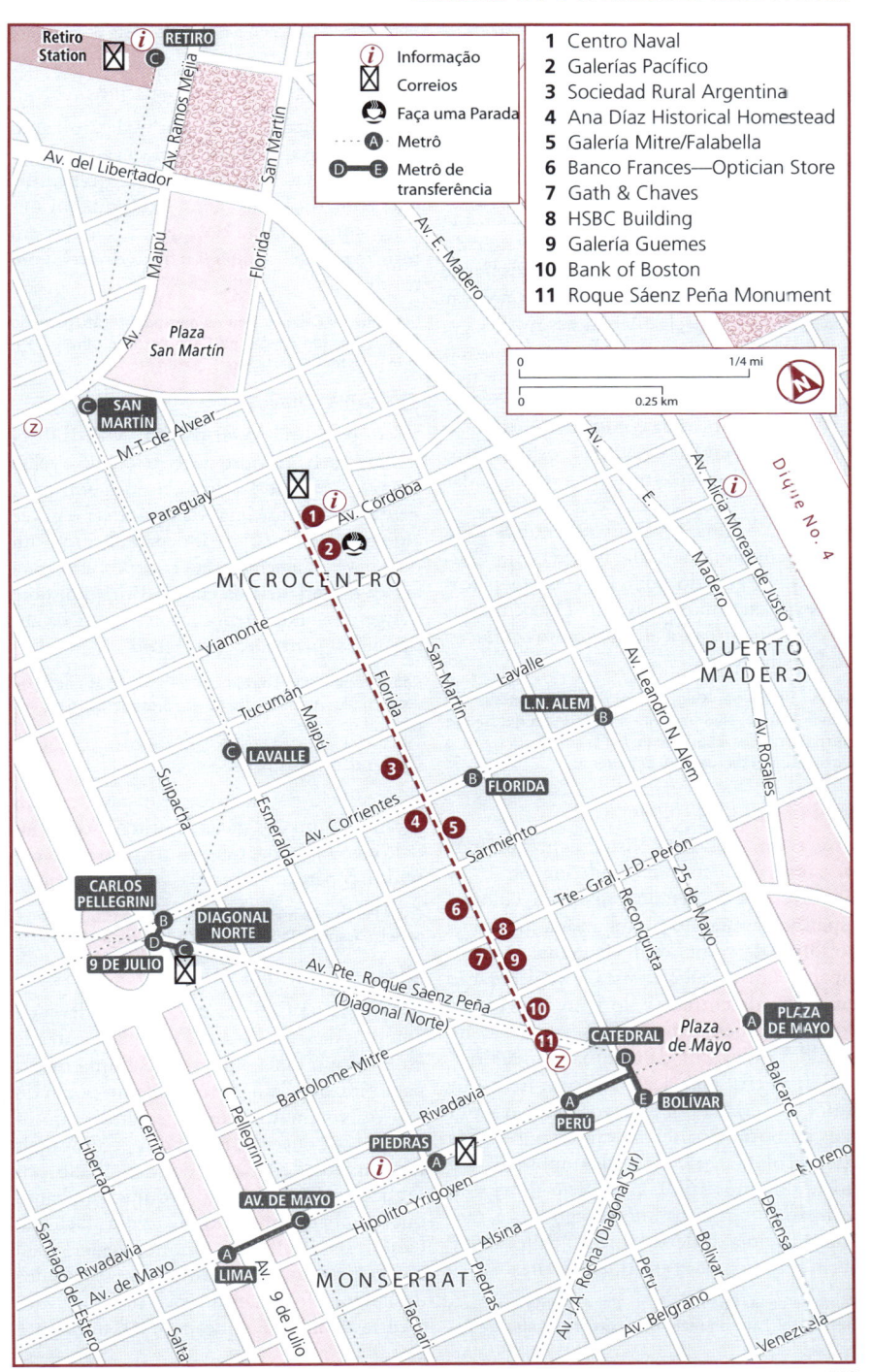

- ⓘ Informação
- ⊠ Correios
- 🖐 Faça uma Parada
- ····Ⓐ···· Metrô
- Ⓓ━Ⓔ Metrô de transferência

1. Centro Naval
2. Galerías Pacífico
3. Sociedad Rural Argentina
4. Ana Díaz Historical Homestead
5. Galería Mitre/Falabella
6. Banco Frances—Optician Store
7. Gath & Chaves
8. HSBC Building
9. Galería Guemes
10. Bank of Boston
11. Roque Sáenz Peña Monument

cidade de Buenos Aires, em 1536, era um grupo de exploradores, do sexo masculino e o estabelecimento falhou. Quem sabe quantas vezes ele poderia ter tentado fundar Buenos Aires se a mulher não estivesse por perto para cuidar das coisas na segunda vez? A casa original de Ana Díaz foi há muito tempo destruída, mas era localizada nessa esquina.Uma deslumbrante casa do século 20 foi construída aqui mais tarde e estava intacta até o Burger King colocar suas mãos sobre ela. Ainda assim, peça o hambúrguer e faça caminhadas conjuntas até a escadaria, à sua esquerda. Tente não suspirar em admiração enquanto você subir em direção a rotunda colunada, tetos de vidro colorido e várias salas com os seus tetos decorados de gesso. Imagine o que o andar térreo parecia antes da carne moída assumir. Esta é uma das mais espantosas jóias raras escondidas na Calle Florida. Em Corrientes ao lado do edifício, existem placas que explicam mais sobre Ana Díaz e muitas vezes com vista para a importante fundação de Buenos Aires.

Ao sair do Burger King, vire à direita e continue até a Calle Florida. Não pare até a metade do quarteirão entre Corrientes e Sarmiento. Em seguida, em frente a parte oriental da rua pare para ver a:

❺ Galería Mitre/Falabella

Este é um dos mais visualmente impressionantes e incomuns edifícios na Calle Florida. Foi projetado em estilo colonial espanhol, imitando a embaixada argentina ao longo da fronteira do Paraguai. A principal e única característica é a decoração em torno da entrada e do friso acima dela, com os homens em vestidos espanhóis no século XVI, executada de uma maneira rústica. Este cru, mas decorado com itens que imita arte criada por escravos indígenas por seus senhores espanhóis durante o início da época colonial, no final dos anos 1500 e início dos anos 1600. O edifício tinha sido fechado por muitos anos e agora é a casa Falabella, loja de departamento chilena, que abriu recentemente em Buenos Aires.

Continue na mesma direção na Calle Florida, cruzando Sarmiento. Pare no meio do quarteirão antes de Perón, desta vez virando para o lado oeste da rua, você estará olhando o:

❻ Banco Francês – Loja de Óculos

Nas ruas, você vai saber por que parou aqui (não, eu não quero que você vá ao caixa eletrônico). Mas, olhe para cima e verá uma bela construção dos anos 1920 que foi outra vez um oculista do quartel. Óculos em bronze enfeita as janelas e belas donzelas em torno deles.

Continue na Calle Florida na mesma direção, parando apenas quando chegar na Calle Perón e olhe para o lado oposto, na parte oeste, para ver:

❼ Gath & Chaves

Você perceberá o BANCO MERIDIEN marcado sob um vidro de ferro forjado e velho pórtico simulando a entrada do metrô parisiense. Olhando acima, você pode ver o nome antigo da loja britânica de departamento Gath & Chaves. Parecido com Harrods, mostra a antiga importância da cultura Britânica sobre a Argentina. No interior, apenas a dica da antiga beleza permanece no saguão.

Continue na Calle Florida até a Perón, mas não atravesse ainda. Ao invés disso, vire à esquerda, para vislumbrar o:

❽ Prédio do HSBC

Este edifício decorado com aparatos góticos espanhóis, um dos meus favoritos, é confrontado com mármore travertino e o canto da entrada é coberta com pesadas portas de bronze.

Cruze Perón e na metade do quarteirão na Calle Florida, pare em frente o lado leste da Calle Florida 165, a:

❾ Galería Guemes

A entrada na Calle Florida desta galeria de compras de volta do século 20 não é nada de especial, e o mais interessante é uma marca para Piazzolla Tango, realizada no porão do teatro. No entanto, um passo através do limiar e você encontrará um dos prédios mais requintados da cidade. Foi desenhado por Francesco Gianotti, um arquiteto italiano, que também projetou a, agora fechada, Confiteía del Molino. À noite, a galeria está aberta para os apreciadores de espetáculos de tango. No entanto, você pode passear, a entrada não é bloqueada. Não importa a

CONHECENDO A PLAZA SAN MARTÍN E RETIRO

época que você vá, não perca o elevador decorado com detalhes em bronze.

Continue ao sul na Calle Florida e cruze a Calle Bartolomé Miter. Pare imediatamente, em frente ao edifício em forma de cunha do lado esquerdo, ou oriental, na Calle Florida 99. Lá você encontra o:

⑩ Bank of Boston

Este é mais um decorado edifício colonial espanhol, ainda mais impressionante do que o banco HSBC, cheio de belos detalhes sobre sua fachada e no interior. Grande parte do calcário e da estrutura de aço necessária para fazer este edifício vieram dos Estados Unidos. A porta com 4 toneladas de bronze foi feita na Inglaterra. Desde a crise do peso, o edifício tem muitas vezes sido um foco de sentimentos antiamericanos e, às vezes, está coberto com "Ianques vão para casa" grafitado. Se o edifício estiver aberto, entre em seu espaçoso átrio, com estreitas colunas douradas sustentando e um teto enfeitado. O topo do edifício tem uma enorme e enfeitada cúpula, uma parte da fileira nas das Diagonal Norte, marcando cada intersecção com a conexão da rua (este padrão começa na Praça de Mayo e continua até a Diagonal Norte, onde cruza com Av. 9 de Julho, formando o ponto de vista do Obelisco).

Ao sair do prédio, em frente a praça, olhe para o:

⑪ Monumento Roque Sáenz Peña

Inaugurado em 1936, este monumento Art Déco celebra a Roque Sáenz Peña, presidente da Argentina, no início de 1910, que morreu no escritório. Com vista para a Diagonal Norte, que também é conhecida como Avenida Roque Sáenz Peña. A construção da Diagonal Norte fazia parte de um plano para reconstruir Buenos Aires com pontos de vistas ao longo das linhas do reprojeto de Haussmann de Paris. Diagonal Norte ficou concluída em meados dos anos 1930.

Esta estátua marca o fim desta caminhada. Durante o dia, você pode cruzar a rua para o quiosque Turístico da Cidade de Buenos Aires, a moderna estrutura metálica com uma ala coberta, se precisar de qualquer tipo de informação ou ajuda. Atrás dele, se precisar de assistência de viagem, você encontrará o principal centro de atendimento ao cliente da Aerolíneas Argentinas. Se quiser ir para casa após a viagem, a linha D da estação de metrô Catedral está aqui, ou você pode andar um pouco em direção à Plaza de Mayo para mais acesso a linhas de metrô (linhas A e E).

EXCURSÃO A PÉ 2   CONHECENDO A PLAZA SAN MARTÍN E RETIRO

Começa:	O lado leste da Plaza San Martín, em frente ao edifício Kavanagh.
Transporte Público:	Metrô: San Martín
Termina:	Estação Retiro.
Tempo:	1 hora e meia se você estiver caminhando; de 3 a 4 horas, se entrar em todos os edifícios mencionados.
Melhores Períodos:	De segunda a sábado entre às 11h00 às 16h00.
Piores Períodos:	À noite quando tudo está fechado.
Nível da Caminhada:	Moderada, mas os passos e uma colina com vista para San Martín, bem como uma extensão da Retiro, podem ser um pequeno desafio.

Na virada do século 20, algumas das mais fabulosas mansões de Buenos Aires foram construídas com vista para a Plaza San Martín e poucas permanecem. A enorme praça, com suas árvores e a sua atmosfera preguiçosa, irão chamar a atenção para as praças de Savannah, Georgia. A área de Retiro espalha uma zona de colinas suaves e engloba a praça do complexo da estação ferroviária construída pelos ingleses, que é a entrada principal para esta grande cidade.

CAPÍTULO 8 · PASSEIO PELA CIDADE

Comece na própria Plaza, olhando em direção leste está o:

❶ Edifício Kavanagh

Na época da construção em 1936, este foi o edifício mais alto da América do Sul, que tem cerca de 120m com mais de 30 andares. Projetado como uma estrutura residencial, que levou mais de 16 anos para ter todos os seus apartamentos Art Déco vendidos. Desde sua construção, muitos edifícios têm sido mais elevados em toda a cidade.

Vire à sua direita e caminhe a poucos metros do parque (você estará fazendo um círculo ao redor da praça) até ver o:

❷ Marriott Plaza Hotel

A grande dama dos hotéis de Buenos Aires, o Marriott Plaza Hotel (pág.65), abriu em 1908, está entre as mais tradicionais hotéis da cidade. Quando ele abriu, foi considerado, e permanece até agora, o principal hotel da região (ao longo da Av. de Mayo) que muitos presumiam que seria um fracasso. Agora se aproxima do 100º aniversário, inúmeros famosos se hospedam e realezas têm ficado aqui. A fachada do hotel está lentamente passando por uma limpeza e uma restauração muito necessária, algumas partes podem estar com andaimes no momento da sua visita.

Continue a caminhar à sua direita ao redor da plaza, com a Calle Florida a sua esquerda. Pare quando chegar onde a Calle Santa Fe e olhe para o:

> **FAÇA UMA PARADA**
>
> Se tiver tempo, dê uma olhada no **Grill Plaza** do Marriott (pág.107) para ter uma ideia do antigo estilo de jantar em toda a cidade. Este local tem sido um centro das refeições e solicialização da elite de Buenos Aires há quase um século. Parar para almoçar ou jantar dependendo quando você estiver explorando. Este é um serviço completo de restaurante, assim esperamos a refeição para levar mais tempo do que para correr em apenas um lanche. Se você estiver aqui no meio do dia, confira os charutos no vizinho Plaza Bar, local frequentado por empresários.

❸ Círculo Militar e Palacio Paz

Talvez a mais bela das mansões Beaux Artes, em Buenos Aires, o Círculo Militar parece arrancado do Vale do Loire. Era a casa da família Paz e levou quase 12 anos para ser construída. Quem lhe encomendou, o patriarca, morreu à espera. A família é proprietária do jornal La Prensa. O Palácio Paz agora abriga o Círculo Militar, uma organização dos oficiais militares de elite aposentados que comprou o edifício em 1938. O Museo de las Armas, que dá indicações sobre os conflitos das Ilhas Malvinas / Ilhas Falkland, também está no edifício.

Continue caminhando ao redor da plaza à sua direita. Pare e olhe para o:

❹ Monumento do General José de San Martín

Este fantástico monumento celebra ao General José de San Martín, que lutou contra a Espanha na guerra de independência e é conhecido como o fundador da nação argentina. Ainda que a estátua fosse originalmente concebida em 1862, foi ampliada em 1900 para o espetáculo exagerado aqui. Você verá San Martín em cima de seu cavalo no meio de uma plataforma elevada, cercado por soldados e suas mulheres os vendo antes da batalha. A estátua é um dos locais favoritos da juventude e é onde dignitários visitantes de outros países geralmente deixam uma coroa de flores. O melhor período para ver esta estátua é em outubro e novembro, quando as árvores de jacarandá estão florescendo.

Vire-se para a estátua de San Martín que está à sua volta e cruze a extensa Calle Maipú, tendo muito cuidado neste caótico cruzamento. Caminhe até a Calle Arenales, em direção ao edifício grand mármore à sua direita, que é conhecido como:

❺ Palacio San Martín

Outro dos grandes palácios alinhados a Plaza San Martín, foi a casa da família poderosa Anchorenas na Argentina, cujo prestígio data de tempos coloniais. Em 1936, o Ministério dos Negócios Estrangeiros tomou conta do edifício. Da

Excursão a Pé 2: Plaza San Martín & Retiro

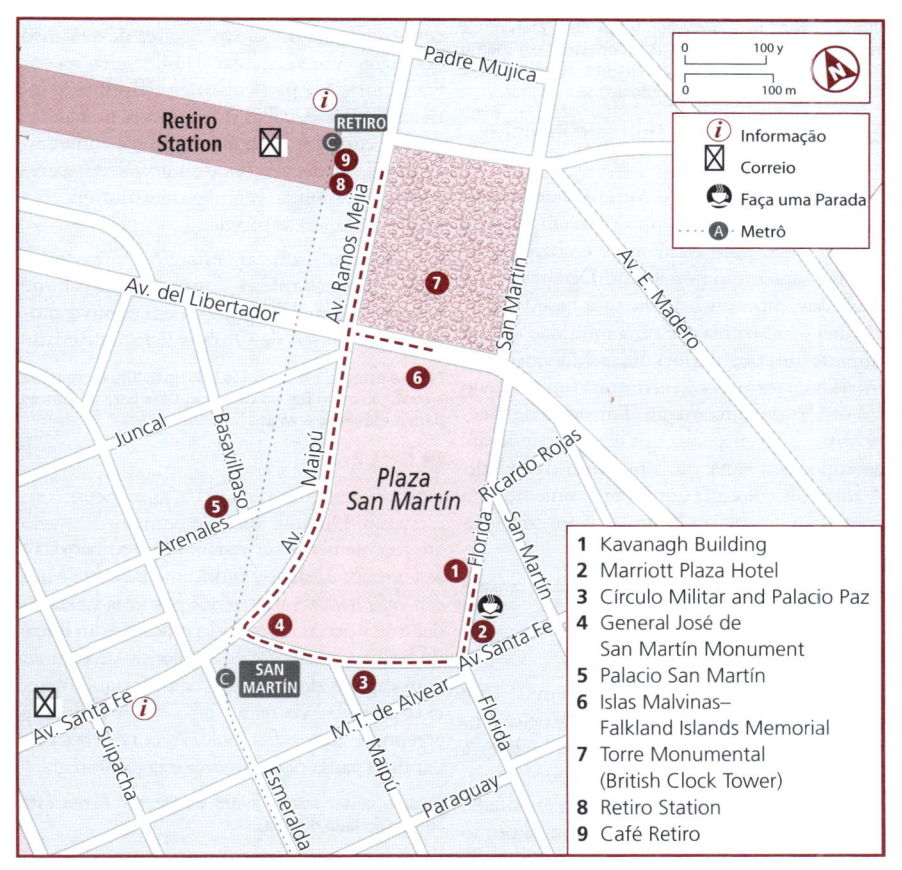

Legenda do mapa:
- *i* Informação
- Correio
- Faça uma Parada
- Ⓐ Metrô

Pontos de interesse:
1. Kavanagh Building
2. Marriott Plaza Hotel
3. Círculo Militar and Palacio Paz
4. General José de San Martín Monument
5. Palacio San Martín
6. Islas Malvinas–Falkland Islands Memorial
7. Torre Monumental (British Clock Tower)
8. Retiro Station
9. Café Retiro

rua, você poderá ver principalmente seus enormes portões franceses, embora estes tenham grades intrincadas, você poderá ver, através deles, o grande pátio circular. A construção está aberta periodicamente para visitas grátis.

Retroceda nos seus passos daqui, e volte em direção a Plaza San Martín, em frente ao monumento San Martín. Quando chegar na praça, vire à esquerda e continue caminhando em frente pela extensão da praça, na sequência da balaustrada, até cruzar com uma grande série de degraus em cascata estabelecida em uma colina. Este é um dos lugares favoritos para bronzear-se em tempos quentes. Tente não ficar de boca muito aberta devido às roupas de banho dos freqüentadores – você tem outras coisas para fazer! Na parte inferior da escada, ao seu lado direito, chegará no:

⑥ Memorial das Islas Malvinas / Ilhas Falkland

Este monumento homenageia mais de 700 argentinos que morreram durante a guerra as Ilhas Malvinas, uma breve guerra com a Grã--Bretanha no início de 1982. A guerra foi tratada como quase tola por muitos dos países de língua inglesa que apoiavam a Grã-Bretanha, incluindo os Estados Unidos. A Argentina perdeu a guerra, mas se tornou uma democracia mais uma vez no processo. A guerra e a soberania das ilhas ainda permanecem amargos pontos entre argentinos e é melhor tratar estes temas delicadamente nas discussões. Os três braços das Forças Armadas, o Exército, Marinha e a Aeronáutica, guardam o monumento, e a troca da guarda, vale a pena assistir.

Vire de costas para o memorial das Ilhas Malvinas e vá em direção a passagem dos pedestres em toda a Avenida Libertador. Cuidadosamente atravesse esta rua muito ampla e vá em direção ao meio da praça, na:

❼ Torre Monumental (Torre do Relógio Britânico)

Este presente de 1916 da comunidade britânica a Buenos Aires, foi renomeado em resposta a Guerra das Ilhas Malvinas e é chamada de Big Ben argentino por alguns. Decorada com símbolos imperiais britânicos, a base foi parcialmente destruída por uma multidão furiosa durante uma cerimônia Ilhas Malvinas. No interior da torre, você encontrará um pequeno Escritório de Informação Turísitica de Buenos Aires, assim como um elevador te levará ao topo para uma excelente vista da cidade. A torre foi colocada aqui, para comemorar a conclusão da estação Retiro, que foi construída com a tecnologia britânica.

Saia da Torre Monumental, à sua esquerda e caminhe em direção a:

❽ Estação Retiro

A Estação Retiro foi inaugurada em 1915 e construída com a assistência tecnológica britânica. Projetada por 4 arquitetos ingleses a estrutura de aço foi feita em Liverpool, Inglaterra e enviada à Argentina para ser montada. Durante anos, a estação foi o principal ponto de entrada em Buenos Aires antes do início da atividade aérea. Ainda é muito movimentada, com trens para os bairros e a área de descanso do Tigre. A área circular da bilheteria, na cor verde hortelã, é particularmente distinta, dentre os muitos detalhes interessantes nesta estação. O corredor central é enorme e enquanto algumas das decorações do interior desapareceram você ainda verá algumas iluminações fixas enfeitando as paredes.

Algumas outras estações ferroviárias estão neste complexo. Entre elas Bartolomé Miter e Manuel Belgrano, bem como o moderno Terminal de Ônibus Estação Retiro.

Entre a estação e o seu salão principal. Vire à esquerda e continue até o fim do corredor. Olhe para as marcas para a esquerda e vá ao:

❾ Café Retiro

Este café inaugurou em 1915, juntamente com a estação. Durante anos ele permaneceu vazio até recentemente ser restaurado e reaberto. O seu interior é listado historicamente e este é um dos *cafés notables* protegidos por uma lei na cidade de Buenos Aires. A decoração inclui lustre de bronze maciço, vidros coloridos e colunas com capitais dourados. A comida aqui, oferecida pela filial da rede Café Café, é simples e argentina, com café e bolo. Agora é a hora de dar uma pausa e comemorar esta caminhada.

Quando quiser sair, o metrô da Estação Retiro está apenas do lado de fora.

Comece na esquina nordeste da Libertad, onde ela atinge Córdoba, no:

EXCURSÃO A PÉ 3 — PLAZA LA VALLE E ÁREA DO TRIBUNALES

Começa:	Tetro Cervantes, com vista para a Plaza Lavalle.
Transporte Público:	Metrô: Tribunales
Termina:	Obelisco.
Tempo:	1 hora e meia; 3 a 4 horas se você for em todos os edifícios mencionados.
Melhores Períodos:	de segunda a sábado entre às 11h00 e 16h00.
Piores Períodos:	A noite quando tudo está fechado.
Nível da Caminhada:	Fácil e calçadas são acessíveis a cadeira de roda.

Plaza Lavalle tem estado em ruína há muito tempo, mas a área recebeu uma restauração devido ao bicentenário em 2010. A área representa o coração do sistema judicial do país, levando o nome do Supremo Tribunal, ou Edifícios Tribunales, que é o ponto central da plaza. Este foi também um dos principais teatros da cidade antes do alargamento da Avenida Corrientes, na década de 1930. O Teatro Cervantes e o famoso Teatro Colón testemunham este estilo do poeta Tespo.

PLAZA LAVALLE E ÁREA DO TRIBUNALES

❶ Teatro Nacional Cervantes

Este teatro (pág.174), que foi aberto nos anos 20, foi o projeto do ator espanhol trabalhando em Buenos Aires. Ele foi à falência e foi comprado pelo governo e, desde então, tornou-se um teatro nacional. Ele é projetado em um estilo imperial espanhol com a dupla águia de Habsburgo, a sua principal decoração no exterior do edifício. O luxuoso interior utiliza materiais da Espanha, como a ornamentação importada de madeira talhada e cerâmicas coloridas de Sevilha, em muitas das paredes e superfícies.

Permaneça na Córdoba com o Teatro Cervantes atrás de você, cruze a Córdoba e caminhe ao longo da Libertad, parando em um prédio na Libertad 785, o lugar é:

❷ Templo Libertad E Museu Histórico Judaico

Este templo de estilo bizantino foi construído em 1897 pela CIRA (Congregação Israelita de la República de Argentina). Na porta ao lado, você encontrará o Museu Judaico, também conhecido como Museu do Kibrick, que contém elementos históricos e religiosos ligados à comunidade judaica de Buenos Aires. Para obter mais informações sobre o templo e museu, veja pág.160.

Continue caminhando no sentido sul, ao longo da Libertad e cruze a Calle Viamonte. Pare na Libertad 621, entre Viamonte e Tucumán, para ver o:

❸ Teatro Colón

O Teatro Colón, celebrou em 2008 o seu 100º aniversário. Demorou mais de 18 anos para ser construído, em grande parte por causa das tragédias dramáticas que aconteceram com seus vários arquitetos, especialmente Víctor Meano, que foi assassinado por causa de um triângulo amoroso. Materiais para o cinema vieram de toda a Europa. O edifício funcionou como ária de Buenos Aires para o mundo, provando que era uma cidade de cultura que poderia ser reconhecida. Passeios e espetáculos são uma obrigação enquanto você estiver em Buenos Aires, mas esteja ciente de que uma renovação significa que este templo para ópera estará fechado durante grande parte de 2007 e 2008. Mas se você estiver caminhando e o edifício estiver aberto, não adie, entre e veja os mármores vindos de todo o mundo ao longo do salão de entrada e o revestimento que compõem a grande escadaria, a madeira e a área com assentos de bronze, que decolam por cinco níveis de um imenso candelabro, bem como o depósito subterrâneo e áreas práticas onde dançarinos aperfeiçoam suas artes.

Continue caminhando ao longo da Libertador e cruze a Calle Tucumán, parando no edifício da esquina, na Calle Libertad 581, lugar da:

❹ Escuela Presidente Roca

Os funcionários desta beleza de estrutura grega (pág.153) dizem que as pessoas muitas vezes passeiam no pensamento, achando que é o teatro Cólon. E não é de se admirar, com a sua colunata dórica e estátuas de decoração, ao longo do frontão central, mas esta é, na verdade, uma escola local. Tecnicamente, não está aberta ao público, mas algumas pessoas podem ter a permissão de entrar no pátio e talvez até mesmo subir para ver o belo teto pintado com acanto de folhas.

Vire-se que a Escuela Presidente Roca está atrás de você e em frente a Plaza Libertad. Em direção da coluna no centro da praça:

❺ Monumento Lavalle

Juan Lavalle lutou juntamente com São Martín na guerra da independência como um homem muito jovem e continuou nas forças armadas argentina, tornando-se um general. A estátua dele, sobre uma coluna delgada, é o foco principal do centro desta praça. Ande pela praça e dê uma olhada em vários outros monumentos. Esteja ciente de que um estacionamento subterrâneo foi construído na praça, por isso você deve observar os carros, especialmente na esquina da Libertad e Tucumán, onde está localizada a rampa de entrada. A plaza, como muitas em Buenos Aires, é muitas vezes dominada pelos manifestantes que estão chegando para fazerem suas observações

Excursão a Pé 3: Plaza Lavalle e a Área de Tribunales

Legenda do mapa:
- ✉ Correio
- Ⓐ Metrô
- Ⓓ—Ⓔ Metrô de transferência

Pontos de interesse:
1. Teatro Nacional Cervantes
2. Templo Libertad and the Jewish History Museum
3. Teatro Colón
4. Escuela Presidente Roca
5. Lavalle Monument
6. Tribunales (Palacio de la Justicia)
7. Obelisco

à população no próximo edifício nesta excursão. Você vai ver, mutias vezes, acampamentos deles aqui.

Do centro da plaza, oeste, em direção ao edifício do Supremo Tribunal, uma enorme estrutura na esquina sudoeste da praça, também conhecida como:

❻ Tribunales (Palacio de la Justicia)

O bairro de Tribunales leva o nome deste edifício: o Supremo Tribunal de Justiça ou edifício Tribunales (também chamado de Palacio de la Justicia). É enorme e robusto, com fortes elementos gregos. Se estiver aqui durante o dia, tente entrar. Costumava ser totalmente aberto ao público, mas devido à crise do peso e de inúmeros protestos, barricadas policiais a rodeiam. Tente fazer parecer com que você tenha uma razão para entrar no edifício a fim de aumentar suas chances de conseguir isso. No interior, o pátio central é forrado com colunas e pilastras. Decoração nas paredes e colunas estão entre os símbolos imitando o sol do centro da bandeira argentina. Como é um importante edifício relacionado com a história do país, foi objeto de extensas renovações em preparação para o bicentanário de 2010.

Volte para o edifício do Supremo Tribunal e caminhe ao longo da praça em uma direção oriental. Olhe à sua direita na borda da praça em direção da passarela Diagonal Norte, também conhecida como Avenida Roque Sáenz Peña, com uma vista para a Avenida 9 de Julho está o:

❼ Obelisco

O Obelisco (pág.156) foi inaugurado em 1936 e construído para homenagear o 400º aniversário da primeira (sem êxito) fundação da cidade por Pedro de Mendoza. O segundo, permanente, foi fundado em 1580. Esta elevada estrutura marca o cruzamento da Avenida 9 de Julho e Corrientes. Diagonal Norte estende por trás do Obelisco com conexões para o monumento da Plaza de Mayo. O Obelisco ocupa a area ao redor da Plaza de República. Esta praça tem placas que comemoram as diferentes províncias que formam o país. Infelizmente, a maioria delas foi roubada. Renovações da área significam que o acesso possa estar limitado no momento da sua visita.

Esta área da passarela da Diagonal Norte está alinhada com poucos cafés e restaurantes, por isso faça uma pausa aqui se quiser. Caso contrário, aproxime-se em direção ao próprio Obelisco. Se a Argentina ganhou um evento internacional, multidão acenando a bandeira aqui e aplaudem o país. Debaixo do Obelisco, você tem acesso a três linhas de metrô (B, C e D), assim é fácil voltar para hotéis em muitas partes da cidade, a partir daqui.

Comece na esquina nordeste da Avenida de Mayo e San Martín, na Av. de Mayo 575, o lugar da:

EXCURSÃO A PÉ 4 — AVENIDA DE MAYO ATÉ CONGRESO

Começa:	Casa de Cultura, na Av. De Mayo 575.
Transporte Público:	Metrô Bolívar, Perú, Catedral ou Plaza de Mayo.
Termina:	Plaza Congreso.
Tempo:	2 horas, 5 se for entrar nos edifícios e museus.
Melhores Períodos:	De segunda a Sábado entre às11h00 0016h00.
Piores Períodos:	À noite quando tudo está fechado.
Nível da Caminhada:	Fácil, mas de longas distâncias (cerca de 2.5km). A maioria, é acessível a cadeiras de rodas, mas calçadas podem estar quebradas nos locais. Além disso, note que você estará no cruzamento da Avenida 9 de Julho nesta caminhada, o que pode demorar de dois a três ciclos de semáforo para pedestres conseguirem atravessar; seja mais cauteloso com as crianças.

Avenida de Mayo abriu em 1894 e foi projetada para ser a Gran Via ou Champs Elysées de Buenos Aires. O projeto da rua era parte de um grande plano para reconstruir Buenos Aires em preparação para o Centenário da Independência de 1910 e para declarar ao mundo que Buenos Aires era uma cidade para ser respeitada. Algumas das maiores concentrações de edifícios de Beaux Artes e Art Nouveau na cidade estão ao longo deste percurso, que liga a Plaza de Mayo, na região leste para o oeste na Congresso. Este é o percurso histórico para desfiles e para quando as pessoas têm algo em protesto ao Presidente e ao Congresso. Enquanto muitos prédios ao longo desta rota precisam de reparos, não é difícil imaginar como esta gloriosa rua deve ter sido no seu apogeu no início do século 20.

❶ Casa de Cultura/ Edifício La Prensa

Depois de ter sido a casa do jornal *La Prensa*, propriedade da rica e poderosa família Paz, este edifício é simplesmente um luxo, decorado com granito, enfeites em bronze e com muitos luxuosos lustres entre suas características mais marcantes. Agora a Casa de Cultura (o Departamento da Cultura da Cidade de Buenos Aires, pág.141), está aberta para passeios no fim de semana. A excursão é ótima se você tiver tempo. Se não fizer, pelo menos entre no edifício e dê uma olhadinha no salão de entrada para ter uma ideia do seu esplendor.

Com a Casa de Cultura a sua volta, vire à direita e continue subindo a Avenida de Mayo em direção ocidental. Cruze a Calle Perú e a Calle Maipú e pare na Av. de Mayo 769, localização do:

❷ Palacio Vera

Um dos melhores exemplos da Art Nouveau ao longo da Avenida de Mayo, é aqui mesmo, e os detalhes em suas varandas são os mais interessantes, parte da fachada do Palácio Vera. Agora constituído por empresas e apartamentos, foi projetado para ser o lar da família Diaz Velez, que ganhou destaque no início dos anos de 1800, logo antes da independência.

Continue caminhando até a Avenida de Mayo, cruze a Calle Esmeralda e pare quando chegar na Av. de Mayo 825, a casa de:

❸ Café Tortoni

Como o café mais famoso da cidade (pág. 111), esse estabelecimento foi honrado por numerosos políticos, intelectuais e figuras históricas da Argentina e de todo o mundo. Lá tem espetáculos de tango toda noite, mas o verdadeiro prazer é a decoração no interior do edifício propriamente dito. Acima do café é a sede da Academia Nacional de Tango, que também oferece aulas. Tenho visto recentemente que com o enorme fluxo de turistas em Buenos Aires, a recepcionista poderá limitar ou recusar a entrada de estrangeiros que querem só dar uma espiada no interior do edifício. Caso você tenha dificuldades em conseguir entrar, volte, ou melhor, ainda, desfrute de uma xícara de café aqui.

> **FAÇA UMA PARADA**
>
> Enquanto estiver aqui, você também pode provar o ambiente e comer. Não espere um serviço excelente, pois os garçons parecem ignorar os clientes. Ainda assim, é barato e um chá ou café com croissants, conhecido aqui como *medialunas*, é uma excelente opção de lanche para ter mais energia ao longo do caminho.

Continue caminhando na Avenida de Mayo para o maior bulevar do mundo:

❹ Avenida 9 de Julho

Você provavelmente terá que aguardar alguns ciclos dos semáforos para atravessar a grandiosa rua. A construção na avenida começou nos anos 1930, com a sua inauguração em 1937. A expansão, no entanto, continuou durante décadas depois, até os anos de 1960. Infelizmente, durante o processo de realização desta avenida, uma grande parte da cidade mais bela por volta do século XX, o patrimônio arquitetônico foi perdido. Gaste algum tempo na avenida nesta área e não se esqueça de ver a fonte e o monumento de Don Quixote que foi inaugurado pela Rainha Sofia da Espanha. Durante o ano de 2006, grande parte desta avenida foi renovada com flores, plantas e calçadas, tornando o ambiente agradável.

Cruze a Avenida 9 de Julho por completo e continue na Avenida de Mayo 1152, a localização do:

❺ Castelar Hotel

Uma das joias da Avenida de Mayo é esse hotel inaugurado em 1928. Uma das suas características mais notórias, é o seu extenso banho turco no subsolo. Vale parar para um tratamento ou apenas para observar o espaço. O Castelar (pág.77) tem uma forte associação com o gigante literário espanhol Federico García Lorca, que viveu aqui por muitos meses. Seu quarto foi convertido em um mini-museu. O excêntrico arquiteto italiano Mario Palanti, que também projetou o próximo Palacio Barolo (pág.150), projetou o Castelar.

Continue caminhando na Avenida de Mayo e curze a Calle Salta para a Avenida de Mayo 1222, lugar do:

❻ Teatro Avenida

Esse teatro, inaugurado em 1908, está em grande parte dedicado às produções espanholas. Apresentou material de Lorca quando ele estava vivendo em Castelar, logo abaixo na década de 1930. Muitos outros artistas também da Espanha tinham trabalhos apresentados aqui e o teatro foi parte integrante do projeto de tornar Buenos Aires o centro cultural da língua espanhola enquanto a Espanha estava envolvida em uma guerra civil. Após um incêndio na década 1970, foi parcialmente reconstruído.

Cruze a Avenida de Mayo e siga para a esquina de Santiago del Estero, para o:

❼ Hotel Chile

Este é um exclusivo hotel Art Nouveau com elementos do Oriente Médio. Tome nota das janelas especiais, com seus excelentes enfeites de cerâmicas decorando os azulejos.

Excursão a Pé 4: Avenida de Mayo até Congreso

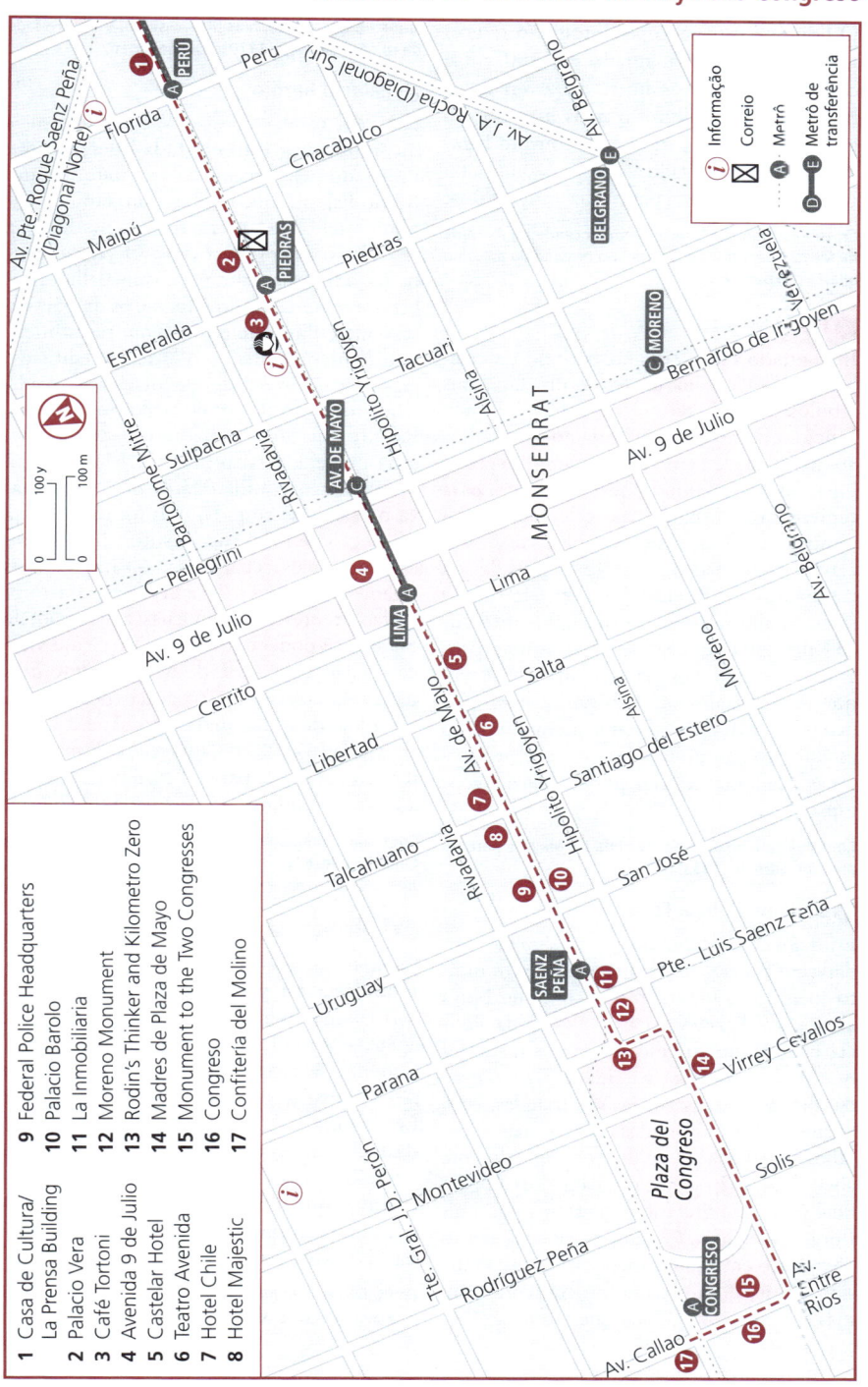

1 Casa de Cultura/ La Prensa Building
2 Palacio Barolo
3 Café Tortoni
4 Avenida 9 de Julio
5 Castelar Hotel
6 Teatro Avenida
7 Hotel Chile
8 Hotel Majestic
9 Federal Police Headquarters
10 Palacio Barolo
11 La Inmobiliaria
12 Moreno Monument
13 Rodin's Thinker and Kilometro Zero
14 Madres de Plaza de Mayo
15 Monument to the Two Congresses
16 Congreso
17 Confitería del Molino

O hotel foi projetado pelo arquiteto francês Louis Dubois e inaugurado em 1907. Tal como muitos outros hotéis na Avenida de Mayo, Hotel Chile foi o mais luxuoso e o extremo em estilo, mas se tornou um lugar de certa forma deixado à sua sorte, onde a fachada é a única pista para a sua antiga glória.

Cruze Santiago del Estero, permanecendo na Avenida de Mayo e pare imediatamente na esquina do próximo quarteirão par aver o:

❽ Hotel Majestic

Inaugurado em 1910, no período da celebração do Centenário, este é um dos mais fabulosos hotéis da cidade, embora já não funcione como tal. A maioria dos portenhos aponta para ele com extremo orgulho como lugar onde a Infanta Isabel permanecia para representar a Espanha nas celebrações. Foi também onde a estrela do balé russo Vaclav Nijinsky passou a noite, depois de seu casamento em Buenos Aires, em 1913. O saguão é suntuoso, mas extremamente escuro e necessita de reparos. Um dos mais proeminentes edifícios na Avenida de Mayo, que está atualmente passando por uma extensa renovação. Tecnicamente, já não está aberto ao público, mas se você perguntar educadamente, eles podem deixar você espiar o saguão.

Continue caminhando na Avenida de Mayo e pare no próximo edifício, 1333, reside a:

❾ Sede da Polícia Federal

Edifícios com decoração em *art decó* são raridade em Buenos Aires, que não teve em muito ao estilo da mesma forma como fez Nova York, Los Angeles e Paris. A sede da Polícia Federal, no entanto, é um dos melhores que você encontrará na cidade. Tome nota da forma como as janelas são tratadas, com as suas estruturas polidas e as estátuas decorando a fachada. O prédio foi originalmente aberto em 1926 para a crítica de jornal, para qual o gigante literário argentino Jorge Luis Borges trabalhou. O edifício não está aberto ao público em geral, a menos que você tenha sido vítima de um crime ou cometido um, mas tente passear e veja o que acontece.

Fique no quarteirão, mas atravesse para o outro lado da rua Av. de Mayo 1370 para chegar ao:

❿ Palacio Barolo

Este, em minha opinião, é o edifício mais incomum (pág.150) em toda Buenos Aires. Projetado pelo excêntrico arquiteto italiano Mario Palanti, que também projetou o vizinho Hotel Castelar, esse edifício destina-se a recordar o *Inferno de Dante*. O saguão simboliza o Inferno, com os seus medalhões em bronze representando o fogo e os dragões do sexo masculino e feminino com revestimento interno nas paredes. A escala do edifício é gigantesca, na verdade, ele foi uma vez o edifício mais alto da América do Sul, embora Palanti mais tarde projetou um semelhante, uma exagerada estrutura, em Montevidéu. Originalmente, uma estátua de Dante estava no salão de entrada, mas foi roubada na revolução de 1955 para destituir Juan Perón e nunca mais recuperada. Visitas guiadas levam você através do edifício para a torre do farol representando Deus e a Salvação, de onde você poderá obter uma excelente vista da oscilante Avenida de Mayo e de outras partes da cidade. O 16º andar possui uma nova loja de roupa de tango chamada Tango Moda (pág.220). Com seu deslumbrante terraço com vista para a Avenida de Mayo e a Plaza de Congreso, vale a pena uma visita.

Continue caminhando na Avenida de Mayo e cruze a Calle San José. Permaneça no quarteirão (entre San José e Luiz Sáenz) e veja:

⓫ La Inmobiliaria

Ocupando esse quarteirão inteiro, La Inmobiliaria foi projetado como um escritório para uma real propriedade e uma agência imobiliária. Hoje ela sedia apartamentos e escritórios, mas os azulejos de Art Nouveau indicam que o seu antigo fim, ainda permanece na parte superior da fachada. As características originais do edifício mais as torres estão congruentes na esquina, que formam uma espécie de ponto final na Avenida de Mayo antes que fluir na Plaza Congreso.

Continue caminhando na Avenida de Mayo, cruzando na Plaza Congreso, veja o:

⑫ Monumento Moreno

Esta estátua, na primeira parte da Plaza Congreso, cheia de árvores grandes, é de Mariano Moreno, o secretário de Governo da Primeira Assembleia seguindo a independência da Espanha. Ele também foi um importante jornalista que fundou tanto a Biblioteca Nacional da Argentina com a *Buenos Aires Gazette*. Moreno é celebrado em outro lugar da cidade, com um nome de rua e metrô.

Vire-se e com Moreno atrás de você, caminhe em frente à central no meio da praça. Em seguida, vire à esquerda e caminhe para a próxima estátua:

⑬ O Pensador & Kilometro Cero de Rodin

Esta é uma cópia da célebre estátua de Rodin *O Pensador* e é uma favorita área para crianças. Ao lado, o quarteirão com o marco zero, o ponto em que todas as distâncias de Buenos Aires estão marcadas.

Continue caminhando pela praça, mas siga a sua esquerda. Cruze a Calle Yrigoyen e siga para a Yrigoyen 1584, quase esquina de Ceballos, base domiciliar das:

⑭ Madres de Plaza de Mayo

As Madres de Plaza de Mayo (pág.149), que marcham todas as quintas-feiras às 15h30 na Plaza de Mayo, em honra aos filhos desaparecidos, têm a sua sede principal aqui. Também funciona como uma universidade, biblioteca, livraria e um pequeno café no local. Vale a pena levar um tempo e demor para entrar aqui e talvez façam um café ou um lanche. Você também pode ter uma oportunidade de conversar com uma das agora muito antigas Madres sobre este período de cortar o coração da história da Argentina, quando cerca de 30.000 jovens foram torturados e mortos pelo governo militar.

Atravesse a rua e volte para a Plaza Congreso, nenhuma posição em direção ao enorme chafariz sem funcionar muito em frente ao Congresso em si, com vista para:

⑮ Monumento aos Dois Congressos

Inteiramente confeccionado em mármore e bronze, este enorme monumento celebra os dois congressos que foram erguidos com a independência da Espanha, para abrigar as fundações da nova nação Argentina. Esta estrutura em vários níveis tem escadas que levam a uma fantástica vista do Congresso, onde você pode tirar fotos do edifício ou com ele atrás de você. A fonte está atualmente passando por uma extensa renovação, mas o guarda normalmente deixa as pessoas que pedem educadamente, ir além do andaime, para tirar fotos.

Saia do monumento Dois Congressos e caminhem em direção ao edifício do Congresso. Atravesse a rua, tomando muito cuidado no cruzamento e siga para o:

⑯ Congreso

O mais imponente edifício em toda Buenos Aires (pág.148), esta estrutura foi inaugurada em 1906. Ela combina influências de algumas estruturas mais famosas do mundo. Desde o Capitólio nos E.U.A. até o portão de Brandenburg de Berlim. Feito de blocos maciços de granito, as paredes têm mais de 1,8 m de espessura na sua base. Passeios levarão você para ambas as câmaras da legislatura bicameral e estão disponíveis por pedir a entrada na Rivadavia. À noite, as janelas de vigilância ficam impressionantemente iluminadas.

Caminhe na sua direita (norte). Cruze a Calle Rivadavia e pare na esquina para ver a:

⑰ Confitería del Molino

Esta fantástica estrutura (pág.174), está em péssimo estado de conservação e fechada ao público, foi a criação de Francesco Gianotti, um italiano que também projetou a Galería Güemes e o teatro que sedia o espetáculo de tango Piazzolla. Lugar de reuniões informais dos políticos, o café fechou em 1997, porém, há planos para renovar e reabrir. Primordialmente uma estrutura de Art Nouveau, vidro colorido e azulejo decorado uma vez foram parte da ornamentação aqui, mas estes têm sido cobertos por lonas para evitar danos e uma maior deterioração da fachada. A principal característica visível da rua é o moinho de vento superior (*molino* significa "moinho de vento", em espanhol).

Parabéns, você terminou esta caminhada! Recomendo continuar caminhando ao norte da Avenida Callao,

que foi reconstruída em um estilo quase imperial, após a abertura do Congreso. Congreso tem um metrô para as as linhas C e D e têm nas proximidades de paradas ao longo de Callao.

Comece na Av. Alvear 1891, no cruzamento de Ayacucho, lugar do:

EXCURSÃO A PÉ 5 — AVENIDA ALVEAR

Começa:	O Hotel Palace Alvear.
Transporte Público:	Não existem opções reais de transporte público; um táxi é melhor.
Termina:	As 4 Estações Mansão.
Tempo:	1 hora, desde que não pare para compras.
Melhores Períodos:	De segunda a sábado entre às 11h00 e 20h00.
Piores Períodos:	À noite quando tudo está fechado.
Nível da Caminhada:	Fácil e esta é uma distância curta. No entanto, nem todas as ruas tem acesso para cadeiras de rodas. Existem também algumas Colinas levemente inclinadas.

Você precisa ser rico para fazer compras na Avenida Alvear, mas não é necessário ter um tostão para caminhar nela. Nesta excursão, vou abordar os destaques arquitetônicos desta área exclusiva e brevemente as compras. Vou deixar isso para mais tarde. Ao contrário da maioria dos passeios onde os números sobem, você descerá neste passeio ao longo Avenida Alvear.

❶ Palace Alvear Hotel

Este é o mais famoso hotel em Buenos Aires (pág.81) e certamente o mais elegante. Inaugurado em 1928 e construído em um estilo francês neoclássico, o saguão é uma confecção de mámore dourado e a área de jantar central, conhecida como L'Orangerie, assemelha ao Palm Court, no Hotel Plaza de Nova York. Eu sugiro um tempo para um café reforçado no buffet do hotel. Embora caro para os padrões argentinos (US $ 25 / £ 13 uma pessoa), é uma relativa pechincha quando comparado à Europa ou América do Norte. Anexado ao hotel está uma galeria de compras cheia de artes exclusivas e lojas de noivas.

Caminhe pelo Palace Alvear Hotel e com o hotel à sua volta, atravesse a Avenida Alvear, vire à sua esquerda e, em seguida, atravesse a Calle Callao antes de ir na Av. Alvear 1750, na:

❷ Loja Pólo Ralph Lauren

Compre aqui se quiser, eu recomendo que olhe a construção desta loja, uma das mais requintadas de todas as lojas desta rua. Ela era uma pequena mansão da Art Nouveau. No interior, grande parte dos enfeites e da decoração pesada de madeira permanecem, com um teto de vidro colorido sobre a escadaria central.

Continue caminhando na Avenida Alvear, ficando, neste lado da rua. Atravesse a rua Peña para a Av. Alvear 1661, localização do:

❸ Palacio Duhau e Parque Hyatt

O Palacio Duhau foi a espectacular casa da família Duhau, construído no início do século 20. É agora parte do Parque Hyatt de Buenos Aires, o qual mantém uma entrada através da presente construção, bem como na nova torre construída atrás da Calle Posadas. A família foi envolvida no Ministério da Agricultura e muitas das decorações do edifício é agrícola, tais como elementos do trigo, milho e cabeças de vacas. O Hyatt tem trabalhado bem na restauração desses elementos, juntamente com a adição de materiais modernos. Tenha certeza que caminhar lá dentro e olhar para o Piano Nobile ou a sala da biblioteca fora do saguão, com seus enfeites imitando Versalhes ou o Oak Bar, com os seus painéis retirados de um castelo medieval francês. A volta do jardim leva para o novo prédio e um local para o chá para a muitas senhoras e empresários que almoçam aqui.

Continue caminhando na Avenida Alvear até você chegar no número 1637, o:

❹ Nunciatore Apostólica ou Palácio Anchorena

Embora originalmente construído para a rica família Anchorena, eles nunca viveram nesta magnífica mansão em estilo francês com o seu distintiva frente circular. O dono seguinte queria dar o edifício para o Vaticano, mas que o representante local achou que era muita ostentação e se recusou a viver nele no momento. A insígnia papal, uma tiara papal sobre um par de chaves, está sobre o edifício. Continua a ser propriedade da Igreja Católica.

Continue caminhando por mais 2 quarteirões até chegar a uma grande rua e uma pequena praça com uma estátua e chafariz, a:

❺ Plazoleta Carlos Pellegrini

Eu acho que essa é uma das mais bela de todas as pequenas praças, em Buenos Aires, não apenas a praça em si, mas também os edifícios que a rodeiam. Uma grande, recentemente restaurada, estátua de Carlos Pellegrini, um famoso intelectual e industrial e um representante do senador da província de Buenos Aires, está no centro desta praça. A estátua foi criada na França por Félix Coutan e dedicada em 1914. Uma pequena fonte e uma bancada adicionam o ambiente tranquilo. Esta praça é a mais parisiense, aparecendo parte da Recoleta e isso dá uma ideia de tudo o que foi perdido quando Buenos Aires decidiu alargar a Avenida 9 de Julho na década de 60, destruindo os outros pequenos recantos da cidade que eram semelhantes a este.

Com Carlos Pellegrini à sua volta, vire a sua direita e atravesse a rua, em direção a Calle Arroyo 1130, o lugar da:

❻ Embaixada Brasileira

Primeiro, uma nota sobre o nome desta rua. *Arroyo* quer dizer "riacho" em espanhol e uma vez fluiu por esta área até que foi aterrado quando a cidade começou a se desenvolver. A embaixada brasileira, uma das embaixadas mais bonitas da cidade, é uma das duas estruturas mais impressionantes com vista para esta praça. Uma vez uma mansão privada, levou quase 20 anos para ser construida e tem detalhes emprestados do Palais Fontainebleau na França.

Com a Embaixada Brasileira atrás de você, vire a sua direita, cruze Calle Cerrito e pare quando chegar ao outro lado. Esteja atento que este estranho cruzamento tem um padrão de tráfego confuso, assim tenha cuidado ao cruzar para ver a:

❼ Embaixada da França

É duro acreditar quando você vê esta bonita estrutura, mas os planos para a expansão da Avenida 9 de Julho originalmente incluiam a demolição deste edifício. Felizmente, o governo francês recusou deixar o edifício e serve agora como o ponto de vista para o término do norte da Avenida 9 de Julho. Criado pelo arquiteto francês Pablo Pater, virou a embaixada francesa em 1939. O edifício é um belo exemplo da Belle Epoque e você deve observar a cúpula principal e a grade na cerca em volta. Você notará *trompe l'oeils* de telhados da mansarda e janelas em algumas das superfícies dos edifícios modernos vizinhos, uma tentativa de passar a antiga impressão dos antigos edifícios vizinhos de Belle Epoque que foram demolidos para abrir caminho para expansão da Avenida 9 de Julho.

Com o Obelisco na Avenida 9 de Julho atrás, cruze Arroyo e Cerritos, parando na esquina, onde você encontrará o:

❽ Jóquei Clube

Carlos Pellegrini, cuja estátua se localiza na praça em frente, começou o Jóquei Clube em 1882 junto com outros cavaleiros. A Calle Florida foi onde esteve localizada a sede original do Jóquei Clube que foi queimada no dia 15 de abril de 1953, depois de uma revolta provocada por Perón contra esta instituição de elite. Perón congelou os ativos da organização, mas ela conseguiu se reorga-

Excursão a Pé 5: Avenida Alvear

Legenda do mapa:
- ☒ Correio
- ☕ Faça uma Parada
- 0 — 100 y
- 0 — 100 m

Pontos de interesse:
1. Alvear Palace Hotel
2. Ralph Lauren Shop
3. Palacio Duhau and Park Hyatt
4. Apostolic Nunciatore or Anchorena Palace
5. Plazoleta Carlos Pellegrini
6. Brazilian Embassy
7. French Embassy
8. Jockey Club
9. Four Seasons Mansion

nizar em 1958, alguns anos depois dele ser deposto. Este edifício atual foi uma mansão da família Uzué de Casares e a organização mudou-se para cá em 1966. Não está aberto ao público, mas seu interior está cheio de tapeçarias, obras de arte e uma biblioteca.

Caminhe atrás ao lado de Cerritos, caminhando para a imensa torre um quarteirão abaixo, mas pare quando chegar na Calle Cerrito 1455, local da:

⑨ Mansão Four Seasons

O nome oficial deste palácio de tijolos vermelhos estilo Louis XIII com pedra angular pesada é a Mansión Alzaga Unzue. Foi construído em 1919 e foram determinadas três fachadas, enquanto se antecipando a construção eventual da Avenida 9 de Julho para o leste do edifício. Foi projetado com um extenso jardim na sua fachada do norte. A mansão é agora parte do Hotel Four Seasons e está presa à torre principal por um pátio de jardim. A torre se localiza no que foi uma vez os jardins da mansão. Alguns portenhos ainda podem recordar o dia trágico, quando as árvores daqui foram cortadas, para a fundação do edifício. A torre e a mansão foram antigamente do Park Hyatt até o Four Seasons adquirir a propriedade (um novo Park Hyatt foi reaberto por perto). Alugar a mansão inteira é o luxo supremo e é aqui onde muitas vezes são realizadas festas de estrelas em Buenos Aires. Quando Madonna filmou o filme *Evita*, ela usou a varanda da mansão para a cena "Não Chores por Mim, Argentina" que reuniu multidões na rua.

Parabéns, você terminou outro passeio. Não existem estações de metrô nas proximidades, mas existem muitos táxis na área que podem te levar para onde quiser.

9

Compras

Por toda a América do Sul, Buenos Aires é famosa por suas opções para compras. Você encontrará brilhantes shoppings ao longo das principais ruas de lojas e algumas lojas e pequenas butiques um pouco fora do caminho. Buenos Aires é muito famosa por seus artigos de couro de alta qualidade, o que, devido ao fato da Argentina ser um país amante da carne, não causa surpresa. No entanto, você não vai encontrar muitos artesãos nativos aqui, como encontra em outras capitais sul-americanas.

Desde a crise do peso Buenos Aires tem se tornado uma incrível central de compras. A crise do peso também gerou uma tendência interessante: com a incapacidade da Argentina para importar muitos produtos da moda, a crise tem apurado a criatividade dos designers locais que produzem para o mercado crescer e expandir. Em particular, você encontrará bons e jovens designers produzindo, para o mercado de mulheres jovens, peças exclusivas, requintadas e femininas como você nunca verá em nenhum outro lugar do mundo. Um novo acordo comercial com a China pode prejudicar essa tendência maravilhosa, mas, por enquanto, existem muitas coisas exclusivas para comprar em Buenos Aires. Antiguidades, especialmente em San Telmo, estão no roteiro de compras de Buenos Aires.

Muitas lojas de Buenos Aires, especialmente aquelas dirigidas aos turistas, oferecem sem taxas compras. Você vai reconhecê-las pelo logo azul e branco na porta. Pergunte se não localizá-lo. Lojas de artigos de couro estão entre elas e isso pode ser parte da conversa quando você entrar em uma delas. Para mais informações sobre este processo, veja o "Apenas os fatos: Horas, Remessas e Taxas" a seguir.

Muitos bairros, principalmente Palermo Viejo, têm mapas especiais de compras. Pergunte por esses mapas nos quisoque de Turismo da Cidade de Buenos Aires (pág. 45) ou nas lojas em toda a cidade. The Golden Map, que a maioria dos hotéis tem nas suas recepções, também apresentam muitas lojas, apesar de que você provavelmente descobrirá que as lojas que anunciam menos tendem a ter melhores preços.

E, talvez devido às reclamações dos visitantes norte-americanos quanto a dificuldade em encontrar tamanhos adequados em um país onde reina a magreza, lojas são obrigadas por lei a disponibilizar roupas para gordinhos.

1 O Local das Compras

PRINCIPAIS ÁREAS DE COMPRAS

Buenos Aires tem muitas áreas comerciais, mas são nos seguintes lugares que você encontrará a maior concentração de lojas.

MICROCENTRO Calle Florida, a rua de pedestres do Microcentro, é a casa de várias lojas, que lado a lado ocupam todo o caminho da Plaza San Martín para a Avenida Corrientes. Ao se aproximar da Plaza San Martín, da Calle Florida, você encontrará uma série de conceituadas lojas de sapatos, joalheiros e lojas que vendem artigos de couro. A maioria das lojas é para a classe média e algumas nitidamente atendem a população local e possuem coisas que você nunca iria comprar. No entanto, se você estiver procurando por

CAPÍTULO 9 · COMPRAS

> **Achados** Apenas os Fatos: Horas, Remessas e Taxas
>
> A maioria das lojas está aberta durante a semana a partir da 09h00 às 20h00 e sábado das 09h00 à meia-noite, fechando poucas horas à tarde. Você pode encontrar algumas lojas abertas no domingo, ao longo da Avenida Sana Fé, mas poucas estarão abertas na Calle Florida. Centros comerciais estão abertos diariamente das 10h00 às 22h00. Alguns vendedores de arte e antiguidades irão cobrar taxas adicionais para encaixotar objetos volumosos, outros vão dizer a você que não tem problema levar esculturas novas diretamente no avião. Se você não quiser enfrentar riscos, entre em contato com a UPS no ✆ **800/222-2877** ou Federal Express no ✆ **810/333-3399**. Várias lojas participam de um programa de devolução de taxas para compras superiores a 70 pesos. Pergunte por um recibo especial que lhe dará o direito de restituição de 21% da elevada taxa fiscal (IVA) quando você sair do país. A maioria dessas lojas tem um selo azul e branco TAX FREE, mas sempre pergunte quando fizer uma compra. O processo funciona por meio do recebimento de um cheque global de restituição que indica o valor que você receber quando sair do país. Você deve ter esse documento especial, criado pelas lojas participantes para as compras num valor superior a 70 pesos, para obter um reembolso. Algumas restrições, no entanto, aplicam-se. O item tem que ter sido feito na Argentina e comprado com a intenção de levá-lo para fora do país (comidas, por exemplo, não se incluem). O sistema é utilizado principalmente para roupas e artigos de couro, mas você deve perguntar sobre isso quando estiver fazendo uma compra, mesmo que você não veja o sinala indição sobre olso. Ao deixar o país, tenha esses documentos em mãos e vá ao balcão de Restituição Global antes de ter seu passaporte carimbado para deixar o país. No aeroporto Ezeiza, fica localizado na área de imigração, logo antes de ter seu passaporte carimbado para deixar o país. Para mais informações, acesse www.globalrefound.com e escolha "Argentina" no campo de seleção de países.

itens básicos, como transformadores elétricos, extensões e outras coisas para ajudar você a usar os seus aparelhos elétricos, aqui é onde você vai encontrar o que precisa. A Calle Lavalle é também uma rua de pedestre, mas a maior parte das lojas daqui é do tipo "1,99", com artigos desinteressantes para turistas, a menos que você vá ficar mais tempo e precise de utensílios domésticos. O **Galerías Pacífico** é o shopping localizado na Calle Florida 750, na Avenida Córdoba (✆ **11/4319-5100**) e apresenta uma magnífica e deslumbrante cúpula. Mais de 180 lojas estão abertas de segunda a sábado das 10h às 21h e domingo do meio-dia às 21h, com exibição de tango e dança folclórica quinta-feira às 20h. Dia e noite, você encontrará animadores de rua e dançarinos em toda Calle Florida. Embora você provavelmente só compre na Calle Florida, outras ruas que possuem lojas restaurantes e esse bairro também tem a maior concentração de pequenas agências de viagens caso você precise alterar um itinerário ou deseje adicionar viagens.

AVENIDA CÓRDOBA Procurando por pechinchas? Depois dos 3 mil quarteirões de Córdoba, na fronteira do Barrio Norte e Palermo, é o local da direção ideal. Melhor de tudo, a coleção passada na Argentina, é a coleção atual no Hemisfério Norte, assim você não terá que deixar suas compras você não precisará deixar suas roupas de molho no armário, você poderá vesti-las assim que chegar em casa.

AVENIDA SANTA FÉ Popular entre os compradores locais, a Avenida Santa Fé oferece uma ampla seleção de lojas de vestuário abaixo dos preços de lojas típicas. Você também vai encontrar livrarias, cafés, soveterias e cinemas. O **Shopping Center Alto Palermo**, Av. Santa Fe 3253 na Güemes (✆ **11/5777-8000**), é outro excelente shopping, com 155 lojas abertas diariamente das 10h00 às 22h00.

PALERMO VIEJO Tudo velho fica novo de novo em Palermo Viejo, dividido em Palermo Soho e Palermo Hollywood. Grande quantidade de jovens designers tem lojas nesta área, ou eles unem forças em fins de semana ao redor da Plaza Serrano, quando restaurantes oferecem quadros e roupas para a venda. Compras de uma forma geral é melhor para mulheres, mas há opções para todos nesta parte da cidade.

RECOLETA Avenida Alvear é a resposta da Argentina aos Champs Elysées na França. É de fato elegante, com a linha parisiense das boutiques européias, cafés, lojas de antiguidades e galerias de artes. Comece seu passeio na Plaza Francia, em frente ao Cemitério da Recoleta e continue para Cerrito ou Avenida 9 de Julho. Ao longo da Calle Quintana, mansões no estilo francês dividem a atenção com luxuosas lojas. Próximo do **Patio Bullrich**, Av. del Libertador 750 (✆ **11/4814-7400**), está um dos mais famosos shoppings da cidade. As suas 69 lojas estão abertas diariamente das 10h às 21h. É considerado luxuoso, mas tem ofertas semelhantes a outros shoppings da cidade. Tem uma excelente praça de alimentação sendo um bom lugar para um lanche.

SAN TELMO & LA BOCA Esses bairros oferecem antiguidades excelentes, bem como estúdios de artistas e artes e ofícios celebrando o tango. Intérpretes de rua ou artistas também são onipresentes, especialmente nos finais de semana. No entanto, La Boca deve ser evitado durante a noite.

2 Mercados ao Ar Livre

Um dos prazeres de Buenos Aires é o seu mercado ao ar livre (chamados de mercados ou feiras), opção para comprar e se divertir. As barganhas que você encontrará são muitas vezes acompanhadas pelo maravilhoso e romântico som e dançarinos locais interessados em mostrar um espetáculo. Eu listei, a seguir, alguns dos muitos mercados ao ar livre que você pode encontrar em toda a cidade.

A Feira de Antiguidades de San Telmo ★★, que acontece todos os domingos das 10h às 17h na Plaza Dorrego, é uma vibrante e colorida experiência que irá satisfazer até o mais exausto viajante. Com vendedores de rua vendendo relíquia de família e cantores e bailarinos dançando tango no meio da multidão. Entre os 270 vendedores, você irá encontrar objetos antigos de prata, porcelana, cristal e outras antiguidades. É especialmente famosa pelo espetáculo de tango que pode ir até tarde da noite, mesmo que a maior parte dos vendedores feche às 17h. A estrela do espetáculo é um moreno, bonito dançarino conhecido como "El Indio", você verá suas fotos à venda em toda a cidade nos outros mercados. Eu recomendo visitar esta feira enquanto estiver na cidade. Agende um domingo, em San Telmo quando planejar a sua viagem a Buenos Aires.

Vá para **Cabildo Patio Feria** quando estiver fazendo visitas turísticas na área da Plaza de Mayo. A feira é realizada na quinta e sexta-feira das 11h às 18h no pequeno pátio do jardim atrás do Cabildo, ou da antiga prefeitura. Você encontrará vários artesanatos feitos localmente, especialmente cerâmica, vidros coloridos e jóias.

De sexta a domingo das 11h às 18h, A feira das Madres (pág.149 inclui a **Feria de Madres de Plaza de Mayo)** em frente a sua sede com vista para a Plaza Congreso. As crianças também irão gostar de vir aqui, pois está ao lado do parque com o carrossel e outras distrações. A feira tem antiguidades, artesanato, comidas e um alguns vendedores de livros. Às vezes também há música ao vivo. Esta é uma das mais casuais e menos turísticas de todas as feiras, de forma que oferece uma interessante oportunidade de conversar com os habitantes locais.

A **Feira La Boca** está aberta diariamente das 10h00 às 18h00 ou no pôr do sol em Caminito, a passarela é cheia de arte no coração do bairro. É o que diz a maioria dos turistas de todas as feiras e a maior parte dos itens são terrivelmente superfaturados. Ainda assim, se precisar de uma lembrancinha de última hora, rapidamente conseguirá uma feita aqui. Além

Fazendo Compras em Buenos Aires

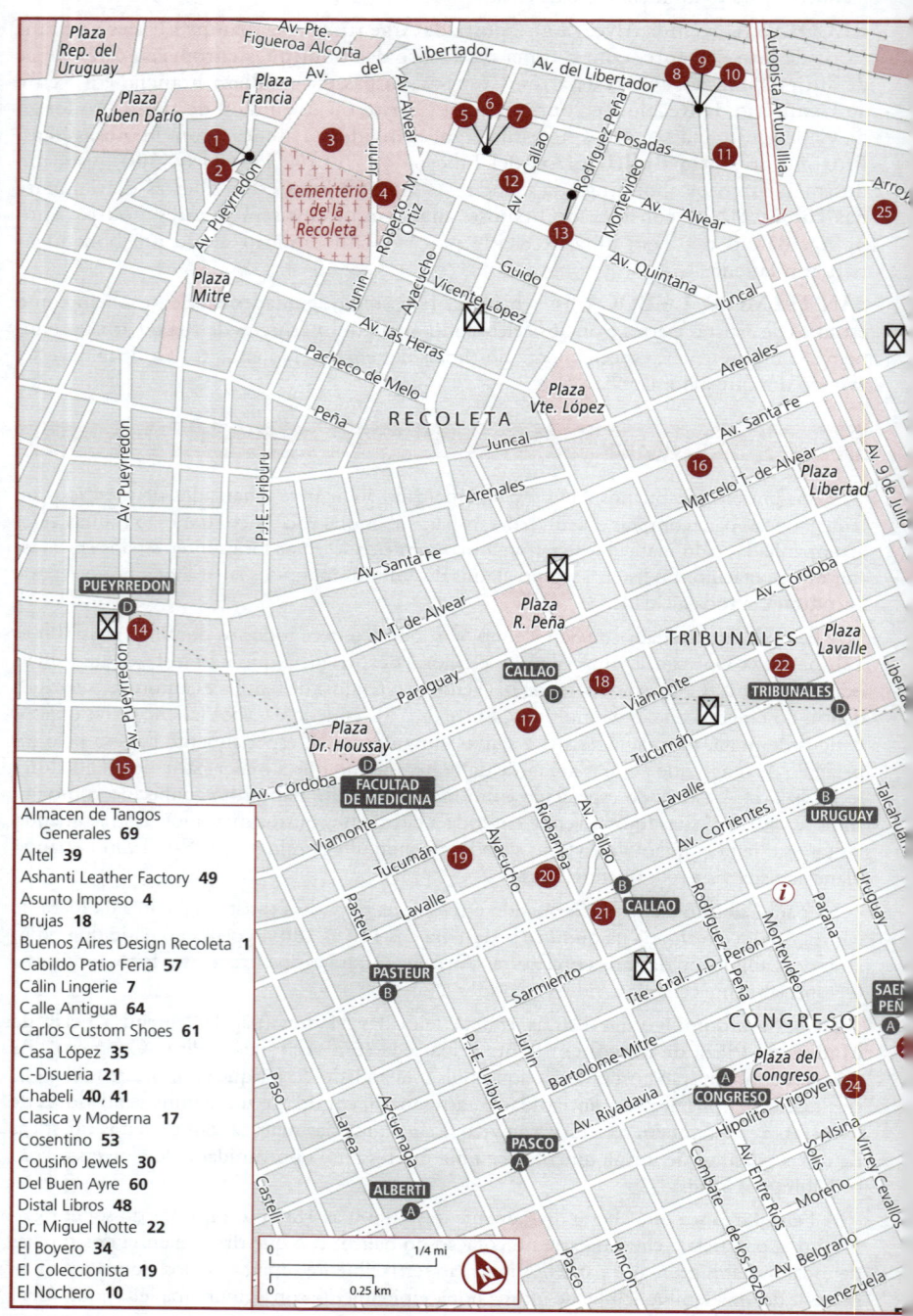

Almacen de Tangos
 Generales **69**
Altel **39**
Ashanti Leather Factory **49**
Asunto Impreso **4**
Brujas **18**
Buenos Aires Design Recoleta **1**
Cabildo Patio Feria **57**
Câlin Lingerie **7**
Calle Antigua **64**
Carlos Custom Shoes **61**
Casa López **35**
C-Disueria **21**
Chabeli **40, 41**
Clasica y Moderna **17**
Cosentino **53**
Cousiño Jewels **30**
Del Buen Ayre **60**
Distal Libros **48**
Dr. Miguel Notte **22**
El Boyero **34**
El Coleccionista **19**
El Nochero **10**

202

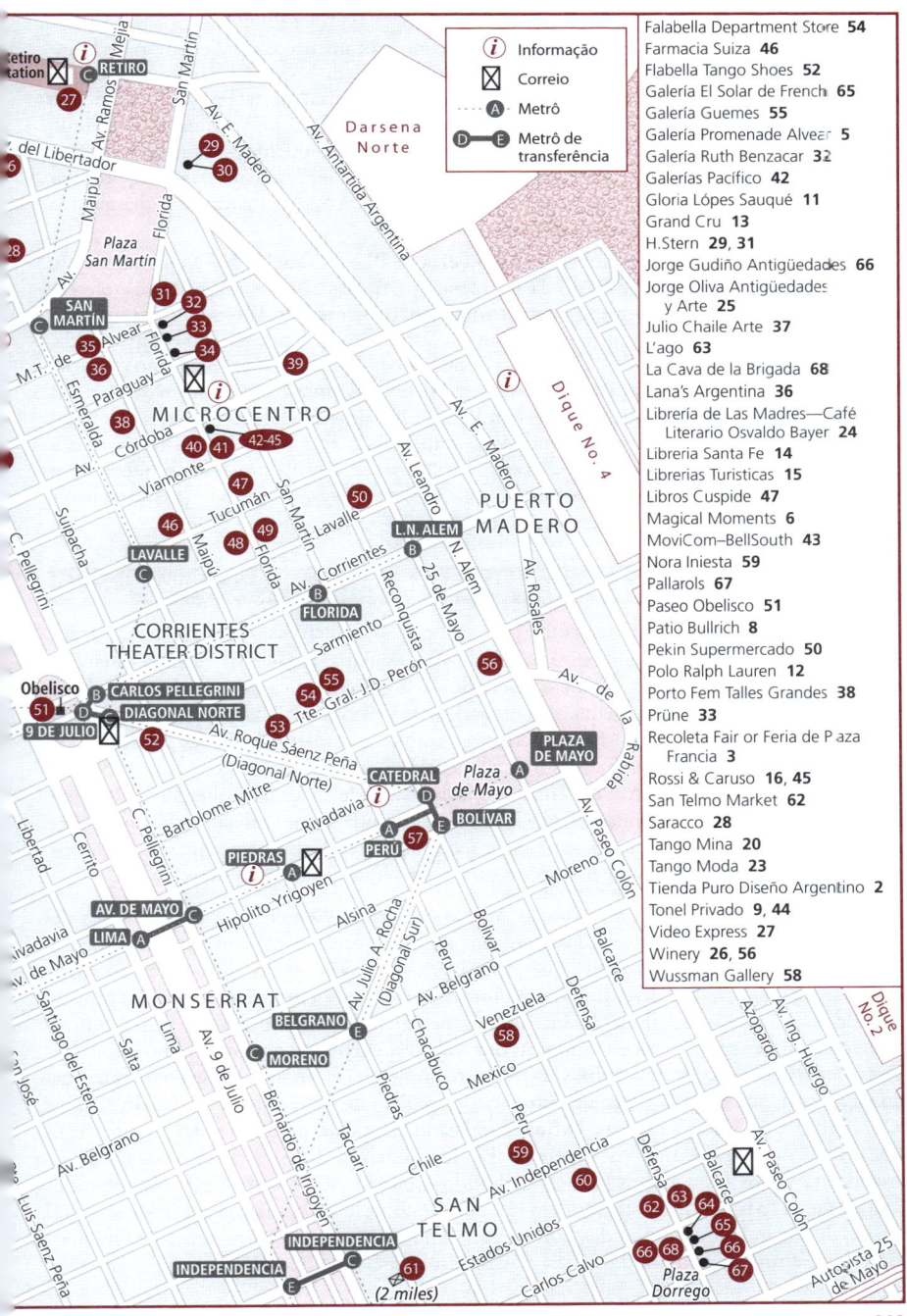

(i)	Informação
⊠	Correio
⋯Ⓐ⋯	Metrô
Ⓓ═Ⓔ	Metrô de transferência

- Falabella Department Store **54**
- Farmacia Suiza **46**
- Flabella Tango Shoes **52**
- Galería El Solar de French **65**
- Galería Guemes **55**
- Galería Promenade Alvear **5**
- Galería Ruth Benzacar **32**
- Galerías Pacífico **42**
- Gloria Lópes Sauqué **11**
- Grand Cru **13**
- H.Stern **29**, **31**
- Jorge Gudiño Antigüedades **66**
- Jorge Oliva Antigüedades y Arte **25**
- Julio Chaile Arte **37**
- L'ago **63**
- La Cava de la Brigada **68**
- Lana's Argentina **36**
- Librería de Las Madres—Café Literario Osvaldo Bayer **24**
- Libreria Santa Fe **14**
- Librerias Turisticas **15**
- Libros Cuspide **47**
- Magical Moments **6**
- MoviCom–BellSouth **43**
- Nora Iniesta **59**
- Pallarols **67**
- Paseo Obelisco **51**
- Patio Bullrich **8**
- Pekin Supermercado **50**
- Polo Ralph Lauren **12**
- Porto Fem Talles Grandes **38**
- Prüne **33**
- Recoleta Fair or Feria de Plaza Francia **3**
- Rossi & Caruso **16**, **45**
- San Telmo Market **62**
- Saracco **28**
- Tango Mina **20**
- Tango Moda **23**
- Tienda Puro Diseño Argentino **2**
- Tonel Privado **9**, **44**
- Video Express **27**
- Winery **26**, **56**
- Wussman Gallery **58**

203

disso, os cantores de tango e outros artistas de rua mantém sua mente longe dos preços inflacionados. Os planos estão em andamento para melhorar a segurança na La Boca, mas até lá, quando os vendedores começarem a partir, no final do dia, faça o mesmo.

Feira Plaza Serrano ★★ está na pequena praça no cruzamento da Calle Serrano e Honduras, que forma o coração de Palermo Hollywood. A arte da boemia e artesanato são vendidos aqui, enquanto rastafaris cantam e tocam violão. Oficialmente, a feira se realiza sábado e domingo das 10h às 18h, mas vendedores improvisados também formam na noite quando os restaurantes estão lotados. Aqueles mesmos restaurantes vão guardar suas mesas a tarde e encher prateleiras com roupas, para jovens designers que não têm recursos para suas próprias butiques. Definitivamente vale visitar para as compras. Plaza Serrano também é chamada às vezes pelo seu nome oficial, **Plazaleto Jorge Cortázar**.

Feira Recoleta (também conhecida como Feria de Plaza Francia) ★★ funciona sábado e domingo, em frente do Cemitério da Recoleta a partir das 10h até o pôr do sol, oferece todo o tipo imaginável de souvenir e artesanato, além de alimentos. Esta se tornou uma das maiores feiras da cidade, completamente tomada durante todo o calçamento e, em seguida, algumas áreas e a Iglesia de Pilar, a igreja do Cemitério da Recoleta, se envolve com a criação de quadros postais e lembranças religiosas no seu pátio. Algumas bandas tocam ao vivo nas partes dos muros que os vendedores deixam livres. Oficialmente, a feira é apenas nos finais de semana, mas você vai encontrar vendedores trabalhando aqui todos os dias (embora eles estejam tecnicamente violando as licenças). se a polícia se sentir desacatada e quiser fazer valer a lei, você poderá ver discussões entre eles e os vendedores. Mas não se preocupe isso é apenas mais uma parte da animação da feira.

3 Principais Shoppings e Lojas de Departamentos

Dentro ou fora, Buenos Aires tem uma riqueza de áreas comerciais. Aqui estão alguns dos melhores shoppings centers no interior da cidade. Alguns, como as Galerías Pacífico, são locais turísticos, por direito próprio, devido à beleza de sua arquitetura. Mesmo que lojas ou shoppings não sejam o que você procura, não deixe de ir às Galerias Pacífico. O Abasto Shopping Center é um ótimo local para trazer as crianças, com as suas particularidades do Museo de los Niños (pág.159) localizado na praça de alimentação. Até recentemente, a Argentina não tinha de lojas de departamentos. No entanto, Falabella, a rede chilena, foi aberta em 2006 em Buenos Aires como uma grande loja na Calle Florida. Ainda assim, a maioria dos shoppings centers é uma coleção de pequenos armazéns e redes, alguns exclusivamente argentinos, outros sul-americanos e alguns que você não encontrará em qualquer outro lugar do mundo.

Abasto Shopping Center ★★ *Crianças* O Abasto Shopping Center é um dos maiores de toda Buenos Aires. Foi construído sobre um mercado onde o famoso cantor de tango Carlos Gardel começou, cantando quando criança para os vendedores de frutas e carnes que tinham barracas ali. Eles lhe davam uns centavos para entretê-los e, deste começo humilde, sua fama se espalhou. Apenas um clássico arco de pedra fora do principal centro comercial está à esquerda da estrutura. Agora, você vai encontrar um edifício no estilo Art Decó com várias opções de compras. Este centro comercial é um ótimo local para trazer as crianças, com sua extensa praça de alimentação, repleta de videogames, muito divertidos e, sobretudo, o **Museo de Los Niños**, localizado na praça de alimentação (pág.159). Localizado no que foi uma vez o principal bairro judeu de Buenos Aires, você também encontrará vários restaurantes kosher, incluindo o único McDonald's kosher do mundo fora de Israel (pág.133). Existe também um grande complexo de cinema aqui. Abasto está aberto de segunda a domingo das 10h às 22h, embora a praça de alimentação e cinemas estejam abertos até mais tarde. Av. Corrientes 3247, em Agüero. ✆ **11/4959-3400**. www.altopalermo.com.ar (clique em "Abasto"). Metrô: Gardel.

PRINCIPAIS SHOPPINGS E LOJAS DE DEPARTAMENTOS

Alto Palermo Localizado em Santa Fe, na área comercial do Barrio Norte, Alto Palermo oferece diversos andares de shopping, com cerca de 160 lojas e serviços. Este centro comercial é significativamente menor do que o turístico Galerías Pacífico. O design do centro comercial não é muito simples e as conexões entre os níveis podem ser confusas. Se fizer compras com crianças, fique atento. Elas podem se perder facilmente. Alto Palermo está aberto diariamente das 10h às 22h. Av. Santa Fe e Coronel Díaz. ✆ 11/5777-8000. www.altopalermo.com.ar. Metrô: Agüemes.

Buenos Aires Design Recoleta ✰✰ Um dos meus shoppings favoritos em Buenos Aires. É um pequeno e elegante centro comercial, localizado atrás do Cemitério da Recoleta com lojas de design de interiores oferecendo alta qualidade, itens com alto design, quase todos são produzidos na Argentina. O melhor de todos é a Tienda Puro Diseño Argentino (pág. 215), uma loja onde mais de 120 designers contribuem. Por trás de uma parede de vidro fosco, é possível ver as silhuetas de vários desenhistas trabalhando em computadores criando a próxima linha de produtos da loja. A ideia da loja veio de um grande sucesso da exposição de mesmo nome. Ironicamente, a crise do peso criou boas oportunidades de trabalho para designers locais, uma vez que a importação de mercadorias estrangeiras ficou muito cara. O shopping center tem tanto áreas internas quanto externas, com uma seção ao ar livre chamada "La Terrazza", embora algumas pessoas o chamam de "Los Arcos" porque esta área está apinhada com arcos. Também tem um lugar confortável para relaxer e tomar um café depois de visitar o famoso cemitério. Muitas vezes há exibições de troca de esculturas nos jardins. Horários são de segunda a sábado das 10h às 21h, domingos e feriados do meio dia às 21h00. Av. Pueyrredón 2501, na Libertador. ✆ 11/5777-6000. Sem acesso a metrô.

Falabella Esta rede de loja de departamentos chilena inaugurou, em 2006, no mais visível ponto da Calle Florida, o 202, no cruzamento com Peron. Em um quarteirão, está a pequena filial na Calle Florida 313 na antiga Galería Mitre, concentrando utensílios de casa. Entre as lojas, você encontrará tudo o que precisa em cosméstios, joalheria, roupas para homens, mulheres e crianças, utensílios domésticos, mercadorias de luxo e até quiosque para compra de celulares. Está aberto de segunda à sábado das 09h às 21h e domingo do meio dia às 21h. Calle Florida 202, na Perón. ✆ 11/5950-5000. www.falabella.com. Metrô: Florida.

Galerías Pacífico ✰✰✰ Localizada na Calle Florida, o pedestre caminha na rua do Microcentro, a galeria Pacífico é provavelmente o mais famoso shopping em Buenos Aires. A aquitetura é maravilhosa, o projeto relembra a Galleria Vittorio Emaniele II em Milão, com um longo salão, cúpulas de vidro e muitas fileiras de lojas. Abriu em 1891, em 1945 a principal cúpula estava coberta com o maravilhoso afresco de um artista local. Existem mais de 180 lojas aqui e elas oferecem um serviço grátis onde todas suas compras podem ser levadas para seu hotel, então você pode comprar sem se cansar. Mas a Galerías Pacífico é mais que um shopping. O edifício também sedia o Centro Cultural Borges, onde você poderá ver shows, mostras de arte, frequentar aulas de tango e ver performaces do balé argentino Julio Bocca. Está aberto diariamente das 10h às 22h. Calle Florida 750, na Av. Córdoba. ✆ 11/555-5110. Metrô: San Martín.

Jumbo Palermo commercial Center Este centro comercial está perto do pólo de razões, mas é de interesse na maioria das vezes se você pretende ficar um período maior, em Buenos Aires e alugando um apartamento. A maior parte das lojas está relacionada com a casa, com algumas misturas de lojas de vestuário. O destaque do shopping é a Easy, uma loja de móveis parecida com a sueca Ikea. Cheia de móveis baratos, materias de construção e outras coisas. O centro está aberto diariamente das 10h às 22h. Av. Bullrich e Cerviño. ✆ 11/4778-8000. Metrô: Palermo.

Patio Bullrich Este shopping é considerado um dos mais exclusivos em Buenos Aires, mas muitos compradores encontrarão as lojas no meio da estrada, oferecendo para a classe média e alta em vez dos verdadeiramente ricos. Se estiver procurando de lojas exclusivas, é melhor verificar as boutiques nas proximidades de Alvear. Há, no entanto, uma excelente praça de alimentação, cheia de senhoras que almoçam na multidão e empresários falando de negócios. O shopping está localizado em uma construção histórica e vale a pena observar a fachada. Horários de segunda a sábado das 10h às 21h, domingos e feriados do meio dia às 21h. Posadas 1245, na Libertad, com a fachada fronteira com Libertador. © **11/4814-7400**. Sem acesso ao metro.

4 Outros Centros de Compras Exclusivos

Você encontrará todos os tipos de diversos e interessantes shoppings em Buenos Aires. Confira a seguir os que despertam interesse arquitetônico, ou são de extrema exclusividade. Horários de cada loja variam, dentro desse centro, cada uma tem o seu próprio horário, mas a maioria está aberta nos dias de semanas das 10h às 17h.

Galería Alameda Alvear Naturalmente, qualquer lugar anexado ao Hotel Palace Alvear, vai ser exclusivo. Você encontrará lojas de casamento, joalherias, butiques de arte e de antiguidades, assim como algumas lojas de roupas. Horários das lojas aqui variam muito, com apenas algumas lojas abertas em dias de semana e algumas fechadas na hora do almoço. Outras, somente com hora marcada. Cada loja tem um número de telefone na sua janela, assim se estão fechadas, anote e ligue ou solicite ao porteiro de Alvear as informações. A volta de L'Orangerie, o salão do restaurante de Alvear, abre no pátio central da área de compras, tornando-se um lugar agradável para um café. Av. Alvear 1883, no Ayacucho; ao lado do Hotel Alvear. Sem acesso ao metrô.

Mercado San Telmo ⊛⊛ *Momentos* Embora esse seja definitivamente um lugar para fazer compras, o edifício também merece uma visita. O mercado San Telmo inaugurado em 1897 é uma obra prima, não apenas por seu interior em ferro forjado, mas também por ser um ambiente que remete a décadas anteriores. Metade do mercado está adequada para os locais, com açougueiros, mercearias de frutas e legumes frescos e poucos quiosques vendendo diversos artigos domésticos. Esta parte pode ser parecida com o tipo de lugar no qual provavelmente a sua avó comprava quando era criança. Eu recomendo conversar com o pessoal que trabalha nesses locais, eles parecem ter todo o tempo do mundo. A outra metade é mais turística, com antiguidades aleatórias (antiga caixa de fósforo, por exemplo) e lojas de roupa de ótima qualidade. O mercado ocupa quase um quarteirão, mas estreito entre vários outros edifícios históricos e existem várias entradas. Está aberto diariamente das 10h às 20h, mas cada um tem a sua banca individual. 961 Defensa ou Bolívar 998, ambos na Carlos Calvo. Metrô: Independencia.

5 Compras de A a Z

Antiguidades

Comece pelas ruas de San Telmo, onde você encontrará as melhores lojas de antiguidades da cidade. Não perca o mercado de antiguidades que se realiza aos domingos, o dia todo na Plaza Dorrego (veja "Os mercados ao ar livre"). Há também uma série de belas lojas de antiguidades ao longo da Avenida Alvear e Suipacha na Recoleta, incluindo uma coleção de butique na **Galería Alvear**, Av. Alvear 1777. Nota-se que muitas das lojas listadas na seção de arte neste capítulo, também vendem antigüidades dentre suas coleções. Lojas de arte e antigüidades ao longo da Calle Arroyo e seus arredores na Recoleta perto do monumento da embaixada israelense participam da **Galeria Noturna**. Este evento é realizado na última sexta-feira de cada mês (embora nem sempre em janeiro e fevereiro), e lojas de arte e anti-

Fazendo Compras na Calle Florida

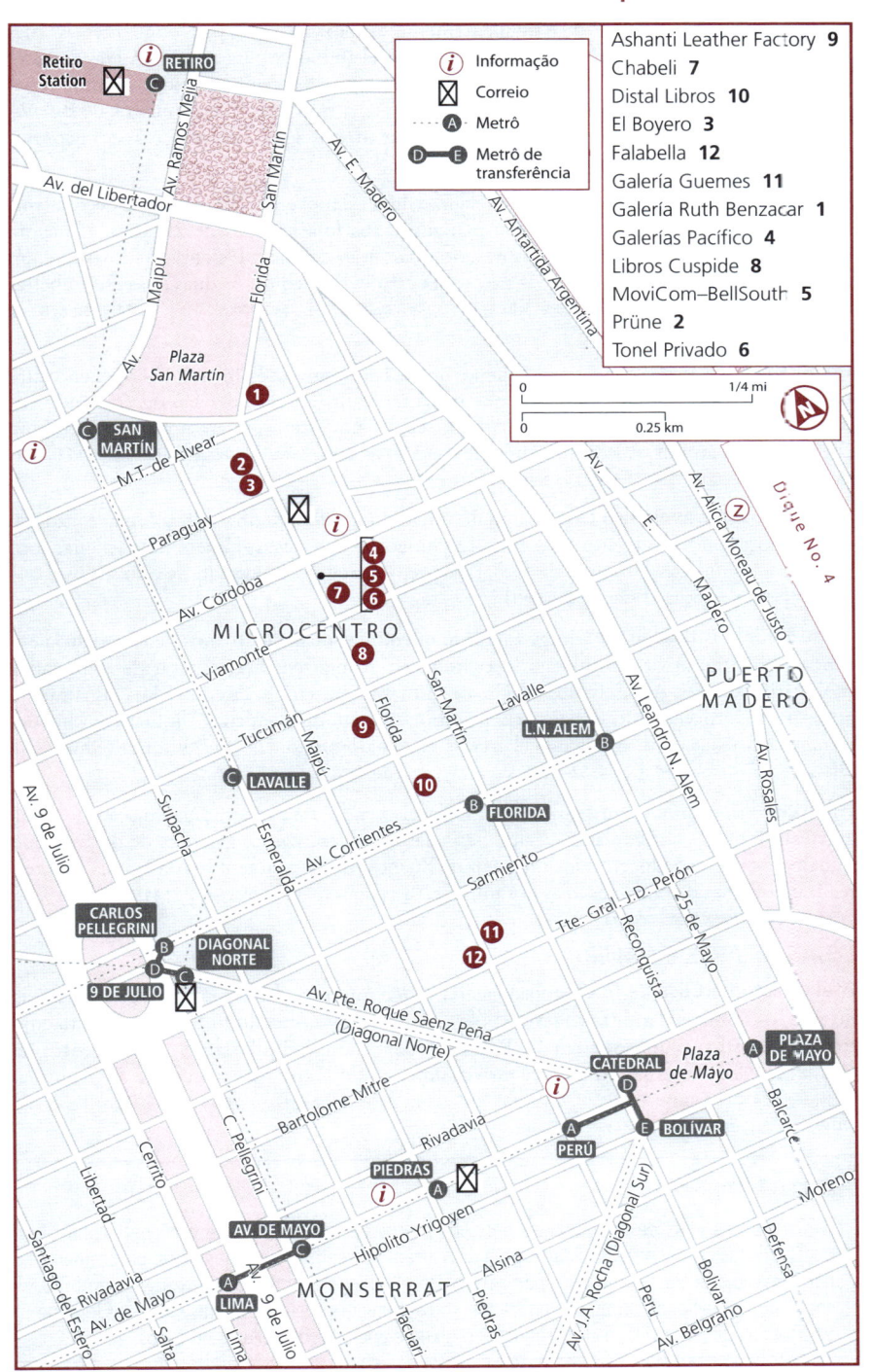

Legenda:
- *i* Informação
- Correio
- ···Ⓐ··· Metrô
- Ⓓ—Ⓔ Metrô de transferência

Pontos de interesse:
- Ashanti Leather Factory **9**
- Chabeli **7**
- Distal Libros **10**
- El Boyero **3**
- Falabella **12**
- Galería Guemes **11**
- Galería Ruth Benzacar **1**
- Galerías Pacífico **4**
- Libros Cuspide **8**
- MoviCom–BellSouth **5**
- Prüne **2**
- Tonel Privado **6**

guidades estão abertas até tarde e frequentemente servem chá e café para os clientes. As ruas estão fechadas para o trânsito, criando um confortável ambiente para caminhar. Há também, geralmente, no período de lua cheia, se você estiver aqui acompanhado, pode ser uma experiência romântica de compras. Tenha em mente que a maior parte dos museus de Buenos Aires, tem alta qualidade técnica e réplicas vendidas em suas lojas, então você pode encontrar arte interessante e presentes por lá.

Calle Antigua ★★ Essa loja vende arte religiosa, lustres, móveis e outros objetos decorativos. O proprietário, José Manuel Piñeyro, inaugurou sua loja há mais de 20 anos. Ele agora tem duas frentes de lojas, ambas no mesmo quarteirão da Calle Defensa. As lojas aceitam dinheiro e cheques estrangeiros, mas não aceita cartões de crédito. As duas lojas estão abertas diariamente das 10h às 19h. Calle Defensa 914 e Calle Defensa 974, nos Estados Unidos. ✆ **11/4300-8782** ou 15/4472-4158. Metrô: Independencia.

Del Buen Ayre Esta loja concentra pequenos objetos decorativos, é provável que você encontre um item, nesta loja de antiguidades, que possa ser transportado no avião ou embalado em sua bagagem. A maior parte dos itens é do século XX. Aqui, preferem dinheiro, embora cheques sejam aceitos. Aberto diariamente das 11h às 20h. Bolívar 929, nos Estados Unidos. ✆ **11/4361-4534**, 11/4921-8280, ou 15/4179-7419. Metrô: Independencia.

Galería El Solar de French Construído no início do século XX em estilo colonial espanhol, esse é o local onde o argentino patriota Domingo French viveu. Hoje é uma galeria, com lojas de antiguidades e mostra de fotografias representando o passado de San Telmo. Calle Defensa 1066, no Humberto I. Metrô: Independencia

Jorge Gudiño Antiguedades Jorge Gudiño, quem tem mais de 20 anos de experiência em vendas de antiguidades, abriu esta loja em 1991. A loja tem lindas peças de sofisticados mobiliários antigos. As peças são exibidas de formas interessantes, fazendo a loja visualmente apelativa e fornecem ideias para seu próprio uso em casa. Apenas dinheiro e cheques estrangeiros são aceitos. A loja está aberta de sexta a domingo das 10h30min às 19h00. Calle Defensa 1002, na Carlos Calvo. ✆**11/4362- 0156**. Metrô: Independencia.

Pallarols ★ Localizado em San Telmo, Pallarols vende uma requintada coleção de prata argentina e outras antiguidades. A família Pallarols representa seis gerações de ourives. Seu trabalho é caracterizado, em vários museus de Buenos Aires e os membros da família às vezes, realizam oficinas de prata nas lojas dos museus. Calle Defensa 1015, na Carlos Calvo. ✆ **11/4362-5438**. www.pallarols.com.ar. Metrô: Independencia.

LOJAS DE ARTE e GALERIAS

Atelier Estudio Casa de la Villa Esta galeria vende muito *high end* arte descrevendo a vida do país, os Pampas e muitas cenas de pólo. Vários artistas, incluindo Gustavo Rovira cujo trabalho artístico é destaque em La Rural e Opera Pampa. Embora não seja o centro da cidade, este vale uma visita, se você estiver procurando a arte que representa a Argentina. Gualeguaychú 4104, na Pareja. ✆ 11/4501-7846 ou 15/5023-0263. Sem acesso ao metrô.

> **Dicas Compras**
>
> A maioria das lojas de antiguidades baixa os preços de 10% a 20% se você pechinchar. É quase impossível pagar antiguidades com um cartão de crédito em Buenos Aires; praticamente nenhuma loja aceita, em grande parte devido à alfândega e emissão de taxas. No entanto, cheques internacionais, uma vez verificados, são geralmente aceitos em quase todas as lojas de San Telmo. Dinheiro vivo, é claro, nunca é problema entre pesos, dólares ou euros.

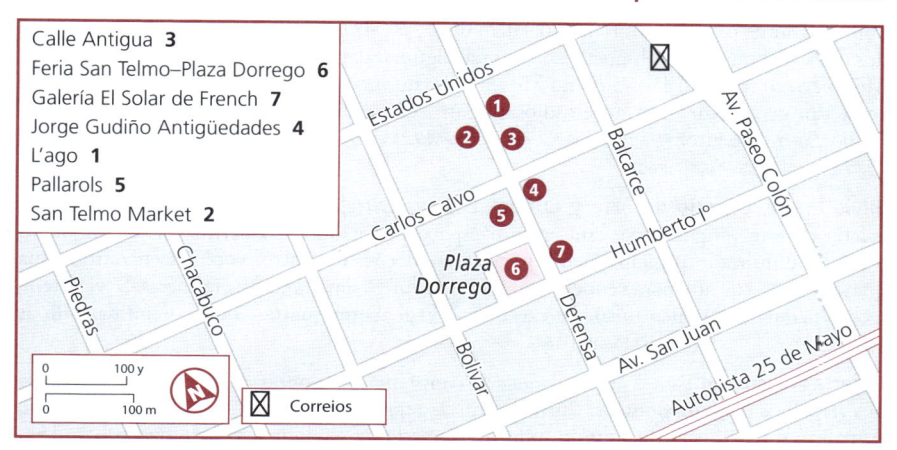

Fazendo Compras na Calle Defensa

Calle Antigua **3**
Feria San Telmo–Plaza Dorrego **6**
Galería El Solar de French **7**
Jorge Gudiño Antigüedades **4**
L'ago **1**
Pallarols **5**
San Telmo Market **2**

Galeria de Arte Asiática Buddha BA Localizado na pequena mas encantadora Chinatown de Belgrano, esta galeria de arte asiática está anexada a uma casa de chá chinesa e oferece alta qualidade de arte e antigüidade asiática. Arripeña 2288, em Mendoza. ℂ **11/4706-2382**. www.buddhaba.com.ar/galeria_art.html. Metrô: Juramento.

Galería Ruth Benzacar Galeria de vangarda, escondida no subsolo de um espaço no início da Calle Florida próxima a Praça San Martín, com muitas exibições de interesse local e nacional. Entre os mais conhecidos argentinos, que tem aparecido aqui, estão Alfredo Prior, Miguel Angel Rios, Daniel García, Graciela Hasper e Pablo Siguier. Aberto de segunda a sexta das 11h30 às 20h, sábado das 10h30 à 01h. Calle Florida 1000, com vista para a Plaza San Martín. ℂ**11/4313-8380**. www.ruthbenzacar.com. Metrô: San Martín.

Jorge Oliva Antigüedades y Arte Aconchegada em uma galeria ao longo da Suipacha, perto do Monumento da Embaixada Israelense, esta pequena galeria oferece uma interessante coleção de arte incluindo a arte nativa da Argentina e de alguns artistias europeus bem como pequenas antiguidades e objetos decorativos. O museu participa na Recoleta Arroyo Rua Galeria Noturna, realizada na última sexta-feira de cada mês. Suipacha 1409, no Arroyo, Espaço 11. ℂ **11/4390-4401**. Sem acesso ao metrô.

Julho Chaile Arte Julho Chaile tem trabalhado como artista em todo o mundo e sua arte tem uma moderna inspiração popular. Ele também cria interessantes obras personalizadas para vários argentinos famosos, o que atrai colecionadores e viajantes. Ligue para agendar. Paraguai 964, 2L, na Av. 9 de Julho. ℂ **11/4328-2330**. Metrô: Lavalle.

Museu Casa Taller de Celia Chevalier Não me animo com as atrações de La Boca, mas eu recomendo esse lugar, uma butique e um museu de artistas locais a apenas 2 quarteirões de El Caminito. Celia Chevalier cresceu em Buenos Aires e criou caprichosas pinturas baseadas em sua memória de infância. Ela é encantadora, e só fala espanhol. A casa é um restaurado *conventillo*, típica habitação de imigrantes italianos que mudaram quando eles chegaram em Buenos Aires antes de virar o século 20. A casa é de 1885 e foi transformada no estúdio do museu em 1998. Não são aceitos cartões de crédito. Ingresso de US65 ¢ (35p). Está aberto sábado, domingo e feriados das 14h às 17h; ligue para agendar outros dias. Irala 1162, na Calle Olavarria. ℂ **11/4302-2337**. celia_chevalier@yahoo.com.ar. Sem acesso ao metrô.

Nora Iniesta ⭐ Nora fez sua própria fama dentro de Buenos Aires pelas obras baratas, incorporando símbolos argentinos como tango ou *gauchos*. Com a combinação da explosão turística e a volta do movimento político Peronista ao poder, Evita inspirou a arte, que agora domina grande parte do seu trabalho. Além disso, as caixas modernas, colagens e montagens dos detritos, bonecas, lembranças e botões são algumas das principais coisas que permancem. Muito do seu trabalho é vendido no Museu Evita ou você pode ver uma seleção muito maior aqui. Em geral, Nora está no estúdio em San Telmo, durante a semana das 10h às 17h, ou por agendamento. Peru 715, Suite # 2, entre Independenica e Chile. ℂ **11/4331- 5459** ou 15/5319-1119. www.norainiesta.com. Metrô: Independencia.

Silvia Freire, Espacio de Arte y Cultura Um pouco religioso, um pouco New Age, essa galeria de arte vanguardista, está em um espaço projetado em Palermo Viejo. Enquanto o prédio é utilizado principalmente para apresentações de teatro, você vai encontrar uma grande coleção de arte para vender penduradas ao longo das paredes e em mesas. Silvia Freire é considerada um pouco mística e excêntrica. Está aberta quarta e quinta-feira das 10h às 15h. Cabrera 4849, no Acevedo. ℂ **11/4831-1441**. Metrô: Plaza Italia.

Galeria Wussmann Essa é uma bela galeria com fantásticas obras de arte, concentrando-se nos trabalhos contemporâneos. Entre os artistas representados estão Ral Veroni, um nativo argentino que já viveu no mundo todo. Está aberta de segunda a sábado das 10h às 18h. Venezuela 574, entre Bolívar e Peru. ℂ 11/4343-4707. www.wussmann.com. Metrô: Belgrano.

LIVRARIAS

Asunto Impresso ★★ Sua localização, no Centro Cultural Recoleta é uma indicação que esta é uma livraria distinta outro indicativo é seu slogan, "livraria para a imaginação". Você encontrará muitos livros de alta qualidade educacional e de artes, muitos de interesse específico para turistas procurando um pouco mais de profundidade na história e na cultura de Buenos Aires. Junín 1930, no Centro Cultural Recoleta. ℂ **11/4805-5585**. www.asuntoimpreso.com.br. Sem acesso ao metrô.

Classica y Moderna ★★ Esta importante livraria foi salva da extinção de uma maneira interessante, colocando um restaurante no interior para aumentar o movimento. A livraria abriu neste local em 1938, embora a empresa seja de 1918. Emilio Robert Diaz foi o fundador e agora os netos deram andamento. Em 1988, livros foram transferidos para voltar a abrir o caminho para jantares, mas é uma das melhores livrarias para turistas da língua inglesa na cidade. Você encontrará em Buenos Aires livros de fotografia e história, bem como da história recente da Argentina, todos traduzidos para o inglês. Eventos de todos os tipos são realizados aqui, desde leituras literárias a peças de teatros, danças e exposições de artes. Aberta de segunda a sábado das 09h às 01h e domingo das 17h às 01h. Callao 892, em Córdoba. ℂ **11/4812-8707** ou 11/4811-3670. www.clasicaymoderna.com. Metrô: Callao.

Distal Libros Distal é uma das maiores livrarias da rede em Buenos Aires, com filiais em toda a cidade, incluindo várias passarelas na Calle Florida. Eles têm uma grande seleção de livros na língua inglesa, incluindo muitos livros Frommer's. Aberta de segunda a sexta das 08h às 22h, sábado das 10h às 22h e domingo das 10h às 21h. Calle Florida 436, na Lavalle (e muitos outros lugares na Calle Florida e outras áreas). ℂ **11/5218-4372**. www.distalnet.com. Metrô: Lavalle.

Librería de Las Madres – Café Literario Osvaldo Bayer ★★ Esta combinação oferece café e livraria o que poucos lugares em Buenos Aires podem oferecer. Você terá a oportunidade de conversar com pessoas que tiveram familiares desaparecidos durante a ditadura militar da Argentina. Você também vai encontrar os jovens estudantes que vêm aqui para estudar e continuar procurando justiça em defesa dessa causa. A livraria das Madres é apenas para o lado do café e ele é cheio de livros e jornais sobre as causas liberais de toda a América Latina. Também possui uma das maiores coleções de livros sobre Che Guevara, de várias partes do mundo. Um argentino que foi um herói para muitas das Madres e sua imagem enfeita as paredes em todo o edifício. Além de livros, há cartazes, panfletos e outros itens, todos com uma tendência muito socialista. Aberta de segunda a sexta das 10h às 22h, sábado das 10h às 20h. Hipólito Yrigoyen 1584, na Ceballos. ✆ 11/4382-3261. Metrô: Congreso.

Librería Santa Fé Essa loja é parte de uma rede e tem uma grande seleção de livros sobre Buenos Aires e Argentina, guias de viagem e muitos livros em inglês, principalmente os mais vendidos. Av. Santa Fe 2376, em Pueyrredón. ✆ **11/4827-0100**. www.lsf.com.ar. Metrô: Pueyrredón.

Librería Sigal Perto do Shopping Center Abasto, essa livraria e loja judaica estão em atividade por mais de 70 anos, em uma área que foi uma vez, um importante centro de imigração judaica. Os livros estão em sua maioria em hebraíco e espanhol. Eles também são vendidos em menorá, yarmulkes e outros interessantes ítens judaícos. Só aceita dinheiro. Aberto de segunda à quinta das 10h às 13h e das 15h às 17h, sexta das 10h às 16h30. Av. Corrientes 2854, no Equador. ✆ **11/4861-9501** ou 11/4865-7208. www.libreriasigal.com.br. Metrô: Gardel.

Librerías Turísiticas Todo e qualquer tipo de livro de turismo na Argentina e em outras partes do mundo, podem ser encontrados nessa loja. A própria empresa edita e vende de livros. Aberta de segunda à sexta das 09h às 19h, sábado das 09h à 13h. Paraguai 2457, em Pueyrredón. ✆ **11/4963-2866** ou 11/4962-5547. www.libreriaturistica.com.ar. Metrô: Pueyrredón.

Libros Cuspide Uma das maiores redes de Buenos Aires, você não terá qualquer dificuldade para encontrar uma das suas filiais nos bairros da cidade e em outras cidades da Argentina. Eu listo aqui a de Calle Florida que tem uma grande seleção de livros sobre a Argentina que interessa aos turistas que pretendem aprender mais sobre o país. Aberta de segunda a sábado das 09h às 21h, domingo ao meio-dia às 20h. Calle Florida 628, em Tucumán. ✆ **11/4328-0575**. www.cuspide.com. Metrô: San Martín.

CÂMERAS E ACESSÓRIOS

Cosentino Se você precisar de alguma coisa para a sua câmera, se estiver procurando por uma nova ou precisar desenvolver os serviços de alta qualidade, Cosentino oferece tudo. Eles também fazem consertos nas câmeras. Av. Roque Sáenz Peña (Diagonal Norte) 738, em Perón. ✆ **11/4328-9120**. Metrô: Catedral.

CELULARES

Altel Essa é uma empresa de aluguéis de celulares direcionados a turistas. Eles oferecem entrega grátis e aluguel. Você pagará apenas pelas ligações. Esteja ciente, no entanto, que enquanto uma enorme comodidade, aluguel de celulares são caros em Buenos Aires e você deve sempre ler o fino folheto da empresa não importa a que você escolha ou quão boa pareça ser a oferta. Av. Córdoba 417, 1º andar, na Reconquista. ✆ **11/4311-5000**. www.altelphonerental.com. Sem acesso ao metrô.

MoviCom-BellSouth Enquanto na maioria dos casos eles vendem para os habitantes locais, os estrangeiros podem conseguir celulares pagos na hora e mantê-los quando deixarem Buenos Aires. Utilizando um sistema de cartão de entrada, este método pode ser significativamente mais barato do que usar um serviço padrão de aluguel turístico. Galerías Pacífico (andar principal), Calle Florida 750, na Av. Córdoba. ✆ **11/5555-5239**. Metrô: San Martín.

DENTISTAS

Dr. Migule Notte É ruim quando você precisa de um dentista em uma emergência, mas em compensação, odontologia estética é mais barata na Argentina do que na América do Norte. Dr. Miguel Notte e os dentistas que trabalham com ele prestam um excelente serviço, mas não falam inglês muito bem. Uruguai 651 Piso 15 J (entre Tucuman e Viamonte). ✆ **11/4372-8881**. Metrô: Tribunales.

ÓCULOS E LENTES DE CONTATO

Saracco Rápido, serviço de visão de alta qualidade estão disponíveis em Saracco. O exame ocular está incluso no preço dos óculos. Óculos e lentes de contato custam cerca de um terço do que na América do Norte, embora alguns designers de armação de óculos tenham preços semelhantes. Eles têm várias filiais em torno da Plaza San Martín. Interessantemente, devido ao grande número de descendentes de imigrantes italianos em Buenos Aires, você encontrará a Zyloware coleção de Sophia Loren que é popular e bem caracterizada neste e em muitos lugares de lojas de óculos da cidade. Juncal 821, perto da Plaza San Martín. ⓒ **11/4393-1000**. Metrô: San Martín.

MODA E VESTUÁRIO

Palermo está prestes a se tornar o local das exibições de butiques dos jovens designers que parecem ter se dado bem, apesar ou talvez por causa, da crise do peso. Argentinos, já não podem realmente se dar ao luxo de importar suas roupas e isto tem sido uma benção para indústrias locais, apesar de um recente acordo comercial com a China que pode significar que roupas baratas chinesas poderão inundar o mercado em breve, destruindo essa maravilhosa tendência local. Por agora, compre produtos feitos na Argentina enquanto puder, pois eles são alguns dos produtores mais interessantes do país. A moda feminina aqui é, como um todo, irreverente, divertida e acima de tudo, feminina. Embora isso seja feito principalmente para figuras anoréxicas, eu listarei uma loja com tamanhos maiores a seguir. Lembre-se também que Buenos Aires aprovou uma lei que as lojas devem ter tamanhos grandes. Você vai encontrar famosas lojas internacionais ao longo da Avenida Alvear e Calle Quintana na Recoleta. As maiores lojas de moda na Recoleta tendem a aceitar cartões de crédito e ter horário fixo. Muitas pequenas butiques em Palermo podem aceitar selecionados cartões de crédito, mas muitas só aceitam dinheiro. Você também encontrará muitas butiques fechadas aos domingos e, em Palermo, em particular, o horário pode variar por causa da pequena equipe da loja. Se você encontrar uma loja em que você realmente goste em Palermo, muitas vezes é possível falar diretamente com o proprietário sobre o designer e produtos dele e ver as novas coisas que podem estar chegando. Para as mulheres, compras em Palermo podem ser uma experiência única e muito gratificante.

Akiabara Essa loja é uma rede, mas tem lindas criações femininas, feitas na Argentina. É moderada para caro para Buenos Aires. Aberta diariamente das 10h às 21h. Honduras 4865, entre Serrano e Thames, fora da Plaza Serrano. ⓒ 11/4831-9420. Metrô: Plaza Italia.

Aristocracia Ao entrar nessa loja casualmente elegante as primeiras coisas que você vai observar são as paredes vermelhas e tratamentos luxuosos. A maior parte dos itens aqui é da designer Lucrecia Gamundi e eles são feitos na Argentina. As importações também armazenam outras roupas da França, Itália e outros países. A loja deles, Las Cañitas é algo novo, eles estavam na Recoleta por 10 anos antes disso. O serviço é excelente nesta loja. Também são bem conhecidos pelas suas interessantes vitrines. Aberta de segunda a sábado das 10h às 21h. Av. Arguibel 2867, no Arce. ⓒ **11/4772-1144**. Metrô: Carranza.

Bakú ★★ *Econômico* Todos os designers em Baku são criações da Liliana Basili, que abriu a sua própria loja em 2003, no bairro de Las Cañitas em Palermo. Ela produz exclusivas carteiras, acessórios de couro, cintos e fivelas e várias peças de joia. Todos os itens são produzidos na Argentina. Embora sua loja seja cara em uma parte da cidade, tudo aqui tem preço muito razoável. A loja está aberta segunda-feira das 13h às 22h e de terça-feira a sábado das 10h às 22h. Av. Arguibel 2890, no Arce. ⓒ **11/4775-5370**. Metrô: Carranza.

Câlin Lingerie ★ Se você esqueceu-se de colocar uma coisa romântica na mala ou estiver em sua lua de mel, essa parada na elegante loja de lingerie da galeria ao lado do Hotel Palace Alvear é obrigatória. A maior parte dos itens é feito à mão, usando muitos tecidos italianos. Para muitos itens de lingerie o design nunca é repetido, ou seja, os itens são peças únicas.

Aberto de segunda a sábado das 10h30 às 17h30. Av. Alvear 1883, Local 18, na Galería Promenade Alvear ao lado do Hotel Palace Alvear. ⊘ 11/4804-9383. Sem acesso ao metrô.

Florentina Muraña ★★ *Achados* Essa maravilhosa e pequena loja em Palermo Scho leva o nome de um personagem da história de Jorge Luis Borges, que tem Palermo como cenário. Você encontrará lindas roupas femininas feitas de materiais interessantes aqui. Alguns exemplos das ofertas incluem blusas de fibra de milho feitas à mão na Argentina de lã italiana, cristal e jóias, algumas feitas para parecerem enfeites de insetos como as joaninhas e borboletas. O proprietário é Gabriela Sivori e ela trabalha na loja e desenha alguns itens à venda, sendo que todos são feitos exclusivamente na Argentina. Aberta diariamente das 11h30 às 20h, apesar do horário oscilar no verão. Calle Borges 1760, no Pasaje Russel. ⊘ 11/4833-4137. Sem acesso ao metrô.

Mancini ★★ *Achados* Enquanto as mulheres podem fazer compras até que se deixar cair, a maioria das lojas de vestuário tendem a ter roupas conservadoras. Mancini, uma rede com vestuário para homens e mulheres, é uma exceção à regra. Essa filial, em Palermo Viejo, oferece roupas chiques, com uma ênfase no preto. Ou porque são hostis ou estão simplesmente esgotados, a equipe geralmente deixa compradores nesta loja por conta própria, não acompanham o cliente como em outras lojas ao redor da cidade. Aberta de segunda a sábado das 10h às 20h30, domingo das 11h às 17h. Honduras 5140, entre Thames e Uriarte. ⊘ 11/4832-7570. www.mancinihombremujer.com.ar. Sem acesso ao metrô.

Nana Lou ★ *Achados* Mariana Lopez Osornio é dona dessa pequena butique na zona de Las Cañitas na área de Palermo para qual ela tem desenhado uma grande parte do vestuário. Ser bonita e feminina é a regra aqui e muitos modelos também vêm de Itália. Joias também fazem parte das ofertas. A loja funciona no lado caro, com colares médios custando cerca de US$ 30 a US$ 50 (£ 16 - £ 27), mas os desenhos são excelentes. Aberta até mais tarde, essa é uma boa opção de loja se for jantar na Calle Báez, que é muito mais conhecida por seus restaurantes do que suas lojas. Aberta de domingo a sexta do meio-dia às 01h, sábado a partir de meio-dia às 02h. Calle Báez 283, na Arevalo. ⊘ 11/4772-7826. www.mlo.com.ar. Metrô: Carranza.

Nike Soho Do lado de fora, essa pequena loja da Nike parece ser uma galeria de arte e para ter certeza de que, enquanto a seleção é escassa, é artificialmente exibida. O feminino, papel de parede floral e corante disfarça o impacto das roupas esportivas e tênis, que você encontrará aqui. Aberta de segunda a sábado das 10h às 20h. Honduras 4899, em Gurruchaga. ⊘ 11/4832-3555. Sem acesso ao metrô.

Planeta Bs As ★★ Mais uma coleção de lojas que, Planeta Bs As, começou pela moda da jornalista Claudia Jara, há alguns anos. Muitos dos jovens designers por ela entrevistados depois da crise do peso perguntavam como poderiam expor seus produtos quando eles não tinham dinheiro para abrir uma boutique. Claudia respondeu às suas questões com a abertura deste espaço. Você verá talvez 50 vendedores oferecendo roupas, principalmente para as mulheres, com alguns itens impressionantes também para homens. Horários e seleção de curso irão variar de acordo com o designer. Próximo, Claudia também abriu **Diseño Bs As** na Jorge Luis Borges 1613 e **Diseño Arg** na Honduras 5033, todos fora da Plaza Serrano. Aberto de terça a sexta das 15h às 21h e sábado e domingo das 14h às 21h. Jorge Luis Borges 1627, na Praça Serrano. ⊘ 11/4832-2006 e ⊘ 15/5302-7421. www.mujermilenio.com.ar, www.canalfemme.com.ar e www.vol.com.ar. Sem acesso ao metrô.

Pólo Ralph Lauren Filial de Buenos Aires da famosa loja americana de luxo. Você vai encontrar aqui preços ligeiramente mais baixos do que na América do Norte ou Europa. O edifício, uma antiga mansão da Art Nouveau, é também um motivo para fazer compras aqui: acabamentos em madeiras decoradas e balaustradas permanecem e uma clarabóia de vidro colorido cobre toda a loja. Aberta de segunda a sábado das 10h às 20h. Av. Alvear 1780, na Callao. ✆ 11/4812-3400. www.poloralphlauren.com.ar. Sem acesso ao metrô.

Porto Fem Talles Grandes Quem disse que as gordinhas não podem estar na moda? Enquanto a maioria das roupas, em Buenos Aires parecem destinadas a tops de peso leve, esta loja oferece os mesmos estilos em tamanhos maiores. Esteja ciente de que uma nova lei criada em 2006 supostamente obriga todas as lojas a oferecerem tamanhos grandes de seus produtos, mas na Argentina poucas lojas obedecem. Aberta de segunda a sexta das 09h30 às 17h30, sábados das 10h às 13h30. Maipú 842, em Córdoba. ✆ 11/4893-2908. www.portofem.com.ar. Metrô: San Martín.

Prüne 🌟🌟 Essa é uma rede com mais lojas no Alto de Palermo, Pátio Bullrich e muitos outros locais da cidade e em toda a Argentina, mas na Calle Florida está é a maior delas. É ótimo para mulheres, acessório e pequenos artigos de couro e traz alguns dos melhores em toda Buenos Aires. A maior parte das bolsas custa cerca de US$ 65 (£ 34). A loja é iluminada, arejada e tem até um pátio. A maioria das coisas que aqui estão, são produtos argentinos, mas alguns são de fabricação chinesa. Aberta diariamente das 10h às 23h. Calle Florida 963, na Plaza San Martín. ✆ 11/4893-2634. Metrô: San Martín.

Rapsodia Existem muitas filiais dessa rede de lojas de roupas femininas, o que tende a exibir tecidos exóticos e praticamente todos os seus itens feitos na Argentina. Mais de seis dessas lojas existem em toda Buenos Aires, mas eles têm duas grandes lojas na mesma rua na Las Cañitas: uma vende roupas novas e as outras principalmente vintage. Aberto diariamente das 10h às 21h. Av. Arguibel 2899 e Av. Prof. Arguibel 2860, ambas na Arce. ✆ **11/4772-2716** ou 11/4772-7676. Metrô: Carranza.

Shesh 🌟 *Achados* Esta é uma pequena loja onde a moda estilo Brady Bunch de roupa colorida é o ponto alto. Eles são estritamente uma loja feminina, porém seus anúncios estimulantes mostram homens vestindo as roupas. Os estilos aqui são muito melhores para as mulheres jovens. Além da moda, eles oferecem também alguns acessórios e joias femininas. A designer é Silvana Troncoso, que é considerada uma recém designer na cidade. Todas as roupas são feitas na Argentina. A loja tem um quê de "Meninas Super Poderosas", com a sua decoração rosa pink e filosofia de moda com pegada. Essa loja foi inaugurada em 2004 e têm planos de abrir algumas filiais ao redor da cidade. Aberta diariamente das 11h às 20h, apesar dos horários oscilarem no verão. Pasaje Russel 5005, na Borges. ✆ 11/4831-8186. www.shesh.com.ar. Sem acesso ao metrô.

LOJAS DE GULOSEIMAS

Hua Xia Localizado na pequena, mas agradável Chinatown em Belgrano, aqui você encontrará uma quitanda normal junto com vários produtos chineses, coreanos e japoneses. Abre de segunda a sábado das 08h30 às 21h30, domingo e feriado das 09h30 às 21h30. Arripeña 2242, em Mendoza. ✆ 11/4782-2628. Metrô: Juramento.

Pekín Supermercado Você encontrará lojas de conveniência por toda área do Microcentro, mas para fazer compras mais intensas e poupar dinheiro no processo, dirija-se ao Pekin Supermercado. Aqui você encontrará verduras, alimentos congelados, produtos de higiene, vinho, *dulce de leche* e um monte de mate barato, o forte chá de erva que os argentinos adoram, para que você possa fazer compras e comer como um local, com preços locais também. Esta é uma grande loja direcionada para você que está alugando um apartamento na área e eles também entregam. Aberto de segunda à sábado das 08h às 22h e domingo das 09h30 às 15h. Reconquista 543, na Lavalle. ✆ **11/4315-0508**. Metrô: Lavalle.

DESIGNER PARA CASA

Capital Diseño e Objetos Uma das mais interessantes lojas de design em Palermo Viejo, você vai encontrar todos os tipos de coisas dos mais concebidos designers, baratas e modernas. Eles também têm uma grande seleção de itens para crianças. Entre as minhas coisas favoritas estão, a decoração de porta chaves e um cabide desenhado por Fernando Poggio. Existe também uma grande quantidade de couro. Está aberta de segunda a sábado das 10h às 22h. Honduras 4958, entre Uriarte e Thames. ℭ 11/4834-6555. www.capitalpalermo.com.ar. Metrô: Palermo.

Haz de Luz A linha de etiqueta para essa loja é a "Casa, Corpo e Alma". Seus produtos concentram-se em lâmpadas e acessórios para casa como velas e molduras, mas eles também têm acessórios femininos tais como interessantes xales coloridos, joias e itens infantis. Verdadeiramente todos os itens são feitos à mão e quase todos são criados na Argentina, com poucas importações. Todos os itens são vendidos em consignação, pois são as obras de vários artistas locais. As coisas mudam frequentemente aqui, por isso, se você estiver na área, faz sentido vir novamente e ver o que eles têm de novidades. A loja é um pouco difícil de encontrar; em uma passagem, juntamente com numerosas e pequenas lojas interessantes. Está aberta diariamente das 11h às 20h. A loja pode fechar inesperadamente na segunda e os horários podem oscilar no verão. Pasaje Russel 5009, na Borges. Sem telefone. hazdeluzpalermo@hotmail.com. Sem acesso ao metrô.

L'ago Localizado ao longo da linha de antiguidades de San Telmo, essa loja oferece design moderno e criativo, bem como alguns itens de ótima qualidade de meados do século 20. Seu foco principal são lâmpadas, mas elas também têm uma extensa coleção de itens que podem ser utilizados em quartos infantis ou naqueles com o gosto caprichado dos jovens de coração. Praticamente todos os novos itens são feitos na Argentina. Defensa 970, nos Estados Unidos. ℭ **11/4362-4702**. Metrô: Independencia.

Tienda Puro Diseño Argentino ★★★ (Achados) Tienda Puro Diseño Argentino está na Recoleta Desígn Center, a área de compra curvada perto de Cemitério da Recoleta. Caracterizada pela qualidade muito alta, artigos de alto-design criados por mais de 120 desenhistas argentinos, só com materiais argentinos, tudo a bons preços. A ideia veio de uma exposição do designer do mesmo nome que apesar da crise econômica do país, foi um sucesso sem êxito para conduzir para uma loja autônoma. A maior parte dos produtos é de design para casa, mas produtos também incluem jóia, moda, acessórios de couro e os produtos de crianças. Muitos dos artigos domésticos possuem um sentimento de quebra de barreiras. Couro, um dos produtos mais importantes da Argentina, um dos produtos de maior destaque na Argentina, também está presente na maior parte dos artigos Meus artigos favoritos são as mochilas em forma de sela incomuns. Aberto de segunda a sábado das 10h às 09h e domingo do meio-dia às 21h. Veja também a descrição anterior do próprio centro comercial, Recoleta Designer Center que tem outras lojas interessantes. Av. Peyrredón 2501, no Recoleta Desígnio Centro, debaixo dos arcos (Terrazza). ℭ **11/5777-6104** ou 11/5777-6107. Sem acesso ao metrô.

JOALHERIA

As melhores lojas de joias da cidade ficam situadas na Recoleta e dentro de muitos hotéis cinco estrelas. Você pode achar pechinchas em ouro ao longo da Calle Libertad, perto da Avenida Corrientes. Também dê uma olhada na seção de moda feminina. Muitas pequenas butiques femininas vendem joias feitas à mão produzida localmente.

Chabeli Esta loja oferece uma seleção interessante de joias argentinas feitas à mão com cristais e pedras semipreciosas. Elas também têm sapatos femininos e livros de bolso, nada custando mais que US$75 (£40). Designers de acessórios de couro e de joias caem em duas categorias principais: de nativo argentino para muito bonita e feminina, usando cor-de-rosa e materiais pastéis. Eles também têm outra filial na cidade no centro de Bariloche. Aberta de segunda a sábado das 10h às 20h, domingo do meio-dia às 19h. Calle Flórida 702, na Viamonte. ℭ 11/4328-0805. Metrô: San Martín.

216   CAPÍTULO 9 · COMPRAS

Cousiño Jewels Localizado na galeria do hotel Sheraton, essa joalheira argentina tem uma coleção brilhante de arte feita de pedra rodocrosita nacional (também chamada de Rosa Inca), um bonito quartzo lácteo-rosa. Aberto de segunda a sábado das 09h às 19h, domingo das 10h às 18h. No Sheraton Buenos Aires Hotel, Av. San Martín 1225, na Alem. © **11/4312-2336** ou 11/4313-8881. Metrô: Retiro.

H.Stern Essa cara joalheria brasileira, com filiais nas principais cidades ao redor do mundo, vende uma seleção inteira de pedras da América do Sul, inclusive esmeraldas e topázio imperial únicos. A H.Stern é a joalheria mais famosa na América Latina. A loja do Marriott está aberta diariamente das 09h às 19h, mas às vezes está fechada nos fins de semana no inverno. O loja do Sheraton está aberta de segunda a sexta das 09h às 19h30, sábado e domingo das 09h às 17h. Na Praça Marriott, Calle Flórida 1005, com vista para a Plaza San Martín (© **11/4318-3083**; Metrô: San Martín) e o Sheraton Buenos Aires Hotel, Av. San Martín 1225, na Libertador (© **11/4312-6762**; Metrô: Retiro).

EMPÓRIOS KOSHER

Autoservicio Ki Tob Esse grande supermercado kosher também tem uma seção de carne kosher. Você achará tudo limpo aqui, de grampos básicos ao lixo de comida. Só aceita dinheiro. Aberto de segunda a quinta das 08h às 20h, sexta das 08h até 2 horas antes do pôr do sol e domingo das 15h às 20h. Tucumán 2755, nas Pueyrredón. © **11/4966-1007**. Metrô: Pueyrredón.

Heluini Essa pequena loja kosher com serviço amigável concentra-se na comida Sephardic kosher, conhecida localmente como Oriental Kosher. Você encontrará temperos e outros artigos com um sabor do Oriente Médio. Este também é um dos poucos lugares em Buenos Aires que vende manteiga de amendoim, um artigo muito difícil de encontrar na Argentina, assim se você ou as crianças tiverem um desejo, este é o lugar para ir. A loja está aberta desde 1937. Só aceita dinheiro. Aberta de segunda a quinta das 09h às 21h, sexta das 09h até 2 horas antes de pôr do sol. Tucumán 2755, a Pueyrredón. © **11/4966-1007**. Metrô: Pueyrredón.

> **Dicas A Rua Murillo do Distrito do Couro**
>
> Olhando para comparar preços e selecionar na pressa? Então vá à Rua Murillo do distrito do couro no bairro Vila Crespo. Eu listei vários lugares na seção de couro, inclusive a grande Murillo 666, uma das principais lojas da rua. Itens são feitos frequentemente sobre a fachada, ou em uma fábrica perto. Não tenha nenhum medo de pechinchar, ou perguntar se podem ser feitas combinações de artigos se você não achar exatamente o que gosta. maior concentração está a Murillo entre Malabia e Acevedo, mas você encontrará aproximadamente um total de 50 lojas, com todas as jaquetas de couro, para bolsas, para malas, para acessórios e mais.

COURO

Com toda aquela carne de boi em seus restaurantes, a Argentina não poderia deixar de ser um dos melhores centros de couro do mundo. Se você estiver procurando mercadorias de couro de alta qualidade, projetados de forma interessante, especialmente sapatos femininos, acessórios e bolsas, poucos lugares batem a seleção de Buenos Aires. Muitas lojas de couro também costumam fazer jaquetas e outros artigos sob medida para clientes interessados, sendo assim pergunte se você encontrar algo em outro tamanho que não seja o seu ou quiser combinar peças. Enquanto a maioria pode fazer isto em um dia ou dois, se você estiver querendo realmente ter algo da Argentina, para evitar decepções, você deve começar a pesquisar lojas e preços cedo. Se alguma coisa for complicada para fazer, pode levar mais tempo que o usual — e algumas lojas podem levar uma semana para isto.

COMPRAS DE A A Z 217

Fábrica de Couro Ashanti ✶ Essa pequena loja na Calle Flórida oferece uma imensa seleção de mercadoris de couro, das jaquetas masculinas e femininas a modernas e interessantes bolsas feminina. Os preços deles em jaquetas não são os melhores, mas os acessórios femininos são mesmo competitivos e você sempre pode pechinchar. Melhor de tudo, a fábrica está no porão da loja, assim eles podem fazer quase qualquer coisa para você. Pergunte por uma excursão onde você pode conhecer os profissionais Roberto, Victor e Oscar que estão cercados por máquinas de costura e botões coloridos de couro. Aberto diariamente das 10h ás 22h. Calle Flórida 585, na Lavalle. ⓒ **11/4394-1310**. Metrô: San Martín.

Casa López ✶✶ Amplamente considerada entre a melhor *marroquinería* (mercadorias em couro para fazer compras) em Buenos Aires, Casa López vende em uma extensa área de produtos de couro argentino. Também há uma loja no Pátio do shopping Bullrich. Marcelo T. de Alvear 640, na Maipú, perto de Plaza San Martín. ⓒ **11/4312-8911**. Metrô: San Martín.

Chabeli Além de joalheria, essa loja oferece uma ampla seleção de sapatos femininos e bolsas, nada custando mais do que US$ 75 (£40). Aberto de segunda a sábado das 10h às 20h e domingo do meio-dia às 19h. Calle Flórida 702. ⓒ**11/4328-0805**. Metrô: San Martín.

El Nochero Todos os produtos vendidos na El Nochero são feitos com couro argentino de primeira e fabricados por trabalhadores locais. Sapatos e botas, roupas, talheres decorativos (inclusive *mates*, por segurar o chá herbário especial adorado pelos argentinos) enchem a loja. Aberto de segunda a sábado das 10h às 21h; domingo do meio-dia e feriado às 21h. Posadas 1169, no Pátio do shopping Bullrich. ⓒ **11/4815-3629**. Sem acesso do metrô.

Gloria Lópes Sauqué ✶ Lindos e exclusivos designers esperam você nesta galeria de designer único em couro. Gloria Lópes Sauqué é uma das mais criativas designers da Argentina, com seus trabalhos expostos em vários países. Ela também é a única desenhista argentina, cujo trabalho é vendido nas Galerias Lafayette, em Paris. Aberta de segunda a sexta das 10h às 20h, Sábado 10h às 18h. Posadas 1169, entre Libertad e Cerritos. ⓒ **11/4815-3007**. www.glorialopezsauque.com. Sem acesso ao metrô.

Hard Leather ✶O nome pode fazer você pensar se entrou em uma loja S&M de Buenos Aires, mas a seleção é qualquer coisa menos isso. Além do mais, não existe nada de couro duro (tudo é mole e suave), porém os proprietários não conseguiram o duplo sentido quando eles procuraram uma palavra significando durável para substituir *dura*, a palavra espanhola para "hard". Embora haja casacos masculinos, mulheres vão encontrar uma coleção muito maior. Eles aceitam American Express, MasterCard e Visa e estão abertos de segunda a sábado das 09h às 20h, domingo das 10h às 17h. Murillo 627 entre Malabia e Acevedo na Villa Crespo. ⓒ **11/4856-8920**. Metrô: Malabia.

Murillo 666 ✶✶ Essa loja é o principal mercado na Rua Murillo do distrito de Couro no bairro Villa Crespo. Eles têm uma grande coleção de roupas e acessórios femininos, assim como uma maiores variedades de casacos masculinos. Casacos também podem ser feitos por encomenda. Se você estiver procurando móveis, eles têm o maior showroom. Ao contrário de muitas lojas no bairro, ela tem o mesmo preço à vista ou no crédito, mas às vezes você ainda pode negociar um preço ligeiramente mais baixo. Eles aceitam American Express, Diners Club, MasterCard e Visa e está aberto de segunda a domingo das 09h30 às 20h. Murillo 666, entre Malabia e Acevedo em Villa Crespo. ⓒ **11/4856-4501**. www.murillo666.com.ar. Metrô: Malabia.

Outlet ✶ O nome diz tudo para essa loja. Além de grandes coleções de casacos, bolsas, luvas e outros itens, a loja também traz uma pequena coleção de sapatos. Aquelas poltronas que você está sentado quando seus amigos experimentam tudo? Essas também podem ser compradas em várias cores. Esse é definitivamente um lugar para barganha. Existe também uma pequena coleção de casacos de peles femininos aqui. Aceitam American Express, Diners Club, MasterCard e Visa e está aberta de segunda a sexta das 10h às 19h30, sábados das 10h às 18h30. Scalabrini Ortiz 5 na Murillo, em Villa Crespo. ⓒ **11/4857-1009**. Metrô: Malabia.

Paseo Del Cuero ⭐ Juntamente com os casacos e os itens habituais para homens e mulheres, esta fábrica na saída do distrito de Murillo também tem uma grande coleção masculina e pequenas malas de mão feminina e mochilas de academia. Sinta-se livre para negociar. Muitas vezes o pessoal dá um desconto, se você oferecer pagamento em dinheiro. Procurando por tapetes de couro de vaca? Eles estão aqui também! Eles aceitam American Express, Diners Club, MasterCard e Visa e está aberta de segunda a sábado das 09h30 às 19h30. Murillo 624 entre Malabia e Acevedo em Villa Crespo. ℂ **11/4855-9094**. www.paseodelcuero.com. ar. Metrô: Malabia.

Pasión Argentina-Diseños Etnicos ⭐⭐ Com Palermo Viejo agora sendo invadido por redes de lojas, é bom ver florescer essa loja no centro de tudo. Propriedade de Amadeo Bozzi, a loja se concentra principalmente em artigos de couro feminino, acessórios masculinos e femininos e para casa. Todos produzidos na Argentina, tudo é bem projetado e bem feito. Alguns combinam couro com outros materiais nativos e são feitos por membros da tribo Wichi, um grupo nativo na região Chaco. Eu recomendo uma visita a esta loja quando estiver em Palermo Viejo. Aberto de segunda a sexta das 10h às 18h, sábado das 10h às 14h. Ravignani 1780 entre Honduras e El Salvador em Palermo Viejo. ℂ **11/4773-1157** e 11/4777-7550. www.pasion-argentina.com.ar. Metrô: Carranza.

Rossi & Caruso Esta loja oferece alguns dos melhores produtos em couro na cidade e é a primeira escolha das celebridades como o rei e a rainha da Espanha e o Príncipe Philip da Inglaterra. Os produtos incluem malas, selas e acessórios como camurça e roupas de couro, bolsas, carteiras e cintos. Existe outra filial no shopping Galerías Pacífico (pág.205). Av. Santa Fe 1377, no Uruguai. ℂ **11/4811-1965**. Metrô: Bulnes.

626 Cueros A explosiva discoteca aqui diz que você está em um lugar com um pouco mais do que alguns itens das outras lojas de couro no distrito Murillo. Aqui você encontrará interessantes casacos masculinos e femininos, um pouco mais baratos que em outras lojas. Você também vai pagar menos, se você pagar em dinheiro. Se você não tem, eles aceitam American Express, Diners Club, MasterCard e Visa, eles estão abertos de segunda a sábado das 10h às 18h. Murillo 626 entre Malabia e Acevedo em Villa Crespo. ℂ **11/4857-6972**. Metrô: Malabia.

MÚSICA

Almacén de Tangos Generales Música de tango e muito mais, está disponíveis para venda nesta pequena loja com vista para a Plaza Dorrego, no coração de San Telmo. CDs de tango, assim como partituras estão aqui para aqueles que realmente querem conhecer o tango. Além disso, eles vendem muitas lembrancinhas, como canecas, postais, colheres e vários enfeites para trazer de volta da sua viagem. Aberto de segunda a sábado das 11h às 18h, domingo das 10h às 20h. Don Anselmo Aieta 1067, na Plaza Dorrego. ℂ **11/4362-7190**. Metrô: Independencia.

C-Disueria Essa loja de música tem uma variedade de CDs e fitas para cobrir todos os gêneros musicais. A loja oferece uma vasta coleção de tango, a preços razoáveis, você pode comprar alguns CDs para ouvir em casa e ajudar a lembrar da sua viagem. Corrientes 1274, em Talcahuano. ℂ **11/4381-0754**. Metrô: Tribunales.

COMIDA ORGÂNICA E VEGETARIANA

Bio Esse é um restaurante orgânico que também tem uma ampla seleção de produtos orgânicos que podem ser comprados separadamente. É um ótimo lugar para vegetarianos comprarem alguns lanches para levar ao hotel. Todos os ingredientes são orgânicos e todos estritamente cultivados ou produzidos na Argentina. A sua pequena loja tem batatas orgânicas, chás, queijos e até mesmo vinho orgânico. Eles também fazem marmitas. Só é aceito dinheiro. Aberto de terça a domingo do meio-dia às 15h30 e das 20h à 01h, muitas vezes, mais tarde nos fins de semana e segunda das 20h à 01h. Humboldt 2199, na Guatemala. ℂ **11/4774-3880**. Sem acesso ao metrô.

FARMÁCIA

Farmácia Suiza Você não terá problema em encontrar lugares para comprar um remédio em Buenos Aires, mas eu recomendo esse lugar, principalmente pelo seu ambiente. É um antigo boticário, na área do Microcentro. As prateleiras estão enfeitadas com esculturas em madeira e alinhadas com antigos frascos do século XX. Remédios e seus serviços, porém, são totalmente modernos. Calle Tucumán 701, em Maipú. ℂ **11/4313-8480**. Metrô: San Martín.

POLÓ E ROUPAS GAÚCHO & ACESSÓRIOS

El Boyero Você encontrará alta qualidade, clássico estilo pólo e outras roupas inspiradas pelos *gauchos* (cowboy argentino). Eles também produzem uma grande coleção de belos produtos feitos em couro da Argentina. Joias em prata fina, facas, e outros acessórios também estão disponíveis. Eles têm duas filiais, uma na Galerías Pacífico (pág.205) e uma na Calle Florida. Aberto de segunda a sábado das 09h às 20h, mas não está sempre aberta no domingo. Calle Florida 953, na Plaza San Martín. ℂ **11/4312-3564**. Metrô: San Martín.

ROUPAS, SAPATOS E ACESSÓRIOS DE TANGO

Abasto Plaza Hotel Tango Shop Se estiver hospedado no Hotel Plaza Abasto ou não, vale dar uma olhada nessa loja, no seu salão pela sua coleção de roupas de tango, principalmente os vestidos sensuais. Eles também vendem músicas e outros artigos de tango. Abre de segunda à sexta, das 10h às 17h. Av. Corrientes 3190, em Anchorena, perto do Shopping Center Abasto. ℂ **11/6311-4465**. www.abastoplaza.com. Metrô: Carlos Gardel.

Sapatos Personalizados Carlos Esta não é uma sapataria, mas uma loja de trabalhos manuais personalizados de excelentes sapatos de tango de alta qualidade. Se você ligar, Carlos chegará ao seu hotel para efetuar medições e então fazer os sapatos para você manualmente. Seu trabalho demora mais tempo do que a maioria das lojas com a sua própria fábrica, de 10 dias ou até 2 semanas, por isso verifique com antecedência. ℂ **11/4687-6029**. Sem acesso ao metrô.

Flabella Essa é uma loja extremamente movimentada, vendendo principalmente sapatos e outros artigos para dançarinos. É a melhor para os calçados femininos, mas também oferecem uma variedade de sapatos masculinos. Muitos sapatos estão em estoque para compra imediata, mas muitos estilos de sapatos têm que ser feitos por encomenda. Isso pode levar até uma semana, verifique com antecedência. Preços de sapatos começam em US $ 35 (£ 19) o par. Eduardo é um dos talentosos sapateiros e também pode oferecer algumas dicas sobre a cena do tango. A loja também está rodeada de vários outros lugares semelhantes, então confira este quarteirão. Aberto de segunda a sábado das 10h às 22h. Suipacha 263, na Diagonal Norte. ℂ **11/4322-6436**. www.flabella.com. Metrô: Carlos Pellegrini.

Tango Mina ⚜ Se você foi seduzido pelo tango argentino, vai querer passar uma tarde se vestindo à caráter. Os designers (devotos do tango) oferecem modernas roupas e sapatos femininos de tango feitos à mão, inspirados na cultura do tango. O estilo abraça dos clássicos e tradicionais aos modernos. Em oferta estão calçados de Fattamano, conhecidos pela sua impecável construção e desenhos sexies. Existe alguma coisa para todo mundo entre os conhecedores do tango e você pode encontrar um olhar que se encaixe no tango e as funções para cada forma e estilo. Após uma visita aqui, você estará pronto para uma noite de tango na cidade. Aberto de segunda a sexta do meio-dia às 19h, sábado das 11h às 17h. Riobamba 486, 10° andar, na Lavalle. ℂ **11/4952-3262** e 15/5960-8195. www.tangomina.com.ar. Metrô: Callao.

Tango Moda ★★★ Talvez não exista loja mais impressionante situada em Buenos Aires do que essa loja de roupas de tango na cobertura do Palácio Barolo. Uma exibição de roupas de tango femininas e masculinas, acessórios e calçados esperam por você, mas é a visão do 16º andar, de um dos edifícios mais proeminentes da cidade, que vai levar você a outro lugar. Uma vez por mês, o proprietário Jorge Arias impressiona com festas de tango ao pôr do sol no gigante terraço da loja. Desfrute de um gole de champanhe enquanto vê casais de tango, com o Congreso ao fundo. Você não está sonhando, você está em Buenos Aires. A loja está aberta de segunda-feira a sexta das 14h às 21h. Av. de Mayo 1370, 16º andar, em São José do Palácio Barolo. ℂ 11/4381-4049. www.tangomoda.com. Metrô: Sáenz Peña.

BRINQUEDOS E ITENS PARA CRIANÇAS

Ufficio ★★ A maioria dos produtos dessa loja são feitos à mão na Argentina e são de madeira maciça, mas eles também têm algumas importações chinesas. Os produtos incluem lâmpadas, balanços de cavalo de madeira, bonecos, quebra-cabeças, violões, artigos para bebê e roupas. Muitos dos itens são bons presentes para as crianças como uma alternativa aos videogames. Calle Borges 1733, na Pasaje Russel. ℂ 11/4831-5008. Sem acesso ao metrô.

LOJAS DE VÍDEOS

Brujas Esta loja vende video, DVDs e CDs, argentinos de ótima qualidade, difíceis de serem encontrados. Tenha em mente que os vídeos argentinos diferem do sistema utilizado na América do Norte. Calle Rodríguez Peña, em Córdoba. ℂ 11/4373-7100. Metrô: Callao.

El Coleccionista Se você estiver procurando vídeos difíceis de encontrar, especialmente filmes da América do Sul e Espanha, este é o lugar (contudo, sabemos que a Argentina usa um sistema diferente VCR que a América do Norte). Eles também têm alguns DVDs usados e raros de encontrar. A loja está em um bairro que possui inúmeros estabelecimentos comerciais similares, fanáticos por filmes estrangeiros vão fazer bem em bisbilhotar por aqui. Junín 607, na Tucumán. ℂ 11 / 4373-5684. Metrô: Callao.

Vídeo Express Localizado na Estação Retiro, esse lugar aluga videos e DVDs internacionais e locais por cerca de US$ 1 a US $ 3 (55p-£ 1,60) por dia, com US $ 1 (55p) de taxa de atraso por dia. Estação Retiro, na entrada principal. ℂ 11/4312-2146. Metrô: Retiro.

LOJA DE VINHO

Adegas argentinas, especialmente aquelas em Mendoza e Salta, produzem excelentes vinhos. As lojas vendem muito vinho argentino e as três melhores são **Grand Cru**, Av. Alvear 1718; **Tonel Privado**, no Pátio Bullrich e shopping Galerías Pacífico; e **Winery**, com filiais na L.N. Alem 880 e Av. Del Libertador 500.

La Cava de la Brigada Proprietário do restaurante do mesmo nome, em San Telmo, essa loja tem mais de 350 diferentes vinhos de mais de 40 adegas de produtores. Os preços variam entre US $ 6 (£ 3,15) por uma garrafa a quase US $ 350 (£ 186). Uísques importados e outras bebidas alcoólicas produzidas localmente são guardados em uma área mantida no topo da loja. Aberto diariamente das 09h30 às 13h30 e das 16h às 21h. Bolívar 1008, em Carlos Calvo. ℂ 11/4362-2943. Metrô: Independencia.

LÃ E BLUSAS

Lana's Argentina A palavra lana em espanhol é "lã". No Lana's da Argentina, você vai encontrar uma bela coleção argentina de blusas de fibras de lã feitas de ovelhas e cordeiros da Patagónia. Eles também levam muitos artigos de couro e acessórios para complementar sua compra. Suipacha 984, no Paraguai. ℂ 11/4328-8798. www.lanasargentina.com.ar. Metrô: San Martín.

Buenos Aires ao Anoitecer

Quando outras cidades escolhem dormir, a noite faz Buenos Aires viver. Uma coisa que você verá imediatamente nesta cidade é as pessoas que *amam* a vida noturna. Do Teatro Colón aos salões de tango para os grandes clubes de techno, Buenos Aires oferece uma excepcional vida noturna.

A noite dos portenhos começa geralmente com um jogo ou filme por volta das 20h seguido de um longo jantar. Em seguida, após as 23h ou meia-noite, será a hora de visitar um ou dois bares. Na quinta, sexta e sábado, portenhos ficam até tarde em grandes discotecas e bares em locais como Recoleta, Palermo e Costanera. Eles ficam fora até tão tarde que o momento em que começam a voltar para casa, o sol está surgindo. A vida noturna no verão é mais calma, porque a maior parte da cidade foge para a costa, transferindo suas atividades noturnas para locais como Mar del Plata e Punta del Este.

Mas a vida noturna de Buenos Aires não está apenas em ir a clubes. Existe também um grande número de atividades culturais para os visitantes e residentes. O Teatro Colón é a casa da Ópera Nacional, Sinfônica Nacional e do Balé Nacional. Além disso, existem cerca de 40 teatros profissionais pela cidade (muitos localizados ao longo da Av. Corrientes entre a Av. 9 de Julho e Callao e nos bairros San Telmo e Abasto) com apresentações estilo Broadway e não Broadway, representações argentinas e peças teatrais musicais leves, embora a maioria esteja em espanhol. Compre ingressos para a maioria das produções na bilheteria ou pelo **Ticketmaster** (© 11/4321-9700). O **Centro de Artes Britânica, Suipacha** 1333 (© 11/4393-0275), oferece produções e filmes em inglês.

Para receber informações atuais sobre a vida noturna, consulte o **Buenos Aires Herald** em inglês, que enumera os acontecimentos que estão mantidos em inglês e espanhol e muitas vezes característicos eventos realizados pelos irlandeses, ingleses, norte-americanos e exilados que já se mudaram para Buenos Aires (www.buenosairesherald.com). *Clarín*, *La Nación* e muitas das principais publicações locais também listam o que está acontecendo na vida noturna da cidade, mas apenas em espanhol. *QuickGuide Buenos Aires*, disponível em quiosques turísticos da cidade, e em vários hotéis, também tem informações sobre espetáculos, teatros e boates. **Ciudad Abierta** (www.buenosaires.gov.ar) é uma semana livre, publicada pelo governo municipal que lista todos os eventos culturais da cidade, mas está apenas em espanhol. Ciudad Abierta é também um interessante canal de TV a cabo, que, tal como o semanário, destaques culturais e turísticos atraente ao redor da cidade; normalmente é no canal 73 sistemas a cabo do hotel. ***Llegas a Buenos Aires*** listas culturais, artísticas, tango e outras eventos. Esse jornal é publicado semanalmente e distribuído gratuitamente em diversos locais da cidade. Visite o site (www.llegasabuenosaires.com) para fazer planos para a viagem. O site www.bsasinsomnio.com.ar também tem a lista de entretenimento de todos os tipos dessa cidade que nunca dorme. Adicionalmente, você pode perguntar ao Escritório de Turismo de Buenos Aires sobre o "Divertido Mapa Noturno", que lista os bares e as discotecas em toda Buenos Aires.

1 Artes Cênicas
CENTROS CULTURAIS

Asociación Argentina de Cultura Inglesa ✯✯✯ Esta multifuncional instituição foi fundada há mais de 77 anos por um embaixador britânico que quis promover sua cultura dentro da Argentina. Ele foi bem-sucedido em seus esforços e hoje o AACI ensina inglês a mais de 25.000 estudantes por ano, tem vários filmes, teatro, cultura, programas de arte e geralmente provê um ambiente acolhedor para qualquer nativo da língua inglesa. Eventos podem caminhar completamente pela crosta superior (celebrando ao Shakespeare) para o ordinário (exibições do programa de TV Absolutely Fabulous). Você pode pegar panfletos ou listas da programação no próprio centro ou no Buenos Aires Herald, que é escrito em inglês. Suipacha 1333, na Arroyo. ⓒ **11/4393-2004**. www.aaci.org.ar. Várias horários, geralmente seg–sex das 09h00min–21h00min. Metrô: San Martín.

Centro Cultural de Borges ✯✯ Você pode comprar tudo que quiser na Galerías Pacífico, mas se quiser cultura, você também encontrará lá. Dentro do shopping está esse centro de artes nomeado por Jorge Luis Borges, a figura literária mais importante de Argentina. Você encontrará galerias de arte, corredores de conferência com vários eventos, um cinema de arte e livraria de arte. Também há a **Escuela Argentina de Tango**, que oferece um calendário turístico de aulas (ⓒ **11/4312-4990**; www.eatango.org) é espaço de apresentações e centro de ensino do Balé Argentino Julio Bocca, cheio de jovens estrelas do balé com os espetáculos que não devem ser perdidos. (ⓒ**11/5555-5359**; www.juliobocca.com). Entrada pela Galeria Pacífico ou na esquina da Viamonte e San Martín (a volta da Galeria Pacifico. ⓒ **11/5555-5359**. www.ccborges.com.ar. Vários horários e preços. Metrô: San Martín.

Centro Cultural da Recoleta (Centro Cultural Recoleta) ✯✯ Este centro cultural é apenas uma porta ao longo do famoso Cemitério da Recoleta. Anfitriões argentinos e internacionais exibem arte, obras teatrais experimentais, ocasionalmente concertos musicais e um museu interativo da ciência para as crianças onde eles são incentivados a tocar no acervo exposto. O Centro Cultural começou recentemente a hospedar controversos artistas politicamente bem orientados, ampliando a definição da arte argentina e desafiando a localização do centro em um antigo edifício da igreja. Junín 1930, ao lado do Cemitério da Recoleta. ⓒ **11/4803-1041**. Sem acesso ao metrô.

Silvia Freire, Espacio de Arte y Cultura Um pouco religioso, um pouco New Age, essa galeria de arte vanguardista, está em um espaço projetado em Palermo Viejo. Enquanto o prédio é utilizado principalmente para apresentações de teatro, você vai encontrar uma grande coleção de arte para vender penduradas ao longo das paredes e em mesas. Silvia Freire é considerada um pouco mística e excêntrica. Está aberta quarta e quinta-feira das 10h às 15h. Cabrera 4849, no Acevedo. ⓒ **11/4831-1441**. Metrô: Plaza Italia.

DANÇA, MÚSICA CLÁSSICA e ÓPERA

Julio Bocca e Balé Argentino ✯✯✯ Julio Bocca é a maior estrela desse famoso corpo de baile da Argentina e muitas de suas performances combinam movimentos de tango com a dança clássica, criando um estilo próprio e unicamente argentino. Ele funciona em um estúdio de dança clássica e performance de balé no Centro Cultural Borges, bem como em outro espaço no Teatro Maipo na Calle Esmeralda oferecendo um leque de eventos de dança a peças de comédia. É difícil encontrar o Sr. Bocca em Buenos Aires, já que ele viaja frequentemente para se apresentar nas cidades ao redor do mundo. Se ele estiver na cidade, não se esqueça de fazer reserva para ver um dos espetáculos. Mesmo quando ele não estiver, o seu grupo de balé argentino viaja de um lugar para o outro e é absolutamente impossível para os amantes do balé e da dança não assistirem, em especial as performances apresentando Claudia Figaredo e Hernan Piquín. O Balé Argentino no Centro Cultural Borges, dentro da Galerías Pacífico na esquina da Viamonte e San Martín. ✆ **11/5555-5359.** www.juliobocca.com. Ingressos US $ 5-US $ 19 (£ 2,65-£ 10). Metrô: San Martín. Teatro Maipo espaços no Teatro Maipo na Esmeralda 449, em Corrientes. ✆ **11/4394-5521.** Metrô: Lavalle.

Luna Park Antigamente a casa internacional de lutas de boxe, o Luna é o maior estádio coberto da Argentina e, como tal, acolhe os maiores espetáculos e concertos em Buenos Aires. Muitos destes são concertos de música clássica e da Orquestra Sinfônica Nacional, que toca muitas vezes aqui. Bouchard 465, na Corrientes. ✆ **11/4311-1990** ou 11/4311-5100. Ingressos US $ 3-US $ 15 (£ 1,60-£ 7,95). Metrô: L. N. Alem.

Teatro Colón Conhecido em todo o mundo por sua acústica impecável, o Colón tem atraído o melhor da ópera. Ao longo dos anos, o teatro tem sido respeitado pela preferência de Luciano Pavarotti, Julio Bocca, Maria Callas, Plácido Domingo e Arturo Toscanini entre outros. A temporada de ópera em Buenos Aires se estende de abril a novembro. Colón tem sua própria orquestra filarmónica, bale e coral. O principal teatro tem 3.000 lugares. Confira o site ou ligue para mais informações. Calle Libertad 621, em Tucumán. ✆ **11/4378-7100.** www.teatrocolon.org.ar. Ingressos US $ 2 - US $ 15 (£ 1.05-£ 7,95). Metrô: Tribunales.

TEATROS

Grupos de Teatro Catalinas Sur Espetáculos ao ar livre são apresentados no teatro "La Boca" por essa companhia. Embora em sua maioria comédias e, em espanhol, tanto adultos quanto crianças poderão desfrutar das produções. Av. Benito Pérez Galdós 93, em Caboto. ✆ **11/4300-5707.** www.catalinasur.com.ar. Ingressos US $ 1-US $ 5 (50p-£ 2,65). Sem acesso ao metrô.

Teatro Coliseo Este teatro da Recoleta apresenta produções de música clássica. Marcelo T. de Alvear 1125, em Cerrito. ✆ **11/4816-5943.** Ingressos US $ 2-US $ 8 (£ 1.05-£ 4,20). Metrô: San Martín.

Teatro Gran Rex Dentro deste grande teatro, você será capaz de ver muitos concertos musicais nacionais e internacionais. Av. Corrientes 857, em Suipacha. ✆ 11/4322-8000. Ingressos US $ 3-US $ 9 (£ 1,60-£ 4,80). Metrô: Carlos Pellegrini.

Teatro Municipal General San Martín Esse complexo de entretenimento, possui três teatros oferecendo drama, comédia, bailado, música e peças infantis. Seu salão tem muitas vezes, mostras especiais de fotografia e de arte relacionadas com o teatro e vale uma visita durante o dia. Estas exposições são geralmente gratuitas. Muitos espetáculos, geralmente que incluem no Teatro Colón estão sendo realizados aqui. Corrientes 1530, no Paraná. ✆ **0800/333-5254.** Ingressos US $ 3-US $ 9 (£ 1,60-£ 4,80). Metrô: Uruguai.

Teatro Nacional Cervantes Um dos melhores teatros da cidade, originalmente construído por um grupo de atores espanhóis em agradecimento a Buenos Aires. O prédio é suntuoso, projetado em estilo espanhol imperial, utilizando materiais trazidos da Espanha. Calle Libertad 815, em Córdoba. ✆ **11/4816-4224.** Ingressos US $ 3-US $ 15 (£ 1,60-£ 7,95). Metrô: Tribunales.

Teatro Opera Esse teatro tem sido adaptado para os espetáculos no estilo da Broadway. Av. Corrientes 860, na Suipacha. ✆ **11/4326-1335.** Ingresso US $2- US $ 14 (£ 1.05 - £ 7.40). Metrô: Carlos Pellegrini.

Teatro Presidente Alvear Você encontrará tango e outros espetáculos musicais nesse teatro. Av. Corrientes 1659, em Montevidéu. ✆ **11/4374-6076.** Ingressos US $ 3-US $ 16 (£ 1,60-£ 8,45). Metrô: Callao.

Buenos Aires ao Anoitecer

- The Alamo – Shoeless Joe's **5**
- Alsina **36**
- Asia de Cuba **34**
- Asociacion Argentina de Cultura Inglesa (British Arts Centre) **7**
- Bar El Federal **43**
- Bingo Lavalle **26**
- Café Tortoni **35**
- Casino Buenos Aires **48**
- Central Tango **14**
- Centro Cultural de Borges **22**
- Centro Cultural Recoleta (Recoleta Cultural Center) **1**
- Chandon Bar **32**
- Chicharron Disco Bar **16**
- Clasica y Moderna **9**
- Contramano **3**
- El Arranque **17**
- El Beso Nightclub **12**
- El Niño Bien **50**
- El Querandí **37**
- El Viejo Almacén **40**
- Gran Bar Danzon **6**
- Grupo de Teatro Catalinas Sur **49**
- Henry J. Beans **2**
- Inside Resto-Bar **18**
- Julio Bocca and Ballet Argentino **23**
- The Kilkenny **21**
- La Coruña **44**
- La Farmacia **45**
- La Ventana **38**
- Lo de Celia **19**
- Luna Park **30**
- Madero Tango **47**
- Magic Center **28**
- Magic Play **29**
- Medio y Medio **39**
- Nanaka Bar **46**
- Opera Bay **31**
- Pappa Deus **42**
- Parque Landia **27**
- Piazzolla Tango **33**
- Plaza Bar **20**
- Plaza Dorrego Bar **41**
- The Shamrock **4**
- Teatro Coliseo **8**
- Teatro Colón **11**
- Teatro Gran Rex **24**
- Teatro Municipal General San Martín **15**
- Teatro Nacional Cervantes **10**
- Teatro Opera **25**
- Teatro Presidente Alvear **13**

Map: Buenos Aires Centro

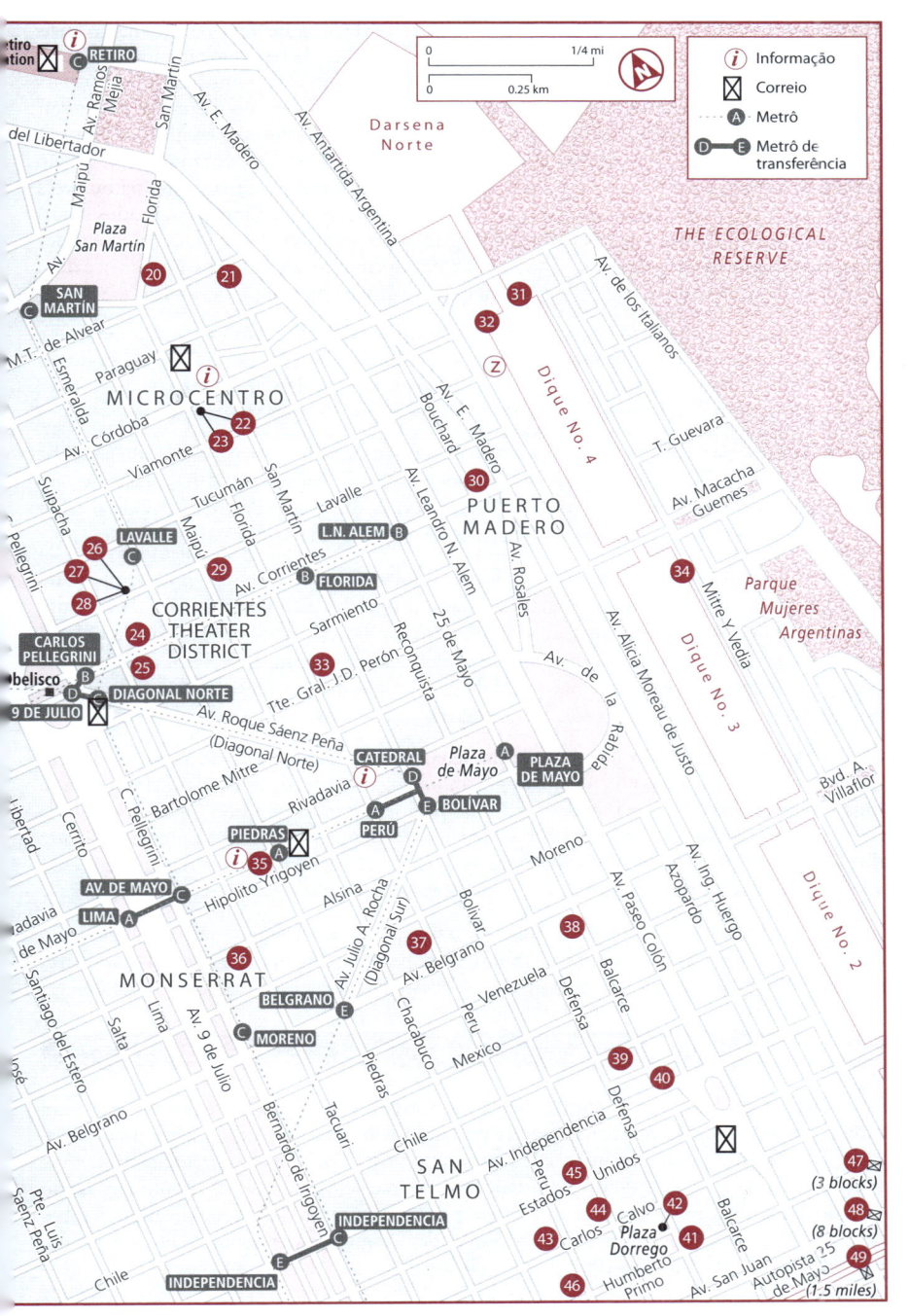

Legend:
- ℹ️ Informação
- ⊠ Correio
- ··●·· Metrô
- ●—● Metrô de transferência

0 — 1/4 mi
0 — 0.25 km

Areas/Landmarks:
- Darsena Norte
- The Ecological Reserve
- Plaza San Martín
- Microcentro
- Puerto Madero
- Dique No. 4
- Dique No. 3
- Dique No. 2
- Parque Mujeres Argentinas
- Corrientes Theater District
- Monserrat
- San Telmo
- Plaza de Mayo
- Plaza Dorrego

Metro stations:
- Retiro
- San Martín
- Lavalle
- L.N. Alem
- Florida
- Carlos Pellegrini
- 9 de Julio
- Diagonal Norte
- Catedral
- Plaza de Mayo
- Bolívar
- Perú
- Piedras
- Av. de Mayo
- Lima
- Belgrano
- Moreno
- Independencia

Streets (selection):
- Av. del Libertador
- Av. Ramos Mejía
- Av. E. Madero
- Av. Antártida Argentina
- San Martín
- Florida
- Maipú
- M.T. de Alvear
- Paraguay
- Esmeralda
- Suipacha
- Av. Córdoba
- Viamonte
- Tucumán
- Lavalle
- Av. Corrientes
- Sarmiento
- 25 de Mayo
- Reconquista
- Tte. Gral. J.D. Perón
- Av. Roque Sáenz Peña (Diagonal Norte)
- Av. Leandro N. Alem
- Av. Rosales
- Av. E. Madero
- Bouchard
- T. Guevara
- Av. Macacha Güemes
- Mitre y Vedia
- Av. Alicia Moreau de Justo
- Av. Ing. Huergo
- Av. Paseo Colón
- Azopardo
- Balcarce
- Defensa
- Bolívar
- Perú
- Chacabuco
- Piedras
- Tacuarí
- Bernardo de Irigoyen
- Av. 9 de Julio
- Lima
- Salta
- Santiago del Estero
- Av. Belgrano
- Venezuela
- México
- Chile
- Av. Independencia
- Estados Unidos
- Carlos Calvo
- Humberto Primo
- Av. San Juan
- Autopista 25 de Mayo
- Pte. Luis Sáenz Peña
- Cerrito
- Libertad
- C. Pellegrini
- Bartolomé Mitre
- Rivadavia
- Hipólito Yrigoyen
- Alsina
- Moreno
- Julio A. Rocha (Diagonal Sur)
- Bvd. A. Villaflor

(3 blocks) — 47
(8 blocks) — 48
(1.5 miles) — 49

Numbered points of interest: 20, 21, 22, 23, 24, 25, 26, 27, 28, 29, 30, 31, 32, 33, 34, 35, 36, 37, 38, 39, 40, 41, 42, 43, 44, 45, 46, 47, 48, 49

2 Casas Noturnas

Dança em Buenos Aires não é apenas o tango, na verdade, a maioria da população mais jovem prefere salsa e techno europeu. Claro, nada na vida muda bastante tão rápido como o "que está dentro" nas discotecas, por isso, pergunte ao redor pelos pontos mais quentes. As melhores noites em Buenos Aires são quinta, sexta e sábado. Jovens mulheres devem prestar atenção nos homens argentinos que podem ser muito agressivos em suas técnicas de paquera nos bares e discotecas. A maioria das investidas são inofensivas, no entanto, às vezes são irritantes. Esteja ciente de que, em 2004, um incêndio horrível em uma boate matou cerca de 200 pessoas. Como resultado, todos os clubes, em Buenos Aires foram bloqueados para a inspeção e verificação dos equipamentos de segurança e procedimentos. Praticamente todos os clubes foram reabertos durante o ano de 2005. No entanto, só para ter certeza, você deve verificar antes de caminhar que o lugar para quiser ir onde está realmente aberto.

Asia de Cuba ✯ Venha cedo para uma refeição neste clube, relaxe com sofisticadas bebidas e dance a noite inteira. É também um lugar onde as mulheres não são tão assediadas. Algumas das diversões, porém, podem ser selvagens – do tipo mulheres dançando em gaiolas. P. Dealessi 750, em Güemes no Dique 3. ✆ **11/4894-1328** ou 11/4894-1329. www.asiadecuba.com.ar. Sem acesso ao metrô.

Buenos Aires News Este é uma ótima opção para o fim de noite com uma mistura de clube europeu e latino. É um complexo multifuncional, onde você pode jantar, beber e, em seguida, dançar até o nascer do sol. Uma das maiores discotecas da cidade, pode receber mais de 3.000 pessoas. Av. del Libertador 3883, em Bullrich. ✆ **11/6771-6154** ou 15/4969-2198. Metrô: Palermo.

Chicharrón Disco Bar ✯✯ Este é um fogoso clube de salsa dominicano, frequentado principalmente por grupos que tenham mudado do Caribe para Buenos Aires. Há até um minirestaurante no interior que serve alguns dos melhores pratos caribenhos da cidade, mas você deve se perguntar porque eles não mencionam esse lugar secreto, a menos que você goste! Novamente, se você não gosta de dançar, há algumas mesas na piscina enquanto estiver em outro lugar. Bartolomé Miter 1849, em Callao. ✆ 11/4373-4884. Metrô: Callao.

Opera Bay ✯✯ Localizado literalmente na água, em um píer dentro do porto de Puerto Madero, o Opera Bay é atualmente um dos melhores lugares entre os clubes da cidade, atraindo uma multidão abastada e na moda. Construído para ser semelhante a casa Opera Sydney, ela apresenta um restaurante internacional, espetáculo de tango e discoteca. Muitos dos clientes do clube estão acima de 40 anos, então este é o lugar ideal para aqueles que não querem estar ao redor de muitos jovens doidos. Cecilia Grierson 225, em Dealessi no Dique 4 (Dique 4). Sem telefone. Metrô: Alem.

Salsón Alguns dos melhores dançarinos de salsa da cidade frequentam esse lugar para dançar a noite fora. Se você quiser melhorar o seu passo, também oferecem aulas às quarta e sextas às 21h. Av. Alvarez Thomas 1166, em El Cano. ✆ 11/4637-6970. Metrô: Federico Lacroze.

3 O Ambiente do Bar

Não há falta de bares em Buenos Aires e os portenhos não precisam de pretexto para uma festa. A seguir, estão apenas alguns dos muitos bares e pubs dignos de uma visita. Passeando sozinho, você certamente encontrará muitos. Você está realmente com sorte se você pegar uma festa de solteiro na cidade, eles ficarão felizes em ter você com eles como amigos que querem envergonhar quem está prestes a se casar. Também verifique Clubes de Dança Gay & Lésbica, Resto-Bars & Salões de Tango", posteriormente neste capítulo, para obter mais informações sobre bares e clubes gay.

O AMBIENTE DO BAR

BARES

El Alamo-Shoeless Joe's Não importa a hora do dia, você vai encontrar alguma coisa neste American Bar 24 / 7. O El Alamo-Shoeless Joe's foi originalmente chamado simplesmente Shoelees Joe's, mas quando o proprietário Pete, nascido no Texas, encontrou argentinos que não conseguiam pronunciar, ele acrescentou uma homenagem a seu estado natal no nome. O bar também é gerenciado por Dave de Chicago. É um grande ponto de encontro de jogos de futebol americano e de outros eventos esportivos, que portenhos frequentam com assiduidade. A decoração está repleta de madeira. Café da manhã especial é uma ótima opção depois de ter passado a noite nas boates e há todos os tipos de cerveja em garrafa ou em enormes canecas, juntamente com descontos para estudantes, pizza livre durante o happy hour a partir das 20h às 22h durante a semana além de outras promoções. Há alimentos simples para escolher, com a maior parte custando entre US. $ 2 a US $ 5 (£ 1.05-£ 2,65). Com a estação de Internet gratuita, você encontrará outro motivo para entrar. Uruguai 1175 e 1177, entre Santa Fé e Arenales. ℃ **11/4813-7324**. www.elalamobar.com. Metrô: Callac

Cronico Bar O bar era localizado no Plaza Serrano por mais de 20 anos e cartazes de filme no exterior será provavelmente a primeira coisa que você verá. Lá dentro, você encontrará um lugar movimentado, onde as pessoas sentam em mesas pintadas com mulheres nuas, ao estilo de Picasso. Existe bar com comida típica, além de sanduíches e hambúrgueres, mas com um cardápio maior do que a maioria dos bares das imediações. Música ao vivo, algumas vezes entretém a multidão. Borges 1646, a Praça Serrano. ℃ **11/4833-0708**. Metrô: Plaza Italia.

Gran Bar Danzón Um pequeno e acolhedor bar, Danzón atrai uma multidão da moda. Um excelente garçom serve requintados coquetéis e uma pequena seleção de comida internacional é oferecida. Elegante, música lounge relaxante é tocada durante a noite. Libertad 1161, em Santa Fe. ℃ **11/4811-1108**. Sem acesso ao metrô.

Henry J.Beans Um favorito da comunidade de exilados americanos visitando os estrangeiros, este casual bar no Recoleta serve hambúrgueres, sanduíches e nachos, juntamente com coquetéis e cervejas. Antigos anúncios da Coca-Cola, Miller e Budweiser marcados de neon e modelos de aviões são os destaques. Os garçons fazem ocasionais danças improvisadas, bem como o local fica cheio depois da meia-noite. Há uma série de outros restaurantes populares, bares e discotecas ao longo de Junín, caso você esteja na área, mas não recomendo esse lugar. Junín 1749, em Vicente López, esquecendo o Cemitério da Recoleta. ℃ **11/4801-8477**. Sem acesso ao metrô.

Jackie O. ☆ Deve ter sido nomeado pela primeira dama favorita dos Estados Unidos, mas isso parece mais um bar inglês com os seus painéis de madeira no interior e clássicas janelas de vidraça. Sempre lotado, mesmo em uma segunda-feira, é um importante e movimentado bar de Las Cañitas. Com três andares, incluindo uma cobertura, é também um dos maiores. Servem um simples cardápio de comida argentina e americana e muitos donos vêm cedo para comer e depois ficam passando o tempo bebendo com a multidão desordeira. Báez 334, em Arguibel. ℃ **11/4774-4844**. Metrô: Carranza.

The Kilkenny Este moderno café-bar, é o mais badalado pub irlandês, você pode pedir cerveja Guinness, Kilkenny, e Harp. Frequentado por locais e estrangeiros, você vai encontrar tanto pessoas em ternos e gravatas como em jeans e camisetas. A Kilkenny tem um happy hour a partir das 18h às 20h e bandas ao vivo todas as noites após a meia-noite, permanece aberto até as 05h. Marcelo T. de Alvear 399, na Reconquista. ℃ **11/4312-9179** ou 11/4312-7291. Metrô: San Martín.

228 CAPÍTULO 10 · BUENOS AIRES AO ANOITECER

Macondo Bar ★★ Macondo Bar é uma das estrelas da Praça Serrano, com calçada com lugares para sentar e um monte de andares com vista para o movimento. No interior, o restaurante gira em torno de várias escadas e tetos baixos. É um local barulhento e agitado, com toda a certeza, mas este tipo de local ajuda a adicionar uma sensação de intimidade ao partilhar bons momentos com os amigos conversando e bebendo durante uma refeição. DJs tocam todos os gêneros musicais, do folclórico à música eletrônica. Tecnicamente não há nenhuma música ao vivo, mas às vezes, as pessoas formam grupos e tocam na rua em frente ao bar. Borges 1810, na Praça Serrano. ℂ **11/4831-4174**. Metrô: Plaza Italia.

OMM Bar Diversão e jovens, este bar, muitas vezes, tem um DJ e pista de dança nos finais de semana. Localizado na esquina da Godoy Cruz, este bar tem uma vantagem por estar perdido em Palermo Viejo que é uma área agradável. Certifique-se de visitar o terraço. Costa Rica em Godoy Cruz. ℂ **11/4773-0954**. Metrô: Palermo.

Plaza Bar ★ Quase todos os presidentes argentinos e membros do seu gabinete frequentaram essa bar, além de visitas de celebridades como a rainha da Espanha, o imperador do Japão, Luciano Pavarotti e David Copperfield. Esse estilo de bar inglês com características em móveis de mogno e forro de veludo é o tipo de lugar onde os clientes bebem Martines. Foi um dos bares de charuto mais importantes da cidade, mas a lei antitabaco colocou um fim a isso. Garçons com terno podem recomendar uma bela seleção de uísques e aguardentes. Marriott Plaza Hotel, Calle Florida 1005, na Plaza San Martín. ℂ **11/4318-3000**. Metrô: San Martín.

Plaza Dorrego Bar ★★ Representante de um típico bar portenho do século 19, Plaza Dorrego exibe retratos de famosos cantores de tango como Carlos Gardel, garrafas de licor ao longo das paredes e escritos anônimos gravados na madeira. Venha no domingo, quando você puder visitar o mercado de antiguidades em San Telmo na praça em frente, a multidão vai para a rua com bebida na mão. Calle Defensa 1098, em Humberto I, com vista para a Plaza Dorrego. ℂ **11/4361-0141**. Metrô: Independencia.

The Shamrock ★★ Se você estiver procurando por um bar que está movimentado todas as noites da semana, incluindo a de uma pacata segunda-feira, então esse é o local. Mais internacional do que irlandês, você vai encontrar todos os tipos de pessoas conversando e bebendo por aqui. Nos fins de semana o espaço do porão abre para uma pequena discoteca. Rodríguez Peña 1220, em Arenales. ℂ **11/4812-3584**. Metrô: Callao.

Soul Café e SuperSoul ★★ Esse complexo de bares com inspiração nos anos 1970, é a peça central da cena de Las Cañitas. Dois bares em um, você encontrará um lado que poderia passar a ser mais do que outros dependendo de que noite você vai. No fundo do espaço tem uma pequena área lounge com música ao vivo. Eles têm uma corda em veludo, mas não se preocupa com glamour, ela é só decoração. Enquanto houver espaço lá atrás, todos podem sentar ou levantar e assistir. Ainda assim, a maior parte da ação tem lugar em frente ao bar e se você estiver olhando para conseguir possivelmente a sorte de estilo de Buenos Aires, esse poderá ser o local para verificar em sua viagem. Báez 352, em Arguibel. ℂ **11/4776-3905**. Metrô: Carranza.

Tazz Comida mexicana é o destaque desse lugar, com o interior possuindo um tema de espaçonave azul. O espaço da calçada com vista para a Plaza Serrano é um dos maiores, por isso, esse é um ótimo lugar para entrar no verão ou em tempo quente, embora a clientela aqui seja muito jovem. Serrano 1556, na Praça Serrano. ℂ **11/4833-5164**. www.tazzbars.com. Metrô: Plaza Italia.

Utopia Bar Mais calmo e aconchegante do que alguns dos outros bares que cercam a Praça Serrano, esse é um excelente lugar para tomar uma bebida e fazer uma boquinha nessa área muito moderna. Paredes amarelas e mesas de madeira rústica adicionam uma sensação de tranquilidade, apesar da música ao vivo, marcada sem regularidade, às vezes ser alta. Saborosos cafés são uma das especialidades aqui. As escadas, e o terraço ao ar livre são os melhores lugares para sentar, mas a pequena dimensão, apenas com algumas mesas, torna difícil a disputa por um lugar. Utopia está aberto 24 horas. Você terá um local onde pode tomar um drink a qualquer hora do dia ou da noite. Serrano 1590, na Praça Serrano. ⓒ **11/4831-8572**. Metrô: Plaza Italia.

Van Koning Com um modelo de van Gogh e as suas torneiras de cervejas holandesas, este é onde você vai para a festa holandesa, certifique-se de brindar a princesa Maxima, a beleza argentina que um dia vai ser uma rainha holandesa. Naturalmente, qualquer pessoa é bem-vinda aqui, mas a primeira quarta-feira de cada mês por volta das 23h é quando exilados holandeses locais se reúnem para uma festa animada. Báez 325, em Arguibel. ⓒ **11/4772-9909**. Metrô: Carranza.

BARES E RESTAURANTES COM ENTRETENIMENTO

Você verá que em muitos bares de Buenos Aires grupos de artistas se apresentam, a partir de leituras de tango e espetáculos de dança folclórica. Aqui estão alguns recomendos, mas você provavelmente irá se deparar com inúmeros outros em todo o seu passeio noturno por Buenos Aires.

Clásica y Moderna ⭐ Esse é uma combinação de restaurante e livraria (pág.210) e uma cafetaria notável, protegido pelo patrimônio histórico. Eventos de todos os tipos são realizados aqui, de leituras literárias a peças de teatro, dança, arte e exposições. Possuem espetáculos de quarta a sábado, por volta das 22h e às vezes, existem dois espetáculos, o segundo tem início após a meia-noite. Preços dos espetáculos variam de US $ 5 a US $ 8 (£ 2,65-£ 4,20) e não estão inclusos no preço do jantar. Reservas são recomendadas para espetáculos. Callao 892, em Córdoba. ⓒ 11/4812-8707 ou 11/4811-3670. www.clasicaymoderna.com. Metrô: Callao.

Medio y Medio ⭐⭐ À noite, começa às 22h00, você pode saciar-se e estar entretido pelos cantores e tocadores de violão folclóricos e espanhóis. Eles cobram uma taxa de 1,50 peso para este prazer, mas não se preocupe: a cerveja é mais barata se você comprá-la com uma refeição durante o espetáculo. Por isso a taxa é simbólica. Chile 316, em Defensa. ⓒ **11 / 4300-7007**. Metrô: Independencia.

Pappa Deus ⭐ Um interessante cardápio, espetáculos musicais ao vivo, danças folclóricas e jazz na sexta e no sábado fazem as noites desse lugar uma das melhores alternativas para o tango local ao longo da Plaza Dorrego. Dias úteis são muito mais silenciosos, especialmente na parte superior, que oferece uma romântica parada para casais que querem uma pausa. Esse bar foi recentemente realocado para outro local do quarteirão. Humberto Primo 499, de Bolívar, perto da Plaza Dorrego. ⓒ **11/4307-1751**. www.pappadeus.com.ar. Metrô: Independencia.

República de Acá ⭐⭐ Desenhos em carvão vegetal de atores de Hollywood e outras estrelas, decoram as paredes desse divertido clube e bar com vista para a Plaza Serrano. As bebidas são as principais atrações aqui, mas ofertas de comidas incluem pizzas, picadas (pratos com queijo e carne cortados em pequenos pedaços para você petiscar), saladas e outros pratos rápidos. Bebidas vêm com livre utilização da Internet, o cardápio contará a você quantos minutos de utilização da internet estão inclusos em cada bebida. Cerca da metade desse clube é tomado por computadores. Preços de bebidas após às 23h sobem cerca de 10%. À noite há todos os tipos de entretenimento. Nos fins de semana, espetáculos musicais ao vivo começam às 22h, seguidos por comédia às 00h30, karaokê às 03h e, em seguida, pista de dança até o nascer do sol. É cobrado o valor de entrada de US $ 5 (£ 2,65) após as 22h nos fins de semana, que inclui uma bebida. Após às 02h, cai para um pouco mais de US $ 3 (£ 1,60) e ainda inclui uma bebida. Muitas bebidas mistas são feitas com sorvete. TVs espalhadas por todos os espaços, então sempre há algo para assistir. Boas champanhes e uma seleção de charutos no bar, fazem desse local o lugar para ir quando você tem algo a comemorar. Serrano 1549, a Praça Serrano. ℂ **11/4581-0278**. www.republicadeaca.com.ar. Metrô: Plaza Italia.

BARES HISTÓRICOS & *BARES NOTABLES*

Buenos Aires está santificada com uma grande coleção de bares históricos, cafés, pubs e restaurantes. A maioria destes está concentrada em San Telmo, Monserrat, no Microcentro e outros, em áreas mais antigas da cidade. Eu recomendo conferir fora de toda parte da cidade e eu listei alguns deles em várias seções deste livro, inclusive no capítulo "Onde Jantar". Abaixo estão alguns destaques. Você deveria perguntar pelo mapa *Bares y Cafés Notables* nos quiosques de turismo de Buenos Aires para ver mais destes espaços notáveis que eu espero sejam preservados para sempre.

Bar El Federal 🌟🌟 Este bar e restaurante, em um canto quieto de San Telmo, representam uma bonita volta ao tempo. Está no negócio desde 1864, e felizmente, sendo um *bar notable*, será preservado para sempre. A primeira coisa que chama atenção aqui é o balcão de madeira e vidro colorido decorado na área do bar que originalmente veio de uma loja de massa velha. Clientes locais sentam-se para passar o tempo nas mesas antigas olhando para as ruas, conversando, ou se sentando com um livro e bebendo chá ou um expresso. Os restos dos ladrilhos originais e sinais antigos, retratos e pequenas máquinas antigas decoram o espaço. Bar El Federal está entre a maioria dos lugares portenhos em San Telmo, um bairro que tem mais destes estabelecimentos que qualquer outro. Algumas das equipes estiveram aqui durante décadas no fim e assim orgulhosamente. Esquina do Perú e Carlos Calvo. ℂ **11/4300-4313**. Metrô: Independencia.

La Coruña 🌟 Este café e bar-restaurante é antigo e super autêntico. Faz parte de um dos bares e cafés notables. Um lugar em que você consegue imaginar o seu avô comendo quando era rapaz. Frequentado por jovens e idosos, um local muito popular entre pessoas que gostam de vir aqui para assistir partidas de futebol ou bater papo enquanto pedem uma cerveja, lanches ou sanduíches. A única coisa moderna aqui parece ser a televisão. A música é tocada por um rádio de madeira que aparenta ser da década de 1950. Você também vê duas geladeiras de madeira da idade da pedra que ainda estão funcionando. Um casal de idosos são os proprietários deste local, José Moreira e Manuela Lopéz. Bolívar, 994 – Carlos Calvo. ℂ **11/4362-7637**. Pratos principais US$2- US$4 (£1.05 - £2.10). Não aceitam cartões de crédito. Aberto diariamente: 09h00 às 22h00. Metrô: Independencia.

RESTAURANTES COM BARES QUE VALE A PENA VERIFICAR

Bar Uriarte 🌟 Enquanto é melhor conhecido por sua culinária excelente, o nome diz tudo. O extravagante e longo bar, é um excelente local para bebidas se estiver jantando aqui ou em outro lugar. Procure por ofertas de bebida entre as 20h e 22h do happy hour. Uriarte 1572, entre Honduras e Gorritti. ℂ **11/4834-5004**. www.baruriarte.com.ar. Metrô: Praça Italia.

Central 🌟🌟 Esse é um dos mais agradáveis e mais sofisticados lugares para comer em Palermo Viejo, mas também vale a pena vir aqui só para bebidas. Divirta-se na área da sala de estar, com seus sofás de couro branco, ou no moderno balcão de mármore branco. Happy hour das 18h30 às 20h30 de segunda a sexta. A grande seleção de vinho oferece 25 Malbecs, 12 cabernet sauvignons, 6 merlots e champanhes locais. Costa Rica 5680, na Fitzroy. ℂ **11/4776-7374** ou 11/4776-7370. Metrô: Palermo.

Oslen ★★ Congeladores com portas de vidro especiais pairam em cima do bar nesse restaurante escandinavo, oferecendo uma exibição de vodkas. Há mais de 60 opções do mundo todo, incluindo algumas trazidas pelo próprio Olsen. Desfrute ao ar livre uma bebida no pátio do enorme jardim que se parece com uma sala de estar que sucumbiu a natureza ou ao redor o barrigudo fogão central, que lembra uma sala de estar dos anos 60. Olsen está fechado na segunda. Gorriti 5870, na Carranza. ✆ **11/4776-7677**. restaurantolsen@netizon.com.ar. Sem acesso ao metrô.

Penal 1 Não consegue ter o bastante de pólo? Então venha aqui e festeje em estilo pólo neste restaurante e bar esportivo (um quarteirão atrás das quadras de polo), cujos donos são Horacio e Bautista Heguy, dois irmãos que são os jogadores do time de pólo Indios Chapaleuful. De vez em quando, eles vêm para ver as coisas. Durante novembro e começo de dezembro, você pode os achar frequentemente celebrando aqui com jogadores do mesmo time. Serviço extremamente amigável e casual. Aparte dos donos você não achará muito sobre pólo aqui, diferente de um manto com alguns troféus e uma pintura de pólo que mais parece um anúncio para cigarros para o Marlboro. Há um grande vinho, caro e uma mistura de seleção de bebidas que incluem champanhe. O lugar está no seu ápice na temporada quando a seção do bar, enfeitado por uma enorme televisão, é o anfitrião para os desordeiros e felizes clientes depois dos jogos de pólo. Uma bola de discoteca fica pendurda no teto, um pouco incongruente com o resto do edifício, uma casa velha que ainda retém alguns de seus elementos originais. Arguibel 2851, na Báez. ✆ **11/4776-6030**. Metrô: Carranza.

Sullivan´s Drink House ★ Muitos vêm pela comida irlandesa, mas sua sala de estar VIP aberta a todos na enorme cobertura oferece os melhores uísques irlandeses e ingleses. Há certamente uma charutaria estilo inglês onde você pode fumar noite a fora. Sullivan também é uma escolha divertida se você for no Dia de St. Patrick. El Salvador 4919, na Borges. ✆ **11/4832-6442**. Metrô: Scalabrini Ortiz.

BARES DE VINHOS E CHAMPANHE

Chandon Bar Esta sala de estar íntima serve garrafas e filetes de Chandon, produzidos na França e Argentina. Localizado em Puerto Madero, próximo a alguns dos melhores restaurantes da cidade, Chandon está perfeito para uma bebida antes ou depois do jantar. Refeições leves são oferecidas também. Av. Alicia Moreau de Justo 152, na Viamonte em Dique (Doca) 4. ✆ **11/4315-3533**. Metrô L. N. ALEM.

Club del Vino ★ Degustações de vinho são as atrações principais desse restaurante italiano em Palermo Viejo. Acontecem degustações regularmente em uma galeria do andar superior por cerca de US $12 (£6.35) por pessoa e duram cerca de uma hora. São armazenados mais de 350 tipos de vinhos aqui; um sommelier da equipe pode ajudar a fazer sua escolha. Preço da garrafa é de US $6 a US $100 (£3.15–£50), mas a maioria varia de US $6 a US $12 (£3.15–£6.35). Vinte por cento dos vinhos também estão disponíveis em taças ou garrafas; Club del Vino foi estabelecido em 1985 e abriu neste local em 1994. Espetáculos de música e dança acontecem de quarta a domingo, começando às 19h ou 21h, ligue e reserve. Cabrera 4737, em Thames. ✆ **11/4833-0048**. Sem acesso ao metrô.

4 Lugares de Espetáculo de Tango

Com o tango como a principal atração, Buenos Aires diz: "Deixe-me entretê-lo". Muitos palácios de espetáculos, desde o simples Café Tortoni (pág.111) até o exagerado Señor Tango, carregado de efeitos especiais, concorrem pela preferência do turista. Todos os espetáculos são excelentes e, surpreendentemente, cada um é único, provando que o tango pode significar muitas coisas para muitas pessoas. Aqui, eu listei alguns dos espetáculos famosos, mas outros parecem abrir todas as semanas. Muitos palácios de espetáculos incluem jantar, ou apenas o espetáculo. Normalmente a diferença de preço é mínima para ver apenas o espetáculo, fazendo valer a pena vir mais cedo para o jantar. Verá uma variedade de palácios de tango, é importante, uma vez que demonstram que cada um tem o seu próprio estilo. Espaços menores proporcionam uma maior intimidade e interação entre os bailarinos e a plateia. Às vezes, os dançarinos ainda pegam poucas pessoas, por isso, esteja atento se você estiver perto do palco! Alguns destes espetáculos, tais como Señor Tango e El Viejo Almacén, oferecem serviços que irão buscá-lo em seu hotel. Reserve diretamente, ou solicite um transfer ao hotel que pode ser de até uma hora antes do evento.

Bocatango Esse espetáculo celebra o tango em um dos bairros associados a um rápido desenvolvimento. A enorme sala é destacada por um palco conjunto imitando a colorida rua La Boca. Observe como os dançarinos recontam a história e a emoção do bairro italiano de Buenos Aires das janelas e varandas de seus conventillos, uma forma de habitação de favela que é característica da área. Sua refeição é servida no bistrô italiano fixo e a comida é boa o suficiente para fazer você se perguntar se é a Mamma que está lá atrás em algum lugar na cozinha. Transporte é providenciado do seu hotel. Brandsen 923, no Practico Poliza. ℂ 11/4302-0808. www.bocatango.com.ar. Sem acesso ao metrô.

Café Tortoni ✶✶ De alta qualidade ainda inexperiente, espetáculos de tango estão inclusos no salão do Café Tortoni e não incluem o jantar. Existe um espetáculo de quarta a segunda às 21h. O espaço apertado aqui não é para claustrofóbicos. O que faz dos espetáculos de tango, do Café Tortoni, peculiares, é que as mulheres, mais do que os homens, são o foco principal. Visite o site deles obter mais informações e uma descrição completa de todas as próximas atrações inclusive tango, jazz, teatro infantil e muito mais. Av. de Mayo 829, em Piedras. ℂ 11/4342-4328. www.cafetortoni.com.ar. Ingressos US $ 10 (£ 5,30). Metrô: Plaza de Mayo.

Central Tango Entre o mais recente dos espetáculos, Central Tango tem oito bailarinos, dois cantores e uma orquestra de seis músicos. Espetáculos são de segunda a sábado; o jantar começa às 20h30, seguido do espetáculo às 22h15. Rodríguez Peña 361, em Corrientes. ℂ 11/5236-0055. Sem acesso ao metrô.

Complejo Tango Esse moderno espetáculo abriu em 2005 e apresenta uma longa série de entretenimento para os clientes. Começa com uma aula de tango opcional às 19h30, em seguida, o jantar às 21h, seguido do espetáculo às 22h. O salão principal é uma antiga casa com uma plataforma no meio e um interior retrô que parece um pouco como a antiga Nova Orleans. O espetáculo tem três cantores, três casais de bailarinos e uma orquestra de quatro pessoas tocando para o espectáculo, com estilo dançante, um pouco folclórico e humorístico. O transporte é fornecido do e para os hotéis. Av. Belgrano 2608, em Saavedra. ℂ 11/4941-1119 ou 11/4308-3242. www.complejotango.com.ar. Metrô: Miserere.

El Querandí ✶✶ El Querandí oferece os melhores espetáculos históricos de tango na cidade, mostrando a partir do início das raízes de bordel quando só os homens dançavam, até a atual, com pernas a mostra, estilo sexy. Você também vai ter uma grande fatia grossa de carne e uma taça de vinho com o espetáculo. Aberto de segunda a sábado. O jantar começa às 20h30, seguido do show às 22h15. Perú 302, em Moreno. ℂ 11/4345-0331. Metrô: Bolívar; Peru.

El Viejo Almacén Espetáculos aqui envolvem o estilo tradicional do tango argentino, com pouca ênfase na exibição hollywoodiana de tango visto em outros locais, como Señor Tango. De domingo à quinta o espetáculo inicia às 22h. Sexta e sábado a partir das 21h30 e 23h45. O jantar é servido todas as noites antes do show no restaurante de três andares do outro lado da rua (clientes podem optar por janta e espetáculo, ou

MILONGAS (SALÕES DE TANGO E DANCETERIAS)

somente espetáculo). O transporte é oferecido a partir de alguns hotéis. Independencia e Balcarce. ✆ 11/4307-6689. Metrô: Independencia.

Esquina Carlos Gardel ✯✯ O espetáculo aqui começa com a triste orquestra tocando tangos e, em seguida, abre com essa poderosa e emocionante interpretação da canção de Carlos Gardel, "Mi Buenos Aires Querida". Este é talvez o mais elegante palácio de espetáculo de tango, construído no local de "Chanta Cuatro", um restaurante onde Carlos Gardel jantou com os amigos e do outro lado da rua, a partir do Shopping Center Abasto, outro local é associado a ele (pág.204). A luxuosa sala de jantar em estilo antigo de alta tecnologia, com acústica e soberbos bailarinos, criando um ambiente maravilhoso de tango. As portas abrem às 20h00. Carlos Gardel 3200, em Anchorena, com vista para o Shopping Center Abasto. ✆ 11/4876-6363. Metrô: Carlos Gardel.

La Ventana Esse é um dos mais novos espetáculos, em Buenos Aires, e é realizado no atmosférico porão de tijolos de um edifício antigo, em San Telmo. Performances são uma mistura de tango, folclore e outros estilos argentinos de dança e música. Um dos destaques da noite é uma das interpretações sentimentalistas de "Não chores por mim, Argentina" completo com uma varanda e móveis além de bastante glamourosos descamisados (alguns sem camisa) segurando bandeiras da argentina. Balcarce 431, na Venezuela. ✆ 11/4331-1314. www.la-ventana.com.ar. Metrô: Belgrano.

Madero Tango Madero Tango se orgulha não apenas do que se vê no palco, mas do que se vê de fora dos seus terraços, também. Localizado na zona de Puerto Madero, este edifício estende-se ao longo da margem do rio San Telmo, com vista para o porto. É um dos mais modernos, elegantes, espaçosos e definidos locais de tango em Buenos Aires e os espetáculos são um pouco exibicionistas. E. Rawson de Dellepiane 150, Dique 1; endereço alternativo é a Moreau de Justo 2100, no porto começando próximo onde a autopista passa a margem do rio. ✆ 11/4314-6688. www.maderotango.com.ar. Sem acesso ao metrô.

Piazzolla Tango Esse espetacular show de tango é realizado em um teatro deslumbrante, em arte Nouveau, obra criada pelo arquiteto que projetou, a agora fechada, confeitaria "del Molino", ao lado do Congreso. Esse teatro tinha sido fechado por quase 40 anos e só recentemente foi restaurado. De todos os palácios de show de tango em Buenos Aires, este é o mais bonito e que acrescenta ainda mais emoção para o bem das coreografias mostradas. Calle Florida 165, em Perón ✆ 11/4344-8201. www.piazzollatango.com. Metrô: Florida.

Señor Tango Esse enorme espaço é mais parecido com a produção de teatro da Broadway que o salão tradicional de tango, mas os dançarinos são fantásticos e o proprietário, que gosta de se apresentar, é um bom cantor. As paredes decoradas com fotografias de celebridades que visitaram Buenos Aires e, pelo que parece, todas vieram ao Señor Tango. Jante ou venha somente para o espetáculo (o jantar é às 20h30, espetáculos começam às 22h). Oferece filé, frango ou peixe para o jantar. Apesar da imensa multidão, a qualidade dos alimentos é boa. Vieytes 1653, no Villarino. ✆ 11 / 4303-0212. Sem acesso ao metrô.

5 Milongas (Salões de Tango e Danceterias)

Enquanto o palácio e os espetáculos de dança são maravilhosos e imperdíveis, não há nada como a incrível atração da *milonga* (salão de tango), em uma viagem a Buenos Aires. Tal como acontece com o show em palácios, existem agora mais milongas do que nunca. Em vez de destruir o tango, a crise do peso criou uma maior valorização de todas as coisas tradicionalmente argentinas e necessidade de se virar para o interior e ser auto-reflexivo. Da mesma forma que os antepassados, os porteños de hoje, voltaram para o tango para aliviar sua dor, se isolando e preocupando-se com uma noite de dança melancólica apenas,

CAPÍTULO 10 · BUENOS AIRES AO ANOITECER

> **Momentos** Tango: Aulas de Dança de Sedução e Desespero
>
> Parece impossível imaginar a Argentina, sem pensar no tango, a sua maior característica. O tango começou com um violão e violino ao final do século 19 e foi pela primeira vez que operárias dançaram com homens em La Boca, San Telmo e na área portuária. Combinando ritmos africanos com **habanera** e **candombe**, não foi, no início, a sofisticada dança que você conhece hoje, em vez disso, o tango teve origem em bordéis, conhecidos localmente como **quilombos**. Nesse período, a dança era considerada muito obscena para as mulheres e os homens tinham que dançar com outros homens no salão do bordel.
>
> Crescente fluxo de imigrantes italianos adicionou elementos ao tango e ajudou a levar a dança para a Europa, onde foi internacionalizada em Paris. Aprovada pelos europeus, argentinos começaram a aceitar a recém refinada dança como parte de sua identidade cultural que floresceu sob a forma extraordinária da voz de Carlos Gardel, que levou o tango para a Broadway e Hollywood. Astor Piazzolla elevou o tango para uma forma mais complexa incorporando elementos clássicos.
>
> O tango pode variar de dois músicos a uma orquestra completa, mas um piano e o **bandoneón**, um instrumento semelhante a um acordeão são geralmente inclusos. Se existe um cantor, as letras podem vir de um dos grandes poetas da Argentina, como Jorge Luis Borges, Homero Manzi, ou Horacio Ferrer. Temas incidem sobre uma oprimida vida da mulher ou de uma traição, tornando-o similar ao jazz e blues americano, que se desenvolveram ao mesmo tempo. A dança em si é improvisada e não padronizada, embora ela consista em uma série de longas caminhadas e entrelaçados movimentos, geralmente em oito passos. No tango, os homens e mulheres deslizam pelo chão como um duo orquestrado com requinte e movimentos de flerte

criando uma explosão sem precedentes de uma rápida abertura de *milongas*. Essa situação, conjugada com o aumento do turismo e exilados da Europa e da América do Norte, que decidiram vir para cá e dançar tango suas vidas afora, significa que existem mais opções para dançar do que nunca. Esse cenário não é sem regras e obstáculos, no entanto, especialmente em termos de como agir com os dançarinos do sexo oposto. Certifique-se de ler "Algumas Regras do Tango" (a seguir) para obter algumas dicas sobre o comportamento na *milonga*. Geralmente US $ 2 (£ 1,05) a taxa de inscrição para entrar em uma *milonga*.

Você também deve pegar o *Mapa do Tango*, que tem um guia completo para *milongas* em todas as regiões da cidade, organizados por dia e hora. Encontra no quiosque de turismo, muitos associados do tango locais listados neste livro e também em locais selecionados em San Telmo. Esteja ciente de que o mesmo local pode ter diferentes eventos por diferentes nomes, de modo que o caminho do endereço do local é importante. Além disso, verifique a listagem no **B.A. Tango, El Tangauta** e **La Milonga**, a principal revista de tango da cidade. Olhe também o **Punto Tango**, um guia de bolso com informações semelhantes. Os números que estão listados nesta seção e dentro das revistas ou mapas não são necessariamente os da oferta de espaços, mas podem ser muitos de várias organizações de danças que se mantém dentro dos eventos específicos de dança em qualquer local à noite. Veja também "Clubes de Dança Gay e Lésbicas, Bares-Resto e Salões de Tango", posteriormente neste capítulo, salões de tango gay têm florescido.

Bien Pulenta ★★★ *Achados* A bela loira que às vezes você vê acompanhada nessa *milonga* é Helen Halldórsdóttir, uma nativa da Islândia, amante do tango chamada de La

MILONGAS (SALÕES DE TANGO E DANCETERIAS)

iniciais que levam a dramáticas passadas e giros cheios de emoção. Esses movimentos, tais como os pontapés que simulam movimentos fortes, ou o deslizamento, embarulhados pés que imitam o andar de um gangster silenciosamente caminhando para matar alguém, encerram suas raízes quando foi considerado uma dança dos gangster de La Boca, apesar da sua beleza tão intensa realizada nos dias de hoje.

Aprender a dançar o tango é um excelente caminho para um visitante obter um sentido daquilo que faz da música e da dança tão sedutores. Entrar em um salão de tango chamado **salón de baile** ou **milonga** pode ser intimidador para o novato. O estilo do tango dançado em salões é mais moderado que o "espetáculo de tango". A maioria dos dançarinos sérios não aparecem antes da meia-noite, dando a oportunidade perfeita para se esquivar em um grupo de aula, oferecidos na maioria dos salões começando por volta das 19h00 às 21h00. Geralmente custa entre US$ 1 e US$ 3 (50p-£ 1,60) por uma hora, você pode pedir por aulas particulares que custam entre US$ 10 e US$ 20 (£ 5.30-£ 11) a hora, dependendo do instrutor. No verão, a cidade de Buenos Aires promove o tango, oferecendo aulas gratuitas em muitos locais. Visite o centro de informação turística mais próximo para obter informações atualizadas. Antes de ir para a Argentina, a aula de tango gratuita também está prevista pela seleção do consulado argentino nos Estados Unidos (pág.11 do consulado tem informação).

Para obter informações adicionais sobre os locais e aprender a dançar tango, tenha uma cópia da **B.A. Tango** ou **El Tangauta**, revistas dedicado daoa revista na cida Avançando da noite, aluas aulaém são oferecidas na **Academia Nacional de Tango**, localizado acima do Café Tortoni na Av. de Mayo 833 (℃ **11/4345-6968**), que é um instituto e tango.

Vikinga. Sua *milonga* é uma excelente escolha para um sábado à noite. É realizada no mesmo local que o espetáculo do tango "Sabor-A-Tango", um teatro da Belle Epoque decorado em branco e dourado. A *milonga* começa com aulas de tango às 21h e às 22h30 e uma aula básica de *milonga* para estudantes até pouco depois da meia-noite, quando começa a verdadeira "*milonga*". Ela consegue uma multidão particularmente atraente, muitos dos quais são dançarinos profissionais e pessoas que vêm aqui para sair após ver o espetáculo em toda Buenos Aires. Como tal, tem um elevado nível de qualidade dos bailarinos sobre o piso de madeira lisa. Mas não fique intimidado quando Helen misturar a *milonga*, com performances. um pouco de talento com bandas ao vivo, espetáculos e de convidados especiais, como a visita dos campões de tango, portanto você poderá desfrutar, mesmo se você tomar um chá de cadeira. Com a cozinha do "Sabor-A-Tango" disponível, há também uma vasta seleção de bebidas e alimentos que aqui nas milongas. A noite termina por volta das 05h quando o sol nasce. O lugar é sempre lotado, assim ligue com antecedência para reservas e chegar lá antes das 01h, ou o sua mesa poderá ser ocupada. Calle Juan Perón 2543, entre Larrea e Paso. ℃ **11/4383-6229**, 11/4952-0300 e 15/5865-8279. helenislandia@hotmail.com. Metrô: Plaza Miserere.

El Arranque *Achados* Esse local de dança, que parece um pouco como um salão de entrada de Cavaleiros de Colombo, é um grande encontro não só pela sua autenticidade, mas também porque é um dos poucos lugares com uma tarde dançante. O habitual Tango do fim de noite de eventos, podem até mesmo deixar um vampiro louco, então este é o lugar perfeito para desfrutar do tango e ainda ter uma verdadeira noite de sono depois disso. Aqui as regras de separação de sexos são muito rigorosamente aplicadas, de forma que os casais não serão permitidos sentarem juntos. Uma regra interessante sobre este lugar, é que não importa o quão velho e barrigudo é um homem, se ele dançar bem, ele pode ficar com

> ### 🛈 Dicas — Algumas Regras do Tango
>
> Certamente, o som sedutor do tango é uma das razões pelas quais você veio a Buenos Aires. Talvez você só queira ver algumas performaces de dançarinos com seus passos e movimentos no palco. Talvez você queira aprender alguns dos passos sozinho. Ou talvez você é quase um expert e quer se mostrar em alguns dos pisos de madeira de dança onde os melhores dançaram em Buenos Aires ao longo das décadas. Seja qual for o seu nível ou interesse, poderá fazer todas ou nenhuma dessas opções com as escolhas que apresento neste capítulo.
>
> Os únicos lugares que muitos turistas vêm tango em Buenos Aires estão nos grandes e caros, espetáculos em palácio-restaurantes, onde bailarinos no palco dançam enquanto turistas comem as refeições com bife como a peça central. Embora destinados a turistas, a qualidade de cada um desses espetáculos é excelente e mesmo o mais tradicional portenho fica impressionado com o que está no palco. Apesar da quantidade dessas fases dos espetáculos, cada um também é diferente em sua própria regra. Alguns concentram-se na história da dança, outros na intimidade com a platéia; atiram em algumas outras formas de dança, especialmente folclóricas, ou parecem esquecer o tango tudo junto.
>
> No entanto, penso que qualquer turista também deve sair e ver mais do que apenas aquelas amostras se o tempo permitir. Siga para uma *milonga*, um lugar onde a dança é feita por quem a conhece muito bem (geralmente seguindo um protocolo rigoroso de interações entre os sexos). Um conceito fundamental nestes locais refere-se aos olhos de *milonga*. Talvez você tenha ouvido contos de fadas sobre dois conjuntos de olhos reunidos em toda a sala e, em seguida, encontrando seu caminho na pista de dança. Em algumas milongas, homens e mulheres ficam em diferentes lados da sala, apenas casais ficam juntos em determinados locais. Homens e mulheres vão tentar surpreender com olhares uns para os outros, desta forma, flertando a distância, acrescentando sinais com a cabeça, sorrindo e às vezes com movimentos de mãos aumentando o efeito. O homem finalmente se aproxima da mulher, oferecendo uma dança. Muitas vezes, nesta fase, não existe sequer uma palavra entre os dois.

qualquer mulher no meio da multidão. As mulheres, no entanto, até mesmo as de uma certa idade, tendem a manter as aparências aqui, vestem-se lindamente e são elegantes. Esse lugar é muito apropriado para a terceira idade. A dança começa mais tarde, com início às 15h, mas o local está fechado na segunda-feira. Bartolomé Miter 1759, em Callao. ✆ **11/4371-6767**. Metrô: Congresso.

El Beso Nightclub *Achados* O caminho desse clube pode ser um pouco confuso, mas siga minhas orientações e você vai ficar bem. Primeiro, a porta para o clube é desmarcada, por isso a única indicação que você está no lugar certo será o endereço. Caminhe no andar superior, pague suas taxas e a primeira coisa que você verá é o bar lotado bloqueando sua visão, que é forçado a se espremer. Uma vez orientado, no entanto, vai encontrar neste pequeno espaço que mantém o ar do ambiente dos anos 1940, atualizados para a era moderna com vermelhos brilhantes e pinturas abstratas modernas em algumas de suas paredes. Lâmpadas são feitas de filtros de ar de carros pendurados no teto, o interessante adicional é um toque dourado luminescente para os dançarinos. Alguém pensou diferente para a decoração desse lugar. É uma boa ideia reservar uma mesa com antecedência. Lanches, vinhos e cervejas estão à venda, mas evite o desagradável vinho da casa. Este é um lugar onde alguns dos melhores dançarinos trazem os seus egos, por isso, se você não for tão bom, desfrute apenas observando. A última coisa que quer é se chocar com alguém. Os

MILONGAS (SALÕES DE TANGO E DANCETERIAS)

Esse ritual significa que os turistas têm que estar cientes de algumas coisas. Em primeiro lugar, nunca, nunca bloquear a visão de alguém, principalmente uma mulher que está sentada sozinha. Esteja ciente das divisões entre os sexos (que poderá ser executada por qualquer forma da gestão para recém-chegados) e siga as regras. Com estrangeiros, alguns lugares podem ser muito rigorosos e dizer que simplesmente não têm lugares; você pode superar este obstáculo, dizendo que você está procurando um amigo que chegou mais cedo. Evite contato visual com os membros do sexo oposto. Se você não tem ideia do que está fazendo, poderá ser convidado a dançar quando tudo o que quer é observar, isso confunde algumas pessoas que estão completamente absorvidas nas regras do jogo.

Se uma mulher quer dançar com outros homens, a fim de praticar o tango, ela não deve ser vista entrando na sala de visitas do sexo masculino com um amigo, porque a maior parte dos outros homens vai assumir que ela já está comprometida. Se casais querem praticar a dança com outras pessoas, devem entrar na sala separados. Se estiver vindo de um grupo, dividam-se por sexo. Cada milonga, no entanto, mantém o seu próprio domínio sobre as regras e algumas são muito rigorosas, outras apenas são cumpridas por alguns. Também é melhor não ir a esses lugares em grandes grupos e sim com algumas pessoas. A súbita entrada de um grande grupo de estrangeiros curiosos que não conhecem o lugar pode instantaneamente alterar o clima do ambiente. E principalmente, demonstre respeito pelo local em que se encontra, em termos de aparência. Enquanto você não precisar se vestir para os noves, um boné de beisebol e tênis vai estragar o ambiente (mesmo se eles permitem que você vá).

Adquira uma cópia do *Tango Map*, que traz quase todas as listas de *milongas* da cidade, bem como eventos especiais específicos realizados a cada noite. Aliás, entre os melhores mapas, do período, de Buenos Aires e isso inclui até mesmo os bairros mais geralmente fora do caminho turístico.

sexos tendem a se misturar aqui informalmente, as divisões entre *milongueiros* e dançarinos não são tão fortes. Existem diferentes eventos de *milonga* em diversas noites, portanto, verifique a agenda. Riobamba 416, em Corrientes. ☏ 11/4953-2794 ou 15/4938-8108. Metrô: Callao.

El Niño Bien ★★ *Achados* Se quiser voltar no tempo, para uma época onde verdadeiramente o tango governou a cidade, vá ao El Niño Bien. No principal salão de baile, você será surpreendido pela sutil beleza do espaço em Belle Epoque. Homens e mulheres são observados respeitosamente pelo resto dos clientes nas mesas laterais, que muitas vezes vêm somente para observar as técnicas. Não olhe muito de perto para alguém, no entanto, se você não souber o que está fazendo. Este é um lugar onde o conceito de "milonga", olhares nos olhos através da sala para colocar um homem e uma mulher juntos para a pista de dança é vigorosamente mantida. Enquanto existirem inúmeras localizações de tango por toda a cidade, este é um onde você quase espera o cantor Carlos Gardel de repente parecer divertir-se, chamando você à pista de dança. Eles servem comida aqui, mas é só, por isso não se incomode a menos que você esteja faminto. Infelizmente, Niño Bien está começando a ser vítima do próprio sucesso, como muitos grupos turísticos começam a vir aqui. Se você estiver procurando um professor de tango, aqui você provavelmente irá encontrar, pois eles vêm aqui procurando estudantes para aulas particulares. Humberto I n° 462, em San José. (O prédio é chamado de Centro Región Leonesa.) ☏ 11/4483-2588. Sem acesso ao metrô.

La Glorietta *(Achados)* Tango ao ar livre é o destaque desta *milonga*. Também abre no período da tarde, por isso é perfeito para quem quer experimentar o tango um pouco mais cedo. Lanches e tostadas são servidos. Pode ser um pouco turístico, no entanto. Existe um espetáculo às 13h sexta e sábado. Depois de Septiembre e Echeverria. ✆ 11/4674-1026. Sem acesso ao metrô.

La Viruta *(Achados)* Essa é uma das mais interessantes milongas por causa da sua autenticidade que atrai uma multidão de jovens, tanto os portenhos quanto os exilados. Muitas noites, é apenas uma *milonga*. Outras noites, há espetáculos e competições, envolvendo tango, folclore e dança moderna. A dança e diversos eventos realizam-se no Centro Comunitário Armênio e quando decorado com balões para alguns eventos, parece-me um pouco como uma escola de segundo grau dos anos de 1970. Armênia 1366, em Cabrera. ✆ **11/4774-6357**. Sem acesso ao metrô.

Lo de Celia *(Achados)* Não deixe que a moderna configuração deste lugar engane você. Esta é uma grande e tradicional *milonga* onde as regras são aplicadas de forma muito rigorosa. Homens e mulheres devem sentar-se em lados opostos da pista de dança, casais se misturam apenas nos cantos. Música é tocada por um DJ. Os pisos são feitos de mosaico, o que pode dificultar um pouco a dança. A multidão aqui é geralmente muito madura e experiente no tango. A aplicação rigorosa das regras significa que mulheres serão tratadas como absolutas senhoras neste lugar. Eles muitas vezes competem perto do final da noite, divertidos e trazem leveza aos tensos tangos egoístas da madrugada. Humberto I nº. 1783, na Solis. ✆ **11/4932-8594**. Sem acesso ao metrô.

Salón Canning *(Achados)* Essa é uma das mais autênticas de todas as *milongas*. A entrada é por um longo corredor e no final, você é recompensado por uma sala com uma multidão de pessoas olhando para a principal pista de dança, observando os casais. Salón Canning é conhecido pelo seu assoalho extremamente suave de alta qualidade em madeira, considerado, por muitos amantes do tango, um dos melhores para dançar em toda Buenos Aires. Este salão de tango está entre uma das únicas coisas que ainda leva o nome de George Canning. O nome do salão é o antigo nome da Rua Scalabrini Ortiz antigamente denominada assim em homenagem a este diplomata britânico (pág.154). Scalabrini Ortiz 1331, em Gorriti. ✆ 11/4832-6753. Sem acesso ao metrô.

EXCURSÕES DO TANGO

Se você acha que quer experimentar uma autêntica milonga, tome algumas lições de antemão ou faça um passeio com um profissional. Há literalmente centenas de pessoas interessadas em passeios de tango em Buenos Aires. Aqui estão apenas alguns e todas essas pessoas e grupos também oferecem aulas. Também veja a seguir onde eu listo mais instrutores (pág.239).

ABC Tango Tours Gabriel Aspe, que é um dos proprietários da referida empresa, também gerencia uma apresentação de tango no Café Tortoni. A empresa oferece vários eventos de espetáculos de tango no palácio, bem como excursões com guias à casa tradicional de tango. ✆ **15/5697-2551**. www.abctango.com.

Amantes del Tango Eduardo e Nora administram essa associação e oferecem passeios individuais e aulas particulares. Ambos são bem conceituados. dançarinos de tango e o trabalho de Nora tem sido abordado na revista *National Geographic*. ✆ **11/4703-4104** ou 15/5753-9131. www.amantesdeltango.com.

Buenos Aires Tango Off Esta empresa oferece vários passeios temáticos de tango, incluindo o comum "Dos Pasiones Argentinas", o que leva a "Terra de Evita e ao Tango" frase ao coração, através da combinação de aulas de tango com uma visita ao Museu Evita (embora ela, ironicamente, tenha sido conhecida por odiar a dança). ✆ **11/4829-1416** ou 11/4829-1417.

Tango com Judy Judy e Jon são um casal americano amantes e dançarinos de tango que vivem em Buenos Aires e no Arizona. Ambos conhecem bem o palco e oferecem passeios de tango individuais altamente especializados, alguns dos quais podem ser combinados com aulas. Os seus números são ✆ **520/907-2050** e 213/536-4649 e em Buenos Aires no ✆ **11 / 4863-5839**. www.tangowithjudy.com; tangowithjudy@hotmail.com.

Tanguera Tours A proprietária, Laura Chummers, é uma alegre americana que realmente conhece a cena e a faz acessível para qualquer um. Ela não vai deixar você tomando um chá de cadeira em qualquer um dos lugares que ela te leve. Começou levando somente mulheres, mas agora faz passeios para mulheres e homens. Você vai amar os passeios e os lugares especiais que ela o levará. ✆ **11/4953-2475** ou 15/5960-8195. www.tangueratours.com.

INSTRUTOR DE TANGO

Todos os grupos turísticos acima, oferecem aulas de tango, quer em grupo ou individualmente. Alternativamente, você pode tentar o profissional, eu tenho listado, abaixo, alguns professores. Mais listas com professores estão disponíveis na revista *B.A. Tango*, *Tangauta* e *La Milonga*.

- **Julieta Lotti** (✆ **11/4774-5654**; julietalotti@hotmail.com) tem ensinado e dançado tango durante anos. Ela é um membro do elenco do baile profissional Las Fulanas. Não fala inglês, no entanto.

- **Maite Lujan** (✆ **15/5992-5041**; maritelujan@yahoo.com) ensina tango por anos e fala inglês e português. É consultora de vários clubes de tango direcionados aos turistas.

- **Marie Soler** (✆ **15/5411-7208**; tangomariemar@hotmail.com) é uma jovem mulher que conhece bem o cenário do tango. Fala inglês e, muitas vezes, entra em várias competições e espetáculos na La Viruta *milonga*.

- **Pedro Sánchez** (✆ **11/4923-2774**; pedromilonguero@yahoo.com.ar), dançou tango por mais de 50 anos e muitas das mulheres que conheço aprovam seu método de instrução. Ele fala pouco inglês, mas se faz entender. Vai dar aulas particulares e também oferece sessões segunda-feira à noite para pequenos grupos, o que poderia ser uma boa forma de conhecer e ver suas técnicas.

- **Patricia Herrera (Yuyu)** (✆ **11/4805-1457**; yuyuherrer_tango@yahoo.com.ar). Uma excelente e paciente professora, Patricia, que é conhecida pelo apelido Yuyu, ensina na sua casa na Recoleta ou vai visitar as pessoas em sua casa ou hotel.

6 Clubes de Dança, Resto-Bars e Salões de Tango Gays e Lésbicas

Buenos Aires tem um próspero cenário gay. É um dos mais impressionantes sobre o continente sul-americano, só perde para o Rio de Janeiro. É fácil descobrir aonde ir, uma vez que a cidade oferece nos seus quiosques diversos mapas com atrações para gays e lésbicas. Você pode ver também a revista gay *Imperio* ou o pequeno guia gay *Otra Guía* à venda nas bancas de jornais em toda a cidade. A maioria de seus anúncios e artigos está em espanhol, mas eles também oferecem mapas e as descrições de lugares gays em uma mistura de espanhol e inglês. *La Ronda* é um guia gratuito publicado na empresa Orgulho de Viagem. O site www.gaysinbuenosaires.com.ar oferece mapas e listas e as notícias de interesse aos gays podem ser vistas na página de internet www.sentidog.com. A maior parte das atrações está concentrada no Barrio Norte, que tem sido o tradicional bairro gay de Buenos Aires. Com a rápida remodelação de San Telmo, no entanto, esse bairro histórico tornou-se a sede de vários pequenos bares e restaurantes gays. Se você acha que vida noturna começa tarde em Buenos Aires, a vida noturna gay começa muito mais tarde, pouca gente chega a um clube antes das 02h.

CLUBES DE DANÇA E BARES

Alsina Se você foi a Buenos Aires antes, você talvez se lembre do lendário IV Milenio, que foi renomeado Palacio. Na sequência de uma disputa entre os proprietários, é agora chamado de Alsina. Ele ainda é o mesmo bonito espaço, uma antiga fábrica com vários andares que chega as proporções de uma igreja. Abre sexta, sábado e domingo. Alsina 934, na Av. 9 de Julho. Sem telefone. Entrada US. $ 8 (£ 4,20). Metrô: Av. de Mayo.

Amerika Esse é o clube gay mais popular da cidade e até mesmo quem não é gay está começando a vir pela excelente música. Em geral, héteros na parte mais alta do nível do clube na área espelhada que se assemelha a uma espaçonave, enquanto gays, lésbicas e qualquer que seja a mistura se espalha em todo o resto dos muitos níveis, neste enorme espaço. Aberto quinta, sexta, sábado e domingo. O clube passou por vários fechamentos nos últimos 2 anos. Têm os vizinhos se queixando do ruído, embora amplamente a questão real é que eles não queriam um local gay perto deles. O CHA, o grupo de direitos dos grupos homossexuais, esteve envolvido na reabertura do clube depois de 5 meses fechado em dezembro de 2006. Gascon 1040, em Córdoba. ℂ **11/4865-3416**. Observar US $ 10 (£ 5,30). Metrô: Angel Gallardo.

Bulnes Class Popular e aberto a apenas alguns anos, você encontrará aqui alguns dos mais bonitos homens de Buenos Aires. Dá a sensação de um lugar em Chelsea ou no oeste de Hollywood. Bulnes 1250, em Cabrera. ℂ **11/4861-7492**. Metrô: Güemes.

Contramano Popular, com uma multidão madura, esse foi o primeiro bar gay ou clube de dança inaugurado em Buenos Aires, pouco depois da queda do último governo militar no início de 1980. A área da pista de dança já está fechada, embora possam eventualmente reabrir. Rodríguez Peña 1082, em Alvear. Sem telefone. Observar US $ 4 (£ 2,10). Sem acesso ao metrô.

Sitges Um dos maiores e mais populares bares gay da cidade. Tem uma parte na qual, por vezes, acontecem atos bobos. Av. Córdova 4119, entre a Palestina e Pringles. ℂ **11/4861-3763**. Metrô: Angel Gallardo.

RESTO-BARES

Um resto-bar é um conceito argentino de uma combinação de restaurante e bar. Pessoas vêm para uma refeição ou apenas para as bebidas. Em geral, as porções de resto-bares não movimenta até depois da meia-noite ou 23h. Estes são mais descontraídos que os tradicionais bares e é mais fácil conversar com os habitantes locais.

Chueca Nomeado e, em homenagem ao distrito gay de Madri, este é um dos mais populares resto-bar gay da cidade. Ele fica muito lotado depois da meia-noite. Soler 3283, a Gallo. ℂ 11/4963-3430. Sem acesso ao metrô.

Inside Resto-Bar A garçonete e os proprietários fornecem grande, serviço de atitude livre no resto-bar. É um bom lugar para ir só para as bebidas em seu pequeno bar, onde muitos habitantes se reúnem para conversar. Nos fins de semana, eles têm espetáculos especiais de tango e strippers masculino, também. Peça seus cupons de regresso, oferecendo grandes descontos para quem volta durante as primeiras noites da semana. Bartolomé Miter 1571, em Montevidéu. ℂ **11/4372-5439**. Metrô: Congresso.

La Farmacia "Comida e Arte" é a forma como este lugar gosta de se descrever e há trabalho artístico pelos artistas locais em San Telmo todos pendurados ao redor da área de jantar.

Buenos Aires: Capital do Turismo Gay da América Latina

Durante os últimos anos, Buenos Aires tem reinado como a capital gay da América Latina. Gays e lésbicas são estimados como sendo de 15% a 20% entre os turistas internacionais e muitos lugares da moda exprimem boa vontade com este público. Uma das razões para o "boom" é simplesmente econômica, mas também tem havido um esforço por parte do município para se certificar de que o turismo gay é oficialmente reconhecido. Avanços legais também têm contribuído, com CHA (Comunidade Homossexual da Argentina) pressionando o reconhecimento legal de casais do mesmo sexo em 2003. O Cesar Cigliutti, presidente do CHA e o tesoureiro Marcelo Sondheim do CHA, parceiros de longa data, foram o primeiro casal que aderiram aos termos da lei. Com a sua enorme coleção de bares, discotecas, restaurants e salões de tango levam para a comunidade, nenhuma outra cidade da América Latina tem a oferecer para gays e lésbicas o que Buenos Aires tem. Apesar de todos esses avanços positivos, a maioria dos gays e lésbicas continuam um pouco fechados e há poucas estrelas abertamente gays na mídia. Violência contra os homosexuais também é um problema grave.

A história mostra que os homossexuais sempre foram importantes para a Argentina. Existem rumores sobre uma possível homossexualidade de Carlos Gardel, que nunca casou. Difícil encontrar uma pessoa para ser um símbolo gay como acontece nos Estados Unidos e Grã-Bretanha, Evita se rodeou com homens homossexuais de desenhistas de cabeleireiros a atores. De que outra forma poderia uma garota do interior reinventar uma grande cidade?

Itens de inspiração italiana compõem os pratos principais do restaurante, tais como crepes de espinafre, medalhões de lomo e gnocchi. Aperitivos, vinho, bebidas mistas, o café e o chá são os destaques desse local de encontro, que também é considerado um dos mais agradáveis restaurantes do bairro. Uma pequena loja cheia de roupas de ótima qualidade e agradáveis itens nos principais andares, aberto o salão de café. Bolívar 898, nos Estados Unidos. ✆ **11/4300-6151**. www.lafarmaciarestobar.com.ar. Metrô: Independencia.

SALÕES DE TANGO E AULAS

O Tango foi originalmente apenas para homens dançarem juntos, já que primeiro foi considerado uma dança muito obscena para as mulheres dançarem com os homens. Na era moderna, portenhos gays tomam um passo além e agora, pelo menos, dois salões de tango gay estão sendo trazidos de volta à moda antiga, tango do mesmo sexo.

La Marshall O criador do lugar de tango gay em Buenos Aires, La Marshall foi movido em torno ao longo dos anos. Começa com um grupo de aulas, em seguida, um espetáculo e *milonga* em um clube de salsa. O evento é realizado somente na quarta-feira, mas La Marshall também executa as aulas de tango para grupos gays no hotel El Lugar Gay em San Telmo (pág.79). Yatay 961, na Guardia Vieja. ✆ **11/4912-9043**. Metrô: Angel Gallardo.

Tango Queer Dirigido por mulheres, mas destinado a ambos os sexos, Tango Queer é um evento e uma organização. Não há um calendário de eventos de milonga, que pode acontecer uma vez por mês ou menos frequentemente. Além disso, eles oferecem shows, classes e aulas individuais para gays, lésbicas e outros. Estes são oferecidos semanalmente, nas tardes de terça-feira, começando às 20h. Balcarce 860, nos Estados Unidos. ✆ **15/5161-2858**. www.tangoqueer.com. Metrô: Independencia.

7 Filme

Buenos Aires tem mais de 250 cinemas mostrando filmes argentinos e internacionais. Um dos melhores é o de tela 16 **Village Recoleta**, V. López e Junín (✆ **11/4805-2220**). Existem também duas salas nos shoppings centers: **Alto Palermo**, Av. Santa Fé 3251, em Agüero (✆ **11/4827-8000**) e **Galerías Pacífico,** na Calle Florida 753 e Córdoba (✆ **11/4319-5257**). Outras localidades convenientes no Microcentro incluem a tela 6 **Atlas Lavalle**, Lavalle 869, na Esmeralda (✆ **11/5032-8527**; www.atlascines.com.ar), e as quatro telas do **Monumental Lavalle**, Lavalle 739, em Maipú (✆ **11 / 4322-1515**). A maioria dos filmes americanos são mostrados em espanhol com legendas em inglês, no entanto, alguns filmes são argentinos, e não são legendados. Confira no *Buenos Aires Herald* a lista de filmes atuais. Anualmente no mês de abril Buenos Aires sedia um festival internacional de cinema independente www.bafilmfest.com), portanto, confira se estiver na cidade durante esse período.

8 Cassinos, Galerias e locais de Bingos

Há vários lugares em Buenos Aires para adultos e para crianças testarem a sua sorte. A Calle Lavalle, com suas luzes brilhantes e ar de cidade grande, é o lugar perfeito para adultos e adolescentes cairem no jogo ou colocar uma aposta na mesa. Isto pode ser frequentemente feito em conjunto com uma mostra de cinema, uma vez que muitos dos cinemas estão aqui também.

Bingo Lavalle Se você acha que bingo é só para idosos aposentados, pense melhor. Portenhos de todas as idades adoram bingo e aqui é onde você encontrará alguns dos mais competitivos. Este é um enorme espaço repleto de fumaça. Portanto, nem sequer pense em vir aqui, se o fumo te incomoda. Se isso não for problema, recomendo gastar algum tempo aqui. Bebidas alcoólicas e petiscos são servidos. Bingo Lavalle é cercado por arcadas e salas de cinema, mas você deve ter pelo menos 18 anos para entrar. Lavalle 842, em Esmeralda. ✆ **11/4322-1114**. Metrô: Lavalle.

Casino Buenos Aires Tente ganhar algum dinheiro para atualizar a acomodação do seu hotel. Esse cassino 24 horas é o lugar. O cassino está alojado numa embarcação do Mississippi estacionado nas docas em Buenos Aires. Existem mais de 117 mesas de jogos, centenas de caça-níqueis e outras maneiras de ganhar (ou perder). O estacionamento fica nas proximidades e há restaurantes a bordo. Elvira Rawson de Dellepina, Darsena Sur Puerto de Buenos Aires (Sul do Porto além de Puerto Madero). ✆ **11/4363-3100**. Sem acesso ao metrô.

Magic Center *Crianças* Construído em um antigo teatro, você vai encontrar mais jogos não eletrônicos (como jogos com redes e Skee-Ball) aqui do que na maioria dos outros centros de entretenimento. Aberto diariamente das 21h à 01h. Lavalle 845, na Esmeralda.✆ **11/4394-9200**. Metrô: Lavalle.

Magic Play *Crianças* Este é um ótimo lugar para as crianças e adolescentes. Caça-niqueis, corridas de automóveis, sinuca e jogos de vídeo-game devem entretê-los durante horas. Aberto diariamente das 21h à 01h. Lavalle 672, em Maipú. ✆ **11/4322-5702**. Metrô: Lavalle.

Parque Landia *Crianças* Com muitos jogos para crianças menores, este é um excelente local para entretenimento das crianças mais jovens quando estão entediadas com os museus e outros passeios em Buenos Aires. Aberto diariamente das 21h à 01h. Lavalle 868, em Esmeralda. Sem telefone. Metrô: Lavalle.

Viagens Fora da Cidade de Buenos Aires

Se você estiver passando mais do que 4 ou 5 dias em Buenos Aires, você pode visitar os arredores especialmente se estiver visitando no verão, quando muitos portenhos fogem da cidade.

Durante os meses de verão, portenhos vão para a praia. **Mar del Plata** é o destino mais popular do país. Durante o verão, muitas pessoas importantes vêm de Buenos Aires.

Chamar de lotado Mar del Plata é uma subestimação. Mais de 8 milhões de pessoas visitam a cidade durante os meses de verão.

Logo fora do subúrbio de Buenos Aires está o **Tigre Delta**, um lindo complexo de ilhas numa reserva natural da floresta, cheia de pequenas camas e café *resorts* e trilhas de aventura. Você pode viajar por um dia em transporte coletivo de Buenos Aires ou por uma noite.

Do outro lado do rio, no Uruguai, está o paraíso turístico de **Colonia**, uma cidade patrimônio da UNESCO, menos de uma hora de distância de barco.

Nos Pampas ao redor de Buenos Aires, é onde se encontra a cultura *gaucha*. A principal cidade, no centro de tudo, é **San Antonio de Areco**, cerca de 1hora e meia do norte da capital. Poucas pessoas ficam na cidade, preferindo permanecer nas estâncias ao redor, várias das quais estão detalhadas aqui.

O Escritório de Turismo Nacional, em Suipacha 1111, tem folhetos sobre várias viagens ao redor de Buenos Aires, incluindo as que foram listadas aqui.

1 Mar del Plata

400km S de Buenos Aires

Entre os resorts de praia mais populares da Argentina está é uma silenciosa cidade costeira com cerca de 700.000 habitantes até meados de dezembro, quando os portenhos concentram-se aqui em março para as férias de verão. Cerca de 8 milhões de veranistas vão para Mar de Plata, a grande maioria deles argentinos. A cidade foi duramente atingida pela crise do peso, com o desemprego atingindo cerca de 20% da população. As coisas agora estão se expandindo definitivamente, e no verão a taxa de desemprego cai para apenas 6%. A cidade estava no radar internacional recentemente, em 2005, durante a Cúpula das Américas, com protestos especiais contra a presença de George Bush. Grande parte da cidade foi fechada durante esse período, interrompendo a vida cotidiana e muitos habitantes ainda têm muito a dizer sobre a visita. Embora não seja tão luxuosa quanto a de Punta del Este no Uruguai, a praia preferida da alta sociedade argentina está perto de Buenos Aires e oferece acomodações muito mais baratas. Esta longa e sinuosa costa oferece praias lotadas com corpos bronzeados e enseadas mais silenciosas à beira-mar, assim como belas paisagens mais distantes levando à beira do gramado dos Pampas. O resort estava em um momento muito exclusivo, mas durante a época Perón, muitos hotéis foram construídos para a classe média, modificando tanto a cidade quanto seus habitantes. No entanto, algumas das magníficas residências no estilo francês, que hospedaram a elite argentina no verão do início do século XX, foram meticulosamente preservadas como museus. Mar del Plata oferece uma excelente vida noturna no verão, quando as companhias de teatro independente de Buenos Aires viajam para esta estância balneária e discotecas abrem suas portas aos apaixonados pelas festas latinas. Os meses de dezembro, janeiro e fevereiro são os mais lotados, extravagantes e caros para visitar. Em março, as famílias de férias com crianças e casais de aposentados compõem a maior parte dos visitantes, tirando partido de uma atmosfera mais descontraída, bem como de uma ligeira redução nos preços. Muitos hotéis e restaurantes permanecem abertos durante todo o ano. Embora o clima seja mais fresco, você irá encontrar pessoas de férias aqui em todos os fins de semana.

ESSENCIAIS

CHEGANDO LÁ É possível chegar em Mar del Plata por avião, carro, ônibus, trem ou barco. O Aeroporto situa-se a 10 minutos do centro da cidade e está servido pelas **Aerolíneas Argentinas** (© **800/333-0276** nos E.U.A, ou 0810/222-86527 na Argentina; www.aerolineas.com). Há cerca de três voos diários e os voos duram um pouco menos de uma hora. Táxis vão custar cerca de $ 5 a $ 7 (£ 2,65-£ 3,70) do aeroporto até o centro da cidade. O RN2 é a principal rodovia de Buenos Aires a Mar del Plata. Leva cerca de 4 a 5 horas entre essas cidades. Mais de 50 empresas ligam Mar del Plata com o resto do país. Ônibus para Buenos Aires, que partem do terminal de ônibus central na Alberti 1602 (© **223/451-5406**), são confortáveis e custam cerca de $ 15 (£ 7,95) cada sentido. Eles chegam a Buenos Aires na estação rodoviária Retiro. Um trem administrado pela empresa Ferrobaires também liga Mar del Plata a Buenos Aires, mas é mais caro do que os ônibus. Ele parte de Buenos Aires para **Constitución**, na parte sul da capital e funciona três vezes por dia. Em Mar del Plata, compre bilhetes na estação de trem, localizada nas avenidas Italia e Luro (© **223/475-6076** em Mar del Plata, ou 11/4304-0028 em Buenos Aires). Viagens de ônibus e trem duram cerca de 4 a 5 horas.

INFORMAÇÃO AO VISANTE O **Centro de Informação Turística**, Avenida Marítmo PP Ramos 2270, no construído Cassino (© **223/495-1777**; www.mardelplata.gov.ar) tem uma bem informada equipe que oferece mapas e sugere itinerários. Está aberto diariamente de 10h às 17h (até às 20h no verão).

CHEGANDO AO REDOR O coração da cidade é marcada pela La Rambla, passear à beira-mar, em frente ao cassino e pela principal praia da cidade. Esta área é boa para caminhadas, com restaurantes e outros negócios agregados aqui e entre a estação de ônibus e Plaza San Martín. Mais distante do sul, as casas do bairro Los Tronces da cidade mais proeminente residências, bem como a Playa Grande (a principal praia), o hotel Sheraton e o Clube de Golfe Mar del Plata. Mar del Plata tem 47 km de costa atlântica, por isso, se você pretende ir para a cidade, precisa pegar um táxi ou alugar um carro. Avis (© **223/470-2100**) aluga carros no aeroporto.

O QUE VER E FAZER

O principal motivo para vir para Mar del Plata é a cidade das praias, tudo o que espalha a partir do coração da cidade na Plaza Colón. Aqui, você encontrará o Mar del Plata Casino (© **223/495-7201**; www.loteria.gba.gov.ar), com tijolos vermelhos e estrutura de granito guardada pela escultura de um leão marinho, é o centro social da cidade. Caminhos e primeiros passos daqui para a praia. Ao início da noite, você verá músicos e outros artistas de rua fazendo suas performaces aqui. Cuidado com a carteira. Com o tempo, paradas rápidas. Waikiki é o melhor local para praticar surf. O litoral é bonito, mas você não deve vir com expectativa de encontrar um clima caribenho, o Atlântico fica razoavelmente frio, mesmo durante o verão. Ao sair da praia, visite o porto de pesca, onde centenas de barcos vermelhos e amarelos descarregam presas diariamente. O refúgio abriga uma colônia de 800 machos de leões marinhos que vêm para banhar-se sobre as costas rochosas. Esteja advertido sobre os leões marinhos e os barcos de pesca, que são um desastre para o olfato. Ao lado da colônia há um feio, mas um fascinante cemitério de barcos. No bairro Los Tronces, Villa Victoria, em Matheu 1851, na Arenales (© **223/492-0569**), está a casa de verão da rica escritora argentina Victoria Ocampo. Alguns dos maiores autores da Argentina passaram por aqui, inclusive Jorge Luis Borges. Encontra-se aberta durante o ano inteiro, quinta a terça das 13h às 20h, com o ingresso a 65 ¢ (35p). No verão, espetáculos musicais e teatrais são realizados nos jardins. Villa Ortiz Basualdo, AV. Colón 1189 (© **223/486-1636**), é uma mansão de estilo inglês vitoriano e está decorada com mobílias requintadas de Art Nouveau da Bélgica. No mesmo bairro, o Museo del Mar, Av. Prof. Colón 1114, na Viamonte (© **223/451-9779**), com uma coleção de 30.000 conchas. No verão, ele é aberto de domingo a sexta das 09h às 19h e sábado das 09h às 22h. Durante o inverno, ele abre das 09h às 13h. Entrada é de US$ 1 (50p). Pare na lanchonete, que está cercada por tanques de tubarões olhando para você enquanto faz sua refeição. Há vinte minutos do centro da cidade, De Loa Padres Lake and Hills é uma pitoresca floresta com amplos estacionamentos em torno do lago, perfeito para um piquenique à tarde. Perto dali, o Zoo El Paraíso, Ruta 266, Km 16,5 (© **223/463-0347**), apresenta uma coleção maravilhosa de flora e fauna, incluindo plantas e árvores de toda a Argentina, assim como leões, pumas, macacos, lhamas e outros animais. Para informações sobre surf, pesca em alto mar, mountain bike, equitação, trekking e outros esportes radicais, entre em contato com o escritório do turismo. A companhia turística Olitas Tours também faz tours de meio-dia, assim como uma excursão especial para crianças com ônibus cheio de palhaços. Visite seu quiosque na Plaza Colón ou ligue para © **223/472-6810**.

ONDE FICAR

Amerian Mar del Plata Hotel O Amerian é uma rede de hotel argentina e esta filial em Mar del Plata tem uma vista panorâmica da Plaza España e da Praia La Perla. O hotel está cercado por várias casas noturnas, que podem ser barulhentas durante a noite. Os preços podem variar dependendo se a vista é para o mar ou para a cidade. Os quartos são espaçosos, especialmente pela categoria de preço. Todas as suítes júnior, de alguma forma, têm vista para o mar, mesmo se não for uma vista direta. Suítes têm banheiras com jacuzzi, e todos os banheiros têm um grande tamanho, não importa a categoria. Estacionamento gratuito no local. Não tem acesso à Internet nos quartos, mas um pequeno computador está no salão de entrada e aqui também há livre acesso Wi-Fi. Não há nenhum ginásio ou piscina, embora planos possam ser feitos para visitar um local vizinho.

Av. Prof. Libertad 2936, em La Rioja e Yrigoyen. 7600 Mar del Plata. © **223/491-2000**. Fax 223/491-2300. www.amerian.com. 58 unidades (52 duplos e 6 suítes). E.U.A a partir de US$ 105 (£ 56 duplo); E.U.A a partir de US$ 182 (£ 96) suíte. Os preços incluem buffet de café da manhã. AE, DC, MC, V. Estacionamento gratuito. **Serviços:** restaurante, bar, acesso à piscina vizinha e academia de ginástica, porteiro, business center, sala de Wi-Fi e estações de internet; serviço de quarto limitado, serviço de lavanderia, de limpeza. **No quarto:** A / C, TV, frigobar, secador de cabelo, cofre.

The Hermitage Hotel Cada cidade tem um grande hotel e em Mar del Plata, este é o complexo de destaque com vista para o cassino. Embora a cidade não seja tão glamourosa como este hotel construído em 1943, esse ainda é o lugar de celebridades locais que muitas vezes optam por fazer uma aparição, quando sabem da quantidade máxima das câmeras e das pessoas que estão voltando a partir de um dia na praia. Uma cobertura com heliponto é também uma forma que alguns optam para fazer uma chegada muito dramática na cidade. A sala foi criada

Mar del Plata

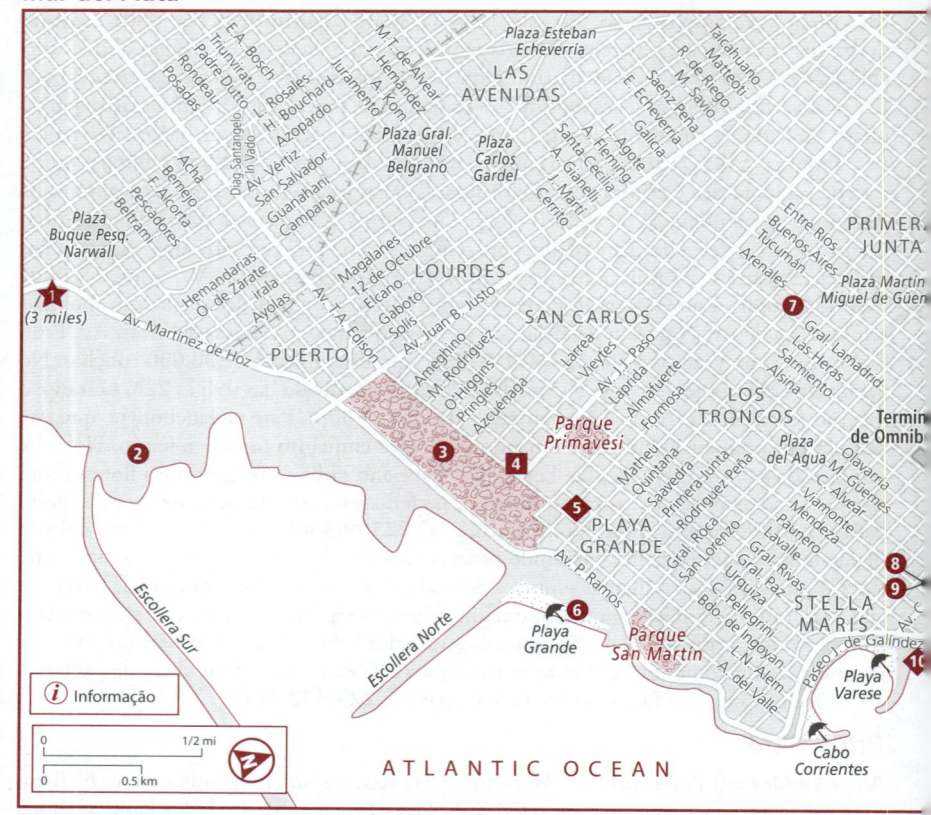

em um estilo clássico, afrescos dourados de pescadores e elementos Louis XV pela área junto com uma sala-bar muito enfeitada. Arte e fotos antigas de Mar del Plata enfeitam as paredes e podem lembrar espaços do Copacabana Palace Hotel no Rio de Janeiro. O extremamente enfeitado Salão Versailles também foi usado durante a Cúpula das Américas de 2005. O hotel acrescentou a Torre Colón à sua propriedade, em 2002 e renovou todos os quartos do velho edifício, ao mesmo tempo. As salas do novo prédio são simpáticas e mais caras, juntamente com a escolha para a vista do mar ou da cidade. O formal restaurante Luis Alberto, onde é servido o café da manhã, almoço e jantar, está em um sagão que liga as duas construções. Os quartos são espaçosos, com acesso Wi-Fi, TVs e banheiros. Todos têm combinações de banheira/chuveiro. O hotel tem sua própria praia privada e área de cassino ligado ao hotel por meio de uma passagem subterrânea. A área da praia tem um bar e serviço de toalha e está aberto das 08h às 22h e o cassino está aberto a partir das 15h00 à meia-noite de domingo à quinta, e ainda das 04h sexta e sábado. No interior da Torre Colón, existem três quartos para pessoas com necessidades especiais. Embora o salão original do hotel fique virado para o oceano, a porta é muitas vezes bloqueada e o novo saguão da Torre Colón serve de entrada principal. Um pequeno ginásio e uma estação de água também estão no local, piscina aquecida e um terraço que tem uma vista espectacular para o mar. Eu percebi no tour que fiz pelo hotel, que a equipe de funcionários foi resistente em ser incluída neste manual, com uma forma fria e paranoica de falar, talvez um impacto residual da turbulenta cimeira. Não estou certo de como isso se traduz na experiência de se hospedar no hotel.

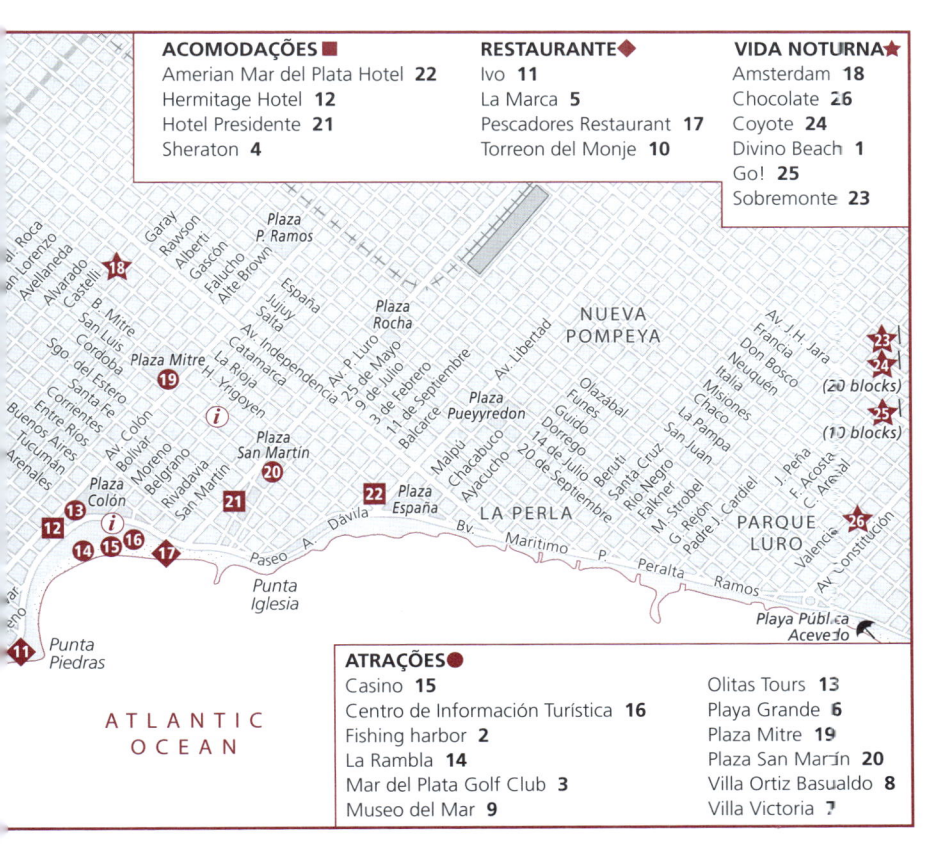

ACOMODAÇÕES ■
Amerian Mar del Plata Hotel **22**
Hermitage Hotel **12**
Hotel Presidente **21**
Sheraton **4**

RESTAURANTE ◆
Ivo **11**
La Marca **5**
Pescadores Restaurant **17**
Torreon del Monje **10**

VIDA NOTURNA ★
Amsterdam **18**
Chocolate **26**
Coyote **24**
Divino Beach **1**
Go! **25**
Sobremonte **23**

ATRAÇÕES ●
Casino **15**
Centro de Información Turística **16**
Fishing harbor **2**
La Rambla **14**
Mar del Plata Golf Club **3**
Museo del Mar **9**
Olitas Tours **13**
Playa Grande **6**
Plaza Mitre **19**
Plaza San Martín **20**
Villa Ortiz Basualdo **8**
Villa Victoria **7**

Boulevard PP Ramos 2657 e Av. Prof. Colón 1643, com vista para o Cassino. 7600 Mar del Plata. © 223/451-9081. Fax 223/451-7235. www.hermitagehotel.com.ar. 300 unidades, 240 duplos e 60 suítes. Duplos por US$ 130 (£ 68) na antiga construção; US$ 154 (£ 81) novos; suítes por US$ 194 (£ 102). Os preços incluem buffet de café da manhã. AE, DC, MC, V. Estacionamento US$ 7 (£ 3,70). **Serviços:** restaurante, bar, piscina, ginásio de esportes, porteiro, business center, serviço de quarto 24 horas; serviço de babá, serviço de lavanderia, de limpeza. *No quarto:* A / C, TV, dataport, acesso Wi-Fi, frigobar, secador de cabelo, cofre.

Hotel Presidente Este pequeno hotel de 4 estrelas situa-se a cerca de um quarteirão da praia e é de propriedade da cadeia hoteleira espanhola Hoteles Alvarez. Uma antiga propriedade, cheio de bosques escuros, e alguns dos quartos estão do pequeno lado. A agradável equipe compensa quaisquer falhas. Algumas partes do hotel, tal como o restaurante Tartufu e o pequeno ginásio, são compartilhados com o vizinho, Hotel Iruña, também propriedade da mesma empresa. Alguns quartos têm também acesso a Wi-Fi. O café da manhã está incluído na diária e mesmo alguns dos quartos têm vista lateral para o mar. Quartos com vista para o mar tem um custo um pouco mais elevado, mas em geral esta é uma boa opção para aqueles que querem um bom serviço em um orçamento razoável. Cada quarto vem com uma pequena varanda e enquanto não há ar-condicionado, o ventilador de teto mantém o quarto confortável. O estacionamento está disponível por um adicional de 20 pesos argentinos (US$ 6,70 / £ 12) por dia. Um pequeno centro de convenções está no oitavo andar e, quando há reuniões, o salão do bar pode ser muito ocupado. Você também encontrará dois computadores com acesso gratuito à internet.

Corrientes 1516 no Diagonal J. B. Alberdi. 7600 Mar del Plata. ℂ **223/491-1060**. Fax 223/491-1183. www.presidente hotel. com.ar. 53 unidades (45 duplos e 8 suites). US$ 71 (£ 37) duplo w/vista da cidade; US$ 80 (£ 42) w/vista para o mar; suítes US$ 105 (£ 55). Os preços incluem buffet de café da manhã. AE, DC, MC, V. Estacionamento US$ 7 (£ 3,70). **Serviços:** Restaurante, salão do bar, ginásio de esportes; spa; porteiro; balcão de aluguel de carro; business center; serviço de quarto 24 horas; massagem; serviço de babá, serviço de lavanderia, de limpeza. *No quarto*: TV, Wi-Fi (em quartos selecionados), secador de cabelo, cofre.

Sheraton ★★ O Sheraton tem uma vista para o campo de golfe e o porto militar, perto da Playa Grande. A poucos quarteirões de distância da praia, seria um longo, porém agradável passeio. Sua localização perto do campo de golfe significa que esse é o hotel de escolha para golfistas. Os quartos recentemente sofreram uma renovação, incluindo a marca de camas Sheraton Suite Sleeper. O salão tem acesso Wi-Fi, em um serviço gratuito e inclui uma pequena galeria comercial e um centro de negócios. O cenário do elevado sagão o torna um lindo lugar para conhecer. O hotel dispõe de uma área infantil e uma galeria de vídeo. Tem também uma piscina interna e externa. Uns US$ 5 (£ 2,65) são cobrados para usar a piscina interna, ligada ao complexo do spa e sauna. Dois restaurantes estão no hotel, o **La Pampa** informal, aberto para café da manhã, almoço e jantar, com um cardápio internacional, bem como o formal de **Las Barcas**, apenas aberto para o jantar de quarta a domingo. O ginásio recebeu todos os equipamentos novos, em 2007, e com a sua vista para o mar é simplesmente impressionante para um treino. Um jardim ao redor da piscina ao ar livre é gratuita a utilização, mas só abre no verão, é claro. O hotel oferece muitas vezes churrascos e outros eventos na piscina para hóspedes participarem Além do salão, os quartos também têm acesso à internet por cabo ou Wi-Fi, a uma taxa de US$ 18 (£ 9,50). Os quartos são leves e arejados e parecem enormes, as suítes têm jacuzzi e banheiras. O hotel também possui o maior centro de convenções na Argentina fora de Buenos Aires, com espaço para 4.500 pessoas. Muitos convidados internacionais famosos se hospedam aqui, inclusive o presidente George Bush se hospedou em outubro de 2005 durante a Cúpula das Américas. O estacionamento custa US$ 7 (£ 3,70), e o café da manhã não está incluso nas tarifas. O Sheraton aceita pequenos animais de estimação e também possui dois quartos para pessoas com necessidades especiais.

Alem 4221, com vista para o campo de golfe. 7600 Mar del Plata. ℂ **0800/777-6012** ou 223/414-0000. Fax 223/499-0009. www.sheratonmardelplata.com.ar. 191 unidades, 160 duplos, 31 suítes. Duplos US$ 160 (£ 84); suítes US$ 290 (£ 153). Preços não incluem sempre o buffet de café da manhã. AE, DC, MC, V. Estacionamento US$ 7 (£ 3,70). **Serviços:** 2 restaurantes, bar, piscina aquecida; golfe; grande "ginásio de esportes"; salão de jogos, porteiro, business center, galeria comercial; serviço de quarto 24 horas; massagem; serviço de babá, serviço de lavanderia, de limpeza. *No quarto*: A / C, TV, dataport, acesso Wi-Fi, frigobar, secador de cabelo, cofre.

ONDE JANTAR

Ivo Café ★★ GREGA/ARGENTINA Eu não sei dizer muito sobre este fantástico restaurante grego, existente há apenas alguns anos e localizado na parte inferior de uma alta subida do condomínio com vista para o oceano. É um restaurante de dois andares, com assentos na calçada em uma colina. Os proprietários são gregos e servem comida grega junto com uma *parrilla* argentina. Eles têm enormes saladas gregas, um excelente souvlaki e muitas outras opções gregas. A chique mesa negra também é preparada com azeitonas e pasta de beringela mergulhandas no pão. Além disso, tem um cardápio em inglês, mas peça o espanhol que tem mais e melhores escolhas. Da janela de vidro, o jantar tem uma vista maravilhosa do arco de luzes sobre a margem do Mar del Plata. Se isso não for suficiente, eles têm um jantar espetacular cada quinta-feira, com início às 21h00, com dança grega, por uma taxa aproximada de US$ 12 (£ 6,35), que inclui uma refeição, mas não o custo das bebidas. Ainda assim, venha próximo ao encerramento e vai encontrará a equipe tocando piano, cantando e dançando tradicionalmente no seu próprio acorde!

Boulevard Maritimo Güemes 3027. ✆ **223/486-3160**. www.ivocafe.com. Principais pratos US$ 6 a US $ 10 (£ 3,15 - £ 5,30). AE, MC, V. Diariamente 24 horas no verão (dezembro-março); inverno dom-qui das 08h00min às 03h00min 24 horas sex-sáb.

La Marca ✪✪ ARGENTINA Este restaurante ficou famoso por servir uma vaca inteira em pedido especial para grupo grande de 50 ou mais pessoas. Embora eles raramente façam isto, La Marca tem a melhor *parrilla* da cidade, servindo bifes grossos de alcatra, lombos, costelas grelhadas de carne de boi, vísceras e de qualquer outro corte de carne que você possa imaginar. O filé-mignon com molho de cogumelo é delicioso. Bistecas de porco, linguiças, vitela, pudim negro, e outras delícias estão no cardápio. Um extenso balcão de salada permite comer algo diferente de proteína se você desejar. O serviço é cortês e calmo. Não deixe de experimentar o *dulce de leche*. Almafuerte 253. ✆ **223/451-8027**. Pratos principais de US$3 aUS$6 (£1.50–£3.15). AE, DC, MC, V. Diariamente 12h00min–15h00min e 20h00min–13h00min.

Pescadores Restaurante ✪✪ FRUTOS DO MAR Você verá este restaurante no momento em que entrar em Mar del Plata, mas só porque está debaixo do enorme luminoso da Quilmes no cais. Este restaurante de três andares sobressai no oceano e é na cidade um dos melhores restaurantes de frutos do mar. Construído no Clube do Pescador, tem peixes tão frescos quanto os que você pescaria. Peixe de todos os tipos, lula, lagosta, ostras e todos os outros pescados são encontrados aqui. Marinheiros de água doce encontrarão massas, saladas e parrilla, alguns dos molhos para peixe são usados como molhos de massas. Naturalmente, há muito vinho branco no cardápio. Tudo para você brindar o sabor e a vista. Boulevard Marítimo e Av. Luro, no Club de Pesca, no pier da cidade. ✆ **223/493-1713**. Pratos principais US$3–US$22 (£1.60–£11. AE, DC, MC, V. Diariamente 12h00min–15h00min e 20h00min–00h00min.

Torreon del Monje ✪✪ ARGENTINA É difícil não ser impressionado por este restaurante, em uma estrutura parecida com um castelo datada de 1904 com vista para o mar. Dia ou noite, as janelas de vidro sobre o mar e as que abrem para a rua oferecem uma visão fantástica. Comidas vão de simples sanduíches a uma parrilla com bife, frango — e frutos do mar pescados na região, é claro. Quase todas as noites há também vários espetáculos, começando às 22h, enquanto você janta. Alguns são tangos, outros dança espanhola e folclórica. Não há nenhuma cobrança adicional pelos espetáculos — isso é parte da experiência de jantar aqui. Se você jantou em outro lugar, pare para uma bebida no lindo bar de madeira de carvalho. Durante o dia, muitas pessoas entram para o saboroso e especial café alcoólico na sua sala de estar Esmeralda. Uma lenda romântica de um monge explica o nome do restaurante e da ponte. Paseo Jesus de Galindez, na Puente del Monje, de frente para o mar. ✆ **223/451-9367**. www.torreondelmonje.com. Pratos principais US$4–US$10 (£2.10–£5.30). AE, DC, MC, V. Diariamente 08h00min–02h00min, até as 04h00min sex-sáb.

MAR DEL PLATA AO ANOITECER

A vida noturna próxima das praias é o maior atrativo de Mar del Plata. No verão, as companhias de teatro deixam Buenos Aires para representar neste local. Peça ao escritório de turismo por um calendário com os lugares e horários dos espetáculos. Os bares mais populares da cidade estão situados ao sul de Plaza Mitre, fora Calle San Luis. Os melhores clubes de dança estão ao longo da Avenida Constiución, 3km do centro da cidade, incluindo **Chocolate**, Av. Constitución 4451 (✆ **223/479-4848**), **Divino Beach**, Paseo Costanero Sur Presidente Illia (✆ **223/467-1506**), **Go!**, Av. Constitución 5780 (✆ **223/479-6666**), e **Sobremonte**, Av. Constitución 6690 (✆ **223/479-7930**). **Amsterdam**, Castilli 3045 (✆ **15/527-8606**), é a melhor discoteca gay. **Coyote**, Av. Constitución 6670 (✆ **223/479-7930**), é o bar favorito do habitantes, que dançam a noite toda no ritmo da salsa e merengue.

2 Tigre e o Delta

36km NE de Buenos Aires

O Delta do Tigre é na essência um subúrbio de Buenos Aires, mas parece um mundo à parte. O delta é formado pela confluência de cinco rios que saem dos Pampas na direção do Rio da Prata. Este complexo pantanoso está cheio de lodo e centenas de ilhas minúsculas e continua a crescer abaixo do Rioa da Prata. A área do delta cresceu consideravelmente desde a conquista espanhola, dentro de algumas centenas de anos, o delta do Tigre chegará à cidade de Buenos Aires. As ilhas aqui são uma mistura de gramado, pântano e verdadeira floresta, com uma variedade animais e plantas.

O desenvolvimento do Tigre Delta em uma área muito frequentada se deve a duas circunstâncias históricas simultâneas em Buenos Aires nos anos de 1870. Uma foi a construção de vias férreas de Buenos Aires em direção ao resto do país. A outra foi a erupção de febre amarela de 1877, que foi motivo para pessoas ricas não só buscarem áreas novas para construção de casas dentro de Buenos Aires, mas também locais novos para férias de verão. O inglês toma conta da maioria das construções aqui, tanto do mais velho neo-gótico e mansões no estilo Tudor e meia pensão estendendo aos bancos das passagens de rio, parecendo construções de Londres vitoriana, transplantado nos desertos dos pântanos de Pampas.

Hoje, muitos portenhos buscam um fim de semana calmo aqui, escalando, montando a cavalo, caminhando, pescando, nadando ou não fazendo nada. Também é um destino atraente, porque é possível (e fácil) vir aqui só durante o dia (pegue um barco ao redor para visitar as ilhas) e estar de volta a Buenos Aires a tempo de jantar. Há uma parte da população que durante o ano todo que vai para a escola, trabalho e supermercado usando um sistema de barcos e docas dessas ilhas.

ESSENCIAIS

CHEGANDO LÁ Chegar no Tigre Delta é melhor por uma combinação de trem de Buenos Aires e barco, ou lancha. Trens de Buenos Aires partem da **Estación Retiro** para Estación Tigre, na Avenida Naciones Unidas, de 10 a 20 minutos ao longo da Linha de Mitre. Tarifa custa cerca de US$1 (50p) ida e volta. Ligue ⓒ **0800/3333-TBA** ou 11/4317-4445 para horários e informações, ou visite www.tbanet.com.ar. Dentro de Tigre a **Estación Fluvial Tigre**, onde os barcos partem para os principais rios e ilhas, está próxima ao quarteirão da **Estación Tigre**, na Mitre 305. Há muitas companhias aqui, com diferentes lanchas e serviços. Você tem que saber onde quer ir, ou simplesmente escolher um e ir onde quer que o leve. Entre as muitas companhias estão **Catamaranes Interisleña** (ⓒ **11/4731-0261**); **Líneas Delta** (ⓒ **11/4749-0537**); e **Catamaranes Río Tur** (ⓒ **11/4731-0280**). **Martín García Island**, uma das partes mais remotas do Delta, **Cacciola** (ⓒ **11/4749-0329**) é a única companhia de barco que vai até lá. A maioria destas companhias presta serviço em várias ilhas, mas elas vão até o fim da viagem e então retornam. Preços dos ingressos variam a menos de US$1 (50p) para cima. Eu recomendo que você descubra quando os últimos barcos partem de seu destino. Para o fim do dia, alguns barcos enchem tão depressa que algumas docas são evitadas na viagem de retorno.

INFORMAÇÃO AOS VISITANTES Em teoria há dois Centros de Información Turística no Tigre. Há uma na Estación Tigre, mas ela parece não estar aberta nunca; mesmo os funcionários do trem com quem eu falei disseram que raramente está aberta. No entanto, dentro da Estación Fluvial Tigre, na Miter 305 (ⓒ **0800/888-TIGRE** ou 11/4512-4497; www.tigre.gov.ar), há outro escritório que está aberto diariamente das 09h às 17h. É um escritório muito movimentado fornecendo informações sobre as ilhas, hotéis e aluguel de bangalô e outras atividades. Você terá que esperar um pouco pela ajuda, mas a maior parte dos funcionários fala inglês. Outro site útil é www.puntodelta.com.ar.

DESLOCANDO-SE Dentro da cidade de Tigre propriamente dita, onde estão tanto a estação de trem e as docas, uma delas podem chegar facilmente a pé junto com os bancos. Há restaurantes, parques infantis e algumas lojas para turistas em frente a orla marítima e nas ruas indo para o Puerto de Frutos (veja a seguir). Para chegar e ver o delta, no entanto, você precisará de um barco. Tenho listadas as empresas que prestam estes serviços acima referidos. Claro, se você é um bom nadador, há outras opções.

O QUE VER E FAZER

A principal coisa para ver no Delta do Tigre são as diversas ilhas e resorts que salpicam a área. Dentro da cidade de Tigre, onde estão a estação de trem e os barcos das docas, há alguns serviços e diversos outros locais de interesse. Muitas pessoas, simplesmente se hospedam nessa área e jantam nos restaurantes, tomam sol ao longo da costa ou passeiam pela cidade. Ideal para crianças são os vários pôneis disponíveis para montar que sobem e descem a costa leste no centro da cidade perto do cruzamento das calles **Paseo Victorica**, uma coleção de mansões vitorianas ao longo da margem do Rio Lujan, até o cruzamento com o Rio Conquista. Esta é uma das mais bonitas partes do Tigre e você encontrará muitas pessoas ao longo da costa. Em meio a este esplendor vitoriano está o **Museu Naval**, Paseo Victorica 602, na Martínez (© **11/4749-0608**). Por outra margem, em frente daqui, está o **Parque de la Costa**, Vivanco, na Montes de Oca (© **11/4732-6000**), cheio de passeios para crianças e adultos. Exatamente fora do centro de Tigre está o famoso **Puerto de Frutos**, na Calle Sarmiento 150, junto com o Rio Lujan. Fruticultura foi antecipada para o desenvolvimento integral do Delta do Tigre e esse mercado fica atrás desses dias. A maioria das pessoas delira ao ver este lugar, mas, em geral, sempre acho decepcionante. O mercado está agora principalmente cheio de vantagens e outras artes, com quase nenhuma fruta. O que tem sido mantido da velha tradição, é a cesta das tecelãs que criam os seus produtos utilizando as palhetas crescentes no delta.

Umas três horas andando de barco em cada sentido a partir do centro do Tigre levará você à **Ilha Martín García**. Ela é famosa por sua luxuosa prisão onde vários políticos e presidentes argentinos, incluindo Juan Perón, foram presos, mas para visitar e explorar aqui, você levará um dia inteiro quando somar o passeio de barco de ida e volta. Se estiver fazendo qualquer viagem nas ilhas do delta, você irá precisar fazer caminhadas com botas, calças longas e camisas de mangas longas. Grama alta e que espeta e outras formas muito acentuadas da vida vegetal habitam a área e você irá se cortar se estiver desprotegida. Você também deve trazer repelente de mosquitos. E na mochila, binóculos para ver as aves e outros animais selvagens.

EMPRESAS QUE PRESTAM SERVIÇO DE EXCURSÃO PARA TIGRE DELTA

Várias companhias de viagem em Buenos Aires organizam excursões diárias para o delta do Rio Tigre ou longas estadias em meias pensões, bangalôs, alojamentos além das aventuras na região. **Say Hueque Tourism** , Viamonte 749, Escritório 601, 1053 Buenos Aires (© **11/5199-2517**, -2,518, -2,519, -2,520; www.sayhueque.com) recomendo fortemente, especialmente para os longos passeios e excursões para ver a beleza natural da região. **Travel Line** (© **11/5199-2517**, -2518,-2519, -2520; www.travelline.com.ar) oferece passeios de um dia para o Tigre Delta entre muitos outros passeios turísticos. O dia inteiro de excursões no Tigre é aos domingos apenas (pergunte se o guia fala inglês) e inclui o almoço. Passear pelo Tigre de trem e uma viagem de barco entre os rios do delta do tigre custa cerca de US$ 40 (£ 21) por pessoa.

Tigre & Delta

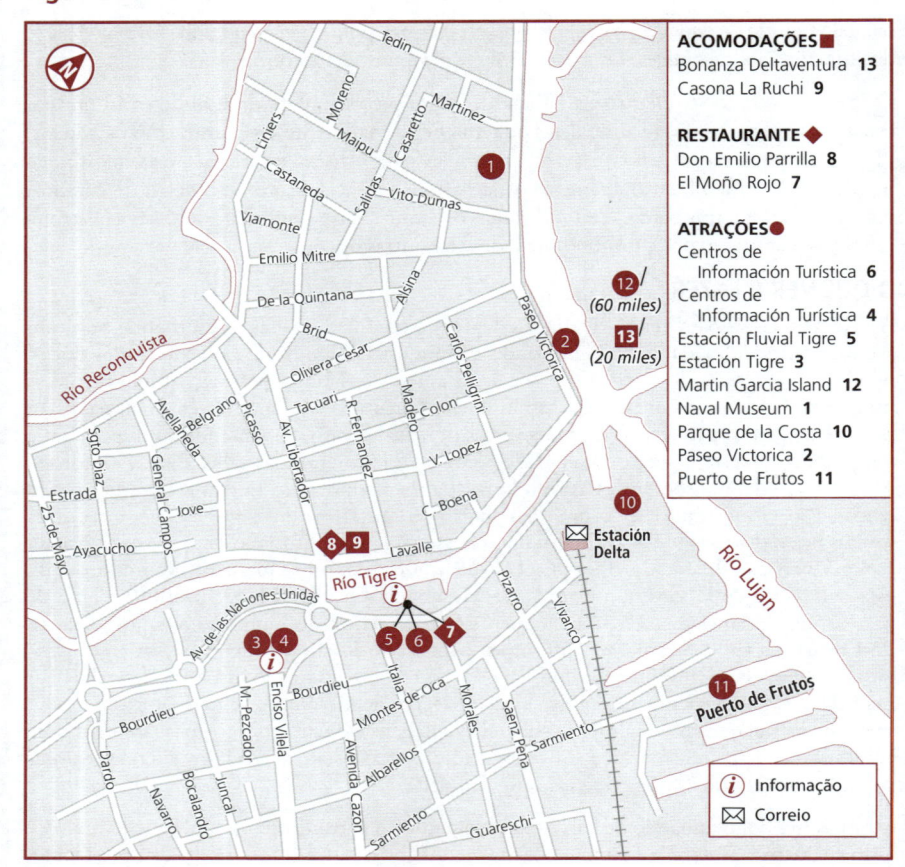

ACOMODAÇÕES ■
Bonanza Deltaventura **13**
Casona La Ruchi **9**

RESTAURANTE ♦
Don Emilio Parrilla **8**
El Moño Rojo **7**

ATRAÇÕES ●
Centros de Informação Turística **6**
Centros de Informação Turística **4**
Estación Fluvial Tigre **5**
Estación Tigre **3**
Martin Garcia Island **12**
Naval Museum **1**
Parque de la Costa **10**
Paseo Victorica **2**
Puerto de Frutos **11**

i Informação
✉ Correio

ONDE FICAR

Bonanza Deltaventura ★★ Se você realmente quiser ficar longe de tudo, siga para este hotel em uma das ilhas do delta do Rio Tigre. Tem quilômetros de caminhos através das pradarias para observação de pássaros e animais, assim como para cavalgar a cavalo ao longo da costa. Ou você pode simplesmente nadar fora da doca em frente. Há quatro pequenos quartos confortáveis, que podem ser alugados como solteiro ou duplo acomodando um total de oito pessoas. O estilo é simples, com banheiro compartilhado e cozinha. O preço inclui café da manhã e algumas excursões, mas há um custo adicional para as outras refeições e bebidas. A equipe também fala inglês. Você vai necessitar ligar com antecedência para ficar aqui, a fim de ter certeza que o espaço está disponível e que você levará o direito da empresa de barco. O hotel está na seção das ilhas Carapachay do delta, cerca de 1 hora andando de barco do centro da cidade de Tigre.

Ilhas Carapachay. 1648 Tigre. ✆ **11/4798-2254** ou 15/5603-7176; www.deltaventura.com. 4 unidades para até 8 pessoas. A partir de US$ 55 (£ 29) uma pessoa incluindo café da manhã e passeios. Não aceita cartão de crédito. Serviços: Cavalos, passeios e uso da cozinha.

Casona La Ruchi ★★ Esta charmosa meia pensão tem vista para a margem do lado do rio à Estación Fluvial. Seus proprietários Dora e Jorge Escuariza e os seus filhos administram o lugar, cuidando dos hóspedes que ficam nos seis quartos da mansão de 1893, como se fossem da família. Na parte de trás está uma piscina e uma churrasqueira onde os hóspedes podem se reunir. Os quartos são decorados com graciosas antiguidades vitorianas e alguns têm janelas com vista para o mar. O local fica aberto o ano todo, mas é movimentado durante os finais de semana do verão. Os hóspedes têm acesso 24 horas ao B&B, embora a família não tenha uma equipe durante a noite. Ligar se estiver chegando tarde para verificar se alguém pode recebê-lo. Desfrute do calor e hospitalidade deste lugar. Alguns quartos dividem banheiro.

Lavalle 557 (na Av. Prof. Libertador). 1648 Tigre. ✆ **11/4749-2499**. www.casonalaruchi.com.ar. 6 unidades, alguns com banheiro compartilhado. US$ 35 (£ 19) duplo. Os preços incluem café da manhã continental. Não aceita cartão de crédito. Serviços: Piscina externa; utilização da cozinha e churrasqueira no quintal

ONDE JANTAR

Don Emilio Parrilla ARGENTINA/PARRILLA Em um espaço rústico e casual, com mesas em realce amarelo provençal à sua espera, essa *parrilla* aguarda por você, com uma vista para o mar. A comida aqui é farta e em uma refeição completa você só vai gastar pouco mais de US$ 5 (£ 2,65) por pessoa. Infelizmente, é aberto somente aos fins de semana.

Lavalle 573, na Av. Prof. Libertador. ✆ **11/4631-8804**. Pratos principais US$ 1-US $ 3 (50p-£ 1,60). Não aceita cartão de crédito. Sexta-feira 20h00min-01h00min; sáb-dom 11h30min-17h00min e 20h00min-02h00min.

El moño Rojo ★ ARGENTINA/INTERNACIONAL Um enorme e complexo restaurante com vista para o mar perto da Estación Fluvial, este é um dos melhores lugares para uma refeição com entretenimento. O espaço é vermelho brilhante, alegre e muito barato, cheio de cartazes com estrelas do tango, fotos de atores e atrizes argentinos e as velhas recordações do período Justicialista. Na sexta-feira, têm um espetáculo de tango. A comida é uma mistura de pizzas, salgadinhos, sanduíches, carnes assadas e a tradicional parrilla, por isso, deve agradar a todos os gostos.

Av.Mitre 345, na Estación Fluvial Tigre. ✆ **15/5135-7781**. Pratos principais US$ 2-US $ 3 (£ 1.05-£ 1,60). Não aceita cartão de crédito. Diariamente das 08h00min-02h00min.

3 Colonia del Sacramento, Uruguai

140km O de Buenos Aires

A pequena joia de Colonia del Sacramento, declarada como Patrimônio Mundial pela UNESCO, parece intocada pelo tempo. Datada do século 17, a velha cidade orgulha-se da arte colonial lindamente preservada nas suas ruas cinzentas. Um passeio sem pressa pelo **Bairro Histórico (Bairro Histórico)** leva você das janelas carregadas de flores para igrejas dos anos 1680, passando por casas que datam do período da colonização Portuguesa, além de museus detalhando as riquezas do passado da cidade. O Barrio Histórico contém brilhantes exemplos de riqueza colonial e de muitas estruturas uruguaias mais antigas. Uma mistura de lojas encantadoras e deliciosos cafés tornam a cidade mais do que uma lição de história.

ESSENCIAIS

CHEGANDO LÁ

O modo mais fácil para chegar em Colonia de Buenos Aires é pela balsa. FerryLíneas (✆ **02/900-6617**) é um barco rápido que chega em 45 minutos. Buquebús (✆ **02/916-1910**) também oferece duas classes de serviço. Os preços variam de US$18 a US$40 (£9.55–£21) cada trecho. Um novo serviço de ferryboat e combinação de ônibus abriram em 2006 para competir com o que tinha sido um monopólio para Buquebús. Colonia Express oferece preços semelhantes mas com horários menos frequentes. Eles podem ser contatados de

CAPÍTULO 11 · VIAGENS FORA DA CIDADE DE BUENOS AIRES

Buenos Aires pelo ℭ **11/4313-5100** e em Montevidéu pelo ℭ **02/901-9597**, ou visite a página informativa da internet www.coloniaexpress.com.

Colonia também pode ser visitada facilmente de Montevidéu e é uma ótima parada se você estiver viajando entre Buenos Aires e Montevidéu. **COT** (ℭ **02/409-4949** em Montevidéu) também oferece serviço de ônibus de Montevidéu e Punta del Este.

Cidadãos dos Estados Unidos, o Reino Unido, Canadá e Nova Zelândia precisam só de um passaporte para entrar no Uruguai (para permanência de turista, até 90 dias). Os cidadãos australianos têm que adquirir um visto turístico antes da chegada.

INFORMAÇÕES AOS VISITANTES

O **Escritório de Turismo**, General Flores e Rivera (ℭ **052/27000** ou 052/27300), é aberto diariamente das 08h00 às 20h00. Fale com alguém para organizar uma excursão na cidade.

DINHEIRO

A moeda corrente oficial é o **peso uruguaio** (designado NP $, $U, ou simplesmente $); em cada peso está incluso 100 **centavos**. Pesos uruguaios estão disponíveis em notas de $10, $20, $50, $100, $200, $500, $1.000 e $5.000; moedas chegam em 10, 20 e 50 centavos e 1 e 2 pesos. A moeda corrente uruguaia foi desvalorizada em meio de julho de 2002, devido a seu parentesco íntimo com o peso argentino. A taxa de cambio quando este livro foi impresso era aproximadamente 24 pesos ao dólar. Porque o valor do peso oscila fortemente na inflação, todos os preços nesses guias são cotados em dólar norte-americano.

O QUE VER E FAZER
UM PASSEIO PELO BARRIO HISTÓRICO DE COLONIA

Sua visita em Colonia será concentrada no **Barrio Histórico (Bairro Velho)**, localizado na costa ao canto do sudoeste distante de cidade. Os lugares, que estão dentro de uns poucos quarteirões, podem facilmente ser visitados a pé em algumas horas. Museus e locais turísticos estão abertos diariamente (menos quarta e quinta) das 11h30 às 17h45. Por menos de US$1 (55p), você pode comprar um ingresso na Portuguese ou nos museus Municipais que receberá você em todos os locais.

Comece sua excursão na **Plaza Mayor,** a praça principal que serviu como o centro do estabelecimento colonial. Para explorar a história portuguesa de Colonia, cruze a Calle Manuel Lobo no lado sudeste da praça e entre o **Museo Portugués (Museu Português)** que exibe alfândegas europeias e tradições que influenciaram no início da cidade. Saindo do museu vire a esquerda e caminhe até a **Iglesia Matriz**, entre as igrejas mais velhas do país e um exemplo excelente de arquitetura e design do século 17.

Em seguida, saia da igreja e vire a esquerda nas **Ruínas Convento São Francisco (Ruínas do Convento de São Francisco)**. Datado em 1696, o convento de São Francisco foi habitado pelos jesuítas e monges franciscanos, duas fraternidades dedicadas a catequizar os indígenas. Continue para cima na Calle São Francisco a **Casa de Brown (Casa Marrom)** que casas o **Museo Municipal (Museu Municipal)**. Aqui, você achará uma coleção impressiva de documentos coloniais e artefatos, obrigatório para os fãs de história.

Para aqueles com visão artística, vire a esquerda na Calle Misiones de los Tapes e caminhe dois quarteirões para o **Museo del Azulejo (Museu do Azulejo)**, o único museu do século 19 com azulejos europeus e uruguaios é localizado em uma bonita casa de campo de deslumbrantes 300 anos. Então passeie atrás do centro da cidade ao longo da Calle de la

Playa, desfrutando das lojas e cafés, até que você venha ao **Ruinas Casa del Gobernador (Casa do Vice-Rei)**. A Casa do Vice-rei captura algo do glorioso passado do magistrado do século 17 e 18, quando o porto da cidade era usado para importações, exportações e contrabando. Complete seu passeio com uma visita na sede da **UNESCO–Colonia** onde uma Herança Histórica recentemente adquirida da cidade de estado de Humanidade colocará sua excursão no contexto maior de Sul História americana.

ONDE FICAR & JANTAR

Poucas pessoas ficam em Colonia, preferem uma viagem de um dia a caminho de Buenos Aires ou uma parada em Montevidéu. Se você conseguir um hotel, porém, suas melhores apostas estão no estilo colonial do **Hotel PlazaMayor**, Calle del Comercio 111 (© 052/23193) e **Hotel La Misión**, Calle Misiones de los Tapes 171 (© 052/26767), com edifícios originais de 1762. Em ambos os hotéis um quarto duplo custa cerca de US$ 80 (£42). Um pequeno **Sheraton** abriu recentemente em Colonia (Continuación de la Rambla de Las Américas S/N (© 052/29000). O **Four Seasons** opera um recurso de luxo perto de Carmelo, aproximadamente 45 minutos, Ruta 21, Km 262, Carmelo, o Uruguai (© 0542/9000). Para jantar, **Mesón de la Plaza**, Vasconcellos 153 (© 052/24807), serve comida internacional e uruguaia em um ambiente colonial, enquanto **Pulpería de los Faroles**, Calle Misiones de los Tapes 101 (© 052/25399), na frente da Plaza Mayor, é especialista em carne de boi e pratos de feijão e macarrão caseiro.

4 San Antonio de Areco e Estâncias dos Pampas

111km NO de Buenos Aires

San Antonio de Areco é uma pequena cidade pacata a 1 hora e meia ao norte de Buenos Aires, no fundo do coração da famosa Pampa da Argentina. A cidade é mais conhecida como centro de cultura gaúcha, versão uruguaia do vaqueiro americano. Poucas pessoas ficam dentro de San Antonio, escolhendo visitar como dia de viagem saindo de Buenos Aires, ou como uma base para as próximas estâncias que circundam a cidade.

A cidade é compacta e foi construída em torno de uma antiga igreja colonial dedicada a Santo Antônio de Pádua, em 1730, e por isso a cidade leva o seu nome. Colonial está repleta de construções do final do século, é possível caminhar em todas as ruas de paralelepípedo que começam a partir da igreja e da Plaza Ruiz de Arellano, a principal praça da cidade. O Rio Areco, a outra metade do nome da cidade, divide a cidade em duas partes. Aqui, ao longo do rio é um monumento alinhado de espaço verde chamado Parque San Martín, cruza uma velha passarela ao Parque Criollo, o lugar mais famoso da cidade, o Museu Gauchesco Ricardo Güiraldes se localiza.

As principais ruas comerciais da cidade são Alsina e Arellano, indo na direção sul da Plaza de Arellano. Durante todo o ano, é um destino turístico, a cidade vive anualmente para o **Día de la Tradición**, geralmente realizado em torno do dia 10 de novembro. Tantos os originais como os aspirantes a gauchos enchem a cidade, jogando jogos de habilidade *gaucho* como a *Sortija*, onde pegam anéis nos postes enquanto montam a cavalos, os dão como brindes para mulheres bonitas da plateia. Se você tiver fantasias *gaúchas* enquanto estiver na Argentina, este poderia ser a hora para uma visita. Não há muitos hotéis em San Antonio, além disso os que existem aqui enchem rapidamente nesta época do ano. Veja também a seção sobre Estâncias, tudo a uma pequena distância do centro de San Antonio.

CAPÍTULO 11 · VIAGENS FORA DA CIDADE DE BUENOS AIRES

ESSENCIAIS

CHEGANDO LÁ Pode-se chegar de carro de Buenos Aires a San Antonio de Areco pelo norte ao longo da Ruta 8. A viagem leva cerca de 1 hora e meia. A maioria das pessoas vem de ônibus, porém, pegam **Chevallier**, que oferece serviço de ônibus de hora em hora da estação de ônibus de Buenos Aires Retiro (✆ **2326/453-904** em San Antonio e em Buenos Aires ✆ **11/4000-5255** e pedágio grátis ✆ **0800/222-6565**). A companhia de ônibus **Pullman General Belgrano** oferece serviço menos frequente, também da Estação Retiro em Buenos Aires. Ligue para ✆ **2326/454-059** em San Antonio e em Buenos Aires ✆**11/4315-6522**.

INFORMAÇÕES AOS VISITANTES A Dirección de Turismo de San Antonio de Areco está no centro Parque San Martín, ao longo da margem do Rio Areco, perto do cruzamento da Avenida Zerboni com a Calle Zapiola e Calle Arellano. Está aberta 7 dias por semana, das 08h às 20h. (✆ 2326/453-165). As páginas de internet da cidade, www.pagosdeareco.com.ar e www.sanantoniodeareco.com, oferecem informações.

DESLOCANDO-SE Em San Antonio, você pode ir a pé na maioria dos lugares. Mesmo as mais distantes atrações, como o museu Gauchesco, está apenas a 15 minutos a pé do centro da cidade. Uma vez que muitas pessoas usam a cidade como uma base para outras partes dos pampas, tais como com as inúmeras estâncias, é necessário obter um remis. Contato 24 horas **Remis Zerboni**, a beira do rio do parque, na Zerboni 313, perto da esquina de Alsina, na ✆ **2326/453-288** e 2326/455-800. A cidade também é ótima para andar de moto. Se você decidir ficar aqui, a maioria dos hotéis oferece gratuitamente aluguel de bicicletas.

O QUE VER E FAZER

O centro de San Antonio de Areco está coberta pela **Plaza Arellano**, ao redor das pavimentadas ruas e supervisiona uma estátua de Juan Hipólito Vieytes, um local envolvido na guerra pela independência da Argentina da Espanha. Seu memorial localiza-se em um círculo acústico, que diverte as crianças. A estátua direciona ao sul para a rua Miter, olhando para a igreja de onde tira o nome da cidade, **San Antonio de Pádua**, reconstruída no final dos anos 1800 sobre a versão colonial original de 1730. Colonial do lado de fora, o interior mistura gótico e neoclassico com afrescos de anjos e santos em nichos nas paredes, tudo supervisionado por um enfeitado teto. No norte da praça está a Belle Epoque **Municipal Hall**, ao longo do prédio rosa, na Lavalle 363 com um atrativo pátio central. Perto está o Museu Draghi e Shop (Lavalle 387 entre a Alsina e Arellano; ✆ **02326/454-219**; AE, DC, MC, V; tecnicamente somente com hora marcada, mas aberto diariamente das 10h -17h). É propriedade de Juan Jose Draghi, um mestre prateiro que iniciou sua carreira há mais de 45 anos fazendo itens para *gauchos*. O material no museu, uma obra de arte dele mesmo com tetos de vidro colorido, é perfeito. Você também será levado para parte de traz da oficina onde os itens são criados e vendidos na loja do museu. O museu também tem o seu próprio hotel (veja abaixo). A poucos quarteirões de distância, você pode assistir a um outro prateiro trabalhando no pequeno **Artesano Platero** (Alsina na Zerboni, em frente ao Parque San Martín, ✆ **2326/454-843**; www.arecoplateria.com.ar; AE, DC, MC, V; diariamente da 09h30 -12h30 e 15h -21h).

A partir daqui, vá para o **Parque San Martín**, na zona sul do Río Areco. Está forrado com monumentos e árvores e cheio de videiras no caminho chamadas de *gloriettas*. Piquenique de famílias e crianças jogando futebol ou subindo ao longo da pequena barragem construída do rio são comuns. Duas pontes cruzam o parque, mas o mais pitoresco é a **Puente Viejo**, originalmente construída em 1850 como uma travessia com pedágio. A outra extremidade do rio tem o Parque Criollo e é o local mais famoso na cidade, o **Museu do Gaúcho** - também chamado de **Museo Ricardo Güiraldes**, em homenagem ao autor do romance *Don Segundo Sombra*. Escrito em 1926, imortalizou o nobre *gaucho*, fazendo-o uma honrada parte da história argentina. O museu reúne uma autêntica *pulperia*, uma loja de conveniência do interior, com um local concebido num estilo colonial pelo arquiteto argentino Jose Maria Bustillo, em 1936. Aqui você encontrará os pertences do autor, fotos, livros e outras recordações *gaucho*. Há um pouco de estilo barato aqui com os seus quartos cheios de manequins *gaucho*, mas se você falar espanhol, uma conversa com o historiador e guia do museu Omar Tapia irá ajudá-lo a colocar o *gaucho* e Güiraldes em seu próprio contexto na história argentina. (Camino Ricardo Güiraldes, na Sosa; ℂ **2326/455-839**; Quar-Seg 11h -17h).

EMPRESAS QUE PRESTAM SERVIÇOS DE VIAGENS EM SAN ANTONIO E ESTÂNCIAS DE VISITAS

Várias empresas de viagem em Buenos Aires fazem excursões diárias para San Antonio de Areco ou incluem uma visita para permanecer nas estâncias. **Borello Travel & Tours**., Suite 21, Nova York, NY 10016 (ℂ **800/405-3072** ou 212/686-4911; www.borellotravel.com; info@borellotravel.com), é uma empresa de viagens localizada em Nova York especializada em viagens de primeira linha e pode incluir uma visita a San Antonio com estadias nas estâncias locais. Eles mantêm um escritório adicional em Buenos Aires que pode ser contatado pelo ℂ **11/5031-1988**. Buenos Aires. Fica na **Say Hueque Turismo**, Viamonte 749, Gabinete 601, 1053 Buenos Aires (ℂ**11/5199-2517**, -2,518, -2,519, -2,520; www.sayhueque.com) também oferece trajetos para esta área.

ONDE FICAR

Draghi Paradores ⭐ O Draghi Paradores é um pequeno apart hotel aberto em 2006 atrás do museu e loja Draghi. É o mais novo e um dos mais bonitos de todos os hotéis em San Antonio, apesar de ser alguns dólares a mais do que os seus concorrentes. Construído num estilo colonial espanhol, a entrada está enfeitada por uma pequena piscina e um chafariz em um pátio fechado. Parece um pouco como uma versão em miniatura do edifício Melrose Place (exceto pelas calúnias de loiras em saltos altos e minissaias). Cinco quartos são limpos com uma rica utilização de madeiras, roupa de cama branca e azulejos de terracota no chão. Todos os banheiros têm banheira/chuveiro e um espaço amplo. Dois dos quartos têm pequenas cozinhas, tornando ideais para famílias ou para estadias longas, em San Antonio. Todos os quartos têm ar-condicionado e televisão a cabo. O café da manhã está incluído na tarifa.

Lavalle 387 entre Alsina e Arellano. 2760 San Antonio de Areco. ℂ **02326/455-583** ou 02326/454515. www.sanantoniode-areco.com/paradores. 5 unidades, incluindo 2 w / cozinhas. A partir de US$ 53 (£ 28) duplo, incluindo café da manhã. AE, DC, MC, V. Estacionamento gratuito. **Serviços:** Piscina externa aquecida, utilização de bicicletas gratuita; porteiro, serviço de quarto limitado; serviço de lavanderia, de limpeza. *No quarto*: A / C, TV, frigobar, secador de cabelo, cofre.

Hostal de Areco Este pequeno hotel de estilo familiar está na histórica casa vermelha do século passado situada atrás da rua ao redor do pequeno jardim. Há sete pequenos quartos, espartanos de azulejo no chão, cada um equipado com uma cama em tamanho grande e um banheiro. Cortinas verde escuro e colchas dão aos quartos uma aparência menor. As acomodações são muito básicas, sem ar-condicionado, e somente um ventilador no teto, mas cada um vem com televisão a cabo.

Zapioli 25 perto do cruzamento da Zerboni. 2760 San Antonio de Areco. ℂ **02326/456-118**. 7 unidades. A partir de US$ 30 (£ 15) duplo, incluindo café da manhã. Somente em dinheiro. Estacionamento gratuito. **Serviços:** utilização gratuita de bicicletas; porteiro, serviço de lavanderia. *No quarto*: TV, ventilador de teto.

Hotel San Carlos ⭐ Este hotel (embora mais semelhante a um motel) com a vista para o Parque San Martín é o mais parecido com todos os hotéis de San Antonio. É também o único com uma estação e Internet Wi-Fi no saguão, bem como, com conexões Wi-Fi em alguns dos quartos (aqueles mais próximos da antena do saguão, é claro!) Você encontrará um terraço equipado com um asado (churrasqueira), Jacuzzi e duas piscinas externas aquecidas no pátio, ignorados por uma fonte decorada com um mosaico de San Antonio de Pádua. É um dos poucos lugares em toda a Argentina que você pode ver mulheres dançando de biquíni na frente dos ícones religiosos, a não ser que você pertença a uma igreja particularmente liberal. Alguns quartos são pequenos. Muitos vêm com banheiras de hidromassagem ou jacuzzis nos banheiros e há também um quarto duplo, mas poucos apartamentos com cozinha disponível. O café da manhã está incluído nas taxas e é servido no salão de entrada. TV e ar-condicionado estão em todos os quartos, mas só alguns têm frigobar.

Av. Zerboni no cruzamento oeste da Zapiola. 2760 San Antonio de Areco. ℭ **02326/456-119**. www.hotel-sancarlos.com.ar. 30 unidades, 25 duplos e 5 apartamentos. A partir de US$ 30 (£ 15) duplos, US$ 40 (£ 21) apartamentos, incluindo o café da manhã. AE, MC, V. Estacionamento coberto grátis. **Serviços:** 2 piscinas externas aquecidas; terraço com asado; Jacuzzi; utilização gratuita de bicicletas; estação de Internet, Wi-Fi no saguão, porteiro, serviço de quarto 24 horas, serviço de lavanderia. *No quarto:* A / C, TV, Wi-Fi (selecione quartos), frigobar (selecione quartos), secador de cabelo.

Los Abuelos Alberto Cesar Reyes e seu avô, nesta propriedade de estilo motel com vista para o Parque San Martín e para o Río Areco, o nome do hotel significa literalmente seus avós. O hotel é básico, com muito metal branco e mobília de fórmica ladrilhada no quarto. As camas são cobertas com colchas de cor "espuma verde do mar". Alguns banheiros têm banheira/chuveiro, enquanto outros têm apenas chuveiros. Cada quarto tem ar-condicionado recentemente instalado junto com ventiladores de teto. A um andar acima do solo da piscina está o pequeno terraço nos fundos da propriedade, onde o parque está localizado. Um belo toque é dado por uma lareira a gás em frente ao salão de entrada, que está rodeada de cadeiras simples de pinheiros e mesas onde o café da manhã é servido.

Avenida Zerboni no cruzamento da esquina da Zapiola. 2760 San Antonio de Areco. ℭ **02326/456-390**. www.sanantoniodeareco.com / losabuelos. 9 unidades. E.U. a partir de $ 27 (£ 14) duplo, incluindo café da manhã. Somente em dinheiro. Estacionamento gratuito. **Serviços:** piscina ao ar livre no terraço; utilização de bicicletas gratuito; porteiro; serviço de quarto 24horas, serviço de lavanderia. *No quarto:* A/C, TV, secador de cabelo, ventilador de teto.

ONDE JANTAR

Almacen de Ramos Gerelos ARGENTINA/ESPANHOLA Este é um dos mais conhecidos restaurantes de San Antonio de Areco, com uma *parrilla* e itens internacionais em seu cardápio. Também oferece uma ampla seleção de paellas. O restaurante é como as construções do século passado e seu interior com detalhes rico em madeira irá levá-lo de volta no tempo.

Zapiola 143, na Segunda Sombra. Não há telefone. Pratos principais custam US$ 4-US $ 8 (£ 2.10-£ 4,20). AE. Diariamente ao meio-dia e 15:00min-20:00min-23:00min.

Corner Pizza ARGENTINA/INTERNACIONAL Um simples lugar para comer com vista para o Parque San Martín e para o Rio Areco, você encontrará uma seleção de itens de *fast food* no cardápio. Os itens variam de cachorro-quente, hambúrgueres a pizzas. Muitas pessoas vem aqui apenas para beber uma cerveja e olhar o parque. Este lugar é ideal se você está com o orçamento apertado.

Na Av. Zerboni, na Alsina, com vista para o Parque San Martín. Não há telefone. Pratos principais custam US$ 1-US $ 2 (50p-£ 1,05). Não aceita cartões de crédito. Diariamente das 10h00min-11h00min.

La Esquina de Merti ⚹ ARGENTINA Este restaurante tem uma atmosfera do século passado, com suas paredes expostas de tijolos, cobre antigo, café no bar, mesas de madeira cobertas com toalhas quadriculadas preto e branco e as prateleiras cheias de vidros de remédios, mas tudo tem um pouco de truque. La Esquina de Merti só foi aberto em dezembro de 2005, no local de um antigo *almacen*, ou armazém geral argentino. Ainda assim, os alimentos, principalmente argentinos, são ótimos. Você encontrará uma *parrilla* cozinhada com carne de frango, bem como uma seleção de massas e empanadas no cardápio. Especialidade da casa são as *mollejas* com creme, limão e champanhe. Para aqueles que não conhecem, mollejas são pâncreas ou timo de vaca. Talvez valesse a pena experimentar para ter uma "sensação argentina" e há uma grande seleção de vinhos complementando todo o cardápio.

Arellano 147, na Segundo Sombra, com vista para a Plaza Arellano. © **02326/456-705**. Pratos principais custam US$ 4-US $ 8 (£ 2.10-£ 4,20). AE, V. Diariamente das 09h00min às 14h00min e 15h00min Sex-Sáb.

ESTÂNCIAS DOS PAMPAS

San Antonio é muitas vezes o ponto de partida para visitar as famosas estâncias argentinas, áreas residenciais, fazendas que servem como base para cultura bovina. Estâncias eram uma forma de explorações agrícolas e fortaleza, construídas através da área ao longo das trilhas de Buenos Aires, como forma de conquistar e de estabilizar originalmente o território controlado pelos índios. A maioria data a partir do meio dos anos de 1800. Após a campanha do General Roca do Deserto em 1870, no qual ele assassinou a maioria da população indígena dentro dos 150 quilômetros de Buenos Aires, fazenda cultural, da criação de bovinos e grãos tenderam sobre eles, floresceu. Apesar desta precoce e sangrenta história que lhes deu à luz, hoje as fazendas são vistas como um local para fugir do caos e do estresse de Buenos Aires. Elas são locais populares para os portenhos nos fins de semana, ou para viagens curtas. Com o crescimento do turismo na Argentina, muitos estrangeiros estão começando a aproveitar.

A maior parte das fazendas que eu listei está aqui, ficam a meia hora de San Antonio, e não mais de 2 horas de Buenos Aires se houver viagem direta. Você pode dirigir por todas essas fazendas no seu próprio carro ou com um alugado, ou utilizar um serviço de ônibus de Buenos Aires a San Antonio e lá, pegar um táxi. Além disso, quase todas as estâncias, por um valor de US$ 50 (£ 27), oferecem transporte do seu hotel ou do aeroporto em Buenos Aires. Esteja ciente de que o maior número de fazendas são acessadas pelas estradas de terra, é aconselhável alugar um 4 × 4, especialmente quando se prevê chuva durante o tempo da sua visita. As páginas de internet das fazendas listadas aqui tem mapas detalhados que você pode imprimir.

Serviços e características variam, mas a maioria das estâncias proporciona um local intermediário entre um resort rústico e uma meia pensão. Nenhum estresse resiste a um dia no país com cavalgadas, trekking, passando o tempo na piscina, comendo e bebendo em grande quantidade ou fazendo parte das atrações. Em geral, as taxas para as estâncias incluem pensão completa com quatro refeições, café da manhã, almoço, chá da tarde e jantar e às vezes incluindo todas as bebidas alcoólicas. O tradicional jantar em uma estância, é geralmente um *asado*, ou churrasco, onde todos, incluindo os trabalhadores, se reúnem e socializam. Taxas diárias geralmente incluem apenas almoço e atividades limitadas. A maioria das estâncias estão realmente trabalhando em fazendas, com centenas de hectares e vacas, cavalos e outros animais sendo atendidos por verdadeiros *gauchos* (nem todos se vestem de modo tradicional). Se você estiver com disposição para ver uma vaca leiteira ou assistir ao nascimento de um potro, essa pode ser sua chance.

El Cencerro ★★★ Menor e mais amigável e rústico do que algumas das outras estâncias listadas aqui, você vai se sentir mais próximo do trabalho cotidiano de uma estância. É propriedade da psicóloga Liliana Hernstein, que mora em Buenos Aires e passa os fins de semana aqui. A fazenda tem o nome de *cencerro*, um sino utilizado pelos *gauchos* para domar os cavalos. Quartos e áreas públicas estão cheias de antiguidades e contêm objetos excêntricos, Liliana e seu marido têm coletado ao longo dos anos uma bagagem antiquária da família de Buenos Aires. Eduardo é um arquiteto e artista cujo trabalho também está em toda a casa principal. As atividades incluem cavalgadas, se você quiser, passeio de charrete, passeios de bicicletas e trekking. Apenas 3 km de distância está a histórica Capilla del Señor, uma encantadora vila criada no início dos anos 1700. Você pode ir em sua própria bicicleta ou a pé, ou pedir pela opção de guias para as visitas. Parecido com o San Antonio de Areco na aparência, é praticamente desconhecida de não-argentinos e portanto mais autêntico. Verdadeiros *gauchos* passeiam no centro da cidade de uma lado para o outro depois de um dia cuidando do gado. Toda segunda terça-feira do mês, a vila faz um leilão de um animal onde Liliana conduz alguns de seus hóspedes. A área é também o centro de balonismo da Argentina, oferecido como uma opção por US$ 80 (£ 42). Quatro quartos, alguns com banheiros compartilhados, estão na casa principal, onde Liliana também passa seu tempo, fazendo você realmente se sentir mais do que um hóspede na sua casa particular do que em outras estâncias. Um dos encantos da propriedade é o arborizado riacho em sua ponta, um relaxante local para uma soneca ou para fazer um piquenique ou simplesmente ler um livro e ouvir os sons da água e o distante mugido das vacas. A propriedade é de 21 hectares. O acesso da estância de ônibus de Buenos Aires para Capilla del Señor custa US$ 4 (£ 2,10) andar de táxi ou vir pela remis de Buenos Aires, 80 km de distância, e custa US$ 45 (£ 24). Eles expandiram a propriedade com 4 quartos adicionais desenhados por Eduardo, no final de 2007.

Buenos Aires Provincial Ruta 39. 2812 Capilla del Señor. ⓒ 11/4743-2319 ou 15/6093-2319 (em Buenos Aires). www.estanciaelcencerro.com.ar. 4 unidades. US$ 95 (£ 50), incluindo todas as refeições e algumas bebidas; US$ 45 (£ 24) taxas diárias inclui o almoço. Somente em dinheiro. Estacionamento gratuito. **Serviços:** Piscina externa, observando pássaros, bicicletas, montar a cavalo; passeio de charrete; salão de jogos, serviço de quarto limitado; serviço de lavanderia, de limpeza. *No quarto:* ventilador de teto.

El Ombú de Areco ✯✯✯ El Ombú leva o nome da árvore que domina os Pampas e está entre o mais histórico perto de Buenos Aires. Foi propriedade do General Pablo Riccheri, um militar italiano que veio durante as guerras de unificação argentina que construíram a original casa videira coberta em 1880. O local e a enorme fila de árvores na frente fazem lembrar a plantação do Sul dos E.U.A. Escolha um quarto na casa velha com os tetos altos, mas em qualquer lugar com todos os quartos decorados com camas de metal, linhos florais e um forte espaço rural, é romântico e atraente. A casa é de propriedade de Eva Boelcke cuja família comprou em 1934 e supervisionada pela gerente Patricia Bond. Há duas piscinas, com um pátio pequeno e outra na extremidade do jardim principal, com uma visão fantástica do pôr do sol em cima dos cavalos nos campos. Vários salões de jogos estão no andar de baixo, com televisões, filmes e outras atividades e é fácil entrosar com o pessoal muito amigável. Esta é uma fazenda com 300 hectares de terra e mais de 400 vacas e outros animais onde a Patricia diz, "o que você vê é o que acontece", de cavalos dando à luz a vacinação de animais. Montar a cavalo, passear de charrete, andar de bicicleta e muitas outras atividades estão disponíveis e todas as atividades incluem comidas e bebidas na taxa. Eles aceitam animais de estimação. Alguns quartos têm banheiras com hidromassagem ou banheira/chuveiro. Quartos não têm ar-condicionado, mas têm ventiladores de teto. A estância está cerca de 10 km de San Antonio e 120 km de Buenos Aires. O serviço da remis custa US$60 (£32) de Buenos Aires, ou pegue um táxi por cerca de US$8 (£4.20) de San Antonio de Areco.

Buenos Aires Provinciano Ruta 31, Cuartel 6; 2760 San Antonio de Areco. ⓒ 02326/492-080 ou dentro de Buenos Aires no ⓒ11/4737-0436. www.estanciaelombu.com. 9 unidades. A partir de US$140 (£74) solteiro, US$220 (£117) duplo, inclusive todas as comidas e bebidas; US$50 (£27) taxa diária inclui o almoço. AE, V. Estacionamento Grátis. **Serviços:** 2 piscinas ao ar livre; bicicletas, passeio de charrete; andar a cavalo; salão de jogos; porteiro; serviço de quarto 24horas; serviço de babá; serviço de lavanderia. *No quarto:* ventilador de teto, secador de cabelo.

El Rosário de Areco ✯✯✯ Você irá reconhecer rapidamente o último nome do inglês Francisco e Florencia de Guevara, os proprietários de El Rosario de Areco. Francisco irá tão rapidamente rir e falar de seu parente muito distante Che, mas dizem que ele tem "outra posição ideológica". Ao contrário de muitos proprietários de estâncias que vivem em Buenos Aires, Francisco e Florencia vivem durante todo o ano, na sua estadia, juntamente com algumas das suas nove crianças. Esta estância está entre as mais agradáveis para visitar, seus edifícios são pintados de vermelho com buganvílias espalhadas entre as áreas. A estância é de 1892, mas os quartos, muitos dos quais estão nos antigos estábulos de cavalo, surpreendem com interiores modernos. Os garçons são um pouco diferentes aqui. Em vez de andar em trajes gaúcho, eles usam chiques fardas pretas, como se eles tivessem acabado de sair de outro emprego em Palermo Soho. Os proprietários cumprimentam regularmente os hóspedes e Francisco preapara a grelha para o *asado*. Outros toques modernos estão nos quartos e em alguns jardins com acesso Wi-Fi, se ainda quiser se manter conectado com o mundo exterior, esta é uma das únicas estâncias onde você pode. Como a estância está fora da principal estrada pavimentada, as inundações não são problemas durante períodos chuvosos. Por agora, eles dispõem de 18 quartos duplos, todos com um grande banheiro privado. Quartos não têm ar-condicionado, mas tem ventilador de teto e também alguns quartos têm lareiras. Os dois são construídos em um pequeno hotel com 40 quartos com o argumento de que foi aberto no início de 2008. Entre os seus serviços em seus 80 hectares há um pequeno campo de pólo, passeio a cavalo, passeio de charrete, duas piscinas, vários quartos com serviços públicos de TVs e outras atividades recreativas, tais como piscina e vídeogames. O hotel fica a 7 km de San Antonio de Areco e 100 km de Buenos Aires. De San Antonio, um táxi irá cobrar US$7 (£ 3,70) e o serviço da estância de remis é US$ 50 (£ 27) de Buenos Aires. Eles só aceitam dinheiro agora, mas pretendem aceitar vários cartões de crédito no futuro.

Buenos Aires Provincial Ruta 41 (endereço para correspondência é Castilla Correo 85). 2760 San Antonio de Areco. ℂ **C2326/451-000**. www.rosariodeareco.com.ar. 18 unidades. A partir de US$ 150 (£ 79) duplo, incluindo todas as refeições e bebidas; US$ 70 (£ 37) taxas diárias incluem almoço. Somente em dinheiro. Estacionamento gratuito. **Serviços:** 2 piscinas externas; bicicletas; passeio a cavalo; passeios de charrete; salão de jogos, porteiro, serviço de quarto limitado; serviço de babá, serviço de lavanderia, de limpeza. *No quarto*: Wi-Fi (quartos selecionados), secador de cabelo, cofre, ventilador de teto, lareira (quartos selecionados).

La Bamba ★★★ Esta é uma das mais deslumbrantes e românticas estâncias perto de Buenos Aires, com uma história datada de 1830, quando o edifício original foi inaugurado como uma estalagem de posta. Os prédios são todos pintados a Pompeiian vermelho com um caimento branco, o que contrasta com a rica paisagem verde. O filme argentino "Camila", sobre um proibido romance em 1840, foi filmado aqui e foi indicado para Melhor Filme Estrangeiro no Oscar em 1984 (ele não venceu, no entanto.) Os quartos são decorados com cama de metal, enquanto outros têm cama em louça holandesa azul e branca ou são inteiramente brancas. Se você estiver na Argentina em sua lua de mel, esta é uma escolha ideal, especialmente os quartos isolados na casa principal, no terceiro andar que tinha sido uma torre de vigilância com janelas dando para os pampas. Ou a suíte master com coroado e camas com abóbadas e móveis supostamente uma vez pertencentes a Bernardino Rivadavia, primeiro presidente da Argentina. Imagens de todos os santos enfeitam os quartos. Os funcionários muitos atenciosos constantemente veem às suas necessidades, se precisa de mais bebidas na piscina, ou outra empanada dada por um homem que parece não ter outra responsabilidade. A estância também se orgulha de ser a escolha das gêmeas Bush durante sua estadia na Argentina. A proprietária Isabel Aldao Carcavallo mora em Buenos Aires, mas às vezes chega a compartilhar as refeições e conversar com os visitantes. Piscina, passeio a cavalo, passeio de charrete, trekking e outras atividades estão disponíveis por uma taxa adicional, você também pode contratar guias particulares. Eles também oferecem um serviço de massagem. Todas as refeições e bebidas alcoólicas estão inclusas na diária. Patricia Foster, parece um pouco como um a Sigourney Weaver argentina, e supervisiona os 150 hectare de propriedade, com vacas e campos de soja e trigo. Alguns quartos têm ar-condicionado e há também uma estação de Internet em um dos quartos. A estância está a 13 km de San Antonio, 123 km de Buenos Aires. Um táxi de San Antonio custa cerca de US$ 8 (£ 4,20) e remis de Buenos Aires é US$ 55 (£ 29).

Buenos Aires Provincial Ruta 31. 2760 San Antonio de Areco. ℂ **02326/456-293**. www.labamba.com.ar. 12 unidades. A partir de US$ 212-US350 (£ 112 - £ 186) duplo, incluindo todas as refeições e bebidas; US$ 73 (£ 39) diárias incluem almoço. AE, DC, MC. Estacionamento gratuito. **Serviços:** Piscina externa, spa, bicicletas, cavalgadas, passeio de charrete; salão de jogos, Internet, porteiro, serviço de quarto limitado; serviço de babá, serviço de lavanderia. *No quarto*: A/C (selecione quartos), secador de cabelo, cofre, ventilador de teto.

San Ceferino ✯✯

É melhor dizer que este é um luxuoso resort do que uma estância, ainda que, em algum lugar distante haja uma aqui. Quartos temáticos são encontrados em diversos edifícios do hotel e não na casa grande. E estão decoradas com razões paisagísticas, com uma piscina, campo de golfe de 9 buracos e quadra de tênis. O resort é muito popular entre os turistas e para empresas de eventos, o que pode tornar o lugar muito movimentado durante o dia. Existe alguns concertos de rock na saída no campo de golfe. Quartos vêm em diferentes categorias e incluem algumas jacuzzis e lareiras, mas todos têm acesso a Wi-Fi e mesinhas. Seu destaque, no entanto, é o Mora Spa, famoso em toda a Argentina. Aqui, dentro desses limites, você encontrará um relaxante interior onde o Oriente Médio encontra com o Extremo Oriente, com Budas enfeitando quartos cobertos com telhas marroquinas. O spa possui uma área de jantar especial com cozinha projetada para ter tanto meditativo e limpo de toxina. Embora dentro do complexo principal San Ceferino todas as refeições e bebidas estão inclusas, há um custo adicional para o spa ou jantar no spa. As características habituais da estância estão aqui, de cavalo a almoços asado ao passeio de charrete ou ao observar animais parindo. Um centro para crianças e programas de babás os pais podem trazer seus filhos e ainda encontrar tempo para eles. O complexo está localizado em 20 hectares para a área de resort e mais 140 hectares é o lugar onde os reais proprietários da estância Francisco e Hebe Eletais K. vivem. Apenas 70 km de Buenos Aires, é muito perto e a remis oferece um serviço pela San Ceferino custa US$ 55 (£ 29).

Buenos Aires Provincial Ruta 6, 6700 Lujan. ⓒ **02323/441-500**. www.estanciasanceferino.com.ar. 45 unidades. A partir de US$ 200 (£ 106), incluindo todas as refeições e bebidas; US$ 60 (£ 32) diárias incluem almoço. Uso de spa tem uma taxa adicional e varia de US$ 50-US70 (£ 27 - £ 37) por dia, além de serviços adicionais. AE, DC, MC; V. Estacionamento gratuito. **Serviços:** piscina ao ar livre, piscina interior aquecida, campo de golfe, quadras de tênis; enorme spa, sauna, bicicletas, cavalgadas, passeio de charrete; observação de pássaros; sala de jogos; porteiro; business center; serviço de quarto 24horas, serviço de babá, serviço de lavanderia, de limpeza. *No quarto:* A/C, TV, Wi-Fi; frigobar, secador de cabelo, cofre.

Santa Susana e Fiesta Gaucha

Perto de Buenos Aires, esta é uma estância frequentemente visitada. Viagens de um dia trazem para a Festa Gaucha, um lugar cheio de turistas mas, com evento para diversão reunidos aqui e em outros locais. A viagem de dia começa com um passeio de ônibus de excursão de Buenos Aires e uma vez que você desembarcou, gauchos lhe dão copos de vinho argentino e empanadas. Observe como eles cuidam do asado, preparando uma comida para centenas ou montar a cavalos ao redor ou constroem uma carruagem desejada. A estância tem uma pequena capela e um museu dentro do que foi à casa principal construído nos anos de 1830, onde você pode olhar para as botas do gaucho e roupas do século passado. Artigos como o boleador, a corda com três bolas usado para pegar animais, também está à mostra junto com a sela. Uma arena de equitação é parte da infra-estrutura onde você pode observar os gauchos jogando sortija e outros jogos de habilidade. Cyrillo é um dos mais fotografados dos gauchos aqui e exibe o rasta dele, a moeda enfeitada no cinto usado pelos gauchos. No principal salão de jantar, construído para entreter até 600 hóspedes, será servido o asado e você assistirá um espetáculo que combina tango com danças folclóricas tradicionais. Ao término, a banda toca uma valsa, pedindo para todo mundo dançar. Se você não tem tempo para explorar uma estância e quiser experimentar uma cultura gaucho engrenada a uma audiência internacional, é ideal. Até mesmo o mais cansado sai com um sorriso ao término de tudo. Uma loja de presente vende algumas recordações, as quais são réplicas do que você achará no pequeno museu. Em geral, estas viagens são reservadas por um agente, mas teoricamente você poderia aparecer por conta própria. A estância está cerca de 75km de Buenos Aires, na Ruta 6 e pacotes de excursões por volta de US$50 (£27) com o almoço, bebidas e transporte.

Buenos Aires Provincial Ruta 6, 2814 Los Cardales. ⓒ **2322/525-016**. www.esantasusana.com.br.

Índice Remissivo

Veja também os índices de Acomodações e Restaurantes abaixo.

Índice Remissivo

Abaixar o preço 62
aberto ao público 7, 190
aberturas simbólicas 140
acampamento 56
acessar a internet 28
acesso 24 horas 63
acesso a Wi-Fi 28
acesso disponível 72
acesso gratuito 68
acesso limitado 76
acomodação confortável 84
acumular pontos 37
adaptadores telefônicos 28
administra as excursões 150
afiliação automática 22
agência de viagem 27
agências de turismo 22
agências de viagens 65
agitação cultural 4
albergues 63
aldeia rural 148
alma argentina 148
alta qualidade 216
alta sociedade 35, 52
alta temporada 31
alto padrão 49
altos e baixos 6
altos edifícios 176
aluguéis baratos 52
aluguéis de apartamentos 63
aluguéis de carros 22
aluguéis de celulares 211
Amantes de teatro 65
amantes do peixe 10
ambicioso e autoconsciente 5
ambiente descontraído 9

ambiente informal 109
ambiente íntimo 128
ambientes áridos 64
ambiente tranqüilo 197
América do Norte 20, 60
América Latina 2
andar superior 111
animais de estimação 72, 88
antialérgico 20
antigo boticário 219
antigo endereço 116
antigo prédio 74
antiguidades 130
anti-ruídos 89
aparência 64
apartamento duplex 92
apartamentos alugados 93
apartamentos Classic 88
apólice de seguro 14
apresentações de tango 39
arco de luzes 248
arco de pedra 204
área administrativa 7
áreas controladas 173
áreas públicas 58
áreas separadas 84
argentino colonial 50
armários com fechaduras 85
arquétipo 1
arquiteto italiano 194
arquitetura fascista 50
arquitetura gótica 77
arquitetura original 8
arquitetura pública 157
arranjo prévio 91
arte asiática 209
arte de Beaux 50
arte européia 162
artesanato local 6

artigos de couro 199
artigos domésticos 147
artigos para bebê 220
artigos para casa 7
artistas de rua 50
árvores de carvalhos 90
árvores gomíferas 9
assento original 166
assoalho de parquete 5
ataque sexual 24
atendimento caloroso 126
atendimento telefônico 31
aterro sanitário 46
atividades culturais 145, 221
atividades limitadas 259
atmosfera agradável 8, 75
atmosfera primaveril 118
atmosfera semelhante 53
atmosférico 233
aulas de tango 111
aumento do turismo 62
Avenida Libertador 4
avenidas largas 47

Bairro determinado 49
bairro favorito 51
bairro gay 239
Bairros Étnicos: 6
bairros pobres 4
bairros residenciais 163
baixo relevo 113
balé argentino 222
banheiras separadas 69
banheiro privado 261
banheiro privados 79
banheiros unificados 162
banho de sol 5
bares no saguão 8

ÍNDICE REMISSIVO

barras de ferro 77
Base de treinamento 52
bater papo 79
beira do rio 46
belas arquiteturas 50
belas donzelas 184
belas residências 52
beleza feminina 24
bem conservado 5
bem-informado 35
bicentenário 2
bilhete aéreo 31
bilhete eletrônico 55
boa comida 10
bombas d'água 6
bom gosto 69
brilhante colapso 148
bronze egípcio 50
Buenos Aires 1
Buenos Aires (Bons Ares) 3
buffet de saladas 10
butiques de designers 7

Cabines cruzeiro 169
cabines telefônicas 58
caça-níqueis 242
café alcoólico 249
café da manhã 65
caixa pequena 32
caixas eletrônicos 16
Caixas Eletrônicos 57
camisetas e suvenires 51
Campeonatos Internacionais 53
campo de golfe 248
cantores espanhóis 116
cantor romântico 4
cardápio à la carte 110
Cardápio argentino 120
carrinhos de bebê 32
cartão de negócios 48
carteira de estudante 62
cartões de crédito 209
cartões recarregáveis 17
casais de bailarinos 232
casais de gays 23
casamento consangüíneo 25
casa principal 260
Casa Rosada 5, 6

castelo francês 10
castelo medieval 196
categorias simples 63
causas liberais 122
celebração do Ano Novo 6
celebridades 228
cena da moda 53
cena do tango 219
central de compras 199
central em Houston 30
Centro Comunitário 133
centro da cidade 43, 70
centro de atividade 153
centro de convenção 65
centro de convenções 9
centro de negócios 74, 78, 93
centros comunitários 52
centros culturais 178
cerâmicas coloridas 189
certificado de exportação 15
certos arranjos 85
chamadas domésticas 60
Chamadas locais 60
chão de terracota 257
cheio de armazéns 52
cheques de viagens 17
cheques e moeda estrangeira 15
chopes baratos 26
churrascaria 102
cidadãos britânicos 155
circulação sanguínea 32
círculo acústico 256
Círculo Militar 186
clarabóia de vidro 213
classe média 199, 243
classe média baixa 46
clientes felizes 231
Clínicas particulares 21
clubes da cidade 226
clubes gay 226
clubes privé 108
cobertura do hotel 9, 72
cofres no quarto 78
colchões novo 77
coleção de Arte 6
coleção de roupas 217
combinação excêntrica 109
Combustível é caro 56

comerciantes de objetos 6
comerciantes judeus 54
cometendo crimes 148
comida concentrada 10
comodidades 62
companhias áreas 27
companhia turística 245
complexo pantanoso 250
Comunidade Homossexual 18
comunidade judaica 6, 158
conceito argentino 240
conhecidos argentinos 209
conjunto de habilidade 176
construções descritas 139
construções históricas 147
construindo casas 46
Consulados Australianos 15
convento franciscano 178
convidados especiais 235
Copacabana Palace 246
cópia do mapa 49
coquetéis fortes 111
coração da cidade 9
coração do bairro 201
cores brilhantes 131
cores claras 71
corpo morto 37
corredores do edifício 75
correio central 59
correspondência 59
cortejo da cidade 5
Costa Atlântica 33
costelas grelhadas 249
cozinha nouvelle 8
crescimento da cidade 46
crescimento do turismo 8
crianças indisciplinadas 160
crise do peso 3
crise econômica 56, 59
culinária espanhola 121
culinária internacional 69
cultura Mediterrânea 3
custo adicional 252

Dança do ventre 103
dança folclórica 229
danças folclóricas 262
décadas anteriores 206

ÍNDICE REMISSIVO 265

declararem perda 19
decoração antiga 113
decoração pesada 196
decorações de mosaicos 108
decorações de vime 86
decorações refinadas 81
deficientes mentais 35
derrubam seus preços 28
desapareceram 49
desastre ecológico 167
desejo sexual 37
desfile caótico 2
desfile do Dragão 6
design contemporâneo 107
designer na cidade 214
deslumbrante terraço 194
desmagnetizam 54
desproporcionais 73
destinos turísticos 30
detalhes barrocos 144
detalhes do seu vôo 27
deterioração da fachada 195
Diagonal Norte 78
diferença em preço 68
dilapidado 49
diplomata britânico 238
diplomatas 65
distribuição de água 7
distribuição de panfletos 6
distribuído gratuitamente 46
distrito histórico 64
distrito portuário 43
distrito próprio 50
ditadura militar 146
divisão da linha 47
dólar americano 3
dormitórios privados 75

Economia argentina 7
economizar especialmente 37
edifício humilde 162
edifícios históricos 39
edifícios nacionais 49
efeitos colaterais 122
elegantes obras 76
elementos históricos 189
embaixador britânico 222
emocionante visão 148

empregada diária 91
empresa falida 86
empresa privada 59
encantadora arquitetura 139
energéticos 129
enorme academia 9
enorme jardim 231
enorme proteção 52
entrada central 179
entrada do saguão 70
entrada franca 22
enxames de mosquitos 20
epidemia 46
época colonial 46
época de festividades 107
equipe bilíngüe 20
escola de treinando 156
escolha intelectual 9
escritório central 11
espanhóis e italianos 6
especiarias próprias 161
espetáculo de tango 201
espiar o saguão 194
esplendor original 65
estação rodoviária 244
estacionamento é complicado 33
estacionamentos acessíveis 52
estações de metrô 95
estância balneária 244
estilo escandinavo 10
estilo espanhol 223
estilo Inca 64
estilo marroquino 169
estilo sexy 232
estilo stucco 52
estrutura construída 156
estrutura deprimente 3
estrutura residencial 186
estudantes de faculdade 6
estúdio de dança 222
estúdios cinematográficos 52
estuque neoclássico 53
etnicamente diversificada 6
eventos asiáticos 165
eventos sociais 73
evidência física 54
Evita 6
excelente música 240

excelente trabalho 27
exercícios diplomáticos 155
expansão no norte 50
experiência romântica 208
Experiências do Frommer's 4
experiências inesquecíveis 24
exposições 7
exposições de arte 147, 172
extenso balcão 249
extras de aeroporto 15
extravio de bagagem 19

Fabricação alemã 76
fabricação chinesa 214
fabulosos hotéis 194
fachada barroca 174
fachada histórica 68
família rica 6
famoso cemitério 205
fantásticas cúpulas 5
fashionistas 64
fazer reservas 62
febre amarela 46, 250
férias na Argentina 8
festas particulares 131
figura literária 222
figuras anoréxicas 212
filhas gêmeas 8
filmes atuais 242
final maravilhoso 42
fins lucrativos 35
fixa de imposto 14
fluxo de turistas 192
foco principal 232
Fogo de Dragão 137
folclórico 228
força filosófica 214
forças militares 52
forma de pirâmides 77
formulário B263 15
frigobar 37
fronteira argentina 159
frutas sazonais 107
frutos do mar 10
funcionários do governo 18

ÍNDICE REMISSIVO

Gabinetes fiscais 159
Garçons profissionais 109
garrafas de vinho 112
gastronomia argentina 87
geralmente unilateral 155
gerente do hotel 92
gigante literário 192
gíria de imigrantes 107
glamour de Hollywood 4
glória perdida 39
gorjeta 96
governo militar 6, 195, 240
grampos básicos 216
grandes distâncias 30
gratuitas 223
greves ilegais 55
grupo de amigos 89
grupo nativo 218
grupos homossexuais 240
guarda do palácio 166
Guerra Fria 4
Guias Frommer's 26
guias particulares 261
guias turísticos 149
guia turístico 25

Habitantes pobres 163
Hemisfério Norte 17
Herança Histórica 255
herbário especial 217
hidromassagem 85
Hip-Hop americano 4
história dos gângsteres 46
histórica Avenida de Mayo 3
homens dançavam 4
hora do almoço 7
horário de pico 54
horário é flexível 31
horário padrão 61
Hospitalidade 22
hotéis-butique 79
hotéis de luxo 58
Hotéis de luxo 58
hotéis econômicos 58
hotéis empresariais 28
hotéis favoritos 8
hotéis luxuosos 49
hotéis mundiais 28
hotel renovado 8

Howard Johnson 24

Idealistas esperançosos 53
ideologia peronista 128
idioma espanhol 178
Igreja Católica 197
igrejas antigas 50
igrejas históricas 43
imenso candelabro 189
imigração através 46
imigrantes 2
imigrantes judaicos 96
imprensa nacional 123
incluindo taxas 30
indenizações econômicas 151
independência da Espanha 5
influência Árabe 96
Influência colombiana 126
influências indígenas 96
influências japonesas 97
Informações básicas 11
inglês distribuído 44
inimigos políticos 6
inspiração culinária 10
inspiração popular 209
instalação compartilhada 75
instalação próxima 73
interação 232
introspectivos 3
invasão britânica 50
invasão de privacidade 84
isolamento 64
ítens judaícos 211

Janelas de vidro 108
jantar especial 39
Jardim Botânico 132
jardim da cidade 8
jardim principal 260
jato particular 23
joalheria 216
jogo na televisão 114
jovens argentinos 4
jovens europeus 80

Ladrilhos originais 230
lanche nutritivo 26

lavagem à seco 58
layout de Buenos Aires 46
lembranças religiosas 204
lésbicas 241
libra esterlina 15
licores fortes 14
limite atualizado 215
limpo de toxina 262
língua inglesa 120
linha de emergência 26
linhas de metrô 48
livros Frommer's 210
locadoras internacionai 56
locais estratégicos 145
locais históricos 176
locais maravilhosos 95
localização perfeita 72
local romântico 169
loja autônoma 215
loja britânica 184
lojas de antiguidades 50
lojas interessantes 215
lojas patrocinadoras 60
longa refeição 3
longas estadias 87
los desaparecidos 6
lugares casuais 95
lugares requintados 9
lugar favorito 68
lugar secreto 226
luminárias de plástico 55
luxuoso prédio 141
luz dourada 123
luzes brilhantes 242

Madeira de carvalho 249
madeira de primeira 111
mãe da invenção 4
má ideia 51
maior flexibilidade 28
mansões vitorianas 251
mapa da cidade 139
Mapas gratuitos 59
marcas européias 4
marcos arquitetônicos 164
margens do rio 46
mármore amarelo 141
mármores deteriorados 53

ÍNDICE REMISSIVO

materiais modernos 196
médio porte 72
melhores dançarinos 5
melhores lugares 44
melhor restaurante 10
mendigos e piqueteros 49
mesa enxadrezadas 116
mesas privativas 133
meses de verão 5
milonga 241
miríades de pássaros 5
mistura eclética 106
mobília francesa 8
mobiliários antigos 208
mobílias estofadas 68
moda feminina 215
modelagem clássica 81
modernizadas 181
moeda corrente 254
moradores de rua 26
mordomo pessoal 81
mostra de fotografias 208
motoristas de táxis 56
móveis baratos 205
móveis dinamarqueses 91
movimento político 209
mudanças misteriosas 27
muito caro 10
muitos bancos 16
muitos subúrbios 176
mulheres políticas 149
multifuncional 226
múltiplas portas 84
música ao vivo 7
Música ao vivo 118, 227
música eletrônica 228
musicais originais 160

Não fumantes 59
necessidades especiais 71
neo-gótico 250
níveis de estátuas 149
nível local 214
noite de sábado 132
nomes famosos 53
novo passaporte 31
novos calçadões 51
número específico 44

números de celulares 61
números de emergência 58

Objetos antigos 123
objetos decorativos 209
obra de arte 42
Obras de arte 112
observar as técnicas 237
odontologia estética 211
oficiais do governo 50
oito seleções 126
olhar fixo 113
Onze de Setembro 53
operadoras prediletas 35
organizar passeios 63
Oriente Médio 96
orla marítima 46
ornamentos de vidro 75
orquestra filarmônica 153
ótima qualidade 114, 215

Padrão americano 76
padrão da arte 4
padrão de aluguel 211
padrão de elite 31
pagar imposto 15
painéis de madeira 70
paisagem magnífica 64
país machista 24
Palácio Barolo 2
panfleto gratuito 15
paredes sólidas 50
Paris da América Latina 3
parques infantis 251
Parrilla 9
passeio ciclístico 158
passeio de barco 251
passeios básicos 35
passeios gratuitos 44
passeios históricos 68
passeios turísticos 78
pátio interno 173
patrimônio arquitetônico 192
peça orientações 5
peças de teatros 210
pedra branca 53
pequena butique 213

pequenas antiguidades 6
pequeno escritório 151
pequeno ginásio 246
período colonial 46
período de estadia 63
período doloroso 6
pertences do autor 257
pesquisa 98
pessoas de negócios 8
pimentões vermelhos 109
pintados em negrito 51
pintura descamada 64
pinturas de Picasso 6
piscina e academia 74
piso de madeira 74
pizza recheada 133
plano sério 51
plantas silvestres 50
plantas silvestres e pássaros 50
playground 25
políticos 119
pôneis disponíveis 251
ponta reta 58
pooper-scooper 20
portas giratórias 55
portas grandes 74
porto colonial 46
portões franceses 186
porto natural 51
Posto de Turismo 23
Postos policiais 58
potência global 53
pouco barulhento 108
pouco brega 90
praça de alimentação 201
prato principal 118
pratos caribenhos 226
pratos decorativos 129
pratos de massas 103
pratos principais 117
Pratos típicos 135
preço fixo 126
preço real 63
preços acessíveis 9
Preços baixíssimos 94
preços inacreditáveis 4
preços são imbatíveis 10
pré-crise do peso 62

ÍNDICE REMISSIVO

pré-desvalorizados 15
prédios da embaixada 164
presença de policiais 86
pressão da água 78
prestadoras de serviço 50
Primeira Guerra Mundial 25
principais publicações 221
principal personagem 38
prisioneira pelo governo 38
problemas anteriores 3
produtos chineses 214
produtos de higiene 214
produtos panificados 20
programas de arte 25
proibição do tabaco 122
projetos paisagísticos 139, 148
próprias refeições 37
propriedade da rica 191
propriedade luxuosa 69
propriedades à venda 64
próprio sucesso 237
próprio vestíbulo 87
proteção contra incêndio 74
público gay 88

Quadra de tênis 179
Quadro Mensagens 27
quadros e estátuas 51
qualidade educacional 210
qualidade e originalidade 3
quarto barulhento 88
quarto planejado 154
quartos centrais 72
quatro elevações 153
quatro refeições 259
quiosques de turismo 230
quiosques projetados 55
Quiosques Turísticos 11, 43

Raça humana 50
radar internacional 243
rádio-taxi 59
rainha holandesa 229
rápido e amistoso 133
reabastecer carros 56
realeza britânica 18
receitas médicas 21

recepção do hotel 63
rede urbana 55
reembolsáveis 30
reestruturação 54
reforçar a qualidade 4
região próspera 6
região sul 46
regiões turísticas 11
regras rígidas 25
Relógio Britânico 7
renovação urbana 167
repleto de propaganda 46
Reserva Ecológica 5, 64
reserva natural 243
residências particulares 65
restaurante famoso 116
restaurante italiano 10
restaurante lotado 96
restaurante luxuoso 71
restaurantes kosher 54, 204
restaurantes medíocres 163
restaurantes populares 227
restos de construções 5
reuniões informais 53
revelando a sensualidade 4
revista Forbes 68
revista gay 239
revista trimestral 23
ricos argentinos 165
Rio da Prata 46
riqueza colonial 253
riqueza histórica 85
romântica e histórica 39
rota oficial 5
roteiros turísticos 53
roupas baratas 156
roupas conservadoras 213
roupas novas 214
rua arborizada 133
ruas de pedras 7
ruas isoladas 76

Saguão central 6
Saladas especiais 113
salão de dança 5
Saúde Pública 48
sebos especializados 53
sede colonial 6

sede de milionários 50
segurança 11
sem atrativos 64
sensação de segurança 165
série de mapas 48
serviço cordial 35
serviço de massagem 261
serviço imediato 31
serviços de alta qualidade 211
serviços de mordomo 8
serviços públicos 261
servidos 24 horas 71
servindo turistas 59
sexo oposto 234
shopping center 182
shoppings de Miami 4
shows de tango 2, 6, 112
sistemas telefônicos 60
site do governo 49
sociedade argentina 59
sombra na primavera 68
strippers masculinos 120
strip-tease 103
suítes tradicionais 84
Sul da África 31
sul da França 2
suvenires baratíssimos 6

Taças de champanhe 113
talheres de prata 113
tamanho padrão 73
tango gay 234
tango show 2
tão polêmica 6
tarifa mais barata 31
tarifas originais 62
tarifas reduzidas 30
taxa adicional 57
taxa de serviço 17
taxas de saques 16
teatro nacional 189
Techno europeu 4
telefone residencial 61
tendência 199
terceira idade 121
término da viagem 19
terreno sólido 46
tetos baixos 228

ACOMODAÇÕES

tetos pintados 141
Times Square 48
tipos de comida 97
tipos de molhos 128
topo ornamental 50
Torre do Relógio 7
Torre Norte 68
trabalho permanece 37
trabalhos expostos 217
trabalhos manuais 219
trabalho voluntário 26
tradição histórica 136
tragédia dramática 153
tragédias dramáticas 189
traições de homens 37
transações fraudulentas 16
transporte público 56
tratamento corporal 92
tratamentos linfáticos 81
tratamentos luxuosos 212
travessia de barco 12
trem antigo 55
trem turístico 164
trens de madeira 140
tristeza implícita 50
truta recheada 106
turistas e empresários 70
turistas sul-americanos 3

Última hora 27
única pista 192
uniformes históricos 146
universo cosmopolita 6
utensílios domésticos 205

Varandas estreitas 5
variações internas 63
várias danceterias 23
várias profissões 7
variedade de gaiolas 226
variedade de lojas 7
variedade de publicações 110
variedade de sobremesas 102
velha mansão 144
velha tradição 251
venda em farmácias 20
vendedores ambulantes 55

vendedores de livros 150
ventiladores de teto 258
verdadeira história 80
versão colonial 256
viagens doméstica 30
viajantes brasileiros 73
vídeo games 26
vidro quebrado 7
vidros coloridos 174
vinho branco 249
vinho fino 103
vinho orgânico 218
violão folclórico 229
visita oficial 182
vista panorâmica 74
vista panorâmicas 106
vistas panorâmicas 71
visual bagunçado 33
vôos de graça 31

Zen 1
zona comercial 87
zona de temperatura 17
zona portuária 2, 54
Zoológico 132

ACOMODAÇÕES

Abasto Plaza Hotel, 93
Alvear Palace Hotel, 8, 81
Amerian Buenos Aires Park Hotel, 70
Amerian Congreso, 86–87
Amerian Mar del Plata Hotel, 245
Art Hotel, 8, 85–86
Aspen Towers, 71
Auge Buenos Aires, 90
Bauen Hotel, 86
Bel Air Hotel, 84
Bonanza Deltaventura (Tigre), 252
Buenos Aires Park Hyatt, 81–82
Caesar Park, 83
Casa Jardin, 92
Casona La Ruchi (Tigre), 252-253
Claridge Hotel, 70
Dazzler Hotel, 89
Dolmen Hotel, 71

Draghi Paradores (San Antonio de Areco), 257
El Cencerro (near San Antonio de Areco), 259-260
El Lugar Gay, 79
El Ombú de Areco (near San Antonio de Areco), 260
El Rosario de Areco (near San Antonio de Areco), 260–261
Etoile Hotel, 85
The Faena Hotel and Universe, 64, 65
Five Cool Rooms, 91
Four Seasons (Colonia del Sacramento, Uruguay), 255
Garufa, 91
The Golden Tulip Savoy, 87
Grand Boulevard Hotel, 76–77
Gran Hotel Vedra, 88
The Hermitage Hotel (Mar del Plata), 245-247
Holiday Inn Express Puerto Madero, 71
Hostal de Areco (San Antonio de Areco), 257
Hostel Carlos Gardel, 79
Hostel Nómade, 79-80
Hotel Castelar, 8, 77
Hotel Colón, 72
Hotel de Los Dos Congresos, 88
Hotel Emperador, 83–84
Hotel Ibis, 9, 88–89
Hotel La Misión (Colonia del Sacramento, Uruguay), 255
Hotel Plaza Mayor (Colonia del Sacramento, Uruguay), 255
Hotel Presidente (Mar del Plata), 247-148
Hotel Reconquista Plaza, 72
Hotel Ritz, 78
Hotel San Carlos (San Antonio de Areco), 257-258
Howard Johnson Da Vinci Hotel, 72-73
Howard Johnson Florida Street, 73
InterContinental, 76
Kempinski Hotel Park Central, 90

La Bamba (near San Antonio de Areco), 261
Lafayette Hotel, 73
Lina's Tango Guesthouse, 80
Loi Suites, 84
Los Abuelos (San Antonio de Areco), 258
Marriott Plaza Hotel, 65,68
Meliá Buenos Aires Boutique Hotel, 73-74
NH City Hotel, 77-78
NH Florida, 74
NH Hotel Crillon, 74
Obelisco Center Suites Hotel and Apartments, 74-75
Pan Americano, 68-69
Park Hyatt Buenos Aires, 8
Park Tower (St. Regis) Buenos Aires, 69
The Recoleta Hostel, 85
The Regente Palace Hotel, 75
San Ceferino (near San Antonio de Areco), 262
Sheraton (Mar del Plata), 248
Sheraton Buenos Aires Hotel and Convention Center, 70
Sofitel, 69
Soho All Suites, 8, 92

Restaurantes

Almacen de Ramos Gerelos (San Antonio de Areco), 258
Asia de Cuba, 103
Barbería, 136
Bar El Federal, 114
B'art, 122, 123
Bar Uriarte, 123
Bio, 132
Brasserie Petanque, 113-114
Broccolino, 107-108
Buddha BA, 137
Cabaña Las Lilas, 9, 102-103
Café de la Ciudad, 108
Café de Madres de Plaza de Mayo, 122
Café Literario, 110
Café Retiro, 110
Café Tortoni, 9, 110
Café Victoria, 118-119
Campo Bravo, 132
Casa Cruz, 123
Casa de Esteban de Luca, 116
Clark's, 119
Clásica y Moderna, 120
Club del Vino, 97, 126
Cluny, 126–127
Confitería del Botánico, 132
Confitería Exedra, 108
Corner Pizza (San Antonio de Areco), 258
Corsario, 136
De Olivas i Lustres, 130
Desnivel, 114
Don Emilio Parrilla (Tigre), 253
Don Galíndez, 111
Dora, 10, 106-107
El Diamante, 130
El Estanciero, 130
El Galope, 135
El General, 112-113
El Mirasol, 118
El Obrero, 136
Empire, 108-109
Filo, 111
Garbis, 10, 131
Gardel de Buenos Aires, 133
Gran Victoria, 102
Il Gran Caffe, 111-112
Ivo Cafe (Mar del Plata), 248-249
Katrine, 103
Kosher McDonald's, 133–134
La Americana, 122
La Biela, 9, 119
La Bisteca, 10, 103
La Bourgogne, 10, 117
La Brigada, 114-115
La Cabaña, 116-117
La Cabrera, 127
La Chacra, 109
La Coruña, 115
La Esquina de Merti (San Antonio de Areco), 258
La Farmacia, 115
La Moncloa, 120
Las Nazarenas, 109
La Sortija, 112
La Vieja Rotisería, 115
Le Mistral, 118
Le Sud, 107
Ligure, 109
Lo De Pueyrredón, 127-128
Lola, 118
Lomo, 128
Los Chilenos, 109
Mamá Jacinta, 135
Maru Botana, 119
Medio y Medio, 116
Meridiano 58, 128
Morizono, 112
Novecento, 131
Oak Bar, 10
Olsen, 10, 129–130
Palacio Español, 113
Pappa Deus, 116
Pescadores Restaurant (Mar del Plata), 249
Petit Paris Café, 112
Piegari, 10, 117
Plaza Asturias, 10, 121
Plaza del Carmen, 121
Plaza Grill, 107, 186
Puerto Cristal, 106
Restaurante y Bar Mediterráneo, 113
Richmond Cafe, 110
Shefa Abasto, 135
Sorrento del Puerto, 106
Sullivan's Drink House, 129
Sushi Club, 131
Tazz, 133
Te Mataré Ramírez, 129
Todos Contentos, 138
36 Billares, 121-122
Utopia Bar, 131
Viejo Agump, 133
Yoko's, 131–132